동아시아로의 항해

초기 근대 가톨릭 예수회의 중국 선교

지은이

리암 매튜 브로키 Liam Matthew Brockey

University of Notre Dame(B. A.), Brown University(Ph. D.)를 졸업했다. 초기 근대 남부유럽사 및 아시아·아프리카의 가톨릭 선교사(宣教史)를 주로 연구해 왔으며, *Journey to the East : The Jesuit Mission to China, 1579~1724*로 American Catholic Historical Association에서 수여하는 John Gilmary Shea Prize, Phi Alpha Theta History Honor Society에서 수여하는 First Book Prize를 받았다. 또 다른 연구서로 *The Visitor : André Palmeiro and the Jesuits in Asia*(Harvard University Press, 2014)가 있다. 현재 미시간주립대학 역사학과 교수로 재직 중이다.

옮긴이

조미원 趙美媛, Cho Mi-won

연세대학교 중어중문학과 졸업 후 동 대학원 석사, 박사과정을 졸업했다. 하버드·옌칭연구소(Harvard-Yenching Institute) 방문연구원 펠로우쉽(Visiting Fellow Fellowship, 2000~2001)과 리치연구소(Ricci Institute, Boston College) EDS-Stewart Chair Fellowship(2022, 여름)을 받았으며, 中國社會科學院 文學研究所(北京) 방문학자, 연세대 국학연구원 HK연구교수 등을 역임했다. 명청 시기 중국문화·문학에 대한 수십 편의 논문을 발표했으며, 그리스도교를 매개로 한 동아시아와 서구 사이의 문화와 지식교류에 대해 연구하고 있다. 공역서로『도와 로고스-해석적 다원주의를 위하여』,『역사에서 허구로-중국의 서사학』,『중국문학사전』등이 있다. 현재 동서문명교류연구소 책임연구원으로 있으며, 보스턴대학 신학대학원(Boston University School of Theology) MDiv.과정에서 공부하고 있다.

서광덕 徐光德, Seo Kwang-deok

연세대학교 중어중문학과를 졸업 후 동 대학원 석사, 박사과정을 졸업했다. 저서로는『루쉰과 동아시아 근대』(2018),『중국 현대문학과의 만남』(공저, 2006),『동북아해역과 인문학』(공저, 2020) 등이 있고, 역서로는『루쉰』(2003),『일본과 아시아』(공역, 2004),『중국의 충격』(공역, 2009),『수사라는 사상』(공역, 2013),『아시아의 표해록』(공역, 2020) 등이 있으며,『루쉰전집』(20권) 번역에 참가했다. 현재 부경대학교 인문사회과학연구소 HK교수로 재직 중이다.

동아시아로의 항해
초기 근대 가톨릭 예수회의 중국 선교

초판발행 2024년 7월 10일

지은이 리암 매튜 브로키
옮긴이 조미원·서광덕

펴낸이 박성모
펴낸곳 소명출판
출판등록 제1998-000017호
주소 06641 서울시 서초구 사임당로14길 15 서광빌딩 2층
전화 02-585-7840
팩스 02-585-7848
이메일 somyungbooks@daum.net
홈페이지 www.somyong.co.kr

ISBN 979-11-5905-531-7 93910
정가 56,000원

ⓒ 소명출판, 2024

이 책은 2017년 대한민국 교육부와 한국연구재단의 지원을 받아 수행된 연구임.(NRF-2017S1A6A3A01079869)

부경대학교 인문사회과학연구소
해역인문학 번역총서 06

동아시아로의 항해

초기 근대 가톨릭 예수회의 중국 선교

리암 매튜 브로키 지음 | 조미원 · 서광덕 옮김

Journey to the East : The Jesuit
Mission to China 1579~1724

발간사

　부경대학교 '인문사회과학연구소'와 '해양인문학연구소'는 해양수산 인재 양성과 연구 중심인 대학의 오랜 전통을 기반으로 연구 역량을 키워 왔습니다. 대학이 위치한 부산이 가진 해양도시 인프라를 바탕으로 바다에 삶의 근거를 둔 해역민들의 삶과 그들이 엮어내는 사회의 역동성에 대한 연구를 꾸준히 해 왔습니다.

　오랫동안 인간은 육지를 근거지로 살아온 탓에 바다의 중요성에 대해 간과한 부분이 없지 않습니다. 육지를 중심으로 연근해에서의 어업활동과 교역이 이루어지다가 원양을 가로질러 항해하게 되면서 바다는 비로소 연구의 대상이 되었습니다. 그래서 현재까지 바다에 대한 연구는 주로 조선, 해운, 항만과 같은 과학기술이나 해양산업 분야의 몫이었습니다. 하지만 수 세기 전부터 인간이 육지만큼이나 빈번히 바다를 건너 이동하게 되면서 바다는 육상의 실크로드처럼 지구적 규모의 '바닷길 네트워크'를 형성하게 되었습니다. 이 바닷길 네트워크인 해상실크로드를 따라 사람, 물자뿐만 아니라 사상, 종교, 정보, 동식물, 심지어 바이러스까지 교환되게 되었습니다.

　바다와 인간의 관계를 인문학적으로 접근하여 성과를 내는 학문은 아직 완성 단계는 아니지만, 근대 이후 바다의 강력한 적이 바로 우리 인간인 지금, '바다 인문학'을 수립해야 할 시점이라고 생각합니다. 바다 인문학은 '해양문화'를 탐구하는 차원을 포함하면서도 현실적인 인문학적 문제에서 출발해야 합니다.

한반도 주변의 바다를 둘러싼 동북아 국제관계에서부터 국가, 사회, 개인 일상의 각 층위에서 심화되고 있는 갈등과 모순들이 우후죽순처럼 생겨나고 있습니다. 근대 이후 본격화된 바닷길 네트워크는 이질적 성격의 인간 집단과 문화의 접촉, 갈등, 교섭의 길이 되었고, 동양과 서양, 내셔널과 트랜스내셔널, 중앙과 지방의 대립 등이 해역海域 세계를 중심으로 발생하는 장이 되었기 때문입니다. 해역 내에서 각 집단이 자국의 이익을 위해 교류하면서 생성하는 사회문화의 양상과 변용을 해역의 역사라 할 수 있으며, 그 과정의 축적이 현재의 모습으로 축적되어 가고 있습니다.

따라서 해역의 관점에서 동북아를 고찰한다는 것은 동북아 현상의 역사적 과정을 규명하고, 접촉과 교섭의 경험을 발굴, 분석하여 갈등의 해결 방식을 모색하여, 향후 우리가 나아가야 할 방향을 제시해주는 방법이 우선 될 것입니다. 물론 이것은 해양 문화의 특징을 '개방성, 외향성, 교류성, 공존성 등'으로 보고 이를 인문학적 자산으로 확장하고자 하는 근본적인 과제를 수행하는 일이기도 합니다. 본 사업단은 해역과 육역의 결절 지점이며 동시에 동북아 지역 갈등의 현장이기도 한 바다를 연구의 대상으로 삼아 현재의 갈등과 대립을 해소하는 방안을 강구하고, 한 걸음 더 나아가 바다와 인간의 관계를 새롭게 규정하는 '해역인문학'을 정립하기 위해 노력하고 있습니다.

부경대 인문한국플러스사업단은 바다로 둘러싸인 육역陸域들의 느슨한 이음을 해역으로 상정하고, 황해와 동해, 동중국해가 모여 태평양과 이어지는 지점을 중심으로 동북아해역의 역사적 형성 과정과 그 의의를 모색하는 "동북아해역과 인문네트워크의 역동성 연구"를 수행하고 있습니다. 이를 통해 우리는 첫째, 육역의 개별 국가 단위로 논의되어 온 세계를 해역이라는 관점에서 다르게 사유하고 구상할 수 있는 학문적 방법과 둘째, 동북아 현상의 역사적 맥락과 그 과정에서 축적된 경험을 발판으로 현재의 문제를 해결하고 향후의 방향성을 제시하는 실천적 논의를 도출하고자 합니다.

부경대학교 인문한국플러스사업단이 추구하는 '해역인문학'은 새로운 학문을 창안하는 일이기 때문에 보이지 않는 길을 더듬어 가며 새로운 길을 만들어 가고 있습니다. 2018년부터 간행된 '해역인문학' 총서 시리즈는 이와 관련된 연구 성과를 집약해서 보여주고 있으며, 또 이 총서의 권수가 늘어가면서 '해역인문학'의 모습을 조금씩 드러내고 있습니다. 향후 지속적으로 출판할 '해역인문학총서'가 인문학의 발전에 기여할 수 있는 노둣돌이 되기를 희망하면서 독자들의 많은 격려와 질정을 기대합니다.

부경대 인문한국플러스사업단

단장 김창경

　나의 책『동아시아로의 항해 – 초기 근대 가톨릭 예수회의 중국 선교_Journey to the East : The Jesuit Mission to China, 1579~1724_』가 한국어로 번역되어 한국 독자들에게 인사하게 된 것을 매우 기쁘게 생각한다. 이 책이 영어로 출간되어 나온 지 13년이 지나는 동안 초기 근대 세계의 가톨릭 선교의 역사를 좀 더 다른 방식으로 생각할 수 있도록 영감을 준 많은 사람들에게 나는 여전히 감사한 마음을 갖고 있다. 이 한국어 번역서가 근대의 여명에 일어난 전 세계적 상호작용의 초기 단계에 대해 독자들의 이해를 도울 수 있게 되기를 진심으로 바란다.

　이 책의 연구는 1995~1996년 영어 교사로 중국에 거주하고 있을 때 얻었던 나의 개인적인 경험에서 영감을 받았다. 지금 중국에서 일어나고 있는 변화에 비추어 볼 때, 그 당시 나는 참으로 다른 세계에 살았던 것 같다. 그해 나는 중국 남부의 모퉁이인 광둥성 선두汕頭시에 있었는데, 그곳은 당시 상당히 신기한 곳이었다. 바로 중국이 더 넓은 세계를 향해 가고 있는, 최초의 시험적인 개방이 일어나고 있던 "경제특구"였다. 그럼에도 불구하고 나는 내가 외국인이라는 것을 민감하게 깨닫고 있었다. 내가 배운 초보적인 북경어는 그곳 대부분의 사람들이 조주潮州 방언을 말했기 때문에 거의 쓸모가 없었다. 도시의 그 많은 인구 가운데 중국인이 아닌 사람들 역시 거의 없었기 때문에 내가 길을 걷거나 자전거를 탈 때면 사람들이 고개를 돌려 보곤 했다. 아이들과 어른들은 나에게 "안녕!"이라고 외쳤고, 내가 인사하면 수줍어하면서 물러났다. 이듬해 박사학위를 시작했을 때, 나는 몇 세기 전 해외에서 나와 비슷한 감정을 경험한, 역사 속의 개인들에게 매료되었다.

이 연구의 기초를 이루는 일련의 자료들을 만난 것은 정말 행복한 우연이었다. 나는 그동안 내가 배웠던 프랑스어를 논문을 쓰는 데 활용할 것이라고 확신하며 공부를 시작했다. 그 계획은 한 교수가 내가 초기 근대 유럽인과 아시아인 사이의 상호작용에 진정으로 관심이 있다면 포르투갈어를 배워야 한다고 제안했을 때 바뀌었다. 25년 전 그 당시에 나는 포르투갈어를 거의 들은 적도 없거니와 포르투갈어로 된 역사적 기록들을 읽는 것에 대해서는 더욱 자신이 없었다. 그러나 이러한 제안에 고무되어 나는 어렸을 때 공부했던 프랑스어와 스페인어로 무엇을 할 수 있는지 보기 위해 리스본으로 떠났다. 나는 인내심을 갖고 2년 동안 매일 기록 보관소로 갔고, 결국 현대어보다 17세기 포르투갈어를 읽는 데 더 능숙해졌다. 리스본의 비블리오테카 다 아주다Biblioteca da Ajuda의 사료들 및 나중에 예수회 로마 기록 보관소에 지속적으로 접촉하면서 그 모든 파일, 보고서, 편지들이 실제로 할 이야기가 있다는 것을 알게 되었다.

역사학자의 작업은 형사의 작업과 많이 닮았다고 생각한다. 이해할 수 있는 방식으로 설명되고 분석될 수 있는 일련의 사건들이 있었지만, 이따금 분실된 증거의 조각들—종종 매우 중요한 사건들—이 있음을 우리는 상상할 수 있다. 중국 예수회원들의 경우 선교사들 스스로가 17세기를 거치면서 자신들의 활동의 가장 큰 그림을 만들어 내는 데 중요한 역할을 했다. 이후 세대의 선교사들은 그 이야기를 꾸미고 상세하게 설명하고, 지속시키면서 일관된 서술로 보이는 것을 현재에 남겼다. 하지만 그 이야기를 내부 기록 보관소에서 발견된 선교 문서와 대조해 검증하는 것은 젊은 학자인 나의 임무였다. 선교사들이 어떻게 자신을 제시했는지 아는 것은 이들이 사적인 서신들 속에서 쓴 내용들과 대조 작업을 진행할 때 사용할 수 있는 유용한 배경이었다. 다시 말해, 나의 임무는 선교적 성공과 영웅주의에 대한 한 이야기를 때때로 모순된 설명을 제공하는 예수회 내부 보고서들과 대조하는 것이었다. 더 중요한 것은, 내가 보기에 공식적인 역사에서 결코 중심적인 주제가 되지 않았던, 선교회가 한 기관으로서 어떻게 작동하는지에 대해 이해하는 것이었다. 물론, 단순히 수세기에 걸쳐 우연히 살아남은 문서를 찾는다고 해서 우리가 성공할 수 있을 것이라는 것을 의미하는 것은 아니다. 그러나 노력의 결과로 만들어낸 나의 새로운 이야기가 적어도 독자들에게 일관성이 있어 보인다면 그것은 성공의 작은 징표가 될 수 있겠다.

이 책에서 나는 두 가지 주요 질문에 답하고자 하였다. 중국에서의 예수회 선교는 1579년부터 1724년까지 어떻게 발전되어 나갔는가? 그리고 중국에 선교사가 많지 않았다는 사실에 비추어 볼 때, 그 기간 동안 선교의 확장이 이루어질 수 있었던 근본적인 요인은 무엇이었는가? 첫 번째 질문에 답하기 위해서는 선교의 역사에 대한 이야기를 다시 쓸 필요가 있었다. 나는 본래 이런 계획을 세우지 않았지만, 두 번째 질문에 대해 대답하기 위해서는 점점 더 그것들이 합리적으로 설명될 수 있도록 연대기적인 틀이 요구되었다. 선교 역사에 대한 전통적인 견해는 제국의 황실에 집중되어 있었고, 마테오 리치, 아담 샬 폰 벨, 페르디난트 페르비스트와 같은 유명한 인물들의 북경으로의 이동이 포함되었다. 선교사 천문학자들이 그들의 계획을 수립할 수 있기 위해 황실에 있었던 것처럼, 그들의 이야기는 더 광범위하게 구상된 선교 이야기와 꼭 같지는 않았다. 다시 말해, 그들의 동료들이 적극적으로 활동했던 몇몇 지역들, 예컨대 강서, 강남, 사천, 산동 등에서의 예수회원들의 노력은 황실에 있는 선교사들과는 전혀 달랐다. 그래서 '종교적인 기획'으로서의 선교를 이해하기 위해, 나는 다양한 중국 지방에서 선교의 확산을 설명할 새로운 연대기 서술을 구성해야만 했다. 따라서 나의 노력은 선교의 역사를 재조정하는 것으로 나타났는데, 그것은 무게 중심을 북경으로부터 예수회원들의 노력의 결과로서 만들어진 중국 그리스도교인들의 주요 생활 거점인 강남으로 옮기는 것이었다.

위에서 언급한 두 번째 질문에 대답하기 위해서는 선교의 역사에 대한 전통적인 서술에서 논의되지 않았거나 적어도 직접적으로 논의되지 않은 주제를 고려할 필요가 있었다. 이 주제들은 우리가 선교의 창시자로 알려진 예수회원들의 특별한 재능예를 들어, 마테오 리치의 언어 능력을 받아들인다고 해도, 후대의 선교사들이 똑같은 재능을 가졌을 것이라는 것을 보장할 수 없음을 인식하는 것과 관련이 있다. 즉, 나는 선교의 지속가능성, 다시 말해, 그 유명한 초기 세대가 지나간 후에도 선교가 어떻게 계속될 수 있었는지 알고 싶었다. 선교 역사의 여러 지점에서 나온 기록 보관소들의 증거는 예수회원들이 성직자의 빈번한 부족을 감안하면서 선교를 지속하기 위해 다양한 시스템을 만들었다는 것을 보여주었다. 그들은 중국어로 신입회원들을 훈련시키는 시스템을 혁신하고, 개종의 표준 방법을 개발했으며, 사제들이 없을 때 고립된 공동체를 유지하는 데 도움이 되는 소규모 집단 신심의 시스템을 만들었다. 이러한 전개 과정들은 초기 선교 역사에 대해 기술하던 세대에게는 자연적으로 형성되고 받아들여진 측면이라고 할 수 있다. 왜냐하면 그러한 역사들은 선교사들 내부에서만 공유되었고 작은 개종자 집단들이 어떻게 신앙 생활을 구성했는지 설명할 필요가 없었던 것이다. 하지만 그러한 선교들—최소한 그 전 세대 기준에서의 선교—이 사라지면서 이러한 선교 생활과 관련된 지식들은 사라졌다. 그러므로 나의 목표는 당시 문서들에서 도출된, 선교가 어떻게 생겨났는지, 그리고 그것들이 어떻게 시간의 장난 속에서 살아남았는지에 대한 전체적인 개요를 제공하는 것이었다.

『동아시아로의 항해—초기 근대 가톨릭 예수회의 중국 선교』는 그리스도교 선교에 관한 역사의 "영웅적 양식"에서 벗어나 쓰여졌다. 나는 과거의 재능있는 사람들—아시아의 예수회원들에 관한 세 권의 유명한 책인 *Wise Man from the West*, *A Pearl to the Orient*, *Generation of Giants*와 같은 제목들에 의해서 연상되는—에 대한 경이로움을 다시 한번 불러일으키기 위하여 이 에피소드들로 되돌아갈 필요가 없었으며, 오히려 무엇이 이 개인들을 이끌었는지, 그리고 심지어 선교가 성공하지 못했다 할지라도 그들이 어떻게 자신들의 선교를 수행했는지를 이해하고자 하였다. 실제로 이 선교사들이 한 일들을 읽고 여전히 감탄이 나온다면, 그것은 전도자, 설교자, 교리 교사로서의 개별적인 노력보다는 그들이 만든 시스템의 독창성 때문이다. 17세기에 중국의 가톨릭 교회를 설립하고 그것을 현재까지 유지하게 한 것은 어떤 특정한 개인이라기 보다는 이러한 시스템이었다. 이 점에서, 그 선교사들이 오늘날 우리에게 매우 설득력 있는 동양과 서양 간의 중요한 연결고리를 제공했더라도, 이 책에 나오는 이야기는 선교 초기의 추진력에 의해 형성된 그리스도교인들의 공동체에 관한 것이다.

　『동아시아로의 항해-초기 근대 가톨릭 예수회의 중국 선교』의 번역을 기획한 부경대 해양인문학 연구팀과 이처럼 멋있게 내 책을 한국어로 번역해 준 번역자들에게 다시 한번 감사의 뜻을 전하고 싶다. 이 책에서 제시한 근대 동아시아 그리스도교의 기원에 대한 고찰과 관련하여 제기된 질문에 대해 한국 독자들의 반응을 간절히 기다리며, 한국 학자들로부터 한국 그리스도교 역사와의 비교를 통해 배울 수 있게 되기를 기대한다. 마지막으로, 나는 내가 평소에 이 책의 개인적인 헌정사로 쓰는 것과 동일한 것을 한국 독자들에게 희망한다. 이 여행을 즐기시기를!

2024년 봄

리암 매튜 브로키Liam Matthew Brockey

미국 미시간Michigan 이스트 랜싱East Lansing

제가 리암 브로키 교수님의 『동아시아로의 항해』를 처음 읽은 것은 2010년 가을이었습니다. 당시 저 역시 예수회의 동아시아 선교에 대해 연구하고 이들이 천주교 성화와 도상을 중국에서 어떻게 사용하였는가에 대해 논문을 써오던 참이었습니다.

브로키 선생님의 책은 저를 포함하여 이 주제를 연구하는 많은 동서양의 학자들에게 새로운 지평을 열어주었습니다. 이는 두 가지 점에서 지적할 수 있겠습니다.

첫째로, 라틴어가 아니라 포르투갈어가 당시 동아시아 예수회의 공용 언어였음을 지적했고, 이들이 남긴 방대한 분량의 포르투갈어 기록 및 서한문을 포르투갈과 마카오를 위시한 전 세계의 도서관과 서고에서 찾아내어 번역 분석, 이 자료들을 바탕으로 예수회 중국 선교의 역사를 사실상 다시 썼다는 점입니다.

이 주제를 공부하는 학자들이 주로 활용해온 원사료는 대체로 예수회원들과 천주교로 개종한 중국 선비들이 남긴 한문 저서들입니다. 한문으로 많은 저술을 남긴 마테오 리치가 유독 이탈리아어로 써서 남긴 글들도 정리되어 남아 있습니다. 저도 한문과 16세기 이탈리아어로 쓰여진 이 사료들을 기반으로 논문을 썼습니다.

그런데 브로키 교수님의 책을 읽고 처음으로 알게 된 놀라운 사실은 이탈리아인, 독일인, 플랑드르인, 포르투갈인 등 다국적으로 형성된 동아시아 예수회원들이 서로 소통할 때에 사용했던 공용 언어가 포르투갈어였으며, 따라서 각종 공식 기록들 역시 포르투갈어로 남겼다는 것이었습니다. 브로키 선생님의 책을 읽은 후 저도 바로 독학으로 포르투갈어를 배우기 시작하여 일 년 정도 후에는 그럭저럭 16세기 포르투갈어를 읽을 수 있게 되었습니다. 이후로 제가 출판했던 논문들에서는 한문과 이탈리아어뿐 아니라 포르투갈어 서한문의 내용들도 충분히 활용할 수 있었습니다. 그런데 이 포르투갈어 서한문들은 필기체로 쓰인데다가 당시에 속기를 위해 관습적으로 철자를 압축하는 방식도 알고 있어야 독해가 가능합니다. 세상이 편리해져서 포르투갈에 가지 않고도 이 문서들의 이미지 파일을 주문하여 얻을 수는 있었지만 저 혼자 16세기 필기체의 포르투갈어를 읽는 것은 대단히 힘들었습니다. 그래서 생면부지의 리암 브로키 선생님께 이메일을 드리고, 제가 옮겨적은 포르투갈어 문장들이 정확한지 문의드렸던 것이 2012년경이었습니다. 한번도 만난 적이 없는, 지구 반대쪽에 살고 있는 미술사가의 이런 번거로운 질문에 대해 브로키 교수님께서는 시간을 할애하여 상세하고 자상하게 답해주셨고 도와주셨습니다. 이를 계기로 저는 브로키 교수님과 대화를 나누게 되었고 많은 배움을 얻을 수 있었습니다.

둘째로, 브로키 선생님은 이 책을 통해 16~17세기 예수회의 중국 선교가 단순한 문화교류로 끝난 것이 아니라 종교적 선교로서도 상당한 성공을 거두었음을, 즉 일부 중국인들은 천주교를 단순히 서양 지식西學이 아니라 종교로서도 받아들였고 유럽인들이 중세로부터 행해 왔던 여러 신앙 수련행위 역시 수용하여 몸소 행했음을 낱낱이 밝혀내셨습니다. 예수회의 중국 선교에 대한 학계의 전통적 시각은, 이러한 노력이 결과적으로는 중국에 서양 과학 및 철학지식을 전파한 것으로 귀결되었지 종교적 선교로서는 실패였다는 것입니다. 최근에 더해진 시각이 있다면, 예수회를 통한 유럽과 중국의 접촉이 서양에 있어 "중국학Sinology"의 시작이 되었다는 정도의 해석이라 하겠습니다. 미술사에서도 중국 예수회의 역할은 서양의 그림 기법을 동양에 전파했다는 정도 이상으로는 논의되지 않았습니다.

물론 브로키 교수님 이전에도, 마테오 리치 이후 세대인 줄리오 알레니의 복건성 선교는 엄청난 수적 성공을 거두었음이 지적된 바는 있습니다. 하지만 브로키 선생님처럼 전 중국에 걸친 예수회의 선교 과정을 치밀하게 분석하여 그 성과를 정당하게 밝혀내고 평가한 연구는 흔하지 않습니다. 이 두 번째 측면 역시 이후 저의 연구 작업과 논문들에 큰 도움이 되었습니다.

삼 년 전에 이제까지 이 주제로 출판했던 논문들과 출판되지 않았던 원고를 묶어 책으로 낸 후 저는 이 주제를 떠났습니다만, 한때 저의 연구에 큰 영감과 도움이 되었던 브로키 교수님의 역작이 이제 한국어로 번역된다는 사실에 큰 기쁨을 느낍니다. 또한 제가 간략한 소개글을 씀으로써 브로키 교수님께 받았던 도움에 작게나마 보답할 수 있지 않을까 하는 희망을 가져봅니다. 이 주제를 공부하는 여러 학자분들께 이 책이 큰 도움이 되리라 믿으며, 그리고 바라오며 이만 줄입니다.

2024년 봄
서울대학교 고고미술사학과
신준형

저자 서문

앞으로 열거될 일련의 사건들처럼 이 책은 하나의 여정으로 시작되었다. 그러나 4세기 전 선교사들의 항해와는 달리, 나의 여정은 서쪽을 향한 것이었다. 1996년 당시 나는 북경의 관상대觀象臺에 서 있었다. 미래가 어떻게 될지 알지 못한 채 마테오 리치 동상 앞에 서 있었는데, 이것이 처음으로 중국 예수회원들에 대해 생각한 것이었다. 나는 그보다 몇 주 전에 마카오에 있는 성 바울St. Paul 성당의 유적지를 방문하기는 했지만 두 장소를 연결하지는 않았다. 내가 동아시아의 선교사들에 대해 다시 생각하게 된 것은 몇 년 후 포르투갈에서였다. 그 때 내가 리치와 그의 동료들의 자취를 발견하게 된 것은 우연이 아니었다. 지난 몇 년 동안 나는 그들의 이야기와 관련된 증거를 찾기 위해 먼 곳을 여행했기 때문이다. 그 길에서 많은 빚을 졌기에 여기에서 감사하고 싶다.

이 책은 처음에 브라운대학의 필립 베네딕트Philip Benedict의 주도면밀한 지도하에 구상되었다. 디오고 쿠르토Diogo Curto와 제롬 그리더Jerome Grieder도 매우 귀중한 도움을 주었다. 나의 동료 후이헝 첸Huihung Chen, 헨리크 레이탕Henrique Leitão 및 조슈아 자이츠Joshua Zeitz는 연구 초기에 이 프로젝트를 도와주었다. 프린스턴에 온 이후 나는 역사학과의 여러 동료들로부터 도움을 받았다. 특별히 피터 브라운Peter Brown, 밥 단턴Bob Darnton, 니콜라 디 코스모Nicola Di Cosmo, 벤 엘먼Ben Elman, 토니 그래프튼Tony Grafton, 마틴 히드라Martin Heijdra, 빌 조던Bill Jordan, 피터 레이크Peter Lake, 필립 모건Philip Morgan, 수 나퀸Sue Naquin, 윌라드 피터슨

Willard Peterson, 테드 랍Ted Rabb 및 피터 실버Peter Silver의 통찰력과 격려에 감사한다. 프린스턴대학 외의 사람들, 특히 두딩크Ad Dudink, 노엘 글로버스Noël Golvers, 로니 시아Ronnie Hsia, 톰 맥코그Tom McCoog, 유지니오 메네곤Eugenio Menegon, 켄 밀스Ken Mills, 존 러셀우드John Russell-Wood, 니콜라스 스탠데어트Nicolas Standaert 및 인스 아우파노브Ines Øupanov 또한 전문 지식을 제공했다. 그러나 무엇보다 이 여정에서 나에게 학문적 엄밀함을 능가하는 열정을 지닌 유르기스 에리소나Jurgis Elisonas보다 더 중요한 친구는 없었다. 이 책의 초안이 나온 후 쉬지 않고 나의 글과 분석을 향상시켜 준 그에게 나는 우정으로 이 책을 헌정한다.

몇 년 동안 나는 수많은 아카이브의 사람들과 도서관 사서들의 인내심을 시험하였다. 특별히 리스본의 비블리오테카 다 아주다Biblioteca da Ajuda, 리스본 소재 도서관의 컨세이사우 게아다 박사Dra. Conceição Geada와 예수회 로마 기록 보관소Archivum Romanum Societatis Iesu의 토마스 레디 신부 두 분에게 감사드린다. 컨세이사우 박사Dra. Conceição의 도움이 없었다면 나는 아주다Ajuda에서 보낸 첫 몇 달 동안 예수회원들의 필사물들을 읽는 법을 배우지 못했을 것이다. 또한, 레디 신부의 관대함과 도움이 없었다면 나는 로마에서 더 오래 시간을 보내야만 했을 것이다. 물론 나의 연구를 후원한 재단이 아니었다면 결코 어느 곳도 방문하지 못했을 것이다. 포르투갈과 이탈리아에서 공부할 수 있도록 연구비를 제공한 마카오 문화센터Instituto Cultural de Macau와 풀브라이트Fulbright 프로그램에 감사한다. 프린스턴의 인문사회과학대학 연구위원회가 나에게 준 일련의 연구 보조금에 대해서도 감사한다. 가장 중요하게는, 나의 연구에 끊임없는 지지를 보내준 루이스 도스 산토스 페로Luís dos Santos Ferro와 FLADFundação Luso-Americana para o Desenvolvimento, 미국-포르투갈 간의 협력 촉진 재단에게 감사해야만 할 것이다.

수년 동안 하나의 주제에 초점을 맞추어 집중하는 것은 상당히 피곤한 일이다. 미국과 포르투갈에서 나의 가족의 애정어린 지원이 아니었다면 이 프로젝트에 필요한 인내심이 생겨날 수 있었을지 의문이다. 나의 아내 모니카Mónica는 이 책의 각 장을 만들고 완성 단계에 들어갈 수 있도록 도와준 가장 진지하고 식견 있는 편집자였다. 그녀의 가족들과 우리 아이들 베아트리즈Beatriz, 레오노르Leonor와 함께 한 이 여정은 즐거운 것이었다. 유감스럽게도 나의 친구이자 장모님인 마리아 도 쿠Maria do Céu는 이 책이 출판되기 전에 세상을 떠났다. 나는 그분의 집에서 포르투갈어를 배우고, 그 집 안뜰에서 리스본의 집들을 바라보면서 뒤에 이어지는 연대기를 썼다. 영감을 준 그런 자리 덕분에 나는 푸른색의 타호강을 볼 수 있었는데, 그곳은 한 때 인도의 함대가 동방으로 항해를 떠나기 위해 자신들의 차례를 기다리면서 닻을 내린 곳이었다.

차례

서론

1621년 12월 2일 밤의 장막이 내려왔을 때 장엄한 행렬이 중국 최남단의 땅이자 포르투갈 식민지였던 마카오의 거리를 지나고 있었다. 이 날은 동아시아 사람들에게 그리스도교 메시지를 전하고자 한 중세 이후 첫 번째 유럽인 프란시스 사비에르Francis Xavier 예수회 사제의 축일 전야였다.

그의 죽음을 기리는 기념일에 이르는 두 주 동안, 도시는 화려하게 그의 명예를 축하하였다. 나팔을 불고 종을 울리며 불꽃을 터뜨리기 시작했고, 성인聖人의 초상화가 그려진 깃발이 일본과 중국 예수회 본부의 성소 상파울루 교회 앞에 걸렸다. 이 축하 행사는 사비에르를 마카오의 새로운 수호성인으로 선포하는 행렬 속에서 그 분위기가 정점에 이르렀다. 디오고 코레아 발렌테Diogo Correa Valente 주교는 선교사의 팔 뼈 하나를 담은 은으로 만든 성골함을 들고 깃발과 태피스트리가 있는 거리를 일군의 사제와 수사들, 지역 귀족 및 평신도들을 이끌며 나아갔다. 노래하는 아이들이 사비에르의 덕행에 대해 묘사한 마차에 바짝 붙어 호위하면서 쫓아갔다. 행렬은 광장에 세워진 예수회 신학교의 학생들이 사비에르 생애의 일화를 재현하는 즉석 야외극장에서 멈췄다. 무대에서 상연된 것은 명 제국과 상천도上川島의 이야기였다. 위대한 명 제국은 제왕답게 금은색 장신구와 보석으로 장식된 옷을 입고 있었지만 입에는 비탄을 머금고 있었다. 명 제국은 성聖 프란시스 사비에르가 그 어떤 것들보다 훨씬 큰 보물을 가지고 문 앞에 서 있을 때 몹시 불평하면서 그가 들어오는 것을 완강하게 거부했다. 이와는 대조적으로, 소박한 섬은 이 동방의 사도Apostle of the Orient가 섬 해변의 한 허름한 오두막에서 더 위대한 영광을 전해주었다는 사실을 몹시 기뻐하였다. 상천도가 그의 목자들과 양떼들에게 깜박이는 횃불과 광채 속에서 춤추고 찬양을 부르라고 간곡히 권할 때, 중국은 텅 빈 재산과 불운을 슬퍼하며 울었다.[1]

프란시스 사비에르는 1552년, 이 기념 행렬이 있기 불과 69년 전에 죽었다. 바스크 하층 귀족 계급 출신인 그는 1506년 스페인 나바레에서 태어나 파리대학에서 성장기를 보냈다. 프랑스 수도에서 공부하는 동안 그는 이그나시우스 로욜라를 만나 한 단체에 합류하게 되는데, 이 곳이 바로 1540년 교황청이 승인한 예수회였다. 그 후, 사비에르는 포르투갈의 주앙 3세João III의 명령에 따라 아시아로 떠났다.

---

[1] António Leite, AL College of Macau 1621, Macau, 30 December 1621, BAJA 49 -V-5:341v-343r.

창설된 지 얼마되지 않은 역동적인 종교 수도회의 첫 해외 선교사로서 사비에르는 세례 받을 이방인 영혼을 공격적으로 찾아 나서면서, 당시 가톨릭의 새로운 유형인 "주님의 포도원"에서 일하는 적극적인 일꾼을 대표했다. 사비에르는 포르투갈의 포르투갈령 인도Estado da Índia를 구성했던 요새와 무역 거점을 세운 식민지 개척자, 상인, 군인을 따라 10년 동안 인도와 동남아시아, 일본 사이의 해양아시아 지역을 다니면서 새로운 선교 현장을 개척하기 위해 노력했다.

사비에르는 아시아를 여행하는 동안 중요한 보호와 지원을 제공한 유럽인들로부터 혜택을 받았고, 또 최소한 그의 종교적 동기를 이해한 것처럼 보이는 수많은 현지 브로커들의 관심을 받았다. 그러나 이 사람들은 단지 하늘의 상을 받기 위해 경주하는 동안 만나게 된 첫 번째 장애물을 넘어설 수 있도록 도와준 것뿐이었다. 사비에르가 추구한 복음적인 정복은 포르투갈이 해안가 식민지에 세운 새로운 혼종의 세계를 넘어선 것이었다. 그는 아시아의 왕국들과 제국들의 중심을 목표로 삼았다. 그가 낙관적인 기대를 품고 들어간 몰루카스Moluccas와 말라카Malacca에 있는 말라바르Malabar와 인도 남부의 해안 지역들, 그리고 혼슈Honshu와 큐슈Kyushu에서의 사역은 모두 가톨릭 신앙을 토착 문화에 심기 위해 시작한 것이었다. 그러나 그의 사도적 노력과 관련하여 후에 구성된 성인전聖人傳 전승에 따르면, 사비에르는 가장 큰 상을 손에 넣지 못한 채 명 제국의 문 바로 밖 상천도에서 세상을 떠났다. 소명에 응답한 이 유럽 선교사 앞에는 동아시아 문화의 중심에서 선교 사역을 수행하고자 할 때 수반되는 도전이 놓여 있었다. 이 동방의 사도의 규범을 배워서 오로지 상상만 했던 중국에서의 사역을 추구했던 사람들의 이야기가 바로 이 책의 주제이다.

　16세기 후반 프란시스 사비에르의 신앙과 선교 활동에 대한 명성이 포르투갈어권 아시아에서 가톨릭 유럽의 맨 끝으로 퍼져 나가고 있을 즈음에 가장 위대한 중국문학 작품 중의 하나가 탄생하였다. 서쪽으로의 여행, 즉 수백 년 구전 이야기 전통에서 나온 산문 걸작인 『서유기西遊記』가 1592년에 처음으로 출판되었다. 논쟁이 있기는 하지만, 이 책의 저자는 오승은吳承恩, 약1500~1582으로 알려져 있다. 그는 초자연적인 것에 대해 흥미를 가진 하층 문인이었다. 이야기의 주된 플롯은 7세기에 불교 경전을 얻기 위해 인도에 간 현장玄奘이 이룩한 역사적 여정을 각색한 것이다. 이 이야기에는 일군의 모험가들이 중국에 외래 종교를 도입하면서 겪은 시련들이 상세하게 그려져 있다. 이야기꾼들이 이 이야기를 전달하고, 각색하고, 나아가 그것을 조기早期 백화白話로 윤색하기에 알맞은 제재로 만든 것은, 그들이 광활한 중앙아시아를 배경으로 모험과 종교가 결합되어 나타난 이 서사 양식에 강렬한 인상을 받았기 때문이다.

　『서유기』에서 현장은 사막을 가로질러 인도까지 여행하는데, 그 과정에서 괴물들을 물리치고 미지의 환상적인 위험에 맞선다. 이 구도자가 처한 위험한 길은 깨달음을 향한 불교도의 길을 알레고리적으로 상징한다.[2] 다행히 현장의 경우, 초자연적 힘을 가진 세 명의 동반자가 그를 호위하고 보호해준다. 그 중의 한 명이 잘 알려진 원숭이 손오공孫悟空이다. 유랑하는 승려의 종교적 탐구는 설화적 여행의 중심

2　Andrew Plaks, *Four Masterworks of the Ming Novel,* Princeton, 1987, pp.183~276.

적인 모티프를 제공하지만, 비범한 천재성과 기지機智를 지닌 원숭이 이야기는 『서유기』를 중국 소설의 대표적 정전 중의 하나로 만들었다. 우연하게도, 『서유기』의 작가는 프란시스 사비에르의 후임자들이 명 제국 내에서 첫 번째 거주지를 얻은 그해에 죽었다.

얼핏 보기에, 명대 후기의 『서유기』와 예수회 선교사들의 중국 선교 이야기는 아무런 유비가 없어 보인다. 결과적으로, 선교의 설립자 마테오 리치와 탐욕스러운 돼지 저팔계豬八戒 사이에는 뒤에서 전개될 이야기 속에서 어떠한 대비점도 찾을 수 없다. 선교사이자 천문학자인 페르디난트 페르비스트Ferdinand Verbiest와 사오정沙悟淨의 성격은 비교 대상이 되지 않는다. 그러나 『서유기』의 중요한 요소는 확실히 이 책의 중심 주제와 공명한다. 두 경우 모두, 사건의 시퀀스가 새로운 종교적 전통을 중국의 사회적, 문화적 맥락에 소개하려는 극적인 행동을 보여준다. 방대한 거리를 여행하면서 자신들의 문명과 판이하게 다른 문명의 복잡성을 이해하는 데 필요한 도구를 갖추고자 노력한 개인들이 직면한 도전에 관심을 기울이고 있는 것이다.

이 책의 핵심은 예수회원들이 전하고자 한 종교적 도그마의 내용이 아니라 그들이 펼쳤던 모험적인 여정의 전개 과정이다. 전근대 사회에서 여행할 때 만나게 되는 위험, 낯선 땅에 홀로 비무장한 채 들어갈 때 처하게 되는 위험, 여정 가운데 버티고 있는 실제적 혹은 상상의 적들을 물리칠 수 없는 어려움, 그리고 완전히 낯선 문화를 이해해야만 하는 도전은 주인공의 운명에 대한 반전들이 들어있는 대본 속에서 극적 국면의 에피소드를 구성한다. 그러나 『서유기』와는 달리, 16~17세기의 중국 예수회에 대한 이 이야기는 민담이 아니다. 예수회의 선교를 동서양의 서사적인 만남으로 다루는 친숙한 서양 이야기와 혼동해서도 안된다. 모든 모험이 서사시적인 것은 아니며, 중국 제국 말기의 예수회의 운명은 여기서 영웅적이거나 성인전聖人傳처럼 이야기되지 않는다.

이 책은 확고한 신념과 신의 도움만으로 중국을 그리스도교로 개종시킬 수 있다고 믿었던 소수의 선교사들에 관한 것이다. 주요 인물은 예수회 사제와 수사들, 그리고 그리스도교인이 된 현지 남성과 여성들이다.1700년에 20만 명에 달함 이 인물들은 북경의 황실, 산서성의 먼지 나는 마을, 번화한 양자강 삼각주 지역, 복건의 산촌과 같은 다양한 배경에 놓여 있다. 그러나 그들의 움직임은 대륙 전체를 가로지르고 있으며 때로는 중국의 경계를 넘어서서 이루어진다. 로마에 있는 예수회 본부로부터 포르투갈의 수도회 신학교까지, 그리고 고아와 마카오에 있는 선교사들의 거주지까지 수천 마일을 움직이며 수년 동안 여행을 한다. 이 이야기는 1579년 명 제국의 변두리에 있는 유럽 식민지에서 시작된다. 이 곳에서 첫 번째 예수회 선교사가 중국어 공부를 시작하였다. 17세기에 걸쳐 선교사들은 중국 전역에 거주지와 그리스도교 공동체의 네트워크를 구축한다. 한 세기에 걸쳐 사역을 지속한 후 선교사들의 노력은 1705년 교황 특사의 파국적 북경 방문과 그로부터 거의 20년 후 중국에서 그리스도교를 금지한다는 제국의 법령, 이 두 가지 조합에 의해 치명적으로 저지되고 나서 끝난다.

중국 예수회 사역의 이야기는 단순한 흥망의 이야기가 아니다. 유럽과 중국의 상황에서 생겨난 복잡한 요인들이 선교사들 운명의 변화의 배후에 있었고, 이 책은 상당히 많은 정치적, 문화적, 과학적 만남을 탐구한다. 주제가 복잡한 경우, 저자는 선택해야 한다. 나는 여기서 예수회원들이 중국 사회에 도입한 종교적인 실천들을 탐구하고, 같은 맥락에서 그리스도교가 획득한 형식들을 관찰하고자 하였다. 가장 넓은 층위에서, 이 연구는 선교 교회의 발전, 즉 예수회원들의 후원으로 만들어지고 그들의 사목적 노력을 통해 지속된 그리스도교 공동체 집단을 추적한다. 나는 중국에서 개종을 위해 선교사들이 사용했던 전략들, 세례 받을 사람을 모으기 위해 의존했던 기술들, 그리고 중국 가톨릭 신자들의 영적 진보를 촉진하기 위해 사용한 방법들에 대해 논한다. 그러므로 이 책은 "처음부터 끝까지" 선교 교회의 이야기에 대해 말한다.

여기서 중국을 향한 예수회의 선교는 의도적으로 초기 근대 가톨릭의 한 부분으로 다루어졌다. 이 포괄적인 개념에는 16세기에서 18세기까지의 가톨릭 그리스도교를 전체적으로 특징 짓는 개인들의 신앙, 집단 신심 및 제도적 발전의 비교, 보완, 때로는 모순되는 부분이 포함되어 있다.[3] 중국 선교는 세계의 나머지 지역과 차단된 이국적인 실험이 아니었다. 중국을 여행한 사제들은 종교 문화에 충실한 회원들이었으며, 그들이 아시아에서 펼친 활동에는 유럽의 학문적, 신앙적, 사회적 배경의 기호가 새겨져 있다. 요컨대, 여기서 논의된 사건들은 중국에서 일어났지만, 더 넓게는 가톨릭교에 관한 유럽 이야기

---

3 "초기 근대 가톨릭"은 존 오맬리(John O'Malley)가 최근에 나온 "교파화(Confessiona lization)" 개념뿐만 아니라 "가톨릭 개혁"이나 "반개혁"과 같은 용어들을 대체하기 위해 만든 신조어이다. 이 범주들은 모두 유럽 사회, 문화, 역사의 공통된 그리스도교의 특징들과의 대화의 형식을 함축하고 있기 때문에 중국 선교의 주제에 쉽게 들어맞지 않는다. John O'Malley, *Trent and All That : Renaming Catholicism in the Early Modern Era*, Cambridge, Mass, 2000, pp.119~143.

의 일부이기도 하다. 예수회가 분주하게 이 복잡한 종교 교리, 태도 및 제도를 중국으로 가져오는 동안, 가톨릭교는 유럽의 다양한 정치적, 사회적 세력들에 의해 변화되고 있었다. 가톨릭 문화의 파노라마는 선교 기간인 1580년대와 1720년대 사이에 크게 바뀌었다. 루이스 데 그라나다Luis de Granada와 필립 2세Philip II시대에 시작된 이 사역이 보쉬에Bossuet와 루이 14세Louis XIV시대 직후에 끝났다는 것을 생각하라. 그러므로 여러 세대의 선교사들이 세대를 거쳐 아시아로 여행했을 때, 그들이 운반한 문화적 수하물이 로마 교회와 유럽 자체 내에서의 움직임들과 함께 이동했다는 것은 놀라운 일이 아니다.[4]

이런 이유로 이 책은 또한 초기 근대 유럽의 종교에 관한 것이기도 하다. 중국 선교의 프리즘을 살펴보면, 그 당시 상당히 광범위한 가톨릭 경험의 스펙트럼에 대한 어떤 경향들이 놀랍도록 명확하게 나타난다. 한쪽 끝에서는 남부 유럽에서 일어난 16세기의 신앙의 역동성으로 말미암아 예수회와 같은 제도의 창립이 촉발되었고, 해외 선교를 포함한 많은 활동이 시작되었다. 스펙트럼의 한 가운데에는 예수회의 강한 협력 정체성과 혼합될 때 선교사 사제들의 태도를 형성하는 데 도움을 주는 다양한 지역적, 국가적 가톨릭 실천이 놓여 있다. 그리고 마지막으로 맨 끝에는 반개혁적 성격을 지닌채 정통성을 부여하고 교황의 우선권을 주장하려는 제도 교회의 억압적 힘이 나타난다. 결국

---

4 다음과 같은 세 개의 연구가 초기 근대 가톨릭에 대해 잘 개관해주고 있다. Jean Delu -meau, *Le Catholicisme entre Luther et Voltaire*, Paris, 1971; R. Po-Chia Hsia, *The World of Catholic Renewal, 1540~1770*, Cambridge, 1998; Robert Bireley, *The Refashi -oning of Catholicism, 1450~1700 : A Reassessment of the Counter Reformation*, Washi -ngton, D.C., 1999.

중국 예수회에 전해진 것은 이 힘인 것이다. 따라서 초기 근대 가톨릭의 가장 멀리 떨어진 (그리고 여러 가지 면에서 가장 눈에 띄는) 거울은 선교사들과 중국 그리스도교인들 사이에서, 가톨릭 세계의 가장 주변부에서 발견되었다.

예수회의 중국 선교는 초기 근대가 시작될 무렵 남부 유럽에서 일어난 경건 회복운동에서 시작되었다. 종종 가톨릭 종교 개혁Catholic Reformation이라고 불리우는 이 운동은 이탈리아와 이베리아에서 시작되었으며 개혁 주교들, 수도회칙 엄수파observant 수녀와 수사들, 남성 및 여성 신비주의자들이 종교 생활의 방향을 바꾸기 시작했다. 예수회는 그 자체가 바스크 귀족인 이그나시우스 로욜라의 개인적 카리스마와 천재적인 조직성에서 비롯되어 당시의 이러한 영적 부흥이라는 흐름 속에서 나타났다. 16년 후 료욜라가 사망할 때까지 1540년 창립 당시의 그룹 10개가 거의 1,000개로, 그리고 1580년 그 수의 5배까지 회원 수가 기하급수적으로 증가한 것은, 그 소명과 성격이 당시 사람들에게 얼마나 매력적이었는지를 보여주는 증거가 된다.[5] 이 최초의 예수회원들은 가톨릭 유럽 전역에 예수회를 설립하였다. 그리고 스페인 및 포르투갈의 아프리카, 아시아 및 아메리카로의 확장을 타고, 급증하는 많은 사제와 형제들이 새로운 식민지 도시에 거주지를 세웠다. 예수회 사람들이 제국의 경계를 넘어서 개종을 통하여 가톨릭 그리스도교국을 확장시키는 것을 계획할 수 있었던 것은 마카오와 같은 유리한 지점에서였다.

---

5   William Bangert, *A History of the Society of Jesu*, St. Louis, 1986, pp.22 · 45~46.

일종의 열정이 유럽과 제국 전역에 거주지를 설립하려는 예수회의 추진력을 강화했다면, 비그리스도교 지역에서 선교 사역을 시작하기 위해서는 다른 수준의 신앙의 헌신이 필요했다. 중국 예수회원들은 그리스도교 교육의 보편적 적용 가능성에 대한 확고한 신념과 그리스도교 언어가 심지어 가장 광범위하게 이질적인 문화라 하더라도 그 지형에 잘 맞출 수 있는 신축성이 있다는 확신에 의해 동기를 부여 받았다. 상인이나 용병과 같은 세속적 제국 요원들의 현세적 자부심과 비교했을 때, 선교사의 영적 야망은 한계가 거의 없었다. 실제로, 많은 예수회원들은 순교를 통해 천국 가는 길을 얻는 것을 목표로 아시아로 향했다. 중국에서 선교적 과제를 요청 받은 사람들은 식민지 무기의 보호 없이 그들의 사도적 활동을 수행해야 할 것이며, 본토 주민의 적대감에 직면해서 어떠한 강제적인 힘도 도움이 되지 않는다는 것을 잘 알고 있었다. 일단 광동과 북쪽 지점으로 나아가기 위해 주해珠海 쪽으로 향하고 나자 그들은 개종시킨 후 얻게 되는 만족을 넘어 그들이 기대할 수 있는 분명한 상은 관리와 황제로부터 얻을 수 있는 인정이라는 것을 알았다. 더욱이 선교사들의 노력의 귀중한 보상인 중국 그리스도교인들은 그들의 고향에 남아있어야 했다. 그들을 향신료나 금괴처럼 해외로 운송할 수는 없었다. 따라서 일부 유럽인들에게는 금 향기보다 영혼의 유혹이 더 강렬한 것으로 보였다.

그러나 가톨릭 종교 개혁 기간 동안 예수회원들 사이에서 피어올랐던 선교적 열망은 결과적으로 복음 전도에 대한 무차별적인 시도로 나타나지는 않았다. 그것은 선교와 교육이라는 예수회의 쌍둥이 같은 소명의 두 가지 유산인 개종 전략 및 다년간의 학문적 훈련에 대한 기나긴 성찰에 의해 조절되었다. 예수회 사제들이 중국에 들어갈 때, 수도회는 유럽에서 대중들의 신앙심을 고취시키는 것을 목표로 하는 선교 사업을 수행하기 위하여 효과적인 기술을 발전시켰다.[6] 확실히, 예수회는 프란체스코회와 도미니크회 같은 보다 오래된 종교 수도회들이 만들어 놓은 모델을 기반으로 교리를 가르치고 설교를 하였으며, 고해성사를 하고, 반목하는 사람들을 화해시키는 데에 사목적 에너지를 쏟았다. 16세기부터 18세기까지 순회 예수회원들은 수사학, 연극성, 결의론決疑論, 개인적인 인내, 그리고 가장 잘 알려진 선교 창립자들에게는, 신성성의 명성을 결합하는 소명을 훈련하면서 유럽 전역의 도시와 마을을 여행하였다.[7] 아시아로 파견된 젊은이들은 선교사로서 개인적인 경험이 많지 않았지만, 나이든 동료들이 어떻게 유럽에서 선교 사업을 수행했는지를 확실히 알고 있었다. 그런 의미에서 흩어져 있는 중국 그리스도교인 공동체는 광대하고 무심한 땅에 세워진 바로크적 신앙심을 생생하게 보여주는 현장이었다.

교육 또한 예수회의 선교적 노력을 형성하는 데 중요한 요소였다. 수도회는 15세기 후반 이래 번성했던 그리스도교 인문주의로 알려진 신앙과 학문의 전통을 계승했으며, 회원들의 학문적 육성을 상당히 강조했다. 1580년대에 중국 선교가 시작될 때, 예수회는 문법, 수사학, 철학 및 신학을 가르치기 위해 학교에서 사용되었던 방법을 표준

---

6 초기 예수회에 대한 개관은 John O'Malley, *The First Jesuits*(Cambridge, Mass, 1993)를 참조.
7 예수회원들에 대해 특별한 강조점을 두면서 유럽의 선교사들의 활동을 일반적으로 개괄하고 있는 것으로 Louis Châtellier, *The Religion of the Poor : Rural Missions and the Formation of Modern Catholicism, c.1500~c.1800*(trans. Brian Pearce, Cambridge, 1997)를 들 수 있다.

화하기 위한 프로그램을 시작했다. 최초의 선교사들을 제외하고, 대부분의 중국 예수회원들은 이 통일된 학업 프로그램을 두 번, 처음에는 학생으로 나중에는 교사로 이수하였다. 그러므로 예수회 사람들이 자신들의 대학에서 했던 공동 생활은 영적인 생활만큼이나 정신적 생활이었다.[8] 그들의 학문적 훈련은 중국에서 매우 중요했다. 왜냐하면 예수회원들은 중국에서 유가철학뿐만 아니라 중국어를 이해하는 첫 번째 유럽인이 되어야 하는 도전에 직면했기 때문이다. 그들이 알고 있는 바에 따르면, 본토 전통에 대한 연구는 종교적 메시지를 중국 문화에 기입하는 데 필수적이었다. 그러나 지식이 전부는 아니었다. 토론을 위한 수사적 기술과 소양—더 나아가 학문적 훈련의 유산—이 없이 예수회원들이 어떻게 중국인들에게 그리스도교 교리의 타당성을 확신시킬 수 있을 것이라 희망할 수 있었겠는가? 결국, 그들이 중국에서 배운 첫 번째 교훈 중 하나는 사회적 합법성의 문을 여는 열쇠가 철저하게 관리들의 손에 있다는 것이었다. 이 관리들은 학문을 한 자들로서 국가 관료 체제 내에서 강력한 지위를 얻은 사람들이었다. 그러나 이 책은 예수회원들이 그 장벽을 넘어선 것 그리고 자진해서 개종하고자 했던 중국 사회의 엘리트 계층을 초월해 그들이 했던 행동들을 이야기하는 데에까지 나아간다.

중국 선교의 프리즘을 통해 볼 수 있는 초기 근대 가톨릭의 스펙트럼을 관통하는 상당한 대조는 두 가지 요소, 즉 예수회 협력의 정체성과 지역 및 국가의 종교적 실천들의 다양성 사이에 내재한 긴장에 기

---

8 유럽의 예수회 신학교에 대한 탁월한 분석으로 R. Po-Chia Hsia, *Society and Religion in Münster, 1535~1618*(New Haven, 1984, pp.59~92) 참조.

인한다. 초기 근대의 다른 수도회들과 마찬가지로 예수회는 강한 집단 응집력을 가졌다. 비록 "반종교개혁의 선봉대 역할을 한 군대 스타일"의 수도회로 묘사하는 진부한 클리셰보다 덜 하기는 하지만. 그 회원들의 개인적인 카리스마와 수도회의 제도적 성격으로 인해 예수회는 숫자면에서는 말할 것도 없고, 다른 가톨릭 그룹의 진용陣容 가운데에서도 돋보였다. 더욱이, 보다 오래된 수도회들이 그들의 특정한 소명을 재정의하고 있을 때인 영적 부흥 당시에 예수회가 설립되었다는 사실은, 예수회로 하여금 그들이 "우리의 진행 방식"이라고 부르는 것을 끝까지 밀고 나갈 수 있도록 하였다. 공동 서약, 통치 절차, 교육 규범, 신앙, 사목 실천들은 모두 예수회의 제도적 정체성을 만들어나가는 데 기여했다. 은둔하는 종교 수도회들과는 달리 그들의 활동은 공동체의 기도 습관에 의해 지배되지 않았고, 활동 범위는 거주지에 국한되지 않았기 때문에, 이러한 공유된 관습은 예수회원들에게 특히 의미가 있었다. 예수회의 관습을 준수하는 것이 유럽 회원들에게 중요하다면, 수백 마일 떨어진 도시에 흩어져 있고, 사제들이 종종 혼자 또는 한 두 사람의 그룹에서 살았던 중국의 경우는 더욱 중요했다.

예수회가 국제적인 종교 수도회임을 반복해서 강조한다. 예수회는 로마 교회와 동일한 광대한 공간 및 주로 프로테스탄트와 정교회Orthodox의 땅에 대학과 기숙사를 가지고 있었다. 결과적으로 수도회의 회원 자격 속에 나타나듯이 다양한 국적의 사람들이 있었다. 예수회 자체와 마찬가지로 중국 선교는 사제와 수사들의 다국적 모집 풀에 의존했다. 가장 많은 동아시아 예수회원들이 포르투갈에서 공급되었으며, 이탈리아와 남부 네덜란드에서도 상당수의 사람들을 공급했다. 그러나 다른 선교들과는 달리, 중국 예수회 그룹은 국적 측면에서 매우 다양했다. 중국 예수회 그룹의 사제들과 수사들은 롬바르디아와 리투아니아 또는 카스티야와 크로아티아와 같이 서로 멀리 떨어져 있는 곳에서 왔다.[9] 이러한 다양성으로 인해 예수회의 협력적 통일성은 두 배로 중요해졌다. 제도적 정체성과 공유된 순종 서약 외에는 선교사들을 떨어트려 놓는 광대한 중국 영토를 가로질러 선교사들을 하나로 묶는 것이 거의 없었기 때문이다. 그것은 또한 중국 예수회원들이 그 동시대인들이 자연스러운 일체감이라고 간주했던 것을 고무시킬 수 있었던 정치적 충성을—그들 사역의 후원자인 포르투갈 왕, 그리고 북경에서 사역하는 사람들의 직접적 주인인 중국 황제에 대한 유명무실한 충성에도 불구하고—공유하지 않았다는 것을 의미했다.

로마 교회의 구조로 인해 굳건한 통일성을 요구하는 집요한 (종종 논쟁적인) 학문적 관습이 있다. 그러나 모든 교황의 주교관할구들과 추기경들이 수가 훨씬 적은 교구들과 똑같이 만들어진 것은 아니었다. 실제로, 신앙과 정치적 특권의 지역 전통은 초기 근대 유럽에서 가톨릭의 실천에 강력한 영향을 미쳤다. 한편으로는 보편성, 그리고 다른 한편에서는 특수성 사이의 이러한 긴장은 예수회와 같은 종교적 수도회뿐만 아니라, 그 당시 교회의 지도층 속에서도 분명하게 드러났다. 중국 선교의 운명을 사제의 국가적 성격에 따라 환원주의 용어

---

9 예수회 역사 기술에 대한 개요 및 그것에 영향을 주었던 유럽 역사 사상의 흐름들에 대해서는 John O'Malley, "The Historiography of the Society of Jesus : Where Does It Stand Today?" in O'Malley, Gauvin Alexander Bailey, Steven Harris, and T. Frank Kennedy, eds., *The Jesuits : Cultures, Sciences, and the Arts, 1540~1773*, Toronto, 1999, pp.3~37을 참조.

로 설명하는 것을 피하는 것이 필요하기는 하지만, 가톨릭 생활의 명확한 지역 형태와 예수회 태도가 선교 사업의 발전에 영향을 미쳤다는 것을 인식하는 것도 똑같이 중요하다. 독자에게 이러한 긴장에 대해 알려주기 위해 두 가지 예를 들고자 한다. 하나는 가톨릭 유럽에서 신앙(그리고 정치)의 무게 중심이 스페인에서 프랑스로 이동함으로 말미암아 17세기 중반 중국 선교사들 가운데 국적에 따라 단층선이 출현했다는 것이다. 1650년 이후 중국에 온 많은 프랑스, 플랑드르, 독일 및 이탈리아 선교사들은 합스부르크 지배 당시 유럽에서 온 회원들 사이에 고민거리가 된 정치적 감정과 신앙의 결합에 대해 다른 태도를 가졌다. 이런 긴장의 가장 두드러진 예가 1687년에 루이 14세의 후원을 받아 온 프랑스 예수회 그룹과의 신랄한 분쟁에 중국 예수회원들이 휘말린 것이다. 이제 막 중국에 온 그들이 "포르투갈인"이라는 라벨을 부치고 무시해버렸던 자신들의 동료들로부터 강하게 독립을 주장한 것이다.

초기 근대 가톨릭의 스펙트럼의 한쪽 끝에서 영적 부흥의 세력을 찾을 수 있다면, 다른 쪽에는 반개혁과 관련된 교회 통제 수단이 놓여 있었다. 가톨릭 개혁 시기의 열광적인 역동성은 예수회가 유럽에서 아시아로 가도록 한 원심력의 영적 에너지를 만들어 냈지만, 프로테스탄트의 도전에 대응하여 만들어진 교회적 위계의 구심력 또한 중국 선교에 결정적인 브레이크 역할을 했다. 특히 트렌트 공의회 시기인 16세기 중반에 생겨난 두 가지 과정이 결국 아시아에서의 예수회 활동에 개입되었다. 즉, 신학적 문제에 있어서 개혁을 저지하려는 폭력적인 시도와 일반 성직자들의 독립을 축소시키기 위한 노력에 의해 수반된 교황의 우선권을 향한 압박이 그것이다. 결국 선교를 끝내게 한 것은 가톨릭 그리스도교를 중국어로 번역하는 데에서 겪는 어려움이었다기 보다는 이 세력들의 결합이었다.

반개혁은 중국에 늦게 도착했다. 확실히, 먼 아시아에서 그 효과가 느껴질 무렵, 그것은 종교재판소나 금서 목록을 야기한 것과 같은 그러한 현상이 더이상 아니었다. 30년 전쟁이 끝날 무렵, 반개혁은 공식적인 제도적 억압 기관에 의해 축적된 수십 년의 경험에서 얻은 힘을 이끌어 내면서 성숙해졌다.[10] 그 당시 이 교회 주체들은 주로 이단에 대한 처벌 혹은 과거에 한동안 그들을 열중하게 했던, 유대교 혹은 이슬람교를 신봉했던 사람들 보다는 예수회와 얀센파 사이의 갈등과 같은 가톨릭 내에서의 분쟁의 판결 때문에 바빴다. 그럼에도 불구하고 유럽과 아시아 선교 현장 사이의 거리가 상당히 멀었기 때문에 중국의 예수회 정책이 소르본의 신학 교수나 로마 종교재판소에 우려를 일으키기까지 수십 년이 걸렸다. 예수회가 그 첫 번째 세기 동안 가졌던 사회적 위상과 종교적 역동성은 비록 예수회가 논란의 여지가 있는 신학자들보다 훨씬 많은 문제를 만들었다 하더라도 이단이라는 비난—아니면 의심—으로부터 수도회를 넓게 보호해주었다. 예수회를 모함하는 다른 종교 수도회의 회원들은 예수회가 신적인 문제에 대해 정통이 아니라는 점을 끊임없이 주장했다. 예수회는 국왕 시해, 자유 의지, 도덕 신학에 대한 그들의 입장 때문에 논쟁에 휘말리면서 중국에서의 선교 활동에 대해 유럽과 아시아에서 혹독하고도 끊임없

---

10 유럽에서의 이러한 억압적인 힘들에 대한 설득력 있는 해석으로는 Adriano Prosperi, *Tribunali della coscienza : inquisitori, confessori, missionari*(Turin, 1996)가 있다.

는 비판에 직면해야 했다.

중국에서의 예수회의 역사 혹은 계몽주의 역사에 익숙한 독자들은 이미 중국의 전례 논쟁에 대해 알고 있을 것이며, 이 논쟁의 원인은 다음 장의 여러 지점에서 논의될 것이다. 그럼에도 불구하고 이 논쟁의 만행은 17세기 후반 교회의 최고 지도층 사이에서 반예수회 정서를 자극하는 데 중요한 역할을 했다는 점에서 주목할 가치가 있다. 문제는 예수회 사람들이 중국 그리스도교인들 사이에서 우상 숭배와 정통이 나뉘어지는 지점에 위치해 있다는 것이었다. 가톨릭 학자 관료가 유교와 관련된 국가 의식儀式에 참여할 수 있는가? 그리고 예부터 내려오는 장례식 전통을 지키는 문화에서 그리스도교인들이 죽은 자를 존중하는 적절한 방법은 무엇인가? 1630년대에 중국에 온 다른 유럽 선교사들의 눈에, 예수회원들은 그들의 신자들 가운데 우상 숭배를 부추기는 것까지 허용하는 가톨릭 실천의 경계를 확장시켰다. 이 비판자들은 예수회의 새로운 개종자들의 실천들에 대해 자신들이 받은 인상을 유럽으로 보내서 그들이 발견한 것을 가장 높은 신학 재판정에 제출했다. 전례 논쟁의 곤란한 문제에 대한 양측의 수십 년간의 논쟁이 있은 후, 교황청은 예수회원들을 반대하기로 결정했고, 중국 선교사들에게 그 뜻을 전달하였다.

트렌트 공의회Council of Trent의 결과로 교황 권력이 확대되었는데, 이것은 초기 근대에 걸쳐서 일어난 과정이었다. 교황과 왕이 소유한 권력의 성격 사이에 명백한 차이가 있었음에도 불구하고, 교회 내 집권 세력은 유럽 세속 군주 만큼이나 강력했다.[11] 교황청은 교회 제도에 대한 우선권을 주장하기 위해 모든 가톨릭 의식儀式이 로마 표준을 준수해야 하며, 종교적 수도회와 같은 독립된 기구가 더욱 확고하게 로마의 통제하에 있어야 함을 요구했다.[12] 예를 들어 예수회원들은 교황청에 대한 순종 서약을 더욱 엄격하게 준수해야 했다. 해외 선교, 특히 중국에서의 사역은 이 싸움에서 중요한 전장이었다. 17세기 후반, 예수회는 선교 활동을 감독하기 위해 1622년에 설립된 교회 주체인 로마 포교성성布敎聖省의 추기경들과 점점 더 충돌했다.

교황청에게 있어 주요 문제는 아시아 가톨릭과 선교사 사목자들에 대한 통제였다. 16세기 초에 창설되어 그 넓은 관구가 동아프리카부터 일본까지 확장되어 나간 고아 대주교의 느슨한 관할권을 포위하려는 시도 속에서 베트남, 인도, 중국 등과 같은 곳의 신생 그리스도교인 공동체를 관리하기 위해서 17세기 후반 교황들이 포교성성 주교들을 임명하기 시작하였다. 하지만 중국 예수회원들은 그들의 선교교회에 대한 통제권을 양도할 준비가 되어 있지 않았고, 추기경들은 종교 수도회 회원들의 불복종을 기꺼이 감내해야 했다. 교황 특사가 중국 가톨릭에 대한 통제 협상에 실패하는 사이에 불운한 사절단이 강희제를 방문하면서, 예수회원들은 교황권에 복종하든지 아니면 그리스도교인들 사이에 남든지라는 불가능한 선택에 직면했다. 이 딜레마는 치명적이었다. 그 결과 중국에서 여러 선교사들을 추방하고 궁

---

11 특별히 초기 근대 교황권에 대한 이해를 돕는 연구로는 A. D. Wright의 *The Early Modern Papacy : From the Council of Trent to the French Revolution, 1564~1789*(New York, 2000) 와 Paolo Prodi의 *The Papal Prince, One Body and Two Souls : The Papal Monarchy in Early Modern Europe*(Cambridge, 1987) 두 권의 저서를 들 수 있다.

12 의식(儀式)에 있어 복종에 대한 압력을 분석한 연구로는 Simon Ditchfield, *Liturgy, Sanctity, and History in Tridentine Italy : Pietro Maria Campi and the Preservation of the Particular*(Cambridge, 1995)가 있다.

극적으로는 그리스도교를 금지하는 데까지 이르렀는데, 이것은 예수회와 본토 당국 사이의 관계 변화로 말미암은 것이었다. 결국 로마는 그 소유할 수 없는 것을 파괴해버리고 말았다.

예수회원들이 중국에서 펼친 노력이 전통적으로 중국 이야기의 일부로 시작되었음에도 불구하고, 이것은 유럽 이야기의 주된 부분이 된다. 명말청초의 사회적, 정치적, 경제적, 종교적 맥락이 선교 프로젝트 발전에 중요했으며, 이 이야기의 배경이 되었음은 말할 필요가 없을 것이다. 독자는 의심할 여지없이 중국 종교문화보다 유럽의 그 것에 대해 더 많은 지식을 얻을 것인데, 나는 선교사와 중국인뿐만 아니라, 중국에 영향을 준 그리스도교의 측면에 대한 균형 잡힌 묘사를 제공하기 위해 동일한 노력을 기울였다. 이러한 안전 장치는 이 이야기의 핵심 요소들이 풍자 만화로 축소되는 것 — 예수회원들을 한결같이 영웅적으로, 그리고 중국은 변하지 않는 것으로 묘사하였던 선교 역사에서 때때로 겪었던 비운 — 을 막기 위한 것이다. 마찬가지로, 나는 중국사에서 예수회원들의 역할에 대해 숙고했던 이전의 많은 학자들이 몰입했던 논쟁적인 주제를 피하고자 하였다. 이 책에서 선교적 승리를 축하하거나 혹은 중국 그리스도교 교회의 실패에 대해 변명을 제공하고, 서양 제국주의의 미묘한 (또는 직접적인) 형식을 비난하거나 혹은 외래적인 것의 오염에 의해 중국 문화가 부패한 것을 슬퍼할 절박한 필요는 없다고 생각한다.

중국을 향한 예수회 선교의 역사는 어떻게 기록되었는가? 여러 세대에 걸쳐 학자들은 초기 근대에 선교사들이 만든 서사에 의존했다. 예수회는 그 승리를 축하하고 신입 회원을 유치할 목적으로 해외 선교를 적극적으로 홍보한 이래, 명대 중국으로부터 온 보고서는 수도회가 중국 제국 내에 그 첫 번째 거주지를 얻은 후 곧 출판되기 시작했다. 선교사의 용기와 성취에 관한 30년간의 짧은 진술에 이어 선교창시자인 마테오 리치의 일기가 라틴어로 번역되어 『중국에서의 그리스도교 원정De Christiana Expeditione apud Sinas』 — 이 제목은 당시에 나온 『서유기』와 의도치 않은 유사성을 보여준다 — 이라는 제목으로 출판된 1615년에 최초의 실질적인 선교사宣教史가 나타났다.[13] 그 후 여러 유럽 언어로 번역된 이 책은 선교 역사의 중심에 마테오 리치를 두었다. 이것은 사실상 초기 선교의 전개 과정에 대한 연대기를 1582년 광동의 외부인에서 1610년 북경의 내부자로 가는 마테오 리치 여정의 연대기와 넓은 의미에서 동일하게 만든 셈이었다. 후에 예수회 저자들과 외부 주석가들은 이 이야기를 포착하고 황실에서 일한 선교사 천문학자들에 대한 에피소드를 추가함으로써 이후 수십 년 동안 그것을 발전시켜 나갔다.[14] 이 자료를 무비판적으로 끌어들인 학자들은 리치와 같은 방식으로 자신들의 독자들에게 예수회 선교를 소개함으로써 20세기 중반까지 이 이야기를 되풀이 하였다.

초기 유럽 출판물에서 강조된 선교사들의 이미지와 행동의 특정 측면, 즉 비단 가운을 사용하는 것, 유가 철학과 같은 이교異教의 비밀에 대한 연구에 관심을 갖는 것, 세속적인 과학흠천감(欽天監)에서 일하는 그들의 근

---

13 Matteo Ricci and Nicolas Trigault, *De Christiana Expeditione apud Sinas*, Augsburg, 1615.

14 Álvaro Semedo, *Imperio de la China*(Madrid, 1642), 그리고 Jean-Baptiste du Halde 가 편집한 17세기 말에서 18세기 초 예수회 선교사 보고서들의 개요인 *Lettres Édifiantes et Curieuses écrites des Missions Étrangères*, 34vols.(Paris, 1702~1776)가 있다.

무 조건의 현실에 뿌리를 둔 모든 표현들을 제공함으로써 비그리스도교인 황제를 기꺼이 섬기려고 하는 것과 같은 것들은 예수회를 비난하는 사람들이 사용하는 강력한 수사적 무기였다. 예수회원들은 파리와 로마에서 자신들의 명성을 지키기 위해 변증에 관한 책으로 대응했으나, 처음에는 얀세니스트가 그리고 후에는 계몽철학자들이 만든 중국 선교에 대한 논쟁적인 해석이 오래도록 지속되었다. 후자의 맥락에서 이루어진 텍스트 번역은 앵글로색슨 대중에게 진부한 상투어로 꽉찬 예수회 사역의 비전을 남겨주었고, 19세기의 반예수회주의의 물결에 순조롭게 합쳐졌다. 선교는 논쟁적인 비전이 그랬듯이, 기본적으로 메트로폴리탄적인 것이었으며, 중국의 황실에 집중되었다. 예수회원들은 평민에게 설교하는 것에는 거의 관심이 없었다. 중국 엘리트가 그들을 지루해하자 자연스럽게 그들의 사역은 불안정해졌다. 물론 이 주장은 계속되었고, 예수회원들은 그들의 사역이 소멸되지 않도록 사전에 막고자 노력하였다. 자신들의 호스트들을 불쾌하게 하지 않으려는 지나친 염려 때문에, 그들은 헛되이 중국의 고대와 그리스도교 계시 사이의 유사점을 찾아 성육신이나 수난과 같은 중요한 개념들을 모호하게 하는 지점까지 나아갔다. 이러한 개념들은 예수회원들을 사악하고 교활하며, 느슨한 자들이라는 딱지를 부치는 더 넓은 일련의 스테레오 타입과 섞였다. 중국 선교에 대한 많은 클리셰가 초래되었다.

그것이 단순히 칭찬이나 조롱의 대상이 아니었을 때, 예수회원들의 선교는 종종 중국에서 그리스도교 신앙의 전파 혹은 중서 양 관계라는 좀 더 넓은 역사의 한 부분으로 나타났다. 보다 오래된 호교론적護敎論的 전통의 메아리는 명말청초 예수회원들의 선교를 중국에 그리스도교를 이식하는 논리적 시작점으로 다루는 20세기 초 학자들의 저작들 속에서 여전히 들을 수 있다. 결과적으로 이 광범위한 견해 때문에 분석적인 엄격성이 결여된 편협한 해석이 이루어졌다. 청말민국 시기 중국에 대한 현대적 연구의 중요한 부분이 개신교와 가톨릭 선교사의 경험들 속에서 나왔기 때문에, 이 전통에 있는 역사가들이 중국에 복음을 전하려는 오랜 세기의 전통 내에 자신들의 노력을 새기는 것은 자연스러운 일이었다. 가톨릭 학자들에게는 1939년 중국 전례 논쟁의 최종적 해결 후에 논의의 핵심 주제가 등장했다. 태평양 전쟁이 임박한, 민족주의가 강경했던 시기에 일본 가톨릭교도들의 입장과 관련하여 교황의 지시는 유교 의식을 종교적인 것보다 정치적인 것으로 해석하는 것을 지지하는 판결을 내렸다.

1950년대와 1960년대에 가톨릭 교회에 대한 전 세계적 관심이 커지면서 이와 같은 공식적인 정책의 변화는 중국 예수회원들에 대한 재평가를 촉발시켰다. — 그러나 종종 논객들에게는 오늘날까지 계속되는 토착화의 한계에 대한 신학적 논쟁으로 끝난다. 그리스도교를 서구 밖의 문화에 전파할 때 요구되는 문화적 적응의 정도에 대한 이런 논쟁에 참여하는 학자들, 특히 종교 수도회 그 자체의 회원들은 자주 중국 예수회원들을 "현대적" 혹은 "관용적인" 태도의 선구자로 여긴다. 토착 철학 전통에 깊이 관여해왔던 선교사들에 대한 뚜렷하고 제한된 집중은 이런 저자들에게 특별히 유용하다. 그들은 오래 전의 그 예수회원들이 본질적인 그리고 비본질적인 문화적, 교리적 문제를 식별할 수 있는 정통한 능력을 가졌다고 여겼다.[15] 이 학자들의 주된 목표는 이 입장을 신학적인 관심을 가진 사람들에게 주장하는 것이었기 때문에, 이들은 선교의 다른 측면들을 분석하는 것을 소홀히 했다. 예수회원들이 어떻게 선교 사업을 조직했는지, 선교 교회가 어떻게 발전했는지, 그들이 성장시킨 가톨릭 신앙의 어떤 형식이 그대로 남아 있는지 등과 같은 주제들은 이후의 종교사가들이 다룰 수 있도록 많은 근거들을 남기면서 다루어지지 않은 채 남았다.

중국과 서양 간의 관계의 역사에 대한 방대한 해석적 주제 내에서 예수회 선교의 위상은 역사가들 사이에서 또 다른 논쟁의 주제였으며, 이는 새로운 기여를 하도록 끊임없이 고무시켰다. 이러한 관점에서 글을 쓰는 학자들은 선교사 간행물을 통해 유럽의 과학과 기술이 중국에 어떻게 전달되었는지에 초점을 맞추는 경향이 있었다. 그들은 동서양 사이의 근대적 기술 및 산업이 얼마나 동떨어져 있었는지에 주로 관심을 가지면서, 예수회원들을 본토 지식인들에 의해 간절히 받아들여진 우수한 기술의 표준적인 보유자로 표현했다. 분명히, 중국에 갔던 예수회원들은 대부분 당시의 최첨단의 자연철학자가 아니었다. 더욱이 그들은 과학 텍스트의 번역에 참여하는 것에 대해 엄숙한 종교적 동기를 가졌다. 그럼에도 불구하고, 중국 선교의 또 다른 비전이 나타났는데, 하나는 북경 흠천감欽天監을 중심으로 이루어졌다.

이 비전에는 종교적인 내용이 없지만, 그것은 그리스도교 선교학자들에 의해 쓰여진 이야기와 동일한 연대기를 추적하고 동일한 인물에 초점을 맞췄다. 자신들의 전임자들과 마찬가지로, 이 새로운 접근 방

---

15 이 장르의 대표 저작이 George Dunne의 *Generation of Giants : The Story of the Jesuits in China in the Last Decades of the Ming Dynasty*, Notre Dame, Ind., 1962이다. 좀더 최근의 예로는 Andrew Ross의 *A Vision Betrayed : The Jesuits in Japan and China, 1542-1742*, Maryknoll, N.Y., 1994가 있다.

식을 따르는 학자들은, 마테오 리치는 중국어로 된 최초의 철학 문헌 덕분에 북경의 관료들에게 접근할 수 있었고, 그의 후임자 요한 아담 샬Johann Adam Schall과 페르디난트 페르비스트Ferdinand Verbiest는 유럽의 수학과 천문학에 관한 텍스트를 생산함으로써 리치의 작업을 지속해나갔음을 보여주는 제한된 관점에 머물러 있었다. 종교를 전하려는 시도에 대해 평가받는 대신에 예수회원들과 그들의 중국인 대화자들은 과학을 통해 근대성을 전파하는 데 성공한 정도에 따라 평가를 받았다.[16] 19세기와 20세기의 중국과 서양의 관계를 배경으로 선교사들은 두가지 방면에서 중국인들을 실망시킨 것처럼 보였다. 즉, 그들은 중국인들에게 신앙이나 이성을 부여하지 않았다.

예수회원들은 분명히 원래의 의도에 반하여 역사가들에 의해 문명들 사이에 다리를 놓는 임무, 즉 동서양 사이에 오래 지속된 통로 역할을 부여받았다. 마테오 리치 중국 입국 400주년인 1982년 이래 관심이 급증하면서 이전의 분석을 뒷받침했던 많은 가정들에 의문이 제기되었고, 선교사들의 어깨에서 이러한 부담이 어느 정도 덜어졌다. 이 새로운 학술 생산 물결의 역동성은 대부분 중국연구 분야에서 나왔는데, 이 분야의 전문가들은 이전 세대의 역사학자들이 사용했던 서구 자료에서 벗어나 아시아 언어로 된 자료를 이용하였다.[17] 중국

---

16 예를 들어 Arnold Rowbotham, *Missionary and Mandarin : The Jesuits at the Court of China*, Berkeley, 1942; Joseph Needham, "Chinese Astronomy and the Jesuit Mission : An Encounter of Cultures", in *Science and Civilization in China*, 7 vols.(Cambridge, 1954~), 3:437-458; Pasquale d'Elia, *Galileo in China : Relations through the Roman College between Galileo and the Jesuit Scientist-Missionaries(1610~1640)*, trans. Rufus Suter and Matthew Sciascia, Cambridge, Mass., 1960.

17 다음 두 개의 선구적인 저작이 이 분야에 활력을 주었다. Jonathan Spence, *The Memory Palace of Matteo Ricci*, New York, 1984; Jacques Gernet, *Chine et Christianisme : Action*

문화 틀 내에서 구상된 관점, 즉 내부의 역사적 발전의 역학에 의해 형성된 분석 렌즈를 통해 중국—그 자체로 모호한 용어—과 서양 혹은 그리스도교와의 관계를 설명하려는 시도는 특히 무의미해 보인다. 마찬가지로 중국 지식인들이 서구 기술이나 종교의 고유한 우월성을 신속하게 인식했다는 가정은 인쇄된 자료들과 수고手稿에서 발견된 그들의 예수회에 대한 다양한 텍스트적 반응에 직면할 때 다소 어리석은 것으로 여겨진다. 선교사 텍스트에서 아시아 자료로 옮겨 가면서 예수회원들과 그들의 중국사에서의 역할에 대해 동시에 재개념화가 이루어졌다.

그 결과, 연구를 위한 수많은 새로운 길이 열리고 새로운 탐구 경로가 밝혀졌다. 가장 유익한 질문 중 하나는 중국 사상가들이 종교적 그리고 과학적 측면에서 선교사들의 텍스트에 어떻게 반응했는지에 관한 것으로, 서구 사상을 그들 자신의 세계관에 통합시키는 방식에 중점을 둔 것이다. 또 다른 예로는 예수회원들이 중국어로 생산한 텍스트를 분석하여 토착적인 철학적 전통에 대한 그들의 깊이를 느끼고 그들이 서구의 개념들을 중국어 용어로 재현하는 방법에 대해 탐구한 것이다. 내 책은 최근 몇 년간 이 분야를 구성하는데 기여했던 역사가, 언어학자 및 철학자들에게 빚을 지고 있다. 그러나 나는 예수회 사역의 새로운 연대기를 제시하고 새로운 기준에 따라 그 발전의 궤도를 드러내면서 내 자신의 길을 추구하고 선교사들의 이야기를 보다

---

et Réaction, Paris, 1982. Gernet와의 대화로 쓰여진 다른 두 개의 중요한 연구로는 Nicolas Standaert, *Yang Tingyun, Confucian and Christian in Late Ming China : His Life and Thought* (Leiden, 1988)와 Erik Zürcher, *Bouddhisme, Christianisme et Société Chinoise*(Paris, 1990)가 있다.

참신한 시각으로 이야기하고자 한다. 확실히 과거에 예수회에 일반적으로 귀속되었던 많은 영웅적 특성이 처음으로 지워지고, 사제들이 적절한 초기 근대 유럽 상황에 다시 넣어지면 선교사 역사의 윤곽이 더욱 분명하게 드러날 것이다. 중국에서 그리스도교 확산의 확장적인 종종 목적론적으로 생각된 현상과 관련된 사건들의 긴 고리로부터 선교사들의 행동을 떼어냄으로써, 그들의 의도와 동기를 드러낼 수 있다.

예수회원들의 중국 선교에 대한 이러한 재검토에 필요한 자원은 공공연하게 널리 알려진 것들 속에 숨겨져 있었다. 중국어 문서로의 전환은 이 분야를 크게 강화시켰다. 그러나 이전에 소홀히 한 서구 언어 자료들로의 귀환 역시 선교 역사에 대한 새로운 이해를 가져올 수 있다.[18] 중국 예수회에 대한 많은 초기 근대 및 현대의 연구에도 불구하고, 포르투갈어로 작성되고 유럽의 아카이브에 보관된 대규모의 서술적 보고 자료, 서신 및 행정 문서들에는 거의 관심이 없었다. 이러한 사실은 라틴어나 다른 라틴어계 언어 및 게르만어로 쓰여진 것들과 비교할 때 이 자료들의 수가 불균형적으로 너무 많기 때문에 더욱 놀랍다.

포르투갈인이 매우 중요하다는 것이 유럽 가톨릭의 역사 및 아시아와 아메리카로의 유럽의 확장에 익숙한 사람을 놀라게 해서는 안 된다. 중국의 선교는 포르투갈 국왕에 의해 여러 가지 방법으로 지원되었으며, 주로 포르투갈 대륙 및 그 섬에서 온 사람들에 의해 이루어졌다. 중국 선교는 포르투갈 교구Portuguese Assistancy의 일부를 형성했는

---

18 Benjamin Elman, *On Their Own Terms : Science in China, 1550~1900*, Cambridge, Mass., 2005.

데, 이 예수회 행정단위는 브라질과 일본 사이의 모든 땅을 관할했고, 포르투갈이 표방하는 최대 제국 권력의 범위와 겹친다.[19] 따라서 중국 예수회원들의 국제통용어링구아 프랑카는 필연적으로 포르투갈어였다. 선교사들은 또한 다른 유럽 언어들을 사용하여 서로 그리고 로마의 장상들과 소통을 하기도 했지만 이 언어들은 훨씬 덜 사용했다. 포르투갈 제국의 붕괴와 예수회가 억압을 받을 즈음에 중국 선교의 문헌적 유산은 유럽으로 돌아왔으며, 결국 리스본과 로마의 왕실과 교회 아카이브에 대부분 남게 되었다. 영미역사학에서 블랙 레전드가 지속된 것은 이러한 자료들에 근거하고 있는 영어로 된 연구가 부족하다는 것이 부분적인 설명이 될 수 있는데, 프랑스, 벨기에, 독일 및 이탈리아 학자 세대—그들은 예수회원들 혹은 다른 가톨릭 종교 수도회 회원들임—가 왜 포르투갈어 자료들에 관심을 가지지 않았는지에 대해서는 수수께끼로 남아 있다.[20] 예수회 중국 선교에 대한 본 연구는 기본적으로 서구 언어로 된 자료들에 대한 아카이브적 연구에 기초를 두고 있다. 본 연구는 리스본의 비블리오테카 다 아주다Biblioteca da Ajuda 컬렉션과 대량의 예수회 로마 기록 보관소Archivum Romanum Societatis Iesu 컬렉션을 사용한다. 현재 아주다 팰리스Ajuda Palace 도서관에 있는 자료들은 한때 마카오의 예수회 아카이브에서 발견된 문서들의 사본이다. 여기에

---

19 포르투갈 제국의 예수회에 대해 개관한 것으로는 Dauril Alden의 *The Making of an Enterprise : The Society of Jesus in Portugal, Its Empire, and Beyond, 1540-1750*, Stanford University Press, 1996를 참고할 것.

20 이것은 일본 예수회 선교를 연구하는 학자들에게는 동일하게 적용될 수 없다. Georg Schurhammer, *Francis Xavier : His Life, His Times*, trans. M. Joseph Costelloe, 4 vols., Rome, 1973~1982; Charles Boxer, *The Christian Century in Japan, 1549~1640*, Berkeley, 1951.

는 일본 관구[일본에서의 선교활동뿐만 아니라 1657년 이후 동남아시아와 중국 남부 지역의 선교 활동을 담당했다] 및 중국 부관구[1619년 설립]등의 예수회 행정부와 관련있는 문서들이 포함되어 있다. 약 1742년에서 1748년 사이에 리스본의 황실 역사학회Real Academia da História는 예수회 호세 몬타냐José Mon-tanha와 주앙 알바레스João Álvares에게 마카오에 있는 수도회 기록 보관소의 내용을 전시轉寫하도록 의뢰하였다. 그들이 제작한 아시아의 예수회Jesuítas na Ásia 소장본은 62권으로, 예수회 쇠퇴 이후 잃어버렸던 많은 텍스트들의 충실한 사본이다. 이 귀중한 아카이브 자료에는 유럽과 아시아 간 예수회 통신의 연결 고리라고 할 수 있는 포르투갈 식민지인 마카오의 내외부 사건에 대한 기록이 들어 있다. 아주다 컬렉션은 선교의 발전 및 실패에 대한 연중 보고서에서부터 예수회 선교사들의 세속사 및 선교사들과 그들의 장상들 사이의 민감한 이슈에 대한 사적인 서신에 이르기까지 예수회의 중국 선교에 대한 탁월한 통찰력을 제공한다.

아주다 자료를 가장 잘 보완하는 것은 예수회 로마 아카이브에 있는 광범위한 선교 자료 컬렉션이다. 이 중앙 행정 보관소에는 1773년 수도회 금지 이후 흩어졌다가 재건된, 전 세계 예수회의 사역과 관련된 광범위한 제도적 문제를 다루는 문서가 들어 있다. 자포니카 시니카Japonica-Sinica, 고아나Goana 및 루시타니카Lusitanica 컬렉션에서 발견된 자료들[각각 일본, 중국, 고아 및 포르투갈 예수회 관구들의 문제를 다룬다]은 예수회의 최고위층 행정부가 섭렵하는 문제들을 담고 있다. 이 문서들에는 선교 지도층 내의 직책들을 할당하는 데 사용되는 연간 인사 카탈로그, 선교 진행 상황과 관련된 연례 서한, 예수회원들의 중국어 작문

사본 및 선교 정책에 대한 구속력 있는 결정을 위해 총장에게 보낸 청원서 등이 포함되어 있다. 이 이중의 아카이브 자료 세트에 대한 분석을 통해 선교사들이 선교 현장에서 그들의 전략과 행동의 결과를 어떻게 평가했는지 뿐만 아니라, 선교사들이 스스로 자신들의 노력과 기회를 어떻게 이해했는지를 드러내는 내부적 관점에서 예수회원들과 그들의 선교를 볼 수 있다. 이 문서를 새롭게 번역된 중국어 자료 뿐만 아니라, 중국어 자료를 발굴했던 학자들의 최근 연구와 연결하면, 예수회원들의 선교에 대한 균형있는 설명을 생산해내는 데에 도움이 될 것이라 기대한다.

이 책은 크게 2부로 나뉘어진다. 제1부는 광범위한 연대기적 이야기로 구성이 되어 있고, 제2부는 선교사 교육의 특정 측면과 선교 교회의 구성 요소를 분석하고 있다. 제1부에서는 표준에서 다소 벗어난 연대기를 통해 선교의 발전을 재고찰한다. 구체적으로, 제1부의 다섯 개 장에서는 예수회원들의 중국 선교에 대해 토론하기 위해 새로운 틀을 제시하고, 내부적 역동성에 대한 분석에 도움이 되는 맥락적 배경을 구성하기 위하여 예수회 선교의 시작, 강화, 붕괴를 설명한다. 이 부분의 주인공들은 예수회원들, 개종한 그리스도교인, 그리고 선교의 길과 서로 교차되는 지점에 있었던 또 다른 중국인들이다. 때때로 예수회원들 이외의 유럽인들도 언급되지만, 예수회원들과 그 중국인 동료와의 상호 작용에 관련해서만 언급된다. 이 책은 중국 그리스도교의 일반적인 역사가 아니기 때문에 도미니크회, 프란체스코회, 아우구스티누스회의 수도사들, 대목구장代牧區長, Vicars Apostolic 및 파리 외방전교회Missions Étrangères de Paris 회원들의 노력은 배경으로만 존재한다.[21] 이것은 의도적인 결정이었으며, 이 책이 예수회원들이 다른 종교 수도회의 회원들과 갈등하였다는 잘 알려진 사실 속에서 예수회원들의 입장을 옹호하고 있다고 생각해서는 안될 것이다. 오히려 내적인 관점에서 예수회 선교사들의 노력을 고찰하는 것이 내 구상의 일부였다. 따라서 나는 1687년에 설립된 프랑스 예수회 선교회가 두 번째로 중요하다고 생각한다. 왜냐하면 이 사제들은 자신들을 부관구에서 분리된 것, 즉 마테오 리치가 시작한 선교와 분리된 것으로 보았기 때문이다.

예수회 선교를 통합해서 전체로 보고 싶었기 때문에, 이 연대기는 선교사와 황실 관료들 사이의 상호 작용보다는 지방의 전도 활동의 중심지에서 일어난 사건들에 집중한다. 그 결과, 이전에는 주변적 존재였던 예수회원들이 선교 교회 건설 뒤의 주된 힘으로 보여지게 되었다. 보통 마테오 리치, 요한 아담 샬 및 페르디난트 페르비스트 등에게만 부여되었던 높은 평가가 로드리고 데 피구에이레도Rodrigo de Figueiredo, 프란체스코 브란카티Francesco Brancati, 호세 몬테이로José Monteiro, 에티엔 파버Etienne Faber와 같은 인물들 — 양자강 하류 유역, 복건福建의 해안 지역, 섬서陝西와 산서山西의 황하 유역의 비옥한 선교 현장을 일군 사람들 — 에게 주어졌다. 이 사제들의 이야기와 그들의 메시지에 응답하여 형성되고 그들의 지도하에 크게 발전한 중국인 남성과 여성 공동체에 관한 이야기가 제1장의 핵심이다.

---

21 숫자로만 말하면, 이 시기 동안 중국에서 예수회원들이 지배적인 그룹이었다. 상이한 종교 수도회들 출신 선교사들의 숫자 차트는 Claudia von Collani의 "Missionaries", in *Handbook*, pp.307~308 · 322~354를 참조.

제1부에서 내가 주로 주장한 것은 선교 교회의 성격이 예수회 자신의 이미지대로 예수회에 의해 만들어졌고, 중국 그리스도교인들의 종교적 실천은 예수회의 평신도 신심의 이상을 반영하였으며, 선교 교회는 예수회의 조직 틀에 따라 세워졌다는 것이다. 이러한 주장을 뒷받침하기 위하여 이 책의 두 번째 부분에서는 선교 사역 및 그 그리스도교 공동체, 즉 예수회원들과 그들의 중국 신도를 구성하기 위해 결합된 요소들에 대해 분석한다.

제2부에서는 예수회가 어떻게 여러 세대의 회원들에게 유럽과는 전혀 다른 문화적 맥락에서 선교 교회를 창설하고 유지하는 데 필요한 기술을 부여할 수 있었는지 묻는다. 첫 번째 두 장은 문법 학교에서부터 선교소宣教所에 이르기까지 유럽과 아시아에서의 예수회 교육의 중요성을 다루고 있다. 유럽 그리고 식민지의 예수회 신학교에서 후일의 중국 예수회원들은 표준적인 학문적 훈련을 받았고, 그들에게 중요한 지적 및 조직 기술을 제공하는 의무 교육에 참여했다. 수도회에서 수련기를 보내는 동안 젊은 사람들은 예수회 영성과 사목적 기술들을 배웠다. 이 학문적이고 신앙적인 분위기 속에서 그들은 남은 생애를 해외 선교사로 보내고자 하는 열망을 키워나갔다. 아시아를 향한 항해를 시작한 후, 선교사 희망자들은 자신들의 소명을 훈련하기 시작했고, '포르투갈-인도 항로Carreira da Índia' 선박의 가혹한 환경에서 수도회의 주요한 영적 사역을 수행하였다. 중국에 도착한 신입 선교사 훈련생들은 효율적이고 문화적으로 민감한 의사 소통자로 만들기 위해 유럽인들이 정교하게 만든, 중국어와 유가 사상을 배우기 위한 최초의 표준화된 프로그램에 참여했다. 평균 17년의 학습 기간

동안 습득한 기술로 무장한 예수회원들은 자신들 앞에 놓여있는 도전에 맞설 수 있도록 최선의 준비를 하여 선교 현장에 과감히 나아갔다.

이 책의 마지막 세 장은 고도로 훈련된 선교사들과 그들의 중국인 대화자들과의 상호 작용을 고찰하였다. 즉, 예수회 사제들이 전달한 영적 표현 형식의 맥락 속에서 중국 그리스도교인들에게 오래 지속되어온 전통 종교를 분석하면서 선교 교회를 형성한 그리스도교 공동체가 어떻게 창조, 유지되었는지를 다루고 있다. 또 여기서는 초기 근대 가톨릭 신앙의 요소들이 제국 말기 중국의 맥락으로 수입되는 과정, 유럽과 토착 요인에 의해 결정된 문화 상호 간의 소통의 또 다른 형식을 평가하고자 하였다.

이 마지막 장들은 개종의 조건으로 시작하여 다양한 형태의 공동체 조직, 결속 및 상호 영적 발전을 통해 진행되는 선교 교회의 구성요소를 검토한다. 예수회원들이 도시와 시골 지역을 돌아 다니며 수사적 명민함을 통해 전향적 개종자들에게 종교적 메시지를 제시하면서 그리스도교인들을 만드는 과정의 첫 번째 단계는 적극적인 개종활동이었다. 상당수의 사람들이 그들에게 응답했을 때, 선교사들은 조직의 응집력과 균형 잡힌 신앙을 길러주는 예수회 교육 기술을 사용하여 새로운 공동체를 설립했다. 신자들의 수가 선교사들의 사목적 역량을 넘어서기 시작했을 때, 그들은 남성과 여성 교리 교사들을 자신들의 분산된 "교구"를 유지하는 데 필요한 조력자로 참가시키기 시작했으며, 기본적인 감독에서부터 교리 교육에 이르기까지 다양한 임무를 부과하였다.

다른 종교 기관과 마찬가지로, 선교 교회는 이름만 있는 회원에서부터 미온적인 신자, 열렬한 신자에 이르기까지 다양한 수준의 종교적 신심을 가진 사람들로 구성되었다. 마지막 그룹에는 효과적인 선교 사역의 보상에 대한 예수회의 비전을 가장 충실히 지키는 그리스도교인들이 포함되었다. 이 남녀들은 다른 신자들과 구별되는 새로운 형태의 영적 표현을 요구했으며, 선교사들은 그들이 집단 신심의 형식을 정교하게 구성할 수 있도록 도와주었다. 기도, 참회 및 자선과 관련된 특별한 신도회는 결국 선교 교회의 모든 지방 센터로 퍼져 새로운 가톨릭 엘리트들이 점점 복잡해지는 신앙의 형식—예수회가 가장 경건한 유럽 신자들을 위해 당시에 권장한 엄격한 평신도 헌신과 같은 실천들—에 참여하는 열정의 장소를 만들어 냈다. 수십 년간 사목자司牧者들이 자신들에게 전한 영적인 강렬함에 힘을 얻은 이 사람들은 예수회 선교가 기억 속으로 사라져갈 때인 18세기에 중국에서 그리스도교를 유지해나갈 책임을 지고 있었다.

제1부

행로를 기록하다

제1장

불안한 기지基地

1549년 프란시스 사비에르가 동아시아에 도착한 후 30년 동안 예수회 사제들은 명 제국에서 선교를 시도했으나 성공하지 못하였다. 그러나 1579년 전술이 바뀌자 소수의 예수회 선교사들이 광동성에서 영향력 있는 인물들의 관심을 끌기 시작했다. 이 두 그룹 사이의 우호 관계로 인해 예수회원들은 매년 광주 박람회를 방문하려고 주강珠江 삼각주를 휩쓸고 다닌 상인들의 획일적인 흐름으로부터 벗어날 수 있었다. 다른 외국 사절과는 달리, 새로이 광주에 도착한 선교사들은 중국에 남아 있도록 허락받았다.

명 제국에서 보낸 첫 해에, 중국 선교의 개척자들은 자신들의 대화자들에게 호소할 수 있는 박학다식함과 도덕적 엄숙함의 이미지를 보이면서 중요한 정치적 인물들과 접촉했다. 그들은 마카오에서 명성,

더욱 중요하게는 그들의 선교 동역자들을 소환할 수 있는 가능성을 얻었다. 초기 중국 예수회원들은 주로 언어를 배우고 지역의 풍속이나 관습을 관찰하는 데 집중했다. 이를 통해 사회적 접촉을 강화하고 일부 중국인들을 그리스도교로 개종시킬 수 있었다. 처음에 그들은 전술적으로 불교 승려의 옷을 입고 자신을 종교적 인물로 표현하였는데, 결국 나중에는 세속적 권력, 즉 관료의 복장과 태도를 채택했다. 자신들을 위한 새로운 이미지—중국의 문화적 언어를 모방하는—를 만들어냄으로써, 예수회원들은 명말 엘리트들 사이에서 수용되었다. 그들은 이렇게 인정받는 것을 선교 활동을 위해 꼭 필요한 전제 조건으로 보았다.

사역 초기에 예수회원들의 열정은 보답을 받지 못했고, 그 발전은 선적인 전개를 따르지 않았다. 실제로 선교의 첫 번째 토대는 상당한 수의 개종자를 만드는 것이 아니라, 그들의 이미지가 대중적으로 수용되게끔 하는 것에 달려 있었다. 그들이 사회의 많은 층위에서 주목을 받았지만, 자신들 종교의 신자를 거의 얻지 못했다. 더욱이 예수회원들은 문사文士들의 호의를 얻는 데 시간을 썼음에도 불구하고, 엘리트들보다 평민들에게 훨씬 더 성공적으로 그리스도교를 전파하였다. 확실히, 20년의 사역 후, 박학다식함이 널리 알려짐으로 말미암아 그들은 남경과 북경을 포함한 4개 도시에 거주지를 설립할 수 있었다. 급기야 예수회원들의 첫번째 핵심 그리스도교 공동체가 이 도시들에서 형성되었고, 그곳에서는 역경의 바람을 견뎌낼 수 있을 정도로 충분하게 선교의 뿌리가 내려졌다.

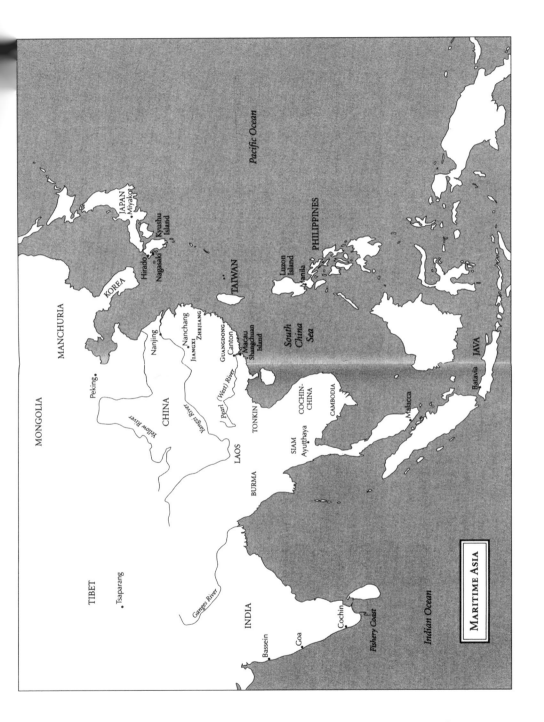

MARITIME ASIA

1. 문이 열리다1579~1594

예수회 전승에 따르면, 중국 선교는 프란시스 사비에르의 간절한 소망에서 자라났다. 동방의 사도는 원래 1549년에 큐슈로 향하는 동안 중국을 우회하면서 다른 동아시아 지역에서 그리스도교를 보다 수월하게 전파하기 위해서는 명 제국에서 선교를 수립할 필요가 있음을 깨닫고 있었다. 그러나 자신의 모든 후임자들과 마찬가지로 사비에르는 여행과 정치적 합법성을 위해 다른 사람들에게 의존했기 때문에 그가 행동에 옮길 수 있는 가능성은 제한적이었다. 따라서 그의 선택 범위는 바다에 인접한 해안 아시아에서 전개되는 포르투갈의 무역 흐름과 포르투갈 왕 대표부의 제국적 논리에 의해 제약을 받았다. 그러나 1551년 사비에르는 중국 남부 해안 섬에 있는 포르투갈의 임시 무역 창고를 뛰어 넘을 계획을 세웠다. 그는 광주에서 포로로 잡힌 상인들의 탄원에 응답하면서 포르투갈령 인도Estado da Índia의 총독이 보낸 사절단이 명 황제에게까지 가는 대열에 참가할 수 있도록 준비했다.

불행하게도, 프란시스 사비에르는 바스코 다 가마Vasco da Gama의 아들인 알바로 드 아타이데Alvaro de Ataíde 말라카Malacca 제독의 명령에 따라 사절단이 해체되었을 때 중국으로 화려하게 입국하고자 했던 희망이 꺾이고 말았다. 그는 자신을 명 황제에게 갈 수 있도록 기꺼이 밀항시켜줄 수 있는 중국 상인을 찾을 수 있다는 것을 믿으면서 쉽사리 그만두지 않고 1552년 독자적으로 중국 해안으로 향하고자 하였다. 그는 주강珠江 입구로부터 멀지 않은 바위 같은 노두露頭 상천도上川島

까지 갔지만, 그를 데려간 포르투갈인은 그를 뒤에 남겨두고 무역 시즌이 끝날 무렵 떠나버리고 말았다. 마찬가지로, 모든 중국 상인들은 외국인의 제국 입국에 대한 법령을 위반하는 것에 연루되는 것을 두려워하며 자국으로 물러났는데, 이는 중국 해안에 만연했던 해적 행위를 막기 위한 것이었다. 굶주림과 질병으로 약해진 사비에르는 1552년 12월 3일 이른 아침에 죽었다.[1]

마지막 편지에서 그는 사탄이 "크게 방해했다"는 우려를 말하면서도 예수회원들이 중국에서 선교를 시작하게 될 것이라는 비전 속에서 중국에 가고자 하는 자신의 원대한 희망에 대해 썼다.[2] 이 바스크 사제가 직면한 수많은 어려움과 이후 30년 동안 중국에 정착하고자 했던 그의 후임자들은 그의 확언을 입증하는 것처럼 보였다. 광주 해안으로 돌아온 사비에르의 첫 번째 후임자는 그의 전 동료 멜키오르 누네스 바레토Melchior Nunes Barreto, 1520~1571였는데, 그는 말라카의 포르투갈 상인에게서 명 제국에 관한 정보를 수집하였다. 그가 유럽의 예수회 형제들을 위해 썼던 보고서 속에는 부유한 중국 도시와 상업의 번성, 그리고 관료들의 정의와 황제의 전능과 같은 문제에 대한 언급이 있었다. 요컨대, 바레토의 보고서는 일반 민간 사회의 구조가 유럽의 그것과 유사하고 심지어 그것들을 능가하는 안정된 사회 — 예수회 선교 활동을 위한 이상적인 조건 — 에 대해 이야기하고 있었다.[3]

---

1 사비에르의 임종에 대해서는 Georg Schurhammer, *Francis Xavier : His Life, His Times,* *trans. M. Joseph Costelloe* 4 vols.(Rome, 1973~1982), pp.4:567~591 · 601~644를 볼 것.

2 Xavier to Francisco Pérez and Gaspar Barzaeus, Shangchuan, 13 November 1552, ibid., p.639.

3 Melchior Nunes Barreto, "Enformação de algumas cousas acerca dos Custumes eLeis do Reyno da China, Malacca(1554)", in Raffaela d'Intino, ed., *Enformação*

그러나 사비에르의 첫 번째 후임자의 운명은 사비에르보다 더 나빴다. 사비에르가 오도가도 못하고 갇혀 있던 곳을 넘어서 1555년 바레토는 포르투갈 무역 사절단 일행에 들어가 광주로 향했다. 그는 10개월 동안 그 도시에 머물렀지만, 2년마다 열리는 무역 박람회가 끝나자 자국인들과 함께 중국을 떠나야 했다. 바레토와 그의 동료들은 외국인이 중국에 거주하는 것을 금지하는 명 제국 법을 강력히 시행할 것을 주장한 광주 관리들의 비타협적 태도에 좌절하면서 일본으로 관심을 돌렸다. 무역 박람회가 끝나고도 광주에 남아 있으려 한 주앙 바우티스타 리베라Juan Bautista Ribera, 1525~1594의 계획이 비슷한 방식으로 좌절되었던 1560년대 후반, 바다를 가로지르는 것에 노력을 집중하고자 한 그들의 지혜로운 선택이 옳았음이 입증되었다.[4]

포르투갈령 인도Estado da Índia 대표부가 주강 입구에서 영구적인 포르투갈 무역 전초 기지 건설을 협상했을 때 예수회원들이 중국에 입국할 수 있는 전망이 상당히 커졌다. 그러나 1557년에 마카오 도시가 설립된 것은 중국 선교를 위해 더욱 유익한 것이었다. 그것은 동아시아에서의 예수회의 모든 선교를 위해 결정적인 중요성을 갖고 있었다. 예수회원들이 안전한 피난처를 갖게 된 이 작은 혼종적인 유럽 ― 중국 식민지에서 광동 관리들이 도시에서 궁극적인 권력을 갖고 있기는 했지만, 광동 관리들은 포르투갈인들에게 효력 있는 권리권을 부여하였다. 이 협정으로 말미암아 도시의 엘리트를 구성한 유럽 상인들은 마카오를 광동과 일본 사이의 자신들의 정기적인 여행을 위한

---

das Cousas da China : Textos do Século XVI, Lisbon, 1989, pp.63~76.

4 Joseph Sebes, "The Precursors of Ricci", in East West, pp.19~61.

출발점으로 사용할 수 있게 되었다. 이에 따라 예수회원들은 일반적인 무역 운영에서부터 히라도Hirado, 나가사키Nagasaki와 같은 항구에 이르기까지 혜택을 얻었던 유럽 상인들을 따라 사비에르가 일본 서부에 수립한, 이제 막 피어난 초보 단계의 선교를 강화하고자 하였다. 일본의 상황으로 포르투갈과의 비단과 은 거래가 늘어나자 선교적 노력도 늘어났다. 그러나 1570년대 큐슈에서 예수회가 크게 발전하고 포르투갈 제국에서 가장 중요한 종교 수도회로 그 위상이 매우 높아지자 중국에서의 활동이 부족한 것은 난처한 일이 아닐 수 없었다.

이러한 상황은 아시아의 선교 확장 경로가 강력한 새 정책 입안자인 알렉산드로 발리냐노Alessandro Valignano, 1539~1606의 지도력 아래 방향이 바뀌었을 때 변화가 일어났다. 1573년에 예수회 총장은 발리냐노를 자신의 전권을 가진 아시아 순찰사로 임명하였다. 남부 이탈리아 출신으로 법률 공부를 한 발리냐노는 수도회가 카리스마파역주-병 치료와 같은 성령의 초자연력을 강조하는 일파 사제들 집단에서부터 선교적이고 교육적인 활동을 주요한 소명으로 생각한, 상당히 명료하고 구조화된 기관으로 변형되자마자 바로 수도회에 합류했다. 로마에서 예수회 수련 수사 감독으로 일한 후, 그는 유럽 예수회에서 이루어진 변화가 해외에서도 시행되었는지를 확인하기 위하여 인도에 파견되었다. 발리냐노가 정치적, 조직적 문제에 뛰어난 재능을 가지고 있었기 때문에, 이 막중한 임무가 범상치 않은 능력을 가진 사람의 어깨에 떨어진 것이었다. 발리냐노의 초기 과제는 동아프리카, 인도, 동남아시아, 중국, 일본을 왕래하면서 모잠비크와 일본의 미야코 사이에 있는 모든 예수회 선교단을 조사하는 것이었다. 1590년대 예수회의 선교 현장이 한 사람이 감독하기에는 너무 커졌을 때, 이 순찰사의 관할 구역은 동아시아로 한정되었다. 중국의 과제와 관련하여 발리냐노는 일본 예수회원들이 했던 것처럼 언어의 장애물을 극복하는 것이 중요하다고 생각했다. 만약 중국 당국이 오로지 통역사를 통해서만 말했던 배우지 못한 포르투갈 상인들에게 자신들의 영토 한 부분을 사용하게 했다면, 중국 당국은 분명히 현지 관습과 언어를 훈련받은 교육받은 사람들이 자신들의 제국으로 들어오는 것을 허용할 것이라고 발리냐노는 확신했다.

그리하여 발리냐노는 고아에 있는 인도 관구의 장상에게 편지를 써서 중국어를 배우는 데 필요한 적임자를 마카오로 보내달라고 요청했다. 발리냐노는 특별히 미켈레 루지에리Michele Ruggieri, 1543~1607를 언급하면서 그가 선교 수행에 필요한 "나이, 덕망, 능력"과 헌신을 갖추고 있다고 말했다.[5] 남부 이탈리아 출신인 루지에리는 특별히 종교적 열정뿐만 아니라 교회법과 시민법 박사학위를 가지고 있었다. 그는 예수회에 가입하고 로마에 있는 발리냐노의 수련 수사가 되기 전에 나폴리에서 스페인 왕가를 위하여 일했다. 루지에리는 1578년 인도로 파견되어 고아에서 신학 공부를 마친 후 인도 남부의 피셔리 해안Fishery Coast으로 배정되어 타밀어를 배우기 시작했다. 그러나 발리냐노가 보기에 루지에리의 가장 중요한 특징은 그의 나이였다. 발리냐노는 성숙한 예수회원이 젊은 사람보다 중국에서 더 나은 대접을 받

---

5 Antonio Monserrate to Everard Mercurian, Goa, 26 October 1579, in DI 11, p.645. Valignano's original order is in Ruy Vicente to Everard Mercurian, Goa, 29 March 1579, ibid., p.552; Rui Vicente to Everard Mercurian, Goa, 13 November 1579, ibid., p.695.

게 될 것이라는 것을 알고 있었고, 또 원래 나이 많은 선교사를 보내려고 하였다.[6] 1579년 35세였던 루지에리는 아시아로 간 그의 동료들보다도 나이가 거의 열 살이나 많았다.[7]

루지에리는 그의 선교소에서 코친Cochin까지 그리고 마카오로 배를 타고 여행한 후 발리냐노로부터 자신의 향후 과제와 관련되어 지시를 받았다. 그는 중국어와 중국문화 연구에 몰두하라는 말을 들었다. 발리냐노의 명령에 따라, 지역 사회의 다른 곳들과 떨어져 있는 특별 숙박 시설이 (그 지역 예수회 집에서) 루지에리에게 제공되어 공부에 방해가 되지 않도록 했다.[8] 발리냐노는 루지에리에게 마카오와 광주 사람들이 사용하는 광동어 보다 문사 지식인들이 사용하는 구어 중국어인 남경南京 방언을 습득하도록 지시하였다. 발리냐노는 "관리들은 다른 언어를 구사하지도 않고, 다른 사람들은 관리들과 그 외의 다른 언어로 말할 수도 없다. 관화官話는 너무나 널리 사용되어 모든 사람들이 대개 그것을 이해한다"라고 로마에 있는 장상들에게 자신의 선택을 합리화하면서 관화의 사용을 유럽에서 라틴어를 사용하는 것에 비유했다.[9] 루지에리에게 중국어를 설명해주는 현지 통역사가 없었기 때문에, 이 언급들은 루지에리 과제의 어려움을 줄이는 데 아무런 효과가 없었다. 오히려 3년 동안 포르투갈 식민지에 살면서 루지에리는

---

6 발리냐노는 처음에 그보다 두 살 더 많은 예수회원 베르나디노 페라리오(1537~1584)를 요청했었다. Michele Ruggieri to Everard Mercurian, Cochin, 12 November 1581, ARSI Jap-Sin 9-I:58r를 볼 것.
7 루지에리와 함께 인도로 갔다가 이후 중국에 들어간 예수회원 마테오 리치와 프란세스코 파시오는 1579년에 각기 27세, 25세였다.
8 Alessandro Valignano, *Summario de las Cosas que Pertencen a la Provincia de la India Oriental y al Govierno della*, Shimo(Japan), August 1580, in DI 13, pp.200~201.
9 Ibid., p.199.

중국 어린이들과 같은 방식으로 문언과 구어를 배우기 위해 고군분투했다. 루지에리는 15살에서 20살 사이의 남학생들을 데려갈 수 있도록 해달라고 자신의 장상들에게 말했다. 루지에리가 점차 진전을 보이기 시작했을 때, 그는 그리스도교 교리에 관한 소책자를 씀으로써 자신의 공부를 보완하였고, 중국인들은 "이 거룩한 율법holy law을 좋아하였다".[10]

　아시아에 있는 예수회원들은 루지에리의 중국 진출을 위한 노력의 결과를 기대하고 있었다.[11] 그 노력들은 루지에리의 공부가 1580년대 초 열매를 맺기 시작하면서 보상을 받았다. 루지에리는 중국에 들어가려고 시도했던 이전의 선교사들과 마찬가지로 마카오에서 포르투갈 무역 회사가 있는 광주로 갔다. 그러나 전임자들과는 달리, 그는 광주에 머물 수 있는 허가를 얻기 위해 현지 언어로 현지 관리들에게 호소했다. 언어 능력 때문에 루지에리는 배에서 묵어야했던 포르투갈 상인들보다 이내 우위를 점하였고, 그에게 무역 박람회 기간 동안 거주할 작은 집이 공식적으로 부여되었다.[12] 루지에리는 동행한 유럽인들에게 자신의 숙소의 일부를 예배당으로 바꾸어 줌으로써 그들이 자신이 매일 집례하는 미사에 참여할 수 있게 하였고, 그들의 중개자가 되었다. 1580년에서 1582년까지 광동에서 보낸 몇 달 동안, 루지에리는 도시 전역에서 진기한 물건을 찾는 사람들을 끌어들이는 적이 유명 인사가 되었다. "문 앞에는 자정까지 하루 종일 단지 나를 보려

10　Ruggieri to Claudio Aquaviva, Zhaoqing, 7 February 1583, in OS 2:412.
11　Francesco Pasio to Claudio Aquaviva, Zhaoqing, 5 February 1583, ARSI Jap-Sin 9-I:135r.
12　Ruggieri to Everard Mercurian, Macau, 12 November 1581, in OS 2:404.

고 온 사람들이 있었고, 나는 그들이 떠나도록 하기 위해 할 수 있는 일이 없었다."[13]

그러나 진기한 물건을 보여준 것이 루지에리가 광주에서 따뜻한 환영을 받았다는 것을 의미하지는 않았다. 실제로 그는 어느 날 길을 지나던 사람이 자신의 집으로 들이닥쳐 돌로 이마를 쳐서 피를 흘렸다―그가 또 다른 사람들에게 고통받았던 미묘한 괴로움보다 좀더 직접적인 공격―고 말했다. 그러나 다행히 루지에리는 광동성 총독, 해군 총독, 군인 관리 및 여러 퇴직 관리 등 중요한 관리들과 친분을 쌓았다. 이 사람들은 마카오에서 가져온 시계와 프리즘 같은 유럽의 진기한 것들, 그리고 자신들의 언어로 외국에 대해 이야기할 수 있는 루지에리의 독특한 능력 때문에 그에게 끌렸다. 루지에리는 자신이 관리들의 우정을 얻을 경우 "다른 이교도 신하들이 자신을 존경할 것"이라고 판단하면서 그들에게 호의를 베풀었다. 그리고 진정한 존경은 아닐지라도 광주 주민들은 최소한 그를 내버려두었고, 도시 당국의 보복의 두려움에서 무사하게 해주었다.[14] 루지에리는 현지 당국의 보호아래 들어감으로써 18세기 후반 북경에서 초기 근대 마지막 중국 예수회원들이 사망할 때까지 지속된 선교를 보호하기 위한 전략을 개시하였다.

전통적으로 루지에리의 첫 번째 동료인 마테오 리치가 중국 선교의 창시자로 여겨지고 있으나, 그 영광은 루지에리에게 돌려지는 것이 맞다. 예수회가 1582년 명 제국에 거주할 수 있는 허가를 얻어낸 것

---

13 Ruggieri to Claudio Aquaviva, Zhaoqing, 7 February 1583, in OS 2:413.
14 Ibid..

뿐만 아니라, 광동성의 조경肇慶에 교당이 수여된 것은 광주에서 루지에리가 펼친 외교 덕분이었다. 루지에리는 중국에 머물고 싶은 소망으로 서양의 진기한 것들을 알리고, 그런 과정에서 첫 번째 거주지와 시계를 거래한 것으로 보인다. 1582년 12월에 광주 총독은 마카오에 있는 루지에리를 소환하였는데, 이 총독은 일찌감치 시계에 관심을 보였고 동시에 조경에서 루지에리가 거주할 수 있도록 두 개의 거주지를 주었다. 비록 루지에리가 "평소 거짓말을 하고 자신들의 이익을 제외하고는 최선을 다하지 않는고로 이 이교도들의 약속은 가치가 거의 없기 때문에" 이 만남의 결과에 대해 회의적이기는 했지만, 발리냐노는 "운명을 시험하기 위해 갔다"[15]고 말했다. 루지에리의 입장에서 보면, 그는 관리와 쌓은 "우정을 보존하기 위해"[16] 지역의 수도로 간 것이었다. 거기서 그는 후원자에게 "우리의 지식을 전달하고 중국의 좋은 것들을 배울 수 있도록"[17] 언어 공부를 계속할 것이라고 말했다.

루지에리는 총독으로부터 조경에서의 거주권을 얻어냈을 뿐만 아니라, 두 동료가 중국에 입국할 수 있는 허가도 받았다. 루지에리가 예비적 외교 교섭으로 진전을 이루자, 발리냐노는 인도에서부터 마카오까지 다른 두 명의 선교사를 소환하여 그에게 합류하도록 했다. 이 두 이탈리아인 마테오 리치Matteo Ricci, 1552~1610와 프란세스코 파시오Francesco Pasio, 1554~1612는 발리냐노의 재임 기간 동안 로마에서 열린 예수회 수련수사 수습기간에 참석했다. 리치는 고아Goa의 예수회 신

---

15 Francesco Pasio to Claudio Aquaviva, Macau, 15 December 1582, in OS 2:409.
16 Ruggieri to Claudio Aquaviva, Macau, 14 December 1582, in OS 2:407.
17 Ruggieri to Claudio Aquaviva, Zhaoqing, 7 February 1583, in OS 2:416.

학교에서 학업을 수행하면서 고아와 코친에서 문법과 수사를 가르쳤고, 파시오는 포르투갈령 인도Estado da Índia의 수도에서 선교 행정관으로 일했다. 파시오는 1582년 후반에 루지에리와 함께 그들의 새 거주지에 갔으며, 리치는 다음 해 초가을에 중국으로 향했다. 파시오는 그들과 오래 함께하지 않았지만, 리치와 루지에리는 이후 6년간 조경에 머물면서 연구를 계속하고 종교적 메시지를 전파할 방법을 고민했다.

다른 유럽인들이 누리는 안락함과는 거리가 먼 중국 도시 생활에 적응하는 것은 선교사들에게는 어려운 일이었지만, 그들은 현지 관습에 빠르게 적응하는 것이 새로운 사역을 시작할 수 있는 가장 좋은 길임을 알았다. 총독의 촉구에 따라 루지에리는 불교 승려의 복장을 선택했다. 그는 1583년 초에 "이제 예복을 자르고 곧 우리는 중국인이 될 것"[18]이라고 하면서 이 복장이 자신의 수수한 수단역주-가톨릭 사제의 평상시 정복과 "약간 다르다"고 말했다. 이러한 복장의 변화는 그들의 메시지의 성격 — 후에 선교사들이 수정하게 될 그 무엇 — 에 대해 모호함을 만들어낼 것이었지만, 그들의 이국적인 존재를 현지 문사들에게 맞추었다는 것은 의심의 여지가 없다. 그러나 이러한 방식으로 옷을 입고 있었음에도 조경에 있는 선교사들은 눈에 띄지 않도록 저자세를 유지하기로 하였다. 루지에리에 따르면, 그들은 중국에 머무르는 첫해에 두 가지 목표를 가졌다. 즉, "우리의 개념을 설명할 언어"를 획득하는 것, 그리고 그들의 생활 방식으로 그들을 교화하고 "그들의

---

18 Ibid..

책을 잘 읽고 오류를 논파하기 위해 가능한 부지런하게 글자를 배우는 것"[19]이다.

루지에리가 명 제국 내부에 거주했음에도 불구하고, 그는 예수회원들이 조경에서 얼마나 오랫동안 환영받을 것인지에 대해 의심을 품고 있었다. 대중의 불안을 일으킬 수 있을 것이라는 그의 두려움은 지방 관리를 포함한 그 지역의 교육받은 엘리트들과 좋은 관계를 유지함으로써 다소 완화되었다. 유럽 철학, 도덕성, 그리고 가장 중요한 수학과 기술에 대한 대화를 통해 선교사들은 이 명대 후기 문사들의 호기심을 자극했다. 그리고 그들의 중국 지인들은 자신의 친구들과 후원자들에게 이 외국인들에 대해 말하며, 예수회의 빈약한 '꽌시關係, 개인적 관계 혹은 사회적 자본의 형태로 이해되는 관계'를 형성하는 데 기여했다. 가장 유명한 것은 루지에리와 리치가 유클리드 기하학에 대해 방문자들에게 강연하고, 더 넓은 세계에서 중국의 위치를 나타내는 지도를 보여 주었으며, 천구天球와 유리 프리즘의 기능을 설명하고, 예수와 마리아의 유화를 보여준 것이다. 그들은 듣는 사람들의 관심을 얻은 후 수학에 의해 입증된 우주의 완전한 질서 뒤에 주요 원인이 있다는 주제를 꺼냈다. 1584년 말 그들은 주기도문파터노스터, 십계명, 아베 마리아의 번역본을 인쇄하여 호기심을 가진 사람들의 관심을 보강해주었다.[20]

1585년에 발리냐노는 로마 총장 클라우디오 아쿠아비바Claudio Aquaviva에게 6년 전에 루지에리를 마카오로 부르기로 한 결정은 헛되지 않았다고 말할 만큼 충분히 자신감을 느꼈다. 그럼에도 불구하고, 발

---

19 Ruggieri to Claudio Aquaviva, Zhaoqing, 7 February 1583, in OS 2:418.

20 Matteo Ricci to Claudio Aquaviva, Zhaoqing, 30 November 1584, in OS 2:51.

리냐노는 일본에서 온 실제적인 통계와는 대조되게 중국인이 그리스
도교로 개종했다는 보고가 없었다는 사실을 스스로 변호하고 있음을
발견하게 되었다. 발리냐노는 조경의 선교사들이 "그들이 잘 알려지
고 인정받을 때까지……. 그리스도교인들을 만들 때 상당히 조심하면
서", 광동성에서 추방되는 것을 피하라는 자신의 명령에 복종하고 있
었다고 강하게 주장했다. 발리냐노는 자제하라는 자신의 권유에도 불
구하고 수하 회원들이 일부 개종자를 얻었으며, "관리들은 혐오를 보
이지 않았다"고 보고했다. 이 새로운 개종자들 중에는 중국 예수회원
들에 의해 세례 받은 첫 번째 남자가 포함되어 있었다.[21] 그는 불치병
에 걸려 죽을 날만 기다리던 친척들조차 포기한 사람이었다. 선교사
들이 이 사람을 받아들였을 때, 그는 죽기 전에 선교사들의 종교에 대
해 배우고 기꺼이 세례를 받아들이는 데 동의했다.[22]

　발리냐노에 따르면, 조경의 선교사들은 또한 "교육받았고, 중요하
며, 관리가 될 수 있는 학위를 받기로 되어 있는" 문사文士에게도 세례
를 주었다.[23] 예수회원들은 문사 개종자들의 회심이 선교를 위한 사
회적 합법성을 제공할 수 있으며, 관리 출신들이 정치적인 보호를 해
줄 수 있음을 알았다. 그러나 (그것이 만약 단순히 선교사의 낙관론의 반영
이상인 경우라면) 이 특정한 회심은 엘리트들에게 설교하는 전략에서
나온 총체적인 결실이라기 보다는 예수회원들이 교육받은 사람들과
지속적인 접촉을 하게 되면서 생겨난 운 좋은 부수적 효과였다. 실제

---

21 Valignano to Claudio Aquaviva, Goa, 1 April 1585, in DI 14:4-5.
22 R 1:195-196.
23 Valignano to Gil Gonzalez Davila, Goa, 23 December 1585, in DI 14:140.

로, 선교사의 저작들—특별히 마테오 리치의—속에는 예수회원들이 자신들의 개종이 "가장 낮은 계층의 사람들"로부터 온 것을 알았음을 분명히하고 있다. 여기에는 부랑자, 빈곤층, 말기 환자, 무학無學의 농부들, 그리고 선교사들이 자선 사업을 하는 동안 만난 교양을 갖추지 못한 장인匠人들이 포함되었다. 최초의 중국 그리스도교인이 빈곤했다는 사실에서 알 수 있듯이, 리치는 "하느님이 그런 위대한 기획을 가장 작은 것으로부터 시작하고 싶어하신 것"처럼 명 제국에 선교 교회를 세우는 데 인내심을 가져야 한다고 말했다.[24] 예수회원들이 종교 메시지를 전한 첫 해에 일어난 다른 개종들도 이처럼 초라한 환경에서 나왔고, 선교 역사의 나머지 부분에서도 반복되는 패턴이 여기서 시작되었다.

예수회원들이 하층 계급에서 개종자들을 얻음으로써 자신들을 조경 주민들의 눈에 띄게 했기 때문에 그들에 대한 대중들의 의심 역시 전면에 다가왔다. 그들의 메시지를 더 많은 사람들에게 설명하는 데 도움을 주는 광동어에 대한 지식이 부족했고, 결정권을 행사하는 수도회들의 방해를 받으면서 선교사들은 모든 소문과 억측에 노출되어 있었다. 예를 들어 마테오 리치는 첫 번째 개종 소식을, 죽어가는 사람의 머리에 보석이 박혀 있었고, 그가 죽은 후에 선교사들이 그것을 빼낼 것이라고 감히 말한 "중국인이 잘 받아들이지 못했다"고 주장했다.[25] 광동성에서는 광동 박람회Canton Fairs로 인해 많은 외국인들이 끊임없이 존재했을 뿐만 아니라, 연안의 해적 행위와 밀수품에 노출

---

24 FR 1:196.
25 Ibid..

되어 있었기 때문에 분노를 불러 일으켰고, 선교사들은 특히 위태로운 처지에 있었다. 1580년대에 한 번 이상, 조경 주민들은 선교사의 집에 돌을 던지면서 나쁜 감정을 표현했다.[26] 아마도 일부 현지 관리들이 예수회원들에 대해서는 더 심각하게 선교사와 마카오와의 연결을 두려워하였는데, 마카오는 포르투갈인들이 중국 땅에 잠재적으로 위험한 존재로 남아 있는 곳이기 때문이었다.[27] 예수회 선교사들과 친구가 된 관리들이 끊임없이 중국 곳곳에서 교대로 임무를 수행하고 있다는 사실은 단지 선교사들의 상황에 대한 불안감만 만들어낼 뿐이었다. 분명히 그들이 새로 온 관리들을 이길 수 있으리라는 보장은 없었다.

이러한 어려움에도 불구하고 예수회원들은 1580년대 후반에 선교에 대한 전망을 확신했다. 루지에리는 선교회에 "신중하고 세심한 사람"이 장상으로 와야 하며, 그밖에 더 많은 사람이 필요하다는 사실을 발리냐노에게 알렸다. 발리냐노는 안토니오 드 알메이다António de Al-meida, 1557~1591와 두아르테 드 산데Duarte de Sande, 1547~1599를 중국에 배정하였는데,[28] 좀 더 나중에 포르투갈에서 온 젊은이 알메이다와 달리 산데는 1585년까지 7년 동안 인도에 있었고 바세인의 예수회 신학교 총장으로 재직했다. 예수회가 나이와 경험이 많은 사제들을 지도자의 자리로 승진시키는 경향이 있다는 사실 외에, 두아르테 드 산데를 선교 장상으로 선택한 이유는 루지에리가 결코 예수회

26 Ibid., pp.203~204.
27 포르투갈인에 대한 중국인들의 태도에 대해서는 John Wills Jr., "Relations with the Maritime Europeans, 1514~1662" in CHC 8, pp.301~332 · 333~375를 볼 것.
28 Valignano to Claudio Aquaviva, Cochin, 20 December 1586, in DI 14:439~440.

내에서 그런 행정직을 가진 적이 없었기 때문이다.

산데가 선교 장상으로 임명된 또 다른 이유는 루지에리가 자신의 사역을 제국으로 더 확장하려는 계획을 세웠기 때문이다. 루지에리는 광동안찰부사분순영서도廣東按察副使分巡嶺西道인 왕반王泮, 1572, 진사(進士)의 초청으로 산데를 데리고 북경으로 갔거나 혹은 적어도 절강에 있는 왕반의 집까지 갔다. 선교의 안전을 보장받기 위하여 루지에리는 조경에 산데와 리치를 남겨 놓고 1585년 11월 알메이다와 함께 북쪽으로 떠났다. 자신의 선교가 궁극적으로 결실이 없었음에도 불구하고, 그 과정에서 루지에리는 중국의 방대한 규모에 깊은 인상을 받았고, 어느 곳에서든 엘리트 친구들 그룹을 넓힐 수 있다는 가능성을 갖게 되었다.[29] 이 생각은 1587년 광서성과 호광성으로 향하는 여행 속에서 확실해졌다.

나중에 중국 예수회원들이 첫 20년 동안의 시작된 선교 사업을 회상하면서 이 시기에 직면했던 어려움을 그럴싸하게 얼버무렸지만, 1580년대 후반은 새로이 시작하는 선교에 있어서 위기의 시기였다. 그들의 노력은 중국을 두 번 방문하고 마카오, 마닐라, 마드리드, 로마에서 북경에 온 스페인 사절단에 대한 소문과 계획을 퍼트린뒤에서는스페인이 명제국을 침공한다는 말을 꾸며내면서 경솔한 스페인 예수회원 알론소 산체스 Alonso Sánchez, 1545~1593의 시도 때문에 쉽게 이루어지지 않았다.[30] 그러

---

29 절강 문사인 서위(1521~1593)는 루지에리에 대한 시들을 썼다. Albert Chan의 "Two Chinese Poems Written by Hsü Wei(1521~1593) on Michele Ruggieri, S.J. (1543~1607)", Monumenta Serica 44(1996), pp.317~337를 볼 것.

30 Léon Bourdon, "Un Projet d'Invasion de la Chine par Canton à la Fin du XVIe Siècle", Actas do III Colóquio Internacional de Estudos Luso-Brasileiros, Lisboa 1957, Lisbon, 1960, pp.97~121.

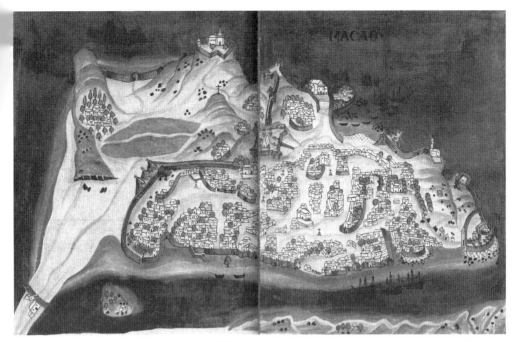

페드로 바레토 데 레센데(Pedro Barreto de Resende)가 그린 17세기 초기 마카오 전경.
예수회 상 파울로 교회와 마카오 신학교는 지도 중앙에 있는 성곽 옆 계단 맨 위에 표시되어 있다.
출처 : Antonio Boccaro, Livro das Plantas de Todas as Fortalezas,
Cidades e Povoacoes do Estado da India Oriental (1635).

한 시도가 실현 가능한 것처럼 유럽이 생각하는 것을 없애기 위해 발
리냐노는 루지에리를 로마 원로원에 파견하여 그가 교황대사로 임명
받아 만력제를 알현하도록 청원하게 하였다. 그러나 루지에리는
1588년 말 이탈리아로 떠난 후 다시 중국으로 돌아오지 않았으며,
후임 교황 4명이 사망하자 발리냐노의 기획은 실행되지 않았다. 다행
히 중국 선교에 대한 산체스의 계획도 이루어지지 않았다.[31]

1589년에 조경에서 선교사들에게 대중들이 원한을 품고, 또 포르
투갈인들과의 접촉이 시작되자 더 많은 어려움이 생겼다. 현지 당국의

---

31 Albert Chan, "Michele Ruggieri, S.J., and His Chinese Poems", *Monumenta Serica*
41, 1993, pp.129~176, 특히 p.132.

입장에 있는 예수회원들의 친구들을 대신하기 위해 새롭게 부임한 관리들은 도시가 사회적인 불안에 직면하기 보다는 차라리 선교사들이 떠나는 것이 낫다는 결정을 내렸다.[32] 그 당시 가장 경험 많은 선교사 마테오 리치는 광동성 내에 다른 거주지를 내려주도록 신임 총독에게 청원하기로 마음먹었다. 리치의 대담함 덕분에 광주 혹은 조경을 제외한 모든 도시에 거주할 수 있다는 제안을 받았다. 리치는 광동성 북부에 있는 소주韶州를 선택했는데, 그곳에서 선교사들은 분명히 성도省都에서 보다 따뜻한 환대를 받았다. 리치는 그들이 갈등을 성공적으로 피했다고 말했다. "우리가 조경에서 왔다고 말하기 때문에 아무도 마카오에 대해 언급하지 않는다." 그들은 곧 "도시의 중요한 사람들"의 방문을 받았다.[33] 소주의 엘리트가 따뜻하게 수용을 해준 듯한 반면, 도시의 일반 평민들이 예수회원들을 똑같이 받아들였다고 말할 수는 없다. 1590년대에 선교사들은 무작위적인 폭력으로 고통받았고, 그들의 거주지가 반복적으로 파괴되는 것을 볼 수 밖에 없었다.

지역 주민들과의 산발적인 마찰만이 새로운 거주지에서 예수회원들이 직면한 유일한 문제는 아니었다. 명 제국 내부에 자리잡으려고 노력한지 10년이 지났지만, 여전히 사역의 규모는 작았다. 리치와 알메이다만이 1589년 소주로 이사했다. 산데는 마카오로 돌아와 예수회 신학교의 총장직을 맡았다. 그러나 1591년 알메이다가 갑자기 죽고, 2년 후 프란체스코 드 페트리스Francesco de Petris, 1562~1593가 교체되어 오면서 문제가 더욱 복잡해졌다.

---

32 Matteo Ricci to Fabio de Fabii, Shaozhou, 12 November 1589, in OS 2:93.

33 Ricci to Alessandro Valignano, Shaozhou, 9 September 1589, in OS 2:82.

자신들의 선교 사역을 위해 일할 요원을 확보하는 것이 선교사들이 직면한 만성적인 문제였다. 초기 근대에 유럽에서 중국으로 사람들을 보내는 것이 엄청난 도전이었다는 것은 놀라운 일이 아니다. 바다 항해만으로도 출항한 예비 선교사 절반이 사망했다. 살아서 아시아에 도착한 사람들 가운데 장상들에 의해 중국으로 파견된 사람은 거의 없었다. 인도에 도착했을 때, 그들 대부분은 먼저 그 나라에 있는 예수회 학교에서 학문적 훈련을 완수해야 했고, 그 후 인도 선교소宣敎所에 다시 배정되었다. 또한 16세기 후반 일본 선교회가 지속적으로 성장함에 따라 마카오에 도착한 거의 모든 예수회원들은 중국이 아닌 나가사키로 향했다.

더욱이 포르투갈과 명 당국 사이의 긴장이 고조되면서 소주와 마카오 사이의 거리는 멀어졌는데, 이로 인해 새로운 선교사가 중국에 입국하는 것이 더 어려워졌다. 유럽인들이 일본인과 긴밀한 관계를 유지하고 있다는 사실을 알고, 광동 관리들은 1592년 도요토미 히데요시의 조선 침공을 염두에 두고 명 제국에 스파이가 침입하는 것을 막기 위해 주의를 기울였다.[34] 예수회원들이 잘 알고 있었듯이, 루지에리에게 허락된 초대는 모든 예수회원들이 제국에 들어가고자 할 때 얻을 수 있는 일반적인 허가가 아니었다. 따라서 리치와 만나려는 사람들은 불법적으로 들어가야 했으며, 주강 삼각주의 순찰대를 피하여 광주를 지나 상대적으로 안전한 곳으로 이동해야 했다. 1590년대 중

---

34 중국, 일본, 조선의 관계에 대해서는 Jurgis Elisonas, "The Inseparable Trinity : Japan's Relations with China and Korea", John Whitney Hall and James McClain, eds., *The Cambridge History of Japan*, 6 vols.(Cambridge,1988~1999), 4:235~265를 참조.

반 이후 선교 사업의 지리적 확장을 지원했던 1명의 이탈리아인과 2명의 포르투갈 사제, 라자로 카타네오Lazzaro Cattaneo, 1560~1640, 주앙 소에이로João Soeiro, 1556~1607 및 주앙 다 로샤João da Rocha, 1565~1623는 가까스로 소주에 도달했다.

일반적으로 중국의 마카오 또는 혼혈 가문에서 태어난 중국 가톨릭 남성 회원들이 도움을 주었다. 1591년에 두아르테 드 산데는 본토 조력자들을 상당히 활용했던 일본 예수회원들의 경험을 바탕으로 두 명의 마카오인 세바스티앙 페르난데스Sebastião Fernandes, 1562~1621와 프란시스코 마르틴Francisco Martins, 1545~1604을 소주에 보내 임시 보좌 신부의 역할을 하도록 훈련시켰다.[35] 예수회 내의 이런 회원 자격은 그들이 다른 예수회원들처럼 가난, 순결, 순종을 서약하였음을 의미했다. 그러나 이 보좌신부들은 사제가 될 사람들이 아니었고, 무엇보다 거주지 내부적인 업무나 교리적인 작업을 수행해야 했다. 수도회의 모든 회원들이 보좌신부'평수사(brother)'로 지칭됨로 시작하였지만 후에 사제가 된 사람들은 최소한 도덕신학혹은 많게는 문법, 수사학, 철학, 그리고 도덕 혹은 이론신학 등 예수회의 모든 커리큘럼을 연구하는 일에 참여하였다는 사실에서 볼 때 전형적인 "연학수사硏學修士"라고 할 수 있었다. 그러나, 보좌신부라는 말단의 직위에 임명되었다는 것 때문에 이 마카오 그리스도교인에 대한 가치 판단을 내릴 필요는 없다. 유럽에서는 예수회 신학교와

---

35 이 두 사람은 또한 중국어 이름을 갖고 있었는데, 페르난데스는 '鐘鳴仁', 마르틴은 '黃明沙'였다. 그러나 두 사람 모두 중국인 혹은 혼혈 조상을 두기는 했지만, 그들은 문화적으로 마카오의 포르투갈인의 정체성을 갖고 있었다. 예를 들어, 페르난데스가 예수회에 가입할 때, 그는 자신이 포르투갈 관습에 따라 "합법적으로 결혼했다"고 언급한 그의 부모인 페드로 페르난데스와 레오노르 페르난데스로부터의 상속을 포기했다. Sebastião Fernandes, Carta de Renunciação, Nanjing, 16 January 1600, BAJA 49-V-16:5v-6v를 볼 것.

수도회 거주지들에서 일어나는 대부분의 세속적 일들은 보좌신부가 담당하였는데, 그들이 감당해야 할 임무의 범위는 중국에서 훨씬 더 컸다. 선교사들과 중국 평민들 사이의 언어 장벽을 감안할 때, 마카오 보좌신부들은 교리 교사로서 사도적 노력을 펼치면서 선교를 돕는 독특한 위치에 있었다. 또한 마카오를 오가는 유럽인들이 직면한 위험을 생각해볼 때 마르틴과 페르난데스는 안내자로서 매우 귀중한 존재들이었다. 그들은 남부 중국인들과 구별되지 않았기 때문에 외국인을 감시하는 국경 경비대를 쉽게 피할 수 있었다.

2. 문사의 이름을 취하여1595~1600

루지에리와 선교 장상인 두아르테 드 산데의 부재 속에서 마테오 리치는 예수회원들의 중국 사역 업무를 관리하는 일을 이끌어 나갔다. 리치는 조경肇慶의 상황이 악화되었을 때 마카오로 추방당하는 것을 대담하게 피하였고, 중국어와 유가 철학을 배우는 데 진전을 보였다. 역설적으로, 개종이 느린 속도로 진행되면서 그가 중국인들, 특히 교육받은 엘리트들을 주시할 수 있는 유리한 조건이 만들어졌다. 1590년대 중반에 리치는 중국 사회를 관찰한 결과 선교를 수행하는 새로운 방법을 시도하기에 충분히 안전하다고 느꼈다. 그의 가장 큰 도전은 관료 친구들이 다른 임지로 옮겨 갔을 때 예수회원들이 어떻게든 한 곳에서 다른 곳으로 급하게 옮기지 않아도 되도록 거주지를 영구적으로 보장받는 데 있었다. 리치는 선교가 더 깊이 뿌리 내려지기를 원했고, 그로 인해 지난 15년 동안 예수회원들이 채택한 전략을 재평가할 뿐만 아니라, 축적된 지식을 바탕으로 새로운 전략을 만들어야 했다. 식견이 풍부한 리치가 볼 때, 자신과 동료들이 처음부터 "그 땅의 찌꺼기로 취급되었기" 때문에 그것이 선교에 "좋은 기초"를 부여할 수 있는 방법이라고 썼다.[36]

리치는 부분적으로는 보다 항구적인 정치적 보호를 얻는 것을 목표로 하였다. 명대의 관료 정치는 정치적인 부패를 피하기 위해 끊임없이 한 곳에서 다른 곳으로 그 일원들을 이리저리 섞어 놓았기 때문에 선교사들은 한 곳에 있는 관리 친구들에게 오랜 시간 의지할 수 없었다. 따라서 리치는 중국 정치 권력의 중심에 호소해야 했고, 가능하다면, 궁정에 가서 직접 만력제萬曆帝에게 청원을 해야했다. 분명 리치가 이 생각을 처음 떠올린 것은 아니었다. 1585년 절강성에 가려는 루지에리의 원래 의도는 거기서부터 북경으로 가는 것이었다. 이 전략은 전적으로 그리스도교 메시지를 전파하려는 욕구에서 비롯된 것도 아니었다.

1540년에 설립되었지만 서유럽 및 유럽의 해외 식민지에 빠르게 수많은 거주지를 세운 종교 수도회인 예수회 회원으로서 리치는 유연한 정치적, 사회적 제도를 갖춘 사회에 새로운 예수회의 이미지를 심기 위해 입증된 방법을 사용하고 있었다. 그는 황제에게 직접 호소함으로써 가능한 최고 수준의 정치적 후원을 얻으려 하였고, 그것이 실패한다면 국가 관료제의 최고위층 내에 있는 중요한 개인들로부터 보

---

36 Ricci to Duarte de Sande, Nanchang, 29 August 1595, in OS 2:161.

호를 얻고자 하였다. 여기에서 리치는 프란시스 사비에르와 시몽 로드리게스Simão Rodrigues로부터 자양분을 빌려 왔는데, 이 두 사람은 로마 주재 대사로 자신의 왕을 섬겼던 고위 귀족 페드로 데 마스카레나스Pedro de Mascarenhas의 보호하에 포르투갈의 주앙 3세João III 왕궁을 방문했다. 사비에르의 경우 왕의 요청에 따라 고아로 파견되어 포르투갈 왕과 아시아의 예수회 선교 사이의 연결 고리를 굳건히 했다. 만약 리치가 중국에서 똑같이 한다면, 그와 동료 선교사들은 자유롭게 개종 사역을 수행할 수 있을 것이었다.

자신들과 잠재적 보호자 사이에 우정을 새롭게 쌓을 수 있는 일반적인 종교적 토대가 없었기 때문에 리치는 이 익숙한 예수회 전술을 새로운 상황에 맞게 조정해야 했다. 공통의 신념에 의존하는 대신 그는 수사적 기술을 사용하여 관료 엘리트의 도덕적 감수성과 이국적인 것에 대한 그들의 취향에 호소했다. 어떤 면에서 이것은 루지에리가 중국에서 보낸 첫 해에 한 것이었다. 그러나 1590년대 중반, 리치는 이미 유창한 중국어 지식을 갖춘 뛰어난 언어학자로서 이전의 동료들보다 더 유능한 의사소통자가 되어 있었다. 사실 1595년에 그는 키케로Cicero와 세네카Seneca와 같은 "서양 현자Western Sages"들의 일련의 격언을 번역하여 『교우론交友論』[37]이라는 제목으로 출판했다. 그리고 자신의 책을 읽은 문사가 자신에게 호감을 가지게 되고, 그러한 우정이 보호와 후원으로 이어지기를 희망하였다. 가장 중요한 것은 리

---

37 리치의 인문학적 글쓰기에 대해서는 Howard Goodman와 Anthony Grafton, "Ricci, the Chinese, and the Toolkits of Textualists", *Asia Major*, 3d ser., 2.2 1990, pp.95~148를 참조.

치가 자신의 관료 친구들과 맺은 관계를 활용할 준비가 되어 있었다는 것인데, 새로운 동맹을 얻을 수 있는 능력 때문에 그는 선교의 운명에 기꺼이 모험을 하고, 또 자신의 언어적 감각을 발휘할 수 있었다. 다행스럽게도 명말의 학식 있는 엘리트들 사이에 널리 퍼져있는 지적 분위기는 예수회원들의 그러한 위험한 모험에 행운으로 다가왔다. 리치는 엄격한 도덕성과 박학다식함, 그리고 기술적 노련함을 자신을 이해시킬 수 있는 능력과 결합하여 자신을 문사층 대화자들에게 매력적인 인물로 만들었다.

마테오 리치가 계획을 실행할 기회는 1595년 초에 왔는데, 그 때 그의 관료 지인 중 한 명이 더 높은 관직을 받기 위해 수도로 가고 있었다. 이 관리는 선교사 자료에서는 '시에러우'일명 Xeije로 되어 있는데, 고위 무관으로서 그의 진짜 정체는 학자들마저 파악하기 힘들다.[38] 이 관리가 북쪽으로 가는 중에, 리치는 "그런 대단하고 권력을 가진 관리에게 기댈 수 있는" 좋은 때를 보았다. 리치는 이 시에러우라는 관리에게 "우리의 다른 문인"이 제국의 황실을 보려는 강한 열망이 있다고 말했는데, 이 관리는 강서성광동성 북쪽의 첫 번째 내륙 지방 너머로 나아가는 것에 대해 경고했다.[39] 리치가 외국인이라는 관점에서 또한 시에러우는 그에게 북경이나 남경에 가지 말라고 말했다. 그러나 리치는 이러한 권유에 위축되지 않았는데, 왜냐하면 그는 장상에게 보낸 편지에서, 위험이 상당히 크다는 것을 자신이 알고 있음을 설

---

38 Pasquale d'Elia는 시에러우가 1590년대 임진왜란 당시 병부상서였던 Shi Xing이었다고 했는데, Jonathan Spence는 그 설에 이의를 제기한다. FR 1:339, n. 1; Spence, *The Memory Palace of Matteo Ricci*, New York, 1985, p.287, n. 107 참조.

39 Ricci to Duarte de Sande, Nanchang, 29 August 1595, in OS 2:128.

명하고 있기 때문이었다. 즉, "그 두 왕실 도시 중 하나에 기지基地를 가질 때까지 우리는 이 선교를 잃어버릴까 늘 두려워하며 살 것입니다"라고 썼다.[40] 이런 확신을 갖고 리치는 1595년 초에 강서를 거쳐 남경에 거주지를 세웠다.

북쪽으로 가는 도중에 리치는 외모를 대담하게 바꾸었다. 이후에 개종자가 된 하층 문사文士 구태소瞿太素, 1549~1611의 제안에 따라 리치는 불교도의 법복을 벗고 관료들의 스타일 대로 옷을 입었다. 그의 일차적인 목표는 자신의 옷으로 인해 자신과 불교 승려 사이의 선험적인 연결을 잊어버리게 하는 것이었다. 이것은 특히 "승려"라는 이 성직자들이 만력제 시기에 그 대중적 명성이 바닥에 떨어졌기 때문이다.[41] 예수회원들이 결코 과거 시험을 치루지 않았고, 따라서 중국 제국 후기의 사회적 지위와 정치 권력의 열쇠인 생원, 거인, 진사 학위를 얻지 못했지만, 그들은 중국 용어로 말하면 학식 있는 사람들, 즉 문사들로 받아 들여지기를 원했다. 리치는 두아르테 드 산데에게 편지를 보내면서, 자신의 행동이 선교사들로 하여금 "중국인들 사이에 천하고 낮은 것으로 인식되는 승려들의 이름을 잊어버리고 문사의 이름을 따를 수 있게" 하기 위한 것이라고 강조했다. 그들이 서로 방문할 때 엘리트가 사용한 관복을 입는 것 외에도, 리치는 계속해서 머리

---

40 Ibid., p.135.
41 예수회원이 중국인의 옷을 사용한 것의 상징적 의미에 대해서는 Willard Peterson, "What to Wear? Observation and Participation by Jesuit Missionaries in Late Ming Society", in Stuart Schwartz, ed., *Implicit Understandings : Observing, Reporting, and Reflecting on the Encounters between Europeans and Other Peoples in the Early Modern Era*(Cambridge, 1994), pp.403~421를 참조. 불교 승려에 대해서는 Chün-Fang Yü, *The Renewal of Buddhism in China : Chu-hung and the Late Ming Synthesis*(New York, 1981, pp.138~191)를 볼 것.

를 기르고 중국 스타일로 수염을 길렀다. 리치는 자신의 새로운 복장을 마카오에 있는 장상에게 설명하면서 자신의 예복이 "베니스에서 사용하는 베네치아인들의 것과 유사한" 파란색 트림으로 라인을 꾸민 짙은 보라색 실크로 만들어졌다고 설명했다.[42]

중국 사회에서 교육받은권력이 있다는 말은 아니다 계급에 대한 대중의 인식과 더 밀접한 관계를 맺기 위해 리치가 취한 움직임은 선교를 위한 효과 있는 반향을 만들어내었다. 무엇보다, 그것은 리치 및 그를 모방한 선교사들을 그들의 중국인 관찰자들에게 새로운 범주에 놓았다는 것이다. 리치와 그의 후임자들은 자신들의 복음과 생활 방식이 서로 부정적으로 연결되는 것을 피하고자 중국 사회의 종교적 영역과 세속적 영역 사이의 시각적 구별을 모호하게 하였다. 그들은 문사처럼 말하고 옷 입음으로써 문사그리고 궁극적으로 관료들의 사회적 명성으로부터 이익을 얻으려고 하였다. 동시에 그들은 종교적 메시지를 품었는데, 그것은 학자儒 그룹에서는 보통 고려되지 않는 것이었다. 명말 중국에서 종교적 영역과 세속적 영역이 어떻게 나뉘어져 있었는지에 대한 논쟁이 많지만, 이러한 움직임을 취함으로써 예수회원들이 자신들의 사회적 역할에 대해 애매모호한 느낌을 만들어내었다는 것은 부인할 수 없다. 유가 철학을 그들의 종교적 가르침을 위한 토착적 지지로즉, 그리스와 로마 사상의 틀이 그리스도교 계시에 대한 귀중한 도덕적 보완이 된 것처럼 사용하는 것은 중국의 기존의 종교 범주를 더욱 혼란스럽게 만들었다. 적어도 어떤 학자는 "선교사 문사"의 이미지가 예수회원들의 그리스도교 메시

---

42 Ricci to Duarte de Sande, Nanchang, 29 August 1595, in OS 2:136~137.

지를 불교처럼 중국에 정착할 수 없게 한 주요 원인이라고 주장하기는 했지만, 엘리트들을 모방한 리치의 움직임은 처음부터 훌륭하게 성과를 거둔 것이었다.[43]

또 다른 층위에서, 리치가 옷을 갈아 입은 것은 중국인을 그리스도교로 개종시키는 것을 예수회원들 선교의 궁극적 목표로 이해하고, 이 목표를 전력을 다해 이루고자 한 선교 전략을 합리화시키는 과정의 최고치였다고도 볼 수 있다. 이런 측면에서 리치의 선택은 당시 유럽에서 개발된 새로운 형태의 가톨릭 사목 활동의 특징을 갖고 있다고 볼 수 있다. 중국에서 리치는 즉각적인 회심 혹은 영적인 활력이라는 수단을 목적—주님의 영광을 더 크게 드러내려—에 종속시키는 전형적으로 예수회적인, 혹은 더 구체적으로는 이냐시오적인 영성을 추구하는 극단적인 대표자들 중 하나였다. 두아르테 드 산데는 유럽의 예수회원들이 전략상 전환한 것을 옹호하면서 다음과 같이 썼다. "사실, 우리의 성신聖信, Holy Faith이 허락하는 방식, 다른 방식으로는 받지 못할 우리의 거룩한 교리를 공표하고 가르치는 이런 방식으로 우리 자신을 그들에게 적응시키면서, 우리 나라와 거리가 멀고 법과 관습이 다른 나라들 가운데로 그들의 것을 갖고 들어가고 우리의 것을 갖고 나오는 것이 필요하다."[44] 리치가 자신을 중국의 참조틀에 완전히 넣으려는 시도는 잘 알려진 "적응" 사례 중 하나인데, 이는 나중에 중국 전례 논쟁의 중심에서 발견되는, 그리스도교로 개종자를 끌어들

43 Erik Zürcher, "Bouddhisme et Christianisme", *Bouddhisme, Christianisme et Société Chinoise* , Paris, 1990, pp.11~42 특별히 pp.35~36.
44 Sande, AL College of Macau 1595, Macau, 16 January 1596, ARSI Jap-Sin 52:121r.

이는, 박수와 비난을 함께 받은 전략의 현대적인 용어이다.

마테오 리치가 1595년 명 제국의 중심으로 들어간 것이 나중에는 선교를 위한 큰 진전으로 보여졌지만, 당시에는 그렇게 보이지 않았다. 리치는 관리의 호위를 맡은 사람들이 남경에 들어가지 말라고 어떻게 반복적으로 간청했는지, 그리고 만약 그가 그렇게 한다면 "적어도 그들 혹은 그들의 관리들과 함께 왔다고 말하지 말아야 할 것을 간청했다"고 썼다. 그러나 리치는 그들의 권고에 의해 수그러들지 않았다. 그는 성문에서 그들과 작별하자마자 머물 곳을 찾았고, 그가 시에러우와 함께 도착했다고 말하고는 "다른 아무것도 하지 않았다".[45] 그는 새로이 예복을 입고는 예부禮部, Ministry of Rites에서 일했던, 광동성에서 알았던 한 관리를 찾았다. 그러나 이 재회는 리치가 의도한 것만큼 잘 진행되지 않았다. 환대를 받은 후, 그 관리는 그들이 광주에서 처음 만난 후 리치를 의심스러운 인물로 여겼다고 강조하면서 선교사의 존재에 대해 분노—"미친 듯 보이는 분노와 격노로"— 했다. 리치는 수도에서 추방되어 남쪽으로 물러나야 했다. 리치는 이 관리와의 만남 때문에 생겨난 감정을 억제하고 "매우 혼란스러워하며" 강서성의 수도 남창南昌으로 향했는데, 이 남창은 시에러우가 처음에 그에게 가라고 지시한 곳이었다.[46]

남창에서는 리치의 새로운 전략이 더 잘 작동했다. 현지 관료들에게 그가 내민 제안들은 더 성공적이었고, 곧 리치는 장상들에게 자신이 선교를 위한 "안전한 영역"을 확보했다고 선언했다.[47] 수도를 향해

---

45 Ricci to Duarte de Sande, Nanchang, 29 August 1595, in OS 2:145~146.
46 Ibid., pp.148~149.

갈 수 있는 또 다른 기회가 나타나기를 기다리면서 리치는 강서성에 남아 있었는데, 소주韶州에 있는 주앙 소에이로João Soeiro와 세바스티앙 페르난데스Sebastião Fernandes를 자신이 얻은 거주지로 소환하여 인력을 보강하였다. 남창에 있는 새 예수회 집의 위치는 리치가 그리스도교 메시지를 황제에게 전하고자 한 원래 계획을 실행에 옮길 수 있는 전망을 낙관적으로 만들었다. 궁정에서는 멀리 떨어져 있고 선교사들과 가까운 곳에 왕부王府라고 불리우는 황제의 먼 친척들이 많이 살고 있었는데, 그 중 일부는 리치에게 자신들의 친척을 추천해주었다. 그러나 도시의 다른 사람들 사이에서처럼 이 남성들과 여성들 사이에서 리치가 펼친 노력은 성공하지 못했다. 다소 당황한 리치는 1595년 후반에 이탈리아어로 한 예수회 친구에게 편지를 썼다.[48] "나에게 몇 천 명의 영혼을 회심시켰는지 묻지 말고, 몇 백만의 사람들에게 처음으로 하늘에 계시는 하느님, 하늘과 땅의 창조자에 대한 예부터 내려온 소식을 이야기했는지 물으시오."[49]

그러나 광동 해안 지역을 넘어 명 제국의 중심 지역에서, 마테오 리치는 여전히 새로운 친구들을 얻으려는 것을 목표로 자신을 최고 수준의 정치 권력에 보이려는 소망을 품고 있었다. 소주와 남창에서 예수회원들이 마주친 저항들은 리치와 그의 장상들에게 선교를 위해 보다 확실한 보호를 구해야 할 필요성을 확신시켰다. 마카오에 있는 한 예수회원은 강서성에 있는 자신의 동료들의 노력과 관련하여 "여

---

47 Ibid., p.154.
48 따듯한 첫 번째 환대 이후, 리치는 왕부(王府) 가문의 사람들을 "불온하고 선동적인 사람들이라고" 낙인찍으면서 자신의 의견을 바꾸었다. FR 2:333 참조.
49 Ricci to Girolamo Benci, Nanchang, 7 October 1595, in OS 2:164.

전히 그리스도교인들은 거의 없지만, 솔직히 말해서, 우리는 어떤 간섭 없이 중국 황제의 땅에 있을 수 있도록 그의 허락을 받을 때까지 계속해서 있을 것이다"라고 말했다.[50] 순찰사 발리냐노는 명 제국의 예전 수도이자 대도시의 관료주의적 장식으로 치장된 남경으로 또 다른 여행을 시도해야 할 필요성에 대해 리치와 의견의 일치를 보았다. 그는 1597년에 리치를 선교 장상으로 지명했고, 남부 수도로 두 번째 여행을 가면서 리치가 저명한 관리들에게 배포할 수 있도록 유럽의 선물을 실은 선박을 남창에 급파했다. 리치는 1598년 라자로 카타네오Lazzaro Cattaneo 그룹 속에서 남경으로 출발했지만 그 도시를 지나 북경으로 갔다. 북쪽 수도로의 이 첫 번째 여행에서 리치는 거절되었고 선교의 세 번째 거주지를 세우기 위해 남경으로 돌아오게 되었다.

리치가 명 제국의 첫 수도에 정착했을 때, 중국 문인 문화에 대한 그의 출자는 상당한 배당금을 지불받았다. 그는 강서에서 얻은 명성을 바탕으로 남경 주변의 강남 지역에 있는 현지 문사 그룹의 관심을 끌 수 있었다. 리치의 지도, 지구의, 프리즘, 유럽 서적 및 유화 컬렉션에 끌려서 일반 평민들뿐만 아니라, 호기심 많은 엘리트들이 리치의 거주지에 모여 서구의 물건들에 대한 리치의 이야기를 들었다. 리치의 이야기는 변함없이 그리스도교에 대한 언급으로 끝났다. 17세기 초에 선교사들이 보낸 서한에서는 학식 있는 중국인들을 유럽의 도덕적, 과학적, 그리고 명말에 천학天學, 하늘(천주)로부터의 배움으로 알려졌

---

50 Manuel Dias the elder, AL College of Macau 1598, Macau, 1598, ARSI Jap-Sin 52:269r.

던 종교적 가르침의 아말감에 노출시킴으로써 중국인을 개종하려는 기술에 대해 이야기하고 있다.[51] 예수회원들은 자신들의 대화자, 즉 중국 문사들을 위한 과학적 사상의 가치를 빠르게 깨달았고, "수학의 문을 통해"[52] 개종자들을 끌어들이려고 노력했다. 카타네오의 도움으로, 리치는 거주지에 오는 방문객들에게 설교하면서 중국의 전통적 학자로서의 자신의 명성을 확고히 하였다. 이것은 강남에서는 매우 효과적인 전략이었는데, 강남은 부유한 도시였으며, 네트워크가 밀집되어 있어서 제국에서 가장 많은 관리, 문인, 퇴직 관료들이 집중되어 있는 것을 자랑스러워 하는 곳이었다. 소수의 은퇴 관료들이 개종을 하였는데, 이것은 선교사들의 노력에 대한 보상이었다.

남경에서 리치의 명성이 높아지자 이에 고무되어 소주와 남창에 있는 예수회원들은 그의 방법을 따라 하려고 하였다. 그들 역시 문사의 옷을 선택하였고, 보호를 받고 미래의 개종자들을 감화시킬 수 있는 사회적으로 중요한 신원을 나타내는 유가철학을 공부하기 시작했다. 그러나 그들의 대화는 천주교天主教에 초점이 맞춰졌다. 그들이 기록한 세례 집계에 따르면, 이 전략은 다양한 수준의 성공을 거두었다. 예를 들어, 그 때까지 6년 동안 병약한 주앙 소에이로João Soeiro가 그곳에 살았음에도 불구하고, 1603년에 남창에는 약 20명의 그리스도교인만 있었다. 요양 기간 동안, 그는 『천주성교약언天主聖教略言, 천주의 거룩한 종

---

51 "하늘(천주)로부터의 가르침(Learning from Heaven)" 대 "하늘에 관한 학문(Heavenly Studies)"으로서 천학(天學) 표현의 차이에 대해서는 Willard Peterson, "Learning from Heaven : The Introduction of Christianity and Other Western Ideas into Late Ming China" in CHC8 : 789~839, 특별히 789~793를 볼 것.

52 Diogo Antunes, AL College of Macau 1602, Macau, 29 January 1603, ARSI Jap-Sin 46:322v.

교에 대한 간략한 소개』[53]이라는 제목의 그리스도교 신앙의 기본 개념에 대한 대화 형식으로 된 소책자를 썼다. 1604년 소에이로의 건강이 결국 회복되자 지역 관리들과의 관계가 좋아졌고, "대화의 불이 타오르기 시작했다". 그해에 선교사는 300명에 가까운 개종자를 얻었다.[54] 광동 북부에 남아 있던 예수회원들의 작업은 일찍 시작된 것으로 보인다. 최근에 도착한 시칠리아인 니콜로 롱고바르도Niccolò Longobardo, 1565~1654는 1602년 초에 소주 외곽 지역의 상당수의 주민을 포함하여 200명의 개종자 수확을 기록했다. 그의 보고에 따르면 그 지역의 많은 그리스도교인들은 여성이었는데, 그들은 세례를 받은 남자들의 아내들이었다. 그는 특히 이 여성들이 교리의 주제를 음미하면서 "그리스도교 교리를 처음부터 끝까지 암송할 수 있었다"는 것에 깊은 인상을 받았다.[55]

예수회가 오로지 고위 관료의 개종만을 추구한다는 개념이 오랫동안 선교의 특징으로 정의되어 왔기 때문에, 중국의 평범한 남자와 여자를 개종시키려는 이러한 초기 노력을 강조하는 것은 생각해볼 만하다. 예수회원들이 중국의 고위 관료로부터 유럽에 있는 그들의 장상들, 귀족 후원자들, 그리고 출판된 서신의 많은 독자들에게 중국 통치 엘리트들을 그리스도교로 개종시켜야하는 절박한 필요에 대해서 말

---

53 이 텍스트 및 그 번역서에 대해서는 Gail King, "For the Instruction of Those Aspiring to Be Christians : João Soeiro's Tianzhu shengjiao yueyan", SWCRJ 29(2004) pp.59~67를 볼 것.

54 Guerreiro 1:256와 2:114. 구어레이로(Guerreiro)의 출판 텍스트에는 3백명에 가까운 개종자를 언급했는데, 1604년 남창에서 온 서신에서는 200명이 넘는 개종자가 그해에 나왔다고 주장하였다. Manuel Dias the elder to João Álvares, Nanchang, 29 November 1604, in OS 2:482를 볼 것.

55 Guerreiro 1:257~258.

하는 것은 물론이고 그들에게 그리스도교 메시지를 전달해야 하는 정치적 필요성을 강조해야만 했기 때문에 학자들이 왜 이런 결론에 이르게 되었는지 이해할 만하다. 실제로, 선교사들이 제작한 문서에 대한 피상적인 개관은 예수회원들이 거의 전적으로 중국 문사층에 관심이 있는 것으로 가정하도록 이끌었다. 그러나 같은 자료를 좀더 세밀하게 읽으면 예수회원들이 "위에서부터 아래로의" 전도 방법을 지지했다는 결론을 내리기가 쉽지 않다. 따라서 많은 학자들이 주장하듯이 중국에서의 예수회원들의 전략이 엘리트에 초점을 맞추었고, 수십 년 후에 중국에 온 탁발수도회만이 중국 사회의 하위 계층을 개종시키는 것을 목표로 했다고 단언하는 것은 옳지 않다.[56]

예수회원들에 의해 이루어진 소수의 관료 개종자들이 선교의 승리를 대표하고 그런 만큼 널리 칭송받았다는 기록적 증거는 분명하지만, 선교사들은 엘리트가 개종하면 평민들도 그렇게 될 것이라는 단순한 논리를 갖고 있는 사람들이 아니었다.[57] 기껏해야 마테오 리치와 그의 추종자들만이 중국에서 그리스도교 이미지가 문사층이나 고위 관료들의 개종을 통해 이익을 얻을 수 있기를 희망했다. 니콜로 롱고바르도Niccolò Longobardo의 말에 따르면, 새로운 공동체 내에 있는 사회적으로 높은 지위를 가진 사람들의 존재는 사제들과 그들의 그리스도교인들 모두에게 도움이 되었다. 즉 "우리 사역에 의문을 제기할 때 우리가 아무개와 아무개는 이미 이 새로운 가르침을 따르고 있다

---

56 Claudia von Collani, "Missionaries", in *Handbook*, pp.286~354 특히 pp.310~311.
57 니콜라스 스탠데어트는 중국 그리스도교인 공동체에 대한 통계학적 분석을 통해 이러한 결론에 도달했다. Standaert, "Chinese Christians" in *Handbook*, pp.380~398 특히 pp.386~393.

고 말하는 것이 큰 방패요 구원이다".[58] 그러나 이 개종자들은 단지 선교사들의 케이크에 설탕을 입힌 것뿐이었다. 예수회원들이 중국 사회의 모든 계층에서 새로운 그리스도교인을 만들려고 했으며, 그들이 할 수 있는 한 하층민들을 개종시키려 했다는 것이 그들의 저작들 속에 분명히 나타난다.[59]

예수회원들은 많은 엘리트 계층의 사람들에게 세례를 주는 것의 의미에 대해 잘 알아야만 했다. 그들은 다양한 사회적 장애물들이 관리, 향신鄕紳, 문사들이 어떤 수준에서든 그리스도교인이 되는 것을 가로막는다는 것을 깨달았다. 무엇보다 이 장애물들 가운데 가장 우선적인 것은 축첩蓄妾을 지위의 상징으로 삼거나 혹은 후사를 낳는 것을 확실히 하려는 관행이었다. 선교사들은 그리스도교인 남자가 아내를 한 명만 가질 수 있다고 주장했다. 부유한 중국인 남성들은 사실상 모두 아이들을 낳아주는 첩을 두었기 때문에 이 요구는 새로운 종교를 받아들임으로 인해 이 여성들을 거부해야 하는 것을 의미했다. 관리들은 동료의 평가를 추구하는 공인公人이므로, 경력에 부정적인 영향을 미치면서까지 외래 종교를 채택하는 것에 신중하였다. 고해성사를 하기 위해 사제 앞에서 무릎을 꿇어야 하는 것과 같은 일부 그리스도교 의식儀式 관행 또한 엘리트 회원들로 하여금 세례 받는 것을 거부케 한 것으로 보인다.[60] 이런 압박들 속에서, 이 초기 시기에 세례를 받은

---

58 Letter by Niccolò Longobardo, Shaozhou, 13 November 1604, in Guerreiro 2:126
59 예수회원들은 1609년 남창에서 58명의 사람들이 세례를 받았다고 보고하였는데, 이 가운데는 오로지 한 명의 수재 혹은 생원이 있었다. [Niccolò Longobardo?], AL China Mission 1608, Shaozhou, 21 December 1609, ARSI Jap-Sin 113:113v를 볼 것.
60 FR 1:253.

많은 고위관료들은 첩을 두지 않아도 될만큼 나이 든 은퇴 관리들, 그리고 그리스도교에 대해 우호적이지 않은 사람들에게 더이상 의존할 필요가 없는 사람들이었다. 그럼에도 불구하고 예수회원들은 때때로 방어적인 어조로 중국 지식인층 회원들과의 거래에 대해 노골적인 태도를 보였다. "중국에서 예수회 신부들은 그리스도교 공동체에 필요한 경우를 제외하고 다른 이유로 지시知事를 상대하거나 혹은 친구가 되는 것을 좋아하지 않는다. 왜냐하면 우리가 원하는 대로 그들이 개종하지 않으면 최소한 우리는 그들의 그림자 속에서 그들의 도움으로 교회를 세우려고 하는데, 그들의 호의 없이는 모든 것이 모래 위에 세워지는 것과 같기 때문이다."[61]

3. 천국의 교실에서1601~1607

1600년 5월, 마테오 리치는 자신의 페르소나를 거의 2년 동안 남쪽 수도에서 서유西儒로 계발시켰고, 북경에 가서 중국 관료 체제의 최고 인물에게 자신을 소개하고자 했다. 북쪽으로의 또 다른 여행을 시도하기 위하여 발리냐노가 새로운 명령을 내렸을 때, 리치는 준비가 되어 있었다. 확실히, 명 제국에 이미 8명의 예수회원들2명의 중국인 보좌신부를 포함해서을 둔 발리냐노는 위험한 모험을 하지 않고 있었다. 오히려 그는 리치의 평가를 바탕으로 자신의 수하 회원이 진기한 유럽 선물

---

61 [António de Gouvea?], AL Fuzhou Residence 1646, Fuzhou, 1646, BAJA 49-V-13:434r.

들을 모아서 관리들과의 새로운 동맹을 맺기 위하여 수도로 향할 때가 되었다고 느꼈다. 리치는 1597년 마카오에 도착한 스페인 사람 디에고 드 판토하Diego de Pantoja, 1571~1618와 페르난데스Fernandes 및 마르틴Martins 두 명의 보좌신부들과 출발했다. 이 일행에는 꼭 필요한 현지 호위자, 즉 평판이 좋은 황실 환관이 함께 하였다. 리치의 명성 덕분에 이 호위 환관은 북경으로 가는 예수회원들의 여정을 반대하는 다른 관리들 및 환관들이 만든 많은 장애물을 제거할 수 있었다. 그러나 준비된 조공 사절단과 독립적으로 수도를 방문하려는 외국인들에 대한 금지에도 불구하고, 리치는 계속 북쪽으로 향했다. 그가 불법적인 여행 때문에 천진天津에서 수감되었을 때, 만력제萬曆帝는 시계와 한 세트의 유화油畵를 받고 이에 대한 보상으로 리치의 석방을 명령했다.[62] 궁정의 이러한 호의는 선교사들이 북경에 거주 허가를 받음으로써 정점에 달했고, 이것은 첫 번째이자 무언으로 이루어진 일련의 승인이었다.

1601년 1월 말 예수회 선교사들이 제국 수도에 도착하면서 마테오 리치의 확실한 선교 전략의 핵심 목표가 달성되었다. 황제의 명령으로 북경에 자리잡은 리치 자신의 명성과 더불어 중국에서 예수회의 명성은 함께 높아졌다. 리치가 황실에서 승인을 얻었다는 것의 중요성을 과장하는 것은 쉽지 않다. 그가 수도에서 빠르게 이류의 유명인이 되었다는 사실은 안전하게 선교를 추진하고 향후 선교의 확장을 위해서도 중요했다. 리치와 판토하가 정착하자마자 그들은 황제에게

---

62 Guerreiro 1:246.

보이려고 가져온 이국적인 물건을 보고 싶어하는 관리들과 문사층 방문객들을 끌어들였다. 수도에서 나온 첫 번째 소문들 중 하나에 따르면, 선교사들은 "태양은 지구보다 크고, 달은 지구보다 작습니다"라고 말함으로써 한 예부禮部, 외국인을 접대하는 책임을 맡은 부서 관리의 흥미를 자아냈다. 리치의 『교우론』에 깊은 감명을 받은 또 다른 관리는 예수회 선교사들을 방문하여 외국 사절단을 위해 마련된 숙소 외부에 거주지를 확보할 수 있게 도움을 주었다.[63] 리치의 동료 판토하는 오로지 파란 눈을 가지고 선교사들의 명성을 드높이는 데 기여했다. "중국인들은 파란 눈이 매우 신비하다는 것을 발견했으며, 나의 눈에서 보석과 같은 것들을 찾을 수 있다고 보통 말한다……. 심지어 그들은 눈 안에 글자가 쓰여져 있다고까지 말한다."[64]

수도에서 예수회 선교사들의 명성은 남부 지방 선교사들의 노력을 합법화하는 데 필수적이었다. 리치가 환영받았다는 소식이 그의 문사 지인들의 말과 편지를 통해 퍼지기 시작하자마자 남경, 남창, 소주에 있던 선교사들의 운명이 훨씬 나아졌다. 지역 관리들의 의심을 받을 때, 그들은 자신들의 유명한 동료인 리치의 이름, 혹은 리치의 또 다른 에고ego 리마두利瑪竇, 리치의 중국명에 호소하였다. 예를 들어, 니콜로 롱고바르도가 1605년 소주에 있는 도시 지사知事 앞에 끌려갔을 때, 리치와 교류가 있음을 방문한 순무巡撫에게 언급했다. 이 고위관료는 리마두에 대해 듣고 그가 황실에서 어떠한 대접을 받았는지 알았기 때문

---

63 Ibid., pp.248~249.
64 Pantoja to Luís de Guzman, Peking, 9 March 1602, in Pantoja, *Relacion de la Entrada de Algunos Padres de la Côpañia de IESVS en la China*(Seville, 1605), 77v.

에 지역 지사에게 선교사에 대한 소송을 철회하라고 명령했다.[65] 비록 리치의 명성이 모든 공격 —1607년 그리스도교를 이교도의 종교라고 비난한 문사층의 찬성으로 남창 지사가 내린 판결을 포함하여—을 차단하지는 못했다 할지라도 초기의 박해를 완화시키는 데 도움을 주었다.[66]

선교 거주지를 보호하는 것을 넘어서, 수도에 리치와 판토하의 시설이 갖추어졌다는 것은 또한 예수회 사역의 지리적 확장도 가능하게 했다. 예수회원들이 북경에서 우호적인 네트워크를 형성하고, 대규모 중국 관료 정치 기구 속에서 관리의 톱니가 끊임없이 움직이기 때문에 선교사들의 소식과 메시지가 제국의 먼 구석에까지 도달하는 것은 그리 오래 걸리지 않았다. 리치는 3년마다 수도를 방문하여 과거 시험을 보려는 많은 응시자들 덕에 적지 않은 도움을 받았다. 이 관리들은 천학天學에 관한 리치의 책을 간절히 원하고 있었다.[67] 그들 중 일부는 그리스도교인이 되기로 결심하고 예수회원들에게 자신들과 함께 지역 임지에 동행해줄 것을 간청했다.

17세기 첫 해에, 그러한 요청을 고려하기에는 중국에 선교사가 너무 적었다. 그럼에도 불구하고, 리치는 명말 왕조의 요동치는 중심지에 가까이 감으로써 대성공을 거두었다. 할 수 있는 한 그는 통신원들, 동맹자들, 개종자들의 광범위한 네트워크를 구축하면서, 중국 관료 정치의 역동성을 선교에 이용하였다. 그러나 이러한 관료 메카니

---

65 FR 2:328~329.
66 Ad Dudink, "Opponents", Handbook, pp.503~533, 특히 pp.509; FR 2:448~461
67 Guerreiro 2:99.

즘과의 연결은 대가를 치렀다. 만약 사제가 없는 지역에 중국 그리스도교인 관리가 부임한다면 이것은 비율상 잠재적으로 많은 개종자들을 잃어버리는 것을 의미할 수 있었다. 주앙 다 로샤João da Rocha가, 개종한 군인 관리가 남경에서 하남성으로 그의 가족과 함께 떠날 때 말했듯이 "우리는 한 교구도 남아 있지 않게 되었다".[68]

그러나 북경에서 거둔 마테오 리치의 성공은 역사가들에 의해 적절하게 인식되지 않은 양날의 검이었다. 학자들은 리치가 수도에 정착한 것의 중요성을 강조함으로써 그의 가장 중요한 유산을 올바르게 인정하기는 했지만 의도하지 않은 결과를 놓쳤다. 북경 거주지의 높은 가시성과 다른 선교소의 안전을 확보하는 데 중요한 역할을 했다는 의미에도 불구하고, 결국 중국의 중심부에 자리하였다는 것이 리치와 그의 황실 예수회 후임자들이 자신들의 종교적 집단 노력의 목표인 중국인을 그리스도교로 개종시키는 것에 기여할 기회를 없애버리고 말았다. 북경 선교사들은 대부분의 시간을 수학자와 천문학자로서의 리치의 명성에서 파생된 다양한 과학 프로젝트를 포함하여 문사들을 다루는 데 소비하였기 때문에 복음을 전파하는 데는 상대적으로 시간을 덜 보내게 되었다. 이것은 예수회원들이 그들의 신성한, 그리고 세속적인 의무를 상호배타적인 것으로 보았다고 말하는 것이라기 보다는, 궁정의 선교사들에게만 초점을 맞추면 예수회 사역에 대해 치우친 시각을 가지기 쉽다는 것을 말하는 것이다. 북경에 있던 리치와 그의 후임자들에 대한 과도한 강조는 오랫동안 선교의 역사를 특징짓는 견해

---

68 João da Rocha to [Manuel Dias the elder?], Nanjing, 5 October 1602, BAJA 49-V-5:10v.

였는데, 다른 거주지에서 그리스도교를 바쁘게 전파했던 소에이로 Soeiro, 다 로샤da Rocha, 롱고바르도Longobardo, 그리고 카타네오Cattaneo 의 작업들을 거의 가리는 것이다.[69]

명 제국 조정에 있었던 유럽인들의 모험이 촉발시킨 큰 관심은 왜 북경 예수회 선교사들의 이미지가 선교의 주요 클리셰가 되었는지 이해할 수 있게 한다. 그들의 명성은 결국 현실에 뿌리를 두고 있었다. 예수회 선교사들이 전도를 포함하여 궁정에서 "우리 신앙의 유쾌한 향기" 또는 —아마도 더 중요한— "우리들의 명성la fama de 'Nostri'"에 손상을 입힐 수 있는 어떤 것도 하지 않았던 마테오 리치의 인상을 따라서 북경에서의 첫 해 동안 선교사들은 주로 자신들의 명성을 향상시키는 데 전념했다.[70] 그들의 주요 활동은 학문적 혹은 종교적 주제에 관한 글쓰기, 손님을 맞이하고 방문객들을 환대하는 것으로 구성되었다. 리치는 천주교의 가르침에 대한 기초적인 소개서라고 할 수 있는 『천주실의天主實義』뿐만 아니라, 고대 그리스 스토아 철학자 에픽테투스Epictetus의 잠언집인 『에픽테투스 25언』1605, 나아가 중국 문사들과의 논변을 기록한 『기인십편畸人十篇(기이한 사람들에 관한 10편의 글)』1608과 같은 텍스트를 만들었다. 리치는 자신의 모든 저술에서 문사층 지인들의 도움을 받아 가능한 한 문체를 세련되고 우아하게 만들었다.

북경 예수회 선교사들이 명말 문사들 사이에서 잘 알려지게 된 것은 유럽의 과학과 기술에 대한 그들의 지식 덕분이었다. 리치 자신은

---

69 Arnold Rowbotham, *Missionary and Mandarin : The Jesuits at the Court of China*, Ber -keley, 1942, pp.60~118; Ross, pp.136~140와 pp.155~190를 볼 것.
70 FR 2:347.

로마에서 유명한 예수회 수학자 크리스토프 클라비우스Christoph Cla
-vius, 1538~1612 아래에서 공부했으며 정기적으로 과학적인 주제에 대
해 이야기를 나누었다. 궁정에 있었던 리치나 그의 후임자들이 현대
적 의미의 "과학자"는 아니었지만, 유럽 예수회 신학교에서 받은 교
육은 그들에게 천문학, 수학 및 자연 철학의 기본적인 배경을 제공했
다. 분명히, 커리큘럼에는 아리스토텔레스, 유클리드 및 사크로보스
코Sacrobosco 등이 포함되어 있었다. 북경 거주지를 위한 이러한 과학
적 지식의 가치 — 그리고 나아가 전체 중국 선교 — 가 예수회원들에
게 명백해짐에 따라 그들은 과학적 노력에 더 많은 시간을 투자하기
시작했다.

리치는 개종한 2명의 고위 관료 서광계1562~1633, 진사 1604 및 이지
조1565~1630, 진사 1598와 함께 유클리드의 『기하원본幾何原本』1607 번역을
포함한 일련의 수학 논문에 관한 작업을 하면서 중국인의 시각에서
처음으로 선교사들을 과학에 연결시켰다. 선교에 대한 이러한 노력들
이 매우 중요했기 때문에 1613년에 예수회원들은 로마에 있는 장상
들에게 북경 거주지가 "이 왕국에서 예수회를 합법화하기 위해" 독특
하게 봉사했다고 솔직하게 진술했다. 따라서 사제들은 개종 활동을
덜 하고 '이 목표를 향하여 적합한 도구로 보여지는 수학 및 유사한
것들"에 초점을 맞추게 되었다.[71]

북경 예수회 선교사들은 수도에서 그리스도교인 공동체를 이루려
고 했지만, 다른 도시들보다 궁정에서 개종자가 더 적었다. 리치는

---

71 Informação, 274v.

그의 노력에도 불구하고 "세례를 받은 사람들의 수가 원했던 것과 같지 않았다"고 인정했다.[72] 그러나 또 다른 예수회 선교사는 "북경 원주민은 개종하기가 매우 어렵지만" 그리스도교인이 된 사람들은 상당한 열정을 나타냈다고 주장했다.[73] 신자의 수가 많지 않았기 때문에 사목 활동의 시간을 집중적으로 신자들을 영적으로 인도하는 데 할당할 수 있었다. 이 집중된 관심의 결과 선교 사업의 결실인 첫 번째 신도회가 빠르게 설립되었다. 최초의 성회聖會 설립을 주도한 사람은 루카스 리Lucas Li라고 알려진 중국인 그리스도교인이었는데, 유교나 불교에서 영감을 받은 중국인 단체의 일반적인 형태를 모방하여 형성된 것이 분명하지만, 마테오 리치가 당시 유럽에서 인기 있었던 제수이트 마리아 신도회Jesuit Marian sodalities, 聖母會에 대한 정보를 루카스 리에게 제공함으로 그를 이끌어주었다는 사실도 분명하다. 이 단체는 1609년 9월 8일성모 마리아 탄생 축일에 시작하면서, 지역 그리스도교인들에게 그들의 신앙을 드러내고 고무시킬 수 있는 공간을 제공했다.[74] 이 새로운 신앙의 형식이 환영을 받아 그 다음 해에 남쪽 수도의 개종자들의 신앙을 구조화하기 위해 남경에서 두 번째 성모회聖母會가 설립되었다.

북경에서 리치가 환영받았다는 소식은 전 세계에 걸쳐 중국에서의 선교적 성공에 대한 소문을 촉발시키면서 선교에 대한 예수회원의 기대를 북돋았다. 1610년대에 해양 아시아에 있는 유럽인들의 과장

---

72 FR 2:347
73 Informação, 274r.
74 FR 2:482.

된 입소문과 내부자의 오해된 보고서가 멀리 로마까지 가서 많은 중요한 관리들이 순종하여 세례를 받았다는 것을 믿도록 하였다. 가장 억지스럽고 와전된 소문 중의 하나가 만력제가 스스로 그리스도교를 받아 들였다고 주장한 것이다. ─ 이는 분명히 중국인이 로마인에게 순종하여 집단적으로 개종할 것이라는 것을 예시한 것이다. 그러나 리치와 여타 선교사들이 보낸 편지에 의하면 마카오의 예수회 장상들은 선교의 현실을 더 현명하게 바라보았다. 중국에서 20년간 일한 결과는 기껏해야 소략했다. 그들의 신망 덕분에 예수회 선교사들은 두 개의 제국 수도와 두 개의 지방 도시에 거주지를 설립했다. 그들은 또한 지배층 사이에서 명성을 얻었고 고위 관리들과 중요한 우정을 쌓았다.

그러나 자신들도 인정했듯이, 예수회 선교사들은 1605년에 1,000명 미만의 중국인 그리스도교인을 얻을 수 있었다.[75] 많은 무사武士계층의 사람들을 포함하여 예수회 선교사들의 영적인 돌봄 아래 몇 만 명으로 보고된 일본의 예수회 선교사들이 달성한 결과와는 대조적으로, 중국 선교는 걱정스럽게도 비생산적이었다. 결국 종교 수도회들조차 대차대조표를 염두에 두어야했다.

마카오의 지도층은 더 나아가 남부 거주지를 조사하기 위해 첫 번째 순찰사인 발리냐노를 파견했을 때 중국에서의 예수회의 성공에 대해 지나치게 평가했음을 깨달았다. 리치가 개인적으로 직접 그의 동료들의 작업을 검토하기 위하여 북경을 떠날 수 없다는 것을 알고, 발리냐

---

75 Guerreiro 2:90.

노는 마카오 신학교에서 총장으로 봉직했던 포르투갈 출신 선임 예수회원 마누엘 디아스Manuel Dias(elder), 1559~1639에게 그 임무를 맡겼다. 발리냐노는 디아스를 소주, 남창 및 남경 거주지의 감독으로 임명하고 중국의 새로운 개종자들의 숫자와 특징을 확인하도록 지시했다.

1604년에 이 거처들을 처음 방문한 후, 시찰자는 로마의 예수회 최고 당국에 실제로 "중요한" 개종자들이 거의 없다는 말을 보냈다. 다른 가족 구성원과 함께 세례를 받은 관리들조차도 아주 소수의 그리스도교인들뿐이었다. 소문이 퍼지는 것과 관련하여 디아스는 장상들에게 "여기서 사제들이 했던 일"에 대해서는 더 이상 이야기하지 않을 것이고, "실제로 진행된 일"에 대해 이야기할 것이라는 점을 분명히 했다. 방문 기간 동안 디아스는 성찬식을 자주 갖는 신생 그리스도교인 공동체를 찾았지만, 그는 그 교회들이 뿌리를 깊이 내리기 위해서는 더 많은 노력이 필요하다는 것을 깨달았다. 황제에 관해서는, 그는 "그리스도교인이 아니었고, 그렇게 될 희망도 없다". 그럼에도 불구하고, 디아스는 소문에 대해 "하느님의 뜻은 장차 실현될 예언이라는 것이 증명될 것이다"라고 썼다.[76]

명 제국 내부의 선교사들로부터 나오는 결과가 없는 것을 심각하게 받아들이며, 마카오의 예수회 고위층은 중국 선교 사업을 평가절하했을 수도 있다. 어쨌든, 그들은 일본 선교의 안녕安寧도 책임지고 있었기 때문이다. 일본 선교는 1600년에, 수십 개의 그리스도교 공동체는 말할 것도 없고, 30군데의 거주지, 123명의 예수회원, 90명의 신

---

76 Manuel Dias the elder to João Álvares, Nanchang, 22 November 1604, ARSI Jap-Sin 14-I:178r.

학생이 있었다.[77] 일본 선교구에서는 엄준한 현실 문제 외에 무시무시한 피의 박해도 있었다. 1587년 도요토미 히데요시에 의해 최초의 반그리스도교 칙령이 내려졌는데, 그로부터 10년 후에 일본의 그리스도교인들과 그들의 사제들은 순교의 종려나무역주-순교자의 무덤에 종려나무 잎을 꽂는 관행이 있음를 받기 시작했다.

일본에서 펼친 예수회의 위대한 노력에 대한 행정적 관심은 중국에 부여된 것보다 훨씬 컸고, 리치, 산데, 디아스는 신앙 깊은 평신도들로부터 재정적 기부를 얻거나 새로운 선교사들이 그들의 노력에 참여하도록 유인하기가 어려웠다. 중국 예수회 선교사들은 유럽에 있는 동료들에게 명 제국에서의 선교적 소명을 고려할 것과, 그들이 일본의 이국적인 관습에 대해 들은 것 때문에 중국에서의 사역의 전망을 잃어버리지 말 것을 간청했다. 마누엘 디아스는 다소 부정직하게, 예비 선교사들에게 중국은 "유럽과 같은 고기와 음식을 먹으며, 높은 의자에 앉고, 침대와 비슷한 것들 위에서 잠을 자기 때문에 유럽과 거의 같다"는 것을 알려주어야 한다고 주장했다.[78] 선교사가 되기를 간절히 열망했던 젊은 예수회원들 가운데, 도시 생활에 대한 그러한 주장은 일본에서 신앙을 위해 죽어가는 무자비한 이야기— 1600년대 초에 중국 선교가 제공하지 않았던 매력— 보다 설득력이 떨어졌다.

중국 사역이 활기를 잃지 않도록 하는 데 있어서 가장 큰 지분을 가

---

77 Anon., Partial AL Japan Province, Nagasaki, 25 October 1600, BAJA 49-IV-59:3r and 5v.

78 Manuel Dias the elder to João Álvares, Macau, 17 January 1601, ARSI Jap-Sin 14-I:46v.

진 예수회 선교사는 알렉산드로 발리냐노Alessandro Valignano였다. 사망하기 2년 전인 1604년에 이 순찰사는 중국 선교 사역을 지속시켜 나갈 것을 결정했다. 아마도 가장 중요한 것은 중국 선교를 마카오 신학교 총장의 감독으로부터 빼는 것이었다. 이 결정은 선교 장상그때는 리치이 중국을 일본의 그늘에서 벗어나게 하고 더 큰 제도적 자율성을 부여하는 것을 목표로 하면서, 인도 예수회 관구를 대표하는 책임을 맡는다는 것을 의미했다.[79] 발리냐노는 이탈리아인 알폰소 바뇨네 Alfonso Vagnone, 1568~1640와 두 명의 포르투갈인 페드로 리베이로Pedro Ribeiro, 1570~1640와 가스파 페레이라Gaspar Ferreira, 1571~1649 등 사제 그룹을 중국어를 공부하도록 남경에 파견하면서 다시 한 번 선교의 미래에 대해 기획하였다.

발리냐노는 또한 동아시아 선교 사업을 위해 대리자를 로마에 보냈다. 이 사제는 예수회 총장과 포르투갈 교구장Portuguese Assistant, 포르투갈, 브라질, 인도 및 그 후 일본과 중국 관구를 구성하는 행정 단위인 포르투갈 교구(Portuguese Assistancy)와 관련된 업무를 위해 총장을 도움에게 자신을 소개하고 일본 및 중국 선교를 인도 관구의 통제로부터 분리하도록 요청하였다. 로마에 있는 동안, 대리자는 또한 총장과 교황에게 중국 선교가 고무되고 있다는 "큰 희망"에 대해 알리면서, 이 전망을 활용하여 기부를 요청하였다. 더욱이 그는 마드리드를 방문하여 스페인의 필립 3세와 포르투갈 의회에 재정 지원을 요청하였다.[80]

---

79 1608년 12월 9일에 구 동인도 관구로부터 일본 관구가 분리되었다는 공식적인 인가가 공표되었고, 1611년 7월 31일, 일본 관구의 창설 소식이 마카오에 이르렀다. Dehergne, p.327 참조.

80 Alessandro Valignano, Regimento dos Negocios que o Padre Francisco Rod

발리냐노가 1606년 아시아 예수회의 최고 관리로서 30년 넘게 일한 후 죽었을 때, 중국 선교에는 그의 선견지명과 지도력이 분명하게 새겨졌다. 그의 죽음을 선교 역사에서 결정적인 분기점으로 볼 수는 없지만, 그것은 이 순찰사가 1579년에 미켈레 루지에리Michele Ruggieri에게 중국어를 공부하도록 명령한 이후 예수회 사역이 얼마나 진전되었는지를 나타내는 지표였다. 1605년 무렵 예수회 선교사들 ─즉, 자신들을 서유西儒로 소개했던 마테오 리치가 이끄는 소수의 사람들─이 중국에 알려졌다. 그들은 4개의 도시에 거주지를 배치했고, 진기한 물건을 찾는 사람들이 그들을 찾아내면서 더 큰 명성을 얻었다. 그들의 종교적 메시지는 비록 예수회 선교사들이 희망하고 구상했던 것보다 적은 수의 사람들이기는 했지만, 신자들을 끌어들이기 시작했다.

다른 선교 분야와 비교할 때 중국에서 그리스도교인을 얻으려면 시간과 돈, 사치품에 상당한 투자가 필요했다. 더욱이 많은 노력과 지출 후에도 결과는 불확실했다. 그러나 예수회는 이러한 노력을 완수하는 데 관심이 있었다. 바로 이런 이유로 발리냐노와 그의 로마 장상들이 기꺼이 인내하고 기다리면서 리치로 하여금 오랜 시간 중국 사상을 연구하고 문사들의 호기심을 받아주는 일에 몰두하게 한 것이다. 그 지역 선교사들의 작업을 평가절하하기를 원치 않았기에, 예수회는 한 사람씩 천천히 얻은 것으로 보이는 미미한 수의 개종자들에 대한 보고를 감내했다. 사실, 중국 선교의 기반은 외부 관찰자들이 보는 것보

rigues leva a cargo em Portugal, Macau, 1604, BAJA 49-V-18:265v

다 더 강했다. 자신들과 자신들의 종교의 명성을 얻기 위해 예수회원들이 들인 수고는 명나라 후기 사회의 상층계급 아래의 땅 깊숙이 스며들었다. 그리고 곧 그러한 노력은 더 풍성한 열매를 맺었다.

제2장
거대한 그림자 속에서

북경에서 7년을 보낸 후, 마테오 리치와 그의 동료들은 명 제국의 정치적 중심에서 선교를 펼치기 위한 그의 전략의 장점에 대해 생각해볼 수 있었다. 그들의 주요 관심사는 자신들이 기대하는 사도적 보상을 받을 수 있을지에 대한 것이었다. 1610년 말 무렵에 예수회원들이 일부 좋은 사람들—자신들의 메시지를 합법화하고 새로운 선교 현장에 오는 사제들을 호위할 권력을 가진 학자-관료들—을 개종자로 맞았을 때 리치의 예언은 실현될 것처럼 보였다.

그러나 리치의 업적에 대한 예수회원들의 신뢰가 높아졌다고 해서 그들이 환영이나 관용을 나타내는 명백한 법령에 의해 중국 사회에 공식적으로 받아들여졌다는 의미는 아니었다. 실제로, 선교사들은 궁정에 도착해서 명 제국의 최고위층에 접근하기 위해 더 큰 모험을 해야 했다. 그들이 동맹자들의 호의를 제국의 칙령으로 유리하게 전환할 수 있는지의 여부는 중대한 도전으로 남아 있었다. 확실히, 예수회원들은 관료적 성공의 사다리 위로 올라가는 가운데 있는 사람들과 좋은 관계를 유지하였다. 그럼에도 불구하고 그들은 변화하는 정치적 흐름에 노출되어 있었다. 정치적 침체와 제도적 부패의 분위기는 엘리트들 사이에서 도덕적, 영적 부흥을 위한 조건 — 사도적 노력을 기울이는 선교사들에게 도움이 되는 불안의 경향 — 을 조성했지만, 문사층 파벌 간의 경쟁을 심화시켰다. 거대한 권력 투쟁 속의 미미한 인물들로서 예수회원들은 1620년대에 큰 좌절을 겪었는데, 그것은 제국에서 거의 추방되는 것이었다. 제국 수도에서 쫓겨나 숨어들면서 그들은 그리스도교인 관리 보호자들의 도움 덕분에 1616년에서 1623년까지 살아남았다.

이 추방은 큰 좌절이었지만, 또한 선교사들이 영향력 있는 엘리트들의 지원을 잘 얻어냈음을 보여주는 것이기도 했다. 결국 예수회원들은 그들의 선교소를 되찾았고, 새로운 선교소들을 설립했다. 그들이 숨은 곳에서 나왔을 때, 자신들의 사역이 생각했던 것보다 훨씬 더 튼튼한 기반을 가졌다는 것을 깨달았다. 결과적으로, 그것은 예수회 내에서 좀 더 제도적인 독립, 다시 말해 일본과 한 쌍으로 묶여져 있던 선교로부터의 분리를 요구했고, 그것은 1619년 중국 부관구의 설립으로 나타났다. 다시 살아난 낙관론을 갖고 선교사들은 다음 세대의 중국 예수회원들에게 발전의 비전을 전해주었다. 더 나아가 이렇게 분위기가 변화되었음을 증명해주는 것은 북경 사제들이 황력皇曆을 개혁하기 위한 프로젝트에 임명된 것이었다. 이것은 상당히 구체적인 진전이었는데, 왜냐하면 수도에 있는 예수회원들이 국가 관료정치에 공식적으로 통합됨으로써 지방에 있는 동료들이 보다 공격적인 개종 전략을 채택할 수 있게 되었기 때문이다. 1630년대에는 외세의 침략의 위협이 커지고 대중의 불안감이 높아짐에 따라 그들의 메시지에 대한 비옥한 토대가 마련되었다. 이 요소들의 조합은 예수회원들이 마침내 자신들의 관료 친구들의 그림자를 벗어나서 스스로 설 수 있음을 의미했다.

1. 후원의 힘1608~1612

선교 첫 수십 년 동안 예수회원들은 관료들과 개인적으로 맺은 우정의 가치를 알게 되었다. 그러나 그들이 중국에 온 것은 친구를 만들기 위한 것이 아니라 개종시키기 위한 것이었다. 그들은 전술적 관점에서 만약 자신들이 엘리트 동맹자들을 그리스도교인으로 만들 수 있다면 자신들의 종교적 메시지와 사역 전체가 엄청난 이익을 얻을 것이라는 것을 알고 있었다. 그럼에도 불구하고 그들이 우정과 개종 사이에 다리를 놓을 수 있을 것이라는 보장은 없었다. 마테오 리치와 그의 동료들은 천학天學에 상당한 관심을 갖고 있는 몇몇 관리들을 잘 알고 있었다. 서광계진사 1604, 이지조진사 1598, 양정균1557~1627, 진사 1592 및 왕징1571~1644, 진사 1622, 이 4명은 과거 시험에 합격한 관료들이었다. 그 중에서 이지조와 서광계는 과거 시험의 가장 높은 단계에 이르렀는데, 이 중 서광계는 태감太監이 되어 만년의 삶을 보내고 있었다.

예수회원들에게 있어 보다 중요한 것은 이들이 그리스도교를 받아들이기로 결심하고, 각기 파울로1603, 리오1610, 펠리페1616라는 세례명을 받았다는 것이었다.[1] 이 엘리트 개종자들은 선교의 주요한 보호자이자 주창자가 되었고, 그리스도교 교리와 서학西學을 옹호하는 책을 출판하였으며 예수회원들과 우정을 나누었다.

리치가 관료 동맹자들을 얻을 계획을 세운 것은 정치적 은신처를 얻으려는 것에 그치지 않고 또 다른 목적을 가졌다. 그는 이동하는 문사의 짐에 그리스도교가 실려서 중국 곳곳에 운반되기를 원했고, 그 가운데 그의 첫 엘리트 개종자들이 이상적인 후보들이었다. 관료 정치의 모든 구성원들과 마찬가지로, 이 사람들은 다만 수도에 임시로 거주하는 사람들일 뿐이었다. 관료로서 그들은 먼 지방에서 관직을 수행했고, 효자로서 그들은 부모가 죽으면 고향으로 돌아가는 관습을 따르지 않을 수 없었다. 그들이 그리스도교를 선택한 것은 그들이 높은 사회적 지위를 가졌기 때문에 더욱 의미가 있었고, 예수회원들은 이동할 때 그들과 함께 동행할 기회를 버릴 수 없었다. 출발점인 북경에서부터 예수회원들은 명 제국의 내부적 역동성과 궤를 같이했다. 다행스럽게도 1610년 말은 관료 동맹자들의 이동을 따라 선교를 확장할 수 있는 절호의 기회였다.

예수회원들에게 다가온 첫 번째 기회는 1608년 서광계 아버지의 죽음이었다. 전통에 따라 파울로서광계의 세례명는 3년간의 거상居喪 기간

---

1 Willard Peterson, "Why Did They Become Christians? Yang T'ing-yün, Li Chih-tsao, and Hsü Kuang-ch'i", *East West*, pp.129~152. 서광계에 대해서는 Nico-las Standaert, "Xu Guangqi's Conversion as a Multi-faceted Process", *Jami et al.*, pp.170~185 참조.

동안 상해에 있는 그의 집으로 돌아와야 했다. 리치가 수도를 떠날 수 없다는 사실을 알고, 서광계는 리치 수하의 회원들 중의 하나가 자신이 있는 곳에 와서 거주지를 개설할 것을 요청했다. 그해 9월, 라자로 카타네오Lazzaro Cattaneo는 남경을 떠나 상해로 향했고, 거기서 두 달간 머무르면서 불교와 도교 승려, 일반인들, 서광계의 많은 문사 친구들을 포함하여 희귀한 물건을 찾는 사람들을 맞이하였다. 카타네오는 지역 주민들이 "똑똑하고 행복"하며, 도시 사람들은 주변 시골의 단순한 사람들보다 더 "영리하다"는 것을 발견했다.[2] 그러나 비록 상해의 예수회 선교가 이후 모든 중국인 개종자의 1/3 이상을 차지하게 되었지만, 이 초기 체류의 효과는 크지 않아서 후일의 성공을 보장 받기에는 부족했다. 카타네오는 42명의 새로운 그리스도교인들—그의 말에 따르면, "그처럼 거대한 들판에 거의 얼마 되지 않는"—을 개종시켰다. 그는 이처럼 빈약한 수확을 설명하기 위해, 다른 장애물들 가운데 "도처에서 우리를 둘러싸고 있는 의심과 두려움"이 있음을 인정하지 않을 수 없었다.[3]

예수회원들은 1608년 상해에서 새로운 선교를 추진하지는 못했고, 대신 남경 밖 강남 지역에 거주지를 세우기 위해 노력했다. 그들은 양정균과 이지조의 주장에 따라 작은 도시인 상해에서 4일 걸려

2 [Niccolò Longobardo?], AL China Mission 1608, Shaozhou, 21 December 1609, ARSI Jap-Sin 113:111v. 명말의 상해에 대해서는 Timothy Brook, "Xu Guangqi in His Context : The World of the Shanghai Gentry" in *Jami et al.*, pp.72~98와 Linda Cooke Johnson, *Shanghai : From Market Town to Treaty Port, 1074~1858*(Stanford,1995), pp.66~95를 참조.
3 Niccolò Longobardo, AL China Mission 1608, Shaozhou, 21 December 1609, ARSI Jap-Sin 113:112r.

도착하게 되는 한창 번성하는 대도시 항주에 정착할 때까지 3년을 기다렸다. 양정균Miguel과 이지조Leão는 항주 출신으로 예수회원들에 대한 보호와 재정적 지원을 기꺼이 제공했다. 리치는 강남 해안에서 수행한 선교적 노력을 강화하기 위해 남부 네덜란드에서 새로 온 사제 니콜라스 트리고Nicolas Trigault, 1577~1628를 중국인 보좌신부와 함께 카타네오에게 보내 그를 돕도록 하였다. 카타네오의 병 때문에 선교사들은 남경으로 돌아가게 되었고, 카타네오는 1612년에 다른 동료들과 함께 항주로 돌아와 그곳에서 더 단단한 기반을 쌓았다. 이런 식으로 선교사들은 새로운 지역에서 선교 사업을 시작하면서 리치 전략의 핵심 목표를 달성했다. 그들은 자신들에게 합법성과 가시성을 부여한 영향력 있는 인물들과 공개적인 관계를 맺을 수 있는 작은 종교 공동체를 수립했다.

명말 문사층의 복잡한 사회적 관계에 들어서자마자 예수회원들은 자신들을 후원하는 후원자들의 공적인 정체성과 밀접하게 연결되었다. 특히 선교사들의 메시지가 지적인 유사성을 넘어서 종교적 교리의 영역에 이르렀기 때문에 천학天學에 공감한 사람들이 강남 문사 계층비판적 문사들을 포함하여에서 나왔다. 양정균과 이지조의 명성으로 인해 항주 예수회원들의 첫 번째 방문객들은 그들의 가르침에 쉽게 감명받았다. 관료들은 천학天學의 잘 알려진 신봉자들이었다. 따라서 카타네오와 그의 동료들이 전한 가르침이 복잡하면 복잡할수록 양정균과 이지조에게는 더 좋았다. 그러나 이점은 선교사들로 하여금 대가를 치루도록 하였다. 왜냐하면 너무 많은 시간을 중국인들과 이야기하느라 복음 전하는 시간을 빼앗겼기 때문이다. 결과적으로 예수회원들은 이지조가 처음에 제공한 그의 공관 내부에 있는 방들을 거부하고 대신 임대 주택을 선택했다. 펠리치아노 다 실바Feliciano da Silva, 1579~1614는 "이지조Leão 선생이 철학서들을 번역하는 일로 우리를 바쁘게 해서 우리가 이룬 목표와 주요 열매인 개종 사역을 실패로 만들까 두렵다"라고 썼다.[4]

이 그리스도교인 관료들은 천학天學을 촉진시키는 동시에 예수회원들과 불교, 그리고 도교 승려들 사이의 적대 관계를 악화시키면서 암묵적으로 혹은 노골적으로 중국 전통 종교를 비판했다. 명말 강남에서는 향신鄕紳과 관료들이 종교 조직에 대해 풍부하게 후원을 해주었는데, 유럽인들과 부유한 엘리트들 사이의 새로운 유대 관계는 승려와 도사들의 분노를 불러 일으켰다.[5] 더욱이 마테오 리치가 "불교 승려들"과 "도사들"에 대해 호의적이지 않은 결론을 내렸기 때문에, 예수회원들은 토착 종교 전통에 대한 출판 저술들 속에서 악담을 서슴치 않았다. 또한, 이 소수의 유명한 문사들은 그런 공격에 대해 서문과 헌사를 덧붙였기 때문에 선교사들의 저술은 더 많은 청중에게 다가갔다. 분명히 예수회원들은 특별히 자신들 편에 서 있던 문사들과 함께 종교 문제에 반대 의견을 가진 자들에게 맞설 기회를 가졌다. 리치가 죽은 후 선교 장상을 맡은 니콜로 롱고바르도Niccolò Longobardo의 솔직한 고백에 따르면 항주에서 그들이 수립한 선교 사역은 이 투쟁

---

4 Feliciano da Silva to Gaspar Ferreira, Hangzhou[November? 1612], in Niccolò Longobardo, AL China Mission 1612, Nanxiong, 20 February 1613, ARSI Jap-Sin 113:238r.
5 양정균의 불교도 비판에 대해서는 Nicolas Standaert, Yang Ting-yun, *Confucian and Christian in Late Ming China : His Life and Thought*(Leiden, 1988, pp.162~182) 참조.

의 일부였다. 사제들이 개종자들을 포기하고 남경으로 돌아간 것을 불교 승려들이 떠벌리며 자랑스러워하고 있을 때, 그들은 이곳에 머물러야만 한다고 느꼈다.[6]

마테오 리치는 1610년 5월 숨을 거두었는데, 그의 명성으로 선교 작업은 계속될 수 있었다. 창립자의 명성 — 마지막 존경을 다하기 위해 온 방문객들에 의해 그가 죽은 순간에 크게 증가한 — 을 확신하면서, 리치의 조수인 디에고 드 판토하Diego de Pantoja와 사바티노 드 우르시스Sabatino de Ursis, 1575~1620는 일부 관료 친구들의 도움으로 북경 근처의 매장지를 내줄 것을 만력제에게 요청했다.[7] 비록 중국 왕조가 본국에서 죽은 외국 사절에게 매장지와 의례적인 제문을 제공하는 것이 관례이기는 했지만, 이 유명한 외국인의 미덕을 찬양한다는 선언과 함께 그들의 요청이 승인되었을 때, 예수회원들은 제국 전역에서 이러한 황제의 호의를 선양할 수 있었다. 예수회원들의 관점에서 볼때, 이 움직임은 자신들이 수도에서 확고하게 자리잡았음을 의미하는 것이었다. 왜냐하면 그들은 이제 자신들이 계속 존재하는 것을 정당화하기 위해 조상의 무덤을 돌봐야 하는 유교적 의무를 언급할 수 있었기 때문이다. 따라서 노련한 일본 선교사 주앙 로드리게스João Rodrigues, 1561~1633는 리치가 "살아있을 때보다 죽어서 더 많은 일을 했다"고 여겼다.[8]

학자들은 마테오 리치의 죽음을 선교 수립 기간의 끝으로 보는 경

---

6 Informação, 276v.
7 리치의 매장지에 대한 판토하의 청원에 관해서는 *FR* 2:564-19를 볼 것.
8 Rodrigues to Claudio Aquaviva, Macau, 22 January 1616, ARSI Jap-Sin 16-I:287v.

향이 있다. 그러나 이러한 견해 때문에 니콜로 롱고르바르도Niccolò Longobardo에게로 지도력이 순조롭게 전환하는 것에 대한 관심이 흐트러졌고, 1610년 이후 빠르게 이어진 선교사 수의 증가를 홀시되었으며, 이 유명한 예수회원과 중국 사역 사이의 연결이 전체적으로 과장되어 버렸다.[9] 중국에 온 4명의 회원들이 1613년에만 총 15명의 유럽 선교사들을 데려왔다. 이 두번째 세대는 나이든 선교사들이 죽거나 혹은 더 이상 그들 과업의 짐을 질 수 없을 때 그 공백을 채웠고, 리마두의 동료들로서 그들에게 부여된 찬미와 보호의 혜택을 누리면서 리치가 시작한 일을 수행하였다.

리더십의 변화는 중국 선교에 새로운 에너지와 생각을 가져왔다. 또한 지방 선교사들의 개종 노력에 다소 호의를 보이는 쪽으로 기울면서 창립자의 장점이었던 학문적 추구와 지방 선교사들의 개종 노력 사이에 균형을 맞추고자 하였다. 다시 말해, 리치가 사망하자 그리스도교 공동체의 확장은 예수회원들의 가장 큰 관심사가 되었다. 처음으로, 선교지에서 유럽으로 보내진 공식 보고서에는 천 명을 넘은 개종자들의 수가 기록되었다.[10]

중국에는 그리스도교인이 얼마나 있었는가? 많은 관찰자들이 숫자를 성공의 유일한 척도로 여겼기 때문에 이 질문은 초기부터 예수회원들의 사역을 고통스럽게 했다. 이러한 관점에서 볼 때, 명 제국 말기에 중국의 전체 인구가 약 2억 6천만 명에서 청나라 초기 약 3억 1

---

9 예를 들어, Dunne, 106과 Nicolas Standaert, "The Creation of Christian Communities", in *Handbook*, pp.543~575, 특히 p.546을 볼 것.
10 1610년도의 한 보고서에서는 30년간의 사역으로 2,500명의 개종자를 얻었다고 하였다. FR2:483 볼 것.

천만 명으로 증가한 것에 따르면 선교는 분명히 더할 나위 없는 실패였다.[11] 선교의 흥망을 평가하기 위해서는 상대적으로 다른 중국 지역에서 이루어진 예수회 사역의 규모를 측정할 수단이 필요하다. 그러나 거의 모든 관련 정보는 선교사 펜에서 온 것이다. 검토된 보고서의 유형에 따라 그리스도교인의 수는 다양한데, 일반적으로 유럽에서 의도하는 청중의 규모에 따라 다양하다. 가장 적은 추정은 예수회 내부 서신에 나타난다. 더 많은 숫자는 유럽 예수회 신학교의 식사 시간에 큰 소리로 읽히도록 쓰여진 연례 서한과 같은 보다 공적인 문서들에서 발견된다. 가장 큰 집계는 인쇄된 보고서에 나타나는데, 그것들은 독자들을 감화시키고, 예수회원들의 명성을 끌어올리고, 경건한 평신도들로부터 재정적 기부를 유치하려는 세 가지 목표를 가지고 유통되었기 때문이다.

자료들의 특성을 고려하여 예수회원들의 그리스도교 공동체의 규모를 일정한 간격으로 추정할 수 있다. 종종 자료들은 그리스도교인의 총 숫자가 아니라 매년 세례 받은 숫자만 알려준다. 더욱이, 예수회 자료들은 선교 사역의 일부이자 한 무리였던 배교자들에 대해서는 거의 알려주지 않는다. 그럼에도 불구하고 중국 교회의 성장을 추적하려는 니콜라스 스텐데어트Nicolas Standaert의 신중한 시도는 인쇄본과 필사본 자료 모두에서 제공되는 총 숫자를 집계함으로써 이 기간 동안 그리스도교인의 수가 **빠르게** 늘어나고 있음을 확인하였다. 즉,

---

11 Martin Heijdra는 중국 인구가 1600년대에 2억 3천 백만과 2억 8천 9백만 사이이며, 1650년대에는 2억 6천 8백만에서 3억 5천 3백만이라고 추정했다. Heijdra, "The Socio-economic Development of Rural China during the Ming" in CHC 8:436~39를 볼 것.

1606년 1,000명으로부터 1610년 2,500명, 1615년 5,000명으로 늘어났다.[12] 이전에 일본에서 이루어진 빠른 속도의 확장 및 숫자─혹은 나중에 중국에서 얻어진 숫자─와 비교하면 적지만 명 제국으로부터 간절히 기다리던 집계 상의 발전은 마카오, 포르투갈령 인도 Estado da Índia, 그리고 가톨릭 유럽의 열정적인 환영을 받았다.

2. '사탄의 종들'과의 대면1612~1618

북경에 마테오 리치가 묻히고 관료 개종자들이 강남에서 선교사들을 공개적으로 후원함으로 말미암아 임박한 추방에 대한 예수회원들의 두려움이 완화되었다. 선교 장상인 롱고바르도는 1612년 예수회 총장그리고 그의 글을 읽거나 들은 사람들 모두에게 보내는 연례 서한에서 선교사들이 결코 중화제국에서 추방되지 않을 것이라고 주장했다.

롱고바르도는 예수회 신학교의 논리학 교수의 방식으로 자신의 예측이 왜 "상당히 가능성이 있는지"를 설명하기 위해 세 가지 주장을 하였다. 첫째, 리치가 사망한 후 디에고 드 판토하Diego de Pantoja와 사바티노 드 우르시스Sabatino de Ursis는 여전히 북경에 머물 수 있도록 허락 받았고, 이전 동료들의 국가 연금을 계속해서 받았다. 그들이 수학과 기술 지식으로 명성을 얻었기 때문에 롱고바르도는 "황제는 우리가 중국에 있는 것을 즐거워하고", "우리를 지지하고 옹호하는 우

---

12 Nicolas Standaert, "Chinese Christians" *Handbook*, pp.380~393 특별히 p.382.

호적인 관료들이 있다"고 주장했다. 또 다른 이유는 중국 사회에서 예수회원들이 차지하고 있는 위상에 대한 롱고바르도의 인식에 기초하고 있다. 그는 자신이 중국의 국가 이익raison d'état이라고 이해한 것을 지적하면서, 명조의 통치자들은 그 제국에 관한 내부지식을 얻은 외국인들을 쫓아내고 싶어하지 않는다고 단언했다. 롱고바르도는 섬서성의 무슬림 상인들이 9년 후에 중국을 떠나는 것을 허락받지 못했다는 사실을 인용하면서 예수회원들은 30년간 체류했기 때문에 추방을 확실히 막을 수 있을 것이라고 주장했다. 마지막으로, 가장 일반적인 수준에서 그는 그렇게 오랜 세월 거주한 결과 예수회가 중국의 "취향과 유머"에 대해 더욱 섬세하게 이해하게 되었다고 단언했다. 이 주장의 증거는 롱고바르도가 말했듯이, "정말로 선교사들을 알고, 사랑하고 그리고 좋아한" 그들의 많은 친구들에게서 볼 수 있었다. 그는 박해가 복음을 전하는 과정을 방해한다고 해도, 최악의 경우 "그들이 한 곳에서 다른 곳으로 우리를 보내거나 감옥에 가둘 것이고, 그렇다고 그들이 우리를 중국에서 내쫓지는 않을 것이다"라고 확신에 차서 말했다.[13]

롱고바르도의 확신에도 불구하고, 예수회원들은 여전히 1580년대 이래 그들의 선교를 힘들게 한 심각한 문제에 직면해 있었다. 이것은 마카오의 포르투갈인들과 필요한 관계 —우편뿐만 아니라 돈과 인력이 중국으로 유입되는 것을 보장하는 유대관계 —를 맺는 것이었다. 롱고바르도는 소주에서 14년 동안 살면서 식민지 상인들과 광동 관

---

13 Longobardo, AL China Mission 1612, Nanxiong, 20 February 1613, ARSI Jap-Sin 113:217r-218r.

료들 사이의 긴장을 잘 알고 있었다. 확실히 유럽인을 상대하는 것은 명나라 정부에게 복잡한 문제였는데, 주요 목표가 불법 무역 지역에 대해 가능한 한 많은 통제권을 행사하는 것이었기 때문이다. 중국 남부를 가장 잘 아는 관리들에게 포르투갈인이 중국 내륙에 더 많이 접근하는 것을 허락하거나 그들의 식민지를 파괴하는 것 둘 다 실행가능한 선택이 되지 않았다. 관료들의 불안 및 대중들의 의심의 분위기를 감지하며 — 부분적으로는 식민지 주민들이 배를 무장하고 주저함 없이 불미스러운 상인들을 상대했다는 사실에 근거하여 — 롱고바르도는 "모든 중국인들이 포르투갈인을 무서워한다"고 장상들에게 알렸다.[14]

롱고바르도가 1612년에 마카오 주변 해안 지역을 엄격하게 통제하고자 한 광동성 및 광서성 총독의 계획을 알고 있었는지, 그리고 이 일로 말미암아 북경에서 일어난 격렬한 논쟁을 알고 있었는지 불분명하다. 얼마나 많은 관료들이 17세기 첫 15년에 예수회원들과 식민지의 포르투갈인의 관계를 알았는지를 확인하는 것 역시 어렵다.[15] 그러나 1611년 롱고바르도가 북경에 있을 때 서광계는 일부 관료들이 예수회원들을 "마카오에서 온 사람들"이라며 세 차례나 고발했다고 그에게 알려주었다. 롱고바르도가 자신이 식민지와 관계가 있는지를 실토해야 하는지에 대해 서광계에게 물었을 때, 롱고바르도는 그렇게

---

14 Informação, 266r.

15 더 자세한 논의는 Timothy Brook, "The Early Jesuits and the Late Ming Border : The Chinese Search for Accommodation", Wu Xiaoxin, ed., *Encounters and Dialogues : Changing Perspectives on Chinese-Western Exchanges from the Sixteenth to Eighteenth Centuries*, Sankt Augustin, 2005, pp.19~38.

되면 선교사들이 모든 것을 잃기 때문에 실토하지 말라는 조언을 받았다. 그러나 서광계는 그들에게 주의해야 한다고 말했으며, 또한 예수회원들이 마카오에 의존한다는 것을 많은 관료들이 알고 있었지만, 그들이 모른 척하기로 했다고 예수회원들에게 알려주었다.

결국 롱고바르도는 수하 회원들에게 가능하면 마카오에 가지 말고 공개적으로 식민지와 아무 것도 하지 말라고 주의를 주면서 비밀리에 진행할 것을 지시했다. 명 당국이 "문을 닫고" 더 많은 선교사들이 제국에 들어오는 것을 막는 것을 피하기 위해 롱고바르도는 경계심을 늦추지 않고 1613년에 광동으로 돌아왔다.[16] 그러나 관료들의 반발 및 대중들의 적대감에 대한 두려움 때문에 롱고바르도는 그해 소주韶州에서부터 강서성과의 경계에 있는 마지막 도시 남웅南雄까지 철수하고 말았다.

동아시아 예수회 선교 사역의 행정 구조를 감안할 때, 중국 예수회원들이 포르투갈인과 거리를 두는 것은 거의 불가능했다. 우선, 그들은 (이 자금의 원천을 신뢰할 수 없기는 했지만) 재정적인 지원을 일본 선교에 의존했다. 중국 선교는 그 자매가 되는 일본 사역의 행정적 부속물로 공식적인 사업은 마카오와 나가사키의 장상들에게 승인받아야 했다. 선교 사역의 기반을 만드는 기간 동안 리치와 롱고바르도는 즉각적인 해결을 필요로 하는 수많은 상황에 직면했지만 예수회 지도층 내에서 그들이 차지하는 종속적인 위치 때문에 과단성 있는 행동을 취하지 못하였다. 그들은 알렉산드로 발리냐노로부터 최고의 존중을

---

16 Informação, 266r and 268r.

받았고, 이로 말미암아 그들이 걱정하는 문제들이 중국 밖에 있는 예수회 관리들에게 보여질 수 있었던 것인데, 이 조정자는 1606년에 죽고 말았다.

　1612년에 중대한 정치적 위기 상황에 직면한 니콜로 롱고바르도는 선교의 유일한 해결책은 일본 관구와의 관계를 끊는 것이라고 생각했다. 이를 위해 롱고바르도는 니콜라스 트리고Nicolas Trigault를 대리자로 임명하고 다음 해 로마로 보내 예수회 총장에게 동아시아 선교를 두 개로 분할할 것을 청원하게 하였다. 그는 순찰사 및 일본 관구장 부분에 대한 응답이 없는 것에 좌절하여 일본의 그림자에서 벗어나기 위해 직접 예수회의 최고 지도층에 말하기로 하였다. 롱고바르도는, 만약 이렇게 한다면, 총장은 선교회 내부 인사처럼 선교의 실제 상황을 잘 이해할 필요가 있었으며, 새로운 지역을 만들어야 할 것이라고 여겼다.[17] 이 움직임은 중국 사역이 진정으로 마카오로부터 독립할 수 있게 할 것이었다. 다시 말해, 대리인 트리고의 여행은 가톨릭 유럽의 모금 및 홍보 여행이었다.[18]

　롱고바르도는 트리고를 파견함으로써 중국 선교가 일본에 그 일부로서 종속되어 있는 것이 그와 동료들의 개종 노력을 얼마나 방해했는지를 폭로하고자 하였다. 그는, 나가사키의 장상들이 수년 동안 소홀했음에도 불구하고 중국 사역은 5개 거주지를 성장시켰으며, "다른 성省들에서 가장 여유 있게 또 다른 5개 거주지를 열 수 있었다"고 단

---

17 Longobardo, Appontamentos acerca da Ida do Nosso Padre Procurador a Roma, Nanxiong, 8 May 1613, ARSI Jap-Sin 113:301r.
18 트리고의 여정에 대해서는 Edmond Lamalle, "La Propagande du P. Nicolas Trigault en faveur des Missions de Chine(1616)", *AHSI* 9, 1940, pp.49~120를 볼 것.

호하게 말하였다.[19] 더 나아가 롱고바르도는 중국 내 예수회원들의 위상에 대한 자신의 확신을 반복함으로써 중국 선교를 분리시키려는 생각을 정당화하였다. 남웅南雄에서 느꼈던 안정감과는 달리, 그는 밝은 미래가 "일본에서는 확실하지 않다"고 ― 도쿠가와시대 유혈의 박해 2년 전 ― 단언했다.[20]

일본의 불안정한 상황에 대한 롱고바르도의 예측은 모든 가톨릭 사제들을 일본에서 추방하는 쇼군 도쿠가와 히데타다徳川秀忠의 1614 칙령으로 나타났다. 중국 선교사들이 명 제국 밖에 장상들을 두고 있다는 어려움에 더하여, 이제 일본에서 추방된 예수회 유배자들이 생겨났다. 마카오 신학교는 망명 중인 일본 선교의 본부가 되었으며, 그 결과 롱고바르도와 그의 동료들의 관심사는 덮여지고 말았다. 1615년 여름에 라자로 카타네오Lazzaro Cattaneo는 선교의 5개 거주지와 18명의 예수회원이 일본과 마카오의 소용돌이 속에서 "매우 가난하게 지내며 심지어 제대로 된 공급을 받지 못했다"고 썼다. 그는 예수회 총장에게 보내는 편지에서 "우리의 직속 장상이 절대적이고 독립적이라면 이 선교에 훨씬 더 좋을 것"이라고 주장함으로써 롱고바르도의 생각을 반향시켰다.[21]

일본에서 예수회원들을 추방한 것은 또한 중국 선교사들에게 명 제

---

19 Longobardo to Claudio Aquaviva, Nanxiong, 28 November 1612, ARSI Jap-Sin 15-Ⅱ:195r.

20 Jurgis Elisonas의 "Christianity and the Daimyo", John Whitney Hall and James McClain, eds., *Cambridge History of Japan*, 6 vols.(Cambridge, 1988~1999, 4 : 365~ 372)를 볼 것.

21 Cattaneo to Claudio Aquaviva, Hangzhou, 19 July 1615, ARSI Jap-Sin 16-Ⅱ : 203v.

국 내에서 체류하기 위해서는 어떠한 조건을 갖춰야 하는지를 재확인하도록 자극했다. 롱고바르도는 일본의 동료 선교사들의 치명적인 약점이 관계가 취약한 것이라고 생각하면서 예수회원들이 만력제에게 직접 호소할 것을 제안했다. 자신이 "사탄의 종들"이라는 별명을 붙였던 사람들이 일본에서 한 것처럼 중국에서 선교사들을 추방하려 할지도 모른다는 두려움을 가지고 롱고바르도는 명 제국에 머무르기 위해서는 어떠한 조건을 만족시켜하며, 또 이것의 실행 가능성에 대해 동료들과 상의했다. 롱고바르도의 계획은 유럽의 사치품 세트와 그리스도교 교리 개요선교사들이 질서를 어지럽히는 선동적인 의도를 품지 않을 것이라는 성명서를 포함하여를 군주에게 제공한 후, 어떤 형식이든 그의 승인을 기다리는 것이었다.[22]

그러나 롱고바르도는 남쪽의 마카오에서 문제를 보고 북쪽의 북경에서 해결책을 찾으면서, 제국의 중심에 있는 선교사들과 관료들 사이에 장차 일어날 갈등을 소홀히 하였다. 따라서 예수회원들은 남경 예부시랑禮部侍郎인 심각沈㴶, 1565~1624이 그들에 대한 공격을 시작했을 때 불의의 습격을 당했다. 1616년에서 1623년 사이에 발생했던 남경사건혹은 남경 박해라고도 함에 대해 현대 서양과 아시아 학자들 못지 않게 초기 근대의 중국과 유럽의 학자들이 많은 설명을 하였다. 최근에 들어와서야 역사학자들이 사건의 주요 당사자들의 관점을 제시하는 것을 넘어서 이 사건들을 이해하고 있다.[23] 예수회원들에게 있어 이 사

---

22 Niccolò Longobardo, Appontamentos acerca de Pedirse a Licentia del Rey, Nanxiong, 19 February 1615, ARSI Jap-Sin 113:461v-462v.

23 Erik Zürcher, "The First Anti-Christian Movement in China(Nanking, 1616~1621)" *Acta Orientalia Neerlandica*, Leiden, 1971, pp.188~195; Ad Dudink, "Nan

건들은 심각한 재난이었고, 당시에 나온 그들의 저술들은 확실히 선교의 운명에 대한 그들의 염려를 반영하고 있다. 반대로, 그들과 적대 관계에 있었던 중국인들의 관점에서 볼 때, 선교사들은 조롱과 모욕을 당할 만하였다. 문사들의 어휘 곳곳에는 천주교를 경멸하는 욕들이 많았다. 그러나 피상적인 것을 넘어서 예수회 사역을 장기적인 관점에서 개관해보면 심각의 공격이 선교에 치명적이지는 않았던 것으로 보인다. 그들은 일시적으로 그 성장을 억제시키는 것 외에 어떤 효과를 가졌던 것 같지는 않다.

남경 예수회원들에 대해 제기된 초기의 고발에는 그들을 비정통적 — 즉, 유가적 세계관을 고수하지 않는 — 혹은 전복적이라고 비난한 불만들이 포함되어 있었다. 중국 관습법의 프리즘을 통해 보면, 선교사들은 공격받기 쉬운 대상이었다. 확실히 그들은 자신들을 중국의 도덕적 가르침을 배우러 온 외국 문인으로 행세함으로써 본토인의 상징적 부호를 빠르면서도 느슨하게 다루었다. 예수회원들은 또한 세속적인 기술과 지식을 사용하여 종교적 목표를 달성하고자 할 때 소수의 관리들이 본 명확한 경계의 선을 지나 모호하게 보이도록 하였다. 나아가 천주교에 대한 예수회원들의 변증적인 텍스트들은 그 가르침으로부터 유럽의 풍미를 벗겨내어 많은 문사층 독자들과 심지어 일부 개종한 관료들에게 그리스도교 메시지가 오로지 조금 유가 사상과 다르다는 인상을 주면서 중국 학자들의 마음에 들도록 하였고, 이로써 때때로 그들이 외국 출신이라는 것을 모호하게 했다.[24] 비록 그것이

-gong shudu(1620), Poxie ji(1640), Western Reports on the Nanjing Persecution, 1616/1617" *Monumenta Serica* 48, 2000, pp.133~265.

효과가 있기는 했지만, 이 전략은 1616년 북경처럼 여전히 수도와 같았던 남경에서 예수회원들이 알게 된 것처럼 완벽하지는 않았다. 선교사들은 마치 지방 도시에 있는 것처럼, 즉 북경 조정에 있는 동료들처럼 근신하지 않고 편안하게 남경에서 활동할 수 있을 것이라고 느꼈다. 그렇다면 예수회원의 중국인 페르소나에 대한 모순이 폭로된다면 적대적인 정치 세력이 가장 큰 권력을 가진 곳에서 일어날 것이라는 것은 놀라운 일이 아니다.

명말의 국가 체제의 부패, 만력제의 통치 업무에서의 이탈, 그리고 강남 지역의 상당히 높은 수준의 파벌주의에도 불구하고, 남경에서 복무한 심각과 같은 관리들은 자신들의 견해에 유가적 정통성을 효과적으로 부과할 수 있었다. 예부정교(正敎) 유지 및 중국 내 외국인 업무 관리를 담당한의 이러한 고위 관료의 조치는 명말 정치 상황에 대한 다양한 문사층 반응들의 하나로 이해될 수 있다. 천학天學을 받아들인 서광계와 양정균 같은 사람들을 이끌었던 불안의 분위기는 동시대 사람들로 하여금 유가적 정통성에 대해 더 엄격하게 해석하도록 하거나 혹은 평신도 불교의 재활성화를 촉진시켰다.[25] 예수회원들이 경쟁 관계에 있는 문사 파벌을 구성하는 것으로 보이는 사람들, 즉, 천학의 추종자, 또는 백련교운동과 같이 평민을 유혹하는 이단 종파처럼 보이는 사람들의 동맹이 되었다는 것은, 특히 선교사들이 불교 승려에 대해 적대적이

---

24 쮜르허는 그리스도교 문인의 종교를 "유교적 일신교"라고 부른다. Erik Zurcher, "Confucian and Christian Religiosity in Late Ming China", *Catholic Historical Review* 83.4(October 1997), pp.614~653을 볼 것.

25 명말 문사층의 불안에 대해서는 Timothy Brook, *Praying for Power : Buddhism and the Formation of Gentry Society in Late Ming China*(Cambridge, Mass.,1993, pp.311~321)를 참조.

거나 혹은 안전불감증이 생겨나 중국 엘리트들에게 지나친 오만함을 보인다거나 할 때 그들을 공식적으로 주의를 기울일 만한 사람들로 만들기에 충분했다.[26]

심각은 1616년 여름에 제국의 두 수도에서 선교사들을 고발하는 첫 번째 상소문을 제출했다. 역사가들이 그의 동기에 대해 논쟁을 했지만, 그는 공적 영역에서 정통성을 지키는 적절한 방법을 제시하려는 의도를 가지고 움직인 것으로 보인다. 또한 예수회원들, 그들의 종교적 가르침, 그리고 관료 보호자들에 대해 개인적인 원한을 품었을 가능성도 있다. 그의 고발은 각기 다른 세 개의 문서에서 발견되었는데, 그는 선교사들에게 불법으로 북경과 남경에 거주하고 "황제의 교화에 손상을 입혔다"는 죄목을 씌웠다.[27] 마테오 리치가 20년 전에 처음으로 남경에 정착하려고 했을 때 그의 관료 친구들이 외국인이 두 수도 어디에서도 거주할 수 없다고 경고했던 일을 떠올릴만 하다.

심각은 정통성의 언어로 된 구절을 사용하여 예수회원들이 명 제국을 위협하는 방식을 열거했다. 가장 중요한, 천문학에 대한 예수회원들의 참신한 가르침이 중국 전통을 부패시키는 데 위협이 되었다는 것이다.[28] 게다가 그들은 문사들의 태도와 복장을 채택함으로써 중국인과 야만인 사이의 차이를 무시했다. 그들은 금지된 결사의 방식으로 비밀 집회를 열었다. 그들은 뇌물을 주고 개종을 얻었다. 그들은

---

26 Dudink, "Nangong shudu", pp.241~248.

27 Edward Kelly, "The Anti-Christian Persecution of 1616~1617 in Nanking", Ph.D. diss., Columbia University, 1971, p.277.

28 Ad Dudink, "Opposition to the Introduction of Western Science and the Nanjing Persecution(1616~1617)" in Jami et al., pp.191~224.

일반 평민들을 혼란스럽게 했다. 그들은 연금술을 실행했다. 그들은 마카오에 있는 포르투갈인을 대신하여 스파이로 활동했다. 그들은 남경에 있는 명조의 황궁과 무덤 근처에 거주지를 소유하고 있었으며, 그곳에서 소란을 일으켰다. 그들은 같은 목적으로 다른 지역의 주택을 불법적으로 인수했다. 마침내 그들은 황제로부터 "하늘"과 "위대한"이라는 단어를 박탈하여 자신들의 신과 천국을 묘사하였다.[29]

심각은 정통을 회복하는 가장 좋은 방법은 제국의 수도에서 예수회원들을 추방하고 그들의 유해한 영향력을 고발하며, 그들이 사회 질서에 끼친 해악을 원래의 상태로 복구하는 것이라고 주장했다. 그의 상소문이 북경 예부에서 받아들여지자마자 그는 시 당국에 외국 당파와 그 지도자들을 체포하라고 명령했다. 9월 24일에 남경에서 알폰소 바뇨네Alfonso Vagnone, 알바로 세메도Alvaro Semedo, 1585~1658, 중국인 예수회 보좌신부 2명과 함께 23명의 현지 그리스도교인들이 투옥되었다. 서광계와 북경 예수회원들이 바뇨네와 세메도를 방어하기 위해 쓴 진정서에도 불구하고, 1617년 2월 3일 황제의 최종 판결이 떨어졌다. 그들과 북경에 있는 그들의 동료, 사바티노 드 우르시스, 디에고 드 판토하는 나무로 된 우리 안에 갇혀 광주로 끌려갔고, 거기서부터 다시 마카오로 보내진 후 유럽으로 향하게 되었다. 수도에 있는 그들 거주지의 경우, 북경 집은 폐쇄되었고, 남경 거주지는 철거되었다. 그 목재 판매로 얻은 수익금은 유교 순교자 사당과 브루나이 왕의 무덤을 복원하는 데 사용되었다. 이것이 바로 심각이 주장한 바, 국가

---

29 Dudink, "Nangong shudu", pp.164~165.

에 대한 응분의 숭배이고, 중국인과 외국인 간의 올바른 관계이다.[30]

지방 선교사들은 두 수도에 있는 동료 4명의 운명을 알게 된 후 바로 개종자들의 집에 숨었다. 추방 칙령이 공개되자마자 지방 거주지도 문을 닫았다. 심각의 권력의 한계—혹은 아마도 그의 의지 혹은 동기—를 측정하는 중요한 척도는 그의 공격이 수도의 경계를 넘어설 만큼 그렇게 강하게 느껴지지 않았다는 것이다. 그러나 다른 반향이 있을까 두려워 남아있는 예수회원들은 지하에 머물렀다. 그러나 전에 롱고바르도가 했던 주장을 부분적으로나마 입증함으로써 그들은 제국에서 추방되지 않았다. 그럼에도 불구하고, 마카오의 예수회 장상들은 일본 선교의 드라마에 비견되는, 눈 앞에서 펼쳐지는 또 다른 기괴한 비극을 보았다. 순찰사 프란시스코 비에이라Francisco Vieira, 1555~1619는 일본과 중국 예수회원들에게 닥친 터무니없는 운명의 비틀림에 대해 1617년에 다음과 같이 썼다. "우리가 중국에서 갖고 있었던 5개의 집과 5개의 교회, 일본에서 가지고 있었던 120개 이상의 것들은 모두 주님을 위한 것이었는데, 이제 우리가 모이고, 자유롭게 숨 쉴 집과 교회는 하나도 없다."[31]

궁청 예수회원들에 대한 심각의 신랄한 공격에도 불구하고, 관료 동맹자들의 그림자는 선교를 보존하기에 충분히 길었다. 남경의 예부 시랑이 선교사들을 탄핵하는 동안 양정균, 이지조, 서광계는 천학을 옹호교정하는 데 바빴다. 양정균이 「올빼미와 난새는 함께 울지 않는다鴞鸞不並鳴說」1616를 쓰자 반대자들은 그리스도교가 백련교 혹은 무위

---

30 Ibid., p.241.
31 Vieira to Aleixo de Meneses, Macau, 10 December 1617, BAJA 49-V-5:217r.

운동과 같은 이단 종파와 유사하다고 비난했다.[32] 그리고 예수회원들의 친구들은 자신들의 강남 고향에 있는 선교사들에 대한 칙령의 공표를 막기 위해 노력한 것 외에도 그들에게 피난처를 제공했다. 잡히거나 갇혀 있지 않는 한 살아서 중국을 떠나지 말라는 순찰사 비에이라Vieira의 지시 ─ 대부분의 예수회원들이 자발적으로 일본에서 떠난 것으로부터 얻은 지혜 ─ 속에서 선교사들은 1618년 비밀리에 항주에 있는 양정균의 공관으로 갔다.[33] 이후 5년간, 심각이 권력을 유지하고 있는 상황에서 중국에 머물렀던 14명의 예수회원들8명의 유럽 사제 및 6명의 중국인 보좌신부은 한 예수회원이 말한 것처럼 "고발자에게 우리를 비난할 다른 이유를 주지 않기 위해" 낮은 자세를 유지했다.[34]

3. 새로운 징조1619~1623

예수회원들의 관점에서 볼 때 남경사건의 가장 큰 즉각적인 결과는, 선교사들이 당국의 분노가 잦아들기를 기다리는 동안 새로운 개종자들의 신생 공동체로부터 대부분 차단되었다는 것이다. 남경사건에서부터 그들이 항주를 떠난 해인 1623년까지의 저술들을 통해 예수회원들이 그리스도교인들이 초대교회의 시련을 재현하는 것을 보았다는 것을 알 수 있다. 선교사들은 자신의 신자들이 보여준 "용맹

---

32 English translation in Kelly, "Anti-Christian Persecution", pp.303~307.
33 Vieira to Muzio Vitelleschi, Macau, 10 July 1617, ARSI Jap-Sin 17:84r.
34 Manuel Dias the younger to Manuel Severim de Faria, Macau, 18 November 1618, BNL Mss. 29, no.22.

과 지조"를 찬미하였다.[35]

　항주와 상해에 있는 그리스도교인들은 사제들과 가까이 있어서 좋았으나 수도의 사람들은 그다지 운이 좋지 않았다. 그러나 북경과 남경에서 1609년과 1610년에 설립된 신앙 단체들은 그리스도교 공동체의 결속을 보장하는 주요 기구로 사용되었다. 예수회원들이 북경을 되찾았을 때, 그들은 현지 그리스도교인들이 신앙 집회를 열어 "줄곧 정해진 날에 모여 믿음 속에서 자신들을 보존하기 위해 하느님의 일에 관해 논의하는 모임을 가졌다는 것"을 알게 되었다.[36] 남경 지역의 개종자들은 각자의 예배당이 있는 지역 그룹으로 나뉘어졌다. 알바로 세메도Alvaro Semedo는 성일聖日에 그곳에 모여서 그리스도교인들이 "헌신을 다짐한 후에 서로 토론을 하고 덕을 고취하였다"라고 썼다.[37] 그런 그룹들이 어떻게 효과적으로 신생 교회를 방어할 수 있었는지를 보면서, 예수회원들은 자신들이 개종을 촉발시켰던 거의 모든 지역에서 신앙 단체의 설립을 장려하였다.

　그러나 성찬을 나누는 데 중요한 역할을 맡은 초기 근대 가톨릭 사제의 중심적인 지위를 고려하면서 예수회원들은 신생 공동체에서 완전히 분리되는 것을 거부했다. 남경사건이 한창일 때, 그들은 보좌신부로 자신들 그룹에 참여한 교리 교사와 조수의 역할을 한 중국인을

---

35 Francisco Vieira to [Nuno Mascarenhas?], Macau, 17 December 1617, ARSI Jap-Sin 17:113v.

36 Francisco Furtado, AL Vice-Province 1624, Hangzhou, 17 April 1625, BAJA 49-V-6:180r.

37 Álvaro Semedo, *Relatione della Grande Monarchia della Cina*, Rome, 1643, p.279. 1643년 로마판은 1642년 마드리드판과 다르며, 아마도 1640년에 쓰여진 이후 잃어버린 포르투갈어 원고일 것이다. 남경 신도회에 대해서는 Semedo, *Imperio de la China*, Madrid, 1642, p.301을 참조.

폭넓게 활용했다. 이 사람들은 "어느 누구의 주의를 끌지 않고 언제라도 외출할 수 있기 때문에" 성체聖體를 병자나 사제들을 방문할 수 없는 사람들에게 가지고 갈 수 있는 가장 좋은 위치에 있었다고 마누엘 디아스younger, 1574~1659는 말했다. 그럼에도 불구하고, 디아스는 상황이 허락될 때—"예컨대, 그들이 죽으려 하거나 혹은 고해성사하기를 원하거나 혹은 다른 성사聖事가 있을 때"—사제들은 검은색 덮개 아래 사방이 막힌 가마에 앉아 신도들의 집에 갔다고 적었다.[38] 시간이 지남에 따라 항주의 예수회원들은 자신들의 기지에서 점점 더 위험을 무릅쓰며 나아갔다. 주앙 다 로샤João da Rocha는 1618년 초에 또 다른 사제와 두 명의 중국인 보좌신부를 강서성으로 데려가 그곳의 그리스도교인들을 "방문하고 안심시키며" 건창建昌에 정착했다. 마찬가지로, 리치 살아 생전의 마지막 몇 년 동안 수도 북부에서 살았던 가스파 페레이라Gaspar Ferreira는 "북경에서부터 이틀간 여행"하여 도착할 수 있는 한 마을에서 시간을 보내며, 심각이 여전히 남경에 있는 동안 그곳으로 가서 그리스도교인들에게 세례를 주었다. 다른 예수회원들도 항주를 떠나 산서성, 호광성, 광동성으로 향했다.[39]

남경사건이 시작되고 3년이 되었을 무렵, 예수회원들은 시련의 시간이 끝나가고 있다고 느꼈다. 정통성의 수호자로 명성을 얻은 심각은 신속하게 관료 사다리의 정상으로 올라갔으며 1620년 북경에서 태감太監으로 승진했다. 그는 1624년 죽을 때까지 예수회원들에게 위

---

38 Manuel Dias the younger, AL China Mission 1618, Macau, 7 December 1619, BAJA 49-V-5:239v.
39 Ibid., 250r-264v.

협적인 존재로 남아 있으면서, 그와 명말 관료 중 일부는 소수의 서구인들 때문에 발생할 수 있는 문제보다 북부 중국의 새롭게 악영향을 미치는 문제에 훨씬 더 몰두했다. 확실히, 1620~1621년 산동성에서 이루어진 백련교도들과 반란군에 대한 관부의 단속은 남경 박해의 불씨에 다시 불을 붙였다.[40] 명 왕조에 닥친 더 큰 위협은 약 1618년에 시작하여 1644년에 북경을 점령한 만주족의 침략이었다. 제국의 수도를 공격할 수 있는 거리에 위치한 요동 반도에 대한 침략 이후 이내 두려움과 소문이 중국 전역에 퍼졌다. 1618년 마카오에 온 겁에 질린 중국 상인 집단에 따르면, 한 예수회원이 유럽의 친구에게 "심지어 타타르의 말조차 중국인을 먹으며, 그들에게 대항해 조직된 10만 명의 중국인이 순식간에 흩어진다"라고 편지를 썼다.[41]

당연히 예수회원들은 이 만주족의 습격을 다른 식으로 읽었다. 그들은 분명히 신적 정의의 징후라고 여겼다. 알폰소 바뇨네Alfonso Vagnone는 마카오에서 전능하신 분께서 "많은 죄, 특히 복음 전파자들을 내버린 것 때문에 이 왕국에 큰 채찍질을 내리시기를 원한다"라고 단언했다.[42] 우연의 일치로, 새로운 군사적 위협에 이어서 명 제국 내에 대중적인 불안의 분위기를 악화시킨 일련의 자연 재해와 불길한 징조가 찾아왔다. 기근과 지진 외에도 1618년 11월에 중국에 두 개의 혜성이 나타났다. 마카오 신학교의 마누엘 디아스elder는 광동성

---

40 Standaert, Yang Tingyun, 93.
41 Manuel Dias the younger to Manuel Severim de Faria, Macau, 18 November 1618, BNL Mss. 29, no.22.
42 Vagnone to Nuno Mascarenhas, Macau, 10 November 1619, ARSI Jap-Sin 161-I:42r.

피터 폴 루벤스(Peter Paul Rubens), 〈중국 의상을 입은 니콜라스 트리고 초상화 (Portrait of Nicolas Trigault in Chinese Costume)〉. 1617년 트리고가 선교 대 리인으로 앤트워프(Antwerp)를 방문했을 때 그려진 것이다.

관료들이 불안해하는 것을 보면서 이러한 징후가 "개종에 좋은 징조"라고 여겼다. 자신의 견해를 해석하면서 그는 "중국인들은 마치 현재 하느님의 율법을 멀리하는 것처럼, 불길한 징조를 볼 때 빠르게 그것을 국내에 새롭게 출현한 혼란 탓으로 돌린다"고 주장했다.[43] 제국을 둘러싼 정치적, 경제적 상황의 악화 속에서 예수회원들은 자신들의 사역에 대한 자신감을 회복했다.

1619년 7월 22일, 대리인 니콜라스 트리고가 안전하게 마카오로 돌아왔을 때 선교사들의 긍정적인 전망이 더욱 밝아졌다. 그의 도착은 새로운 조직이 만들어지고 인적 자원, 그리고 물질적인 지원이 이루어지는 가운데 선교에 대한 큰 변화를 예고하였다. 다행스럽게도 트리고는 일본과 중국에서 최악의 박해 소식을 듣기 전에 유럽에 도착하였으므로, 그의 여행의 방향은 심각의 공격이 있기 전 시기의 낙관론과 일치했다. 트리고는 7명의 새로운 사제, 궁한 상황에 있는 거주지를 위한 돈, 중국 그리스도교인들을 위한 성물함聖物函, 관료 동맹자들과 황제에게 줄 비싼 선물, 문사들에게 감명을 줄만한 가치있는 유럽 장서를 가져왔다. 그러나 가장 중요한 요소는 포르투갈, 독일 및 이탈리아의 신입 회원들이었다. 그들은 향후 40년 동안 함께 선교를 책임질 사단을 구성했다. 즉, 주앙 프라이João Frós, 1591~1638, 로드리고 데 피구에이레도Rodrigo de Figueiredo, 1594~1642, 시몽 다 쿠냐Simão da Cunha, 1587~1660, 프란시스코 푸르타도Francisco Furtado, 1589~1653, 요한 아담 샬 폰 벨Johann Adam Schall von Bell, 1592~1666, 요한 테렌츠 슈렉

---

43 Dias the elder to Manuel Severim de Faria, Macau, 15 January 1619, BNL Mss.29, no.24.

Johann Terrenz Schreck, 1576~1630 및 지아코모 로Giacomo Rho, 1592~1638가 그들이었다.[44]

트리고는 또한 예수회 로마 본부에서 명령을 받아 동아시아 선교부를 행정적으로 나누었다. 1619년부터 중국 선교는 시들어가는 일본 선교로부터 보다 더 독립해 있었고, 중국 부관구로 재명명되었다.[45] 사제의 수가 적고, 예수회 신학교의 모델 위에 세워진 중심적인 건물이 부족하며, 외부로부터의 자금에 의존했기 때문에 본격적인 관구로 지정되지는 않았다. 오히려 이 변화는 두 개의 아시아 선교를 완전히 분리하지 않고, 중국 선교단에 새롭게 고위층을 마련해주었다. 가장 중요한 것은 일본과 중국 사역의 재정이 여전히 서로 얽혀 있다는 것이었다. 1600년 이전에 포르투갈 왕과 유럽 상인들이 아시아 해양 지역에서 재산이나 관세의 많은 기부금을 단순히 "아시아의 선교"를 위해 할당했다는 사실은 문제를 더욱 복잡하게 만들었다.[46]

이 분리로 인해 중국 선교는 더 일관된 내부 구조를 갖게 되었는데, 이것은 18세기까지 줄곧 유지되었다. 중국 사정에 밝은 경험 많은 선교사들이 직접 통치할 수 있도록 함으로써 선교의 지속적인 성장을 이룰 수 있는 길이 열렸다. 새로운 조직에는 관리직 장상인 부관구장이 있었는데, 그는 여러 명의 로마성 성고문들일반적으로 4명 또는 5명의 원로

---

44 여덟 번째 회원은 마카오에서 대리인으로 봉직했던 보좌신부 마누엘 드 피구에이레도 (Manuel de Figueiredo, 1589~1663)였다.

45 클라디오 아쿠아비바(Claudio Aquaviva)는 1615년 일본 관구의 부속기관으로서 그 자체의 장상과 로마성성고문을 둔 준독립적인 부관구를 창설했다. 그러나 그해에 그가 죽자 트리고는 다시 무지오 비텔레스키(Muzio Vitelleschi)에게 청원해야 했고, 결국 1619년에 분리가 이루어졌다. Dehergne, p.328 참조.

46 황제의 연금, 평신도 기부자, 땅 임대료에서 나오는 선교 재원에 대해서는 Alden, pp.298 ~401를 볼 것.

예수회원들로 구성됨의 도움을 받아 선교 업무를 수행하고, 공급품과 급여를 배분하며, 거주지를 방문하여 예수회 규약에 따라 각각의 예수회원이 살고 있는지 확인하고, 성무 승급 결정에 사용하기 위해 각 선교사에 대한 평가가 들어 있는 개인적인 인사 목록을 만들었다. 부관구장으로 지명된 첫 번째 사제는 주앙 다 로샤João da Rocha였는데, 그는 예수회원들이 선교 사업을 다시 시작하기 위해 이동했던 1623년에 죽었고, 그 직무는 마누엘 디아스younger에게로 이양되었다. 이 사람들은 순찰사 수하에 있었는데, 마카오에 살면서 보통 동아시아의 수석 선교사들 그룹에서 선발된, 알렉산드로의 후임자들이었다.[47]

그러나 이 분리 소식은 추방당하여 마카오에서 유폐된 채 자포자기하고 있는 일본 선교 대원들에게 또 다른 충격적인 광풍이 되었다. 롱고바르도와 다른 중국 예수회원들이 더 큰 행정 효율성과 선교 효과를 본 곳에서 그들의 동료들은 배신을 보았다. 남경사건의 관점에서, 또 그들의 공동의 이익을 옹호하는 입장에서, 일본 예수회원들은 그 분리가 상당히 경솔하고, 잠재적인 위험성—분명히 안하무인의, 경험없이 갑자기 나타난 자들의 짓—이 있다고 비난했다. 순찰사 프란시스코 비에이라 Francisco Vieira는, "일본 교구의 원로들의 의견"에 따르면, 이 분리는 "중국 선교의 총체적 파멸"이 될 것이라고 말했다.[48]

---

47 예수회 내부의 행정에 대해서는 Adrien Demoustier, "La Distinction des Fonctions et l'Exercice du Pouvoir selon les Règles de la Compagnie de Jésus", Luce Giard, ed., *Jésuites à la Renaissance : Système Éducatif et Production du Savoir*(Paris, 1995, pp.3~33)을 참조. 포르투갈 어시스턴시(Portuguese Assistancy)에 관해서는 Alden, pp.233~235 · 241~247을 볼 것.
48 Francisco Vieira to Nuno Mascarenhas, Macau, January 1617, ARSI Jap-Sin 17:63r-64r.

예수회의 일본 사역이 천천히 해체되었기 때문에 재정이 넉넉한 대학은 좌절한 선교사들로 가득 채워졌고, 두 예수회 회원들 사이의 마찰은 중국 선교를 제동하는 역할을 하였다.

남경사건이 발생한 후 다소 한가로워진 중국 예수회 원로들과 마카오의 순찰사들은 40년의 집단 경험을 바탕으로 선교에 대한 새로운 규정을 고안했다. 그들이 1621년에 발행한 규정의 요강에는 장상에서부터 보좌신부들에 이르기까지 모든 부관구 구성원들의 의무를 기술해 놓았다. 선교를 지원하기 위해 무역을 이용하는 것에서부터 한자를 쓰기 위한 적절한 방법, 사제들이 어떻게 머리를 기를 것인가 하는 문제에 이르기까지 다양한 문제가 다루어졌다. 부관구장의 책임과 관련해서 그가 인사 및 재정 문제와 관련해서 언제 순찰사 혹은 일본 지역의 결정을 따를 것인지에 대해 기술되었다. 거주지 장상을 맡은 예수회원들은 어떻게 집을 수리하고 식량 배급량을 할당하며 공동의 영적 생활을 조율할지에 대해 지시받았다. 각 사제들은 추문을 일으키는 것을 피하기 위해 지역 관습을 공부하도록 권고받았으며, 정기적인 영적 수련 일정을 지키라는 지시를 받았다. 보좌신부들은 지역 사회에서 그리스도교인들과 친절한 관계를 유지하고 새로운 개종자들에게 교리 문답을 하도록 지시받았다. 이 규정은 또한 예수회원들이 중국어와 중국 사상을 새로온 선교사들에게 가르칠 시스템을 정교화하는 의무를 부여하였다.[49]

또한 부관구에 대한 1621년 규정들에는 예수회원들이 그리스도교

---

49 Matos Orders.

를 전파하는 방법을 통일하기 위한 권고 사항도 포함되었다. 그들은 농촌 선교를 올바르게 수행하는 방법, 포르투갈 전례 달력의 사용, 발음이 잘못되지 않도록 개종자들에게 올바르게 세례 이름을 가르치는 방법과 같은 목회와 관련된 문제를 표준화했다. 로마, 마카오, 중국 예수회원들 사이의 협상의 결과로 규정들에서 해결된 한 가지 주요 논점은 그리스도교를 전파할 뿐 아니라, 선교를 방어하기 위한 수단으로 과학을 사용한다는 것이었다.

북경의 선교사 중 한 명인 사바티노 드 우르시스에 따르면, 예수회원들은 시간의 일부를 책을 쓰는 데 사용해야할지 아니면 세속적 주제에 대한 토론을 해야 하는지에 따라 분명하게 나뉘어져 있었다. 이 논쟁의 발화점은 북경 거주지에서 수학과 도덕이 ─ 복음 대신 ─ 차지하는 적절한 위치에 대한 것이었다. 심각이 서양의 천문학적 아이디어를 빌미로 어떻게 예수회 가르침의 비정통성을 공격했는지 잘 알고 있었던 일본 관구장 발렌팀 데 카르발호Valentim de Carvalho, 1559~1630와 순찰사 프란시스코 비에이라가 이끄는 마카오의 사제 그룹은 마테오 리치의 정책이 선교 에너지를 너무 분산시킨다는 딱지를 붙였다. 북경 예수회원 중 하나인 디에고 드 판토하Diego de Pantoja는 그러한 활동이 전문적인 종교 수도회 회원들에게는 맞지 않는다는 그들의 의견에 찬성했다. 그러나 리치가 죽으면서 천주교보다는 천학天學에 대한 방어가 니콜로 롱고바르도와 다른 선임 중국 선교사들에게 떨어졌다.[50] 현대학자들의 관점이 어떠하든 간에, 롱고바르도는 중국인들

---

50 Dunne, pp.282~302; Claudia von Collani, "Missionaries", *Handbook*, pp.286~354 ・311.

을 그리스도교로 끌어들이기 위해 수학, 지도 제작, 그리고 도덕의 사용을 장려했다. 드 우르시스De Ursis에 따르면, 갈릴레오의 『시데레우스 눈치우스Sidereus Nuncius』1610의 일부를 요약한 부록이 들어있는 『천문략天問略(우주에 관한 교리)』1615의 저자인 마누엘 디아스younger는 어떤 회원들이 북경에 있는 2개의 선교 가옥에 살도록 배정 받을 것인지에 대한 논쟁 후에 수학을 이용한 선교 전략에 냉담해졌다.[51] 클라우디오 아쿠아비바 총장은 그의 최종 판결에서 중도를 선택했다. 그가 승인한 규정에는 과학 사용에 대한 조항들이 포함되어 있었지만, 한 선교사의 시간을 완전히 다 과학에 쓰지는 않는다는 단서가 달려 있었다.[52]

일련의 규정들은 또한 중국 교회가 점점 수립되어가고 있는 것에 대해 부관구 집단이 어떠한 공식적 태도를 보여주었는지를 드러낸다. 중국 전례에 대한 "예수회의 입장"으로 알려진 것의 주된 요소, 특히 세속적 철학으로서 유가에 대한 그들의 접근 방식과 조상 숭배에 대한 태도는 1621년에 결정되었다. 정통과 "미신" 사이의 경계를 아는 중국 가톨릭 신자들을 만들어내는 데 여러 해가—수십 년이 아니라면—걸렸다는 것을 고려하면서 예수회원들은 새로운 개종자들에게 점차 영적 요구를 늘리기로 결정했다. 예를 들어, 새로 개종한 관료의 경우, 공자에게 필요한 의식儀式들을 "지금 잠시" 수행하도록 허락하였다. 왜냐하면 이 의식儀式들은 단지 "스승에 대한 감사의 표시"이기 때

---

51 Ursis to Nuno Mascarenhas, Canton, 2 December 1617, ARSI Jap-Sin 17 : 110r-110Ar.

52 1621년 텍스트에는 과학 도구를 만들고 중국어로 수학 서적들을 개정하는 내용이 언급되어있다. Matos Orders, 223r and 231v를 볼 것.

문이다. 마찬가지로 새로운 평민 개종자들이 성화聖畵를 받았을 때, 그들은 자신들의 집에 있는 조상의 위패로부터 "멀리 떨어진 곳"에 그것들을 놓도록 지시받았다. 예수회원들은 또한 "우리의 거룩한 율법을 부담스럽게 느끼지 않도록 하기 위하여" 새로 개종한 사람들에게 유럽 가톨릭의 영적인 의무, 예컨대 축일 혹은 금식을 준수하는 것에 대해 말하지 않도록 하는 데 동의했다.[53]

명말 사회에서 선교사들을 합법적인 지위에 두고자 1621년 규정은 천학 또는 서학을 새롭게 촉진시키는 것에 관하여 지시하였다. 가장 중요한 허가 중 하나는 중국어로 책을 출판할 권리였다. 유럽에서 예수회 저술은 출판되기 전 종교재판소와 왕실 검열관의 검토를 포함하여 철저한 개정 과정을 거쳤다. 중국어를 이해할 수 있는 외부 감독이 없는 경우, 선교사들은 내부 검토 과정을 거친 후 저술을 출판할 수 있었다.[54] 예수회원들은 중국에서 간행된 출판물 상의 그리스도교의 이미지를 관리, 통제함으로써 자신들이 번역한 가톨릭 교리와 중국인이 초기 근대 시기에 알았던 것을 일치시켰다.

마지막으로, 부관구의 설립 법령은 미래에 벌어질 박해의 영향을 둔화시키는 메커니즘을 만들었다. 부관구의 법령은 남경사건 발생 5년 후에 공표되었고, 그들은 외부의 공격에 견딜 수 있는 훌륭한 교육을 받은 영적 공동체를 만들어나갔다. 그들이 중국 평신도 교리 교사들에게 새로운 그리스도교인들에게 세례를 줄 수 있는 권한을 부

53 Ibid., 228v-229v. João da Rocha의 『천주성교계몽』은 중국 그리스도교인들이 천주교의 도덕적 구속에 점차 적응해가고 있음을 드러낸다. Chan, 71을 볼 것.
54 Matos Orders, 231v-232r.

여하기는 했지만, 동시에 새로운 개종자들에게 기본적인 교리를 시험볼 것을 사제들에게 명령했다. 중국 그리스도교인들이 소수라는 것에 대한 반복되는 좌절에 비추어볼 때, 1621년 규정들이 관리할 수 있는 범위 내에서 사람들을 개종시키도록 예수회원들에게 특별히 주의를 준 것은 다소 놀라운 일이다.[55] 선교의 제한된 인적 자원과 재정 자원을 균형 맞춤으로써 장상들은 부관구가 단지 세례 통계만을 늘리려는 유혹에 빠지지 않고 적절한 교리교육을 소홀히 하지 않도록 희망하였다.

4. 과거와 다른 점1623~1633

사제들이 새로이 오고, 신선한 물자가 조달되었으며, 화합과 목표에 대한 감각이 회복되어 예수회원들은 1623년 선교지로 돌아와 중국 부관구를 실현시킬 수 있었다. 바로 전 해에 심각은 태감 자리에서 물러났고, 남경의 박해 활동은 끝났는데, 이것은 예수회원들에게 항주에 숨어 있다가 자신들의 공동체로 돌아가서 새로운 것을 발견할 수 있다는 신호를 보낸 것이었다. 1623년 4월 마누엘 디아스elder는 순찰사 제로니모 로드리게스Jerónimo Rodrigues, 1567~1628에게 편지를 보내면서 선교사들이 흩어질 시간이 되었다고 말했다. 그들의 관료 보호자들은 자신들의 집에 많은 예수회원들이 계속 있었기 때문에 불

---

55 Ibid., 232r.

안감이 고조되었던 것으로 보인다. 디아스에 따르면 강남의 문사층 파벌에 대한 정부 단속이 임박했다는 소문 때문에 양정균, 이지조, 서광계는 그들이 떠날 것을 주장했다. 디아스는 "우리는 눈에 띄고", "그리고 우리를 공격하는 사람들은 그들이 우리를 숨겨주는 것을 공격한다"라고 썼다.[56]

예수회원들의 관료 동맹자들은 자신들의 손님을 보내면서 한때 예수회원들이 누렸던 존경의 위치를 되찾는 것에 대해 그들에게 조언했다. 그들이 조언한 것은 선교를 수립하기 위한 마테오 리치의 초기 전략의 주요 노선을 회고하는 것이다. 즉, 일부 예수회원들은 북경에서 인정을 받아야 하고 황실의 고관들과 관계를 맺어야 한다. 일단 권력자들이 후원을 하게 되면 더 높은 권력을 가진 사람들을 두려워하는 지방 권력자들은 자신들의 관할 구역에 있는 예수회원에게 관용을 베풀 것이었다. 추가적인 예방책으로, 나머지 18명의 유럽인과 5명의 중국인 보좌신부들은 각기 다른 지역으로 흩어져서 "일부 현지 또는 은퇴한 관료의 그늘 아래 들어가 그들의 중재를 통해 새로운 친구를 사귀어야 한다".[57]

이지조, 양정균, 서광계도 이 새로운 전략을 실현시키는 데에 크게 기여했다. 남경사건의 마지막 불꽃이 꺼진 후, 이지조는 천계제天啓帝, 1620~1627에게 상소문을 제출하면서 유럽인들을 수도로 소환하여 만주족에 대항한 전쟁에서 기술적 조언자로 삼아야 한다고 제안했다.

---

56 Dias the elder to Jerónimo Rodrigues, Hangzhou, 3 April 1623, ARSI Jap-Sin 161-II:81v.

57 Manuel Dias the elder, Hangzhou, 1 March 1625, in Francisco Furtado, AL Vice-Province 1624, Hangzhou, 17 April 1625, BAJA 49-V-6:167r.

그는 병기의 설계와 제작에 있어 수학자 및 전문가로서 그들의 능력을 높이 평가했고, 그들이 포르투갈 보병대 및 포병대를 데리고 올 것을 제안했다.[58] 예수회원들이 이 프로젝트의 호전적인 함의에 난색을 표명했음에도 불구하고, 이지조는 그러한 모험을 통해 관료제 국가에서 그들이 자리를 얻을 수 있을 것으로 생각했다. 마누엘 디아스 younger와 니콜로 롱고바르도는 북경으로 돌아왔는데, 이곳에서 이지조와 서광계가 예수회원들에게 보낸 공개적인 찬사로 인해 문사층이 천학과 천주교에 대해 갖고 있는 새로운 관심을 발견하게 되었다. 니콜라스 트리고가 불러온 신입 회원 중 일부는 기회를 포착하여 마카오에서 "중국 방식으로 문신文臣의상을 입고 수염과 머리카락을 길러 묶고서는" 중국으로 들어갔다.[59]

1623년부터 1635년까지 선교 사업을 관리했던 부관구장 마누엘 디아스younger의 지도하에 예수회원들은 옛 선교 사업을 활성화시키고 새로운 선교 사업을 시작하기 위해 돌아왔다. 확실히 1623년 전에 몇몇 새로운 거주지가 열렸다. —1620년에 강서성 건창에서, 그리고 2년 후에 상해에서. 서광계의 제자 중 하나인 손원화孫元化, 1581~1632, 1612년 거인(擧人)가 예수회원들과 우정을 맺음으로써 그는 1621년 개종하게 되었고, 또 다른 새로운 선교 기지가 창설되었다. 거인擧人이었던 손원화Inácio Sun가 프란체스코 삼비아시Francesco Sambiasi, 1582~

---

58 이 상소문의 결과들에 대해서는 Charles Boxer, "Portuguese Military Expeditions in Aid of the Mings against the Manchus, 1621~1647", *T'ien-hsia Monthly 7*.1(August 1938, pp.24~50)에서 논의됨.

59 António Leite, AL College of Macau 1621, Macau, 30 December 1621, ARSI Jap-Sin 114:267r.

1649를 자신의 고향 가정嘉定에 초대하면서 예수회원들에게 그의 공관 중 하나를 제공했다.[60] 가정이 상해와 가깝고 최근에 생겨난 그리스도교 공동체라는 것 때문에 1620년대에 부관구는 새로 도착한 사제들에게 중국어와 중국 철학을 훈련시키기 위해 이 거주지를 사용했다.[61] 강남 지역 밖에서 줄리오 알레니1582~1649는 개종한 한 문사를 따라 산서성 강주絳州에서 선교 사업을 시작했다. 이 북부 지역의 그리스도교 공동체는 알폰소 바뇨네Alfonso Vagnone가 1624년에 또 다른 중국 이름高一志을 갖고 명 제국에 다시 입국한 후 부관구에서 가장 큰 공동체가 되었다. 북부 중국을 떠나면서 알레니는 예수회원들의 오랜 친구였던 전 내각대학사內閣大學士 섭향고葉向高1562~1627의 일행과 함께 복건성으로 향했다. 그는 섭향고의 명성 덕분에 복주福州에 거주지를 개설하고 해안 마을과 도시에서 전도하기 시작했다. 니콜라스 트리고는 1623년 서안의 고향집에 있는 왕징王徵을 방문한 후 개봉開封에 거주지를 세우기 위해 하남성으로 향했다. 트리고는 또한 멀리 중국 서부 지역을 방문하여 그 도시에 거주지를 위한 토대를 마련했다.[62] 이 새로운 거주지들을 세우는 것 외에도 예수회원들은 몇 년 동안 그 지역에서 신도들의 수를 늘리려고 노력했다. 그들은 항주에서부터 시작

---

60 손원화에 대해서는 Huang Yi-Long, "Sun Yuanhua(1581~1632) : A Christian Convert Who Put Xu Guangqi's Military Reform Policy into Practice", *Jami et al.*, pp.225~259를 참조.

61 Francisco Furtado, AL Vice-Province 1621[Jiading?], 8 September 1622, BAJA 49-V-5:331r.

62 Erik Zürcher, "Christian Social Action in Late Ming Times : Wang Zheng and His 'Humanitarian Society,'" in Jan de Meyer and Peter Engelfriet, eds., *LinkedFaiths : Essays on Chinese Religions and Traditional Culture in Honour of Kristofer Schipper*, Leiden, 1999, pp.269~286, 특히 p.273.

하여 절강성 시골에 이르기까지 전도했고, 많은 사람들에게 세례를 주고 개종자들이 살았던 지역의 주민들에게 성인聖人들의 이름으로 세례를 주었다.[63] 인적 자원을 넓히면서 부관구는 극적으로 확장되어 1626년에 10개의 거주지를 마련했는데, 이것은 남경사건 이전의 두 배가 된 것이다.

부관구의 지리적 확장은 중국 선교의 성격에 어떠한 영향을 미쳤는가? 명 제국의 광대한 공간에 선교사들을 분산시켰기 때문에 예수회는 각각의 선교사들에게 엄청난 신뢰와 책임을 부과했다. 사실 초기 근대의 가톨릭 종교 수도회들은 일반적으로 공동체 조직이 기초가 되었다. 예수회의 대학 또는 수도회 거주지 중 한 곳에 장상들이 지속적으로 존재하면서, 이들은 직속 부하들이 영원히 자신들에게 복종하도록 하였다. 문제는 해외 선교 분야는 상황이 달랐다는 것이다. 그러나 남미나 인도의 예수회 사역과 비교해도 중국의 경우는 매우 극단적인 예였다. 부관구의 멀리 떨어진 거주지들을 관리하기 위해 개별 중국 예수회원은 종종 혼자 살거나 다른 사제 혹은 보좌신부와 함께 살았다. 북경과 상해에서만 일반적으로 네 명 혹은 그 이상의 예수회원들이 함께 모여 있었다. 거리가 멀고 감독이 부족하다는 것은 대부분의 사제들이 자신의 의지대로 할 수 있음을 의미했고, 그들 중 많은 이들이 그 방식을 선호했다. 실제로, 뒤에서 보겠지만, 예수회원들이 서로 얼굴을 맞대는 상황에 직면하게 되었을 때 가장 눈에 띄는 불화가 생겨났다. 그 당시 장상들은 직접적으로 권력을 행사할 수 있었지

---

63 Francisco Furtado, AL Vice-Province 1623, Hangzhou, 10 April 1624, BAJA 49-V-6:122v.

만, 중국 선교 구조가 만들어낸 선교사들의 독립을 박탈하기 위한 시도는 종종 쓸데없는 것이었다. 이런 점에서 부관구의 확장은 복과 화가 혼합되어 있었다. 중국 전역에 그리스도교를 전파하려는 예수회원들의 꿈을 이루는 동안, 후임 장상이 수하 회원들을 복종시키려 할 경우 해결해야 할 행정상의 문제가 생겨났다.

선교가 빠르게 성장하면서 또한 어떻게 예수회원들이 전도유망한 사역을 유지할 수 있는지 그 방법에 대한 질문도 제기되었다. 무엇보다도 그들은 건강하고 젊은 사제들을 정기적으로 끌어와야 했다. 그러나 1614년부터 유럽으로 유입되기 시작한 동아시아의 나쁜 소식은 부관구의 공급망에 중대한 영향을 미쳤으며, 중국 선교는 여전히 일본의 그림자 속에 들어 있었다. 트리고가 신입 회원을 적극적으로 모집한 효과에도 불구하고 그 사람들은 1620년대 유럽 기준에 의하면 이미 나이가 많았다. 실제로 1626년 선교부의 18명의 사제 중 8명은 50세 이상이었고, 5명은 40세가 넘은 상황이었다.[64] 마누엘 디아스elder는 부관구의 상황을 자신의 장상에게 삭막한 용어를 써서 표현했다. 즉, 새로운 피가 없으면 중국 선교는 "완전히 흐지부지 될 것입니다".[65] 64살의 디아스는 "여기서 우리는 대부분 나이가 들었거나 죽었다"라고 노골적으로 말했다. 부관구로서는 다행스럽게도 일부 선교사들은 아주 오래 살았는데, 마누엘 디아스younger는 85세에, 니콜로 롱고바르도는 89세에 사망했다.[66]

---

64 Manuel Dias the younger, Triennial Catalogue, Vice-Province, 1626, ARSI Jap-Sin 134:303r-304v.
65 Dias the elder to Jerónimo Rodrigues, Hangzhou, June 1623, ARSI Jap-Sin 161-II:83r.

예수회원들은 왜 그렇게 널리 퍼져 나갈 수 있었는가? 인쇄된 글들을 통해 홍보된 그들의 박식한 이미지가 아마도 주된 이유였을 것이다. 서광계는 동료들의 지칠줄 모르는 독서 습관을 알았기 때문에, 선교사들에게 그들의 저작을 '삼만' 권 인쇄하여 제국 전역에 배포할 것을 제안했다. 이런 식으로 그들은 예수회원들이 "우정과 신임을 얻도록" 도우면서, 늘어나는 많은 수의 문사들이 그들의 가르침에 대하여 알게 될 것을 확신했다. 출판물은 또한 심각의 중상모략적인 상소문에 대해 알고는 있었지만 실제로는 어떤 사제도 만나지 않았던 관료들의 생각을 바꿀 수 있었다.[67] 이런 제안을 실행하면서, 1620년대에 예수회원들은 가장 집중적으로 저술과 출판에 착수했다. 줄리오 알레니, 프란시스코 푸르타도, 마누엘 디아스younger, 알폰소 바뇨네, 니콜로 롱고바르도는 이 시기에 출간된 저작들의 작가들 중 가장 잘 알려진 사람들이었다. 그러나 거의 모든 중국 예수회원들이 참여했다.

양정균, 이지조 및 서광계는 예수회원들의 저작에 서문을 쓰거나 그들의 글을 고치고 교정하는 작업에 참여하면서 다양한 방식으로 선교 노력에 기여했다. 이지조는 그들을 도와 1620년대 서안에서 발견된 「대진경교유행중국비大秦景教流行中国碑」에 관한 소식을 유포하였다. 1625년에 기념비의 비문을 출판함으로써 예수회원들은 8세기 당나라 때 그리스도교가 수용된 사실을 부인하는 중상모략자들의 비난에

---

66 1652년 연례서한에 따르면 롱고바르도(1565년생)는 1654년 9월 초에 사망했다. Manuel Jorge, AL Vice Province 1652, Hangzhou, 7 May 1655, BAJA 49-IV-61:205v를 볼 것. Dehergne,pp.153~154와 비교하라.

67 Dias the elder to Jerónimo Rodrigues, Hangzhou, June 1623, ARSI / Jap-Sin / 161-II:fol.83r.

대항하기를 희망했다.[68] 다른 협력 사례로는 줄리오 알레니Giulio Aleni가 쓴 『직방외기職方外紀』1623를 양정균이 출판한 것도 포함된다. 예수회원들의 종교 프로젝트에서 가장 중요한 위치를 차지하는 이 책에는 유대에 대한 자세한 설명과 "성스러운 믿음의 요점을 다루는 장들"이 포함되어 있다.[69] 나아가 왕징王徵은 기계학에 흥미를 느껴 요한 테렌츠 쉬렉Johann Terrenz Schreck과 함께 『기기도설奇器圖說』1627을 쓰는데 참여하였다.

또한 예수회원들은 새로운 개종자들의 영적 필요를 충족시키기 위해 가톨릭 교리와 기도에 관한 책을 썼다. 아마도 이 시기의 가장 중요한 저술은 많은 선교사들이 함께 완성하고 롱고바르도가 편집한 『천주성교염경총독天主聖敎念經總牘, 천주의 거룩한 가르침을 위한 기도 모음』1628이었다. 이 책은 스페인의 도미니크회 루이스 데 그라나다1504~1588의 저술들에서 가져온 수많은 영적 글들 및 많은 기도문을 번역하여 집어넣었다.[70] 한편, 중국 그리스도교인들이 "무엇을 어떻게 참회해야 할지 알 수 있는" 안내서가 필요하다는 마누엘 디아스elder의 주장에 부응하여 줄리오 알레니는 『척죄정규滌罪正規』1627를 썼다. 그는 이 책에서 미사의 의미, 성인들의 삶, 영혼의 본질 등 디아스가 그리스도교인들이 "정말 알아야 하는 것인데 잘 몰랐던" 것이라고 한 신앙의 다양한 요소들을 설명했다.[71] 알레니의 『미살제의彌撒祭義』1629, 알폰소 바뇨니

---

68 이 서안 비석에 대해서는 Paul Pelliot, L'Inscription Nestorienne de Si-Ngan-Fou, ed. Antonino Forte(Kyoto and Paris, 1996), pp.5~94를 볼 것.

69 Francisco Furtado, AL Vice-Province 1623, Hangzhou, 10 April 1624, BAJA 49-V-6:119v.

70 Ad Dudink and Nicolas Standaert, "Apostolate through Books", Handbook, pp.600~631, 특히 p.628.

Alfonso Vagnone의 『성인행실聖人行實』1629, 그리고, 프란체스코 삼비아시 Francesco Sambiasi의 『영언여작靈言蠡勺』1624 등의 책들은 성사聖事에 대한 갈망을 심어 주면서 이 부분에 대한 부족을 해결하는 데 도움을 주었다.

1620년대에 예수회원들은 새롭게 참고 저작들을 인쇄하고 배포하여 신자들의 영적 실천을 늘리고 다양화하기 위해 노력했다. 그러나 이 첫 번째 확장 기간 동안 그들은 기존의 중국 문화 범주에 가장 잘 맞는 새로운 형태의 신심을 고무시키는 데 가장 성공적인 모습을 보여주었다. 예를 들어 예수회는 자선 단체의 설립을 장려했는데, 이것은 중국에 깊이 뿌리 내려진 사회현상으로서 예수회원들이 선전하는 평신도 경건 생활과 잘 맞물렸다. 산서성 강주絳州에 있는 그의 거주지에서 알폰소 바뇨네Alfonso Vagnone는 육적이고 영적인 자비 사역에 대한 설교를 보완하기 위해 그리스도교 자선 단체를 조직할 것을 장려했다. 페드로 단곤段袞, Pedro Duan Gun은 자신의 신자들의 장례식에 참석하기 위해 단체를 조직했다. 예수회원들은 그가 포르투갈의 미세리코르디아Misericórdias 또는 이탈리아의 폰티 디 피에타Monti di Pietà와 같은 유럽의 자선 단체에 대해 말을 듣고 이 일을 하겠다는 마음이 움직인 것이라고 했지만, 단곤은 불교 또는 유교 단체에서 영감을 얻었을 것이다. 그는 상복을 입은 20명의 가난한 그리스도교인들과 함께 "손에 초와 묵주를 들고" 지역 매장지까지 행렬을 이루며 나아갔다.[72] 이 단체의 성격은 그 기능 속에서 드러난다. 즉, 그리스도교인들이 다른

---

71 Dias the elder to Jerónimo Rodrigues, Hangzhou, 3 April 1623, ARSI Jap-Sin 161-II:82r.
72 Anon., AL Vice-Province 1626[n.p., 1627?], BAJA 49-V-6:329v.

종교적인 실천을 단념했기 때문에, 그들은 엄숙한 장례식을 중요하게 여기는 중국의 문화적 가치에 해당하는 새로운 형태의 경건을 발명해야 했던 것이다.

중국 사회와 그리스도교의 종교적 실천이 얽혀 있는 또 다른 예는 여성들을 개종시키려 했던 선교사들의 노력에서 찾아볼 수 있다. 그들은 쉬운 언어로 쓰여진 기도서나 교리 교재를 출판함으로써, 천주교를 가정 영역—중국의 관습으로는 이러한 외국 남성들에게 출입금지 영역—으로 넓히기를 희망했다. 이를 위해 예수회원들은 여성 개종자들이 동네 모임에서 기도를 암송하도록 독려했다. 1626년에 부관구에서 보낸 연례 서한을 읽어보면, 강주絳州의 그리스도교인 여성들은 실을 잣고, 옷감을 짜고 접으면서 다른 사람을 험담하는 대신, "고된 노동을 누그러뜨리기 위해 기도문을 노래한다". 그 결과 아이들 역시 교리를 배웠다. "세 살 반 짜리 소녀들"조차 "한 단어도 실수함 없이" 마음으로 기도를 알았다고 예수회원들은 언급했다. 이 과정에서 사용된 것은 바로 앞에서 언급한 기도책과 대화 형식의 교리서인 주앙 다 로샤João da Rocha의 『천주성교계몽天主聖教啓蒙』1619이다. 예수회원들에 따르면, "이방인 여성들조차도 하느님의 율법의 가르침을 잘 알 수 있도록" 이 책에서 기도와 교훈을 반복하였다.[73]

예수회원들은 이전보다 더 적극적으로 메시지를 전했지만, 당시 정치 분위기는 그들의 행동을 제약하였다. 쇠락하는 명 제국이 1620년대 문사 당파를 통제하려는 마지막 시도를 했기 때문에, 선교사들은

---

[73] Ibid., 331r/v. 구체적인 예들은 Jonathan Chaves, "Gathering Tea for God", SWCRJ 24(2004), pp.6~23를 참조.

자신들의 사도적 활동을 제한해야 했다. 특히 그들은 미사를 드리거나 혹은 기도 모임을 위해 그리스도교인을 모을 때 주의를 기울여야 했다. 특별히 수많은 비밀 조직과 문사 당파를 둔 강남 지역의 경우, 의심의 눈초리를 보내는 당국에게 외국인과 그 신자들의 모임은 치안을 방해하는 비밀 집회로 보일 수 있었다. 예수회원들이 문사의 복장과 종교적 의식儀式을 공개적으로 결합시킨 것은 의심의 여지없이 그들을 이중으로 의심받게 만들었다. 더욱이, 그들은 문사 당파와 비밀 결사 모두가 사용하는 '회會'라는 용어를 사용하여 기도 그룹을 명명했다. 따라서 정치적 아젠다를 도덕화하려한 광대한 문사 당파인 동림당에 대해 1625년에 이루어진 단속은 예수회 확장의 원동력이 된 메커니즘을 파괴할 수 있는 잠재력을 갖고 있었다.[74] 천계제天啓帝는 전복적인 것으로 간주되는 동림당 및 다른 사적인 그룹들을 뿌리채 없애려는 시도를 하면서 공개 모임을 금지하고, "덕, 정치 또는 경제 정책, 또는 일반적으로 그의 왕국에 새롭거나 이상한 내용이 되는 책"의 무단 인쇄를 금지했다.[75]

명 제국의 붕괴 속도가 진압 능력을 앞질렀지만 예수회원들은 상당히 조심하였다. 그들은 그리스도교인들의 경건의 습관을 다양화하려고 했을 때조차 공적인 의심의 망령이 사라질 때까지 새로운 큰 집단을 형성하려는 충동을 눌렀다. 예를 들어, 강서성 건창에서 가스파 페

---

74 명 제국 시기 정치 사상과 문사 당파에 대해서는 Willard Peterson, "Confucian Learning in Late Ming Thought" in CHC 8:708~788과 Benjamin Elman, "Imperial Politics and Confucian Societies in Late Imperial China : The Hanlin and Donglin Academies", *Modern China* 15.4(October 1989, pp.379~418)를 참조.

75 Anon., AL Vice-Province 1626[n.p., 1627?], BAJA 49-V-6:308v-314v, 특히 315r.

레이라Gaspar Ferreira가 한 조직을 설립했을 때, 그는 조직의 이름에 '회會'라는 용어를 붙이지 않고 간단히 "장미나무Rosebush"라고 불렀다. 또한 그는 성사聖事에 대한 그리스도교인들의 열망과 관방의 주의를 일으킬만한 곤란한 문제 사이에 균형을 맞추려고 노력했다. 이 조직의 회원들은 삽화가 들어있는 『송염주규정誦念珠規程(묵주 기도를 암송하는 방법)』1619으로부터 영감을 얻으면서 매일 묵주기도를 해야 했다. 예수회 신앙 단체에 속한 유럽 가톨릭 신자들의 방식으로, 그들은 매주 토요일마다 금식하고 매달 두 번 고해성사를 해야 했다. 자격이 되는 사람들은 한 달에 한 번 성찬에 참여하도록 초대를 받았다. 그러나 페레이라Ferreira는 방어적인 자세로 조직 회원들에게 "많은 사람들이 오는 것으로 생각되지 않도록" 3명이 한 조가 되어 자신의 교회를 방문하도록 지시했다.[76]

부관구의 사람들은 이전 어느 때 보다 1620년대 후반에 더 많은 개종자가 나오기 시작했지만, 적은 수의 선교사와 지리적 분산, 그리고 제한된 재정적 자원으로 인해 여전히 세례 기록은 낮았다. 확실히, 예수회원들은 그들의 근엄한 공적 이미지와 설득력을 갖고 새로운 천주교 신자를 얻을 수 있었다. 중국 예수회원들은 식민지 선교구의 예수회원들과 마찬가지로 강제적으로 새로운 그리스도교인들을 만들어낼 수는 없었고, 기껏해야 한 번에 한 가정에 선교 교회를 세웠다. 그들은 가톨릭 유럽의 장상들과 후원자들이 기대하는, 특히 관료 동맹자들과 개종자들의 많은 소문들을 고려할 때 복음의 승리를 드러내

---

76 Manuel Dias [the younger?], AL Vice-Province 1625, Jiading, 1 May 1626, BAJA 49-V-6:221r.

는 행진의 나팔을 불 수는 없었다. 때때로 예수회원의 저작들은 그들이 효과가 없는 것처럼 느꼈을 때의 당혹감을 드러낸다. 로드리고 데 피구에이레도Rodrigo de Figueiredo는 1628년 연례 서한에서 섬서성에 새로 설립된 서안 거주지를 설명하면서 알바로 세메도Alvaro Semedo와 요한 아담 샬Johann Adam Schall에 대해 숨김없이 보고했다. 즉, "그들이 일부 사람들에게 세례를 베푼 것을 우리가 알기는 하지만, 그것은 너무 적은 숫자여서 내가 그냥 지나쳐도 될 만큼 그들이 무엇인가 특별한 것을 쓰지 않으려고 한 것처럼 보였다".[77]

멀리 떨어진 로마와 가까운 마카오에서 예수회 관리들은 부관구의 소수의 개종자 일람표를 만들면서 더욱 우려를 나타냈다. 그들의 총계는 선교사들의 보고서를 읽은 많은 외부 독자들이 갖게 되는 인상과 거의 균형이 맞지 않았다. 즉, 종교 사역이기는커녕 중국 선교는 허무한 실천이었고, 실크 가운을 입은 예수회원들이 가난하게 살겠다는 서약을 포기하고 중국 관료로 가장假裝한 것이었다. 만들어진지 얼마 안되는 새로운 부관구의 병에 대해 처방된 치료법은 조사였다. 포르투갈과 인도에서 수년간 경험을 쌓은 수석 예수회원 순찰사 안드레 팔메이로1569~1635가 이 임무를 처리하도록 파견되었다. 1628년 12월 그는 명 제국 군대가 만주족과 싸우는 것을 돕기 위해 마카오에서 중국 북부로 향하는 포르투갈 병사 파견단을 따라 나섰다. 팔메이로의 목표는, 그 거짓말 같은 소문을 조사하고 실제 내부 문제를 해결하려는 것 외에 왜 그리스도교 공동체가 "그렇게 과도한 지출을 하면서

---

77 Figueiredo, AL Vice-Province 1628, Hangzhou, 22 August 1629, BAJA 49-V-6:590v.

수년 동안 일을 한 결과"가 그렇게 작게 남아 있는지를 알아내는 것이었다.[78]

팔메이로는 남웅, 남창, 건창, 북경, 그리고 마지막으로 강남의 집들을 방문한 후 중국 사역에 대한 결론에 도달했다. 그는 무지오 비텔레스키 총장에게 "진실은 그리스도교인이 거의 없다는 것입니다. 많은 사제들이 그들에게 전념한 그 많은 시간들을 고려해 볼 때 거의 없습니다"라고 말했다. 그의 추정에 따르면, 거의 50년간의 선교 사역을 한 후 총 중국 그리스도교인의 수는 6,000명에 이르지 못했다. 그러나 팔메이로는 신도들의 믿음의 부족을 사제들이 부지런하지 못했다거나, "시련으로부터 도주"했기 때문이라고 비난하는 것을 꺼렸다.[79]

팔메이로는 예수회원들의 성공이 제한적인 것은 중국인들 속에 숨어 있는 외국인 혐오증에 기인한 것으로 생각되며, 이로 인해 잠재적 개종자들이 "외국인들로 인해 겁에 질리고 위축된다"고 주장했다. 그가 보기에, 예수회원들과 그들의 관료 보호자들 사이의 관계는 예수회와 유럽의 후원자들 사이의 유대와는 달랐다. 다시 말해, 중국과 가톨릭 유럽 사이에 크게 벌어져 있는 문화적 차이는 예수회원들이 진정으로 중국 사회의 일부가 되는 것을 방해했다. 그러나 팔메이로의 주장은 무의미하게 들린다. 예수회원들에 대한 그런 정도의 외국인 혐오증이 있었다면, 1620년대 후반에 그들이 누렸던 명성을 그들은 얻지 못했을 것이다. 그들이 반 외국인 정서의 장애물을 극복할 수 없

---

[78] Palmeiro to Muzio Vitelleschi, Macau, 20 December 1629, ARSI Jap-Sin 161-II: 109r.

[79] Ibid., 109r/v.

었다면, 1629년에 이지조 및 서광계와 함께 북경에서 황력皇曆을 개혁하기 위한 공식 프로젝트에 참여할 수 있는 허가를 받지 못했을 것이다. 팔메이로가 제기한 질문에 대한 더 좋은 설명은, 17세기 첫 30년 동안 명 제국에서 빈번하게 이루어진 관료 시스템의 오작동, 박해 및 공식적인 단속에 대한 근래의 기억이 미래에 대해 불확실한 분위기를 조성하였고 이로써 중국인들이 예수회원들을 의심하게 만들었다는 것이다. 부관구의 사람들은 상황이 안정될 때까지, 즉 명 왕조의 피할 수 없는 붕괴와 만주 침략이 실현될 때까지 기다린 후에야 선교 활동을 전개해나갈 수 있었다.

1629년 여름, 여정이 끝났을 때 순찰사 팔메이로는 1621년 규정을 갱신하기 위해 고안된 새로운 규정들을 받기 위해 부관구의 고문들을 항주로 소집했다. 이 규정들은 예수회원의 생활의 모든 부분들을 다루면서 선교의 미래를 위한 행로를 정했다. 적은 개종자들 숫자 통계와 관련하여 팔메이로는 격려의 말을 하였다. 그는 "복음을 전파하는 데 있어서 주의와 신중함"이 필수적이지만, 예수회는 "과도한 두려움"을 피해야 한다고 주장했다. 팔메이로는 또한 종교적 투쟁 무대에서 예수회의 비방자들 혹은 경쟁자들을 적대시하는 것에 대해 경고했다. "우리의 거룩한 율법을 전파하는 데에는 그것이 좋고 필요하지만, 그럼에도 불구하고 우상佛教과 문사儒教의 법을 비난하는 말로 반박하려고 하지 마시오"라고 팔메이로는 썼다. 그렇다고 중국인으로 하여금 그리스도교의 메시지가 자국의 종교 및 철학과 거의 동일하다고 믿게 함으로써 그리스도교 메시지의 독창성을 숨길 필요는 없다고 팔메이로는 강조했다. 대신에, "겸손하면서도 신중하게 오류에 대해

알려야 하고, 그래서 새로운 인식으로 그들은 우리가 가르치는 진리를 더 빨리 신뢰하게 될 것이다".[80]

그의 부하 회원들이 그리스도교와 유교 사이의 구분선을 분명하게 할 것을 요구한 순찰사의 결정은 한동안 선교사들 사이에서 벌어지고 있던 논쟁을 진압하는 것을 목표로 했다. 1610년 마테오 리치가 사망한 후 몇 년 동안, 일본 관구의 예수회원들은 중국에 있는 자신의 동료들이 출판한 저술들을 읽기 시작했다. 선교사들 중 일본어와 일본 문화에 관한 최고의 전문가인 주앙 로드리게스João Rodrigues가 선동하여 동아시아 예수회의 장상들은 그리스도교 개념을 의미하는 데 사용된 중국어 용어에 대해 조사하기 시작했다. 1613년에서 1615년 사이에 로드리게스는 중국을 여행하면서 선교 거주지들을 방문하고 문사 그리스도교인들과 대화했다. 이러한 면담들, 그리고 그가 자신의 일부 동료들이 중국 신자들에게 허용한 신앙의 실천들에 대한 또 다른 관찰은 중국 예수회원들이 본의가 아니더라도 우상 숭배를 부추키고 있다는 결론에 이르게 했다.

리치와 그의 후임자들이 명 제국에서 그리스도교를 장려한 방식에 대해 로드리게스가 반대한 요점은 그들이 모호한 교리 용어의 사용에 의존했다는 것이다. 가장 큰 문제를 일으킨 용어는 '天, 上帝, 天主, 天神, 靈魂' 등이었다. 1616년 로드리게스는 총장 클라우디오 아쿠아비바Claudio Aqua-viva에게 편지를 쓰면서, 중국에 있는 그의 형제들이 아시아 철학의 미묘함에 대해 무지함으로써 실족하여 넘어졌다는 견해

---

80 Palmeiro Orders, 23r-24r.

를 분명하게 했다. 그는 하느님God, 이 경우에는 천주을 표현하기 위해 사용된 용어는 전능한 신이라기보다는 "중국인들 사이에서 유명한 천제天帝, 조물주"를 의미하는 "매우 사악한 자"라고 주장했다. 나아가 로드리게스는 "영혼soul", "천사"의 용어는 "해롭고 악하며", 그때까지 선교사들이 인쇄한 모든 책이 수정되거나 파기되어야 한다고 주장했다.[81] 모호성을 피할 수 있는 유일하고 확실한 한 방법은 중국어로 음역音譯되는 발음과 함께 라틴어 용어를 사용하는 것이었다. 이것은 일본에서 채택되었던 조치였는데, 일본에서는 순도純度와 정통성에 대한 요구로 말미암아 모호할 가능성이 충분한 본토어 대신 일본어 교리 어휘에 라틴어 혹은 포르투갈어 용어를 도입하였다. 그들의 일본 개종자들에 관한 한, "하느님"은 "Deus"였는데, 이것은 그 이름으로 세례를 받은 곳 어디에서나 숭배되었다. 비슷한 방식으로, "영혼"에 대한 일본어 단어는 "애니마"이고 "그리스도교인"에 대한 단어는 "키리시탄"이었다.[82]

남경사건은 예수회원들이 일본에서 추방된 뒤 선교사들에게 논쟁의 여지가 있는 중국 용어 문제에 대해 더 깊이 논의할 수 있는 기회를 제공했다. 마카오로 추방된 4명의 중국 예수회원들 사이에는 뚜렷한 의견 차이가 있었다. 리치의 옛 동료들 사바티노 드 우르시스Sabatino de Ursis와 디에고 드 판토하Diego de Pantoja는 이 문제의 반대편에

---

81 Rodrigues to Claudio Aquaviva, Macau, 22 January 1616, ARSI Jap-Sin 16-I :285v.

82 Jurgis Elisonas, "Acts, Legends, and Southern Barbarous Japanese", Jorge dos Santos Alves, ed., *Portugal e a China : Conferências nos Encontros de História Luso-Chinesa*, Lisbon, 2001, pp.15~50, 특히 p.28.

서 있었고, 알폰소 바뇨네Alfonso Vagnone는 그 용어들에 대해 강력하게 옹호했는데, 이것은 주앙 로드리게스João Rodrigues의 반대 의견과 완전히 대조되었다. 순찰사 프란시스코 비에이라와 마카오 신학교의 일본 관구의 회원들의 후원 아래 선교사들은 1618년 변증 책자를 작성하도록 요청 받았다. 그 당시, 어떠한 최종적 판단도 그 문제에 대해 내려지지 않았는데, 왜냐하면 동아시아 선교에 발생한 근래의 분열을 고려하고, 또 로마에 결정적인 판단을 내려주기를 호소할 필요 때문이었다. 어느 쪽이든, 이러한 토론의 내용이 항주의 선교사들에게 알려지면서, 그들은 중국 경전에 대한 이해에 근거하여 편이 나뉘어졌다.

안드레 팔메이로가 순찰사의 업무를 수행하기 위해 1626년 마카오에 도착했을 때, 중국 예수회원들 사이에 긴장이 고조되고 있음을 알았다. 논쟁의 여지가 있는 용어들에 대해 그들이 가진 의견의 불일치는 국적과 같은 단순한 기준에 의한 것이라기보다는 중국 텍스트들에 대한 다양한 읽기에서 비롯되었다. 그들을 분열시킨 가장 중요한 문제는 천天, 상제上帝, 천주天主라는 용어가 그리스도교 신을 나타내는 데 사용되었다는 것이다. 문제는 중국 고대의 저서에서 발견된 천天과 상제上帝에 대한 언급이 물질적인 하늘 그 이상을 가리키는지의 여부— 나아가 중국인이 창조자 신의 존재를 알고 있었는지의 여부— 에 관한 것이었다. 이 문제에 대한 마카오 논쟁의 결과로 총장 무지오 비텔레스키Muzio Vitelleschi는 1625년 8월 중국 예수회원들에게 편지를 써서 상제라는 용어를 금지시켰다. 논쟁을 재평가할 수 있도록 허락받은 유일한 사제는 새로 임명된 순찰사뿐이었다.[83]

자신의 수하 회원들 사이의 불화를 해결하기 위하여 안드레 팔메이로는 1627년 가정嘉定에서 열린 회의를 승인하였다. 그러나 이 노력조차 소용이 없었다. 거의 모든 예수회원들은 '천天'이라는 용어가 그리스도교 하느님을 의미할 수 없다는 데 동의했지만, 상제는 더 많은 문제를 드러냈다. 중국 텍스트들을 "가장 잘 읽은"것으로 여겨지는 일부 선교사들— 알폰소 바뇨네Alfonso Vagnone, 줄리오 알레니Guliio Aleni, 디에고 드 판토하Diego de Pantoja, 니콜라스 트리고Nicolas Trigault, 로드리고 데 피구에이레도Rodrigo de Figueiredo 등의 의견에 따르면, 조심스럽게 분석한 결과 상제가 용납될 수 있는 것으로 나타났다.[84] 그러나 이 단어의 모호성은 니콜로 롱고바르도가 양정균 및 이지조이들은 자신들이 수용한 최고 존재의 성격에 대해 혼동을 보여주었음를 포함한 문사층 개종자들과 함께 수행한 일련의 면담에서 밝혀졌는데, 이것은 다른 선교사들에게 용납될 수 없는 것이었다.[85] 롱고바르도는 심지어, 주앙 로드리게스와 파스칼 멘데스1584~1640 수사의 지지를 업고 천주라는 용어가 우상 숭배의 의미를 갖고 있기 때문에 금지되어야 한다고 주장했다.[86]

팔메이로는 이 용어에 대한 논쟁을 가라앉히는 데까지 나아갔지만 비극을 피하기에는 너무 늦었다. 가정 회의와 그 이후의 의견 불일치

83 Anon., Rol dos Papeis guardados na Secretaria da Vice-Provincia, Canton, 1669, BAJA 49-IV-62:558r.

84 António de Gouvea to Domingo de Navarrete, Canton, 3 December 1669, BA 44-XII-40:164.

85 "Resposta breve sobre as Controversias do Xamty, Tienxin, Limhoen e outros nomes e termos sinicos",(Peking[1624?])라는 제목의 롱고바르도의 부분적인 친필 사본은 Archivo della Propaganda Fide, Rome, Scritture Riferite nei Congressi, Indie Orientali Cina, vol. 1, 145r-168v에 있다. 양정균의 증언에 대해서는 Standaert 의 Yang Tingyun, pp.183~203을 볼 것.

86 André Palmeiro to Muzio Vitelleschi, Macau, 16 January 1631, ARSI FG 730-I:12v.

는 극에 달했다. 주앙 로드리게스는 심하게 분노하면서 로드리고 데 피구에이레도가 "가장 열렬하게" 상제를 옹호한다고 그를 극렬히 비난했는데, 이것 때문에 팔메이로가 로드리게스에게 금식 기간을 강제할 정도였다. 로드리게스는 그리스도교 개념을 위해 다른 용어를 사용하여 광동에서 새로운 교리 입문서를 출판함으로써 문제를 직접 해결하기로 하였다.[87] 논쟁의 또 다른 편에서 알폰소 바뇨네는 이 문제를 해결하려는 팔메이로의 시도에 이의를 제기했다. 팔메이로는 바뇨네가 복종하지 않았기 때문에 마카오로 소환하고 싶었으나 제한된 선교 인력 때문에 그렇게 하지 못했다고 보고했다.[88] 마치 이 내부 분쟁으로는 충분하지 않은 것처럼, 논쟁은 한 예수회원의 인생을 요구했다. 안드레 팔메이로는 정신적으로 불안정한 트리고가 1628년에 '상제上帝' 용어를 사용하는 것을 방어할 수 없다는 우울함 때문에 끝내 자살했다는 것을 알았다.[89]

이러한 사건들의 결과로, 팔메이로는 모든 토론을 중단시키고 '천주'라는 명칭을 하느님을 상징하는 데 사용하도록 명령했고, '天'과 '上帝'라는 단어는 중국어 그리스도교 어휘들 속에서 지워버렸다.[90] 팔메이로는 또한 트리고의 수치스러운 죽음에 침묵을 지키고, 모호한 용어에 의해 훼손된 출판물들을 수정하면서 롱고바르도의 보고서와

---

87 André Palmeiro to Muzio Vitelleschi, Macau, 18 May 1628, ARSI FG 730-I:3r/v.
88 André Palmeiro to Muzio Vitelleschi, Macau, 16 January 1631, ARSI FG 730-I:13r.
89 Palmeiro to Muzio Vitelleschi, Macau, 20 December 1629, ARSI Jap-Sin 161-II:117r.
90 무지오 비텔레스키(Muzio Vitelleschi)는 1632년 8월 6일 자 편지에서 이 결정을 찬성했다. Anon., Rol dos Papeis guardados na Secretaria da Vice-Provincia, BAJA 49-IV-62:558v를 볼 것.

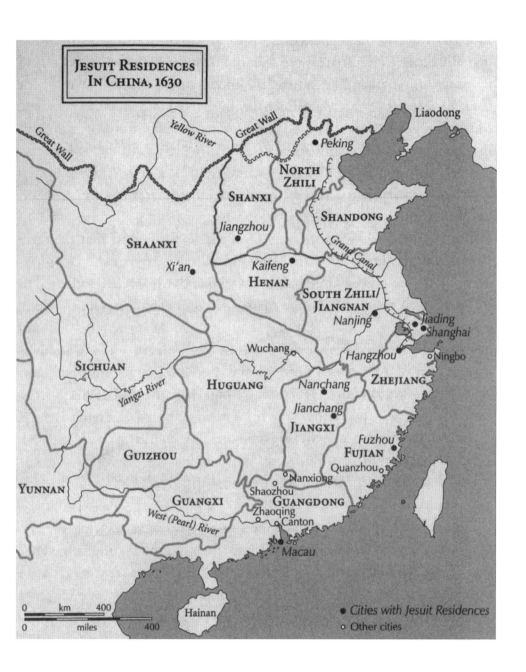

JESUIT RESIDENCES
IN CHINA, 1630

Great Wall

Yellow River

Great Wall

Great Wall

Liaodong

Peking

NORTH
ZHILI

SHANXI

SHANDONG

Jiangzhou

Grand Canal

SHAANXI

Xi'an

Kaifeng

HENAN

SOUTH ZHILI/
JIANGNAN

Nanjing

Jiading
Shanghai

Wuchang

Hangzhou

Ningbo

SICHUAN

Yangzi River

HUGUANG

Nanchang

ZHEJIANG

Jianchang

JIANGXI

Fuzhou

GUIZHOU

FUJIAN

Quanzhou

YUNNAN

GUANGXI

Nanxiong

Shaozhou

GUANGDONG

West (Pearl) River

Zhaoqing

Canton

Macau

0   km   400

0   miles   400

Hainan

• Cities with Jesuit Residences
○ Other cities

로드리게스의 교리 설명서의 모든 사본을 파괴하여 선교사들 사이에 남아있는 불화를 없애려고 시도하였다. 분명히 예수회원들은 30년 동안 중국 전역에 배포한 모든 책을 회수할 수는 없었다. 대신 팔메이로는 선교사들이 새로운 출판 작업을 전개하여 승인된 어휘들을 예수회원 저자들의 중국어 저작 속에 끼워 넣도록 하였다. 이를 위해 그는 외부 교회 조직의 감독 없이 중국에서 책을 수정하고 출판할 수 있도록 부관구에게 허락해 주었다.[91] 이러한 조처들은 중국 예수회원들을 만족시켰으며, 최소한 팔메이로의 방문 5년 후인 1634년에 부관구장으로 임명된 마누엘 디아스younger는 만족을 표시했다. 새로운 합의에 대해 매우 낙관하면서 디아스는 논쟁이 완전히 해결된 것처럼 보였으며, 그것은 "결코, 혹은 오랫동안 다시 말하지 않을 것"이라고 선언했다.[92]

1629년 안드레 팔메이로가 중국 예수회원들의 사역에 대해 취한 재승인은 선교를 위한 좋은 징조가 되었다. 그 후 2년 동안 6명의 새로운 선교사가 제국에 들어 왔으며, 예수회원들의 전체 수는 26명으로 늘어났다. 이 중 21명은 유럽 사제였고, 5명은 중국인 보좌신부였다.[93] 신입회원에는 에티엔 파버Étienne Faber, 1597~1657, 트란퀼로 그라세티Tranquillo Grassetti, 1588~1647, 미셸 트리고Michel Trigault, 1602~1667, 피에트로 카네바리Pietro Canevari, 1596~1675 및 이나시오 다 코스타Inácio da Costa, 1603~1666가 포함되었다. 요한 테렌츠 슈렉Johann Terrenz Sch-

91 Palmeiro Orders, 37v-39v.

92 Dias the younger to Muzio Vitelleschi, Peking, 1 October 1634, ARSI FG 730-I:21v.

93 Lazzaro Cattaneo, AL Vice-Province 1630, Hangzhou, 12 September 1631, BAJA 49-V-8:667r.

reck, 1630 사망와 니콜라스 트리고Nicolas Trigault, 1628 사망의 죽음으로 인해 좌절이 있었지만, 새로운 회원들이 도착하면서 새로운 자금과 물자들이 따라 와 부관구가 앞으로 나아갈 수 있었다. 1631년 선교를 통해 북경, 강주산서, 서안섬서, 개봉하남, 상해강남, 가정강남, 남경, 항주절강, 남창강서, 건창강서 및 복주복건 등 15개 성들 가운데 8개 성에 11개의 거주지가 퍼졌다. 예수회원들의 개종자 집계도 증가하기 시작했으며, 더 큰 규모의 무리가 세례를 요구한다는 보고가 있었다. 1630년에 상해 지역에서는 페드로 리베이로Pedro Ribeiro가 14건의 세례를 주었고, 가스파 페레이라Gaspar Ferreira는 건창에서만 260건의 세례를 시행하였다.[94] 다음해 중국 선교부는 전부 합해서 1,786건의 세례를 주었다고 선포했는데, 팔메이로가 계산한 전체 개종 숫자에서 이전 그리스도교인의 숫자가 6,000명이라는 통계가 확실하다면, 그 숫자의 거의 삼분의 일이 늘어난 것이다.[95]

1630년대 초반, 반세기 동안의 선교 사업을 마치고 나서 예수회의 중국 사역은 마침내 성년이 되었다. 알바로 세메도는 1616~1617년의 위기 이후에 일어난 변화를 회고하면서 선교 사업이 "과거와는 매우 다른 방식으로 진행되기 시작했다"고 지적했다. 그에 따르면, 초기 시간들의 흥분과 혼란은 신성한 정원사가 반드시 거쳐야 하는 과정이었다. 즉 "성숙한 나무는 가지 치기되어 더 무럭무럭, 그리고 더 활기차게 뻗어나갈 것이다".[96] 선교사들은 자신들의 노력을 배가하면서

---

94 Ibid., 721v and 727v.
95 João Fróis, AL Vice-Province 1631, Hangzhou, 1632, BAJA 49-V-10:37r.
96 Semedo, Imperio de la China, 303.

담대하게 전파하고 더 많은 개종의 상을 거두었다. 그들은 황력皇曆, 역법개혁 프로젝트1629~1635에 대한 지원을 통해 황제를 위해 봉사함으로써 북경에서의 지위를 강화시켰고, 중국 왕조의 복지에 꼭 필요한 기여를 할 수 있는 학자로서의 명성을 키워나갔다.

궁정에서 예수회원들이 느꼈던 자신감과 안전감은 지방에 있는 동료들과 공유되었고, 부관구를 보호하기 위해 반복적으로 개입한 거의 모든 관료 보호자들의 손실을 극복할 수 있게 해주었다. 1627년 양정균과 섭향고가 죽었다. 3년 후에는 이지조가 세상을 떠났다. 황제에 대한 반역으로 유죄 선고를 받으면서 끝난 정치적 분규 때문에 옥에 갇힌 손원화는 1632년에 참수 당했다. 그리고 다음 해에 서광계는 예수회원들이 남경에서 선교가 재건될 수 있도록 돕고 나서 바로 세상을 떠났다. 모두가 지난 30년 동안 선교 사업을 보호하고 장려하기 위해 조정과 지방 또는 인쇄된 서적들을 사용해서 자신들의 영향력을 확대했다. 이후 수십 년 동안 이 관료들의 고향―항주, 상해 및 복주―은 예수회 선교의 중심지로 남았다. 그러나 이 뛰어난 사람들의 일족이 그들 지역 교회의 핵심을 형성하고 있는 동안, 예수회원들은 향후 회심하게 될 개종자로서 다른 고위급 관리들을 거의 얻지 못했다.

많은 현대 학자들이 보기에, 선교사들이 더이상 태감이나 혹은 그밖의 다른 권력을 가진 인물들을 개종시키지 못한 것은 마테오 리치의 후임자로서 부족한 점이 있었기 때문이다. 그들은 고위층 문사들의 마음을 사로 잡을 만큼 외교적이거나 지능적이지 않았다. 1623년 이후에 부관구를 관리한 포르투갈 사제들이 "정복자 심리" 때문에 이후 관료들과 의미 있는 대화를 할 수 없었다고 판단하면서, 한 가지 시도는 다른 국적의 예수회원들 사이에 있는 일련의 국가적 단층선, 즉 분열을 감지하는 것이다. 이 지적은 또 다른 주장, 즉 예수회원들이 엘리트 개종에 초점을 두었다는 주장에 근거한다.[97] "문사층 개종자들의 지위가 하락하면서 예수회의 노력이 흔들리기 시작했다."[98]

의미 있는 수의 관료 개종자를 생산할 수 없는 예수회원들의 무능력에 대한 또 다른 추론은 명말 문사층의 문화적 기후에 대한 설명에 뿌리를 두고 있다. 이 견해를 지지하는 학자들에게 만력제 통치 후기 약 1590년에서 1620년까지는 천학天學이나 불교-도교-유교가 하나로 합쳐진 것으로 알려진 삼학三學과 같은 비전통적 사고 체계에 대한 개방성을 만들어냈다. 이 30년 동안 각성한 중국 학자들은 유교 교육의 일부 기본 가치를 구하기 위해 외래 종교로 기꺼이 "필사적인 도약"을 하고자 했다. 그러나 존 윌스John Wills가 주장했듯이 1630년대에 그 기회가 지나가 버리고 다시는 돌아오지 않았다.[99]

그러나 이 현상을 다른 관점에서 보면, 1633년에 예수회원들은 더이상 그런 관리들의 보호를 필요로 하지 않는다는 것이 분명해졌다. 권력 있는 친구를 얻는다는 예수회원들의 전략은 이미 그 목적을 달성했는데, 왜냐하면 예수회원들은 엘리트의 관점에서 볼 때 이미 합

---

97 Dunne, pp.226~244; Ross, pp.205~206.

98 David Mungello, *The Great Encounter of China and the West, 1500~1800* , New York, 1999, p.18.

99 John Wills Jr., "Brief Intersection : Changing Contexts and Prospects of the Chinese-Christian Encounter from Matteo Ricci to Ferdinand Verbiest", John Witek, ed., *Ferdinand Verbiest(1623~1688) : Jesuit Missionary, Scientist, Engineer, and Diplomat*, Nettetal, 1994, pp.383~394, 특히 p.394.

법화되었기 때문이다. 선교 첫 50년 동안 북경과 제국에 걸쳐 그들의 명성은 개별 관료들의 환심을 살 필요가 없는 지점에까지 도달했다. 예수회원들은 잠재적 박해자들의 손에 좌지우지되고 있는 사회적으로 덜 중요한 다른 개종자들을 보호하기 위해 주로 권력을 가진 인물들과 친구 관계를 맺는 것에 집중했다. 일단 선교사들이 궁정에 발 붙이고 있는 것 때문에 보호를 보장받을 수 있게 되자, 지방에 있는 더 유망한 하층 계급으로 주의를 돌렸다. 엘리트 계층의 개종에 대한 많은 방해들을 감안할 때 이러한 전략의 변화는 의미가 있었다. 북경 예수회원들이 황제들에게 친절을 베풀고 결국 흠천감의 관리자로서 명성을 얻었으나, 자신들을 보호하기 위하여 다른 사람들에게 의지하는 것을 그만두었다. 제국이 점차 혼란에 빠지고 만주 세력이 수평선에 아련히 떠오를 때, 예수회원들은 명 제국 엘리트의 보호를 받는 사람으로부터 스스로 설 수 있는 개인들로 바뀌고 있었다.

제3장
아마겟돈의 증인

1630년대에 대혼란의 구름이 명 제국을 가로지르며 휩쓸고 갔다. 항주에 배치된 포르투갈 예수회원 안토니오 드 구베아Anthonio de Gouvea, 1592~1677의 말에 따르면, 하느님은 수많은 죄에 대한 형벌로 "비참함과 고통, 재난"을 제국에 보내셨다. 1636년 부관구의 연례 서한에서 구베아는 유럽의 독자들에게 선교가 직면한 위험들에 대해 일렀다. 산적 무리가 시골을 돌아 다니며 "전리품의 맛으로" 우쭐해졌다. 북부 지방에서 만주 기병대원들은 "중국이 마치 자신들의 조국이고 소유인 것처럼" 포악하게 날뛰었다. 이 침략자들은 마을과 도시에서 전리품을 운반하면서 위축되어 있는 관리들에게 "그들이 곧 다시 올테니 일부러 자신들을 찾으러 오지 말라"고 말했다. 반란군은 제국 전역에서 튀어나왔다. 관료 압제자들에게 가혹한 복수를 하였고, 자신들 뒤에 파괴의 자리를 남겼다. 구베아는 그들 지역의 사람들을 공격한 이 무리들의 포악함과 비인간성이 "사람이라기보다는 짐승"과 닮았다고 썼다. 이 위협에 맞서기 위해 결집한 명 제국 병력은 완전히 제압되었다. 이 예수회원은 다른 목격자들과 마찬가지로 군대를 책임지고 있는 관료들이 "싸움을 위한 창보다 글을 쓰기 위한 붓이 훨씬 더 나았다"고 여겼다. 군사들의 패배 소식을 들으면서 숭정제崇禎帝는 "진정시키기 위해 희생 제물과 기도를 드리며 하늘을 수없이 돌아 보았지만"[1] 소용이 없었다.

명 제국을 삼킨 사회적 불안과 격변 속에서 예수회원들은 새로운 문제와 새로운 기회를 찾았다. 왕조의 전환기인 1620년대 만리장성 내 최초의 만주 주도의 습격에서부터 1670년대 청나라하에서 제국의 평화가 실현될 때까지 반세기 동안 중국의 거의 모든 구석 구석이 전쟁, 반란, 기근과 자연 재해로 파괴되었다. 역설적으로, 예수회원들의 사역은 혼란이 지배하는 동안 가장 확고한 확장을 경험했다. 1630년대 초부터 1650년대 후반까지 부관구는 새로운 지역으로 퍼져서 훨씬 더 많은 숫자의 개종자들을 얻었다. 명 제국이 무너지면서 선교 교회를 위해 더 강력한 기초를 놓기 위하여 생명을 걸고 수족을 위태롭게 했던 예수회원들에게 이 시간은 운명의 갈림길에 서 있는 결정적인 순간이었다. 정치적 분열은 그들이 복음을 전할 때 맞닥뜨리게 되는 중국 당국의 보복에 대해 두려움을 느끼지 않아도 되게 하였다.

예수회원들은 개종자들과 함께 동란을 극복하기로 했고, 그들과 함

---

1 António de Gouvea, AL Vice-Province 1636, Hangzhou, 20 November 1637, in Gouvea, pp.57~58.

께 고통을 겪었다. 전쟁의 마지막 불씨가 꺼졌을 때, 선교사들은 폐허 속에 분산된 공동체를 다시 모으려고 하였다. 만주 정복자들의 관심을 끌만한 사회적 힘이 너무도 미미했기 때문에, 예수회원들은 새로운 왕조가 거대한 취득물들에 대한 통제를 확립할 때까지 신자들의 계층을 다시 확장하고 있었다. 그러나 감지되지 않는 위험으로 가득 찬 분위기의 변화 속에서도 지속적인 결핍이 남아 있었다. 즉, 예수회원들은 청나라 앞에서 정치적 정당성을 얻어야 했다. 그것을 달성하기 위해 그들은 황실에서의 봉사라는 자신들의 오래된 전략을 고수했다. 소수의 북경 예수회원들이 왕조 초기 만주 황제들의 절친한 친구가 되었을 때, 그들은 명 제국에서 얻은 것보다 훨씬 더 큰 상을 받았다. 그들의 그늘 아래서 부관구가 확장됨으로 말미암아 비록 아주 작기는 했지만, 천주교가 중국의 종교적 지형에서 자신만의 뚜렷한 특징을 가질 수 있었다.

1. 선교 순회교구의 구성1633~1640

1630년대에 명 제국의 붕괴가 가시화되었다. 북부 국경 지역에 축적된 군사적 위협에 더해 1636년부터 '청淸'이라는 이름으로 불려진 새로운 "야만인" 왕조를 위해 만주, 몽골, 중국의 복합 군대가 점점 더 대담한 공격을 해오는 가운데 숭정제崇禎帝, 1627~1644와 그의 관료들은 내부 문제에 시달렸다. 16세기 후반 은銀본위 경제로의 전환으로 인해 정부의 실패 및 장기간에 걸친 서민들의 불만이 결합되어 긴장이 생겨났고, 1610년경에 광범위한 농민 반란이 일어났다. 또한 가뭄과 기근 같은 일련의 자연 재해로 인해 명 제국의 국가적 역량이 한계에 도달했다. 이 일련의 재난은 제국의 중앙집권적인 힘을 꺾었고, 지방에서 권력의 진공 상태를 만들었다. 명조 정치가 점진적으로 붕괴해가는 가운데 일부 지역의 반군 조직은 본격적인 군대로 바뀌었으며, 군 지도자는 스스로 왕이 되었다. 1644년 북경을 장악한 만주인들이 이끌었던 수년간의 엄청난 사회적 격변은 이어지는 수십 년의 잔인한 정복과 파괴에 대한 서곡이었다.

이런 불안 가운데 예수회원들은 그리스도교를 전파하려는 노력을 두 배로 늘렸다. 그들은 주로 거주지가 있었던 도시 주변의 시골 지역에 초점을 맞추었다. 북경 주변 마을들은 1636년에서 1638년 사이 만주 팔기군이 도시의 성벽에 가까워 오고 있을 때 니콜로 롱고바르도Niccolò Longobardo와 요한 아담 샬Johann Adam Schall이 자신들의 마을을 방문한 것을 보았다. 알폰소 바뇨네Alfonso Vagnone는 산서성 마을에서 사역을 계속해서 진행시켰다. 그는 "관례에 따라" 매년 2회 강주絳州로 떠났고, 1639년에 388건의 새로운 세례를 베풀었다.[2] 이나시오 로보Inácio Lobo, 1603~1638 이후는 복건성 해안 근처의 섬들과 복주 주변 해안 지역에 대한 첫 번째 선교를 맡았다. 프란체스코 삼비아시Francesco Sambiasi와 마누엘 디아스younger는 둘 다 남경을 중심으로 한 강남 지역을 여행하면서 남명 왕조의 지인들이 거주하는 도시를 방문했다. 상해 주변의 외곽 마을을 여행하면서 1630년대에 새로운 개종

---

2 Michel Trigault, AL Jiangzhou Residence 1639, Jiangzhou[1639?], BAJA 49-V-12:431r.

자가 많이 생겨났다. 1636년 연례 서한에 따르면, 해안 지역을 돌아다니는 이러한 여정은 선교사들에게 "가장 많은 수의 그리스도교인들뿐만 아니라 가장 열심인 사람들"을 만날 수 있는 기회를 주었다.[3]

이 시골 선교 기간 동안 예수회원들은 이전에 빈약했던 세례 숫자를 가장 많이 늘렸다. 그들은 일찌감치 1590년대에 도시 서민들 및 시골 사람들 사이에서 거둬들일 보상을 분명히 알고 있었지만, 위험한 교리로 배우지 못한 농민들을 미혹했다는 또 다른 이종 분파의 딱지가 붙여지는 것을 피하려고 지나치게 주의를 기울였다. 그러나 예수회원들은 확고한 발판과 문사층 사이에서 자유롭게 유통되는 종교적 저술들을 갖고 선교를 추진하면서—자신들에 대한 공식적인 단속의 위협을 줄이는 것은 말할 것도 없고—시골 지역에 선교 순회교구들을 설립했다. 그리스도교인들이 있는 마을들을 정기적으로 여행한 데에는 매년 필요한 성찬식을 거행하고 새로운 개종자들의 숫자를 늘리고자 하는 두 가지 목적이 있었다. 1637년, 강서성 건창을 중심으로 한 순회 교구는 가스파 페레이라가 "일곱 도시와 많은 마을"을 방문할 정도로 확장되었다.[4] 복건성 남부 지역의 경우, 천주泉州 지역에 있는 줄리오 알레니는 노력 끝에 매년 방문하는 세 개의 다른 노선망을 구성하게 되었다.[5] 산서성에서 알폰소 바뇨네Alfonso Vagnone와 에티엔 파버Étienne Faber, 1597~1657는 하나의 선교 순회교구를 연결하

---

3 António de Gouvea, AL Vice-Province 1636, Hangzhou, 20 November 1637, inGouvea, 76.
4 João Monteiro, AL Vice-Province 1637, Nanchang, 16 October 1638, BAJA 49-V-12:39v.
5 António de Gouvea, AL Vice-Province 1636, Hangzhou, 20 November 1637, in Gouvea, pp.104~106 and pp.112~117.

여 "8개 도시, 일부 마을 및 수많은 촌락"의 그리스도교인들이 성찬을 받으려고 모인 20개의 교회를 정기적으로 방문하였다.[6]

중국 시골에서 이렇듯 선교 사역이 놀라운 성공을 거둘 수 있었던 이유는 무엇인가? 이 사람들이 선교사들과 토론하는 지적인 문제에 끌리지 않았다면, 무엇이 그들을 선교사들의 종교적 가르침으로 이끌었는가? 더욱이 시골 개종자들은 구어 관화를 빈약하게 구사하고 있었는데—예수회원들이 자신들이 전도한 지역에서 현지 방언들을 훈련 받았다는 증거가 없다면—그들은 자신들이 수용한 믿음에 대해 무엇을 알고 있었는가? 확실히, 중국 문서 기록을 모조리 찾아보아도 17세기의 시골 그리스도교인들이 전하는 많은 간증은 드러나지 않는 듯하다. 그런데 상대적으로 초기 근대 유럽의 경우도 마찬가지이다. 그러나 이용 가능한 자료들을 분석하여 실제 신앙 활동들을 그것들에 대한 선교사들의 이상화된 해석과 구분해 낸다면 무엇이 시골 개종자들이 천주교를 받아들이도록 동기를 부여했는지에 대해 추론하는 것이 가능하다.

시골 사람들에게 예수회원들은 강력한 의식儀式의 교사였다. 그들의 태도와 존재는 경외와 존경을 불러 일으켰다. 본토 학자들처럼 옷을 입고, 그들은 인지된 어떤 엄숙함의 형식을 발산하였다. 그리고 마치 지사知事처럼 그들은 정치적 권력을 갖고 있는 듯이 말했다. 예수회원들의 아우라는 확실히 불교 승려처럼 손에 바리를 들고 이 마을 저 마을 힘들게 다닐 때보다 훨씬 더 큰 상징적 합법성을 가지고 자신들의

---

6 João Monteiro, AL Vice-Province 1637, Nanchang, 16 October 1638, BAJA 49-V-12:18v.

외래 종교 메시지를 분명하게 부여했다. 복잡한 그리스도교 신학은 시골 사람들의 시야를 뛰어넘었기 때문에, 즉 선교사들은 논쟁에서 그들 중 누구에게라도 이길 수 있는 수사를 구사할 수 있을 만큼 충분히 숙련되었기 때문에 예수회원들이 종교적 의식儀式을 사용함으로써 자신들 및 자신들의 메시지를 매력적으로 만든 것으로 보인다. 이런 점에서, 그들은 초자연적인 것들을 다룰 때 비전祕典이나 기묘한 언설에 의존한 본토 종교 전문가들과 비슷했다. 남성과 여성들이 영적 필요를 충족시키기 위해 불교, 도교, 민간 전통으로부터 많은 신심을 끌어내고자 했던 제국 말기의 유동하는 종교적 분위기 속에서 천주교의 새로운 가르침은 자발적인 신자들을 만들어냈다. 그것은 시골에서 개종자들을 끌어들인 모든 경쟁신들을 꺾은 최상의 천주天主를 끊임없이 불러낸, 액막이 혹은 미사와 같은 예수회 의식儀式을 지각한 힘이었다.

예수회원들이 농촌 환경에서 의식儀式을 어떻게 전개했는지 보여주는 좋은 예는 1637년 복건성 연안을 여행한 이나시오 로보Inácio Lobo의 자세한 설명에서 찾을 수 있다. 사제는 본토 그리스도교인과 함께 여행하면서 "친구나 아는 사람"이 없는 섬에 상륙했다. 그들은 가장 가까운 마을로 향했는데, 거기서 그들은 자신들을 보고 놀란, 농장 일꾼의 주의를 받은 호기심 가득한 무리와 첫 번째로 마주쳤다. 로보Lobo는 마을의 한 일족 사묘私廟로 곧장 들어가 숭배 받아야 할 조상의 위패 앞에서 관례적인 절을 하지 않고 입장함으로써 구경거리를 만들어냈다. 통역사의 역할을 했을 가능성이 큰 자신의 동료와 함께 로보는 "모든 것의 창조자, 유일하신 하느님 한 분만이 계시며, 이 주님은 경배 받으시기에 합당하다"라고 선포했다. 마을 촌장과 얘기한 후 로

보는 숙박시설로 제공된 집으로 돌아와 제단을 설치했다. 다음 날 한 무리가 부르러 왔을 때, 그는 가장 자리를 붉은 비단으로 장식한 예수 그림의 덮개를 의식을 치루듯 격식을 갖추어 벗겨냈다. 그의 보고서에 따르면, 마을 사람들은 이 서양식 성화聖畵에 깊은 인상을 받았으며 "눈을 떼지 않았다". 향과 초가 타고 성화를 제단 위에 올려 놓고 미사를 행했다. 로보는 섬에 머무르는 동안 매일 미사를 행했다. 그는 심지어 미사 드릴 때 우연히 폭풍이 불자—그 지역 사원에서 희생 제물을 바쳤을 때는 결코 일어나지 않았던 일—간절히 필요했던 비를 몰고 온 것으로 신뢰를 얻었다고 주장했다. 로보의 이러한 노력에 대한 보상으로 26명의 개종자들이 생겼다.[7]

그리스도교의 또 다른 매력은 평범한 개종자들이 기도와 성물聖物을 통해서 사제들의 영적인 능력을 일부 사용할 수 있다는 것이었다. 묵주, 성화聖畵, 기도가 모두 불교의 대중적인 실천에 사용되었기 때문에 그와 같은 것들이 명말 중국에서 새로운 것은 아니었다. 오히려, 중국 종교 시스템 내에서 인정된 가치를 지닌 품목이라고 할 수 있는 성물들이 새로운 의미를 부여받아 그것들을 사용하는 사람들의 눈에 진기하게 보였다. 중국의 대중 신심에 대한 성물들의 구심성은 예수회원들에게는 행운과 같은 우연의 일치였는데, 이로 인해 선교사들이 묵주, 노미나, 베로니카, 아누스데이 펜던트와 같은 일반적인 유럽 가톨릭 물건들을 장황한 설명 없이 중국의 토착적 물건들의 대체품으로 사용할 수 있게 해주었다.[8] 성수聖水나 십자가를 긋는 것과 같은 상징

7　Ibid., 55r-56r.
8　베로니카는 예수의 얼굴을 그려놓은 특정한 종류의 성물 펜던트이며, 노미나는 이름 메달

적인 행동들 역시 예수회원들이 그들의 새로운 개종자들과 공유한 영적인 병기들이기도 했다. 1630년대에 알폰소 바뇨네Alfonso Vagnone가 선교하러 간 산서성의 평야에서 온 한 보고에 따르면, 십자가 표시는 효과적으로 굶주린 늑대로부터 보호받을 수 있다고 찬사를 받았다. ─"공개적으로 십계명을 지키지 않은 채로 있었던" 두 그리스도교인의 경우는 제외하고. 이 두 사람은 그들의 거룩한 몸짓에도 불구하고 자신들 앞에서 두 아이가 잡아먹히는 것을 보았다.[9]

영적 문제에 대한 대중적 이해의 한계를 잘 알고 있는 예수회원들은 성물과 기도의 힘을 강조함으로써 개종자와 그들의 새로운 믿음 사이에 강한 연결 장치를 두고자 했다. 그러나 선교사들이 상징적 의식에 의존하고 성물의 힘을 강조한 것은 자신들과 메시지에 대해 잘못된 생각을 퍼뜨릴 위험이 있음을 의미했다. 그러나 그들은 훨씬 더 많은 사람들을 천주교에 끌어 들이기 위해 이 비용을 지불하는 것에 동의했다. 결과적으로 그들은 1630년대 후반 치료사와 퇴마사로서 명성을 얻었다. 예를 들어, 강서성 건창에서 가스파 페레이라Gaspar Ferreira는 인근 마을의 8명의 병자들을 왕진해달라는 요청을 받았는데, 이 병자들은 자신들의 건강을 회복하기 위하여 의사와 불교 승려들에게 자신들의 재산을 이미 소진한 자들이었다. 페레이라는 고통을 겪고 있는 사람의 친척인 한 문사로부터 이 요청을 받았는데, 그는 그리스도교의 신이 "최고의 힘이 있다"는 말을 듣고 사제가 자신들을

로서 예수 혹은 마리아의 이름이 새겨진 유리 혹은 금속 펜던트이다.
9　António de Gouvea, AL Vice-Province 1636, Hangzhou, 20 November 1637, in Gouvea, 91.

위해 의식을 수행하기를 희망했다. 그러나 페레이라는 자신이 가기보다는 일군의 그리스도교인을 보냈다. 그는 그들에게 "허약한 사람을 위로하고, 그들에게 마실 성수를 주고, 묵주를 그들의 목에 걸어주고 기도하라"고 지시했다.[10]

이 임무를 일군의 조력자들에게 위임함으로써 페레이라는 자신이 기존에 작동하는 의식儀式을 만든 불교 또는 도교 승려 중 한 사람이라는 생각을 없애려고 노력했다. 병든 남녀가 건강을 회복한 후 회심한 것에 대해 기쁨을 기록하기는 했지만, 선교사는 자신이 신앙을 촉진시키는 것과 마술 사이에 가느다란 선을 밟고 있다는 것을 분명히 알고 있었다. 그러나 인지된 효과에 기초한 종교적 실천들의 유용성에 대한 실용적 견해를 가지고 있는 땅에서 페레이라와 그의 동료들은 감당할 수 없는 도전에 직면했다. 그들은 자신들이 종교를 받아들일 때 물질적 상을 받기 보다는 영적인 것에 보다 더 집중해야 한다는 그들 신앙의 교의教義에 주의를 기울여야 했다. 이것 때문에 그들은 기도가 필수불가결한 요소임을 강조하면서 성물의 적절한 사용을 주장했고, 천주의 불가해한 심판에 대해 지속적으로 이야기했다. 그러나 수십 년간 농촌 선교 순회교구에 머물며 교리를 가르치는 것이 예수회원들이 목표를 향해 취할 수 있는 진일보하고도 확실한 방법이었다. 결국, 그리스도교 의식儀式, 성물들, 그리고 농민들 마음에 심겨진 교리 사이의 연관성은 천학의 문사 이미지에 대한 대안인, 뚜렷한 중국 그리스도교의 대중적 정체성을 형성하기 위해 통합되었다.

---

10 João Monteiro, AL Vice-Province 1637, Nanchang, 10 October 1638, BAJA 49-V-12:40r.

2. 가까이에 있는 도전1637~1640

농촌 지역으로 선교가 확장되고 선교 순회교구가 발전을 이룬 것은, 제한된 인력으로 점점 늘어나는 중국 그리스도교인과 균형을 맞추는 데 어려움을 겪고 있던 부관구에게 새로운 부담이 되었다. 한편에서 예수회원들은 철이 달궈진 동안 두드리듯 이런 상황 속에서 가능한 많은 사람들을 개종시켜 공동체를 확장하고자 하였다. 또 한편으로, 그들은 중국의 유일한 가톨릭 사제들로서 그곳에서 단순히 세례만 주는 것이 아니라는 것을 알았다. 세례 받은 사람이 임종이 가까워 죽는 것이 아니라면 예수회원들은 사제와 그리스도교인 사이의 평생의 서약— 매년 고해성사와 영적 교제를 지킬 것을 중심으로 한— 을 기대했다. 이것은 새로운 시골 개종자 그룹이 훨씬 더 시간이 걸리는 선교 순회교구로 통합되어야 한다는 것을 의미했다. 알폰소 바뇨네Alfonso Vagnone와 같은 공격적인 선교사들은 10년 동안 거의 8천 영혼의 공동체를 만들 수 있었는데, 이후 2~3명의 사제들이 그들을 돌보아야 했다.[11] 그리고 1630년대 후반 4천 명에 도달한 연간 세례 숫자의 보고와 함께, 선교는 기묘한 성공의 긴장 상태를 느끼기 시작했다.[12]

그러나 명 제국의 붕괴에 수반된 정치적 상황은 선교의 확장에 더

---

[11] 1640년에 Michel Trigault는 강주의 그리스도교인들이 8천 명에 달한다고 주장했다. Trigault, AL Jiangzhou Residence 1640, Jiangzhou[1641?], BAJA 49-V-12:584r 를 볼 것.

[12] Francisco Furtado to Manuel Dias the elder, Nanchang, 1 January 1638, BAJA 49-V-12:199r.

없이 좋은 기회를 만들어주었다. 그런 흐름들이 그들의 능력을 지나치게 확대시키기는 했지만, 예수회원들이 부관구를 확장할 수 있는 새로운 길이 나타났다. 그들은 전능하신 분께서 자신들의 노력에 용기를 북돋아주실 것이기 때문에, 하느님이 분명히 자신들이 간절히 기도하며 기다린 지원군을 보내실 것이라고 생각했다. 또한 그들은 방심하지도 않았다. 1635년 아조레스Azores 제도의 테르세이라Terceira 섬에서 온 포르투갈 사제 프란시스코 후르타도Francisco Furtado가 부관구장이 되어 결정적인 순간에 선교의 지도력에 활기를 불어 넣었다. 그는 자신의 사람들을 새로운 목장으로 이끌었는데, 그곳은 현지 관료 동맹자들을 찾을 수 있는, 예수회원들의 다른 거주지 및 지역으로 가는 교통 도로에 의해 연결된 곳이었다. 이러한 지리적 요소는 왜 선교회가 1630년대 운남, 광서 또는 귀주의 서남부, 서안 이외의 북서부 또는 요동 또는 만주 북동부 지역에 새로운 선교지를 개설하지 않았는지를 설명해준다.

대신 후르타도는 1637년에 이나시오 다 코스타Nácio da Costa를 산서성의 포주蒲州로 보냈는데, 이 곳은 알폰소 바뇨네Alfonso Vagnone의 선교 순회교구의 일부였던 광대한 그리스도교 공동체를 둔 도시였다. 그곳에서 코스타는 토마스 한림韓霖, Tomé Han Lin, 약 1600~1649, 1621 거인(擧시)을 포함한 저명한 가문인 한씨 일가의 보호를 받았다. 후르타도는 산동 지역에 거주지를 열기 위해 니콜로 롱고바르도를 대운하 쪽으로 보냈다. 1637년과 1638년 두 차례의 정찰 여행을 마친 후, 73세의 노련한 선교사는 1640년 제남濟南에 정착했다.[13] 후르타도는 또한 1637년에 안토니오 드 구베아에게 양자강 쪽으로 가서 몇 년전 포기했던 호광성湖廣省의 선교를 재건하도록 명령했다. 북경의 한 관료 가족의 도움으로 구베아는 다음 해 무창武昌에 있는 집을 구입했다.[14] 아마도 가장 위험한 모험은 1640년 가을 문사 후원자들을 만나서 사천성 성도成都에서 선교를 시작하려고 한 로도비코 불리오Lodovico Buglio, 1606~1682의 여정이었다.

여러 서한에 나타난 선교사들의 열정은 중국 외부의 예수회 장상들에게 일정한 영향을 미쳤다. 순찰사 마누엘 디아스elder는 티베트, 몽골, 조선에 새로운 선교를 시작할 수 있는지 그 가능성을 가늠해보도록 후루타도에게 예수회 로마 교황청으로부터의 요청사항을 보냈다. 몽골을 제외하고, 이 지역들은 이미 예수회 사제들이 지나간 곳인데, 1620년대 안토니오 데 안드라데Antonio de Andrade, 1580~1634는 인도에서 히말라야까지 여행을 했으며, 차파랑에 있는 티벳 구게 왕국의 수도에 도착했다. 1590년대 그레고리오 데 체스페데Gregorio de Cespedes, 약 1551~1611는 도요토미 히데요시의 침략 대열에 합류하여 조선으로 갔다가 침략 부대에서 두드러진 역할을 한 그리스도교 사무라이를 도와주었다. 그러나 침략이 격퇴되고 예수회원들과 일본에서 조선까지 이어지는 연결 고리가 끊어짐에 따라 새로운 선교를 수행할 수 있는 이러한 가능성 있는 선봉대도 없어졌다. 확실히 그들은 큐슈에 있는 많은 조선인 포로들을 개종시켰다. 생각건대 중국은 새로운 지역으로 나아가는 발판이 되었지만, 후르타도는 자신의 선교가 더 도약할 수 없다는 것을 알고

13 António de Gouvea, "Asia Extrema", Fuzhou, 10 April 1644, BAJA 49-V-2:498.
14 João Monteiro, AL Vice-Province 1637, Nanchang, 10 October 1638, BAJA 49-V-12:37r.

있었다. 선교가 무엇보다 15개의 모든 중국 지역으로 퍼져나가야 한다는 것에 반대하면서, 후르타도는 "인력과 은이 한 번에 이 모든 것을 수행하기에는 충분하지 않다"고 장상들을 일깨웠다.[15]

새롭게 급성장하는 가톨릭 신자들의 수는 후르타도의 양심에 큰 부담이 되었다. 그는 사목자들이 새로운 개종자들을 포기하지 않도록 확실히 하면서 수하 회원들이 자신들의 노력을 극대화할 수 있는 방법을 찾아야 한다고 주장했다. 강남 지역의 도시인 상숙常熟의 남성과 여성 그룹들은 그곳에 사제를 배정해달라고 반복해서 요청했다. 이 특수한 공동체의 지도자인 구식사瞿式耜, Tome Qu Shisi, 1590~1651, 1616 진사(進士)는 예수회원들에게 그의 공부방 하나를 주어 교회와 거주지 역할을 하도록 하였다. 그러나 1639년 당시 중국에는 25명의 유럽 예수회원들과 5명의 중국인 보좌신부만이 있었다. 따라서 선교는 "이 광대한 이방인 바다 한 가운데서" 일부 새로운 개종자들이 정처 없이 헤매도록 놓아둘 수 밖에 없었다.[16]

후르타도는 또한 수하 회원들에게 그들의 목회 방법을 합리화할 것을 촉구했다. 그는 중국 문화의 필수적 부분인 결사結社에 대한 욕구를 바탕으로 공동체의 단체 조직 모델이 선교 기간 내내 활용되어야 한다고 주장했다. 상해 지역에서는 마을의 그리스도교 남성과 여성이 별도의 단체로 모였다. 그런 다음 선교사들은 사제, 수사 또는 평신도 교리 교사가 적어도 한 달에 한 번은 각 성회聖會를 방문할 수 있도록

---

15 Francisco Furtado to Manuel Dias the elder, Nanchang, 1 January 1638, BAJA 49-V-12:205v.

16 António de Gouvea, AL Vice-Province 1636, Hangzhou, 20 November 1637, in Gouvea, 71.

일정 관리를 하였다. 각 성회가 미사를 돕기 위하여 예수회 거주지 교회를 방문하도록 비슷한 일정이 짜여졌다. 이 공동체들을 관리하기 위한 많은 일들은 신앙의 열심을 가진 그리스도교인들에게 위임되었으며, 그 중 많은 사람들이 교리 교사로 임명되었다. 선교사들이 어떻게 그들의 활동을 조정하고 감독했는지를 보여주는 하나의 사례가 로드리고 데 피구에이레도가 1640년 개봉에서 설립한 교리 교사 협회의 경우다. 성 토마스 협회 회원들은 한달에 두 번 교리교육 기술과 "그리스도교 공동체를 발전시킬 수 있는 방법 및 복음을 전하기 위한 방법"을 논의하기 위해 모였다.[17]

선교의 확장을 향한 모든 예수회원들의 열정에 반해 빈약한 재정 자원이 그들을 크게 제약했다. 새로운 거주지는 부동산에 대한 투자를 필요로 했다. 서광계, 이지조, 양정균이 살아있을 때 그들은 땅과 건물과 돈을 선교에 관대하게 기부했고, 1620년대 후반 선교에서는 이 돈을 사용하여 교회를 장식하고 집을 성소로 바꾸었다. 이 부유한 후원자들의 딸과 아들들은 계속해서 지역 교회에 돈을 기부했지만, 이 경건한 유산이 새로운 선교 사업에 자금을 지원하는 데까지 무한하게 확장될 수는 없었다. 그러므로 이 부유한 그리스도교인들이 세상을 떠났을 때 선교는 물질적으로 고통을 받았다. 예수회원들은 농민 개종자나 심지어 하층 문사층 신자들이 새로운 교회 건물에 돈을 지불할 것이라고는 기대하지 않았다.

재정과 관련한 부관구의 고투에는 다른 요인들이 있었다. 그들의

---

17 Gabriel de Magalhães, Partial AL Vice-Province 1640, Hangzhou, 30 August 1641, BAJA 49-V-12:489r.

공적 이미지를 유지하는 비용—지역 관리들에게 줄 선물을 수입하거나 거주지를 보수 유지하고 저술 출판 비용을 지불하는 것 등— 외에도 예수회원들은 타인이 증여한 재산에 대한 법적 권리를 얻어야 했다. 예를 들어, 숭정제가 요한 아담 샬Johann Adam Schall과 자코모 로Giacomo Rho에게 1635년 황력皇曆 작업에 대하여 부동산으로 보상을 했을 때, 부관구는 이 일거의 행운을 두고 한탄했다. 후르타도는 관료들의 달팽이 같이 느린 속도는 골칫거리일 뿐만 아니라 "황제의 각료들이 은 없이는 아무것도 하지 않기 때문에", 뇌물을 지불하기 위해 많은 양의 은이 필요한 것을 알고 있었다. 2년 후에 그는 선교사들이 외국인으로서 매번 자신들로부터 돈을 부당하게 취하려고 했던 궁정에 "권리를 잃지 않고자 몹시 신경쓰고 있는 경쟁자들"이 적지 않았다고 덧붙이면서 선교사들이 이 재산들에 여전히 권리가 없었다고 기록했다.[18]

손에 현금이 없는 상황에서 부관구는 그 어느 때 보다 마카오와의 번거로운 연결이 필요했다. 남부 해안에서 명 제국의 방어가 해체되면서 선교사들이 포르투갈 식민지와 소통하는 것이 더 쉬워졌지만, 그곳에서 지급한 금액은 이전보다 더 자주 오지 않았다. 우선, 포르투갈령 인도Estado da Índia에서의 선교의 기부금은 지속적으로 수익을 창출하지 못했다. 중국 선교의 주요 외부 수입원은 말라카의 세관에서 매년 지급하는 것이었지만, 포르투갈 무역에 대한 네덜란드 동인도 회사의 강탈은— 바타비아Batavia로 운송 노선이 전환된 것은 말할 것

---

18 Furtado to Manuel Dias the elder, Nanchang, 1 January 1638, BAJA 49-V-12 :202r.

도 없고 — 이 금액이 마카오에 거의 이르지 않았음을 의미했다. 1641년 네덜란드가 말라카를 점령했을 때 결국 이 수입원이 끊어지고 말았다.

부득이 부관구는 마카오 상인들의 도움에 의존했는데, 왜냐하면 일본 선교부가 몰락하면서 그들이 종교 기부금을 중국쪽으로 돌렸기 때문이었다. 예수회원들은 유럽의 오랜 종교 수도회 전통에 따라 마카오와 중국 내지의 부동산에 투자했다. 그러나 1639년 일본이 모든 포르투갈 상인들을 추방하고, 이로 말미암아 포르투갈 식민지의 임대 부동산이 가치가 없어짐에 따라 이 자금의 수입원이 고갈되어 버렸다.[19] 중국 선교부가 갖고 있던 내지의 부동산도 만주 침략의 포화 속에서 재가 되었다.

숭정제 통치 마지막 기간 동안 있었던 재난과 사회적 불안은 예수회원들의 재정적 고통을 더욱 심화시켰다. 명 제국에서 선교사가 받는 급여는 치솟는 물가를 따라잡지 못했으며, 생활필수품은 갈수록 부족해졌다. 선교사들은 중국 평민들과 함께 빈곤의 나락으로, 그리고 일부 지역에서는 기아 상태로 떨어졌다. 불행하게도 곤고한 중국 예수 회원들은 일본 관구의 재산들을 질투어린 눈으로 바라보았다. 그들은 마카오 신학교가 자신들이 사치스럽게 생활할 것이라고 제멋대로 상상하고 있으며, 관구장들과 순찰사들 모두 자신들의 울음 소리에 귀기울이지 않고 있다고 크게 원망했다. 다시 한번 중국 예수회

---

19 알바로 세메도에 따르면, 마카오는 1650년 무렵에 "거의 인구가 멸절되었고, 완전히 붕괴되었다". Semedo to Vincenzo Caraffa, Canton, 25 October 1650, ARSI Jap-Sin 161-II:353v를 볼 것.

원들은 유럽에 가서 구제책을 찾았다. 1636년 후르타도는 알바로 세메도로 하여금 포르투갈, 스페인, 로마를 방문하도록 했지만, 그는 9년이 지나서야 중국으로 돌아왔다. 1641년 후르타도는 총장에게 새로운 형태의 지원을 간청하였다. "당신이 우리의 아버지께 기도할 때 당신의 아버지께서 '우리에게 일용할 양식을 주시기panem nostrum quoti-dianum da nobis hodie'를 기억하시고 당신의 아들들을 위해 그 분에게 요청하여 그들이 주님의 포도원에서 일할 수 있도록 오로지 구합니다."[20]

1630년대에 또한 마닐라에서 온 첫 번째 프란체스코 회원들과 도미니크 회원들이 복건성 기슭에 하선했을 때 부관구에 또 다른 일련의 문제들이 함께 왔다. 필리핀에서 수년간 중국인 디아스포라에게 전도한 후, 이 탁발 수사들은 바다 넘어 선교 사업이 성공했다는 소식을 듣고 자신들의 사역을 시작하게 되었다.[21] 예수회의 관점에서 보면, 이 경쟁자들은 자신들이 수년 동안 구축했던 선교를 파괴할 수도 있었다. 그 탁발 수사들이 자신들의 영토에 무모하게 침입한 것이라고 생각하면서 예수회원들은 저항했다. 비록 명 제국이 확실히 너무 커서 어느 한 수도원이 다룰 수 없고, 유럽의 식민지 규정에 따라 각기 다른 종교 수도회가 독자적인 선교 구역에서 일하도록 표준적인 절차가 있었다는 사실에도 불구하고 예수회원들은 새로 온 수도사들

20 Furtado to Muzio Vitelleschi[Peking?], 2 February 1641, ARSI Jap-Sin 161-II: 228v.
21 복건 지역의 탁발 수사들에 대해서는 Eugenio Menegon, "Ancestors, Virgins, and Friars : The Localization of Christianity in Late Imperial Mindong(Fujian, China), 1632~1863"(Ph.D. diss., University of California, Berkeley, 2002), 특히 pp. 94~164를 볼 것.

이 자신들이 신중하게 배양해온 공적인 이미지를 채택하거나 혹은 선교 사역에 대한 자신들의 규정을 따를까봐 염려하였다.

예수회는 또한 동아시아에 있는 탁발 수사 존재를 일련의 재난으로서 읽었다. 예수회원들은 일본의 도요토미 히데요시와 도쿠가와 쇼군의 분노에 대한 책임을 단호하게 경솔한 스페인 탁발 수사들에게 돌렸다. 이전 몇 년 동안, 마닐라에서 온 탁발 수사들의 여정은 광주 및 기타 지역의 문 밖에서 막혔다. 1619년 알폰소 바뇨네는 "그들은 갑자기 그곳에 들어가서 자신들이 일본에서 했던 것을 하였지만, 중국인 수비병은 우리를 이러한 두려움에서 자유롭게 하였다"라고 썼다.[22] 그러나 1630년대에 이 아르고스Argus, 역주-그리스 신화에 나오는 백 개의 눈을 가진 거인는 복건 해안의 침입자들을 보지 못했다.

중국 예수회원들과 탁발 수사들 사이의 마찰은 포르투갈과 스페인의 국가적 경쟁으로 악화되었다. 이베리아 반도는 1580년 이래로 필립 2세와 그의 합스부르크 후계자들에 의해 정치적으로 통일되었지만, 스페인과 포르투갈 제국을 나누는 동아시아 단층선을 따라 긴장이 고조되었다. 예수회 내에서 부관구는 포르투갈 교구Portuguese Assistancy의 일부였으며, 주요 보급품과 명령은 고아와 리스본을 거쳐 로마로 전달되었다. 확실히, 예수회원들 사이에는 국적 문제로 인한 갈등이 있었다. 예를 들어, 순찰사 프란시스코 비에이라는 1613년에 이루어진 니콜라스 트리고의 로마 여행을 니콜로 롱고바르도Niccolò Longobardo가 포르투갈의 영향력을 줄이기 위해 만든 이탈리아의 음모

---

22 Vagnone to Nuno Mascarenhas, Macau, 10 November 1619, ARSI Jap-Sin 161-I: 42v.

의 일부라고 비난했다.[23] 그러나 1630년대에 예수회의 공동 이익은 회원들의 국가적 경쟁을 제쳤다. 그들이 보기에 멕시코와 마드리드를 통해 스페인 교구Spanish Assistancy과 연계되어 있던 마닐라의 예수회 원들은 1590년대 산체스Sánchez사건 이래 중국 문제에 간여하지 않 았다. 스페인 탁발 수사 동료들은 예수회원들의 내부 분열에 주의를 기울이거나 혹은 두 이베리아 제국 사이의 인위적인 정치적, 경제적 분열에 대해 개의치 않았다. 그러나 표면적으로 볼 때, 그들은 루손에 서 복건으로 가는 짧은 항해 속에서 식민지 권력의 영역에서부터 낯 선 사회적, 정치적 세력의 영역으로 진입했다는 것을 깨닫지 못했다. 예수회원들과 마찬가지로 탁발 수사들은 자신들이 복음을 심을 수 있 는 비옥한 땅을 찾아 나섰다고 생각했다. 왕이 상을 주지 않는다면 하 느님께서 반드시 상을 주실 것이었다.

1631년에서 1634년 사이에 소수의 도미니크 회원들과 프란체스 코 회원들은 복주로 가서 줄리오 알레니에게 복건성에 선교 구역을 지정해달라고 요청했다. 알레니가 거절했을 때, 도미니크 회원들은 예수회에 의해 고향 복안福安에서 세례를 받은 중간층 문사 그룹과 동 행했다. 지역의 북동쪽 해안에 있는 이 외딴 지역에서 탁발 수사들은 앞으로 수십 년 동안 부관구 쪽에 고통이 될 선교를 수립했다. 중국의 이 먼 구석에서조차 자신들의 그리스도교 이미지에 대한 관리가 위협 받고 있음을 예수회원들은 보았다. 그들 공동의 페르소나는 결국 중 국인의 생각으로 보면 그들의 종교와 사실상 같았다. 복건에 있는 스

---

23 Vieira to Nuno Mascarenhas, Macau, January 1617, ARSI Jap-Sin 17:63v.

페인 탁발 수사의 행동으로 인해 중국 당국이 모든 선교사들의 의도에 의문을 제기할 이유가 있게 된 것은 참으로 문제였다. 도미니크 회원들이 도착하고 나서 6년 후에 복안에서 관료들 및 탁발수도사들과 관련된 최초의 반그리스도교사건이 일어났을 때 예수회원들의 두려움은 확실해졌다.[24]

복건 해안에 있는 탁발 수사들의 존재가 예수회원들에게 우려의 대상이 된다면, 1630년대 후반에 중국 내륙으로 진입하려는 그들의 시도는 경보를 울릴 만한 것이었다. 복안에 도착한 첫 번째 프란체스코 회원인 안토니오 드 산타 마리아 카발레로Antonio de Santa Maria Ca-llero, 1602~1669에 따르면, 1634년 자신이 내륙으로 향했을 때 부관 구장인 마누엘 디아스younger가 중국 그리스도교인들과 예수회 집안 하인들을 배치하여 자신을 납치하도록 하였다.[25] 마닐라에서 온 다른 프란체스코 회원 두 사람은 자신들의 동료보다 사정이 좀 더 나았다. 그들은 1637년 여름 북경에 도착했다. 그곳에서 그들은 요한 아담 샬Johann Adam Schall과 프란시스코 후루타도Francisco Furtado에게 연락하여 안전 통행권과 복건성에서 교회 설립을 허락받을 수 있도록 도움을 요청했다. 그들은 또한 자금을 빌리길 원했다. 샬Schall은 그들의 존재가 전체 선교를 위험에 빠뜨렸다고 하면서 그들의 무모

---

24 복안 지역에서 그리스도교가 급속하게 확산되면서 1634년 무렵, 특별히 1637~1638년 사이에 지역 관료들의 보복을 불러일으켰다. Eugenio Menegon의 "Jesuits, Franciscans, and Dominicans in Fujian : The Anti-Christian Incidents of 1637~38", *Tatiana Lipiello and Roman Malek*, eds.; "Scholar from the West", Giulio Aleni, S. J. (1582~1649); the Dialogue between Christianity and China(Brescia and Nettetal, 1997), pp.219~262를 볼 것.

25 Caballero to Juan Pastor, Jinan, 24 January 1652, in SF 2:413.

함을 비난했다. 그는 한 동료 예수회원에게 프란체스코 회원들이 "순교자가 되려고 하거나 황제와 모든 중국인을 즉시 개종시키려는 욕망으로 가득 차 있음"을 보여주었다고 말했다. 샬은 더 나아가 탁발 수사들 어느 누구도 중국어를 할 수 없었는데, 복음을 전파하기 위해 "손에 십자가를 들고 발판으로부터 뛰어 오를 준비가 되어 있었다"고 말했다.[26]

부관구장 후르타도의 첫 번째 관심사는 수도에서 탁발 수사들이 눈에 띄지 않게 사라져버리게 하는 것이었다. 이를 위해 그는 이지조의 아들과 샬의 조수 중 한 명을 포함하여 두 명의 그리스도교 관료들의 도움을 받았다. 두 사람은 몹시 화가 나서 탁발 수사들의 숙소로 가서 그들의 요청이 기각되었으며, 마닐라로 추방되기 위해서 복건으로 다시 호송되어야　다고 알렸다. 그 계책은 효과가 있었다. 프란체스코 회원들은 10년 이상 중국 북부로 돌아오지 않았다. 후르타도는 또한 탁발 수사들이 예수회원들의 비밀—선교의 야침찬 사도적 과제에 비해 절망적으로 인력이 부족한 것—을 알아냈다고 걱정했다. 만약 탁발 수사들이 얼마나 부관구가 곤궁했는지를 알았다면, 명 제국에서 전도할 수 있도록 허가를 받기 위해 그들은 마드리드 왕궁과 로마 교황청에 호소할 더 큰 근거를 가졌을 것이다. 더욱 불길하게도, 후르타도는 프란체스코 회원들이 스페인이 필리핀으로부터 중국을 침공하여 성공할 가능성에 대해 생각하고 있음을 들었다. 그는 마카오의 장상들에게 시 당국이 식민지를 보존하고 싶다면 필립 4세에게 청원하

---

26 Schall to Alexandre de Rhodes, Peking, 8 November 1637, ARSI Jap-Sin 161-II: 196r.

여 국왕이 이 일에 대한 사람들의 억측을 눌러야 한다고 경고할 것을 촉구했는데, "왜냐하면 우리 모두는 카스티야인들이 정복을 말할 때의 유머를 알고 있기 때문이다".27

이 탁발수사들은 마닐라로 돌아온 후, 1세기 넘게 지속된 중국 그리스도교 선교에 대한 주도권을 놓고 투쟁할 채비를 차렸다. 역설적이게도, 중국 전례 논쟁으로 알려진 신학적 전투는 향후 70년간 중국 예수회 선교 사역에 그렇게 큰 영향을 끼치지 않았다. 확실히 이 사건은 유럽에서 엄청난 양의 논쟁과 변증을 만들어냈기 때문에, 그것이 18세기 초반 전에 중국 선교에 그림자를 드리웠다고 학자들이 가정한 것은 용납될 수 있다.28 그러나 중국 전례의 문제는 주로 마닐라, 파리 및 로마에서 토론되었다. 그리고 그것이 나중에 중요한 시기에 부관구 내에서 문제들을 일으켰고, 중국 그리스도교인, 문사층, 심지어 황제에 의해 중국 자체에서 토론되기는 했지만, 그것이 선교사들의 유일한 관심은 아니었다.

논쟁의 기본 윤곽은 다음과 같다. 1635년 초 도미니크 회원인 후안 밥티스타 데 모랄레스Juan Baptista de Morales, 1597~1654와 프란체스코 회원 카발레로Caballero는 복안에서 여러 가지 일반적인 중국 의식儀式의 의미에 대해 조사했다. 이 선교사들은 특히 그리스도교 문사들이 유교 의식에 참여하는 것과 일반 그리스도교인들이 조상들의 이름이 새겨진 위패를 집에 두고 있는 것에 반대했다. 탁발 수사들이 생각하

---

27 Francisco Furtado to Manuel Dias the elder, Peking, 8 [September?] 1637, BAJA 49-V-12:182v-183r.

28 Dunne, pp.269~302; Ross, pp.118~200; J. S. Cummins, *A Question of Rites : Friar Domingo Navarrete and the Jesuits in China*(Aldershot, 1993), pp.1~168를 볼 것.

기에 예수회원들이 주장한 것처럼 그 둘은 모두 정치적이고 사회적인 관습일 뿐만 아니라 용인할 수 없는 우상 숭배의 표시였다. 그들은 자신들의 선교 경쟁자들의 발목을 잡으려는 목표를 갖고, 예수회원들의 관용적 태도에 대해 마닐라로부터 유럽 교회 당국에 경고를 보냈다.

탁발 수사들은 중국 전례의 문제를 아시아에서 유럽으로 운송함으로써 예수회원의 비방자들에게 상당한 규모의 정보를 전달했다. 모랄레스와 카발레로가 로마에 도착하기 3년 전인 1640년에 예수회는 초기 근대 유럽의 가톨릭 엘리트들 사이에서 타의 추종을 불허하는 명성에 젖어서 첫 번째 100주년을 기념하였다는 것을 기억해야 한다. 그러나 이것은 예수회원들의 극적인 상승이 최고조에 달한 것이었다. 많은 관찰자들—특히 교황청과 다른 종교 수도회들에 있는—은 예수회가 위험스러울 정도로 독립적이며, 제도 교회에 잠재적인 전복 세력이 된다고 생각했다. 결국 1564년 트렌트 공의회 결의 이후 수십 년 동안 유럽 전역에서 가톨릭 실천이 점진적으로 균일화되고, 로마 표준에 따라 교회의 다양한 구성 요소의 자유가 억제되는 것을 보게 되었다. 조만간 교황은 예수회도 다루어야 할 것이었다. 탁발 수사 정보 제공자들이 예수회원들의 중국 사역에 관해 제공한 중상모략적인 보고들은 마침내 수하의 모든 회원들을 통제하려는 로마의 계획의 이상적인 출발점으로 드러났다.

유럽의 세속적인 사건들도 전례 논쟁에서 중요한 역할을 했다. 30년 전쟁이 끝날 무렵, 프랑스가 유럽 문화의 중심에 자리를 잡았을 때, 신비주의와 제국주의라는 똑같은 이베리아의 기원에서 생겨난 수도원은 그 영향이 쇠퇴해가고 있었다. —비록 예수회의 전체 회원이

18세기 초까지 계속해서 증가하고 있었을지라도. 프랑스 엘리트의 마음과 생각에 예수회가 차지하고 있는 위상이 부인할 수 없는 중요성을 갖고 있음에도 불구하고, 가톨릭 내의 또 다른 흐름들 역시 프랑스 내의 정치적 권력 및 사회적 명성과 뒤얽혀 있었다. 따라서 전례 논쟁은 또한 우세한 얀센주의 엄격주의자들과 여전히 강력한 예수회원들 사이의 프랑스 신학적 논쟁이었다. 그리고 프랑스 권력이 교황청에 전파됨에 따라 스페인 군주제의 무게를 대체하면서 예수회는 가톨릭 문화의 선봉자라는 주장이 도전받고 있다고 보았다. 이 역사적 전개는 결국 루이 14세의 함대에 의해 전례에 대한 유럽의 논쟁을 아시아로 되돌려 놓게 했다. 당시 (선교사들 못지 않은) 중국인은 예수회 이미지가 결코 유럽 가톨릭의 핍진한 거울이 아니라는 것을 알고 놀랄 것이었다.

그러나 유럽에서는 전례 논쟁이 종결되었지만, 이 논쟁은 1630년대에 스페인 필립 4세의 경쟁자들 사이에서 복건성 해안 지방에서 시작되었다. 왕의 사자들이 무력으로 선교할 준비가 되어있고, 기꺼이 그렇게 하려는 멕시코와 필리핀에서 훈련을 받은 탁발 수사들에게 그리스도교 신앙을 받아들이는 것은 모든 문화적 문제를 없애는 큰 변화의 경험이었다. 그것은 탁발 수사들을 완전히 시야가 좁은 유럽 중심주의자들로 심하게 낙인 찍는 것이기는 했지만, 대체로 그들의 견해는 의혹을 일으키는 종교적 문제는 새로운 개종자들이 아니라 신학자들에 의해 해결되어야 한다는 것이었다. ─이 경우에는 중국 그리스도교인들이 시민적 혹은 종교적 의식으로서 전례에 접근하고 있는지 아닌지를 자신들이 결정할 수 있도록 허락해서는 안된다는 의미를 가진다. 오로지 최근에 세례를 통해 이교의 사슬에서 벗어난 사람들은 우상 숭배와 진정한 종교 사이의 차이점을 충분히 알 수 없었다고 수사들은 생각했다. 그들 자신의 영혼을 위해서, 중국 그리스도교인들은 우상 숭배처럼 보이는 어떠한 의식에도 차여해서는 안되었다.

예수회원들이 보기에 탁발 수사들은 중국 관습에 대한 불완전한 지식을 바탕으로 결론을 내렸다. 부관구의 법령을 쓴 포르투갈 장상들은 "문사층 종교"인 유교가 그 핵심에 있어서 무신론적 정치철학이라는 마테오 리치의 주장에 동의했다. 리치는 인본주의 학자의 방식으로 만약 송대 신유학의 주석들에 형이상학적인 코팅을 입히는 데 영향을 끼친 불교를 넘어서 성현의 본래 텍스트들을 읽을 수만 있다면 유교 사상이 그리스도교와 모순되지 않는다고 주장했다. 탁발 수사들과는 달리 예수회원들은 이 접근법을 채택하기에 앞서 유교 사상을 연구하는 데 몇 년을 보냈다. 결과적으로, 그들은 유교 사원에서 그리스도교 문사가 존경받는 스승公子에 대한 기억을 엄숙하게 표현하는 의식儀式에 매년 참여하는 것을 이해하는 데 어려움이 없었다. 확실히 예수회원들은 중국에서 그리스도교를 촉진하기 위한 유일한 가능성을 그들의 종교적 메시지를 지배적인 정치적 정통성에 적응시키는 것에서 보았다. 더욱이 그들은 자신들의 선교를 안전하게 추진할 수 있기 위하여 전문적인 유생儒生들의 보호에 빚을 졌다. 이것 때문에 프란체스코 후르타도는 "왕은 틀렸고 공자는 지옥에 있다"고 북경의 거리를 배회하면서 설교한 탁발 수사들을 알게 되었을 때 모골이 송연해졌다.[29]

예수회원들은 또한 전례 논쟁에서 두 번째 주요 이슈, 즉 같은 프리즘으로 조상 숭배의 문제를 들여다보았다. 그들은 중국 문화에서 죽은 자에 대한 숭배가 매우 큰 의미를 갖고 있음을 알고 있었고, 그리스도교인들은 올바른 태도로 접근해야 한다고 주장했다. 그들이 생각하기에 조상의 위패가 그리스도교인 가정에 존재한다는 것은 단지 존경의 표시일 뿐이었다. 예수회원들은 죽은 자들의 영혼이 이 위패에 있지 않다는 것을 신자들에게 분명하게 알려주었다고 여겼다. 자신들의 조상의 위패 앞에 마련한 희생물을 죽은 자들이 받으러 올 수 없다는 것은 분명했다. 여기서 다시 한 번, 선교사들은 개종자들이 사회와 분리되도록 강제하는 대신에 오래된 관습—가톨릭 유럽에도 많이 보이는—에 새로운 의미를 부여하면서 자신들의 종교 활동을 지역 문화의 맥락에 맞게 조정했다. 확실히 예수회원들은 이 의식들에 대해 의심을 품고 자신들의 중국어 저술들 속에서 반대 의견을 표명했다. 그러나 그들은 자신들의 새로운 개종자들이 이러한 모호한 관행들을 점차 자발적으로 포기할 것이라고 주장했다. 만약 그들이 개종에 대한 탁발 수사들의 극단적인 접근을 식초로 보았다면, 예수회원들은 그리스도교인 무리를 끌어들이는 것에 대한 자신들의 완만한 접근법이 꿀로 밝혀지기를 바랐다. 예수회원들은 자신들의 태도가 새로운 중국인 세례에 의해 정당함이 입증되었다고 느꼈다.

---

29 Furtado to Manuel Dias the elder, Peking, 8 [September?] 1637, BAJA 49-V-12: 182r.

3. 심판 날의 예고1641~1650

예수회원들과 탁발 수사들이 장기적인 포교 전쟁에서 개막 사격을 시작함에 따라 또 다른 교전이 중국 북부의 전장에서 절정에 이르렀다. 성서의 렌즈를 통해 세상을 보았던 사람들에게 1640년대의 무너지는 명 제국은 아마겟돈에 불과했다. 당시의 천재지변과 사회 불안을 임박한 정치적 변화의 조짐으로 본 그들의 중국인 동료들에게는 하늘이 통치 왕조를 버리고 새로운 질서로 나아가려 하고 있음이 분명했다. 주앙 몬테이로João Monteiro, 1602~1648는 1641년 부관구의 연례 서한에서 외래 침략의 큰 물결이 닥치기 전에 중국을 정복한 엄청난 규모의 파괴를 전달했다.

올해 중국이 겪었던 재난과 불행을 누가 마음의 고통과 눈물 없이 묘사할 수 있겠습니까? 하늘, 땅, 그리고 다른 요소들이 이교도들과 대적하였으니 우리가 진실로 "세계가 그를 위해 지각없는 자들과 맞서 싸웠다et pugnavit pro eo Orbis contra insensatos"라고 말할 수 있을 것 같습니다. 하느님께서는 비와 구름과 같은 그의 보화에 대한 문을 닫으셨고, 모판이 마르고, 밀과 쌀이 죽었으며, 잡초는 모자란 양식을 채우지 못합니다. 엄청나게 많은 사람들이 배고파하며, 공기는 오염되었습니다. 전염병은 왕국 전역에서 생겨났고, 죽은 자는 셀 수 없습니다. 그런 잔인한 도적은 너무나 많아서 아무것도 남기지 않고 모두 강탈하고 모든 것을 파괴합니다. 사람들은 사방으로 도망다니나 죽음의 신이 눈앞에 있으니 놀라 아연실색할 뿐입니다. 어떤 이들은 삶을 보전하기 위해 안간힘을 쓰며 최선을 다합니다만, 삶에 지친 또 다른 사람들은 자살합니다. 식량을 다 먹어치우자마자 그들은 잡초와 나무 껍질을 먹고 마지막으로 사람의 시신을 먹는 데까지 이릅니다.[30]

몬테이로가 판단하기에 하느님은 숭정제에게 매우 분명한 메시지를 보내셨다. 즉, 그는 자신의 길을 고치고 창조자를 인정해야만 한다. 명 제국 통치자가 자신의 가까이에 있는 선교사들의 세례를 받아들일 경우, 몬테이로는 "우리 주 하느님께서는 반드시 그분의 신성한 진노의 칼을 칼집에 넣으시고 무한한 자비의 팔을 뻗으실 것입니다"라고 주장했다.[31] 그러나 군주가 우물쭈물하는 동안 선교사들은 임박한 파멸의 위험에 처한 수많은 사람들에게 세례를 줄 수 있는 기회가 온 것에 감사를 드렸다.

중국 북서부 섬서와 산서 지방에서 기근과 정부의 통제가 없는 기회를 틈타 농민 반란이 일어났다. 그러나 예수회원들은 자신들이 "많은 재앙의 시간에 항상 좋은 열매를 거두었다"라고 유럽의 독자들에게 알렸다.[32] 임박한 반군의 침략과 이리저리 움직이는 도적떼들의 소식이 제국 전역에 퍼졌을 때 신이 보호해 주실 것이며 그렇지 않더라도 개인의 구원은 확실하다는 메시지를 전하기 위하여 일어나고 있는 두려움의 파도를 이용했다. 한 에피소드는 선교사들이 "도둑들 조차 그것을 존중하고 그 진리를 인식한" 산서성에 넓게 퍼져 있는 그리

---

30 João Monteiro, AL Vice-Province 1641, Hangzhou, 7 September 1642, BNL Re-servados 722:1 이것은 지혜서 5:21 "그러면 온 세상이 주님 편에 서서 미친 자들과 싸울 것이다"를 참조한 것이다.

31 Ibid., 1v.

32 Gouvea, "Asia Extrema", BAJA 49-V-2:334.

스도교의 명성을 얼마나 기뻐했는지를 보여준다. 그 점을 증명하기 위해, 그들은 세례 받은 한 상인에 대해 이야기했는데, 이 상인은 비그리스도교 상인들 집단에 속해서 여행하다가 도적들 손에 떨어졌다. 도적들이 그의 묵주를 발견하고는 어떤 용도로 쓰이는지를 묻고 그 사람이 천주교 신자인 것을 알게 되었다. 이 때문에, 도적들은 이 그리스도교인을 놓아주었지만, 그의 동료는 살해했다. 그런데 도적들은 그의 묵주를 취하고는 그에게 만약 자신들이 "장사와 삶의 방식을 바꿀 기회가 있다면", 의심할 바 없이 그리스도교인이 되는 것을 선택할 것이라고 말했다.[33]

왕조의 전환을 앞에 둔 불안의 분위기가 예수회원들의 개종 노력에 도움이 되었지만, 반란과 전쟁으로 인하여 선교는 비싼 대가를 치렀다. 제국의 소통망이 혼란해진 상황에서 부관구는 둘로 분할될 수 밖에 없었고, 이로 말미암아 각각의 장상이 항상 새로운 위기에 대응하게 되었다. 따라서 프란시스코 후르타도는 중국 북부의 부관구장이 되었고, 복건에 있는 줄리오 알레니Giulio Aleni는 중국 남부의 부관구장으로 임명되었다. 하지만 장상도 1642년 하남성 개봉에 있는 로드리고 데 피구에이레도Rodrigo de Figueiredo를 도울 수 없었다. 이 예수회 회원은 퇴각하는 명의 군사들이 이자성1605~1645의 반란군을 진압하려는 필사적인 시도 속에서 황하의 제방을 터뜨렸을 때 그의 그리스도교 공동체와 함께 사라져버리고 말았다. 그 지역을 휩쓸며 잇따라 일어난 홍수로 인해 30만 명이 익사하는 결과를 낳았다. 한 예수회 비평

---

33 João Monteiro, AL Vice-Province 1637, Nanchang, 16 October 1638, BAJA 49-V -12:19r.

가의 말에 따르면, 개봉은 고대 트로이처럼 완전히 무너졌고, 심지어 2년 후에는 도시나 그 주변 지역의 흔적이 "홍수의 물을 제외하고는" 아무것도 보이지 않았다. 알레니는 비슷한 운명에 있는 또 다른 예수회원을 구하기를 희망하면서, 1643년 안토니오 드 구베아António de Gouvea에게 무창을 포기하라고 명령했다. 어둠 속에서 이 선교사는 배를 타고 "죽은 사람들 더미"가 보이는 참담한 상황에서 탈출하여 양자강 아래 반군과 도적의 손이 닿지 않는 곳으로 내려갔다.[34]

이 혼란의 시기 동안, 부관구는 가장 중요한 자원들, 즉 사제들의 보전에 초점을 맞추었다. 개봉 또는 무창의 거주 공동체는 나중에 복구할 수 있지만, 선교의 인력 자원은 만성적인 문제로 남아 있었고, 예수회 사역은 피구에이레도 같은 상당한 훈련을 받은 사람들의 손실을 견딜 수 없었다. 반군, 도적과 만주인은 예수회원들을 특별히 조준의 대상으로 하지는 않은 듯하며, 부관구는 대부분 온전히 보전되었다. 서안에 있는 이나시오 다 코스타Inácio da Costa와 호세 드 알메이다José de Almeida, 1612~1647는 1643년 이자성의 군대가 습격했을 때 자신들의 교회에 숨어 있었다. 대략 백여 명의 군인들이 "자신들이 좋아한 무엇인가를 훔치면서" 성소에 들어왔지만 사제를 해치지는 않았다. 프란시스코 후르타도는 자신의 수하 회원에게 급여를 전달하기 위해 1642년 북부 중국을 가로지르는 여행을 하는 동안 비슷한 유형의 어려움을 만났다. 두 차례에 걸쳐 그는 도둑을 만났는데, 도둑은 그의 성배聖杯와 은을 훔쳤다.[35]

---

34 Gouvea, "Asia Extrema", BA JA 49-V-2:573-579.
35 Ibid., pp.582~584.

일부 선교사들은 상당히 운이 없었다. 가브리엘 드 마갈량이스 Gabriel de Magalhães, 1610~1677가 1642년 로도비코 불리오Lodovico Buglio 를 찾아 사천성을 방문했을 때, 두 사람은 처음에는 중요한 문사의 보호를 달가워하였다. 그러나 1645년 군벌 장헌충1601~1647이 그 지역을 정복하고 자신을 새로운 정부인 대서국大西國의 통치자로 선언하면서, 그는 두 사람을 천문학자로 복무하도록 하였다. 그들은 응했고, 심지어 장헌충의 몇몇 하인들을 개종시키기도 하였다. 그러나 통치자의 과대망상과 사천四川 지역에서 행한 그의 무자비한 파괴적 군사행동은 선교사들에게 두려움을 주었다. 장헌충이 초토화 시킨 땅을 포기하고 섬서성으로 물러날 때, 두 사람은 삼엄한 경비하에 군벌 행렬속에서 나아가다가 1647년 장헌충의 패배 후 만주 군인들에게 잡혔다. 그러나 북경에 있는 요한 아담 샬을 알고 있던 한 청나라 지휘관이 그들을 알아보고, 그 다음 해 황실로 돌아오면서 승리한 자신의 군대와 함께 그들을 데려왔다.[36] 1644년 미켈 왈타Michael Walta, 1606년생는 산서성 포주蒲州에서 그를 "종교의 비호 아래 숨어 있는" 황실의 가족으로 오인한 군인들 손에서 죽음을 만났다. 그를 암살한 사람들은 한 때 한 관료의 공관이었던 교회에서 그를 발견했기 때문에 이런 결론에 도달했다.[37] 다른 두 사제, 트란퀼로 그라세티Tranquillo Grassetti와 호세 드 알메이다José de Almeida는 강서성 남창南昌에서 만주인에게 잡혀 중국인 보좌신부 마누엘 고메즈Manuel Gomes, 1608년생와 함께 죽임

---

36 Erik Zürcher, "In the Yellow Tiger's Den : Buglio and Magalhães at the Court of Zhang Xianzhong, 1644~1647", *Monumenta Serica* 50, 2002, pp.355~374.

37 António de Gouvea, AL Vice-Province 1646, Fuzhou, 30 August 1647, in Gouvea, 302.

을 당했다.

왕조가 바뀌면서 생겨난 분쟁은 예수회 세례 집계에 타격을 줄 수밖에 없었다. 1644년, 만주 군대가 북경을 점령한 그해에, 한 선교사는 자신의 글에서 부관구가 "상당히 적은 숫자"인 6개의 모든 북쪽 거주 공동체에 188명의 새로운 그리스도교인이 있다고 기록했다. 그러나 이 예수회원은 "눈 먼 이방인들"이 그들의 영혼에 대해서는 생각하지 않고 오로지 "죽음에서 탈출하여 그들의 생명을 건질 길을 찾는" 시간인 그런 소란의 시간 가운데에서 얻을 수 있었던 최대치라고 강조했다.[38] 그러나 일부 지역에서는 개종이 계속해서 급속히 이루어지고 있었다. 상해에서 프란체스코 브란카티[1607~1671]는 같은 해 새로운 그리스도교인이 966명이 생겼다고 공언했다. 예수회원들은 이 집계는 "빈번한 반란으로 사제들이 이웃 그리스도교 공동체를 방문하는 것이 어려웠던 상황"의 관점에서 보자면 상당히 인상적이라고 여겼다.[39] 남창에 있는 선교사들 역시 위험 속에서 성공을 거두었다고 공언했다. 그들은 1643년에 220명의 세례자를 얻었는데, "대단한 숫자"라고 여겼다. 나아가 이 예수회원들은 두 개의 새로운 협회를 만든 것을 자축하고 가뭄 때문에 가난하게 되었거나 혹은 호광성湖廣省 근처에서 일어난 반란의 영향을 받은 그리스도교인들을 도와주는 일을 주도하였다.[40]

---

38 [Inácio da Costa?], AL Northern Residences, Vice-Province 1643, 1644, and 1645[Xi'an?, 1646?], BAJA 49-V-13:119r.

39 António de Gouvea, AL Southern Residences, Vice-Province 1644, Fuzhou, 16 August 1645, in Gouvea, 188.

40 Ibid., pp.148~149.

1644년 북경에서 새로운 왕조의 탄생이 선언되었지만, 그것이 선교를 수행하기 위한 예수회원들의 전략을 크게 바꾸지는 않았다. 그러나 다시 한번 그들은 새로운 군주의 눈높이에 맞춰 자신들의 정당성을 확립하고 선교를 위한 정치적 보호를 확보해야만 했다. 확실히, 그것은 청나라가 중국을 지배하기 위한 긴 싸움에서 승리한 1650년대 말까지는 이루어지지 않았다.[41] 중국의 통치권이 어떻게 될지 아직 결정되지 않고 있는 동안 예수회원들은 어느 쪽이든지 권력을 갖고 있는 편에 충성을 선언했다. 북경에서 요한 아담 샬은 신속하게 만주족 통치자에게 자신의 과학적 능력을 제공했다. 그의 제안은 승인을 받았고, 새 군주들은 그에게 건물이나 그 거주 공동체에 대한 공격을 금지하는 포고령을 내렸다.[42] 선교사들은 이것을 호의적인 징조로 여기고 새로운 통치자들이 "거짓 신들에 대한 특별한 숭배보다 무신론에 더 많이 기울어 있음"을 기쁜 마음으로 주목하게 되었다. 따라서 북경에서 청나라의 통치가 시작된 것은 그들에게 "그리스도교 신앙과 공동체에 매우 좋은 것"을 기대할 수 있는 이유를 주었다.[43]

확실히, 그들은 청나라에 모든 것을 걸지는 않았다. 1640년대 후반의 불확실한 정치적 환경 속에서, 그들은 중국 남부에 있는 예수회원들이 남명 조정에 교섭을 해보는 것이 현명하다고 생각했다. 그들은 명 제국이 복권되는 날 선교를 재건할 수 있도록 융무제隆武帝와 영

---

41 Frederic Wakeman Jr., *The Great Enterprise : The Manchu Reconstruction of Imperial Order in Seventeenth-Century China*, 2 vols., Berkeley, 1985, 1:18.

42 [Inácio da Costa?], AL Northern Residences, Vice-Province 1643, 1644, and 1645[Xi'an?, 1646?], BAJA 49-V-13:111v.

43 [Álvaro Semedo?], Relação das Guerras e Levantamentos desdo Anno de 1642 athé o de 1647, Macau, 1648, BAJA 49-V-13:12v-13r.

력제永曆帝와의 관계를 수립했다.[44] 남경에 있는 동안 프란체스코 삼비아시는 만력제가 총애한 아들, 복충왕 주상순福忠王 朱常洵, 그리고 당왕 주율건唐王 朱聿鍵의 친구가 되었다. 1645년 여름, 복충왕의 후계자인 주유숭朱由崧이 홍광제弘光帝, 재위 1644~1645로 남경에서 재위하였고, 그는 포르투갈에 군사 원조를 청원하기 위해 삼비아시를 마카오 대사로 임명했다.[45] 불행하게도 명 제국의 입장에서 보자면 예수회원들은 중국인들보다 유럽인들을 위해 더 많은 일을 했다. 황명을 받들어 삼비아시는 광주로 향했고, 그곳에서 가난한 식민지 마카오를 위해 광주 당국과 무역 특권을 협상했다. 그가 제국의 배에 타고 마카오에 도착했을 때 그리스도교 십자가가 새겨진 깃발로 인해 상당한 파장을 일으켰다. 한 목격자에 따르면, 많은 포르투갈인들은 "이 세계가 확실히 끝나거나 아니면 새롭게 태어날 것이다"라고 단언했다.[46] 삼비아시가 빈 손으로 복건에 있는 망명 정부로 돌아갔음에도 불구하고, 당왕 융무제재위 1645~1646는 그리스도교를 찬양하도록 명령을 내렸고, 광주에 교회를 세울 수 있는 권리를 인정해주었다. 이 예수회원이 새로운 거주지를 세우기 위해 출발할 때, 융무제는 그들이 어디서 다시 만날 수 있을지를 물었다. 융무제를 기쁘게 하기 위해 삼비아시는 "남경의 황실입니다"라고 대답했다.[47]

---

44 Lynn Struve, *The Southern Ming, 1644~1662*(New Haven, 1984), pp.75~94와 pp. 125~138를 볼 것.

45 Sambiasi, AL Nanjing Residence 1645[Canton?, 1645], BAJA 49-V-13 : 320v-340r.

46 Anon., Relação do Estado Prezente do Imperio da China, Macau, 1645, ARSI Jap -Sin 123:141v.

47 Sambiasi, AL Nanjing Residence 1645[Canton?, 1645], BAJA 49-V-13:339v.

또 다른 일군의 예수회원들은 처음에 광동에서 그리고 다음에 광서성에서 영력제와 관계를 맺었다. 미카엘 보임Michael Boym, 1612~1659과 안드레아스 사비에르 코플러Andreas Xavier Koffler, 1612~1652가 어떻게 서남부 중국에서 망명 정부를 따랐는지에 대한 이야기는 잘 알려져 있다. 효정황태후孝正皇太后, Wang, Empress Dowager에게 헬레나로, 그리고 왕위 상속자인 아기에게 콘스탄틴Constantine으로 세례를 준 후, 코플러Koffler는 군사 원조를 요청하기 위해서 보임Boym에게 1651년 로마로 가서 교황 이노센트Innocent 10세에게 청원할 것을 명령했다.[48] 그러나 이 폴란드인 예수회원이 1659년 동아시아로 돌아왔을 때 그 누구도 명 제국의 깃발을 올리기에는 너무 늦고 말았다. 3년이라는 짧은 기간 동안 만주 군대는 버어마 북부에 있는 명의 영력제재위 1646~1662 조정을 공격하였다. 선교사들이 남명 충신들 속에서 했던 노력이 막대한 희생을 치룬 후에 얻을 수 있는 상처뿐인 영광과 같은 선교의 승리일 수 있었지만, 그들은 마카오의 안전을 보장하고 광주에서 새로운 선교를 시작할 수 있도록 도왔다.

1650년대에 북경 예수회원들은 청나라의 별이 중천에 떠 있음을 확인했고, 훌륭한 천문학자들로서 그들은 그 궤적을 따랐다. 만주 군주에 대한 요한 아담 샬의 최초의 제안은 선교에 신망을 가져다 주었다. 1645년 마카오 예수회원들은 샬이 삼비아시가 복건에서 융무제에게 얻었던 것보다 훨씬 더 크게 북경에서 호감을 얻고 있다고 단언하면서 예수회 로마 교황청에 낙관론을 전달했다.[49] 샬은 통치의 합

---

48 Dunne, pp.344~347; Albert Chan, "A European Document on the Fall of the Ming Dynasty(1644~1649)", *Monumenta Serica* 35, 1981~1983, pp.75~109.

법성에 대한 새로운 정권의 필요를 이용하면서 전에 명 숭정제를 위해 측산한 역법을 그에게 진상했다. 이런 움직임으로 그는 1645년 왕조 관료제 내에서 급여를 받고 감정監正이 되어 흠천감의 일원이 되었다. 그는 또한 순치제재위 1644~1661와도 우정을 쌓았는데, 이것은 새로운 청조 영토에서 선교사들이 사역할 때 그들에게 필요한 정치적 보호를 얻게 해 주었다.

북경에서 샬이 만든 우정 관계에도 불구하고 부관구의 사람들은 만주 정복자에 대한 혼합된 감정을 가지고 있었다. 침략자가 힘으로 제국을 평정하는 데 성공했다 하더라도, 그들은 그 여파로 엄청난 참상을 남겼다. 프란시스코 후르타도Francisco Furtado가 보기에, 그의 눈 앞에 펼쳐진 비극은 "천재지변 이후 닥친 마지막 심판 때의 세계"처럼 보였다. 또 다른 선교사는 역사의 마지막에 일어날 수 있는 더 큰 재난은 더이상 생각할 수 없었다. 즉 "세상 마지막 날에 끔찍한 재난으로 그들의 거주지가 사라져서 신음하는 도시들 말고 어떤 더 선명한 인상이 있을 수 있겠는가?"[50] 안토니오 드 구베아는 왕조의 상징적인 이름, '淸'—정의상, "구름없는 하늘처럼 맑은, 순수한 왕국"—을 침략의 포학함과 대비하였다. "그가 눈으로 보고 손으로 느낀" 바에 따르면 청淸이라는 이름이 의미하는 "미덕이나 화려함"과는 거리가 먼 "큰 혼란과 매우 시시한 현실들"만 가득했다.[51] 그러나 적어도 한

49 Anon., Relação das couzas que aconteçerão e aconteçem na pessoa do Padre Francisco Sambiasi no Reino da China e em Macau[Macau?, 1646?], Archivum Romanum Societatis Iesu, Rome, Jap-Sin 123:152v.

50 Manuel Jorge, AL Vice-Province 1651[Hangzhou, 1652?], Biblioteca da Ajuda, Lisbon, Jesuitas na Asia Collection at Biblioteca da Ajuda 49-IV-61:82r-83v.

51 António de Gouvea, AL Vice-Province 1646, Fuzhou, 30 August 1647, in

예수회원은 "정복자들은 오로지 그 땅에서 주인 행세를 하고 부자들로부터 취하고자 한다. 그들은 가난한 자들—이 경우, 선교사들과 그들의 그리스도교인들—을 실족시키려 하지 않는다"고 단언하면서, 자신의 낙관론을 유지했다.[52]

4. 폐허의 재건 1651~1663

만주 침략의 불꽃이 꺼지고 두려운 정적靜寂이 중국에 퍼졌을 때, 부관구의 사람들은 다시 그들의 사도적 노력을 재개했다. 그러나 오래도록 지속된 전쟁과 고난의 시간 후에 예수회원들은 나이가 들었고 숫자적으로는 더 줄어들었다. 젊은 소수의 선교사들만이 마카오에서 황폐해진 제국으로 향했고, 거기서 그들은, 초기 근대의 기준으로, 거의 죽음에 가까워가는 예수회원 그룹을 만났다. 즉 1645년 개인 인사 목록에 오른 23명의 사제와 4명의 중국인 보좌신부 중 12명이 50세 이상이었다. 이들 중에는 71세의 마누엘 디아즈younger 73세의 가스파 페레이라Gaspar Ferreir, 81세의 니콜로 롱고바르도Niccolò Longobardo처럼 고령의 회원들이 포함되어 있었다. 오로지 중국 예수회원의 6명만이 40세 이하였고, 이들 중 2명이 1647년에 죽었다. 트렌트에서 온 티롤 사람 31살의 마르티노 마르티니Martino Martini, 1614~1661는 상대적으로 갓난

Gouvea, 290.

52 Anon., Relação do Estado Prezente do Imperio da China, Archivum Romanum Societatis Iesu, Rome, Jap-Sin 123:141v.

아기와 같았다.[53]

설상가상으로 1650년대 초, 선교는 비참한 재정적 결핍 상태에 있었다. 요한 아담 샬의 연금은 중국 북부에 있는 예수회원들을 지원하기에만 충분했다. 부관구의 나머지 사람들은 여전히 그 수입이 말라버린 마카오에 의존해야 했다. 광주와의 무역이 재개되기는 했지만 마카오는 여전히 이전의 상황으로 돌아갈 수 없었다. 오래 지속된 포르투갈 왕정 복고 전쟁Portuguese Restoration, 1640~1668은 포르투갈령 인도Estado da Índia의 나머지 지역과 함께 마카오가 자력으로 살 길을 도모해야 한다는 것을 의미했다. 왕 주앙 4세João IV가 유럽에서 카스티야 군대에 대항해 자신의 군대를 재편하는 동안 네덜란드 동인도회사는 지구의 반대편에 있는 이베리아가 점령하고 있는 영토를 공격했다. 동남아시아에서 네덜란드는 인도에 있는 중국 예수회원들의 임대 수입을 빼앗으면서 그들과 고아와의 연결고리를 끊어버렸다. 10년 이상 선교의 행정을 관리했던 알바로 세메도의 계산으로, 1650년대 높은 물가, 부족한 물품, 아무런 수익이 없는 상황이 합쳐져 선교의 상태를 "가장 비참하게" 만들었다.[54] 절망적인 움직임 속에서 마르티노 마르티니는 같은 해 새로운 자금을 확보하기 위하여 유럽으로 보내졌다.

돈이 부족하여 부관구는 오래된 그리스도교 공동체를 재건하고 새로운 지역으로 확장하는 능력이 크게 제한되었다. 선교사들의 필요를

---

53 Triennial Catalogue, Vice-Province 1645, Archivum Romanum Societatis Iesu, Rome, Jap-Sin 134:325r-326v.

54 Semedo to Vincenzo Carraffa, Canton, 25 October 1650, Archivum Romanum Societatis Iesu, Rome, Jap-Sin 161-II:353r.

충족시킬 수 있는 제국 내 후원자를 찾는 것은 어려웠고, 선교사들은 구걸하거나 돈을 빌리거나 훔치는 것뿐이었다. 두 번째 방법을 선택한 그들은 자신들의 재산이 곧 늘어날 것이라는 희망 속에 중국인 대부자貸付者에게 상당한 빚을 졌다. 20년 동안 복건성의 고지대에서 살았던 시몽 다 쿠냐Simão da Cunha는 장상들에게 상황을 매우 분명하게 설명했다. 즉, "사람들은 악마와 전쟁을 할 때 또한 은을 갖고 한다". 그는 "책을 인쇄하고, 선교 사업을 지속해나가고, 그리스도교인 수를 늘리는 것"과 같은 중요한 활동을 포기해야만 하는 것을 애석해 했다.[55] 주로 강남 지역에서 일했던 포르투갈의 사제 펠리치아노 파체코Feliciano Pacheco, 1622~1687의 언급은 이 위기의 심각성을 더욱더 잘 나타낸다. 그는 유럽의 동료들에게 편지를 보내면서 선교의 고통이 너무 커져서 더 이상 부관구가 "새로운 인력과 사역자들을 찾거나 끌어들일 수" 없다고 토로하였다. "현세적인 것이 부족한 상황에서 영적인 것을 수행할 수 없기" 때문에 선교 현장에 있는 사람들을 잘 유지시켜 나가는 것이 선교를 촉진하는 것보다 중요하게 되었다.[56]

파체코의 겁에 질린 말에도 불구하고 예수회원들은 1650년에서 1663년 사이에 상당한 선교 활동을 보고했다. 만주 정복의 여파 속에서 새로운 중국 그리스도교인의 수가 꾸준히 증가했다. "신성한 상품"의 장거리 거래자처럼 선교사들은 도적떼가 소탕되고 상업이 재개됨에 따라 혜택을 누렸다.[57] 그들의 재정 상태는 중국 경제가 회생

---

55 Cunha to Francisco Furtado, Yanping, 25 January 1653, BNL Reservados 722: 46v.

56 Feliciano Pacheco, AL Central Residences, Vice-Province 1660, Huai'an, 19 July 1661, BAJA 49-V-14:718v-719r.

되면서 나아졌다. 강남 해안의 면화 재배 지역에서는 상해 주변 마을의 직물 생산과 함께 그리스도교가 다시 보급되기 시작했다. 청나라 세력이 이 지역을 정복한 지 1년 만인 1647년에 프란체스코 브란카티는 1,162명의 개종자를 얻었다.[58] 이듬해 브란카티는 자신의 임무에는 여러 마을에 있는 45개 신도회를 섬기는 사역이 포함되어 있으며, 그 중 12개는 자기의 교회를 갖고 있다고 보고했다. 확실히, 각기 회장會長 혹은 지도자를 둔 이 그리스도교 단체를 신도회로 조직함으로써 브란카티및 중국의 동료들는 사실상 교구 단위 체계를 만들었다. 공동의 관심사를 가진 단체를 형성하려는 중국의 사회적 욕구를 채택함으로써 예수회원들은 새로 설립된 그리스도교 공동체에 강력한 내부 응집력의 요소를 부여할 수 있었다. 상해 지역에서는 이 전략의 결과를 쉽게 확인할 수 있었다. 1653년에 브란카티는 그리스도교인의 수가 너무 빨리 증가하여 70개가 넘는 시골 지역의 신도회를 책임졌다고 주장했다.[59]

복건성 예수회원들도 이와 비슷하게 풍성한 열매를 맺었다. 해안 지역에서 이루어진 줄리오 알레니Giulio Aleni와 안토니오 드 구베이아António de Gouvea의 이전 노력을 바탕으로 시몽 다 쿠냐Simão da Cunha는 내륙의 산지에서 새로운 선교를 시작했다. 그곳에서 그는 복건의 하천 연결망인 연평延平, 건녕建寧, 소무昭武 및 정주定州의 도시의 전략적 지

---

57 Gabriel de Magalhães, AL Vice-Province 1640, Hangzhou, 30 August 1641, BAJA 49-V-12:511v.

58 Brancati, AL Shanghai Residence 1647, Shanghai[1647?], BAJA 49-V-13:459r.

59 Brancati, AL Shanghai Residence 1648, Shanghai[1648?], BAJA 49-V-13:479r; Brancati to Francisco Furtado, Shanghai[1653?], BA 50-V-38:97r.

점에 선교부를 설립했다. 쿠냐는 자신이 진 목회의 무게를 장상들이 이해해주기를 바라면서, "로마, 코임브라, 에보라, 고아, 마카오 신학교"에 있는 모든 예수회원들을 바쁘게 할 만큼의 그리스도교인들을 그 혼자서 맡아야 한다고 말했다. 쿠냐의 계산에 따르면, 그는 자신의 선교 순회교구를 맡고 있는 동안 12개의 교회, 4개의 예배당 및 수많은 가정 기도원을 방문했다.[60]

1650년대에 부관구의 일부 그리스도교 공동체는 50년이 넘었다. 어떤 경우에는 첫 번째 일족이 세례를 받은 후 3세대가 지났다. 예수회원들의 교회가 더 이상 새로운 개종자들로만 구성되지 않았다는 사실이 선교에 변화를 가져왔고, 평생 그리스도교인으로 산 사람들은 보다 복잡한 형식의 가톨릭 활동을 요구하기 시작했다. 선교사들은 집단 신심의 새로운 유형을 도입함으로써 신자들을 돕고 그들의 영적 필요에 부응했다. 신도회의 회원들은 일반적으로 더욱 엄격한 기도생활을 준수하였다. 예를 들어, 섬서성 남부의 한중漢中에서 에티엔 파버 Etienne Faber는 신도회의 내규에 금식, 채찍질 및 성적 금욕을 포함하는 수난회를 설립했다. 그가 서안에서 조직한 유사한 신도회는 토요일 밤 현지 교회에서 모여 기도를 하고 성인聖人 이야기에서 뽑은 내용을 듣고 나서 채찍질을 수행했다.[61]

시간이 지남에 따라 천주교가 개종자의 종교에서 가족의 신앙으로 점차 변화하게 되었다. 이러한 변화로 인해 자격이 되는 개인들은 천

---

60 Cunha to Francisco Furtado, Yanping, 25 January 1653, BNL Reservados 722:43r and 50v-51v. Compare Cummins, Question of Rites, 110.
61 Andre Ferrão, AL Vice-Province 1656, Macau, 29 January 1659, BAJA 49-V-14:68v-69r.

주교 가정에서 태어난 어린이들에게 교리를 가르칠 필요가 있었다. 섬서성에서 파버는 이 과제를 완수하기 위해 "천신회天神會"를 설립했는데, 이 신도회는 유럽 예수회 기구의 밖에서 열리는 교리 수업을 모델로 한 것이었다. 실제로 파버는 1640년대 이래 아이들을 교육시키기 위해 유사한 조직을 사용했던 프란체스코 브란카티의 방법을 차용하였다. 강남, 산동 및 복건 내륙과 같은 지역에서 1650년대 말 비슷한 신도회가 형성되었다.

예수회원들의 공동체 규모가 커지면서 각 사제들은 미사를 거행하고 성찬 분배에 할당해야하는 시간이 늘어났다. 사목 직무가 증가하는 것은 필연적으로 개종을 위한 노력이 축소되는 것을 의미했다. 그러나 1650년대에 이르러서는 그리스도교인들 사이에 종교적 메시지를 전하고 개종자들에게 교리 교육을 시키는 일을 맡을 수 있는 남녀들을 찾을 수 있었다. 강남의 상숙常熟에서 지롤라모 그라비나Girolamo Gravina, 1603~1662는 교리 교사들의 노력에 부응하기 위해 "12사도성회"를 설립했다. 지역 사회에서 가장 열심인 이 성회의 회원들은 성회의 법령에 따라 미사에 참석하고 정기적으로 영적 교제를 나누며 최소한 한 달에 한 번 고해성사해야 했다. 그러나 그들의 가장 중요한 임무는 선교사 대신에 개종 업무를 수행해야 하는 것이었다. 그들은 매달 "믿음이 식은 그리스도교인을 소생시키거나 이방인을 개종시킬" 의무가 있었다.[62]

청조 정권 첫 해에 이루어진 예수회원들의 진전으로 말미암아 그들

---

62 Feliciano Pacheco, AL Central Residences, Vice-Province 1660, Huai'an, 19 July 1661, BAJA 49-V-14:708v.

은 그리스도교가 중국 사회에 성공적으로 융합되었다고 믿었다. 확실히, 침략 중에 발생한 먼지 중 일부가 그들의 교회에 떨어져서 그들이 오랫동안 이 땅의 일부였음을 침략자들에게 암시하는 것이 선교에 매우 중요했다. 만주족이 예수회원들의 계략에 넘어갈 리가 없었지만, 예수회원들은 자신감이 충만했고, 그들은 이전에 선교할 때 전전긍긍했던 태도를 버렸다. 이 새로운 태도에 대한 명백한 징후는 1650년대 중반부터 볼 수 있는데, 적어도 일부 도시에서는 그들의 교회가 조심스러운 집회 장소에서 눈에 띄는 공공 건물로 변했다는 것이다. 북경의 황실에서 사제들의 신뢰가 가장 빠르게 상승한 이후, 천주교의 새로운 기준도 그 도시에서 먼저 시행되었다. 1655년 순치제는 가브리엘 드 마갈량이스Gabriel de Magalhães와 로도비코 불리오Lodovico Buglio에게 황제로부터 하사 받은 건물이라는 것을 보여주는 황제의 친필에 금박이 입혀진 편액이 있는 거주지를 주었다.[63] 두 예수회원은 건물 정면의 박공을 위해 무릎을 꿇은 천사가 옆에 있는 돌 십자가를 의뢰했는데, 그 모양을 보고 "지나가는 사람들, 심지어 말을 탄 사람이나 마차에 탄 사람도" 멈출 수밖에 없었다고 주장했다.[64] 십자가가 비록 선교사들의 주택 높은 벽 위에서 잘 보이지는 않았지만, 마갈량이스는 그것이 중국 부관구에 세워진 최초의 공개적인 드러난 그리스도교 기념비라고 선언했다.

북경 예수회원들이 선교 사업으로 인해 얻은 명성에 흥분하여, 지

---

63 Gabriel de Magalhães, AL Northern Residences, Vice-Province 1658, Peking, 20 September 1659, BAJA 49-V-14:237v.
64 André Ferrão, AL Vice-Province 1656, Macau, 29 January 1659, BAJA 49-V-14:64r.

방에 있는 그들의 동료들도 자신들의 교회가 도시에서 보다 눈에 잘 띄는 건물이 되도록 하였다. 예를 들어, 시몽 다 쿠냐Simão da Cunha가 1657년 복건성 연평에 연 교회는 수도에 있는 새로운 건축물의 외적 특징을 담았다. 출입구를 눈에 띄지 않게 만들어 놓은 쿠냐의 오래된 교회와는 달리 이 건물은 화려했는데, 그것은 그리스도교 관료가 이전에 거주하던 곳으로, 그가 그 지역의 신도 공동체에 기부하였다. 그 곳은 "낮에 문에 열리면 신도이건 아니건 모두 알 수 있는" 도시의 중심에 있었다. 1657년 11월 1일 낙성식에서 쿠냐는 행렬을 조직하여 옛 성당에서 새로운 성당으로 성상聖像을 옮겼다. 문사 하나가 성 십자가의 깃발을 들고 길을 인도했으며, 다른 두 명의 문사들은 수호 천사와 성모 마리아의 그림을 들고 줄지어 걸었다. 사제는 성상 뒤에 바짝 붙어 향과 묵주를 든 그리스도교인들의 행렬을 이끌었다. 행렬 뒤에는 당일에 고용된 일군의 비그리스도교인 악사樂師들이 있었는데, 그들은 "그 날 비록 그들이 그리스도교인의 창조주가 누구인지는 모르지만, 그 창조자를 찬미하였다". 그러나 쿠냐에게 가장 인상적이었던 것은 "유럽인으로부터 배운" 신앙에 대해 당당하게 신앙 고백을 한 문사들이 공개적으로 행렬을 한 것이었다.[65]

중국의 일부 지역에서는 천주교당의 대중적 인식에 따라 예수회원들과 불교 및 도교 승려들과의 경쟁이 늘어났다. 시몽 다 쿠냐는 장상들에게 보복을 두려워하지 않고, "승려들"과 자신들의 평신도 신자들이 보는 앞에서 행렬을 잘 해냈다고 자랑했다. 다른 지역에서도 마찬

---

65 Manuel Jorge, AL Vice-Province 1657, Nanjing, 12 May 1658, BAJA 49-V-14: 152v-154r.

가지로 예수회원들은 자신들이 점점 새로운 신자들을 얻기 위한 싸움 속에 있다는 것을 알았기 때문에 이 경쟁자들에 대한 예수회의 태도는 두려움에서 경쟁으로—게다가 물론 강한 멸시—바뀌었다. 이 전장에서 소문은 강력한 무기였다. 1660년 음력 설날에 미셸 트리고Michel Trigault와 알버트 드 오르빌Albert d' Orville, 1621~1662은 산서성 강주에서 자신들의 종교가 상당히 엄격하다는 뒷공론을 듣게 되었다. 일반적으로 음력 1월 15일에 축하하는 등롱절燈籠節 때, 그들은 "천주교에는 그러한 잔치나 행복이 없다"라고 공공연히 떠도는 소문을 알게 되었다. 2월 2일에 예수회원들은 비방자들을 조용히 시키고 신자들을 안심시키기 위하여 성모 마리아의 순결함을 기리는 성촉절聖燭節 축제를 제정했다. 그들은 그리스도교인들에게 도시 교회에 단을 만들도록 지시하고 비단, 초, 향, 꽃, 종이 등과 같은 것들로 장식하게 하였다. 축제날 밤에 그들은 교회 문을 열어 행인들을 초대한 후, "천주와 그의 가장 거룩한 어머니에게 봉헌된 등"을 보게 하였다.[66]

산동성 제남에서 장 발랏Jean Valat, 약 1614~1696은 그리스도교 관습에 관한 소문의 조수를 막기 위해 또 다른 축제를 추진했다. 봄철 무덤을 관리하는 축제인 청명절 이후, 외부인들은 한 예수회원이 "죽은 자를 위한 경건 혹은 존경보다는 술에 취하거나 말다툼 혹은 폭력으로 종종 끝나기" 때문에 "바쿠스 축제"라 이름 붙인 연회에 천주교 신자들이 참가하지 않도록 했다고 비판했다. 중국문화의 맥락에서 볼 때 분명한 결론은 그리스도교인들이 죽은 조상을 중시하지 않는다는

---

66 Gabriel de Magalhães, AL Northern Residences, Vice-Province 1660, Peking, 20 July 1662, BAJA 49-V-14:692r.

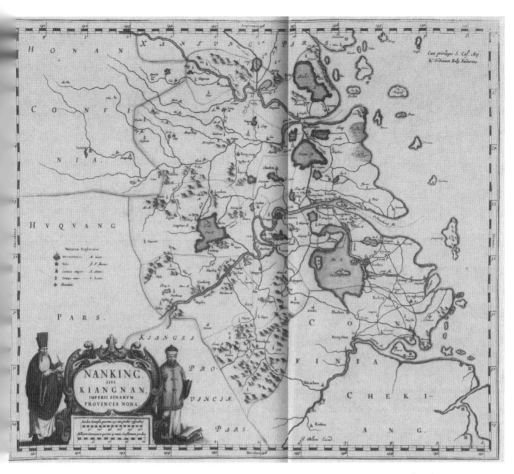

강남 지역 지도. 잘 보이지 않으나 예수회 거주지가 있는 도시와 마을은 십자가와 'IHS'로 표시되어 있다.
출처 : Martino Martini, *Novus Atlas Sinensis*(암스테르담, 1655)

것이었다. 그래서 발랏은 효도를 행한다는 것을 보이기 위해 공개적으로 만령절萬靈節을 지키기로 결정했다. 이러한 시도는 또한 지역 그리스도교인들이 중국의 관습에 따라 교외의 가묘에 죽은 자들을 매장하는 대신에 봉헌된 공동묘지를 사용하도록 장려하기 위한 것이었다. 1660년에 발랏은 "마차를 타고 피리를 불며, 깃발을 달아 엄숙하고 화려하게" 공동 매장지에 가는 행렬을 조직했다. 사제는 죽은 자를 위한 응창應唱 기도로 회중을 이끌면서 "만령절에 통상적으로 거행하는

전례와 의식을" 행했다.[67]

마르티노 마르티니가 유럽으로의 위험한 여행에서 다시 돌아온 것은 1659년이었다. 부관구는 그의 부재 기간인 9년 동안 최소한의 인원으로 축소되기는 했지만 복음을 전하는 데 큰 진전을 보였다. 1651년이 되자 중국에는 18명의 유럽인 사제와 3명의 중국인 보좌신부가 있었고, 이들 중 상당수는 오래 살지 못했다.[68] 나이든 사제들이 지킨 시간은 새로운 사제가 부관구에 들어올 때까지 딱 그 정도의 시간이었다. 코임브라Coimbra에서 온 마누엘 호르헤Manuel Jorge, 1621~1677와 니스Nice에서 온 지안도미에코 가비아니Giandomenico Gabiani, 1623~1694와 같은 몇 명의 신입 회원이 마카오에 도착하면서 선교의 운명이 개선 될 수 있는 첫 신호를 보냈다. 그러나 1660년에 중국에 부관구를 세웠던 마누엘 디아스younger, 시몽 다 쿠냐Simão da Cunha, 프란시스코 후르타도 Francisco Furtado, 알바로 세메도Álvaro Semedo, 에티엔 파버Étienne Faber, 그리고 니콜로 롱고바르도Niccolò Longobardo와 같은 많은 베테랑 선교사들이 죽었다.

이 나이든 선교사들이 임종에 이르러 마르티노 마르티니의 항해가 성공한 것을 알았더라면 그들이 더 큰 위로를 받았을 것이다. 베르겐의 노르웨이 항구에서부터 암스테르담, 앤트워프, 로마 및 리스본을 거쳐, 이 대리인은 중국에 대한 유럽의 관심을 다시 불러 일으켰고, 젊은 예수회원들이 부관구에 가서 선교 활동을 하도록 새로운 자극을 주었다. 그가 만주 침략에 대해 번역한 『타르타르 전쟁기De Bello Tartarico』앤

---

67 Ibid., 697r.
68 Triennial Catalogue, Vice-Province 1651, ARSI Jap-Sin 134:338r-339r.

트워프, 1654, 그리고 그의 중국 지도인 〈새로운 중국 지도집Novos Atlas Sinensis〉1655은 이 홍보 노력에서 적지 않은 역할을 하였다. 마르티니가 남부 네덜란드에 있는 예수회의 대학을 지날 때 적어도 3명의 유명한 플랑드르 사제 필립 쿠플레Philippe Couplet, 1622~1693, 프랑수아 드 루즈몬트François de Rougemont, 1624~1676, 페르디난트 페르비스트Ferdinand Verbiest, 1623~1688의 소명에 영감을 주었다. 마르티니는 프랑스에서도 비슷한 영향을 미쳤는데, 자크 르 포레Jacques le Faure, 1613~1675, 훔베르트 어거리Humbert Augery, 1618~1673, 루이스 고벳Louis Gobet, 1609~1661, 그리고 형제 사이인 클라우데Claude, 1618~1671, 자크Jacques, 1619~1692, 니콜라스 모텔Nicolas Motel, 1622~1657이 해외에 가서 선교하도록 독려하였다.

이 선교사들은 리스본에서부터 고아와 마카오로 항해하면서 해양아시아에서 적개심에 불타는 네덜란드 군에 의해 붙잡힐 위험을 무릅썼다. 마르티니 자신이 잠시 바타비아에서 수감되었는데, 이로 말미암아 예수회 지도부는 중국으로 향하는 육로를 찾고자 하였다. 오스트리아인 요한 그루버Johann Gruber, 1623~1680와 베른하르트 디스텔Bernhard Diestel, 1623~1660은 1656년 로마를 떠나 레반트Levant로 향했지만, 페르시아를 가로지르는 경로가 막히자 오르무즈Ormuz에서 마카오로 항해해야 했다. 그루버는 청나라의 수도에 도착한 지 2년 후에 알버트 드 오르빌Albert d' Orville 그룹에 끼어서 북경에서 유럽으로 갔다. 프랑수아 드 루즈몽François de Rougemont과 필립 쿠플레Philippe Couplet도 1656년 고아에 도착한 후 인도에서 중국까지의 육로 노선을 찾으려고 노력했다. 2년간의 여행 끝에 그들은 시암에 도착했고,

다시 시암에서 마카오로 항해했다. 결과가 말해주듯이, 중국으로 향하는 육로 찾기는 본래 좋은 의도였으나, 희망봉 노선에 대한 신뢰할 만한 대안을 구성하기에는 너무 힘들었다.

마르티노 마르티니가 중국으로 안전하게 귀환한 것은 부관구의 굉장한 승리였다. 그는 일군의 새로운 선교사들을 호위하는 것 외에도 중국에 갈 차례를 기다리고 있는 또 다른 인력을 확보했다. 이들은 고아에 머물면서 학업을 마친 여덟 명의 사제와 한 명의 보좌신부였다. 더욱이 로마에 있는 동안 마르티니는 예수회원들이 스페인 탁발 수사들에 의해 시작된 논쟁의 결정적인 해결책이라고 생각한 것을 얻었다. 1645년 탁발 수사 후안 밥티스타 데 모랄레스Juan Baptista de Morales가 제시한 중국 전례 논쟁에 대한 교황의 비난이 있은 후, 예수회는 자체 해석을 제시하고자 했다. 중국통中國通인 마르티니가 도착함으로 해서 이러한 관례들을 교회 당국에 설명할 수 있는 중요한 기회가 주어졌다. 그의 설명으로 확신을 가진 알렉산더 7세는 1656년에 예수회원들의 중국 그리스도교인들이 전례를 준수하도록 허락하는 또 다른 법령을 발표했다. 그러나 전례에 대한 두 개의 상충하는 교황 칙령의 존재는 논쟁이 적어도 80년 동안 해결되지 않은 채 남아있게 된 주된 이유 중의 하나가 되었다.

새로운 인력이 투입되면서 선교는 왕조가 바뀌는 과정에 일어났던 전쟁 기간 동안 지속된 손실을 만회할 수 있었다. 예수회원들은 1630년대에 사용했던 것과 동일한 확장 기준을 사용하여 소통의 주요 축에서의 자신들의 입지를 강화했다. 그들은 강남 지역에서 입지를 견고히 하기 위해 이전에 순회 선교사들이 방문했던 양주, 상숙, 회안

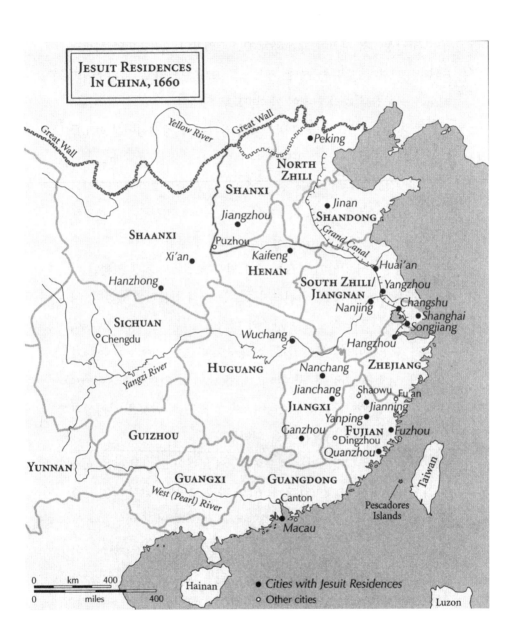

JESUIT RESIDENCES IN CHINA, 1660

Great Wall

Yellow River

Great Wall

Peking

NORTH ZHILI

SHANXI

Jiangzhou

Jinan

SHANDONG

SHAANXI

Puzhou

Xi'an

Kaifeng

HENAN

Grand Canal

Huai'an

Hanzhong

**SOUTH ZHILI/
JIANGNAN**

Yangzhou

Changshu

Nanjing

Shanghai

SICHUAN

Songjiang

Chengdu

Wuchang

Hangzhou

Yangzi River

HUGUANG

Nanchang

ZHEJIANG

Jianchang

Shaowu

Fu'an

JIANGXI

Jianning

GUIZHOU

Yanping

Ganzhou

FUJIAN

Fuzhou

Dingzhou

Quanzhou

Taiwan

YUNNAN

GUANGXI

GUANGDONG

West (Pearl) River

Canton

Pescadores
Islands

Macau

0   km   400

0   miles   400

Hainan

● Cities with Jesuit Residences
○ Other cities

Luzon

및 송강과 같은 도시에 거주 공동체를 열었다. 그밖에 강남에서 부관구는 하남성에서 사역을 재개하여 오스트리아인 크리스티안 허트리치Christian Herdtrich, 1625~1684를 개봉으로 보내 로드리고 데 피구에이레도가 공들였던 자리를 찾아 개척하도록 하였다.

남창 거주지와 그리스도교 공동체가 파괴된 후 강서성에서 선교를 다시 시도하면서 자크 르 포레Jacques Le Faure는 총독總督에게 그곳에 거주하는 것을 허락해달라고 청원하였다. 남부 군사 요새에 자리잡은 공주贛州에서 총독을 만난 후, 포레는 그 도시에 정착하기로 결정했다.[69] 부관구의 전략적 관점에서 볼 때 그는 훌륭한 선택을 했다. 공주贛州는 광동에서 강남에 이르는 주요 남북 노선에 위치했을 뿐만 아니라, 강서에서 동쪽으로 복건까지 흐르는 강의 합류점에 있었다. 여기서 선교사들은 남쪽으로는 광주와 마카오로, 동쪽으로는 정주定州, 소무邵武, 혹은 연평延平으로 갔다. 이나시오 다 코스타Inácio da Costa가 1661년 남창에서 집을 구매하고, 프로스페로 인토르체타Prospero Intorcetta, 1625~1696가 건창에 정착하도록 도왔는데, 이것은 강서성의 선교가 완전히 다시 시작된 것을 의미했다.

잃어버린 땅을 되찾으려는 예수회원들의 노력의 또 다른 예는 호광성 거주지를 다시 연 것이었다. 1661년 자크 모텔Jacques Motel은 서광계의 증손자 바실리오Basílio 허찬증許纘曾, 1627~1700, 진사, 1649과 함께 양자강을 지나 사천에 자리를 잡았다. 서쪽에서 반란이 일어났다는 소식이 전해지자 허찬증은 무창에 머물렀는데, 그는 모텔이 무창에 정

---

69 Faure, AL Ganzhou Residence 1658, 1659, and 1660, Ganzhou, n.d, BAJA 49-V-14:648r.

착해야 한다고 주장했다. 모텔은 허찬중이 그에게 준 자금을 사용하여 도시 중앙에 있는, 큰 정원이 있는 집을 구입했다. 모텔은 그의 장상들에게 자신의 새로운 거주지가 부두로부터 중요한 지역 관료 공관으로 이어지는 중심 거리에 위치해 있다고 말했다. 이 때문에 관리들이 무창에 총독을 방문하러 왔을 때 자신의 교회를 지나면서, "(그의 교회를) 보고, 알게 되어 전 지역에 관련 소식을 전하였다". 이런 전략적 위치로 인해 이 새로운 성소는 "몇 년 동안 열려져 있던" 다른 교회들보다 훨씬 많은 중국인들이 알게 되었다.[70]

1663년 부관구의 사람들은 청나라에서 그들의 미래에 대해 확신했다. 북경 관료들과의 따뜻한 관계로 인해 가브리엘 드 마갈량이스 Gabriel de Magalhães는 "이전 왕조 시기에는 선교 사업이 현재의 상황만큼 이루어진 적이 없었다"고 외쳤다.[71] 자신들의 대오에 오로지 24명의 유럽 사제들과 3명의 중국인 보좌신부만 있다는 사실에도 불구하고, 그들은 엄청난 사회적 불안에 직면하여 거의 선교소의 숫자를 두 배로 늘렸다. 1631년에는 11개의 주택이 있었지만 1663년에는 10개 지역에 걸쳐 20개의 거주지가 생겼다. 또한, 부관구는 다른 도시에 또 다른 11개의 교회를 두었는데, 각 교회에는 순회 사제들을 위한 거처가 있었다. 모든 집을 관리할 충분한 인력이 있는 것은 아니었지만, 예수회원들은 신입 회원이 곧 인도와 유럽에서 올 것이라는 것을 알고 있었다.

---

70 Motel, AL Wuchang Residence 1661 and 1662, Wuchang[1662?], BAJA 49-V-15:138r.

71 Magalhães, AL Northern Residences, Vice-Province 1658, Peking, 20 September 1659, BAJA 49-V-14:237v.

1663년의 한 계산에 따르면 중국 예수회원들은 매년 105,000명 이상의 그리스도교인들에게 성례를 시행했다. 이 숫자는 안드레 팔메이로의 1629년 방문 당시 선교단이 주장한 것보다 10만 명 가까이 더 많은 천주교 신자를 나타낸 것이다. 논리적으로 말해 부관구가 초점을 둔 곳은 그리스도교인이 가장 많이 집중되어 있는 지역이었다. 여기에는 3개의 거주지와 13,000명의 그리스도교인이 있는 북경, 2개의 거주지와 24,000명의 그리스도교인이 있는 섬서성, 10개의 거주지와 51,000명의 그리스도교인이 있는 강남 지역이 포함되었다. 이 모든 거주지 중에서 가장 목회 부담이 큰 선교소는 상해에 있었는데, 그곳에서는 오직 1명의 사제와 1명의 보좌신부가 4만 명이 넘는 그리스도교인들을 돌보았다. 산서성 및 하남성에 있는 황하 유역에서 유일하게 중국 그리스도교인의 큰 소실을 보았다. 강주−포주 지역에서는 1640년 알폰소 바뇨네Alfonso Vagnone의 사망 당시 전쟁, 기근 및 반란 때문에 거의 8,000명에서 1660년대 초에 3,300명으로 줄었고, 개봉의 공동체는 완전히 파괴된 것으로 보인다.[72]

중국에서 80년 동안 선교 사역을 한 후에 예수회원들의 인내와 노력이 성과를 거두는 듯했다. 마테오 리치와 그의 초기 동료들이 자신들의 첫 중국인 대화자를 발견했는데, 명 제국의 붕괴가 분명히 이후 부관구의 개종 사역에 영향을 주지는 않았다.[73] 그들은 로마 장상들의 희망을 충족시키기 시작하였고, 고스윈 니켈Goswin Nickel 총장은

---

72 Luís da Gama, Triennial Catalogue, Vice-Province 1663, ARSI Jap-Sin 134 : 345r-346r.

73 David Mungello, *The Great Encounter of China and the West, 1500~1800*(New York, 1999), p.22와 비교할 것.

남부의 광동성, 광서성, 그리고 해남도의 지역을 시들어가는 일본 관구에 귀속시키기로 결정하였다. 부관구는 항상 이 지역들에서 문제를 만났는데, 총장은 이렇게 하여 중국 예수회 관리 범위를 정해주었다. 또한 이 조치는 예수회의 마카오 사역에 활력을 불어 넣어서 그 도시의 예수회 신학교를 중국 남부, 통킹Tonkin, 코친 차이나Cochin China, 라오스, 시암 및 캄보디아를 가로질러 뻗어나가는 새로운 선교 활동 중심지로 탈바꿈시켰다. 이 움직임은 중국 예수회원들의 책임에서 짐을 덜기는 했지만, 중국 그리스도교인 수와 선교사 수의 불균형을 의미 있게 해결하지는 못했다. 공교롭게도 부관구 구성원들의 노력으로 강풍이 불면 무너질 거대한 카드집을 지을 수 있었다.

제4장
성공에 수반되는 문제

1664년 봄, 중국 예수회원들은 상당히 높은 수준의 낙관론을 갖고 있다가 깊은 절망으로 나아갔다. 그렇게 짧은 기간 동안 자신들에게 닥친 일련의 불행을 되돌아보면서 선교사들은 오로지 놀라움만 표현할 수 있을 뿐이었다. 마누엘 호르헤Manuel Jorge는, 청조의 초기 통치 기간은 자신들에게 좋았지만, "평화는 평화가 아니었다. 그것은 기만적인 고요였고 가장된 안정이었으며, 반신반의한 온화함, 젖의 바다가 곧 눈물의 바다로 바뀔 그런 것이었다"라고 썼다. 갑자기 북경 예수회원들은 "모두 쇠 자물쇠가 달려 있는 길고 두꺼운 쇠사슬이 목과 팔, 발에 각기 세 개씩 묶여진 채 감옥으로 끌려갔다". 1665년 초, 모든 사제들은 수도에 소환되어 예부禮部가 그들에게 내린 판결을 들었다. 요한 아담 샬은 사형 판결을 받았고, 다른 사람들은 만주로 추방되었다. 수도를 떠나기 전에 각 사제는 대나무 막대기로 40번의 채찍질을 당했다. "두 번째 채찍질을 받을 수 없을 정도로 첫 번째 채찍질에서 사제들을 죽음에 이르게 한, 그렇게 잔인한 채찍질이었다." 나아가 예부는 교회 문을 닫으라고 명령했고, 천주와 그의 가르침에 대한 서적들, 성화들은 불태워졌다.[1]

역옥曆獄과 광주로의 추방Canton exile과 같이 잘 알려진 사건들은 예수회원들의 선교 사업을 거의 끝내버렸다. 다행히 갑자기 일어난 자연재해가 청 조정이 그들에게 내린 가혹한 평결이 완전히 실행되는 것을 막았다. 대신에 선교사들은 광동성으로 쫓겨나 마카오로의 추방을 기다렸다. 그러나 최종적으로 그들은 마카오로 추방되지 않았고 사면 받았다. 대신 광주에서 가택 연금되어 7년을 보냈다. 강희제가 왕위에 오른 후 북경의 정치적 바람이 바뀌었을 때, 황실 예수회원들은 자신들의 위치로 복직되었으며, 동료들은 지방 거주지로 돌아갈 수 있었다.

1670년대 초에 제국에 산산이 흩어져 있던 선교사들은 이전에 알고 있던 것과는 다른 일련의 사목적 과제를 만났다. 그들의 주요한 과제는 개종 사역으로부터 끊임없이 확장하는 그리스도교 공동체를 관리하는 것으로 바뀌었다. 더욱이 그들은 자신들이 쫓겨난 시기에 누적된 과중한 사목 부담을 완화시킬 수 있는 방법을 찾아야 했다. 예수회원들에게는 세 가지 방법이 있었다. 즉, 더 많은 과제를 중국인 보

---

1 Manuel Jorge, Breve Relação de como foy perseguida a Ley de Deus na China e seos pregadores desterrados nestes proximos annos de 1664, 1665, Canton, 28 January 1667, BAJA 49-V-15:197v, 206r, and 211r.

조자들에게 위임하는 것, 중국인 성직자를 세우는 것, 다른 수도회로부터 도움을 요청하는 것 등이었다. 그들은 과거와 미래의 성공이 철저하게 일치단결한 통일된 선교사 집단의 노력에 달려 있다고 믿었기 때문에 결국 세 가지를 모두 거부했다. 그러나 예수회원들이 고민하고 있는 동안, 새로운 걱정을 가져다 준 사건들이 통제할 수 없을 정도로 계속해서 생겨났다. 마닐라, 로마, 프랑스에서 온 경쟁자들이 중국 해안에 모였고, 곧 부관구에 돌진할 것이었다. 새로 도착한 사람들은 예수회가 오랫동안 유럽에서 선전한 사도적 영광에 참여하게 되었다. 중국 그리스도교에 대해 독점적 소유권을 갖고 있다는 예수회의 주장은 빠르게 끝나가고 있었다.

1. "번민의 시간"1664~1970

1664년에 시작된 일제 단속은 북경 밖에서 그리스도교인 공동체를 돌보던 선교사들이 미처 손을 쓸 수 없는 것이었다. 요한 아담 샬의 경쟁자들 중 한 명이 궁정에서 시작한 이 공격은 선교의 가장 취약한 지점을 파고 들었다. 1620년대 후반 이래 황실 예수회원들이 제국의 관료정치에 통합되면서, 그들은 첫 번째 관료 동맹자들로부터 선교의 안전에 대한 책임을 인수하기 시작했다. 1645년 샬이 흠천감의 감정監正이 된 후, 통치 엘리트들 사이에서 예수회원들에 대한 호의를 촉진시킬 중대한 임무가 그에게 떨어졌다.

요한 아담 샬은 순치제와 친구가 되어 중요한 궁정 관리에게 주어지는 존경에 대한 응분의 물질적 혜택을 받으면서 상당히 침착하게 그의 과제를 수행했다. 그러나 그는 자신의 명망과 기술이 예수회 중국 선교의 핵심이었다는 것을 전혀 의식하지 못했다. 그에게는 자신의 종교 수도회 내에서도 비방자가 많았다. 샬의 북경 동료인 가브리엘 드 마갈량이스Gabriel de Magalhães와 로도비코 불리오Lodovico Buglio는 중국 관리의 생활 스타일이 예수회 회원에게는 맞지 않는다고 느꼈다. 그들은 샬이 우상 숭배를 선전하는 방식으로 비그리스도교 황제를 기꺼이 섬기고 있다고 비판했다. 결국, 황력皇曆의 목적은 무엇이었는가? 불리오와 마갈량이스는 물론 다른 예수회원들도, 청조가 샬의 천문학적 데이터에 의존하여 제국의 의식儀式을 위해 길일과 불길한 날을 작성한다는 것을 알고 있었다.[2] 자크 르 포레Jacques le Faure와 프란체스코 브란카티Francesco Brancati와 같은 선교사들은 샬이 궁정에서 봉직했기 때문에 부관구가 확실히 혜택을 받았음을 지적하면서 그를 변호했다.[3] 그러나 예수회 장상들이 보기에 부관구는 샬이 봉록을 잃거나 궁정에서의 그의 명망을 잃는 것을 참을 수 없었다. 그들은 대신에 '주님의 더 큰 영광을 위해ad maiorem Dei gloriam' 샬의 관료 이미지와 선교사 이미지 사이의 모순을 견디기로 했다. 그럼에도 불구하고 그들은 샬의 궁정에서의 생활 방식을 질책하면서 그의 사치와 오만함에 대한 소문을 잠재울 수 있기를 바랐다.

---

2 Magalhães의 샬에 대한 비난에 대해서는 Antonella Romano, "Observer, Vénérer, Servir : Une Polemique Jésuite autour du Tribunal des Mathématiques à Pékin", *Annales : Histoire, Sciences Sociales* 59.4, July~August 2004, pp.729~756를 볼 것.

3 Francesco Brancati to Vincenzo Caraffa, Shanghai, 27 September 1650, ARSI Jap -Sin 142:125r-128v.

샬이 예수회 내에서 논쟁의 여지가 있는 인물이었다면, 심지어 그 밖에서는 더 그러했다. 그러나 문제는 그가 청나라 조정 정치에 들어간 것이 부관구의 운명과 관련되어 있었다는 것이었다. 새로운 외국 조정에서 자리를 차지하기 위해 경쟁하는 또 다른 기수騎手로서 샬은 불가피하게 불만을 품은 경쟁자들을 낳았다. 아마도 이 중국인 비난자들 중 가장 중요한 사람들은 1657년 샬에 의해 면직이 요청되고 실제로 그렇게 된 흠천감欽天監의 무슬림 천문학자들일 것이다. 이 경쟁자들은 부관구를 사실상 보호했던 제국의 수호자, 즉 순치제가 1661년에 죽은 다음 샬과 나머지 예수회원들을 따라 잡았다.

황력사건의 중심 선동자는, 샬의 선동으로 해고된 무슬림 천문학자 중 하나의 지인인 비주류 황실 인물 양광선楊光先, 1597~1669이었다. 양광선은 천문 관측 방법에 대한 샬의 독점적 통제를 개인적으로 혐오하고 거부하기 시작하더니 1659년에 비난을 내뿜기 시작했다. 그는 서양의 과학적 방법을 공격하고 그리스도교의 견해들을 조롱하는 일련의 책들을 썼다.[4] 그리고 그는 샬이 청나라에 위협이 된다고 비난하면서 군주에게 상소문을 올렸다. 양광선은 자신의 저술에서 문사층 담론의 언어를 사용하면서 황실에서 중국인과 외국인 관료의 영향력을 균형 맞추기 위해 유교 정통성의 옹호자를 자임했다.

섭정자 오보이가 미래의 강희제1661~1722 대신에 통치하고 있는 동안, 이러한 공격이 최고위 궁정 권력에서 호의적인 반응을 얻기 시작한 것은 1661년 이후였다. 마갈량이스가 샬에 대해 아이러닉한 변호

---

4   Ad Dudink, "Opponents", *Handbook*, pp.503~533 · 513~514.

를 할 때 양광선은 샬이 관장하는 흠천감이 잘못된 과학을 사용하여 황가皇家 영아의 매장을 위해 불길한 날과 장소를 택했다는 증거를 상소문에서 제공했다. 그리고 잇달아 순치제와 그 부인이 세상을 떠났다. 양광선은 분명히 이 불충한 행동은 조사할 만한 것이라고 여겼는데, 왜냐하면 이 외국 세력들이 더 큰 반역적인 행동을 획책하고 있는 것처럼 보였기 때문이다. 1664년 늦은 여름 섭정자는 이 사건을 예부에 보냈으며, 즉시 황실 예수회원들과 저명한 천문학자 이조백李祖白, 1662년에 세례 받고 1665년 사망을 포함하여 흠천감의 7명의 중국인 그리스도교 조력자들을 구금하게 되었다. 샬, 불리오, 마갈랴이스와 그의 젊은 동료 페르디난트 페르비스트가 중국 조력자들과 나란히 감옥에 앉았을 때 부관구가 중대한 위기에 처했다는 소식이 수도에서부터 퍼져나갔다.[5]

중국 전역의 신속하게 소식이 전해졌는데, 이와달리 중국 사법 기구의 바퀴는 예수회원들이 심한 처벌을 면할 수 있을 만큼 천천히 돌았다. 1664년 9월 15일 북경에서 그들의 동료들이 투옥된 직후 지방 선교사들을 수도로 소환하라는 칙령이 내려왔다. 소식이 강서성에 이르렀을 때, 프로스페로 인토르체타Prospero Intorcetta, 아드리엔 그렐론Adrien Grelon, 1618~1696, 그리고 피에트로 카네바리Pietro Canevari는 당국의 괴롭힘을 당하고 감옥에 갇힌 뒤 이송되었다. 절강성에서 발견된 4명의

---

5 曆獄에 대해서는 Harriet Zurndorfer, "'One Adam having driven us out of paradise, Another has driven us out of China' : Yang Kuang-hsien's Challenge of Adam Schall von Bell", Leonard Blussé and Harriet T. Zurndorfer, eds., *Conflict and Accommodation in Early Modern East Asia*(Leiden, 1993, pp.141~168)를 참조.

도미니크 회원과 1명의 예수회원 홈베르트 어거리Humbert Augery도 투옥되었다. 그러나 이 지역의 모든 사람들이 반역죄로 기소된 사람들에게 주어지는 모진 대우를 받은 것은 아니었다. 예를 들어, 회안에서 마누엘 호르헤Manuel Jorge를 압송할 책임을 맡은 관료는 그더러 ─ 무장호송을 받기는 했지만 가마에 앉아서 ─ 북경으로 이송될 날짜를 결정하게 하였다. 이나시오 다 코스타Inácio da Costa와 안토니오 드 구베아António de Gouvea도 마찬가지로 감시하는 사람 없이 복건성에서 수도로 갔으며, "병사나 호위자 없이, 심지어 관료에게 받은 명령 없이" 북상했다. 마찬가지로, 프랑수아 드 루즈몬트François de Rougemont, 필립 쿠플레Philippe Couplet, 프란체스코 브란카티Francesco Brancati, 펠리치아노 파체코Feliciano Pacheco, 그리고 자크 르 포레Jacques le Faure는 북쪽으로 보내지기 전에 소주蘇州로 소환되었지만, 지역 관리들은 그들이 도시의 선교소에 머물면서 그리스도교인들을 만날 수 있도록 성심껏 대우했다.[6] 1665년 여름 21명의 예수회원4명의 도미니크 회원 및 1명의 프란시스코 회원과 함께이 궁정에 도착했다.

1665년 4월 예부는 샬과 그의 공범자들에 대한 판결을 내렸다. 즉 흠천감의 주모자와 중국인 공범자들은 팔다리가 잘리고, 나머지 외국인들은 거의 죽음에 이르는 40대의 채찍질을 당한 후 추방되는 것이다. 그러나 당국이 이 판결을 준비하고 있을 때 하늘은 혜성을 떨어트림으로써 불만을 나타냈다. 그리고 나서 판결이 내려진 후, 지진이 수도를 강타하여 황궁의 담벼락 중 하나가 갈라졌다. 이러한 우연의 일

---

6 Jorge, Breve Relação, BAJA 49-V-15:427r-431r.

치로 일반 사면이 이루어졌지만 역모죄가 있는 사람들에게는 해당되지 않았다. 이조백李祖白과 샬의 다른 중국인 조력자 4명은 가장 가혹한 운명을 겪었고, 5월 중순에 참수 당했다.

특사特賜는 유럽인들, 특히 궁정 예수회원들에게 더욱 가치가 있었다. 샬에 대한 형량은 가택 연금으로 강등되었다. 마갈량이스와 불리오는 그들의 거주지인 북경의 동당東堂으로 보내졌고, 페르비스트 그리고 나중에 샬이 합류했다. 1665년 마누엘 호르헤가 샬과 페르비스트가 결박된 채 젊은 강희제를 위해 식蝕을 측산하도록 소환되어야 한다고 주장했지만, ― 양광선의 천문학자로서의 능력을 의심하면서 ― 왜 유죄 판결을 받은 예수회원들이 수도에 머무를 수 있게 되었는지는 불분명하다.[7] 확실히 양광선은 자신을 샬을 대신할 수 있는 자로 여기지 않았다. 흠천감에서 일하던 첫 해에 그는 사임할 수 있도록 허가해 달라는 5개의 상소문을 올렸다.[8] 북경에 소환된 도미니크 회원 중의 하나인 탁발 수사 도밍고 데 나바레테Domingo de Navarrete, 1618~1689는, 조정이 "중국의 국가 이익"을 고려하여 자신들이 연금을 받고 있기 때문에 궁정에 남아 있을 수 있었음을 암시했다.[9] 그런 식으로 그들은 여전히 쓸모가 있거나 혹은 청 조정의 공무에 대해 너무 많이 알고 있었기 때문에 그들을 쫓아낼 수 없었다. 아무튼 주범인 74세의 샬은 판결 후 1년 만에 죽고 말았다.

다른 선교사들의 상황은 다소 나아졌다. 우선, 그들은 감옥 대신 부

---

7 Ibid., 212v-214r.
8 Zurndorfer, "'One Adam,'" p.164.
9 Domingo Fernández de Navarrete, *Tratados Historicos, Politicos, Ethicos, y Religiosos de la Monarchia de China*, Madrid, 1676, p.350.

관구의 북경 거주지에 머무를 수 있었다. 1665년 9월 12일 최종 판결에서 처벌은 마카오를 통해 본토로 추방되는 것이었다. 확실히 호르헤는 선교와 관련된 사건에 전능한 존재의 손이 개입한 것을 목도하면서, 지진으로 인해 북경 교회의 한 건물 정면에서 십자가가 땅에 떨어지게 된 이유를 다음과 같이 설명했다. "이렇게 해서 하늘은 모든 사제들이 십자가를 지고 광주로 행렬을 지어 가야한다고 우리에게 말해주셨다." 그것은 실로 십자가의 길Via Dolorosa이었다. 사제들은 적절한 준비 없이 배를 타고 추운 겨울에 대운하를 따라 천천히 내려갔다. 1666년 3월 25일 광주에 도착한 지 한 달이 조금 지나서 이나시오 다 코스타Inácio da Costa는 혹독한 여행으로 병이 나서 죽었다.[10]

남경사건 때의 상황과 마찬가지로 예수회원들에 대한 추방 판결은 집행되지 않았다. 광주에 도착하자마자 그들은 예수회가 소유한 거주지에 구금되었다. 그러나 광동 당국이 선교사들에게 똑같이 적대적인 것은 아니었다. 더욱이 선교사들을 마카오로 추방하라는 명령을 부지런히 집행함으로 큰 상을 얻을 수 있는 것도 아니었다. 프랑수아 데 루즈몬트François de Rougemont가 기록한 것처럼, 유럽인들이 처음에 "끊임없이 애태우며 번민한" 까닭은 바로 지방관들 때문이었다. 그러나 그는 교난敎難 때문에 선교사들을 향해 생겨난 "악렬한 의도"가 선교사들에게 우호적인 순무巡撫에 의해 억제되었다는 것에 주목했다.[11] 도밍고 데 나바레테에 따르면, 이 순무는 자신이 포르투갈 식민지 마

10 Jorge, Breve Relação, BAJA 49-V-15:432v-435r.
11 François de Rougemont, *Relaçam do Estado Politico e Espiritual do Imperio da China, pellos annos de 1659 até o de 1666* , Lisbon, 1672, p.193.

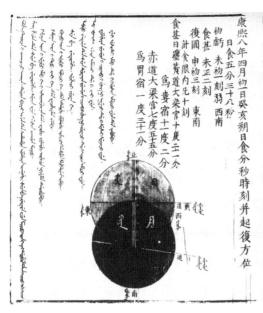

라틴어, 중국어, 만주어로 된 설명이 있는, 1669년 4월 29일 페르비스트의 일식 계산의
정확성을 알리는 팜플릿의 제목 페이지와 첫 번째 페이지.
출처 : Ferdinand Verbiest, Typus Eclipsis Solis anno Christi 1669 (Peking, 1669).

카오와의 분쟁을 처리하고 있으며, 그래서 수감자들을 자신이 개인적
으로 돌볼 것이라고 말했다.[12] 순무는 심지어 두 번이나 유럽인들에
게 그들의 비좁은 집을 넓히는 데 쓸 돈—원래는 두 사람만을 위한
방이 있었던 집에 22개의 칸막이 방을 세우기에 충분한—을 보내주
었다.[13] 선교사들은 자신들의 운명에 혼란스러워하면서 공부와 기도
로 시간을 보냈다. "우리는 매우 슬프고 우울한 세상의 삶으로부터
하느님의 세계로 갔다. 그곳에서 거룩한 율법을 공부하느라 자유를
잃어버렸지만, 그것 역시 좋았다"라고 나바레테는 썼다.[14]

관료들의 호의와 관료정치의 관성이 결합됨으로써 결국 예수회원

---

12 Navarrete, *Tratados*, p.350.
13 Andrea Lubelli, Breve Relação da Persiguição Geral, Canton[26 December
1666?], BAJA 49-V-15:287v.
14 Navarrete, *Tratados*, p.351.

들과 신자들은 자신들에게 가해진 제약을 푸는 데 도움을 받았다. 광주에 도착한 지 2년이 채 지나지 않아 그들은 도시를 돌아다닐 수 있는 자유를 얻게 되었다. 그들은 하루 종일 돌아다녀도 방해받지 않을 수 있었다.[15] 그러한 자유로 인해 중국 그리스도교인뿐만 아니라 마카오의 포르투갈 주인에게서 탈출한 아프리카인과 인도 노예들을 돌볼 수 있었다. 1668년 9월, 상대적으로 감시가 소홀해진 틈을 타서 예수회원들은 비밀리에 프로스페로 인토르체타Prospero Intorcetta를 유럽으로 보내 총장에게 부관구의 상황에 대해 보고하게 했다. 의심을 피하기 위해 선교사들은 밤이 되자 시칠리아인 프로스페로 인토르체타를 마카오에서 제국으로 잠입한 프랑스인 제르맹 맥레트Germain Macret, 1620~1676로 교체했다.

구금 기간 동안 북경 예수회원들은 최근에 일어났던 사건을 생각하면서 자신들의 명성을 회복할 계획을 세우는 기회를 가졌다. 역옥曆獄이 궁정에서 시작되었기 때문에 그들은 궁정에서 자신들의 과학적 능력을 입증하는 것으로 끝나기를 바랐다. 그들이 북경에 머물렀다는 사실은, 양광선이 그곳을 떠나게 되었을 때 흠천감으로 돌아갈 준비가 된 사람들이 있음을 의미했다. 기회는 양광선과 그의 무슬림 동료들이 신력新曆을 측산하는 일을 맡은 지 몇 년 후에 찾아왔다. 1668년 페르디난트 페르비스트는 궁정 예수회원들 중 수석 과학자의 역할을 맡았다. 그는 몇 차례 강희제에게 자신의 천문학적 역량을 입증했으며, 1668년 양광선이 측산한 역법이 부정확함을 드러냈다. 이듬해

---

15 Rougemont, *Relaçam do Estado Politico*, pp.193~194.

친히 통치를 하게 되자 강희제는 천문학자로서의 무능함과 사망한 샬에 대한 거짓 탄핵을 언급하면서 양광선을 직위에서 물러나도록 했다. 그리고 나서 그는 페르비스트를 흠천감의 감정監正으로 임명했다. 이 사건으로 인해 강희제와 젊은 황제의 개인적인 교사로 일한 플레미쉬 출신 사제 페르비스트를 둔 북경 예수회원들 사이에 새로운 우정의 시대가 열렸다.

1660년대 후반에 광주의 사제들은 선교 전략을 다시 검토하기 시작했다. 앞서 30년 전에 많은 수의 예수회원들이 한 곳에 모인 이후 많은 것들이 변했다. 가장 중요한 점은 부관구가 제국 전역에 사람들을 보내고 의미심장하게 성장한 그리스도교 공동체를 출범시킨 것이다. 매년 성찬을 받아야 하는 많은 중국 남성과 여성을 다루는 새로운 방법이 필요했다. 또한 동료들이 죽거나 이동했을 때 새로운 회원들이 순조롭게 업무를 인계 받을 수 있도록 새로운 교리 교육 방법과 표준화된 사목 실천을 고안해야 할 필요가 있었다. 사목적인 관심에 더해 예수회원들은 자신들이 더이상 중국에서 유일한 유럽인 성직자가 아니라는 현실에 직면했다. 1640년대 후반에 두 명의 프란체스코 회원이 산동성에서 선교 사역을 시작했으며, 도미니크 회원들이 복안福安 지역과 절강 남부에서 선교했다. 실제로, 광동에는 오로지 3명의 도미니크회 수사들만 있었는데, 다른 5명이 복건성 당국에 감지되지 않거나 간과되었기 때문이다.

사제들은 중국에서 그리스도교를 전파하기 위한 새로운 일반 전략에 관하여 세 종교 수도회 사이에 합의를 마련하고자 회의를 열었다. 1667년 12월 18일과 1668년 1월 26일 사이에 그들은 사제의 손을 필요로 하는 성찬을 여성들에게 줄 때 요구되는 주의 사항, 유능한 교리 교사 및 어린이를 위한 적절한 교리 선생에 대한 필요, 세례를 줄 때 사용하는 구절들, 불교의 금식 재계齋戒를 실천했던 개종자들이 불교의 이러한 습속을 완전히 버리게 할 것인지 등에 관한 주제에 대해 논의했다. 또 다른 주제는 선교사들 내부의 분열의 문제였다. 한 가지 분명한 것은 어떤 수도회도 청 당국에 다른 수도회를 비난하지 않는다는 동의에 이르렀다는 것이다. 회의 마지막 날, 모인 선교사들은 성 요셉을 중국의 수호성인으로 선포하는 데 만장일치로 동의하였다.[16]

순찰사 루이스 다 가마Luis da Gama, 1610~1672에 따르면, 광주의 선교사들은 논의된 41개 논점에 관해 대부분 호의적인 합의를 보았다. 그러나 가장 큰 걸림돌은 중국 전례에 대한 의견 차이였다. 예수회원들은 마르티노 마르티니가 확보한, 전례에 찬성한 1656년 교서가 세 수도회에 의해 모두 준수되어야 한다고 주장했다. 그러나 인원이 적은 도미니크회는 반대했다. 도밍고 데 나바레테Domingo de Navarrete와 안토니오 데 산타 마리아 카발레로Antonio de Santa Maria Caballero는 심지어 다 가마da Gama에게 자신들의 견해에 대해 서면 보고하면서 다 가마가 수하 회원들에게 마음을 바꾸라고 명령하도록 설득했지만 소용이 없었다. 그럼에도 불구하고 순찰사는 탁발 수사들이 여전히 이 문제로 예수회원들에게 말썽을 일으킬 수 있을 것이라는 우려를 표명했다. 다 가마는 1668년 예수회 총장에게 편지를 써서 "그들이 보

---

16 Pacheco, Praxes quadam discussae in pleno eotus 25 patrum statutae et decreta ad servandum inter nos in Sinica Missione uniformitatem, Canton[January 1668?], ARSI Jap-Sin 162:253r-255v.

고서를 로마에 보낼까 두렵다. 공자와 죽은 자를 위한 의식儀式은 다시 폐지될 것"이라고 하였다.[17] 순찰사는 산타 마리아가 1620년대부터 논쟁적인 용어가 있는 니콜로 롱고바르도의 금지된 텍스트의 일부분을 이미 예수회 입장의 통일성에 대한 증거로 로마에 보냈고, 나바레테가 중국 예수회원들의 책을 비판하기 위해 곧 유럽으로 떠날 것이라는 사실을 거의 알지 못했다.[18] 전례에 대한 의견이 결렬되었다는 관점에서 보자면, 광주에서 이루어진 일상적인 사목 사안에 대한 합의는 거의 의미가 없었다. 수도회들이 각기 자신들에게 좋은 쪽으로 결정이 되기를 희망하는 가운데 교회 당국과 유럽 대중에게 이 논제에 대한 견해를 제시하는 만큼 수도회들 사이의 분열은 더욱 커졌다.[19]

광주 회의에서 드러난 불화는 부관구의 사람들이 자신들의 그리스도교 공동체를 위한 새로운 통일된 절차를 발전시키는 것을 막지 않

---

17 Da Gama to Giovanni Paolo Oliva, Macau, 10 December 1668, ARSI Jap-Sin 162 : 239r.

18 산타 마리아는 (아마도 장 발랏 덕분에) 1660년대 초에 예수회원들의 산동 거주지에서 롱고바르도의 "Resposta breve"를 발견했다. 보고서의 2/3가 불에 탔는데, 서문―중국의 우주론에 대한 토론 및 논쟁이 되는 용어에 대하여 롱고바르도가 중국 문사와 대화한 것―은 다행히 완전했다. 산타 마리아는 선교 업무를 담당하는 로마 교회 기관인 포교성성 (Propaganda Fide)의 추기경들에게 라틴어 번역본을 보냈다. 이 텍스트는 예수회의 라이벌들에 의해 유럽에서 여러 언어로 출판되었지만, 책에는 그 주장들이 João Rodrigues, Sabatino de Ursis, Alfonso Vagone, Diego de Pantoja 등의 저작들 속에서만 올바르게 이해될 수 있다는 것을 독자에게 알려주는 롱고바르도의 경고가 없었다. 산타 마리아의 편지에 대해서는 Antonio de Santa Maria to Cardinals of the Propaganda Fide[Jinan?], 29 March 1662, APF Scritture Riferite nei Congressi, Indie Orien -tali Cina, 1:23r/v.를 볼 것.

19 1669년에 교황청이 전례에 대한 두 개의 상충하는 칙령을(1645년 및 1656년) 재차 긍정했을 때 문제는 더욱 혼란스러워졌다. 광주 회의에 대해서는 J. S. Cummins, *A Question of Rites : Friar Domingo Navarrete and the Jesuits in China,* Aldershot, 1993, pp.413~424를 볼 것.

았다. 청 제국에 있는 여러 국적의 사제들이 각기 다른 가톨릭의 영적 실천을 수행하는 것이 그들의 중심적인 과제였다. 중국의 그리스도교인 수가 본격적으로 증가하기 직전인 1630년대 초반에 일련의 부관구 법령이 구성되었기 때문에, 이 문제는 선교가 확장되어 가고 있는 장기간에 걸쳐 자연스럽게 발생했다. 비밀리에 회의가 진행되는 동안 광주 예수회원들은 자신들의 공동체의 신앙 협회를 네 부류로 줄이기로 결정했다. 즉, 수난 협회, 교리 협회, 자선 협회, 보다 더 광범위한 신앙 협회가 그것이다. 이 그룹들은 수난회, 천사회, 자비회, 그리고 성모회라는 표준적인 명칭을 사용하였다. 부관구장 펠리치아노 파체코Feliciano Pacheco는 또 다른 규정을 새롭게 마련했는데, 거기에는 (교리 교사 혹은 다른 그리스도교인은 할 수 없는) 사제들에게만 주어지는 설교에 대한 규정을 포함하여 미사 때 써야하는 특별한 모자의 의무적인 사용유럽에서 사제들은 머리에 아무것도 쓰지 않고 성찬식을 거행함, 세례 받은 후 예수회의 거주지에서 개종자들이 식사하는 것을 금지하는 행위 등에 관한 것이 포함되었다. 예수회원들은 또한 그리스도교인들에게 보낼 일련의 규칙을 작성하여 평신도 가톨릭 신자들의 의무와 중국에서 사용될 새로운 통일된 사목 관행을 명시했다.[20]

광주에 격리되어 있음으로 말미암아 예수회원들은 처음에 중국문화에 접근할 수 있었던 통로인 학술 사업에 다시 매진할 수 있게 되었다. 영혼을 위한 전장에서 본토 철학에 대한 지식을 자신들의 가장 가공할만한 무기로 보면서 예수회원들은 미래의 선교사들의 이익을 위

---

20 Hubert Verhaeren, trans. and ed., "Les Ordonnonces de la Sainte Eglise", *Monu -menta Serica* 4, 1939~1940, pp.451~477.

해 주요한 중국 경전 작품들을 번역하기 시작했다. 그리스도교인들의 숫자가 점점 늘어나고 있었고, 새로운 선교사들은 이 경전들을 정식으로 공부할 수 있는 시간이 나지 않았기 때문에 예수회원들은 로마자와 주석이 들어있는 판본을 만들었다. 그것은 또한 유교 사상에 대해 예수회가 획득한 통찰을 담을 수 있는 기회였다. 결국 예수회원들은 동아시아 전역에서 선교사들이 사용할 수 있도록 1662년 프로스페로 인토르체타가 번역한 『논어』와 『중국의 지혜 Sapientia Sinica』라는 제목의 『대학』 번역본을 보충하여 『중국의 정치윤리학 Sinarum Scientia Politico-Moralis』이라고 불리우는 보다 확장된 판을 내기로 결정했다. 1667년 이 책의 제1권이 광주에서 출판되었고, 제2권은 인토르체타가 인도를 거쳐 유럽으로 향한 1년 후인 1670년 고아에서 출판되었다.

광주에 머무르는 기간이 몇 달에서 몇 년으로 늘어남에 따라 예수회원들은 자신들의 시련이 어떻게 끝날지 불확실해졌다. 북경에서 온 소식은 고무적이었지만, 그들은 페르디난트 페르비스트가 요한 아담 샬의 예전의 지위로 올라가는 것이 필요했다. "훼손시키지 말고 각 지역의 관료들이 폐쇄하고 보호해야 한다"는 제국의 법령에 맞춰 성소와 거주지들은 손상되지 않고 그대로 있다는 소식이 광주에 도착했다.[21] 궁정의 관료 지인들은, 오보이가 어린 강희제가 왕위에 올랐을 때 혹독한 보복을 받을 것을 두려워하여 예수회원들의 교회를 파괴하지 않았다고 에둘러 말했다.[22] 오로지 북경의 교회들만이 고통을 겪

---

21 Da Gama to Giovanni Paolo Oliva, Macau, 25 October 1667, ARSI Jap-Sin 162: 196v.

은 것처럼 보인다. 즉, 동당東堂은 문을 닫았고, 한 예수회원이 썼듯이 "성스러운 장소에 맞지 않는 연회들, 오락들, 그 밖의 다른 것들" 때문에 양광선은 샬의 거주지를 사용하기 위하여 그것을 접수했다.[23]

선교사들에게 더욱 중요한 관심사는 그리스도교인들의 영적인 지원이었다. 광주에서의 구금 상태가 느슨해지면서 그들은 신도회의 지도자에게 서신뿐만 아니라 새로운 규장規章들을 보낼 수 있었다.[24] 그러나 이 광주 예수회 사제들의 시각에서 보자면 5년은 자신들의 양들을 성찬으로부터 떨어져 있게 한 참을 수 없이 긴 시간이었다. 그러나 중국 전역을 돌면서 그리스도교인들을 방문할 수 있었던 한 사제가 있었다. 이 사람은 복건성 복안福安에서 태어나 마닐라에서 교육받은 중국인 도미니크 회원인 그레고리오 로페즈Gregorio López 나문조羅文藻 1617~1691였다. 예수회원들은 나문조가 강남 지역의 신자들을 부단히 방문했기 때문에 매우 감격해했다. 그러나 한 사제가 초인적인 노력을 기울이기는 했지만, 선교사들이 중국 전역에서 세례를 준 수천 명의 사람들―그들의 부재 동안 그리스도교인 부모들에게서 태어난 아이들은 말할 것도 없고―의 신앙을 유지하기에는 결코 충분하지 않았다.

나문조가 제공한 긴요한 역할 외에 예수회원들은 평신도 조력자들의 도움에 의지했다. 광주에서의 유배 기간 동안 교리 교사들과 지역 그리스도교 지도자회장들이 신도회에서 점점 더 중요한 역할을 하기

---

22 Lubelli, Breve Relação da Persiguição Geral, BAJA 49-V-15:287v.

23 Jorge, Breve Relação, 435r.

24 Luís da Gama to Giovanni Paolo Oliva, Macau, 25 October 1667, ARSI Jap-Sin 162:196v

시작했다. 천주교의 신자 수는 증가하고 있는데 사제들 수는 정체되어 있었기 때문에, 예수회원들은 이들과 같은 조력자들에게 자신들의 큰 목회 책임의 일부를 위임해야 했다. 사제들이 자신들에게 부과된 임무를 또 다른 상황 속에서 쉽게 넘겨 줄 수 있었던 것은 분명히 조력자들이 교리를 가르치거나 동료의 도덕적, 영적 진보를 감독하는 것과 같은 중요한 임무를 잘 수행했기 때문이다. 1667년 순찰사 다 가마da Gama는 로마에 보고하면서, '회장'이 어떻게 선교사들이 제정한 경건 생활의 일정들을 유지하는 데, 특히 상해와 같은 보다 더 큰 공동체에서 얼마나 중요한지를 입증했다고 언급했다. 1670년 예수회원들은 자신들의 교회가 최근의 격렬한 박해 가운데에서 살아 남았다는 소식을 유럽에 보내며 자랑할 수 있었다. 즉 "제국 전역에서 새로운 개종자들은 평화와 열정, 성실함 속에서 살고 있다. 그들은 아주 겸손하게 자신들의 협회에 모인다. 게다가 지역 지도자들의 부지런함 때문에 매일 그리스도교인들의 수가 늘어나고 있다".[25]

이처럼 광주에서의 구금으로 말미암아 개종 사역의 책임이 결정적으로 외국인 예수회원들에서 중국 그리스도교인으로 넘어갔다. 교리 교사의 역할을 맡은 이 중국 그리스도교인들은 적극적으로 개종자들을 찾고, 새로운 그리스도교인에게 세례를 주고, 그리스도교 주제에 관한 새로운 저작들의 출판을 감독하였다. 예수회원들이 1670년 12월에 사면을 받고 집으로 돌아왔을 때, 자신들이 없는 동안 공동체의 규모가 커졌다는 것을 알게 되었다. 변화는 강남 지역에서 가장 분명

---

[25] Bartholomeu de Espinoza to Giovanni Paolo Oliva, Macau, 9 December 1670, in Rougemont, Relaçam do Estado Politico, 228.

하게 나타났다. 상숙常熟에서 프랑수아 드 루즈몽François de Rougemont은 자신의 교리 교사들이 300명의 새로운 세례를 책임졌다고 주장했다. 상해에 있는 사람들은 훨씬 더 적극적이었는데, 프란체스코 브란카티 Francosco Brancati는 자신의 양들 속에 거의 천 명의 새로운 그리스도교 인이 추가되었다고 기록했다.[26] 이것은 천주교 포교와 예수회원들의 관계가 그 성격상 크게 변화되었음을 알려주는 첫 번째 신호였다. 선교 교회가 5년간의 유배를 포함하여 본격적으로 성장하기 시작한 이래 비교적 짧은 40년의 기간 동안 예수회원들은 그 역할이 새로운 종교의 주요 전파자들에서부터 부단히 확장되어가는 그리스도교인 공동체에 대해 과중한 짐을 진 관리자들로 변화된 것이다.

2. 균열 중에서의 분투1671~1687

1660년대 후반에 나타난 페르디난트 페르비스트 및 다른 궁정 예수회원들에 대한 제국의 호의의 표시는 광주 유배가 끝나가고 있음을 알리는 전조였다. 1671년 3월 구금된 사제들은 광동성을 떠나 선교소로 돌아가도록 허락받았다. 예수회원들에게 있어 페르비스트의 과학 및 자신들의 자유를 인정한 궁정의 선언은 큰 개가凱歌였으며, 축하받고 홍보되어야 할 승리였다. 그러나 이 문서는 그리스도교에 대한 용인을 선포하거나 선교사들이 자유롭게 종교를 전파할 수 있다고 선

---

26 Noël Golvers, François de Rougemont, SJ, *Missionary in Ch'ang-shu(Chiang-Nan) : A Study of the Account Book(1674~1676) and the Elogium*, Leuven, 1999, pp.27~28.

언하는 것에는 이르지 못했다. 사실, 거기에는 그들이 이미 확보한 신자들과 함께 신앙 생활을 할 수는 있지만, 새롭게 개종을 시키는 행위는 금지된다고 기술되어 있었다. 더 나아가 중국인 그리스도교인들은 집회를 개최하고 아뉴스 데이agnus dei, 노미나nominas 또는 베로니카 veronicas와 같은 성물을 착용하는 것이 금지된 상황을 맞이하게 되었다.[27] 이러한 제약들과 자유가 섞여 있었기 때문에 처음에 예수회원들은 각 성省의 관부官府에서의 자신들의 위치에 대해 당황했지만그들은 그런 제약들이 전형적으로 이단으로 여겨지는 종파에 부과된 것이라는 것을 알고 있었다. 그들은 곧 황제의 호의의 표시가 갖는 장점을 알게 되었다. 강희제 자신이 그들의 후원자가 되자, 이 칙령에 들어있는 덜 유리한 조항을 강행하려는 시도는 이루어지지 않았다.

예수회원들은 자신들이 어떻게 자유를 얻었는지에 대해 잘 알고 있었다. 그들은 부관구의 운명이 명백하게 황제의 호의에 달려 있다는 것을 알고 있었다. 비그리스도교 통치자에 대한 동료들의 과학적 복무에 대해 특정 예수회원들이 갖고 있던 불안은 이 새로운 현실에 직면하면서 사라졌다. 따라서 예수회원들은 청 황제와의 관계를 강화하기 위해 조정에 자신들의 제한된 인력 자원을 더 많이 배치하였다. 1671년 도밍고 데 나바레테가 유럽으로 떠나자 이 도미니크 회원을 대신하기 위해 광주에 갔던 피에몬테이탈리아 북서부의 주 선교사인 클라우디오 필리포 그리말디Claudio Filippo Grimaldi, 1638~1712는 북경으로 가서

---

27 번역은 H. Bosmans, ed., "Les Lettres Annuelles de la Vice-Province de la Compagnie de Jésus en Chine, Année 1669 par Adrien Grelon", *Revue Trimestrielle pour l'Étude des Antiquités de la Flandre* 62, 1912, pp.15~61, pp.58~61.

불리오Buglio, 마갈량이스Magalhães, 페르비스트 그룹에 합류했다. 포르투갈 사제인 토메 페레이라Tomé Pereira, 1645~1708는 2년 후 그의 음악적 능력으로 황제를 기쁘게 하기 위해 북경으로 파견되었다.

북경 예수회원들이 강희제에게 한 건의는 그들에게 멋진 보상을 가져다 주었고, 그들이 얼마 전에 있었던 유배의 치욕을 극복하는 데 도움이 되었다. 황제가 예수회에 호의를 베풀었다는 것은 1675년 7월 12일 황제가 친히 그들의 거주지를 방문한 것에서 가장 잘 나타난다. 강희제는 권속 및 신하들과 함께 교회를 방문한 후 선교사 숙소와 정원을 방문했다. 가브리엘 데 마갈량이스에 따르면 황제는 성소에 들어가면서 "훌륭하게 조화를 이루었고, 대단히 깨끗하다!"라고 찬탄하였다. 그곳에서 강희제는 벽에 걸려 있는 십계명과 7가지 영적 자선 행위에 관해 쓴 자비의 행위들Works of Mercy의 구절들을 읽었다. 성소 밖에서 황제는 그리말디가 설계한 길을 따라 정원의 경관을 참관하면서 "참으로 진기하고 독창적인 디자인" 방식에 감탄하였다. 그러나 강희제 후원의 가장 큰 의미는 그가 선교사들에게 내린 어필御筆 비문에서 드러났다. 이 행동은 성직자들에 대한 황제의 태도에 따른 것이었는데, ― 같은 해 강희제는 54번째 정일도正一道 도사인 장계종張繼宗에게도 친히 제사題詞를 써주었다 ― 예수회원들은 그것을 강희제가 종교인에 대해 존경을 품고 있는 것으로 여겼다. [28] 불리오의 방에 있는 사제들 앞에 서서 그는 "경천敬天"이라고 썼다. 다음 날 그는 유교의 격언들을 크게 써서 선교사들에게 보내 교회 정면에 걸도록 했고, 사

---

[28] Monica Esposito, "Qing Daoism", Livia Kohn, ed., *Daoism Handbook,* Leiden, 2001, pp.623~658 · 625.

제들을 초대하여 황궁 정원에서 함께 말을 탔다.[29]

예수회는 잠재적 경쟁자들이 자신들이 황제와 밀접하게 접촉하고 있는 것을 알도록 재빨리 움직였다. 북경 거주지에 걸려 있는 경천敬天 비문의 복제본을 제국 전역에 있는 교회에 빠르게 걸어 놓았다. 그런데 이렇게 예수회원들이 궁정에서 자신의 지위를 되찾자 그들에게 또 다른 곤경이 생겨났다. 선교사들이 천天을 그리스도교 신에 대한 수용 가능한 용어로서 포기한 지 40년이 지났지만, 그들은 강희제의 호의를 널리 선양하지 않을 수 없었다. 마찬가지로, 그들은 1677년 가브리엘 데 마갈량이스가 죽었을 때 강희제의 은혜로 궁정의 장례에 준하는 장례식을 치르게 된 것을 거부할 수 없었다. 예수회원으로서 마갈량이스가 가난을 서약했다 할지라도, 그의 동료들은 화려한 장례식을 치르기 위해 황제가 하사한 이백 냥의 돈을 사용해야 했다. 다시 한 번, 예수회원들은 과시의 필요성과 그들의 사목적 의무를 조화시킬 수 밖에 없었는데, 이는 후자에게 불리하게 작용했다. 마갈량이스의 초상화와 강희제의 만가輓歌로 장식된 노란색 깃발 등 황궁 의식儀式의 장식들은 사제들의 영혼을 위해 기도하러 왔던 수십 명의 가난한 그리스도교인들에게 자부심을 주었다.[30]

그러나 강희제의 호의를 얻기 위해 부관구가 지불한 비용은 참으로

---

29 Gabriel de Magalhães to João Cardoso, Peking, 6 September 1675, BAJA 49-IV-16:159r-160v. 비문의 날짜는 혼란을 야기한다. 마갈량이스는 강희제가 1675년 7월 12일에 방문했는데, 자신이 다음 날 예수회원들에게 보낸 문건에는 "신해년(辛亥年)"이라고 적었다고 말한다. 그는 강희제가 비문을 "4년 전"(1671년)에 작성했지만 그들에게 늦게 준 것이라고 주장했다.

30 Tomé Pereira, Relação Breve da Morte e Enterramento do Padre Gabriel de Magalhães, Peking, 25 June 1677, BAJA 49-V-17:565r-568v.

막대했다. 5명의 회원들을 궁정에 배치함으로써 지방의 역량은 약화되었고 1670년대에 이르렀을 때 선교 사역은 거의 사분오열되었다. 이 시기 20년 동안 중국 그리스도교인에 대한 사제의 비율이 가장 낮은 지점에 도달했다. 1675년에 부관구는 17명의 유럽인 사제들과 3명의 중국인 보좌신부가 110,000명 이상의 그리스도교인들을 돌보도록 했는데, 그 중 극히 일부만이 북경 근처에 살았다.

광주에서의 구금 소식으로 부관구의 인력 공급 라인은 말라버렸다. 1657년 마르티노 마르티니는 신입 회원들이 고아에 남아 학교 교육을 마치도록 하였는데, 박해 소식이 인도에 이르자 그들은 다른 임무로 옮겨졌다. 더 안타까운 것은 유럽에 전해진 선교사들의 구금 소식으로 말미암아 ─ 유감스럽게도 그들의 마음에 순교가 아닌 ─ 중국에서 복무하겠다는 청원을 고려한 후보자 수가 줄어들었다. 1671년에 광주에서 풀려났음에도 불구하고 부관구의 사람들은 절망적일만큼 거의 없었다. 1678년에 그들은 15명이었고, 1680년에 예수회 대리인 프로스페로 인토르체타Prospero Intorcetta의 귀환으로 그들의 수는 20명으로 증가했다. 1688년 총계는 다시 한번 17명으로 내려갔고, 그들이 일군 선교 현장을 담당하기에는 숫자가 너무 적었다.[31] 미봉책으로 부관구는 충분한 사람들을 둔 일본 관구에서 사람들을 "빌려" 오기로 하였다.

1670년대와 1680년대에 만성 사제 부족이 선교 사업의 발전에 어떤 영향을 미쳤는가? 우선, 예수회원들은 설교를 통해 그리스도교를

---

31 Triennial Catalogue, Vice-Province 1678, 1680, and 1688, ARSI Jap-Sin 134: 362r-371v.

전파하거나 변증에 전념하거나 혹은 세례를 주는 임무와 거리를 두게 되었다. 열성적인 그리스도교인들이 광주 구금 기간 동안 전도하는 임무를 맡았는데, 이런 추세가 이 기간 동안 진행되어 천주교의 전파 경로가 전체적으로 바뀌었다. 예수회원들이 전부터 짊어지고 있던 사목 부담은 글쓰기에 도움이 되는 생활 방식을 가진 북경 예수회원들을 제외하고 예비 개종자들을 위해 새로운 텍스트를 쓰는 작업을 감당할 수 없는 사치로 만들었다. 지방 선교사들은 급증하는 수많은 그리스도교인들이 최소한의 영적 인도를 받고 있는지 여부를 추적하는 일에 지쳐 있었다.[32] 그러나 전체적으로 볼 때 이전에 예수회원들 단독으로 전파한 종교 메시지는 이제 친족 관계망과 지인들 사이에서 퍼져나갔다. 그리스도교는 선교사들이 걸은 길을 따라 움직이거나 인쇄물을 통해 확산되기보다는 아버지에게서 아들로, 어머니에게서 딸로, 친구에게서 친구로 전해졌다.

선교사들이 통제권을 양보한 곳에서는 그리스도교인 공동체의 지도자들이 그 자리를 대신했다. 1670년대에 이 사람들은 더이상 새로운 개종자들이 아니라 개종자의 후손들이었다. 공동체에서 그들이 맡은 가장 중요한 역할은 사제가 없을 때 기도의 시간들을 조정하는 것이었다. 그러므로 선교 교회의 공동 영적 생활은 주로 매일 또는 매주 미사가 아닌 기도의 일과로 구성되었다. 예수회원들이 있었을 때 조차도 응창 기도를 암송하는 것이 가장 널리 사용되는 평신도 경건의 형태였다. 확실히, 트렌트 공의회에서 정하고 예수회가 장려한 평신

---

32 1674년에서 1676년까지의 Golvers, François de Rougemont, 특히 pp.186~204에 있는 François de Rougemont의 영적 일기를 볼 것.

도 가톨릭 경건을 위한 기준에 따라 기도 집회는 유감스럽지만 정기적인 성찬과 사제 가까이에서 사목 감독을 받는 것을 대체하였다. 중국 예수회원들은 이 사실을 잘 알고 있었지만, 이러한 평신도 집단은 공동체가 지원군을 기다리는 동안 자신들의 공동체를 유지시킬 수 있는 가장 좋은 수단이라는 것을 깨달았다. 그러나 그렇게 열정적이지 않은 교회 당국의 관점에서 볼 때, 감독을 받지 않은 평신도 신앙 조직은 선교사가 위험스럽게도 사제의 책임을 포기하는 것을 의미했다. 즉, 신학적 훈련을 받지 않거나 성직자 계급이 아닌 남녀에게 영적 책임을 허용하는 예수회원들의 위험스러운 습관으로 해석될 수 있었다. 유럽에서는 세속 교회 감독의 지칠 줄 모르는 눈으로 평신도 신자들이 과도하다는 것이 인지될 경우 그 상황을 포착할 수 있었지만, 부관구에는 중국 가톨릭 신자들을 감시할 교회 조직체는 존재하지 않았다.

1670년대 강남 지역 그리스도교인에 대한 설명에 따르면, 각 도시에서 공동 기도를 조직하기 위해 남성 지도자가 선출되었다. 회중들이 모일 때, 그는 십자가 성호를 그은 다음 "보편 교회의 관례에 따라 성인들에게 하는 탄원기도를 천천히" 하였다. 예수회원들에게 있어서 이런 탄원은 그들이 교리의 요점을 정교화하고 삼위일체, 동정녀, 천사들, 성인들에 대해 반복적으로 언급함으로써 회중들이 신앙의 주요한 내용들을 기억하게 할 수 있었기 때문에 특히 유용했다. 뒤를 이어 계속해서 "황제, 신하들, 제국 내 평화와 땅의 열매"를 위해 탄원기도를 드렸다. 나아가 "(교황을 위해 설계된) 거룩한 율법의 황제", 그리스도교의 전파, 이단의 근절, 사제, 중국 그리스도교인 및 죽은 자의 영혼을 위한 탄원이 이루어졌다. 이 의식에서는 끝날 때 주기도문

Paternoster과 아베 마리아Ave Maria를 암송하였으며, 무릎 꿇고 5번의 절을 하면서 천주와 성모에게 짧은 기도를 드렸다.[33]

대부분의 평신도 지도자의 정체성이 모호하지만, 적어도 한 명의 분명한 상징적 인물이 살아남았다. 이 사람은 서광계徐파울로의 손녀이자 허찬증許纘曾, Basílio Xu Zuanzeng의 어머니인 캔디다 서Candida Xu, 1607~1680였다. 그녀의 고향인 송강과 상해 근처 거주지에서 10년간 거주한 캔디다의 고해성사 신부인 필립 쿠플레Philippe Couplet가 쓴 전기를 보면, 그녀는 예수회원들이 생각한 중국 그리스도교 평신도에 대한 이상을 구현한 것으로 나타난다. 캔디다는 매번 나타날 때마다 묵주와 신앙의 다른 외적 상징물을 갖고 있었다고 한다. 그녀는 항상 성수, 십자가, 야누스 데이 펜던트, 신성한 종려나무 잎, 성물聖物에 대한 존경심을 나타냈다. 개인적인 고행실천으로 그녀는 집에서 채찍질을 수행했는데, 아마도 다른 여성 그리스도교인들과 함께 했을 것이다. 쿠플레에 따르면, 그는 그녀가 "고령이라 쇠약하기 때문에" 경건 생활에서 금욕을 하지 말아야 한다고 느꼈으나, 그녀는 더 엄격하게 경건 생활을 하였다.[34]

경건 생활과 관련된 사례 외에도 캔디다는 1650년대부터 1670년대까지 선교에 후한 재정적 기부를 했다. 그녀는 예수회원들이 새로운 저술들을 출판할 때 돈을 대면서 이 책들을 여성 교리 교사들에게 보급하도록 했는데, 이로써 송강 지역의 여성들에게 천주교를 전파하

33 Philippe Couplet, *Historia de una Gran Señora Christiana de la China, llamada Doña Candida Hiù*, Madrid, 1691, pp.88~90.
34 Ibid., pp.85·146·36.

는 데 도움을 주었다. 쿠플레는 그녀가 묵주, 성화 및 그 지역 그리스도교인들에게 주어지는 또 다른 성물들을 구입했기 때문에 강남 해안 지역에 있는 "모든 신도회의 어머니"라고 불렀다. 캔디다는 또한 상해 지역 교회들의 장식을 위해서도 기부하였는데, 특별히 상해 지역의 주교당을 위해 "마카오와 고아의 가장 유명한 화가"에게 그림을 의뢰하였다. 그리고 쿠플레가 1680년 예수회 대리인으로서 유럽에 갔을 때, 그녀는 로마의 제수Gesù에 있는 성 이그나시우스 예배당을 위해서는 금 성배, 그리고 고아에 있는 성 프란시스 사비에르 무덤 및 리스본, 메헬렌, 파리, 로마에 있는 예수회 교회에는 자수 작품을 기부하였다. 이런 것들은 가톨릭 귀족 여성에게 잘 맞는 행동이었다. 쿠플레는 자신의 저작을 유럽에서 출판하면서 그 저작을 자연스럽게 이 여성에게 헌정했다.[35]

청초 예수회 그리스도교인들 가운데 캔디다만큼이나 후한 후원자는 드물었다. 공동체 지도자들은 종종 자신들의 동료 신자들보다 다소 더 높은 사회적 신분을 갖고 있기는 했지만, 일반적으로 세속적 부보다 종교적 열심이 더 많았다. 그러나 그들은 영적인 부를 나눔으로써 예수회원들이 동료 그리스도교인들에게 가장 중요한 공헌으로 생각한 것을 만들어냈다. 1670년대와 1680년대에 예수회원들은 지역 그리스도교 공동체 지도자들이 신도들에게 고행과 성찬례에 대해 더 큰 갈망을 북돋고 있다는 것을 감지했다. 분명히, 이렇게 가톨릭 전례에 대해 요구가 증가한 것은 부분적으로는 그것들을 베풀 수 있는 사

---

35 Ibid., pp.44·41·86·138.

제들의 부족 때문이었다.

성찬에 대한 이러한 욕망은 의심할 여지없이 선교 교회에서 집단 신심의 중요성이 높아졌기 때문이었다. 수난회에서부터 성모회라 불리우는 "본당 신자들"까지 모든 신앙 단체의 회원은 성찬을 정기적으로 받아야 했다. 17세기 중반에 이 단체들이 중국에서 가톨릭 신심을 표현하는 데 중심적인 역할을 했을 때, 그와 관련된 사목적 필요가 중심 문제로 대두되었다. 예를 들어, 1640년대 후반 마르티노 마르티니는 성찬을 받는 것이 "나이가 들었거나 보다 잘 훈련 받은 그리스도교인들 외에는 평소 일반적으로 행해지지 않는 것"이라고 언급했다.[36] 그러나 1680년대에는 성찬을 받는 것이 훨씬 더 일반화되었다. 그 당시 1680년대 초반에 강서성의 한 예수회원에게 있어서, 가톨릭 의식에 참여하려는 이러한 일반적인 결심과 욕구는, 특히 죽음의 시간에 "그리스도교인들 대부분의 신앙이 거짓이 아니라 견고하고 진실되다는 명백한 증거였다".[37]

신자들의 그러한 신심의 표현은 확실히 중국 예수회원들의 마음에 힘을 불어 넣어주었다. 그러나 성찬례를 간절히 바라고 있는 새로운 그리스도교인들은 청나라 전체에서 (가장 남쪽 지방은 제외하고) 20명도 안 되는 사제들에게 부과된 또 하나의 사목적 부담이었다. 한 통계에 의하면, 예수회원들 교회는 1663년 105,000명에서 1695년 약 20만명으로 30년 동안 거의 두 배로 규모가 커졌다.[38] 이것은 부관구에

---

36 Martini, Partial AL Hangzhou Residence 1648, Hangzhou[1648?], BAJA 49-V-13:609r.
37 [Adrien Grelon?], Rol das Christandades que tenho a minha conta[Ganzhou?, 1681?], ARSI Jap-Sin 112:39r.

게 엄청난 조직 구성의 과제를 부과했는데, 선교사들은 가장 합리적으로 사제적 노력을 기울여야 했다. 예를 들어, 1680년대 말 상해 근처의 숭명도崇明島에서 시몽 로드리게스Simão Rodrigues, 1645~1704는 수많은 그리스도교인들을 8개의 작은 예배당과 2개의 교회를 중심으로 단체를 조직했다. 이런 식으로 그는 1688년에 6주 동안 섬에 머무르면서 최대 한도로 일을 했다. 즉 그는 250명의 그리스도교인들에게 세례를 주었고, 또 다른 사제 프랑수아 노엘François Noël, 1651~1729과 함께 1,300명의 신도들에게 성찬식을 시행하였다.[39]

교리 주입 노력도 비슷한 방식으로 이루어졌다. 예수회원들은 선교 현장에 오기 전 유럽 예수회 신학교에서 수업을 관리했던 것처럼 자신들이 경험했던 학생과 교사로서의 집단 경험에 의지하여 그리스도교인들의 그룹을 나누었다. 예를 들어, 1687년에 호세 소아레스José Soares, 1656~1736가 산서성의 한 마을에서 3일간 있었는데, 그 때 그는 많은 그리스도교 어린이들이 기도를 잘 모른다는 것을 알게 되었다. 그리하여 그는 부모들에게 지역 예배당에 모여 "일부 사람들이 가르치면 다른 사람들은 함께 따라서 배울 수 있도록" 권고했다.[40] 그러나 강남 해안 지역에서는 그런 과제는 예수회원들의 개인적인 능력을 넘어서는 것이었다. 송강 지역에서 에마누엘레 로리피스Emanuele Lauri -fice, 1646~1703는 40개 성회의 8명의 회원들에게 몇 개월마다 그들 지역에 있는 모든 그리스도교인들을 방문하도록 하였다.[41] 매년 모든

38 Nicolas Standaert, "Chinese Christians", *Handbook*, pp.380~403 · 382.
39 Juan Antonio de Arnedo, AL Vice-Province 1685~1690, Ganzhou, 30 November 1691, ARSI Jap-Sin 117:238r.
40 Soares to Antoine Thomas, Jiangzhou, 29 April 1687, BAJA 49-V-20:69v.

마을에 가는 것이 불가능하다는 것을 인정하면서 로리피스는 이 사람들에게 교리를 가르치고, 어린이들에게 세례를 주고, 약한 자를 돌보고, 성찬이 절실히 필요한 사람들만 자신의 거주지로 올 것을 권고하도록 하는 임무를 부여했다.

3. 사제와 신도들1672~1690

예수회원들이 처음으로 인력 부족에 대해 불만을 토로한 후 수십 년 동안 몇 가지 해결책이 나왔다. 가장 분명한 것은 중국인 성직자를 서품하는 것이었다. 마테오 리치가 마카오인 보좌신부를 대동하고 제국에서 존재를 확보한 때부터 본토 조력자들이 예수회원들을 도왔다. 이 본토 예수회원들은 연학수사硏學修士가 아니라 평수사로서 서원했다. 다시 말해, 그들은 사제가 될 공부를 하려고 했던 것은 아니었다. 그들이 수도회에 합류했을 때 그 역할은 선교의 세속적인 업무와 관련된 일들을 수행하는 것으로 크게 제한되었다. 전체적으로, 1580년대와 1680년대 사이에 선교를 도운 중국 평수사들은 많지 않았다. 그러나 어느 순간이든 두 세 명은 있었다. 분명히 사제들은 청 제국의 수천 명의 남성 신자들은 말할 것도 없고 열성적인 교리 교사의 그룹에서 몇몇 훌륭한 사람들을 뽑아내어 인원을 보충할 수 있었다.

중국인 사제의 서품은 예수회원들이 여러 차례 중요한 고비마다 고

---

41 Juan Antonio de Arnedo, AL Vice-Province 1685~1690, Ganzhou, 30 September 1691, BAJA 49-V-19:669v.

려한 내용이었다. 이 문제는 1610년대에 일본 예수회원들이 소수의 본토 사제에게 서품하는 선례에 비추어 처음 제기되었다. 그러나 그 당시 선교 사업이 잘 진행되고 있는 것처럼 보이기는 했지만, 중국 선교사들은 자신들의 선교가 동아시아의 상대편일본과 같은 극적인 방식으로 발전하는 것을 보지 못했다. 로마에 있는 예수회 장상들이 중국 예수회원들에게 중국인 회원을 받아들이는 것이 필요한지 물었을 때, 그들은 개종자들의 수가 너무 제한되어 있어 필요하지 않다고 대답했다. 1610년대와 1620년대 선교에서 가장 중요한 것은 그들이 충분한 "마카오의 아들들"을 가지는 것이었는데, 그들은 포르투갈 식민지에서 태어나 현지 예수회원들에게 교육 받은 중국인 혹은 혼혈인들이었다. 부관구는 다양한 거주지에서 그들의 시중과 도움에 의지하기는 했지만, 그들을 사제로 서품할 만한 필요는 없었다.[42] 일본 선교의 난파 속에서 일본 선교단에서 복무했던 본토 배교자들과 파괴자들의 손을 예수회원들이 인지했을 때 중국 본토 성직자에 대한 예수회 로마 교황청의 열의는 약화되었다.[43]

수십 년 동안, 중국 예수회원들이 왜 본토 성직자를 양산하는 것을 망설였는지에 대한 질문은 역사가들을 곤혹스럽게 했다. 사실상 모든 부관구의 구성원들이 중국의 문화와 도덕을 높이 평가했다는 점을 감

---

[42] 1617년에 12명의 예수회원들은 중국인 사제를 서품하기에는 아직 때가 이르다는 것을 강력히 주장하는 보고서에 서명했다. Niccolò Longobardo, Informação dos Irmãos ChinensesNaturaes de Macau, Hangzhou, 4 October 1617, ARSI Jap-Sin 17 : 91r-92v.

[43] 일본 예수회원들 가운데 가장 깜짝 놀랄만한 배교는 Fabian Fucan(1565?~1621?)의 경우였다. 그는 자신의 동료들에게 등을 돌린 후 "Deus Destroyed"라고 불리우는 보고서를 쓴 뛰어난 변증가였다. George Elison의 *Deus Destroyed : The Image of Christianity in Early Modern Japan*(Cambridge, Mass., 1991, pp.142~184·257~291)를 참조.

안할 때, 그들이 더 신속하게 움직이지 않았다는 것은 이상하게 보인다. 학자들의 견해에 따르면, 그 이유는 오로지 선교회의 포르투갈인 장상들―흥미롭게도, 일본 사제들의 서품을 추진한 같은 사람들―의 인종 차별주의적 관념에서 찾을 수 있다.[44] 또 다른 분석들은 이 생각에 좀더 개방적이었던 마카오의 예수회원들과 북경의 예수회원들 사이의 분열 때문이라고 주장했다.[45] 그러나 국적 혹은 개인적인 입장이 다르기 때문에 이러한 절대적인 분열이 일어났다는 증거는 현존하는 관련 문서에서는 찾을 수 없다.

가장 그럴듯한 설명은 예수회원들이 스스로 만들었던 공적인 이미지에서 찾을 수 있다. 명말청초에 "가톨릭 성직자"와 천주교라는 용어는 부관구의 예수회원들 및 그들의 메시지와 사실상 동의어였다. 당연히, 본토인이 이미지를 손상시키지 않고 사제로서 예수회에 가입할 수 있는지 여부가 핵심 문제였다. 이 경우, 예수회가 중국문화의 맥락에서 중요한 술어에 대한 해석을 독점적으로 통제하는 것을 위협받게 되었다. 중국인들이 선교사 그룹에 합류해도 선교사들이 대중의 명성을 얻고 종교적 메시지를 전파하기 위해 사용했던 전략이 여전히 유효했을 것인가? 그들의 정체성과 의식儀式의 효력이 본토―즉 덜 이국적인―사람들을 그들 그룹에 합류시켰을 때 어떤 영향을 받게 될 것인가? 그들과 과도하게 친밀해지는 것이 선교사들을 무시하게 되는 것으로 나타날 것인가? 한 중국인 예수회원이 수도회를 떠나거

---

44 Dunne, p.167; Alden, pp.262~266.
45 Nicolas Standaert and John Witek, "Chinese Clergy", *Handbook*, pp.462~470, 특히 p.462.

나 장상들에게 불순종하기로 결정했다면 사제들의 명성에는 어떤 일이 발생할 것인가?

정체성과 복종이라는 이 한 쌍의 문제는 선교사들의 사목적 부담이 임계점에 달했을 때인 1670년대에 논쟁의 초점이 되었다. 부관구의 구성원들에게 정체성의 개념은 선교 교육과 직접적으로 관련이 있었다. 학교 교육은 예수회의 집단적 페르소나에서 중요한 역할을 했다. 모든 중국 예수회원들은 수도회대학에서 교육을 받았기 때문에, 그러한 경험을 하지 않은 사람들을 자신의 그룹에 받아들일 수는 없었다. (프란시스 사비에르는 인도의 사제 후보자들과 관련하여 그들이 적절하게 훈련받지 못했을 가능성을 처음으로 제기했으며, 이것은 후임자들이 그곳에서 본토 성직자를 양산하는 것을 피하는 이유로서 반복적으로 사용되었다)[46] 무엇보다도 유럽 예수회원들은 학교에서 고전 언어, 아리스토텔레스 철학 및 스콜라 신학에 대한 공통의 교육을 받으면서 시간을 보냈다. 교육을 통한 이러한 성장의 과정은 그들에게 기술, 특히 교회 의식儀式에 필수적인 라틴어에 대한 지식, 죄의 고백을 듣고 나서 올바른 참회를 하게 하는 데 필수적인 "양심의 문제들"에 대해 정통할 수 있도록 만들어주었다. 두 번째로, 예수회는 동아시아에 완전한 학문 기구를 가지고 있지 않았다. 마카오 신학교는 일본 선교의 전성기 동안 확장되었지만 선교가 붕괴되고 나서는 상당히 축소되었다.[47] 식민지 거주민들은 이와

---

46 Alden, pp.262~263.

47 이 때문에 첫 번째 중국인 예수회원인 Manuel de Sequeira(1633~1673)는 1645년에 마카오를 떠나 유럽으로 갔다. Sequeira는 로마의 수도회에 합류하였고, 코임브라에서 신학을 공부한 후 서품을 받았다. 그는 1668년에 중국으로 돌아왔는데, 그 때 자신의 동료들이 광주에 구금되어 있는 것을 알게 되었다. 그에 관한 전기로는 Francis Rouleau의 "The First Chinese Priest of the Society of Jesus : Emmanuel de Siqueira, 1633~

같은 종교적이고 세속적인 기술들을 가르치는 기관을 필요로 하지 않았기 때문에 예수회는 회원들을 위해 임시로 특별 수업을 구성하였다. 그러면 선교사들은 어떻게 그리고 어디에서 중국 신입 회원들을 예수회원들로 훈련시킬 것인가?

성직자를 양산하는 것에 대한 이러한 염려는 이 문제가 성숙함, 지혜, 교육이라는 중국 개념을 고려할 때 또 다른 장애물을 만났다. 외국인으로서 유럽 사제들은 정교한 소책자를 썼던 동료들의 입증된 박학다식 덕분에 묵인되었다. 그러나 중국인 예수회원들은 무엇보다 본토 문사들의 학술 수준에 이르러야 했다. 그러므로 본토 사제들은 선교사들의 학문적 엄숙함을 유지하기 위해 문사 출신의 성숙한 사람이어야 했다. 그러나 그러한 개인들이 전적으로 학생 신분으로 돌아가서 예수회의 표준 교과 과정에 복종할 수 있겠는가? 두 교육 과정은 둘 다 수년간의 노력이 요구되기 때문에 상호배타적인 것으로 보였다. 한편으로, 두 개의 과정을 완수한 중국인은 성직을 받는 동안 고된 선교사 생활을 감당하기에는 나이가 너무 많았다. 다른 한편으로, 중국의 사회적 조건으로 인해 예수회 교과 과정만 교육을 받은 젊은 본토 사제가 자신이 맡은 양들 혹은 그가 살고 있는 공동체 내에서 권위 있는 입장을 취할 수 없었다. 더욱이 그가 그리스도교인들과 소통하는 방식은 불교나 도교 성직자들과 비슷한 것처럼 의심 받기 쉬웠다.

아마도 가장 큰 교육 걸림돌은 사제가 되기 전에 중국인들이 라틴

1673(Cheng Ma-no, Weihsin)", AHSI 28(1959), pp.3~50를 볼 것.

어를 배워야한다는 것이었다. 니콜라스 트리고는 일찌감치 1615년에 이 어려움에 대해 생각하였다. 예수회 대리인으로 일하면서 그는 바울로 5세Paul V로부터 관면寬免을 받아 고문 중국어로 성찬식을 할 수 있도록 허락받았다. 그는 또한 예수회원들이 성경을 그 깊이 있는 언어로 번역할 수 있도록 승인을 받았다. 그러나 부관구는 이러한 특권을 실행하지는 않았다. 1670년대에 본토 성직자에 대한 질문이 다시 제기되었을 때, 로마에서는 초기의 관면에 대한 철회를 다시금 검토하게 되었고, 중국에 있는 많은 예수회원들은 예비 사제들의 언어 능력에 절망했다. 루도비코 불리오Lodovico Buglio는 성년의 중국인이 라틴어를 배우는 것이 불가능하다고 생각하여 예배와 성례전에 대한 일련의 저작들을 번역하기 시작했다.[48] 그러나 유럽이든 해외이든 상이한 전례를 지지하는 로마의 열정은 그 당시 하나의 거룩하고 보편적인 사도적 교회unam sanctam catholicam et apostolicam ecclesiam에 대한 표준화 프로젝트에 직면하여 서서히 없어져 버렸다. 더욱이, 중국에서 이루어지는 예수회의 관행들에 대한 의구심이 커졌고, 교황청에서의 예수회의 영향력이 줄어들었다. 따라서 루도비코 불리오의 저작들은 먼지가 쌓인 채로 남겨졌다.[49]

교육 외에도 부관구 이미지의 다른 구성 요소는 내부 응집력이었다. 이것은 사제들이 예수회에 대한 충성심을 공유한 결과였으며, 이 유대는 공통의 경험에 의해 만들어지고 개인 서약에 의해 강화된 것

---

48 Buglio to Filippo de Marini, Peking, 16 May 1680, BAJA 49-V-17 : 316r.

49 유럽과 중국에서 벌어졌던 중국 전례 논쟁에 대해서는 François Bontinck, *La Lutte autour de la Liturgie Chinoise aux XVIIe et XVIIIe siècles*(Leuven and Paris, 1962) pp.21 ~159 참조.

이었다. 예수회원들이 유럽에서 가져온 문화적 수하물의 핵심 부분인 자신들의 수도회에 대한 충성스러운 방어는 자신들의 장상들로 하여금 훈련을 강조하고, 확립된 행동 규범에서 벗어난 사람들에게 처벌을 가할 수 있게 했다. 그러나 중국에서는 사제들이 그러한 형태의 충성과 순종을 배울 수 있는 방법이 없었다. 본토 사제에 대한 생각을 가진 사람들 대부분은 반대의 사람들 못지 않게 미래의 중국 사제들이 일부 유럽 또는 식민지 환경에서 훈련을 받아야한다는 의견을 공유했다.[50] 포르투갈, 고아, 마카오 또는 마닐라에서 이 신학생들은 시민법과 교회법 사이의 구별과 같은 주요 유럽 개념을 이해할 수 있었다. 더욱이 그들은 수도회의 구성원들에게 적합한 훈련을 받아야 했다. 자크 모텔Jacques Motel은 1670년대에 이 점을 제기했다. 그는 중국 사제 중 한 명이 서약을 깨고 결혼할 경우 선교 사역이 어떻게 될지 걱정했다. 이 지점에서 그는 예수회의 내적인 자율 역량에 의존해야 한다는 페르디난트 페르비스트의 주장에 이의를 제기했다. 즉, "이게 무슨 역량인지 묻는다. 혹시 우리가 유럽에 있는 것인가?" 모텔은 중국인 관료가 절을 버린 불교 승려에게 했던 것처럼 모든 관료가 배교한 중국인 사제 편을 들 것이라고 주장했다. 그는 "중국에서는 사람들이 모두가 하고 싶은 대로 살아서 종교적 직업을 마음대로 가입하거나 바꿀 수 있다"고 단언했다.[51]

규율은 부관구의 응집력을 유지하는 데 필요했을 뿐만 아니라, 천

---

50 Lodovico Buglio, Ferdinand Verbiest, and Gabriel de Magalhães, Alguns Pon
 -tospella Conservaçam e Augmento deste Christandade, Peking[1668?], ARSI
 Jap-Sin 124:112v.
51 Motel to Sebastião de Almeida, Wuchang, 1678, ARSI Jap-Sin 124:111Br.

주교 의식儀式의 순수성을 유지하는 데에도 중요했다. 선교사들은 그리스도교인들의 행동이 결코 유럽 가톨릭교의 정확한 재생산이 될 수 없다는 것을 충분히 인지하면서, 자신의 양무리들이 다른 종교 사상과 혼합되지 않도록 경계를 그었다. 자크 모텔과 같은 사람들은 중국 사제가 서품 받는 것을 거부했는데, 그 이유는 적어도 중국에서 그리스도교가 합법적으로 인정되기도 전에 문화적 차이를 무시하고 있다고 생각했기 때문이다. 중국인을 변덕스럽고, 탐욕스러우며, 물욕에 가득찼다고 비난하는 것 외에 모텔은 가톨릭 정통성을 지키기 위해 중국인에게 의지할 수 있을지 의심했다. 모텔은 "하고 싶은 대로 말하고 행동하며, 변덕스러운 것"으로 악명이 높은 그들이 어떻게 할 수 있느냐고 주장했다. 아마도 그들은 "무어인역주－이슬람계인으로서 이베리아 반도와 북아프리카에 살던 사람들과 불교에서 선택한 것"을 섞을 것이다. 모텔은 주장에 대한 근거로 자신의 경험을 인용하였다. 그는 1661년 무창에 처음 갔을 때 한 문사를 알게 되었다. 그 사람은 "거룩한 율법의 교사로 행세하였는데", 오래 전에 로드리고 데 피구에이레도에게 세례를 받은 사람이었다. 이 사람은 "점을 치고, 일부다처를 허용하며, 미사에 대해 말하고, 떡과 포도주로 성찬을 제공하고, 성수를 만들며, 새로운 방식으로 세례를 주고, 기도를 바꾸는" 등 신자들을 끌어 모을 방법을 생각해냈다. 요컨대, 이 거짓 사제는 "잘 흉내 낼 줄도 모르면서" 피구에이레도를 따라한 것이다.[52]

이 문제에 대해서는 예수회원들 사이에 강한 의견 차이가 있었다.

---

52 Ibid., 111Br/v.

중국어로 전례를 거행하는 데 사용하기 위해 불리오(Buglio)가 준비한 로마 미사(Roman Missal) 전례서의 제목 페이지.
출처:Lodovico Buglio, Missale Romanum, Sinice redditum(Peking, 1670).

결국 분열은 "신진파와 원로파"로 불릴 수 있는 두 그룹으로 나뉘는 결과를 초래했다. 비록 절대적인 것은 아니었지만, 이 차이는 17세기 중반 프랑스가 유럽에서 문화적 우위를 점할 때 일어난 큰 문화적 변화로 말미암아 멀리서 생겨난 그림자였다.

1660년대의 문서에 따르면, 합스부르크 영향 지역포르투갈, 스페인, 이탈리아 남부에서 온 선교사들은 새롭게 프랑스와 플랑드르에서 온 사람들의 오만한 태도 때문에 점점 더 불편을 느끼고 있었다. 선교사들 간의 분열은 광주에서 강제로 동거하게 되는 상황을 맞아 더 분명해졌다. 1650년대에 마르티노 마르티니가 유럽으로 여행을 시작했을 즈음에 들어온 신진파는 본토 성직자가 서품 받는 것에 장애물이 없다고 여겼다. 더욱이 신진파의 대표는 선교단의 무거운 사목적 임무 때문에 더 많은 사제들을 현장으로 빨리 데려가야 할 필요를 느꼈고, 포르투갈 장상들의 머뭇거리는 태도에 분개하였다.[53]

신진파의 자기 확신과 적극적인 태도는 원로파를 불안하게 하였다. 도밍고 데 나바레테는 공개적으로 중국 예수회원들을 반대한다는 이야기 속에서 많은 것을 밝혔는데, 그는 안토니오 드 구베아의 역옥曆獄 사건과 이어지는 광주 구금사건은 "프랑스 교부들"에 그 책임이 있다

---

53 쟈크 르 포레(Jacques le Faure)와 아드리엔 그렐론(Adrien Grelon)은 페리치아노 파체코(Feliciano Pacheco), 안토니오 드 구베아(António de Gouvea), 루이스 다 가마(Luís da Gama)에게 혹사 당했다고 불평했다. 르 포레(Le Faure)는 자신의 동향인들이 "자유롭게 태어났고, 본성상 외국 지배의 속박을 받을 수 없다"고 주장했다. 광주 구금으로 인해 중국에서 추방될 것을 두려워한 그는 프랑스 예수회원들이 포르투갈이 아닌 프랑스가 관리하는 선교지로 가야 한다고 덧붙였다. 그렐론은 더 직접적이었다. 즉, 그는 중국 선교가 소멸되면 시리아나 마다가스카르로 재배치 해달라고 요청했다. 그는 독립적인 선교 기지로 돌아갈 수 있는 경우에만 부관구에 남는 것에 동의했다. Le Faure to Claude Boucher, Canton, 1 November 1668, ARSI FG 730-I:79r-80v; Adrien Grelon to Claude Boucher, Canton, 1 November 1668, ARSI FG 730-I:81r-82v를 볼 것.

고 주장했다.[54] 이러한 긴장 관계는 프란체스코 브란카티가 1668년 예수회 총장에게 보낸 공문서에서 확인되는데, 그는 "최근에 선교단에 들어간" 일부 사제들의 월권에 대해 은밀하게 언급했다. 브란카티는 이 사람들이 "나이 든 사제들이 도입하여 오랫동안 사용한 관습을 따르기를" 원하지 않았다고 주장했다.[55] 자크 모텔은 "이 신진파들이 열정, 미덕, 신중함, 교리에 대한 지식 면에서 성스러운 원로파들을 능가할 수 있는가"라고 물으면서 이 견해를 지지했다.[56]

시간이 지남에 따라 신진파는 중국인 사제에 관련된 문제에서 우위를 차지했다. 신진파 중의 한명인 프로스페로 인토르체타는 광주 구금 기간 동안 이 계획의 토대를 마련했다. 그는 1672년 예수회 대리인으로서 로마를 여행했을 때, 북경 예수회원인 불리오, 마갈량이스, 페르비스트가 선교 교회의 보존과 성장을 위해 건의한 제안을 가지고 갔다. 첫 번째 제안은 중국인 남성들이 아시아 어딘가의 신학교에서 훈련을 받은 후 서품 받도록 하는 것이었다.[57] 이 구상은 광주에서 논의하는 것이 가능했지만, 원로파와 신진파의 의견 차이로 인해 합의에 도달하지 못했다. 본토 성직자의 서품을 강력히 지지한 인토르체

---

54 Navarrete, Tratados, 361. Navarrete numbers Humbert Augery among these "French Fathers"

55 Brancati to Giovanni Paolo Oliva, Canton, 23 October 1668, ARSI Jap-Sin 162 :219v.

56 Motel to Sebastião de Almeida, Wuchang, 1678, ARSI Jap-Sin 124:111r/v. 모텔은 이 생각에 반대했던 사제들을 다음과 같이 목록화하였다. 즉, Manuel Dias(younger), Álvaro Semedo, Simão da Cunha, Johann Adam Schall, Inácio da Costa, Francesco Brancati, Francesco Ferrari(1609~1671), Pietro Canevari, António de Gouvea. 모텔 자신은 신진파와 동시에 중국에 도착했다.

57 Buglio, Verbiest, and Magalhães, Alguns Pontos pella Conservaçam e Augmento deste Christandade, ARSI Jap-Sin 124:112r/v.

타는 이 문제가 해결되지 않았음을 확인했다. 로마에 있는 동안 그는 지오바니 파올로 올리바Giovanni Paolo Oliva 장상으로부터 마카오에 부관구가 중국인 사제들을 훈련시킬 수 있는 대학을 개설할 수 있도록 허가를 받기 위해 적극적으로 요청했다. 이 외에도 그는 포르투갈의 페드로 2세로부터 새로운 대학을 위한 기부금을 받았다.

　분명히, 1672년 로마 교황청은 예수회에 중국인 사제가 서품 받는 것을 지시하지 않았다. 인토르체타가 기부금을 확보하기는 했지만, 어떠한 실행 계획도 따라오지 않았다. 대신에, 그가 얻은 기부금과 허가는 새로운 협의를 위한 구실로 사용되었다. 인토르체타가 1674년 8월 마카오로 돌아왔을 때 새로운 신학교를 개설할 수 있도록 일본 관구의 장상들을 설득하는 캠페인을 시작했다. 마카오의 예수회 업무를 담당하고 있었기 때문에 동아시아 순찰사와 일본 관구의 관구장들은 그 계획에 동의해야 했다. 따라서 인토르체타는 자신의 계획을 가장 유리한 방향으로 제시했다. 그는 "성숙한 나이와 미덕을 갖춘 문사" 중국인들을 마카오로 데려와서 안수를 받게 하고 예수회의 영적 보좌신부로 입회하게 할 것이라고 설명했다. 이 자격은 수도회에서 가난, 순결, 복종의 세 가지 서약을 고백한 사제들에게 주어졌다. 이 사제들은 유럽 동료들의 사목적 부담을 나누어 지는 것 외에도, 오랫동안 선교 보좌신부들의 책임이었던 특사特使의 의무와 언어 교육 역할을 맡았다. 그의 가장 예리한 주장은—로마에서 그를 인정받게 만든—선교의 불확실한 미래와 관련이 있었다. 인토르체타는 도미니크 회원인 나문조의 광주 구금 기간 동안의 노력을 기억하면서, 본토 사제들이 "평화와 박해의 모든 시간에 그리스도교 공동체를 영원히

보존하면서" 중국인들을 돌볼 수 있을 것이라고 주장했다.[58]

1677년 여름, 인토르체타가 로마에서 돌아온 지 3년 만에 중국인 사제들의 서품에 대한 심의가 시작되었다. 순찰사 펠리치아노 파체코 Feliciano Pacheco는 모든 중국 예수회원들에게 두 개의 별도의 질문에 대한 의견을 제출하도록 명령하는 안내장을 보냈다. 즉, 중국인 사제의 서품에 관한 것과 기부된 신학교가 마카오에 있어야 하는지 아니면 중국의 다른 지역에 있어야 하는지 등에 관한 것이다. 파체코의 개인적인 입장은 분명하지 않지만 이 심의를 하기 전에 오랫동안 질질 끌었다는 사실은 그가 이 생각에 관심이 없었음을 시사한다. 분명한 것은 1670년대 후반에 파체코의 후임자인 세바스티앙 드 알메이다Se bastião de Almeida에게 응답했던 대다수의 선교사들이 중국인들을 자신들의 무리 속으로 받아들이기 시작할 때가 되었다는 데 동의했다는 것이다. 이것으로 자크 모텔조차도 신진파가 이겼다고 이해했다. 1678년에 그는 "이 서품에 반대하는 사람들의 전부 또는 거의가 죽었기 때문에" 자신의 의견이 "효과가 없었다"고 주장했다.[59] 모텔의 의견에 찬성했던 유일한 젊은 응답자가 궁정 예수회원인 토메 페레이라Tome Pereira였다. 이 포르투갈 사제의 대답이 프랑스 동료 자크 모텔의 대답만큼 직설적이지는 않았지만 그의 의미는 분명했다. 페레이라는 "그곳에서 누군가 살 만한 가치가 있다면 인토르체타의 기부금으로 신학교를 여는 것이 좋을 것이다"라고 강력하게 주장했다.[60]

---

58 Intorcetta, Memorial ao Padre João Cardoso, Provincial de Japão, Macau, 12 Sep -tember 1674, ARSI Jap-Sin 23:365r.
59 Motel to Sebastião de Almeida, Wuchang, 1678, ARSI Jap-Sin 124:111r.
60 Pereira to Sebastião de Almeida, Peking, 3 January 1678, ARSI Jap-Sin 124:116r.

이 계획을 지지한 선교사들은 부관구장 페르디난트 페르비스트로부터 힌트를 얻었다. 그러나 이 계획에 대한 일반적인 동의가 있었음에도 불구하고 세부적인 부분들에 대해서는 다른 의견들이 제시되었다. 페르비스트가 보기에 신학교는 중국 내 어딘가마카오가 아닌에 위치해야 했으며, 새로운 사제들은 예수회에 입회 허가를 받아야 했다. 이렇게 하면 그들은 유럽의 장상들에게 복종하겠다는 "서약에 구속될 것"이라고 주장했다.[61] 그 당시 서안에 있던 지안도메니코 가비아니 Giandomenico Gabiani뿐만 아니라 두 명의 다른 궁정 사제 클라우디오 필리포 그리말디Claudio Filippo Grimaldi와 루도비코 불리오Lodovico Buglio 모두 페르비스트의 생각에 동의했다. 그러나 불리오는 중국 신학생들이 문사이어야 하며, 항주에서 사제로 훈련받아야 한다고 덧붙였다.[62] 다른 예수회원들은 새로운 신학교가 마카오에 있는 것이 가장 좋다고 주장했다. 시몽 로드리게스Simão Rodrigues, 크리스티안 허드트리히Chri -stian Herdtrich, 필립 쿠플레Philippe Couplet, 장 발랏Jean Valat, 프로스페로 인토르체타Prospero Intorcetta는 모두 미래에 일어날 박해 가능성으로 인해 마카오에 신학교를 건립하는 것이 충분한 정당성을 가지고 있다고 생각했다.[63] 발랏Valat 같은 사람들이 보기에 마카오가 이상적인데, 왜냐하면 다른 중국 도시들과는 달리 그곳은 "이교도들의 나쁜

---

61 Verbiest to Sebastião de Almeida, Peking, 8 January 1678, ARSI Jap-Sin 124: 120r.

62 Buglio to Sebastião de Almeida, Peking, 11 January 1678, ARSI Jap-Sin 124: 117r.

63 세바스티앙 드 알메이다(Sebastião de Almeida)는 우려와 함께 그 제안에 동의하는 쿠플레의 편지를 전달했다. 쿠플레가 세바스티앙 드 알메이다에게 보낸 편지, ARSI Jap-Sin 124:114v.를 볼 것.

예가 그렇게 많지 않았고, 신앙이 느슨해지거나 차가워질 수 있는 경우가"별로 없었기 때문이다. 낙관적으로 마카오를 보면서 발랏은 그곳이 중국인 사제들이 "가톨릭의 방식과 관습을 받아들이기에" 가장 좋은 곳이라고 분명히 결론지었다.[64]

형세가 신진파에게 유리하게 흘렀음에도 불구하고, 그들의 꿈은 1680년대 후반까지 현실이 되지 못했다. 예수회 로마 교황청이 1677년 협의 결과에 반응하는 데는 수년이 걸렸다. 그러나 두 가지 사건이 계획의 실현 속도를 가속화하는 데 도움이 되었다. 즉, 1685년 나문조가 남경의 주교가 된 것과 1687년에 프로스페로 인토르체타가 부관구장 직책을 수락한 것이 그것이다. 지속적으로 사제가 부족한데다가 그의 본래의 계획이 실현되는 것을 보고자 한 열망으로 인토르체타는 순찰사 프란체스코 사베리오 필리푸치Francesco Saverio Filippucci, 1632~1692에게 3명의 선교 보좌신부를 주교에게 보내 사제가 되기 위한 훈련을 시키도록 요청하였다. 마카오에서 1년이 넘게 수습기간을 보낸 후, 오어산吳漁山, 세례명 Simão Xavier da Cunha, 1632~1718, 유온덕劉薀德, 세례명 Bras Verbiest, 1628~1707 및 만기연萬其淵. 세례명 Paulo Banhes, 1631~1700은 1688년 초 남경으로 떠났다. 이 세 명은 모두 어느 정도의 사회적 명성을 얻은 사람들이었다. 유온덕은 북경의 흠천감 감정을 지녔으며, 오어산吳歷이라고도 알려짐은 화가와 시인이었고, 만기연은 하층 문사였다.[65] 훈련 기간 동안 그들은 미사를 집전할 때 필요한 라틴어를 영창

---

64 Valat to Sebastião de Almeida, Jin'an, 15 January 1678, ARSI Jap-Sin 124:118r.
65 만기연은 감생(監生)의 지위를 물려 받았는데, 이 지위를 가진 사람은 향시(鄕試)에 참가할 필요 없이 직접 성급(省級) 시험에 응시할 수 있었다. 또한 기타 법적 책임과 세금을 면제 받았다. Prospero Intorcetta to Francesco Saverio Filippucci, Hangzhou, 16

하는 것과 같은 성례 시행의 방법을 배웠다. 이 중국인 부제副祭들이 남경에 거주지를 얻었을 때, 주사위는 던져졌다. 현지 예수회 장상인 지안도메니코 가비아니Giandomomenico Gabiani는 "예수회의 명예를 심각하게 훼손하는 경우나 그리스도교인 공동체와 사제를 아는 이교도인들 사이에서 큰 추문을 일으키지 않는 한" 이들의 임명을 취소할 수 없다고 주장했다. [66] 그 결과 부관구는 1688년 8월 1일 서품 받은 세 사제를 받아들였다.

일부 예수회원들은 이 소식을 기뻐하며 받아들였지만, 또 다른 사람들은 이 서품이 고통이 따르더라도 반대해야 하는 시기상조의 움직임이라고 여겼다. 이 비판자들은 자신들의 의심을 확증해줄 증거를 새로운 사제들의 행동에서 찾으면서 그들을 상당히 경계하였다. 그들은 오어산과 유온덕이 부관구에 제공한 흠 없는 봉사에 틀림없이 실망했을 것이다. 인토르체타는 그들의 행동에 근거하여 순찰사 필리푸치Filippuccu에게 사제로 서품 받을 수 있는 다른 후보자가 있다고 알렸다. [67] 그러나 만기연의 경우에는 문제가 있었다. 1689년 초 가을, 만기연은 상해에 있는 예수회 거주지의 "담을 넘어 하루 밤에 사라져 버리고 말았다". [68] 이듬해 2월에 그는 복건 북부 지역에 나타나 지역 예수회원들에게 용서를 구하면서 쉴 곳을 찾았다. [69] 이 사건의 묘한 전

January 1689, BAJA 49-IV-63:435v를 볼 것.

66 Gabiani to Francesco Saverio Filippucci, Peking, 14 May 1688, BAJA 49-IV-63:306v.

67 Prospero Intorcetta to Francesco Saverio Filippucci, Hangzhou, 27 September 1688, BAJA 49-V-20:91v-92r.

68 José Monteiro to António de Rego, Fuzhou, 12 February 1690, ARSI Jap-Sin 199-I:65v.

69 Giandomenico Gabiani to Francesco Saverio Filippucci, Nanjing, 19 February

환은 인토르체타에 대한 비판의 물결을 촉발시켰다. 토메 페레이라와 호세 몬테이로1649~1720는 만기연의 경솔함이 일으킨 스캔들에 대해 쓰면서 예수회의 명예가 실추될까봐 염려하였다.[70] 인토르체타조차 그 사건은 "향후 미래에 주의를 촉구하게 될 재난적인 사건이다"라는 것을 인정하면서 징계를 받아야 한다고 느꼈다.[71] 그 결과 부관구는 중국 사제들을 받아들이는 것을 주저했고, 본토 예수회원들이 선교사 그룹의 중요한 부분을 형성하기까지 40년이 넘는 시간과 또 다른 가혹한 박해가 필요했다.

4. 경쟁자들의 도착1680~1692

예수회원들이 본토 사제들의 서품에 대해 논쟁하는 동안, 중국 그리스도교인들의 수는 계속 늘어났고 예수회원들의 수는 늘어나지 않았다. 이런 상황으로 인해 부관구의 장상들은 다시 한번 새로운 인력을 확보하는 전통적인 방법으로 돌아설 수 밖에 없었다. 1681년 필립 쿠플레Philippe Couplet는 예수회 대리인 자격으로 마카오에서 유럽으로 향했다. 그의 주요 임무는 선교를 홍보하고, 각 국의 왕들과 황실을 방문하여 기부를 요청하고, 대륙 전역의 예수회 기관들을 다니

1690, BAJA 49-IV-64:98v; Gabiani to Francesco Saverio Filippucci, Nanjing, 6 April 1690, BAJA 49-IV-64:107r/v.

70 Pereira to Simão Rodrigues, Peking, 5 December 1688, BAJA 49-IV-63:563r.

71 Intorcetta to Francesco Saverio Filippucci, Hangzhou, 5 October 1689, BAJA 49-IV-63:540r.

면서 중국에 신입 회원을 초빙하는 것이었다. 또한 쿠플레는 중국 전례에 관해 유럽에서 전개될 토론에 도움이 될 새로운 책자들을 출판하는 책임을 맡았다.

선교에 대한 홍보로서 필립 쿠플레의 여행은 매우 성공적이었다. 그는 부관구에 관하여 자신의 수많은 대화자들에게 상세히 알리면서 유럽인들의 눈앞에 중국 예수회원들의 사도적 직무를 능숙하게 펼쳐 보였다. 쿠플레는 남부 네덜란드에서 프랑스와 이탈리아를 거쳐 스페인과 포르투갈까지 9년 동안 여행했으며, 베르사이유에서 루이 14세와 로마에 있는 이노센트 11세Innocent XI의 영접을 받았다. 그는 영국의 제임스 2세 황실은 물론 북부 네덜란드를 방문하는 등 대리인들이 밟아온 통상적인 경로를 넘어 중국 사절단 소식을 전했다. 그의 열차에는 중국인 조수인 심복종沈福宗, 세례명 Miguel, 약 1658~1691과 다양한 아시아의 진기한 물건들이 있었기 때문에 쿠플레의 여행은 연극을 하는 것과 같았다.[72] 그러나 그가 가장 큰 인상을 남긴 곳은 유럽문학계 Republic of Letters, 역주 – 17~18세기 계몽주의시대에 유럽과 아메리카에서 이루어진 원거리 지적 커뮤니티였다. 거기서 쿠플레는 풍부한 학식을 갖고 있는 자신의 동료들에게 중국인 가운데 잘 아는 캔디다 서Candida Xu, 徐甘第大와 공자를 소개했는데, 캔디다 서1607~1680, 서광계의 손녀는 그의 소규모의 전기 속에, 공자는 유럽에서 출판된 중국 고전의 첫 번째 번역인『중국철학자 공

---

[72] 쿠플레의 연출된 이국 취향은 보편적으로 잘 받아들여지지 않았다. 부관구장 가비아니(Gabiani)는 그의 과도한 수하물과 중국인 조수를 못마땅하게 여겼다. 포르투갈 조수인 안토니도 도스 레이스(Antonio dos Reys)는 마카오에 있는 순찰사 조셉 티사니(Joseph Tissanier)에게 미래의 예수회 대리인들은 "인도인이나 중국인을 동반자로 데려와서는 안 되며, 쿠플레 신부의 환상이었던 많은 물건들"을 가져와서는 안 된다고 썼다.

자*Confucius Sinarum Philosophus*』파리, 1687가 들어있는 상당히 두꺼운 책자 속에 소개되었다. 그러나 불행히도 부관구의 사람들에게 쿠플레의 서적과 홍보는 자신들의 입지를 강화시키는 데 거의 도움이 되지 않았다. 그의 여행은 중국 예수회원들의 노력에 대한 폭넓은 이해를 불러일으키기보다는, 예수회원들의 경쟁자들이 중국의 전부 혹은 일부를 차지하려는 결심만을 공고히 하였다.

쿠플레가 여행했던 1680년대에 중국에 대한 유럽의 관심이 급증하였다. 그것은 대략 한 세기 동안 형성되어 온 것이기는 하지만 유럽의 문화 환경이 변화할 때에야 비로소 부관구의 사람들에게 영향을 주기 시작했다. 그러나 여러 면에서 예수회원들은 자신들의 사역에 대한 노력과 지원에 대해 외부인들의 시선을 끌기 위해 수십 년 동안 그들의 개선가와도 같은 저작들을 갖고 유럽인들을 흔들어 놓았다. 17세기에 유럽 언론에서 쏟아져 나온 중국에 대한 멋진 환상들이 너무나 많았기 때문에 예수회의 경쟁자들이 여기에 관심을 갖기 시작하는 데 상당히 오랜 시간이 걸렸다는 것은 불가사의한 일이다. 일단 사람들이 예수회원들이 작곡한 매혹적인 노래 소리에 빠져들게 되면, 언제든지 그들이 중국 해안으로 밀려오는 것은 시간 문제였다.

예수회원들의 홍보 노력의 영향을 측정하는 한 가지 방법은 1590년 이래 비어 있는 유럽 책장이 그 후 백 년 동안 크고 작은 책들로 채워지는 것을 보는 것이다. 중국 예수회원들에 관한 첫 번째 저술들은 마카오와 광동성 거주지에 관한 부분이 들어 있는 동인도의 연례 서한이 될 것이다. 이 작은 책들은 마테오 리치Matteo Ricci와 그의 동료들의 영웅적 행위에 대한 니콜라스 트리고의 보고서인 『기독교원정

중화제국사*De Christiana Expeditione apud Sinas*』Augsburg, 1615에 비하면 부족함이 드러날 것이다. 이 저술은 10여 년의 시간에 걸쳐 프랑스어, 독일어, 스페인어, 이탈리아어 및 영어로 번역되어 7개 판본이 되었다.[73] 이어서 예수회 서신들에서 발췌한 짧은 글들이 발간된 후 알바로 세메도*Alvaro Semedo*의 선교 및 남경사건에 대한 보고서인『중화제국사*Imperio de la China, i Cultura Evangelica en el por los Religios de la Compania de Iesus*』마드리드, 1642가 나왔다. 이 저술은 후속으로 나온 이탈리아어, 프랑스어 및 영어 번역본에서 훨씬 더 큰 반향을 일으켰다.[74]

17세기 중반에 중국에 관한 예수회 저작들을 출판하는 속도가 빨라졌다. 트리고*Trigault*와 세메도*Semedo*가 각각 하나의 보고서를 출판했고, 마르티니는 청 제국의 다양한 측면과 이 제국에서 그리스도교가 확산되어 가는 과정에 대한 4개의 보고서를 남겼다. 라틴어로 쓰여진 그의 만주 침략에 관한 이야기인『타타르 전쟁*De Bello Tartarico*』앤트워프, 1654은 프랑스어, 독일어, 스페인어, 포르투갈어 및 이탈리아어로 번역되었다. 보다 학식 있는 독자들을 위해 마르티니는 중국 지배 왕조에 관한 보고서인『중국역사*Sinicae Historiae*』뮌헨, 1658와 설명이 들어가 있는 지도책『중국 신지도집*Novus Atlas Sinensis*』암스테르담, 1655을 썼다. 그는 중국이 복음과 관련해서 옥토가 아니라는 이전 시기의 인상을 바로 잡기 위해서『중국 그리스도교 신자의 수와 그 정황에 대한 보고*Brevis Relatio de Numero et Qualitate Christianorum apud Sinas*』로마, 1654에서 부

---

73 이 판본들은 각기 Lyon(1616), Lille(1617), Paris(1618), Augsburg(1617), Seville (1621), Naples(1622), and London(1626)에서 출판되었다.
74 세메도의 텍스트는 Rome(1643, 1653), Paris(1645), Lyon(1667), London(1655)에서 나왔다.

관구의 승리를 과장하였다.[75] 이 저작들은 다른 예수회원들이 새로운 책을 만들어 낼 수 있도록 원자료를 공급했다. 다니엘로 바르톨리 Danielo Bartoli는 예수회의 로마 기록 보관소에 있는 수많은 원고와 인쇄된 보고서를 읽은 후 선교에 대한 대규모의 연대기, 『아시아 예수회사Dell'Historia della Compagnia de Gies : La Cina, Terza Parte dell'Asia』로마, 1663를 편집했다. 박식한 아타나시우스 키르허Athanasius Kircher는 『중국도설China Illustrata』암스테르담, 1667에서 회화 예술을 사용하여 예수회원들의 청 제국에 대한 이해를 표현하였다.

1660년대의 소란스러운 사건들로 인해 부관구의 사람들이 유럽 도서관의 삐걱거리는 서가에 여전히 더 많은 서적을 추가해야 할 이유들이 생겨났다. 탁발 수사 경쟁자들이 퍼뜨린 예수회원들의 행동에 대한 청 조정의 공격으로 인해 예수회의 후원자들이 그 노력에 대한 신뢰를 잃지 않도록 완전히 새로운 변증의 배터리를 늘리는 일이 필요했다. 요한 아담 샬은 『예수회의 중국전교사Historica Narratio de Initio et Progressu Missionis Societatis Jesu apud Chinenses』빈, 1665라는 제목의 선교의 역사를 썼는데, 여기서 그는 그리스도교 정통성의 근거를 마련하기 위해 천문학을 사용하는 것에 대해 옹호하고 있다.[76] 프랑수아 드 루즈몽 François de Rougemont의 『중화제국의 정치와 정신 상황Relaçam do Estado Politico e Espiritual do Imperio da China』리스본, 1672; 루벵, 1673과 아드리엔 그렐롱

---

75 예컨대, 마르티니는 1651년에 150,000명의 중국 그리스도교인이 있다고 했는데, 10년이 지나서 다른 추산에서는 105,000명에 불과하다고 주장했다. Martino Martini, Brevis Relatio de Numero et Qualitate Christianorum apud Sinas, Rome, 1654, p.5 참조.
76 이 책의 수정판은 *Historica Relatio de Ortu et Progressu Fidei Orthodoxae in Regno Chinensi per Missionarios Societatis Jesu*(Regensburg, 1672)로 재출간되었다.

Adrien Grelon의 2권의 『타타르 지배하의 중국역사*Histoire de la Chine sous la Domination des Tartares*』파리, 1671~1672 같은 저작들은 광주 구금 전에 일어난 사건들을 상세히 열거했다. 프로스페로 인토르체타는 선교의 전망에 절망한 독서 대중의 기운을 북돋아주기 위해 『1581~1669년 중국 선교 상황 개술*Compendiosa Narratione dello Stato della Missione Cinesi dall'anno 1581 finn all'anno 1669*』로마, 1672을 썼다.[77] 페르디난트 페르비스트의 『유럽 천문학*Astronomia Europea*』북경, 1678; 딜링엔, 1687이 자신이 청나라의 수도에서 수행한 과학이 선교를 보호하는 데 어떻게 도움이 되었는지 설명했다면, 지안도메니코 가비아니*Giandomenico Gabiani*의 『중국교회의 발전 －타타르의 공격*Incrementa Sinicae Ecclesiae Tartaris Oppugnatae*』빈, 1673은 또한 부관구에 긍정적인 평가를 제공했다. 가브리엘 드 마갈량이스*Gabriel de Magalhães*의 『새로운 중국관계中國新志, *Nouvelle Relation de la Chine*』파리, 1690가 출판되었을 때, 그 번역가는 최근에 홍수처럼 쏟아진 다른 텍스트들과 비교했을 때 이 책의 참신함을 강조할 수 밖에 없다고 느꼈다.[78]

그러나 이러한 예수회 이야기들을 들은 유럽은 선교사들이 아시아로 떠났을 때의 그 유럽과 같지 않았다. 1670년대와 1680년대에 유럽에서 출판된 책들의 저자들로서 1650년대에 중국에 도착한 신진파 그룹 조차도 결코 태양왕 루이 14세의 영광을 보지 못했다. 전체적으로, 중국 예수회원들은 고국의 정치적 상황에 대한 낡은 지식을 가지고 있었다. 유럽과 아시아 사이의 소통이 산발적으로 일어났기

---

77 이 책의 라틴어판은 1672년 로마에서 나왔다

78 Gabriel de Magalhães, *preface to Nouvelle Relation de la Chine*, trans. Barnout, Paris, 1690.

때문에, 그들이 파악하고 있던 확실한 현실, 예컨대 중국 선교에 대한 예수회의 독점적 특권 혹은 고아 대주교의 교회 관할권, 나아가 보교권保教權으로 알려진 남아시아와 동아시아에 대한 포르투갈 국왕의 교회 관할권과 같은 것들의 확실성은 17세기 마지막 25년의 상황과 완전히 달랐다. 마드리드와 리스본에서 들려오는 희미한 소리를 압도하는 파리의 새로운 정치적 멜로디로 인해 이전에 교황들이 왕들에게 하사한 거대한 기부금은 부적절하거나 최악의 경우 방해가 되는 것처럼 보였다. 스페인과 포르투갈 군주들은 1640년부터 1668년까지 계속된 승계 전쟁에 휘말리면서 이전에 자신들이 요구할 권리가 있었던 모든 제국의 지배권을 지킬 수 있는 위치에 있지 않았다. 설상가상으로 로마에서 스페인이 펼친 강력한 외교는 포르투갈 왕이 교황에 대해 행사할 수 있는 영향력을 질식시키고 말았다. 그러나 1680년대에 스페인은 로마에 대한 지배력을 프랑스로 양도했으며, 프랑스와 친프랑스파 이탈리아 고위 성직자들의 새로운 물결은 이 이베리아 두 국가들의 점유권 주장 및 끊임없는 다툼에 거의 관심이 없었다. 그들은 자신들만의 의제, 즉 프랑스 황실의 부단한 권력 강화와 보조를 맞추어 교황 권력을 증가시킨다는 계획을 갖고 있었다.

그러나 로마의 주의 깊은 청취자들이 포착한 한 가지 불협화음은 마닐라에서 온 도미니크 회원들과 프란체스코 회원들에 의해 만들어졌다. 탁발 수사들은 중국 선교 현장을 처음 보았고, 예수회원들이 그곳에서 그리스도교를 전파할 수 있는 그들의 능력에 대해 진실을 말하고 있지 않다는 것을 알았다. 도밍고 데 나바르테Domingo de Navarrete가 『중국의 역사, 정치, 윤리와 종교 개관Tratados Historicos, Politicos, Ethicos, y

Religiosos de la Monarchia de China』마드리드, 1676을 출판했을 때, 유럽의 독서대중은 이 책을 통해 부관구의 행정 인력 문제, 내부의 분열 및 모호한 관행들을 알게 되었다.[79] 이 책은 독설로 가득 찼기 때문에 스페인 종교재판소에서는 저자가 제2권을 출판할 수 있는 허가를 내주지 않았다. 탁발수사들과의 차이가 존재했지만 예수회원들은 1671년 복건성 남부에서 더 이상 맡을 수 없었던 그리스도교 공동체들을 탁발 수사들에게 양도함으로써 그들과 평화를 추구했다. 부관구의 선교사들은 산동성 제남의 프란체스코 회원들과도 나름대로 조화를 꾀하며 함께 일했다. 중국에는 탁발 수사 수도회의 회원들이 결코 많지 않았지만, 예수회원들의 관행을 따르지 않는 사람들의 존재는 중대한 위협으로 여겨졌다. 강서성에서 도미니크 회원들의 노력이 확장되고, 광동, 복건, 강서 지역에서 이루어진 프란체스코 회원들의 노력으로 인하여 예수회원들은 자신들의 독점적 선교 현장에 그들이 잠식해 들어오는 것을 막기 위해 필사적으로 싸우게 되었다.

　부관구의 치명적인 지정학적 약점 — 과장된 용어를 사용하면 — 은 그것이 포르투갈령 인도Estado da Índia의 운명에 구속되어 있다는 것이었다. 예수회원들이 합스부르크 왕가의 그늘 아래에서 두각을 나타내고 포르투갈 배를 타고 활동을 확대한 것처럼, 리스본의 왕들과 고아의 부왕副王들이 더 이상 그들의 속지屬地들을 방어할 힘을 모을 수 없게 되었을 때 예수회원들이 그 비용을 지불했다. 1670년대에 필적할 수 없는 베르사이유의 우세한 지점에서 볼 때, 포르투갈령 인도

---

79 이 책의 출판에 대해서는 Cummins, *Question of Rites*, pp.193~215 참조.

Estado da Índia는 유럽의 가장 영광스러운 군주가 따기 직전인 무르익은 과일처럼 보였다. 그러나 아시아에 세워진 포르투갈 제국은 그 자체의 무게로 무너지지 않을 것이었다. 오히려 조심스럽게 외교적인 방법과 압박 정책을 사용해서 끌어내야만 했다. 분명히 루이 14세는 영국에 대한 존경심 때문에 포르투갈령 인도 식민지들을 침략하여 그들의 포르투갈 종속국들의 소유물을 탈취하려고 하지 않았다. 대신에 루이 14세는 아시아 교회에 대한 고아의 독점권을 목표로 삼았고, 포르투갈의 보교권을 그 통치 범위로 축소시키려는 로마의 계획에 필요한 인력을 공급함으로써 포르투갈의 농단을 분쇄할 수 있다고 확신했다. 교황청 포교성성布敎聖省, Sacra Congregatio de Propaganda Fide의 추기경들은 1650년대에 고아 대주교의 광대한 관할 지역을 분할하기 시작했다. 1657년에 그들은 마카오 주교 관구로부터 3개의 새로운 주교 관할 구역—통킹, 코친 차이나, 남경—을 분리시켰다. 각각은 주교의 교회 권력을 가진 재속在俗 성직자 대목교구장代牧區長의 통치를 받았다. 이 사람들은 그리스도교를 믿는 세속 영주가 없었기 때문에 오로지 로마에 충성할 의무가 있었다.

루이 14세의 아시아에 대한 야망이 커지면서, 이 태양왕은 이교도들의 땅partibus infidelium에서 가톨릭 신앙을 전파하려는 열정적인 성직자들이 충분히 있음을 알았다. 또한 그들이 만약 프랑스의 상업 및 식민지의 이익을 위해 길을 연다면 훨씬 더 좋을 것이다. 아시아로 가는 첫 번째 대목교구장은 1658년에 선교 사업을 목적으로 형성된 재속 사제 모임인 파리외방전교회Société des Missions Étrangères de Paris의 회원들이었다. 1670년대 활동의 초기 장소는 당시 프랑스의 상업적 야망의 중심지인 시암Siam이었다. 아유타야에Ayutthaya서 일하던 일본 관구 예수회원들은 곧 장상들에게 선교에 임박한 위험에 대해 소식을 전했다. 이러한 경고의 외침은 1670년대 말과 1680년대 초에 대목 교구장이 통킹과 코친 차이나로 진출하면서 더욱 거세졌다. 주교로 서, 이 새로 도착한 자들은 자신들의 교구 안에 있는 모든 성직자들에 게 요청할 수 있는 권한을 가졌다. 그들의 서약에 따라 예수회원들은 순종하거나 떠나는 선택권을 가졌다. 필리포 데 마리니Filippo de Marini, 1608~1682는 포르투갈 왕에게 관할권에 대한 이러한 부과에 대응할 것 을 촉구했다. 그는 마카오에서 떠도는 "인도가 가장 경건한 그리스도 교 왕에게 팔렸다"는 소문이 확실한지, 그리고 예수회원들이 "더 이 상 필요하지 않은" 것이 사실인지 물었다.[80] 마리니는 프랑스인들이 어떻게 "우리를 쫓아내기 위해 매일 우리 선교에 발판을 마련했는지" 말하면서 리스본에 있는 왕실 고해신부에게 보다 더 음울한 설명을 전했다.[81]

동아시아에 식민지를 건설하려는 프랑스의 노력은 1680년대 대목 교구장을 거느리고 중국 해안에 도달하는 것으로 이어졌다. 청나라 당국의 반발을 두려워한 중국 예수회원들은 이 새로운 힘의 도래와 함께 섬세하게 균형 잡혔던 선교가 흔들리고 있음을 보았다. 북경의 선교사들은 주로 포르투갈 왕실과 마카오에 있는 그 대표부의 이익을 증진시키면서 오랫동안 해양 아시아에서 강희제와 유럽 권력자들의 중개자 역할을 해 왔다. 이 작업은 중국 무역에 참여한 유럽 상인들의

---

80 Marini to Manuel Fernandes, Macau, 21 November 1680, BAJA 49-V-17:41r.
81 Marini to Manuel Fernandes, Macau, 3 December 1681, BAJA 49-V-17:45r.

행렬이 17세기 동안 천천히 전진했기 때문에 그다지 어렵지 않았다. 마카오, 바타비아, 마닐라는 모두 청나라 통치자들이 잘 알고 있는 지역들이었다. 시암과 같은 중국의 속국과의 강력한 관계는 말할 것도 없고 광주에서 북경으로 뻗어 있는 표준 통신 채널을 벗어난 복건성에 프랑스인이 갑작스럽게 도착하면서 부관구는 긴장하게 되었다.

예수회원들의 입장에서 볼 때 대목교구장의 도착은 시암과 베트남에서 일어났던 일이 중국에서 천천히 재연되고 있음을 의미했다. 교황은 1673년에 가톨릭 종교 수도회 회원들 외에 재속 사제들에 의해 중국이 복음화에 개방되었다고 선언함으로써 길을 닦아 주었다. 이 움직임은 충성스러운 감독 계층을 통하여 선교단에 대한 로마의 통제를 강화하는 것을 목표로 했을 뿐만 아니라 예수회원들이 중국에서 교회 대표로서 우위를 점하는 것을 약화시키고자 하였다. 예수회원들의 경우, 가장 긴급한 문제는 복종에 관한 문제였다. 특히 프랑스 대목교구장은 중국 전례에 대한 예수회의 입장을 받아들이지 않을 것이기 때문이었다. 그들은 또한 주교들이 자신들의 관할권에서 일하는 예수회원들보다 더 우위에 있다는 것을—이것은 중국이 예수회원들과 서방 동맹국들이 중국을 정복하기 위해 비밀 계획을 갖고 있다고 자주 반복했던 주장을 확인시켜주는 것이었다—청 당국에 알리게 될 것을 염려했다.

부관구에게는 다행스럽게도 중국에 도착한 최초의 대목교구장인 프랑스아 팔루François Pallu, 1626~1684가 복건성에 상륙하였는데, 이곳은 현지 관리들이 유럽인들 사이의 차이를 적어도 부분적으로나마 인식하고 있는 곳이었다. 이런 이유로 한 그룹 이상의 사제들이 존재하더라도 지역 관료들 사이에서 물의를 일으키지 않았을 가능성이 있다. 그러나 팔루의 도착은 예수회원들을 당황하게 했다. 팔루는 충성 서약을 통해 자신의 권위에 복종하라고 예수회원들에게 요구했는데, 예수회원들은 파문을 당할 가능성까지 감수하면서 그의 요구를 거부했다.[82] 부관구장인 페르디난트 페르비스트는 "이러한 서약을 하는 것은 치명적인 죄"가 될 것이라고 선언함으로써 예수회원들의 입장을 요약한 것으로 알려졌다. 페르비스트는 새로 온 주교가 중국의 현실을 알지 못했기 때문에 "선교에 불리하고 파괴적인 일을 지시할 수 있다"고 판단했다.[83] 예수회원들은 자신들이 고아 대주교에 대해 복종할 것을 주장하고 대목교구장의 무지한 정책을 비판하면서 이 일을 로마 교황청에 보고했다. 1684년에 팔루가 죽고, 1689년 대목교구장이 부과한 서약을 철회함으로써 예수회원들은 포교성성 관리들과의 갈등을 몇 년 뒤로 늦출 수 있었다.

이러한 골칫거리가 비교적 멀리 떨어져 있어서 부관구가 청 제국 내에서 차지하는 위치에 당장 큰 도전이 되지는 않았다고 한다면, 1687년에 궁정에서 봉사하기로 되어있던 프랑스 예수회원들 그룹이 도착한 것은 바로 눈앞에 닥친 중대한 위기였다. 이것은 중국인 사제들이 서품을 받아야 한다고 주장한 신진파의 또 다른 주요 정책의 시행이었다. 그리고 중국인 사제 서품의 움직임과 마찬가지로 이것은 심각한 내부 분열을 일으켰다. 이 위기의 기원은 1670년대로 거슬러

---

82 Anastase van den Wyngaert, "Mgr. Fr. Pallu et Mgr. Bernardin della Chiesa : Le Serment de Fidelité aux Vicaires Apostoliques 1680~1688", *Archivum Franciscanum Historicum* 31, 1938, pp.17~47.

83 Andrea Lubelli to Alessandro Cicero, Macau[1681?], BAJA 49-V-19:34v.

올라갈 수 있는데, 이때는 부관구가 페르디난트 페르비스트가 사망한 후 흠천감에서 그 직무를 승계할 후보자가 심각하게 부족한 상황에 직면했을 때였다. 1678년 부관구장으로 재직하는 동안 페르비스트는 게르만 지방의 예수회 신학교에 일련의 편지를 보내 수학적 마인드를 가진 신참 회원들에게 선교사로서의 소명을 불러일으키기를 희망했다.[84] 당시 함께 황실에 있던 플랑드르 출신의 앙투안 토마스 Antoine Thomas, 1644~1709는 이러한 노력을 지지하여 신입 회원들이 육로든 혹은 네덜란드, 영국, 프랑스 배를 타고 오든 유럽에서 중국으로 올 것을 제안했다. 필립 쿠플레Philippe Couplet는 1684년 파리를 방문하는 동안 동료들에게 비슷한 호소를 했으며, 예수회 학자들이 청나라에 올 것을 촉구한 페르비스트의 요구를 되풀이했다. 이러한 요청은 루이 14세가 1685년에 북경에 프랑스 학술의 전초 기지를 세우기 위하여 5명의 예수회원을 "국왕 수학자Mathematiciens du Roy"로 임명하는 데 적지 않은 역할을 하였다.

현대의 학자들은 프랑스 선교사-과학자들을 위해 예수회의 중국 선교 역사 내에 중요한 자리를 확보해두었다. 확실히, 그들이 17세기 말 유럽의 문화 수도에서 출판된 홍보 서적의 방대한 양은 가장 튼튼한 책꽂이조차도 무너뜨릴 만큼 충분했다. 그러나 이 5명의 예수회원들은 세계의 반대편에 있는 태양왕의 대표, 즉 황실 사절로 중국에 파견되었다는 사실을 놓치지 말아야 한다. 예수회 회원이기는 하지만

---

84 Noël Golvers, "Lettre du P. Ferdinand Verbiest, vice-provincial de la mission de Chine, à ses confrères de la Société en Europe, le 15 août 1678, de la résidence impériale de Beijing", *Courrier Verbiest* 5, December 1993, pp.5~9.

그들은 이전 세대의 선교사들이 여행했던 표준적인 경로를 통해 북경으로 파견된 것이 아니었다. 그것은 그들이 중국의 부관구에 합류하기 위해 처음에 리스본으로, 그리고 그 다음 고아로, 그리고 결국 마카오로 여행하지 않았다는 것을 의미한다. 이 프랑스 선교사들은 포르투갈 교구Portuguese Assistancy에 있는 동료들의 노력에 동참하려고 하지 않았으며, 프랑스인이 아닌 장상들에게 복종할 의무가 없다고 느꼈다. 오히려 그들은 자신들을 프랑스 궁정에 충성을 다하는 독립적인 그룹으로 보았다. 이런 측면에서, 도착 후 몇 년 동안 북경 또는 그 밖의 어느 곳이든 그들이 머무르는 곳에서 일어난 대부분의 사건들은 이 책의 언급 범위를 벗어난다.

1687년 7월 23일 장 드 폰타니Jean de Fontaney, 1643~1710와 그의 네 명의 동료가 절강성 영파寧波에서 하선했을 때 부관구의 위계 구조는 매우 복잡한 위치에 있었다. 프랑스인들은 자신들을 페르비스트의 친구라고 현지 관료들에게 주장했는데, 그 관료들은 그들을 구금했다. 또한 그들은 중국의 속국인 시암에서 왔는데, 당시 시암은 국왕과 프랑스 동맹자들에 대항에 일어난 반란에 휩쓸려 있었다. 부관구장 인토르체타는 선교에 드리워진 일련의 위기에 압도되어 로마의 장상들에게 "이 부관구가 내 통치 기간 동안 발생한 이런 심각한 문제에 직면했을 때가 있었는지 모르겠습니다"라고 고백했다.[85] 이들의 새로운 도착의 결과로 선교에 대한 반발이 일어나지 않을까 염려했던 인토르체타의 두려움은 강희제가 예부의 반대를 개의치 않고 개인적으로 프

---

85 Intorcetta to António de Rego, Hangzhou, 25 May 1688, ARSI Jap-Sin 164:58v.

랑스인을 북경으로 소환했을 때 부분적으로 완화되었다.[86]

얼마 후, 프랑스 예수회원들이 황실로 이동하기 시작하자, 인토르체타는 새로운 선교사들이 부관구에 가장 도움이 될 만한 곳이 어디일까에 대해 순진하게 생각하고 있었다. 1687년 가을과 1688년 겨울에, 그는 이 새로 온 자들을 방어하기 위해 마카오에 있는 순찰사 시몽 마틴스Simão Martins, 1619~1688와 그의 후임자 프란체스코 사비에르 필리푸치Francesco Saverio Filippucci에게 편지를 썼다. 그들이 북경에서 영접 받은 후 인토르체타는 그들을 가장 취약한 선교부인 섬서성 한중 혹은 서안 혹은 부관구장 자신이 도움을 필요로 했던 항주에 보낼 것을 제안했다. 그는 또한 산동성 제남으로도 한 사람을 보낼 것을 제안했는데, 그곳은 병들어 있는 장 발랏을 대신해서 지역 그리스도교 공동체를 돌볼 사람이 필요한 곳이었고, "그 그리스도교 공동체들을 3명의 프란체스코 탁발 수사들이 맡도록 내버려 둘 수 없었다".[87] 그들의 숙련된 기술 지식을 고려할 때 인토르체타는 그들 중 적어도 하나는 연로한 페르비스트를 돕기 위해 수도에 머물러야 한다고 생각했다. 그는 만약 페르비스트 가까이에 대리인이 없다면, 흠천감은 "이슬람 교도 손에 들어갈 수 있고", 이것은 선교뿐만 아니라 "마카오의 몰락"으로 이어질 수 있다고 여겼다.[88]

---

86 강희제와 프랑스 예수회원들과의 관계에 대해서는 John W. Witek, *Controversial Ideas in China and Europe : A Biography of Jean-François Fouquet, SJ(1665~1741)*, Rome, 1982, pp.58~72를 참조.

87 Prospero Intorcetta to Simão Martins, Hangzhou, 31 October 1687, BAJA 49-IV-63:92v.

88 Intorcetta to Francesco Saverio Filippucci, Hangzhou, 21 February 1688, BAJA 49-IV-63:146r/v.

인토르체타의 신중한 계획에도 불구하고, 프랑스 예수회원들은 북경을 떠날 생각이 없었다. 그러나 처음에는 부관구로부터 독립하겠다는 자신들의 의지를 숨기는 쪽을 택했다. 장 드 폰타니Jean de Fontaney는 1687년 8월 영파寧波에서 글을 쓰면서 페르비스트에게 청 조정이 자신에게 맡긴 임무는 "이 선교에 필요한 모든 원조를 제공하는 것"이라고 말했다.[89] 그들에게 보다 호의적인 동료들, 예컨대 지안도메니코 가비아니Giandomenico Gabiani와 앙투안 토마스Antoine Thomas 같은 사람들은 그들의 말을 듣고 그들을 가능한 빨리 황제 앞에 데려와야 한다고 믿었다. 강희제는 요하임 부베Joachim Bouvet, 1656~1730와 장 프랑수아 제르비옹Jean-François Gerbillon, 1654~1707이 조정에서 자신을 섬기는 것을 보고 싶다는 뜻을 내비쳤다. 강희제가 폰타니Fontaney, 클라우드 드 비스델루Claude de Visdelou, 1656~1737, 루이스 르 콩트Louis Le Comte, 1655~1728로 하여금 지방에서 일하도록 그들을 떠나게 한 것은 토마스Thomas와 프랑스 선교사들의 맹렬한 반대자인 북경 예수회원 토메 페레이라Tomé Pereira의 노력 때문이었을 것이다

순찰사 프란체스코 사베리오 필리푸치Francesco Saverio Filippucci가 프랑스 예수회원들을 부관구가 가장 필요로 하는 곳으로 인도할 기회를 잡았을 때, 그는 폰타니의 진정한 의도를 드러냈다. 동아시아 예수회의 최고위층 지도자인 순찰사는 세 명의 프랑스인에게 섬서성과 하남성으로 향하도록 지시했으며, 그곳에서 지역 그리스도교인들을 위한 사역을 돕도록 하였다. 폰타니는 해안 지역에 파견해 달라고 요청했

---

89 Fontaney to Ferdinand Verbiest, Ningbo, 13 August 1687, BAJA 49-IV-63:102r.

으나 필리푸치는 거부하였다. 순찰사가 보기에 분명히 프랑스 예수회원들은 유럽과의 감독 받지 않는 소통 채널을 만들고, 동료들을 위해 중국에 들어오는 항구를 열려는 시도를 한 것이었다.[90] 폰타니는 이 질책에 화가 나서 1688년 여름에 필리푸치에게 자신과 자신의 동료들은 선교 사업을 위해서가 아니라 "인도와 중국의 많은 과학 문제"를 조사하기 위해 중국에 왔다고 알렸다. 그는 그들의 작업이 "왕립 아카데미 출신의 세속 수학자들이 이미 아프리카, 아메리카, 영국, 덴마크 등에서 해왔던 것과 유사하다"고 주장했다. 그의 불복종을 두드러지게 하기 위해 폰타니는 순찰사 및 그를 반대하는 나머지 동아시아 예수회원들을 유럽에서 파렴치하게 위협했다. 폰타니는 "그들과 대목교구장을 칙서와 포고령을 갖고 중국에 오도록 파견한 교황과 그리스도교 왕"을 불쾌하지 않게 하기를 희망하며, 그렇지 않으면 "터무니없는 평판"을 얻게 될 것이라고 말했다.[91]

프랑스 예수회원들의 위상은 강희제의 공개적인 접견에 의해 크게 향상되었고, 순찰사는 그들이 독립적인 선교를 수행하도록 허락할 수밖에 없었다. 이로써 프랑스 예수회원들은 부관구가 직면한 문제를 해결하지 못했다. 실제로 수도와 지방에서의 그들의 존재는 선교사들 사이의 분열을 악화시켰다. 수학자들이 프랑스 왕에 대한 충성을 근거로 자신들의 자율성을 방어했기 때문에, 이전의 원로파와 신진파 사이의 분열은 분명히 국가적 색채를 갖게 되었다. 그들은 국적이나

---

90 Filippucci to Prospero Intorcetta, Canton, 28 April 1688, BAJA 49-IV-63 : 297r. Compare Witek's irenic assessment of Filippucci in his Controversial Ideas, 52.
91 Fontaney to Francesco Saverio Filippucci, Nanjing, 9 August 1688, BAJA 49-IV-63:211r/v.

프랑스 선교단에 대한 감정에 관계없이 부관구의 모든 회원들에게 "포르투갈인"이라는 호칭을 부여하였다.

선교사들이 선교를 시작한 이래 그들 사이에서 지속되었던 국가주의적 분열을 감지하려는 많은 학자들의 시도에도 불구하고, 1680년대 이전에 선교사들 사이에 심각한 분열이 존재했다는 증거는 거의 없다.[92] 그러나 1680년대에 이르러 다국적 "포르투갈인"이 아니라 프랑스의 투명한 국가주의 논조로 인해 이러한 명확한 경계선이 나타났다. 분명히 이 다국적 "포르투갈인" 중에는 포르투갈인들이 포함되어 있었다. 이 포르투갈인들은 똑같은 방식으로 프랑스인들의 비난에 대응해야 한다고 느꼈고, 이것은 외부 관찰자들의 반감을 불러일으켰다. 이탈리아, 독일, 네덜란드 등 여러 지역에서 온 또 다른 선교사들은 새로운 동료들에 대해 다양한 수준으로 공감하면서 대응하였는데, 이것은 초기에 예수회를 결속시켰던 국제적 연합으로부터의 이탈을 은연중에 드러낸 것이었다. 틀림없이 그 동일한 예수회 연합은 남유럽, 특히 이베리아의 문화적 지배력을 암묵적으로 인정했다.

궁정에서 긴장이 최고조에 달했는데, 그곳에서 예수회원들은 황제 앞에서 겉보기에 연합을 유지하려고 노력했다. 순찰사 필리푸치Phili -ppucci는 다루기 힘든 자신의 수하 회원들을 누르기 위해 "포르투갈인" 예수회원들에게 그들의 거주지 중 하나를 프랑스인에게 양보하라고 명령했다. 토메 페레이라Tomé Pereira를 떠날 기회를 기쁘게 맞이

---

92 Dunne, pp.8~15; Ross, pp.205~206; Alden, p.157; David Mungello, "A Confucian Echo of Western Humanist Culture in Seventeenth Century China", *Masini*, pp. 279~292·282를 볼 것.

한 앙투안 토마스Antoine Thomas는 제르비용Gerbillon과 부베Bouvet에 합류했다. 그러나 두 그룹 사이에 원한이 커지고 있음을 알고 있는 필리푸치는 또한 그들이 "직간접적으로 황제 또는 신하들에게 각기 자신의 조국의 왕이나 왕자의 자질, 권력, 고귀함, 성취, 장엄함 또는 기타 특질"에 대해 말하는 것을 금지했다.[93] 그러나 겉으로만 평화롭게 보일 뿐이었다. 폰타니가 주장한 것처럼 "성 프란시스 사비에르가 오늘날 살아 돌아온다면, 포르투갈 사제들은 분명히 도움을 청하기 위해 파리대학에 편지를 쓴 것에 대한 교훈을 그에게 가르칠 것이다".[94]

5명의 프랑스 예수회원들이 새로 도착했다는 소식으로 말미암아 예수회 총장은 부관구를 보호하고, 그 제도적 완전성을 지키기 위하여 더욱 적극적인 역할을 하게 되었다. 1690년 프랑스 예수회원들과의 관계가 안정이 된 후, 순찰사 필리푸치는 리스본의 왕실 고해신부인 예수회원에게 편지를 써서 중국 선교가 포르투갈 교구Portuguese Assistancy에게 의심쩍은 충성을 가진 사람들에 의해 10년 넘게 운영되어 왔다는 사실 때문에 그 문제들이 생겨난 것임을 분명히 했다. 그는 미래에 이 사역들을 관리할 재능을 가진 많은 사람들을 포함하여 아시아 선교를 위한 신입 회원들은 "대부분 포르투갈인"이어야 한다고 주장했다.[95] 리스본에 있는 예수회 대리인은 예수회 로마 교황청의 승인을 받아 그해에 26명을 아시아에 파견함으로써 이에 응답했다. 그는 초기에는 후보자가 부족했던 것이 아니라 단지 그들을 중국

---

93 Filippucci to Tomé Pereira, Canton, 30 March 1688, BAJA 49-V-20:101r.
94 Fontaney, Extrait des Lettres, Canton, 26 October 1690, ARSI Jap-Sin 132:62r.
95 Filippucci to Sebastião de Magalhães, Macau, 19 October 1690, BAJA 49-IV-64:212r.

으로 데려갈 사람이 부족했다고 주장했다. 그는 인토르체타, 쿠플레, 그리고 1680년대 후반의 클라우디오 필리포 그리말디Claudio Filippo Grimaldi의 경우와 같이 이전의 대리인들은 "자신의 사람들"만 데려가려고 노력했다고 주장했다.[96]

포르투갈 왕실 역시 아시아 영역을 장악하려는 프랑스의 두 갈래 시도에서 무엇이 문제인지를 이해하였다. 포르투갈 왕실은 유럽의 모든 자원을 이용하여 미래의 선교사를 준비시키고 보교권을 보호함으로써 부관구를 지키기 시작했다. 청 조정에서 복무하는 데 필수적인 자격을 갖춘 과학 교육을 받은 포르투갈 예수회원들이 충분하지 않다는 불만 섞인 조롱을 막기 위해 티르소 곤잘레즈Tirso González 총장은 페드로 2세Pedro II가 코임브라대학과 에보라대학에 수여한 수학과 주임 자리에 사람들을 보냈다. 포르투갈 왕실은 로마에서 주도적인 외교를 전개함으로써 상당한 이익을 얻었으나 중국에서는 적지 않은 혼란을 초래했다. 1690년 알렉산더 7세는 북경과 남경에 포르투갈 보교권하의 두 개의 새로운 관할구를 만들고, 이 두 개 교구의 주교권을 대목교구장의 감독에서 벗어나게 하였다. 이 새로운 감독 고위층으로 인해 포르투갈 왕은 아시아에서 포르투갈의 이익을 위해 오랫동안 복무해 온 예수회원들에게 보답할 기회를 얻었다. 게다가 일본 관구나 중국 부관구의 구성원을 주교로 임명할 수 있는 기회를 얻었고, 그렇게 함으로써 선교에 대한 교회적 권위를 오래 유지할 수 있었다.

이 새로운 성직 임명은 중국 그리스도교인들에 대한 교회의 통제를

---

96 Manuel Ferreira to Tirso González, Lisbon, 27 March 1690, ARSI Jap-Sin 164: 234v.

일시적으로 강화했지만, 천주교 신자들에 대한 실질적인 영향력은 확고하게 예수회원들 수중에 남아 있었다. 대목교구장과 포교성성의 과장된 주장임에도 불구하고, 1691년에 중국에서 부관구는 여전히 로마 가톨릭교와 동의어였다.

가장 발전된 탁발 수사 선교조차도 강남 해안 같은 지역에서 예수회원들의 선교 교회를 구성한 수만 명의 그리스도교인들에 비하면 소규모였다. 또한 전략적 관점에서도 복건이나 산동 외곽에 있는 소수의 탁발 수사들의 활동은 청나라의 중심에 있는 예수회의 존재와 비교할 때 희미했다. 내부 및 외부 경쟁자들과의 수많은 충돌로 인해 중국 예수회원들은 자신들의 양들을 관리하는 사역에 집중하지 못하기는 했지만, 이러한 위기는 결국 유럽의 동맹자들에게 도움을 요청하는 계기가 되었다. 1691년에 부관구는 새롭게 자원하여 출발한 신입 회원들 및 26명의 사제들과 3명의 보좌신부를 두게 되었다.

"부관구의 신하가 되고 싶지도 않고 또 다른 사람들처럼 장상들에게 순종하고 싶지 않은 5명의 프랑스 사제들"과는 별개로 예수회원들은 섬서에서 복건까지 9개 지방에 퍼져 있었다.[97] 혹독한 세월은 그들이 얼마나 절약하며 살아야 하는지를 가르쳐주었고, 청지기적 사명은 제국의 봉록을 현명하게 사용함으로 말미암아 마카오에 대한 의존에서 벗어나는 데 도움을 주었다. 1690년대 초에 선교는 제국 내에 소유한 부동산 임대로부터 수입의 상당 부분을 끌어냈다. 만약 중국 선교의 운명을 놓고 예수회원들과 유럽의 경쟁자들 사이에 최

---

[97] Brief Catalogue, Vice-Province 1691, ARSI Jap-Sin 134:375r.

후의 결전이 있었다면, 적어도 부관구의 사람들은 싸울 준비가 되었을 것이다.

제5장
관용과 불관용 사이에서

프랑스 예수회원들의 도착으로 인해 생겨난 폭풍이 사그러들었을 때, 부관구의 사람들은 수만 명의 그리스도교인들을 섬기는 벅찬 임무에 전념하였다. 지방에서 선교사들은 농촌 순회교구를 지속적으로 다니고, 신앙 협회를 통해 공동의 신심을 장려하고, 교리 교육 활동을 조정함으로써 정기적으로 사목적 돌봄을 제공하려는 노력을 배가시켰다. 북경 예수회원들은 자신들을 황제의 충성스러운 신하로 나타냄으로써 강희제의 비위를 맞추었다. 1691년에 그들은 항주에서 공무와 관련된 사소한 사건이 일어났을 때 수십 년에 걸쳐 궁정에서 복무한 가치를 깨달았다. 그곳의 선교사들은 사제들과 그리스도교인들에 대한 현지 관료들의 박해를 막으려고 조정이 개입하기를 원해 궁정에 있는 동료들을 의지했다. 강희제는 예수회원들에 대한 높은 평가를 바탕으로 박해를 종식시키고 예수회의 종교 활동에 대해 관용 칙령을 발표했는데, 예수회원들은 이 칙령을 자신들의 위대한 승리로 여겼다.

예수회원들은 자신들의 사역에 새로운 관심을 끌려는 희망을 갖고 1692년 관용 칙령을 유럽에 빠르게 알렸다. 그러나 선교단은 청 제국에서의 선교 사역의 확신을 회복하는 것 외에 거의 아무 것도 얻지 못했다. 선교사들은 강희제의 조치로 개종이 눈에 띄게 증가할 것이며 천주교에 대한 대중적 위상이 동반 상승할 것이라고 확신했지만, 잠재되어 있는 부작용을 알지 못했다. 즉, 유럽의 경쟁자들이 중국교회를 더욱 공격적으로 요구하도록 부추겼다는 것이다. 이와 동시에 유럽에서는 중국 전례에 대한 논쟁이 절정에 이르렀으며, 로마 교황은 최고의 영적 권위를 보호하고 예수회원들의 일탈을 통제하지 않을 수 없었다. 로마의 이러한 결정이 일단 중국에 공개되면 불가피하게 선교를 위태롭게 할 것이었다. 1705~1706년에 카를로 토마소 마이야르 드 투르농Carlo Tomasso Maillard de Tournon이 이끈 교황 사절단이 북경에 도착했는데, 거의 재난에 가까운 이 일의 후과로 말미암아 예수회원들은 자신들이 두 주인에게 복종해야 하는 곤경에 처했음을 발견하게 되었다. 그러나 교황이나 황제는 중국 그리스도교인들그리고 그들의 사제들이 어떻게 정통성을 존중해야 하는지에 대한 문제에 있어서 결코 타협하지 않았다.

투르농 사절단 파견 이후 부관구가 중국 그리스도교인의 수를 확대시킬 수 있었던 힘은 빠르게 약해졌다. 예수회원들은 궁정의 보호자가 자신들의 동기가 순수하다는 것을 더 이상 확신하지 못했기 때문에 각 성省의 선교를 보호하는 안전장치인 궁정 내에서의 자신들의 위상을 믿을 수 없었다. 예수회원들과 큰 대립을 빚고 있는 교회 고위 인사가 도착하자, 황제는 선교사들이 유럽 주권, 중국의 여러 선교 단체 간의 경쟁, 로마 카톨릭 내의 권력 구조에 대해 그에게 한 주장을 재고하지 않을 수 없었다. 궁정의 상공에 모인 구름은 천주교에 대한 의혹을 불러 일으키고 천주교가 확대되는 것을 억제하면서 자연스럽게 제국 전역에 그림자를 드리웠다. 부관구는 그동안 만들어왔던 선교 교회가 가능한 오래 지속되도록 노력하면서 방어적인 입장으로 전환하였다. 그러나 강희제가 중국 전례에 대한 그의 견해를 고수할 것을 요구하는 사제들의 체류허가를 위한 새로운 시스템을 만들었을 때, 예수회원들은 강희제의 칙령을 받들어 로마가 중국 문화에 대한 해석을 재고할 것을 요구하기 위해 하나둘씩 북경을 떠났다. 이렇게 되자 선교 현장에서 사역하는 인원이 줄어들었고, 사제 없이 많은 그리스도교인들이 남겨지게 되었다. 예수회원들이 교황이 입장을 바꿀 것이라는 희망을 가지고 있었다면, 그 희망은 1720년대 초에 파견된 또 다른 사절단의 도착에 의해 철저하게 무너졌다. 결국 예수회원들은 황제를 보호의 원천으로 삼은 대가를 치렀다. 옹정제가 재위하면서 관용의 정책은 급격하게 전환되었다. 1724년에 발표된 칙령으로 말미암아 각 지방의 교회들은 폐쇄되었고 거주지 예수회원들은 추방되었으며 중국 부관구의 죽음의 종소리가 울려 퍼졌다.

1. 중국에 있는 일본의 망령1691~1693

1691년 8월 말 항주의 한 하급 관리가 도시에 천주교를 비난하는 글을 게시하였다. 그 소식이 현지 예수회 장상인 프로스페로 인토르체타Prospero Intorcetta에게 전해지자 인토르체타는 바로 관청에 가서 지부知府 앞에서 이 사람을 고발하였다. 인토르체타의 사건은 천주교에 대한 비방을 금지하는 제국의 칙령에 근거했지만, 그 결과는 정반대였다. 두 달이 지연된 후, 절강 순무巡撫는 그리스도교와 그 포교자에 대해 강하게 비판했다. 그는 누가 인토르체타로 하여금 강서성에 있는 그의 원래 거주지에서 항주로 오도록 허락했는지를 알고자 했으며, 예수회원들이 어떤 권위로 종교 서적들을 출판했는지에 대해 물었다. 선교사를 신랄하게 비판한 후, 절강 순무는 지역 전체에 중국인이 그리스도교를 신봉하는 것을 금한다고 통고하였다. 지역 그리스도교인들은 성물聖物을 가지고 다니지 못했으며, 집에 있는 성화들을 없애야 했다. 인토르체타가 신자들과 함께 발견되거나 혹은 그리스도교인들이 스스로 모인 경우, 법령에는 태형을 당하고, "목 주위에 매우 무겁고 고통스러운 칼을 두르고 길거리를 두 달 간 유랑한다"라고 되어 있었다. 항주 교회의 성화들을 파괴하라는 명령이 집행되지는 않았지만, 인토르체타는 "우리는 이미 절강성에 일본을 두고 있다"라고 탄식할 정도로 두려워했다.[1]

---

1 Emanuele Laurifice to Tirso González, Songjiang, 11 November 1691, ARSI Jap-Sin 165:121v; David Mungello, *The Forgotten Christians of Hangzhou*(Honolulu, 1994, pp.59~66).

1691년 늦가을이 되자 예수회원들은 이 관리의 공격이 더욱 맹렬해졌음을 알게 되었다. 첫째, 항주와 기타 절강성 지역의 알려진 그리스도교인의 목록이 정리되었다. 둘째, 관아의 요원들이 여성 사역에 사용되는 예배당을 폐쇄했다. 그들은 건물 꼭대기의 십자가를 내렸을 뿐만 아니라, 벽돌을 압수하여 신도들이 다시 짓지 못하도록 했다. 셋째, 가톨릭 축일 달력을 배포한 일로 한 그리스도교인 의사가 붙잡혔다. 1692년 1월 28일, 그 사람은 40대의 태형을 당하고 "많은 피를 흘리며" 자신의 범죄에 대한 대가를 치렀다. 인토르체타는 상황이 악화되고 있는 것을 염려하면서 자신이 생각할 수 있는 가장 높은 권위에 또 다른 호소를 했다. 그는 북경에 있는 토메 페레이라에게 편지를 보내 황제가 선교사와 신도들을 위해 이 일에 개입해달라고 요청하였다.[2]

인토르체타의 요청은 1630년대부터 예수회원들이 선교를 보호하기 위해 추구한 전략에 대한 일종의 시험이었다. 서광계와 다른 문사 보호자들이 사망한 후 60년 동안 부관구는 황제의 손에 그 운명을 맡겼다. 선교단이 궁정에서 지속해서 직위를 유지하려는 정책은 선교에 상당한 인력 자원을 요구하는 것이었지만, 부관구의 대중적인 입지는 황제의 은총이 더해질 때마다 군건해졌다. 강희제의 교사였던 페르디난트 페르비스트가 사망한 후, 토메 페레이라와 앙투안 토마스는 궁정에서 중요한 역할을 담당했다. 페레이라Pereira와 프랑스인 장 프랑수아 제르비용Jean-François Gerbillon은 3년 전 네르친스크에서 러시아

---

2   [Francisco Pinto?], AL Hangzhou Residence 1691~1693, Hangzhou[1693?], BAJA 49-V-22:178v.

와 국경 협상을 했을 때 청나라 대표자로 일하여 1692년 강희제로부터 찬사를 받았다.[3] 모든 북경 예수회원들은 정기적으로 황궁에서 황제를 접견했고, 종종 황제는 그들을 개인적으로 부르기도 했다. 페레이라는 항주의 상황을 알고 나서 그 길로 황제에게 재빨리 상소문을 올렸다.[4]

1692년 3월 17일과 19일에 발표된 두 가지 법령 속에서 응답은 예수회원들의 기대 이상이었다. 이 법령들은 후에 관용 칙령으로 알려지게 되었다. 선교사들은 이 칙령이 자신들이 상상할 수 있는 가장 중요한 선언이라고 생각했는데, 유일하게 부족한 것은 황제 자신의 믿음의 고백이었다. 더욱이 그들은 칙령의 문구에 황제가 간여한 흔적을 발견했는데, 이것들은 관료적인 진부한 문구와는 상당히 달랐다. 첫 번째 칙령으로 예수회원들은 자신들의 교회에서 천주교 의식을 수행할 수 있게 되었다. 이 첫 번째 칙령은 역시 황제의 개인적 개입의 증거로서 중국 남녀 신도들에게도 똑같이 천주교 의식을 실천할 수 있는 특권을 부여한 두 번째 칙령에 의해 보완되었다. 3월 19일은 마침 중국의 수호성인인 성 요셉의 축일이었는데, 강희제는 이 칙령을 반포하면서 천주교가 국가에 위협이 되지 않으며, 예수회원들이 과학과 언어 기술로 청나라에 기여했다고 선포했다. 그러나 이 성명은 그리스도교의 승인에까지는 미치지 못했다. 기껏해야 그것은 "궁

---

3 Joseph Sebes, *The Jesuits and the Sino-Russian Treaty of Nerchinsk(1689) : The Diary of Thomas Pereira*, Rome, 1962.

4 페레이라의 비공식 문서와 이에 상응하는 칙령들은 Lo-Shu Fu, ed., *A Documentary Chro-nicle of Sino-Western Relations(1644~1820)*, 2 vols. Tucson, Ariz., 1966, 1:104~106에 있다.

정적 중립"을 나타낸 것으로 볼 수 있다.[5] 칙령은 예수회원들 자체를
더 직접적으로 가리켰다. 아마도 1689년 항주에서 가진 인토르체타
와의 만남을 언급하면서 강희제는 그 지역에 사는 서양인들은 "범죄
를 저지르거나 나쁘게 행동하지 않았다"고 선언한 바 있다. 그리하여
강희제는 그들의 종교를 금지하는 것이 공정하지 않다고 선포했다.[6]

이 칙령들을 분석한 학자들은 강희제의 다른 선언에 비추어 볼 때
이 칙령들이 천주교 포교를 허락하지 않은 것이라고 정확하게 지적했
다. 즉, 학자들은 천주교 포교자들이 다른 종교 전문가들처럼 행동하
고 청나라의 유교적 정통성을 거스르는 행동을 하지 않을 것이라는
전제하에 1691년 이전과 마찬가지로 그리스도교의 활동을 용인한
것이라는 점을 포착한 것이다.[7] 그러나 행간의 미묘한 차이를 포착하
지 못한 많은 예수회원들은 황제 칙령의 뉘앙스를 파악하지 못했다.
한 선교사는 두 번째 칙령을 다음과 같이 요약했다. 즉 이 칙령은 모
든 예수회원들의 교회를 원상태로 되돌려야 하며, "원하는 사람은 모
두 하느님을 숭배하도록 내버려 두어야 한다"고 명령했다는 것이다.
이 선교사는 또한 황제의 선포에는 "유럽인들의 많은 장점"에 대한
찬사가 포함되어 있으며, 선교사의 낙관적인 해석에 따르면 유럽인들
이 "자신들의 교리를 전파하는 데 방해를 받아서는 안 된다"는 점을
선언했다고 기록했다.[8] 다른 예수회 저작들은 그 칙령이 강희제의 신

5   Erik Zürcher, "Emperors", *Handbook*, pp.492~502, 특히, p.497.
6   Fu, Documentary Chronicle, 1:105~106.
7   Ad Dudink, "Opponents", *Handbook*, pp.503~533, 특히 p.516.
8   [Francisco Pinto?], AL Hangzhou Residence 1691~1693, Hangzhou[1693?],
    BAJA 49-V-22:179v.

하늘이 "자유롭게 우리의 거룩한 신앙을 받아들이도록" 허락하였다고 주장했다.[9] 그래서 황제의 영토에서 정식으로 그리스도교의 전파를 허용한 것이라고 선교사들은 주장했다.

이 소식은 관방의 공식 채널과 예수회 채널을 통해 빠르게 전파되어 선교사들과 그리스도교인들은 환호작약하였다. 소식이 4월 7일에 절강성에 도착했을 때 순무의 결정이 철회되었다. 현지 신도들은 자신들이 정당하다는 것에 의지해 몰수된 벽돌을 돌려달라고 요구했고, "성 십자가에게 그 자체가 본래 가져야 하는 응분의 승리를 주었다". 프로스페로 인토르체타는 그 다음 달에 북경으로 가서 직접 감사를 표했다. 6월 23일, 강희제는 "우호적이면서도 예를 갖추어" 그를 환영했는데, 소문에 의하면 예수회원에게 차茶를 하사했다고 한다. [10] 몇 년 후 중국에서 발생했던 중대한 사건들에 대한 보고들이 부관구와 프랑스 선교회원들이 쓴 소책자를 통하여 유럽에 도착했다. 이 소책자들은 칙령의 모호성을 숨기고 예수회원들에게 유리한 성명을 선택적으로 해석하면서 예수회원들의 승리, 그리고 황제가 중국에서 그리스도의 복음을 전할 자유를 주후 1692년에 장엄하게 선언했음 Libertas Evangelium Christi annunciandi et propagandi in Imperio Sinarum solemniter declarata anno Domini, 1692을 알렸다.[11]

---

9 Anon., *AL College of Macau and Canton Residences 1692*, Macau[1693?], BAJA 49-V-22:103r.

10 [Francisco Pinto?], AL Hangzhou Residence 1691~1693, Hangzhou[1693?], BAJA 49-V-22:178v-180r.

11 José Soares는 칙령을 북경에서 라틴어로 번역했고, 스페인어, 프랑스어, 이탈리아어 판이 그 뒤를 이어 나왔다. 즉, La Libertad de la Ley de Dios en el Imperio de la China, trans. Juan de Espinola(Valencia, 1696); Charles Le Gobien, Histoire de l'Édit de la Chine, en faveur de la Religion Chrestienne(Paris, 1696); Istoria dell'

그러나 관용 칙령을 축하하는 것은 마카오에서 열리는 축제들에 필적할 수 없었다. 마카오는 1639년 일본과의 상업적 연결 고리가 끊어진 이래로 나쁜 소식만을 들었다. 해양 아시아에 여타 유럽 무역 세력들이 공격적으로 다가오자 마카오의 고통은 더욱 악화되었다. 마카오의 신부들은 강희제가 유럽인을 지지함으로써 광동과의 정체된 무역에 활력을 불어넣기를 희망했다. 그들은 지역 예수회원들과 함께 먼저 마테오 리치 서거 82주년인 5월 11일을 길일로 선택하여 축제를 준비하였다. 마카오 요새의 성벽에서 포병 사격이 울려 퍼졌고, 도시 전역과 항구에 있는 배에서도 음악이 연주되었으며, 불꽃놀이는 3일 동안 하늘을 수놓았다. 태피스트리로 장식된 거리를 성체Blessed Sacrament 행렬이 지나가면서 축하 행사는 절정에 이르렀다. 고위 재속 성직자는 다시 한 번 귀족, 예수회원, 나머지 성직자들을 위해 길을 인도했다. 성인聖人들의 조각상을 실은 마차와 예수회의 신앙의 영웅들로부터 혜택을 받은 땅을 상징하는 성장盛裝을 한 악대樂隊를 태운 수레가 그 뒤를 따랐다. 그러나 1621년 같은 거리에서 명 제국의 인물들이 그 불운을 한탄했던 것과는 대조적으로, 이 행렬 속에서 모든 배우들은 "승리에 박수를 보내고 중국을 축하했다".12

Editto dell'Imperatore della Cina in favore della Religione Cristiana(Turin, 1699).

12 Anon., AL College of Macau and Canton Residences 1692, Macau[1693?], BAJA 49-V-22:103r-104r.

2. 포도덩굴의 끝1693~1704

선교사들이 의기양양한 나팔소리를 내며 떠들썩했지만 강희제의 선언은 그들의 사역 수행 방식을 크게 바꾸지 않았다. 대신에 1690년대에 부관구에 일어난 변화는 선교사들의 수를 늘리기 위해 고안된 초기 정책의 결과로부터 왔다. 예수회원들의 그리스도교 공동체들은 1670년대 초반 이후로 계속 확장되었지만, 그 공동체들을 돌보는 선교사들은 현저히 적었다. 1680년대에 중국으로부터 긴박한 보고를 받고 새로운 사제들이 1692년에 26명의 회원에서 1699년에는 30명으로 부관구의 인원을 늘리면서 도착했다.[13] 게다가 마누엘 로드리게스Manuel Rodrigues, 1638~1698, 프란시스코 시몽이스Francisco Simões, 1650~1694, 그리고 프란시스코 핀토Francisco Pinto, 1662~1731 같은 사람들은 선교 사업의 새로운 전망을 듣고 인도에 있는 장상들에게 중국으로 떠날 수 있게 해달라고 간청했다.

이렇게 유입된 사제들은 농촌 순회교구를 다니거나, 사목적 돌봄 없이 살아남은 그리스도교 공동체를 강화하고, 다른 종교 수도회가 들어오는 것을 막기 위해 전략적인 지역의 거주지 요원이 되는 임무를 맡았다. 이 프로젝트들 가운데 마지막 기획이 예수회원들이 선교 교회에 대한 통제권을 유지하기 위해서 매우 중요했다. 다른 선교 단체들이 중국의 반이나 사분의 일을 자신들의 것이라고 주장하는 것을 막기 위하여 부관구는 가능한 한 넓은 중심지에 인력을 파견했다. 그

---

13 Brief Catalogue, Vice-Province 1692, ARSI Jap-Sin 134:375; Triennial Cata-logue, Vice-Province 1699, ARSI Jap-Sin 134:385r-386r.

리하여 예수회원들은 강남과 양자강 유역, 광주에서 북경에 이르는 남북 교통축과 수도 주변 지역에 인력을 보강했다. 이 지역은 청나라의 인구가 집중되어 있는 중심지였고, 주요 교통 노선이 위치해 있는 곳이었다. 이러한 움직임으로 말미암아 부관구는 경쟁자들을 중국의 외곽 지역으로 밀어낼 수 있는 이유를 보강했다. 이렇게 하면 예수회원들이 경쟁자들에게 멀리 떨어진 사천성, 복건 해안, 강서성과 산서성의 산, 그리고 산동성의 시골 지역에서 새롭게 선교하도록 요구할 수 있었다.

선교 영역을 강화하려는 부관구의 기획 중에는 미개척된 부근 지역으로의 확장이 포함되어 있었다. 더 많은 인력이 보강되면서, 사제들은 직예直隸 북쪽의 농촌 지역, 산서성 북부 지역, 호광성의 장사長沙와 양양襄陽와 같은 이전에 가지 않았던 지역으로 파견되었다. 새로운 선교사들은 천주교를 전파하는 일을 도울 수 있는 교리 교사들과 신앙좋은 개인들에게 의지하면서 이 새로운 지역에서 열정을 쏟아 부었다. 예를 들어, 토메 페레이라Tomé Pereira는 일군의 젊은 포르투갈 사제들을 북경에서 직예 북쪽으로 파견하여 예수회의 존재를 확고히 하였다. 미구엘 드 아마랄Miguel de Amaral, 1657~1730, 프란시스코 시몽이스Francisco Simões 및 프란시스코 핀토Francisco Pinto가 진정眞定, 지금의 正定縣을 순방하면서 이 지역 그리스도교 공동체의 성장이 이루어졌는데, 페레이라의 목표는 산동성 북부 임청臨淸에 있는 프란체스코 회원인 북경 주교 베르나르디노 델라 키에사Bernardino della Chiesa, 1644~1721를 따라 온 선교사들이 이 지역에 접근하는 것을 막으려고 했던 것 같다.

산서성 남부의 강주絳州에서 예수회원들은 북부에 있는 태원太原으로 향했다. 이 지역에 충분한 인원이 거주하고 있는 것은 아니었지만, 피에몬트Piedmontese 출신 안토니오 프로바나Antonio Provana, 1662~1720와 마카오의 프란시스코 사비에르 로사리오 호Francisco Xavier Rosario Ho, 1667~1736는 "계속 순회를 하고, 수 백 마일을 여행하는 가운데 수많은 어려움을 만나면서도"[14] 해마다 지역 신도들을 방문했다. 호광성에서는, 중국에 도착하기 전에 멕시코에서 5년을 보낸 플랑드르 사제 피터 반 함메Van Hamme, 1651~1727가 1690년에 도착한 후 곧 무창에서 사역에 착수했다. 불과 2년 뒤 반 함메는 437명에게 세례를 주었다고 보고했다.[15] 그의 동료인 프랑스인 시몽 베이어드Simon Bayard, 1662~1725와 스페인인 호세 라몬 아르소José Ramón Arxó, 1663~1711는 호광성 남부에서 선교했으며, 자신들의 기지인 장사長沙를 광서 북부로 가는 디딤돌로 사용하였다.

이 수치들에서 알 수 있듯이, 1690년대 예수회원들의 보고서는 그들의 사역을 대대적으로 쇄신하려는 태도를 드러낸다. 기존의 그리스도교 공동체들은 계속해서 확장되었고, 새로 온 사제들은 이 공동체들의 진일보한 발전을 촉진시켰다. 특별히 상해, 송강, 상숙 등과 같은 강남 지역에서 예수회원들은 수만 명의 신자들을 돌본 것으로 알려졌다. 상숙에서 시몽 로드리게스Simão Rodrigues는 상숙에 3개의 교회, 소주와 숭명도崇明島에 각각 한 개의 교회, 농촌 마을에 흩어져 있는 48개의 예배당을 포함하여 광범위한 선교 지구를 견고히 하기 위

---

14 José Soares, Draft AL Vice-Province 1697, Peking, 30 July 1697, BAJA 49-V-21:78r/v.

15 Pieter Van Hamme, AL Wuchang Residence 1692, Wuchang[1693?], BAJA 49-V-22:165v-166r.

해 노력했다.[16] 그러나 그의 사역은 많은 그리스도교인들이 고정된 거주지가 없고 이 지역 운하의 수많은 배에서 살았기 때문에 특히 어려웠다. 지역 공동체의 성장—1692년에만 967명의 세례자가 있었음—으로 로드리게스는 신자들에게 수상水上 예배당을 "육지로 옮겨서" 새로운 교회 건물을 짓도록 장려하였다.[17] 비슷한 결과가 강서성에서도 보고되었는데, 1692년 후안 안토니오 데 아르네도Juan Antonio de Arnedo, 1660~1715가 남창에서 500건의 세례를 시행했고, 1696년 말 역시 이 도시에서 프랑수아 노엘François Noël이 보다 많은 1,280명의 사람들에게 세례를 주었다.[18]

이러한 확장이 이루어지면서 일부 중국 신도들은 더 정교한 형태의 집단 신심을 실천하려는 욕구가 커졌다. 이 변화는 자신들의 사목자들이 가까이 살았기 때문에 상대적으로 성례에 자주 참여할 수 있는 호사를 누렸던 도시 신도들 사이에서 보다 쉽게 생겨났다. 기도 성회, 수난회, 자비회와 같은 다양한 형태의 신도회가 1630년대 이후 중국 전역에 설립되었다. 그러나 이 신도회들은 1690년대, 즉 예수회원들이 조직 법령을 채택하기 시작했을 때에 가장 진화된 모습을 보여주었다. 이 시기에 그들은 지역 예수회원들이 작성한 규정들을 편집하지 않고, 유럽 신도회의 신앙 법령을 직접 번역하였다. 1694년 북경

---

16 José Soares, Partial AL Vice-Province July 1694~July 1697, Peking, 30 July 1697, BAJA 49-V-22:636r.
17 Tomé Pereira to Tirso González, Peking, 30 April 1693, ARSI Jap-Sin 165:394v; Simão Rodrigues, AL Changshu Residence 1692, Changshu[1692?], BAJA 49-V-22:167r.
18 [Juan Antonio de Arnedo?], AL Nanchang Residence 1692, Nanchang[1693?] ,BAJA 49-V-22:170v; José Soares, Partial AL Vice-Province July 1694~July 1697, Peking, 30 July 1697, BAJA 49-V-22:644v.

에서 호세 소아레스José Soares는 유럽과 유럽 식민지에 있는 예수회의 모든 신학교에 지부를 둔 성모영보회Congregation of the Annunciation 첫 번째 중국 지부를 설립했다. 이듬해, 호세 몬테이로Jose Monteiro와 기암파올로 고자니Giampaolo Gozani, 1659~1732는 "궁정의 것을 모방하여" 비슷한 신도회를 복주에서 창설하였다. 두 도시의 선교사들은 중국인 신도회들이 로마의 성모영보회의 명단에 들어가 회원들이 상당한 특혜를 받을 자격을 가질 수 있도록 수도회의 장상들에게 청원했다.[19]

예수회원들의 열정에도 불구하고, 그들은 막중한 사목적 의무의 무게를 무시할 수 없었다. 매년 새로운 사람들이 왔지만, 신도들 전부를 돌볼 수는 없었다. 그 어느 곳도 상해보다 사목적 도전이 압도적인 곳은 없었다. 심지어 세 명의 사제와 한 명의 보좌신부가 도시의 3개 주요 교회와 시골의 8개 작은 예배당에 모인 수천 명의 교인들을 돌보는 일은 막대한 부담으로 다가왔다. 예배당은 부족한데 거의 매년 최소한 1,800명의 세례 교인을 둔 작은 시골마을은 말할 것도 없었다. 상해의 거주 장상인 마누엘 멘데스Manuel Mendes, 1656~1741에 따르면 1697년에 신도 수는 10만 명을 넘어섰다. 또 다른 사람들은 "고해 성사하지 않거나 구원에 별로 신경 쓰지 않는" 그런 사람들을 무시하고 좀더 보수적으로 추산해도 7만 명은 된다고 주장했다. 그러나 멘데스는 세례 받은 모든 사람들을 돌볼 여력이 없다는 것 때문에 예수회를 비난하기 보다는 교인 부모가 아이들에게 "하느님의 가르침에

---

19 José Soares, Partial AL Vice-Province July 1694~July 1697, Peking, 30 July 1697, BAJA 49-V-22:642r; Soares to Tirso González, Peking, 28 September 1694, ARSI Jap-Sin 166:29r; José Monteiro to Tirso González, Fuzhou, 15 September 1695, ARSI Jap-Sin 166:80r.

순종하는 것보다 글자와 장사하는 법"을 가르치는 데에 더 많은 시간을 사용한 것을 질책했다.[20]

　1690년대 상해 교회에 대한 묘사는 성찬을 받고자 했던 신도 군중들이 어떻게 예수회원들을 압도했는지를 알려준다. 선교사들은 일 년의 반은 지역을 돌아다니면서 여성, 어린이 및 노인을 돌봄으로써 자신들의 노력을 합리화했다. 남은 시간은 상해에서 보냈고, 시골에서 온 남성 신도회가 예배당에 와서 죄를 고백하고, 설교를 듣고 영성체를 하도록 했다. 지역 교인들이 도시의 구세주교회Church of the Savior에 계속해서 몰려 왔고, 성탄절과 부활절은 연해 지역의 신도들을 끌어들였다. 예수회원들에 따르면, 이 때에는 "5백, 6백, 그리고 어떤 경우에는 더 많은 그리스도교인들이" 고해성사하기를 원했다. 그러나 그들이 온 밤을 고해실에서 보낸다 하더라도, 온 사람들을 모두 만족시키는 것은 불가능했다고 선교사들은 주장했다. 예수회원들은 상해에 운집한 많은 사람들, 그리고 수비병들이 묵주를 걸치고 성으로 들어오는 사람들을 보고 더 이상 놀라지 않았다고 썼다. 이런 상황 속에서 보초가 묵주를 보았을 때나 심지어 그들에게 성에 들어온 이유에 대해 묻지 않고 지나갈 수 있게 하였다. 그들이 묵주 없이 온 경우, 보초들은 그들에게 "엄격한 시험", 즉 "보증保證과 통행증"의 역할을 했던 십자 성호를 정확하게 할 수 있는지 알아보는 과제를 냈다.[21]

　일반적으로 그리스도교인들이 이렇게 증가한다는 것은 농촌 선교

20　José Soares, Partial AL Vice-Province July 1694~July 1697, Peking, 30 July 1697, BAJA 49-V-22:634r.
21　Ibid., 633r/v.

순회교구들 또한 예수회원들에게 더 많은 요구를 하고 있다는 것을 의미했다. 1693년 프란시스코 시몽이스Francisco Simoes가 교리 교사를 대동하고 직예 북부를 여행한 이야기는 사제가 시골을 방문하는 일반적인 패턴을 잘 설명해준다. 시몽이스는 "보통 사제는 오후에 새로운 마을에 도착한다"고 썼다. 그는 먼저 그리스도교 공동체의 지도자들에게 인사하고, 그들에게 기도 책자나 성상聖像을 주고 병자 혹은 새로운 신자의 상태에 대해 물었다. 이 사전 준비가 끝나면 사제는 남자들의 죄 고백을 듣는다. 한편 교리 교사는 "제대로 교육 받지 못한 사람들"에게 자신의 죄를 어떻게 고백해야 하는지 방법을 설명한다. 시몽이스는 죄 고백을 듣는 것은 보통 저녁 식사 시간까지 계속되며, 그 후에 사제는 신도들을 인도해서 "묵주기도, 탄원기도, 그리고 교회의 또 다른 기도들"을 읊조리게 한다고 썼다. 그런 다음 사제 혹은 교리 교사가 "이교도"를 포함하여 모든 사람을 초대해서 강론한다. 주제는 일반적으로 교리 교사가 자세히 설명할 수 있는 중요한 교리들이었다. 시몽이스는 사제는 밤이 되어 물러나기 전에 모든 남자들의 죄의 고백을 들으려 하였다고 설명했다.

새로운 개종자들의 미사와 세례는 대개 다음 날에 잡혀 있었다. 선교사가 여성들에게 고해성사를 시행하는 동안 교리 교사는 세례 받을 사람들에게 마지막 지도를 해주었다. 종종 그 지역의 다른 신도들이 이 과정을 도와주었다. 아침 11시 경에 사제는 미사를 집전했고, 또 다른 강론을 했으며 신도들을 인도하여 "한 쪽에는 남자가, 다른 쪽에는 여자가 합창하는 기도"를 했다고 시몽이스는 설명했다. 시골 예배실들이 때때로 한 개의 성화, 향 조금, 투박한 의자들만을 갖추고 있었기 때문에 예수회원들은 종종 휴대용 제단을 가져왔다. 선교사가 세례를 거행한 것은 성찬을 베풀고 죄 고백을 모두 들은 후였다. 시몽이스에 따르면, 사제는 점심을 먹은 후 마을의 예비신자들이 성찬을 받을 준비가 되었는지 보기 위하여 교리 지식에 관해 질문했다. 기준에 합격한 사람들은 세례를 받았다. 그리고 간단한 설교가 뒤따랐다. 그런 다음 사제들은 다음 마을로 출발하여 이 모든 것을 다시 반복했다.[22]

이 설명에서 알 수 있듯이, 중국 교리 교사들은 예수회원들의 사목 활동을 지원하는 데 중심적인 역할을 했다. 수십 년 동안 이 본토 조력자들은 주로 천주교로 개종한 새로운 신도를 확보하는 일을 담당했다. 확실히, 선교사들이 자신들이 공언한 시골 개종자의 수를 거둬들이기 위해 혼자서 중국 시골의 모든 방언을 습득하는 것은 거의 불가능했을 것이다. 그러나 이 교리 교사들의 포교 활동은 예수회원들 일행에 들어가 시골을 순방할 때의 노력에만 국한되지 않았다. 그들의 열정은 예수회원들이 나중에 확인해야만 했던 수많은 개종자를 생겨나게 했다. 예를 들어, 피터 반 함메Pieter Van Hamme는 호광성의 한 교인 의사가 교인이 아닌 부모에게서 태어난 많은 아기들1692년에만 73명을 받았을 뿐만 아니라 세례를 시행했다고 보고했다. 반 함메는 또한 같은 해에 자신의 거주지에서 멀리 떨어진 지역에서 현지 교인들이 또 다른 222명의 사람들에게 세례를 주었다고 기록했다.[23] 강남에서

---

22 [Francisco Simões], Breve Relação das Missoens de. Pecheli no principio deste anno de 1693[Zhending?, March?] 1693, BAJA 49-V-22:165v.
23 Pieter Van Hamme, AL Wuchang Residence 1692, Wuchang[1693?], BAJA 49-V-22:166r.

는 파울로라는 이름의 노인 교리 교사가 태창太倉 마을에서 자신이 세례를 준 약 32명의 사람들의 이름이 적힌 장부를 시몽 로드리게스 Simão Rodrigues에게 전달했다.[24] 그리고 프란체스코 핀토는 루시오 서 Lucio Xu라는 한 그리스도교인이 "많은 사람들 몸에서 악마를 내쫓는 것" 외에도 한 해에 300명 이상의 사람들에게 세례를 주었다고 기록했다.[25]

이 마지막 이야기는 일부 평신도 집단에게 특정한 의식儀式적 권한을 양보하려는 예수회원들의 움직임으로 인해 초래된 핵심적인 문제를 다루고 있다. 일반 중국 남자와 여자가 올바른 신앙고백문과 의식을 사용하여 실행하는 세례는 효력이 있지만, 엑소시즘과 같은 다른 의식은 가톨릭 전통과 법에 의하면 사제들을 위해 마련되었다. 그러나 예수회원들이 의식을 사용할 권한을 위임한 것은 적어도 중국인의 관점에서 볼 때 성직자의 역할과 평범한 교인의 역할 사이의 경계를 흐리게 한 듯하다. 확실히, 선교사들은 그리스도교를 전파하려는 열망과 가톨릭 의식의 유일한 합법적 교사로서의 지위 사이에 놓여 있었다. 그들에게 부족했던 것은 선교 교회의 감독을 받지 않고, 종종 제대로 교리교육을 받지 못한 수천 명의 구성원들을 훈련시키는 효과적인 수단이었다. 명백히 그들의 행동은 사제의 중요성이 커져서 평신도와 성직자 사이의 경계가 분명했던 유럽의 지배적인 가톨릭 관습에 반하는 것이었다. 그러나 중국은 유럽처럼 교구신부의 강론에서부

---

24 José Soares, Partial AL Vice-Province July 1694~July 1697, Peking, 30 July 1697, BAJA 49-V-22:636v.
25 [Francisco Pinto?], AL Hangzhou Residence 1691~1693, Hangzhou[1693?], BAJA 49-V-22:177v.

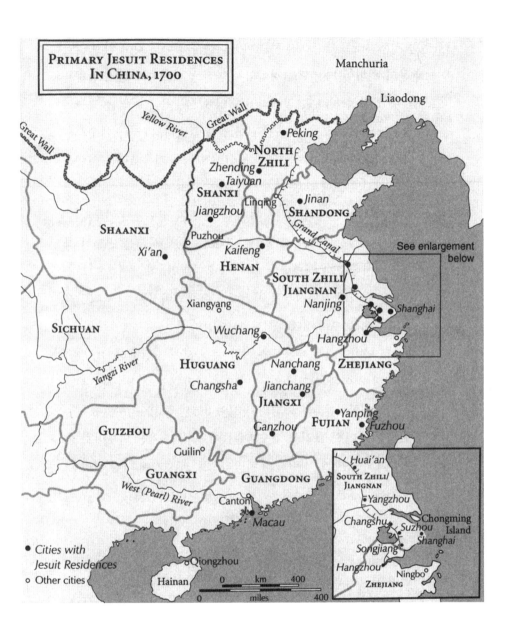

PRIMARY JESUIT RESIDENCES
IN CHINA, 1700

Manchuria

Liaodong

Yellow River

Great Wall

Great Wall

Peking

NORTH ZHILI

Zhending

Taiyuan

SHANXI

Linqing

Jiangzhou

Puzhou

SHAANXI

Xi'an

Kaifeng

HENAN

Jinan

SHANDONG

Grand Canal

See enlargement
below

SOUTH ZHILI
JIANGNAN

Nanjing

Shanghai

Xiangyang

SICHUAN

Wuchang

Hangzhou

Yangzi River

HUGUANG

Nanchang

ZHEJIANG

Changsha

Jianchang

JIANGXI

Yanping

Ganzhou

FUJIAN

Fuzhou

GUIZHOU

Guilin

Huai'an

SOUTH ZHILI/
JIANGNAN

GUANGXI

GUANGDONG

Yangzhou

West (Pearl) River

Changshu

Suzhou

Chongming
Island

Canton

Shanghai

Macau

Songjiang

● Cities with
Jesuit Residences

○ Other cities

Hangzhou

Ningbo

ZHEJIANG

Qiongzhou

Hainan

0   km   400

0   miles   400

터 종교재판소의 사법적 처벌에 이르기까지 예수회원들이 의식儀式의 유일한 시행자라는 것을 보장하는 메커니즘을 하나도 갖고 있지 않았다. 파문의 위협이 다른 조력자들의 신앙적 노력에 어두운 그림자를 드리울 수 있다 할지라도, 열정적인 교리 교사들을 통어하는 그들의 유일한 수단은 파문될 수 있다는 위협 밖에 없었다. 그러나 예수회원들이 세례 이외의 의식을 수행하는 평신도 일들을 기록했다는 사실은 17세기 말에 천주교에 대한 통제가 점차 그들의 손에서 벗어나고 있음을 시사한다. 이 문제의 심각성에 대한 한 가지 징후는 부관구의 순찰사들이 거주 장상들에게 중국어로 된 모든 전례 사본을 면밀히 감시할 것을 요청했을 때 나타났다. 예수회에 따르면, 이 책들은 그리스도교인 혹은 심지어 보좌신부들 사이에서 유통되어서는 안 되며, "사제가 되고 싶어"하도록 유혹해서도 안 되었다.[26]

18세기로 넘어가면서 부관구는 가장 큰 규모에 도달했다. 1699년에서 1702년 사이에 선교단은 34명의 사제와 3명의 평수사로부터 가장 많은 예수회원들, 즉 36명의 사제와 6명의 보좌신부中國人과 유럽인 포함하여로 증가했다.[27] 초기에 예수회원들이 중국의 외딴 변두리로 출격한 것을 제외하면, 이 사람들은 지리적으로 17세기에 가장 멀리 퍼져 있었다. 1703년 부관구장 앙투안 토마스가 로마 장상들을 위해

---

26 Francisco Nogueira, Ordens para as Residencias da China, Macau[1694?], BAJA 49-V-23:338r. 이 지시는 1704년 부관구장 앙투안 토마스가 하달한 회람 문서에서 반복되었다. Fortunato Margiotti, *Il Cattolicismo nello Shansi dalle origini al 1738*(Rome, 1958), p.309를 볼 것.
27 Triennial Catalogue, Vice-Province 1699, ARSI Jap-Sin 134 : 385r-386r; José Monteiro, Triennial Catalogue, Vice-Province 1702, ARSI Jap-Sin 134:397r-400r.

준비한 보고서를 보면 예수회원들의 사역이 최고 수준에 달했음을 한 눈에 알 수 있다.

토마스는 신학교, 거주지, 교회, 예배당 및 기도실과 같은 선교 조직의 용어를 정의하면서 자신의 보고서를 시작했다. 그는 먼저 부관구의 구조를 예수회의 다른 지역들과 일치시키기 위해 1681년에 지정된 북경, 남경, 항주 및 공주贛州에 있는 4개의 주요 거주지 또는 "신학교들"을 목록화했다. 그러나 이런 시도는 사실 실질적인 효과가 없었다. 북경 흠천감에 있는 중국인 회원들에게 주어지는 수학 수업을 제외하고 이 "신학교들"에는 다른 예수회 신학교에 있는 것과 같은 강의과목이 없었기 때문이다. 다른 모든 거주지들이 이 신학교들 중하나에 행정적으로 의존하고 있었지만, 선교 전체는 부관구장과 순찰사들이 직접 관리할 수 있을 정도로 작았다. 36명의 사제들은 33개의 거주지에 나뉘어져 있었지만, 이 모든 거주지에 항상 근무자가 있는 것은 아니었다. 북경에 6명, 상해에 3명의 사제가 있었기 때문에 나머지 27명의 예수회원들은 모든 중국 그리스도교인들을 돌보기 위해 각 거주지들을 순회해야 했다.

토마스의 보고서에서 선교 조직의 다음 순서는 선교 교회의 물리적구조에 관한 것이었다. 1703년 결산에 의해, 부관구는 266개의 교회, 14개의 예배당 및 290개의 기도실을 책임졌다. 거주지—생활할수 있는 숙소와 성소가 있는 건물—는 부관구에 속해 있는 구조였지만, 다른 건물들은 반드시 선교단에 속해 있는 것은 아니었다. 대신많은 교회, 예배당 및 기도실들은 그리스도교 공동체가 소유했고, 부유한 교인들이나 인정 많은 비그리스도교인의 구입 혹은 기부에 의해 획득되었다. 토마스는 교회를 선교사들의 숙박 공간으로 정의했지만, 사제보다는 보통 교리 교사가 거주하는 곳이었다. 예배당은 주로 미사를 거행하거나 신도회 모임을 하기 위해 사용되는 큰 집의 방이었고, 기도실은 가끔 그런 활동들을 위해 사용되는 교인 집의 공간이었다. 일반적으로 그리스도교 공동체의 규모와 그 구성원의 부유함이 성소의 규모를 결정했지만, 일부 기부금으로 예수회원들은 가난한 공동체를 위해 큰 건물을 인수할 수 있었다. 소수의 예배당은 종교 활동을 위해 자신의 집에 공간을 확보할 만큼 부유한 교인들이 교회를 마련하기 위해 재산을 기부할 정도로 충분히 부유했음을 시사한다.[28]

앙투안 토마스의 계산에 의하면 부관구는 매년 평균 14,600건의 세례를 시행했고, 196,000명 이상의 중국 그리스도교인들에게 성찬을 거행했다. 그가 자부심을 가지고 주장한 이 양무리들은 사천, 운남, 귀주 외곽 지역을 제외하고 청나라 전역에 퍼졌다. 더욱이 토마스는 자신의 그리스도교인 기록이 예수회원들의 노력의 결과를 보수적으로 추정한 것이라고 주장했다. 그는 "과대평가하기를" 원하지 않았기 때문에 "대략"이라는 구절을 사용했다고 독자들에게 알렸다.[29] 이런 이유 때문에 부관구장은 매년 선교사와 평신도가 세례를 준 수천 명의 기아棄兒를 포함시키지 않았다.

전 선교 역사의 과정에서 그러했던 것처럼, 각각의 그리스도교 공동체의 규모는 지역마다 다양하며, 부관구가 거주지로 사용하기 위해

28 Antoine Thomas, Triennial Catalogue, Vice-Province 1703, Peking, 25 September 1703, ARSI Jap-Sin 134:408Fv.
29 Ibid..

지정한 곳 일부는 지역 교회의 규모와 거의 관계가 없었다. 예를 들어 상해에 있는 예수회원 4명과 송강에 있는 2명의 사제들은 선교 교회의 반이 넘는 숫자인 11만 명 이상의 신도들을 돌보면서 겨우 "거소"에서 살았다. 대조적으로, 항주 신학원의 단 한 명의 예수회원은 1,000명의 남성과 여성을 돌보았으며, 남경 신학원의 두 동료는 얼마 안 되는 500명의 영혼을 양육하였다. 이러한 불일치에도 불구하고 토마스는 강남 지역 — 북쪽으로 대운하 기슭에 있는 회안淮安에서 서쪽의 남경 본토와 동쪽의 숭명도崇明島, 남쪽의 송강까지 — 을 신도들의 열정이 "중국 전체의 다른 어느 곳보다 분명히 더 큰"곳으로 기술했다.[30]

강남 이외의 지역의 경우 북경에서 상당한 수의 교인각 지역마다 천 명에서 만 명까지이 있었다. 또 산동성의 제남 주변, 황하 연안과 개봉, 강주와 서안의 지류 지대 그리고 호광湖廣과 강서의 강 유역에 많았다. 산서山西와 섬서陝西 지역에 있는 공동체들 중 일부는 왕조 전환기 동안 상당히 줄어들었지만, 1690년대에 다시 성장하기 시작했다. 토마스에 따르면, 절강 남부와 복건 지역의 선교만이 경쟁하는 종교 수도회에 잠식된 것으로 생각하여 방어에 나섰다. 다른 지역, 특히 산동과 산서에서는 예수회원들이 프란체스코회 선교사들과 함께 순조롭게 사역했다. 그러나 중국 남동부 해안에서는 예수회원들과 다른 유럽 성직자들이 긴장 관계에 놓여 있었다. 아마도 예수회는 복건성 복안福安 지역에서 도미니크 회원들이 개종시킨 많은 교인들을 부러워했다. 아마도

---

30 Ibid., 408Er.

그들은 대목교구장 및 그들의 프랑스 보좌주교들과의 관할권 분쟁을 피하려고 노력했을 가능성이 높으며 한편으로는 이러한 주교 정책의 위험에 대해 큰 소리로 불평하고 다른 한편으로는 해안 선교 기지를 그들에게 양보했다. 1620년대 이래 형성되어 온 그리스도교 공동체를 버리고 예수회원들은 복주의 거주지만 유지하는 대신 내륙 교회에 집중했다.

토마스의 보고서는 더 많은 사람들이 필요하다는 명확한 상황을 제시하고자 했다. 선교가 사목적 책임을 완성하고 경쟁자들을 눌러야 한다면, 분명히 예수회원들의 33개의 거주지에 더 많은 사제들이 배치되어야 했다. 이전의 수십 년간 본토 성직자를 서품하는 시도를 시작하기는 했지만, 1703년에 여전히 8명의 중국인 예수회원들—5명의 사제와 3명의 보좌신부—만 있었으며, 예수회는 그 이상을 인정하지 않는 것처럼 보였다. 대신 토마스는 중국이 유럽인들의 돌봄을 필요로 하는 주님의 광대하고도 비옥한 포도원임을 상기시켰다. 흥미롭게도 그는 단지 24명의 신부들만 요청했다. 이 수는 선교부 인원의 거의 두 배가 되는데, 부관구는 60명의 인력으로 광범위하게 퍼져있는 교회의 요구를 충족시키고 꾸준한 확장 속도를 유지할 수 있을 것이라고 토마스는 말했다.[31]

이 부관구장이 매우 낙관하기는 했지만, 그의 개관은 선교의 발전을 심각하게 제한하는 중요한 요소, 즉 문제적인 재정 상황을 빠트렸다. 중국 예수회원들은 끊임없는 탄원에도 불구하고 유럽이나 아시아

---

31 Ibid., 408Fv.

에 있는 포르투갈인들로부터 필요를 충족시킬만한 충분한 돈을 받지 못했다. 이 만성적인 재정 부족으로 선교사들은 17세기 대부분의 기간 동안 굶주림에 시달릴 수 밖에 없었는데, 토마스는 사직 때문에 기금 요구를 소홀히 한 것일 수 있다. 그러나 1700년이 되자 예수회원들은 한때 맞닥뜨렸던 심각한 빈곤에 직면하지 않게 되었다. 토마스의 후임자이자 부관구장 호세 몬테이로José Monteiro의 한 보고서에 따르면, 선교는 토지와 건물에 투자함으로써 안정적인 수입원을 확보하는 데 큰 진전을 이루었다. 1690년대에 예수회원들은 토메 페레이라 Tome Pereira의 절약 생활에서 덕을 보았는데, 그는 흠천감에 있는 동료들이 벌어들인 봉록을 능숙하게 관리했다. 또한, 지방의 그리스도교 공동체가 성장하고 더 큰 성소가 필요해짐에 따라 오래된 가옥은 여성들을 위한 교회로 개조되거나 임대되었다. 중국 예수회원들은 또한 포르투갈 후원자들로부터 수십 년에 걸쳐 기부금을 받아 마카오에 현금을 비축해놓을 수 있었다. 이 돈으로 선교사의 연봉을 지불하는 것 외에도 남경, 항주 및 공주贛州에 있는 대학들에 임대 부동산을 기부했다. 상해와 송강에서도 같은 전략이 사용되었는데, 그곳에서 부유한 교인, 특히 서광계 일족의 기부금으로 예수회원들은 임대 주택과 농지를 구입하여 선교단의 연간 경비를 충당할 수 있었다.[32]

자급자족을 위한 이러한 시도에도 불구하고, 부관구는 여전히 중국 외부에서 받은 자금에 크게 의존했다. 순찰사 카를로 투르코티Carlo Turcotti, 1643~1706는 1700년부터 기부금을 모으려는 분명한 목적으로

---

32 José Monteiro, Reddius Collegiorum et Residentiarum Vice Provinciae Sinensis Societatis Iesu[Ganzhou?], 1699, ARSI FG 722, bundle 16.

포르투갈 왕에게 보낸 예산 보고서에서 연간 2,300만 레이스reis, 포르투갈 및 브라질의 옛 화폐 단위가 필요하다고 주장했다. 여기에는 혼자 사는 예수회원들에 대한 연간 60,000레이스의 연봉과 다른 사람들과 숙소를 공유한 사람들에게 매년 제공되는 50,000레이스의 급여가 포함된다. 선교사들의 생활비를 충당하는 것 외에도, 성물을 만들고, 거주지와 교회를 수리하고, 교리 교사들에게 급여를 지불하고, 가난한 중국 그리스도교인들에게 구제금을 제공하는 데 지출되었다. 투르코티Turcotti에 따르면, 인도의 토지 소유에서 얻은 부관구의 수입은 잠재적으로 연간 예산의 1/3 미만인 70만 레이스를 공급할 수 있었지만 고아 관구는 종종 그 중 일부를 중국 선교사 훈련을 위해 지불해줄 것을 요구했다. 순찰사는 궁정 예수회원들의 봉록과 마카오에 비축해 둔 자금이 없으면 선교는 살아남을 수 없다고 주장했다.[33]

이러한 수익원들을 합해도 매년 부관구를 지원하기에는 충분하지 않았다. 종종 궁정에서 쓰는 생활비와 선교사들이 관료 동료들 사이에서 체면을 유지하기 위해 필요한 비용 때문에 북경 예수회원들이 동료들을 구제할 수 있는 능력이 줄어들었다. 1705년에 호세 소아레스José Soares가 지적했듯이, 그의 잉여금은 궁정 물가의 상승으로 심하게 고갈되었다.[34] 앙투안 토머스Antoine Thomas가 더 많은 인력을 중국에 파견해줄 것을 요청한 것이 무시되면서 선교 재정의 취약성은 주의를 요하게 되었다. 실제로 토마스는 1703년 보고서에서 중요한

---

33 [Carlo Turcotti?], Breve Relação da Missão da China até o anno de 1700[Canton?], 1700, BAJA 49-V-23:504r/v.
34 Soares to José Monteiro, Peking, 8 January 1705, BAJA 49-V-24:524r.

사실 하나를 언급—다소 놀라움을 드러내면서—하였는데, 그것은 최근에 인도에서 온 신입회원이 거의 없었다는 것이다. 그가 깨닫지 못한 것은 선교 재정에 대한 북경 예수회원들의 시각이 지방 예수회원들의 그것과는 매우 다르다는 것이다. 다른 예수회원들의 일반적인 빈곤을 알고 순찰사 투르코티는 새로운 사제의 공급을 중단했다. 그는 1700년에 쓴대로 "더이상 부관구에 오는 사람이 없도록" 명령했을 뿐만 아니라, 일부 후보자를 마카오로 돌려 보냈다. 투르코티는 "현재 수입의 가능성에 따라" 선교를 수행하는 예수회원들 수를 줄일 수 있음을 추가로 제안했다.[35] 유럽에서 충분한 현금이 오지 않는 한 부관구는 확장할 기회를 갖지 못하며, 이미 얻은 것도 통제하지 못할 수 있다고 순찰사는 결론내렸다.

3. "끔찍하고, 수치스럽고, 악마 같은" 1700~1704

18세기 초 선교단 고위층의 관점에서 볼 때, 중국 예수회원들은 많은 세속적 도전에 직면했다. 분명 선교 장상들이 줄곧 주장한 것처럼, 충분한 인력과 돈이 있었다면 사역은 흥성했을 것이었다. 그들의 낙관론은 유럽 경쟁자들이 조성한 절박한 위험을 보지 못하게 하였다. 비록 여러 예수회원들이 초기의 결정적인 순간에 이 위험에 대해 경보를 울렸지만, 부관구의 사람들은 청 제국으로 들어오는 경쟁자를

---

35 [Turcotti?], Breve Relação da Missão da China até o anno de 1700, BAJA 49-V-23:504v.

막을 힘이 없었다. 그들은 밖으로 도움을 요청하고 이 이국 땅에서 신앙이 향상되고 있음을 홍보함으로써 다른 유럽인들을 중국으로 끌어들이는 데 적지 않은 역할을 하였다. 그런데 공적인 관계에서 거둔 예수회원들의 성공은 그들을 파멸로 이끄는 원인이 되었다. 그들은 지붕 위에서 관용 칙령에 관한 소식을 외침으로써 새로운 선교사들을 끌어들였다. 그런데 이 새로운 선교사들은 중국에서 사도적 승리를 실현할 수 있는 이상적인 환경을 희망했다. 청 제국에서 어려운 현실에 직면하자, 이 경쟁자들은 예수회원들을 이중적이며, 방해자라고 비난했다.

예수회 앞에 놓여 있던 도전의 첫 징후는 1690년대 초에 시작되었다. 토메 페레이라Tomé Pereira와 같은 냉소적 경향의 관찰자들은 관용의 칙령이 중국 개종의 큰 물결을 가져오지 않았고, 잘못된 길로 인도된 유럽 성직자들의 공격만을 가져왔을 뿐이라고 말했다. 이 북경 예수회원은 1693년 8월 중국 선교의 " 영적 상태"를 평가하면서, "다른 수도회 회원들의 열정이 엄청났으며, 그들의 거주지는 늘었으나, 교인 수는 늘지 않았다"는 것을 발견했다. 페레이라는 오로지 광주에서만 7~8개의 새로운 교회가 생겨난 "그런 과잉"이 진행되었다고 말했다.[36] 1701년에 부관구의 장상들은 중국에 예수회에 속하지 않은 65명의 유럽인이 있다고 추정했다. 이 수에는 교황 대목교구장과 그들의 수행 서기와 조수가 포함되었다.[37] 페레이라 및 그와 같은 생각을

---

36 Pereira to Tirso González, Peking, 30 August 1693, ARSI Jap-Sin 165:394r.
37 Brief Catalogue, Vice-Province(including non-Jesuit missionaries) 1701, ARSI Jap-Sin 134:392Ar-392Cv.

가진 사람들은 강희제의 칙령이 오로지 예수회에만 유효하며, 많은 비예수회원들에게는 중대한 문제를 일으킬 수 밖에 없다고 여겼다. 심지어 예수회를 공개적으로 변호하는 한 열성적인 관찰자는 다른 수도회의 사제 수가 늘어남에 따라 "이교도들은 가톨릭의 진리에 귀를 막기 시작했고, 새로운 개종자들도 냉담하게 변했으며, 믿음도 식기 시작했다"고 주장했다.[38]

17세기 대부분의 시간 동안 예수회원들의 경쟁자들은 그 활동 범위가 중국의 변두리 지역에 제한되어 있었다. 명 제국시대가 쇠퇴하는 시기에, 이베리아의 해상력과 관부官府의 경계가 강하게 결합되어 부관구의 신입 회원들만 중국에 들어갈 수 있었다. 고난과 박해의 소식은 17세기 마지막 분기까지 다른 잠재적 선교사들이 중국에 들어오는 것을 방해하였다. 그러나 1680년대와 1690년대에 아시아 해역에서 유럽 무역이 다시 활성화되면서 중국 상품을 찾기 위해 끊임없이 복건과 광동성 연안에 선박이 유입되었다. 바로 이 동일한 배를 통해 탁발 수사와 대목교구장은 선장이 환영받는 곳이면 어디에서나 하선할 수 있었다.

이 선교사들은 예수회원들이 중국 남부 해안에 영적 토양을 준비했음을 알게 되었다. 그들은 간절한 프란체스코 회원, 아우구스티누스 교단의 수도사, 도미니크 회원, 포교성성 사제, 그리고 대목교구장이 경작할 수 있는 씨앗을 심었다. 1701년까지 광동성에는 6개의 프

---

38 Anon., Relação Sincera e Verdadeira do que fez, pertendeo, e ocazionou na Missão da China, e em Macao o Patriarca de Antioquia Carlo Thomaz Mailard de Tournon, Macau[early 1708?], BAJA 49-V-25:718r.

란체스코회원 거주지, 3개의 아우구스티누스 수도사 집, 그리고 파리 외방전도회 사제들이 운영하는 3개의 교회가 있었다. 복건성에서 포교성 선교사들은 도미니크 회원, 프란체스코 회원, 그리고 대목교구장, 수행원들과 함께 11개의 거주지에서 협력하여 일했다. 사제들이 이 지역에 밀집되어 있는 것은 일부 선교사들이 인근 성僂에 목양지를 찾는 데 유리했는데, 작은 형제회Friars Minor의 경우, 강서 지역에 4개의 집을 세웠고, 도미니칸 수도회Order of Preachers의 경우, 절강 남부 지역에 두 개의 집을 열었다.[39]

17세기 마지막 수십 년 동안 예수회원과 중국 남부의 다른 종교 수도회원들은 공개적으로 대립했다. 일본 관구는 광동성을 책임지고 있었기 때문에, 중국 예수회원들의 전장은 복건성이었다. 부관구는 1690년대에 주교로서 예수회원들로부터 복종을 요구할 수 있는 대목교구장과의 충돌을 피하기 위해 쓴 약을 삼키면서 복건에 있는 대부분의 거주지를 포기하였다. 프랑스 사제들이 "쇄도"했을 때 예수회원들이 가장 먼저 현지 그리스도교인들에게 복음을 전했기 때문에 그들이 예수회원들에게 "부모를 공경하는 것과 같은 사랑을 품는 것"은 토마스 페레이라 측의 희망 사항이었을지 모른다.[40] 또한 1693년 3월 26일에 복건의 대목교구장이자 파리 외방전도회 회원인 샤를 매그로Charles Maigrot,1655~1730가 중국 전례에 대해 일련의 금지령을 발표한 이후 가톨릭 신자들이 예수회 스타일의 사목적 돌봄을 갈망한

---

39 Brief Catalogue, Vice-Province(including non-Jesuit missionaries) 1701, ARSI Jap-Sin 134:392Ar-392Cv.
40 Pereira to Tirso González, Peking, 30 August 1693, ARSI Jap-Sin 165:394v.

경우도 있었다. 어느 쪽이든, 남부 선교 현장에서 일어난 변화에 대해 예수회원들은 빠르게 좌절감을 느꼈다. 매그로의 법령 후 불과 4년만에 호세 몬테이로는 복건성은 "개종 활동에 있어서 전에는 상당히 비옥했던 곳인데 매우 메마른 땅이 되었다"고 주장했다.[41]

이런 관할권 문제 외에 18세기에 들어서면서 중국에 온 다른 국적의 유럽인들 사이에 새로운 긴장이 나타났다. 순찰사 프란시스코 노게이라Francisco Nogueira, 1632~1696는 이 문제에 주의를 기울이면서 중국 교회에서 각자 권력을 드러내기 위해 경쟁하는 것을 비판했다. 자신들의 싸움이 결국 청나라에서의 선교 활동을 끝낼 수 있다는 사실에 주의하지 않은 채 "많은 사람들이 자신들의 나라나 종교 수도회가 승리하기 위하여 속속 들어가고 있다"고 말했다. 노게이라는 예수회 역시 쇼비니즘의 큰 파도에 희생양이 되었다는 것을 인정했다. 그는 예수회원들이 경쟁자들의 수사에 부적절하게 반응하여 150년 넘게 예수회를 결속시켜온 국제주의 감각을 상실했음을 인정했다. 확실히 부관구가 만약 특정 국가에 대한 충성을 표현해야 한다면 그것이 포르투갈이라는 가정하에 오랫동안 사역을 해왔다. 이 충성은 포르투갈 선교사들이 전통적으로 다른 나라에서 온 예수회원들 수보다 많았다는 사실에 반영되었다. 그러나 1690년대에 이르러 이탈리아인들은 모두 동등한 대표성을 원했던 독일인, 플레밍인, 프랑스인과 함께 포르투갈인과 동등한 숫자를 요구했다고 노게이라는 주장했다. 순찰사는 데자뷰의 장면을 생각했다. 그는 이러한 국가주의적 열정을 식히

---

41 José Soares, Partial AL Vice-Province July 1694~July 1697, Peking, 30 July 1697, BAJA 49-V-22:641v.

지 않으면 역사는 곧 예수회에게 벌을 내릴 것이라고 예측하면서 마닐라에서 카스티야 선교사들이 도착한 후의 일본 선교부의 운명과 직접적으로 유사점을 끌어냈다. 즉, "많은 다른 선교사들이 일본에 들어가자마자 일본인들은 그들과 우리를 쫓아냈으며, 우리가 오늘날에도 여전히 안타까워하는 모든 그리스도교인들을 잃게 되었다".[42]

중국 예수회원들의 주요 불화는 부관구로부터 독립하려는 프랑스 선교회의 주장으로 인해 일어났다. 강희제 앞에서 내부적인 분열을 가리기 위해 "포르투갈" 예수회원들은 프랑스인을 받아들여야 했다. 프랑스 선교단은 부관구 장상들의 뜻과 대립하였는데, 그들은 동료들의 필요를 돕는 대신 새로운 거주지를 세우는 등 불편한 동거 기간이 뒤따랐다. 프랑스 예수회원들을 가장 심하게 적대했던 토메 페레이라 Tomé Pereira는 북경 프랑스 선교사들의 "괘씸한 의도" 및 그들이 예수회 총장에게 두 예수회원 그룹 사이에서 중국을 둘로 나누어 달라고 청원하려는 "악마적인 계획"을 비난하였다.[43] 부관구의 이탈리아인과 비포르투갈 예수회원들이 황실에서 프랑스인들에 의해 자행된 "믿기 어려운 월권 행위"를 공공연히 비난하면서 분노가 국가적 경계를 넘었다. 1696년에 남경 주교로 임명된 밀라노 예수회원인 알렉산드로 키케로 Alessandro Cicero, 1639~1703는 벨기에 동료에게 프랑스 선교단이 "예수회의 명예를 더럽혔으며, 선교 전체를 혼란과 위험에 빠트렸고, 그리스도교인들과 이교도들에게는 추문을, 선교사와 거룩한 신앙에

---

42 Francisco Nogueira to [Tirso González?], Macau?, 20 November 1695, AHU Macau Series, box 2:27.

43 Pereira to Tirso González, Peking, 10 August 1694, ARSI Jap-Sin 166:14r.

대한 불신"을 가져왔음을 암시했다. [44]

프랑스 예수회원들은 초기의 위협을 잘 활용하여 로마에 보낸 편지 속에서 페레이라와 그의 견해를 비방했고, 파리에서 출판된 저작들 속에 "포르투갈인"에 대한 얄팍한 비판을 집어넣었다. 1699년과 1701년에 두 권으로 출판된 루이 르 콩트Louis Le Comte의 『중국의 현재 상태에 관한 새로운 회고록Nouveaux Memoires sur l' État Présent de la Chine』을 주의 깊게 읽어 보면, 선교의 초기 역사에 투영된 부관구에 대한 분명한 공격을 알 수 있다. 여기서 마테오 리치의 최대의 도전은 중국인이 아니라 "그 자신의 형제들, 유럽 그리스도교인"이었다. "신앙 그리고 수도회가 어떤 대가를 치르든" 초기 예수회원들을 배신하기로 결심한 것은 포르투갈인들이었다. 르 콩트는 말을 완곡하게 하지 않았다. 그는 "의심할 여지없이 많은 사람들이 이 거짓 형제들의 담담함을 놀랍게 여길 것이다. 왜냐하면 그들은 하느님의 사역을 지원하기 위해 피를 바치는 일에 충실하게 참여한 사람들에게 그처럼 잔인한 중상모략으로 선교를 파괴하기로 결심했기 때문이다"라고 썼다.[45] 그러나 매일 프랑스 예수회와 얀센주의자들의 투쟁이 로마의 예수회 본부에 전해지는 상황 속에서, 티르소 곤잘레스Tirso Gonzalez 총장은 프랑스 부하 회원들을 책망할 수 없었고, 수도회의 강력한 후원자인 루이 14세를 치욕스럽게 함으로써 생길 위험도 감수할 수 없었다.

북경과 지방에 자리를 잡게 된 후 프랑스 예수회원들은 독립적인

---

44 Cicero to Jean-Baptiste Maldonado[Peking?], 11 June 1695, ARSI Jap-Sin 166: 64r.

45 Louis Le Comte, *Nouveaux Memoires sur l'État Présent de la Chine*, 2 vols., Paris, 1699~1701, 2:175~176.

중국 선교에 착수했다. 새로운 선교사들이 각기 1698, 1699, 1700, 1702, 1703년에 프랑스로부터 강서, 복건, 절강성의 거주지로 향했다.[46] 장 드 폰타니Jean de Fontaney는 부하 회원들의 행동을 정당화하기 위해 예수회 로마 교황청에 솔직하게 털어놓았다. 그는 포르투갈인들이 버려진 교회를 소홀히 할 정도로 "너무 자주 확장하는 꿈을 꾸고 있다"고 주장했다. 또한 폰타니는 복건, 절강, 강서, 호광, 산서, 그리고 섬서성 등 중국 중부 전역에 걸쳐 프랑스 예수회원들에게 예수회 선교에 대한 관할권이 주어져야 한다고 주장했다. 그 이유는 그가 자신의 사람들이 포르투갈 보교권하의 주교들보다는 대목교구장의 지배를 받기를 희망했기 때문이다. 대목교구장은 프랑스인들이었고, 포르투갈 보교권하의 주교들은 종종 부관구의 그룹에서 뽑혔다. 폰타니는 자신의 "포르투갈인" 동료들이 보교권의 관할권, 즉 북경, 남경, 마카오의 주교 관할권 아래에 있는 6개 지역에서 해야 할 일을 충분히 떠맡고 있음을 분명히 했다. 그는 포르투갈 예수회원이 인구 밀집 지역인 개봉을 책임진 하남성에서의 선교활동을 예로 들면서 포르투갈 예수회원들이 중국 전역을 보유하겠다는 주장을 조소하였다. "이것이 그들이 말하는 선교를 만들어내고 진행시키는 소위 진정한 선교인가?"라고 폰타니는 물었다.[47]

곤잘레스는 프랑스의 압력에 굴복하여 1700년에 예수회 중국 사

---

46 French Mission Catalogue[after 1706], ARSI Jap-Sin 134:390r.
47 Fontaney to Jean-Joseph Guibert, Canton, 28 September 1701, ARSI Jap-Sin 167:160r-161r. On the French Jesuits' provincial missions, see John Witek, *Controversial Ideas in China and Europe : A Biography of Jean-François Fouquet*, SJ (1665~1741)(Rome, 1982), pp.72~145, 특히 pp.101~125.

역의 분할을 제도화했다. 장 프랑수아 제르비용Gerbillon은 프랑스 선교회의 최초의 공식적인 장상으로 지명되었으며 부관구장과 동등한 권력을 부여 받았다. 곤잘레스는 동아시아의 예수회원들 모두를 순찰사 아래에 둠으로써 그들 사이에 어느 정도의 통일성을 유지하려고 노력했지만 소용이 없었다. 제르비용과 그의 동료들은 이런 강제적인 조치에 저항했을 뿐만 아니라, 독점적인 선교 영역으로서 몇몇 중국 지역을 지정해 줄 것을 교황청에 탄원했다. 이 소식을 듣자 프랑스에 호의적이었던 부관구조차도 그들을 비난하기 시작했다. 클라우디오 필리포 그리말디Claurio Filippo Grimaldi는 로마의 예수회 포르투갈 교구장Portuguese Assistant에게 "중국에서 프랑스의 보교권"을 만들려는 그들의 "끔찍한 시도"를 막아줄 것을 간청했다. 그리말디는 강희제가 특정 국가가 중국에 거주하는 것을 허용하지 않았으며 "마테오 리치 신부의 후계자들에게만" 중국에 거주하도록 허가했다고 회상했다.[48] 그는 황제가 예수회원들의 분열과 충돌하는 충성심에 대해 알게 된다면 선교는 심각한 위험에 처하게 될 것이라고 암시했다.

그러한 호소는 부관구의 내부 모순을 개선하는 데 거의 도움이 되지 않았다. 두 그룹 사이의 원한은 분명했고, 그들 사이의 의혹은 많은 소문을 불러 일으켰다. 18세기 첫 해에 마카오에 도착한 (아마도 거짓일) 미확인 보고는 강희제가 황실의 프랑스 예수회원들을 "매우 싫어한다"고 주장했다. 1702년에 강희제는 폰타니가 프랑스에서 가져온 선물을 거부했다고 전해졌다.[49] 1701년 11월 21일, 토메 페레이

---

48 Grimaldi to Portuguese Assistant, Peking, 15 October 1700, BAJA 49-V-23: 534r-535r.

라Tome Pereira 또는 그와 같은 누군가에 의해 포르투갈 식민지에 있는 험담꾼들에게 유출된 소식에 따르면, 황제는 장 프랑수아 제르비용 Jean-François Gerbillon을 "더럽고 멍청하고, 게으른 자"라고 불렀다고 한다.[50] 그러한 사소한 경쟁은 예수회원들 내부의 분열의 정도를 설명하는데, 당시 그들은 같거나 혹은 더 큰 외부의 위협에 직면하고 있었다. 아마도 지암파올로 고자니Giampaolo Gozani가 1707년 6월에 복건성 복주에 있는 부관구의 거주지를 프랑스 선교단이 관리하도록 넘겼을 때, 이는 예수회원들이 결집할 수 없다는 것을 가장 잘 보여주었다. 고자니는 중국 전례에 대한 부관구의 입장을 비난했던 프랑스 예수회원이자 미래 대목교구장인 클라우드 드 비스델루de Visdelou에게 집을 넘겨 준 방법에 대해 포르투갈 동료에게 말하면서, "나는 우리의 적들이 승리할 것이라는 것을 안다. 그러나 어떤 구제책이 있을까?"라고 썼다.[51]

4. "참혹한 비극"1704~1709

내부 분열로 말미암아 예수회는 유럽에서 중국 선교를 방어할 힘을 모으는 데 어려움을 겪었고, 그로 말미암아 가톨릭 선교단은 필연적

---

49 Anon., Noticias de Pekim do anno de 1703[Peking?, 1703?], BAJA 49-V-24:267v.
50 Anon., Novas de Pekim desde Novembro de 1701 até os 18 de Fevereiro de 1702, Peking[18 February 1702?], ARSI Jap-Sin 128:118r.
51 Gozani to José Monteiro, Fuzhou, 20 June 1701, BAJA 49-V-25:16r.

으로 제약을 받았다. 부관구에게 가장 중요한 문제는 1580년대 이래 일구어졌던 광활한 지역에 대한 통제력을 유지할 수 있을지에 관한 것이었다. 그러나 이 독점적인 사역 현장에는 청나라 외곽을 제외한 모든 지역이 포함되어 있었기 때문에, 로마 교황청이 "포르투갈"예수회원들의 주장을 전적으로 지지할 것이라는 희망은 거의 없었다. 교황은 대목교구장이 임명된 교구에서 선교 기조를 조성할 수 있는 특권을 확실히 하는 것에 거리낌이 없었다. 결국, 대목교구장을 동쪽으로 보내려는 주된 목적은 아시아 가톨릭에 대한 포르투갈의 독점을 산산조각 내는 것이었다. 만약 로마가 보편교회에 대한 통제권을 진정으로 획득하고 싶다면, 보교권과 직접 연결되어 있는 동아시아 예수회의 과도한 중요성은 크게 축소되어야 했다. 만약 샤를 매그로가 복건에서 했던 것처럼 모든 대목교구장이 자신이 임명된 지역에 자리를 잡을 수 있다면, 그들은 선교를 직접 통제할 수 있는 위치에 있게 될 것이다. 그렇지 않다면 예수회원들은 사실상 중국 가톨릭에 대한 통제권을 유지할 것이다.

이 관할권 전투의 발화점은 중국 전례였다. 이러한 관행에 대한 신학적 논쟁은 선교 교회의 통제를 위한 투쟁의 발단이 되었다. 17세기 중반 수십 년 동안 이 논쟁에서 양측이 교황의 배려를 받았다는 사실에도 불구하고, 이노첸시오 12세Innocent XII는 1690년대에 이 문제를 재고할 일련의 신학자들을 임명했다. 당시 어느 한 진영 혹은 다른 진영을 지지하며 산더미 같은 논쟁 문헌이 축적되었는데, 그들은 가톨릭과 가톨릭, 예수회와 얀센주의자 사이의 논쟁을 종식시키기 위한 최종 결의안을 간청했다.[52] 중국에서 대목교구장은 도미니크 회원들 및 일부 프랑스 예수회원들과 함께 전례를 정죄하고, 의식儀式을 미신적인 것으로 선언하고 부관구의 사람들이 우상 숭배를 허용하도록 한 것에 대해 견책을 받아야 한다고 요구했다. 프란체스코 회원들은 이 문제에 대해 의견이 분분했는데, 물론 아무도 떠들썩하게 하지는 않았지만, 일부 탁발 수사들은 예수회 입장에 동의했다. 포교성성 Propaganda Fide의 추기경들도 1700년 소르본 신학자들이 전례를 금지하기로 한 결정을 확실히 하면서 갈등에 휘말려 들어갔다. 그리고 7년 동안 이 문제를 숙고한 후 로마 종교재판소는 부정적인 평결을 내렸다. 많은 비난에 직면한 클레멘트 11세는 1704년 11월 20일에 예수회원들의 정책 — 전례에 대한 그들의 관용 및 그들 교회에 '경천敬天' 현판을 걸어 놓은 것을 포함하여 — 의 일부를 금지한다고 발표함으로써 이 문제를 타결 지었다.

중국의 주교 관할권이 복잡하게 얽혀서 클레멘트가 그곳의 사제들에게 자신의 법령을 알리는 것은 쉽지 않았다. 15년 전인 1690년, 알렉산더 8세는 보고권하의 3명의 주교들의 관할권을 비준했고, 그들은 일반적으로 중국 전례에 대해 호의적이었다. 더욱이, 고아 대주교는 여전히 자신이 갖고 있는 관할권을 빼앗으려는 대목교구장의 생각에 분노하였다. 예수회원들이나 포르투갈 보고권하의 재속 성직자들은 프랑스 주교들의 어떤 선언도 믿지 않거나 순종하지 않았던 것 같았다. 1702년 말, 보교권하의 주교들은 대목교구장이 일으킨 논쟁이

---

52 이 유럽의 논쟁 문헌에 대한 것은 René Étiemble, *L'Europe Chinoise*, 2 vols.(Paris, 1988, pp.241~369)와 Paul Rule, *K'ung-tzu or Confucius? The Jesuit Interpretation of Confucianism*(Sydney, 1986, pp.70~149)를 참조.

사라진 것처럼 보인다고 포르투갈 왕에게 주장할 수 있었다. 예수회원인 알렉산드로 키케로Alessandro Cicero는 남경의 주교로서 그해에 페드로 2세에게 "그리스도교 공동체의 교란을 부추기는 한 명 혹은 두 명의 대목교구장이 나이 든 선교사 신부들을 정죄할 것이라는 두려움이 더 이상 여기에 없다"라고 썼다.[53] 교황이 정말로 중국에서 가톨릭교에 대해 권력을 행사하기를 원한다면, 기존의 교회 채널을 우회해야만 했다. 해결책은 중국에 갈 로마 교황의 사절단을 임명해서 청나라에 있는 여러 수도회들, 대목교구장 및 강희제와 함께 문제를 해결하는 것이었다.

이 민감한 사명에 대한 클레멘트의 대표는 토리노의 귀족 출신 사제인 샤를 토마스 마이야르 드 투르농Carlo Tomasso Maillard de Tournon, 1668~1710이었다. 전권대사는 36살이라는 젊은 나이에도 불구하고, 그의 명령들이 존중받을 만큼 충분한 무게를 가진 것으로 인정받으면서 안디옥의 총대주교와 인도 군도群島의 교황 순찰사로 임명되었다. 1705년 4월 8일 투르농은 광주에 도착했고, 연이어 북경에서 강희제를 알현했는데, 이것은 중국의 선교 활동의 조건을 급격하게 변화시킨 일련의 사건들을 촉발시켰다. 비록 그가 외국 사절단의 신분으로 황궁에 갔지만, 1705년 12월과 1706년 6월에 그를 맞이한 강희제의 영접은 완전히 외교적 재앙이었다. 첫 만남에서는 우호적으로 협상이 시작되었으나, 두 번째 만남에서는 상호 오해 및 의제가 충돌하면서 이후 투르농은 공개적인 수치와 추방을 당하게 되었다.[54] 이 전권대

---

53 Cicero to Pedro II, Nanjing, 26 September 1702, AHU Macau Series, box 2:32.
54 투르농 사절단에 대해서는 Francis Rouleau, "Maillard de Tournon, Papal Legate at

사의 실패는 부관구에 치명적인 결과를 가져 왔다. 다소 과장되게 말하면, 투르농은 중국 무대에 등장한 일종의 해결사로서 그는 예수회원들의 선교 사역이 바야흐로 종결되어 간다는 것을 선포하였다. 한 관찰자의 말에 따르면, 투르농이 공식적으로 인정하게 된 "가톨릭 신앙의 승리"는 "가장 신중한 방관자들도 일본과 비슷한 대재앙이 다가오는 것을 목격할 정도로 잔인한 비극으로 변질되었다".[55]

투르농은 사절단의 책임자로서 교황청과 청 제국 사이의 관계를 정식으로 시작하고, 유럽의 사제 가운데 한 명을 중국의 모든 가톨릭 선교사들을 위한 감독의 역할을 하도록 임명할 책임을 가졌다. 이러한 임무 중 첫 번째는 형식적인 절차처럼 보였지만, 두 번째는 교황이 예수회를 통제하고 선교 교회에 대한 통제력을 더 강화할 수 있기 때문에 무엇보다 중요했다. 1705년 12월 31일일 첫 번째 영접에서 강희제는 소위 선교 총 관리자를 선임하는 것에 동의했다. 당시의 증언에 따르면, 그는 1703년 남순南巡 중 중국에 유럽 선교사들이 몰려들어 충격을 받았으며, 그의 통치 영역에 있는 외국 사제의 총 숫자를 알리지 않은 것에 대해 궁정 예수회원들에게 불쾌감을 표시했다.[56] 투르농과 강희제의 입장이 달라진 것은 바로 이 지점이었다. 황제는 그러한 감독 역할이 자신이 신뢰하고 중국에서 오랜 경험을 가진 예

the Court of Peking : The First Imperial Audience(31 December 1705)", AHSI 31(1962), pp.264~323와 Antonio Sisto Rosso, *Apostolic Legations to China in the Eighteenth Century*(South Pasadena, Calif., 1948, pp.149~186)를 참조.

55 Anon., Tragica Relação dos Successos mais notaveis que acontecerão nas Missoens da China e na cidade de Macao desdo anno de 1706 athé 1707 [Macau?,1707?], BAJA 49-V-25:173v.

56 Rouleau, "Tournon", 296.

수회원에게만 부여될 수 있다고 주장했다. 투르농은 부관구와 프랑스 선교단 출신의 예수회 통역사를 통하여 이 조건을 거부한다고 황제에게 알렸다. 오히려 그는 이 사람을 자신이 선택하게 될 것이라는 점을 분명히 했다. 투르농의 계획은 청나라가 통제할 수 없는 관료제를 만드는 것과 같았기 때문에 쉽게 타협할 수 없다는 것이 분명했다.

　중국 전례의 문제는 투르농이 청 조정과 한 첫 번째 논의에서는 부각되지 않았다. 강희제가 북경 예수회원들로부터 이러한 전례에 대한 유럽에서의 논쟁에 대해 처음 들었던 것이 5년 전이었다. 중국의 전통에 따르면 황제는 윤리 문제의 최종 중재자였으며, 그가 부관구의 입장을 긍정한 것 역시 놀랄 만한 일이 아니었다. 강희제는 1700년에 프랑스 선교사들로 하여금 유럽에서 중국 전례에 대해 홍보하게 할 의도를 가지고 그들에게 준 성명서에서 국가 관료 정치가 요구하는 유교 의식의 세속적인 성격과 중국의 조상 숭배에 대한 순수한 추모적 성격에 대해 썼다.[57] 그는 나아가 황제 자신이 글씨를 써서 예수회원들의 교회에 하사한 '天'이라는 용어가 최고 존재를 의미한다고 주장했다. 강희제는 전례에 대해 열렬히 토론하기 위해 대목교구장 샤를 매그로Charles Maigrot를 북경으로 소환하여 투르농의 두 번째 접견에 참석하도록 했다. 두 사람은 1706년 6월 29일에 강희제를 접견하여 자신들이 전례에 대해 반대하는 이유를 변호하게 되었다. 관화官話로 말할 수 없고 자신들의 주장을 뒷받침할 수 있는 유교 경전의 구절들을 인용할 수 없었기 때문에 그들은 황제를 설득하지 못

---

57 Rosso, Apostolic Legations, pp.136~146; Zürcher, "Emperors" in *Handbook*, p.498.

했다. 7월 26일에 강희제가 재차 매그로를 소환했을 때, 강희제는 자신이 정의하고 설명하고 승인한 관습을 정죄한 그의 무모함에 대해 질책했다.[58]

1706년 8월에 강희제는 투르농과 그의 수행원 및 매그로에게 마카오를 통해 유럽으로 돌아가라고 명령함으로써 투르농 사절단의 운명을 종결지었다. 북경에서는 일이 잘 되지 않았고 누군가가 책임을 져야했다. 투르농은 황실이 오해한 것은 예수회원들이 책동한 결과라고 확신했다. 결국 페레이라와 그리말디가 예수회 및 보교권에 불리할 수 있는 협상을 충실하게 번역했다는 것을 믿을 수 없었다. 그들이 황제가 선택한 통역사라는 사실은—특히 투르농과 매그로가 스스로 변호할 수 없었고, 그들을 위해 말할 수 있는 수행원을 데려오지 않았기 때문에—문제를 악화시켰다. 그 결과, 북경을 떠날 때 투르농은 예수회원들을 질책하고 그들에게 파문의 위협을 퍼부었다.

황제와 전권대사는 중국의 가톨릭 선교사들을 어떻게 관리할 것인지에 대한 마지막 회의를 남겨 놓았다. 강희제는 전례 문제와 선교에 대한 관리가 서로 연관되어 있으며 함께 해결되어야 한다는 것을 잘 알고 있었다. 그는 또한 로마 교황이 전권대사의 불명예스러운 행동을 결코 용서하지 않을 것이라고 확신했다. 따라서 황제는 클레멘트에게 개인적으로 투르농의 불복종을 알리기 위해 부관구 출신의 안토니오 드 바로스António de Barros, 1657~1708와 프랑스 선교 출신의 앙투

---

58 투르농 접견의 여파에 대해서는 Edward Malatesta, "A FatalClash of Wills : The Condemnation of the Chinese Rites by the Papal Legate Carlo Tommaso Maillard de Tournon", David Mungello, ed., The Chinese Rites Controversy : Its History and meaning, Nettetal, 1994, pp.211~246을 참조할 것.

안 드 보볼리어Antoine de Beauvollier, 1657~1708 등 2명의 대표를 파견했다. 이 임무를 위해 두 명의 예수회원을 선택함으로써 성공 가능성이 크게 줄어들었지만, 다른 배를 타고 항해하던 두 사람이 유럽에 도착하기 전 난파선에서 사망하면서 모든 희망이 사라졌다. 보다 즉각적으로 부관구에 중요했던 것은 1706년 12월 17일 강희제의 칙령이었다. 이 선언은 모든 선교사들이 제국에 머물기를 원한다면 일종의 허가증, 즉 표票를 얻어야 한다고 선언했다. 이 표 제도는 강희제의 눈에 좋은 선교사들과 나쁜 선교사를 분리하는 것을 목표로 하였다. 즉, 유럽인들은 중국인 전례를 받아들이도록 맹세해야만 했다.

투르농은 외교 임무에서 실패했지만, 그는 예수회원들에게 자신의 권위를 부여하는 것을 성공시키기로 결심하였다. 그가 1706년 여름 남경에 도착했을 때, 그는 여전히 전례를 금지하는 1704년 교황 훈령을 발표하지 않았다. 투르농은 또한 교황청에 대한 순종 서약을 모두 공언한 수도회의 구성원들에게 순종을 요구하기 위해 자신의 권한을 최대한 발휘하는 것을 거부했다. 남경에 있는 동안, 투르농은 부관구장 호세 몬테이로와 만나 교황 훈령을 어떻게 가장 잘 발표할 것인지에 대해 논의했다. 그러한 움직임이 치명적인 결과를 초래할 것이라는 것을 알고 몬테이로는 투르농에게 실행 전에 바로스Barros와 보볼리어Beauvollier가 돌아오기를 기다리라고 간청했다. 부관구장이 예측하는 최상의 시나리오는 "선교사 전원이 중국으로 돌아갈 희망 없이 유배"하는 것이었다.[59] 그는 최악의 경우는 일부 유럽인들의 처형

---

59 [José Monteiro?], Relação do que se tem passado nesta missão da China desde Dezembro de 1706 até o Prezente, Canton, 1 December 1707, BAJA 49-V-

과 "선교의 총체적인 파멸"이라고 주장했다. 그러나 투르농은 이 경고를 예수회가 의도적으로 혼란스럽게 하고 방해하는 또 다른 시도라고 생각하면서, 1707년 2월 7일에 그 자신의 훈령을 발표했다. 강희제가 또 다른 남순南巡으로 남경에 도착하기 전, 전권대사는 결국 중국 선교에 대해 통제권을 시행했다고 확신하면서 마카오로 떠났다. 그러나 포르투갈의 왕이나 아시아에 있는 그의 주교들, 포르투갈령 인도총독, 고아 대주교, 마카오 총독은 그의 권한을 인정하지 않았기 때문에, 투르농은 마카오에서 구금되었다. 그리고 그곳에서 고통스러운 생활을 하다가 1710년 너무 이른 죽음을 맞이했다.[60]

1704년의 교령 「지극히 선한 하느님Cum Deus optimus」과 제국의 표票로 대변되는 상호 배타적인 입장은 예수회원들에게 심각한 도덕적 딜레마를 제시하였다. 그들은 중국에 머물면서 황제에게 순종해야 하는가 혹은 선교를 포기하고 교황에게 순종해야 하는가? 한 세기가 넘는 시간 동안 애써서 개종시킨 중국인들과 함께 있기 위해 교황에게 불순종하는 것이 이렇듯 대가를 지불할 만한 것인가? 예수회원들은 교황이 투르농이 선택한 잔인한 방식으로 자신들의 사역을 끝낼 것이라고 믿지 않았으며, 전례에 찬성하는 입장에 있는 자신들의 주장을 로마에서 진실하게 발언할 수 있는 기회가 주어지지 않았다고 생각했다. 그들은 프란체스코 회원들처럼 중국 그리스도교인들을 포기하기를 꺼려했다. 그 결과, 예수회원들은 유럽에서 이 문제를 정리하기 위한 시간을 벌기 위해 표票를 선택했다.

25:197v.

60 마카오에서의 투르농에 대해서는 Rouleau, "Tournon", pp.265~267를 볼 것.

여러 가지 요인으로 예수회원들은 급하지만 천천히 교황의 뜻을 따랐다. 우선, 그들 중 일부는 강희제의 표票 요구와 투르농의 명령 사이의 2개월 동안 표票를 받아 들였다. 이 예수회원들그리고 북경 주교를 포함한 몇몇 프란체스코 회원들은 전례에 대한 교황의 모호한 선언을 신뢰하면서 황제의 의지에 굴복했다. 그 다음으로, 투르농이 호세 몬테이로를 만나서 부관구를 위해 굴복하도록 그에게 강요했을 때, 투르농은 예수회 장상에게 그의 행동의 근거가 되는 교황의 원본 문서를 보여 주기를 거부했다. 이로 말미암아 남경 예수회원들은 표票를 취하는 것을 거부했고, 투르농의 문건이 위조되었다고 확신했다. 마지막으로, 투르농이 보교권의 관할권을 파괴하려고 했기 때문에 (포르투갈 주교를 포함하여) 부관구의 장상들은 그의 훈령을 무효라고 간주했다. 잠깐 지나가는 악몽, 즉 전권대사가 그들의 사역을 잠시 훼방 놓은 것이었기를 바라면서 예수회원들은 황실의 허가증을 받기 위해 줄을 섰다.

표票의 부과는 황제가 선교사들을 통제하는 것이었다. 강희제는 아들 윤제胤禵로 하여금 사제들에게 두 가지 질문을 하면서 면접을 하게 하였다. 즉 그들이 "유럽으로 돌아갈 의사가 있는지", 그리고 "항상 마테오 리치의 관행을 따랐는지", 다시 말해 그들이 전례를 받아들였는지 여부에 대한 질문이었다. 이러한 만남은 1706년 12월에 지방 선교사들이 차례로 수도로 소환되어 자신들의 운명을 선택하면서 시작되었다. 북경 예수회원들 ― 부관구에서 13명4명의 보좌신부 포함과 프랑스 선교회에서 온 6명2명의 보좌신부 포함 ― 은 "황제를 위해 일했기" 때문에 표票를 가져가야 할 의무는 없었다. 나머지 유럽 예수회원들은― 부관구 출신 20명과 프랑스 선교회 출신 19명 ― 표票를 받고 거주지로 돌아갔다. 당국에 아마도 알려지지 않은 4명의 중국인 예수회 사제들과 1명의 중국인 보좌신부는 소환되지 않았다. 부관구장 몬테이로와 남경에 있는 그의 4명의 동료는 가장 곤란한 상황에 처했다. 그들은 표票를 받기 전에 전례를 포기하기로 서약했고, 몬테이로는 서약을 어기는 것을 원하지 않았다. 그럼에도 불구하고, 강희제는 그들을 용서하기로 결정했고, 대신에 그들을 광주에 보내서 로마로 파견된 그의 특사들의 귀환을 기다리게 했다.[61]

예수회원들이 더 높은 권력으로 경쟁자들을 제거하기를 희망했다면, 표票가 그들의 이 희망을 성취시켜 주었다. 1707년 봄과 여름에는 도미니크회와 아우구스티누스회의 수도사들 대다수가 대목교구장 및 그들의 수행원들과 함께 유배되었다. 1708년 12월에 청나라는 총 41명의 유럽인선교사는 31명이고 나머지는 수행원들을 추방했다. 표票를 거부한 소수의 사제들만이 중국 남부의 농촌 지역에 숨어 있었다. 그들이 로마의 새로운 답변을 기다리는 동안, 부관구에서 온 29명의 사제와 4명의 보좌신부와 프랑스 선교회에서 온 23명의 사제, 2명의 보좌신부, 그리고 18명의 프란체스코 회원들이 북경 혹은 지방에 남아 있었다.[62]

표票의 부과는 천주교의 명성을 심각하게 손상시켰다. 선교사들을 등록시키거나 추방하겠다는 강희제의 계획을 실행한 청나라 당국과

---

61 [Monteiro?], Relação do que se tem passado nesta missão da China, BAJA 49-V-25:202r-203r.
62 Anon., Catalogo dos Missionarios que foram lançados da China nos annos 1706,1707, e 1708 e dos que forão nella athé Dezembro de 1708[Canton?, December 1708?], BAJA 49-V-25:205v; José Monteiro, Catalogue of Missio -naries in China, Canton, December 1708, ARSI FG 722, bundle 5.

조정은 유럽인들의 분열을 알기 시작했다. 비슷한 방식으로, 저항하는 사제들의 교회를 폐쇄해야 할 의무가 있는 관료들은 의심할 여지 없이 그리스도교로 개종 사역을 추구하는 유럽인들의 의도를 의심하기 시작했다. 필경 만약에 황제 자신이 선교사들의 행동을 감시할 필요가 있다고 생각했다면, 그들의 활동을 계속 감시하기 위해 관료들에게 더 많이 의지했을 것이다. 이런 공개적인 사건의 영향으로 그리스도교 공동체가 없는 지역에 거주하는 새로운 개종자들을 끌어들일 수 있는 예수회원들의 역량이 제한을 받고 말았다. 더욱이, 관부의 밀착된 감독은 선교 교회의 먼 변두리에 있는 사람들, 즉 최근에 개종한 남녀, 제한된 수의 사제로 인해 오랜 목회적 관심의 가뭄으로 고통받은 사람들의 이탈을 재촉했을 가능성이 있다.

한 학자가 "관용의 칙령이 사실상 폐지되었다"라고 평가한 강희제의 유럽인 통제에 대한 조치는 중국 왕조와 불교 또는 도교 성직자 사이의 권력 관계의 맥락에서 잘 이해될 수 있다.[63] 강희제는 예수회원들 및 다른 유럽인들이 청 제국과 맺은 관계의 틀을 구성하는 모호성을 해소시키고, 선교활동을 정의하고 제한하는 관료적 과정에 들어섰다. 그런데 이것은 천주교와 그 신자들의 사회적 지위에 부정적인 영향만을 초래했다. 비록 예수회 자료들에 의하면 표票를 취한 사제들이 "도시와 지방에서 관료들의 방해를 받지 않을 권리를 가지며, 중국 전역을 여행하면서 그리스도교 신앙을 전파할 수 있도록 특권"을 가질 수 있었지만, 모든 중국 관료들이 자신들의 구역에서 선교사들이

---

63 Dudink, "Opponents", pp.517~518.

자유로운 행동을 할 수 있게 하였을까?[64] 지방 관료들이 선교사와 신도들의 관행을 분석하라는 명령을 받았다면, 전례 문제에 대해 밀과 쭉정이를 구분할 수 있었을까? 혹은 그들이 모든 그리스도교인들에게 고압적인 태도를 취할 수 있었을까? 나아가 공직의 사다리에 오르려는 야심 찬 등반가들은 황제의 태도 변화를 어떻게 이용하였는가? 강희제는 결국 지방 문사들 사이에서 유포되다가 1709년 왕위에 오르기 전에 올려진 천주교의 금지를 요구하는 상소문 중의 하나를 받아들였을까?[65]

예수회는 또한 유럽에서 상당한 고통을 겪었는데, 당시 투르농 교황특사의 외교 실패 및 선교사들이 표票를 받기로 했다는 소식이 유럽에 도착하자 비방자들의 조롱을 받았다. 강희제가 예수회원들을 자신의 특사로 임명한 것은 문제를 더욱 악화시켰다. 왜냐하면 예수회원들은 황제의 사자로서 교황 앞에 섰을 때 교황에 대한 불복종을 분명하게 표명했기 때문이다. 심지어 바로스Barros와 보볼리어Beauvollier의 운명을 알기도 전에 강희제는 또 다른 예수회원들로 하여금 투르농사건과 관련된 문서를 갖고 로마로 가도록 했다. 1708년 1월 마카오를 떠난 그룹에는 안토니오 프로바나Antonio Provana, 프랑수아 노엘François Noël, 그리고 나중에 예수회 사제가 된 중국인 조수 번수의樊守義, 세례명 Luigi, 1682~1753가 있었다. 그들은 교황청에서 클레멘스 11세Clement XI로부터 질책을 받는데, 클레멘스 11세Clement XI는 투르농이 그의 명령에 따라 행동했다고 주장했다. 또한 당시 유럽에서 선교단의 대리

---

64 Anon., Relação Sincera e Verdadeira, BAJA 49-V-25:765r.
65 Dudink, "Opponents", p.518.

인 자격으로 있던 호세 라몬 아르소José Ramón Arxó는 로마 교황청의 새로운 태도에 절망하며 "이미 실패한 것처럼 선교를 포기했다". 이탈리아에 도착한 후, 그는 동료들에게 교황이 "예수회에 대한 화로 가득차 있고", 강희제의 조치에 대해 예수회원들을 비난하는 편지를 받고 매우 심란해졌다는 소식을 전했다. 그러나 아르소는 예수회가 무죄라는 것을 증명해 줄 증언이 로마에 도착하지 않은 이유가 있다고 의심했다. 왜냐하면 그가 주장한 바와 같이 "얀센주의자 흰개미들이 전 세계를 잠식하고 있기" 때문이었다.[66]

5. 충돌, 메아리 그리고 침묵1710~1724

상황의 중대한 전환에도 불구하고, 부관구의 대다수 사람들은 거주지에 남아 자신들의 양떼를 섬겼다. 그러므로 중국 그리스도교의 전반적인 발전을 고려해 볼 때 투르농 교황 특사의 낙진이 재난만은 아니었다. 오히려 그것은 전체적인 성장 패턴에서 볼 때 일시적인 좌절을 나타낸 것이었다. 발각을 피하거나 제국 당국이 모른 척한 중국 예수회원들 외에도 다른 종교 수도회의 사제들이 지방에서 비밀리에 살고 있었다. 중국의 해안에서 감시가 느슨해진 틈을 타서 다른 유럽 사제들은 18세기에 표票없이 제국에 침투했다. 그러나 1705~1708년의 사건은 예수회원들이 자신들의 종교와 동의어이며 천주교가 부관

---

[66] Letter from José Ramón Arxó, Rome, 30 November 1709, BAJA 49-V-26:410r/v.

구의 사람들이 알린 것이라는 오랜 시간 지속되어왔던 개념을 결국 없애 버렸다. 청 조정은 그리스도교가 예수회원들이 전개한 것과 완전히 같지는 않다는 사실을 결국 깨달았다.

종교적 메시지와 달리 부관구는 실제로 존재하는 유형有形의 실체였다. 그것은 교회들, 자산, 영적인 자양분을 위해 그것에 의존하고 있는 수천 명의 부양 가족으로 구성되었다. 그 중심에는 사제 그룹이 있었는데, 그 사제들의 공적인 이미지 및 그들이 권력을 가진 보호자들과 맺는 관계는 청 제국에서의 부관구의 존재를 보장해주었다. 중국 예수회원들이 영원히 그림자 속에서 생활했다면, 자신들의 사회적 지위에 크게 신경 쓰지 않았을 것이다. 그들은 복건과 광동에 있는 "황제에게 복종하지 않았던" 도미니크 회원들이 했던 것처럼, 비밀 예배당에서부터 지하 기도실까지 종종걸음으로 갈 수 있었다. 그러나 그들의 사역은 궁정과 지방에서 높은 사회적 가시성을 기반으로 구축된 공적인 활동이었다. 그렇기 때문에 표票가 공적으로 부과됨으로써 부관구는 방어적인 자세를 취할 수 밖에 없었다. 부관구의 주요 임무는 선교 교회를 보존하는 것이 되었다. 예수회원들은 농촌 선교 순회교구를 계속 다니면서 이전에 가졌던 열정을 유지할 수 있기를 희망했다. 그들은 도시교회가 갖고 있는 경건 생활의 일정도 계속해서 감독하면서 양떼를 결집시키는 연대의 끈을 강화하려고 노력했다. 한편 예수회원들은 전례에 대한 로마의 입장을 바꾸는 것―1710년 클레멘스 11세Clement XI에 의해서 투르농 칙령이 반복된 후 32년 동안 지속된 좌절된 시도―을 목표로 청원하였다.

선교 역사의 초기 시기와 비교해서, 또 예수회원들의 경쟁자들과의 갈등에 대한 풍부한 기록과는 대조되게 1708년부터 1720년까지의 선교 교회에 대한 기술은 거의 남아 있지 않다. 부관구는 많은 필묵을 사용해서 자신의 활동을 찬양하지 않고 대신 투르농사건에서 했던 자신의 역할을 옹호하고, 중국 전례에 대한 자신의 입장을 방어하는 데 집중함으로써 사목 활동에 대한 추가 기소를 피하고 있었을 가능성이 있다. 프랑스 선교부 회원들은 그들의 동료인 장 밥티스트 뒤 알데 Jean-Baptiste du Halde에게 중국 전역에서 펼친 자신들의 노력에 대한 "교화적이고 진기한 편지들"을 계속 제공했지만, 부관구의 사람들은 불안한 정적을 유지하고 있었다. 동아시아로부터의 침묵이 사람을 질식하게 할 것 같아서 리스본에 있는 예수회 대리인은 수도회의 후원자들과 나눌 수 있는 신앙의 승리에 대해 아무리 작은 것이라도 전해 달라고 간청하지 않을 수 없다고 느꼈다. 프란시스코 데 폰세카 Francisco de Fonseca는 1714년 마카오에서 온 서한을 검토한 결과 "한 영혼이 세례를 받았다거나 한 이방인이 개종했다"는 소식을 찾지 못했다고 주장했다. 부관구의 사역을 촉진시키기 위해 그는 동료들에게 "주교 및 탁발수사들과의 충돌 이야기뿐만 아니라" 개종자, 세례자, 교회에 대한 이야기를 보내달라고 간청했다.[67]

중국으로부터의 정보 부족은 또한 선교사 모집의 속도를 늦추게 만들었다. 예수회원들의 복잡한 상황은 자신들의 장상들에게 청 제국으로 보내달라고 청원하는 것을 고려했을 수도 있는 유럽 예수회 회원들에게 강력한 억제력을 제공했다. 확실히 부관구의 모든 구성원들이

---

67 Fonseca to [José Monteiro], Lisbon, 15 March 1714, BAJA 49-V-27:453v.

짊어진 교황의 권위에 대한 불순종이라는 도덕적 부담과 선교적 영광에 대한 열망을 조화시킬 수 있는 젊은 예수회원들은 거의 없었다. 중국 선교를 위해 특별히 훈련된 사람들조차 자신들이 오명을 가진 사역에 합류하는 것을 염려하고 있다는 것을 발견했다. 예를 들어 수학에 능숙한 포르투갈 출신 예수회원 프란시스코 카르도소Francisco Cardoso, 1677~1723는 원래 북경에서 포르투갈의 입지를 강화하는 일을 돕도록 아시아로 파견되었다. 그러나 중국의 갈등을 들은 그는 1709년 고아에 있는 예수회 장상들에게 그가 인도에 머물 수 있도록 간청했다. 카르도소는 결국 당시 고아 관구의 순찰사였던 미구엘 드 아마랄Miguel de Amaral의 권고에 의해 청나라 수도로 가게 되었다.[68]

부관구가 중국의 선교적 진전에 대해 말하지 않은 또 다른 이유는 선교 현장에서 점점 더 많은 좌절에 직면하고 있다는 것을 깨달았기 때문이다. 위기에 처한 것은 그 때까지 해결되지 않은 채 남아 있던 종교적 메시지에 대한 통제 문제였다. 농촌 지역에서 그리스도교를 확산시키는 데 공헌한 마을 사람들 간의 친교 네트워크와 연결은 더 많은 수의 남성과 여성이 이 외국 종교를 채택함에 따라 사목적 관리의 문제를 야기했다. 청나라의 도시에는 예수회원들이 얼마 되지 않았고, 선교 순회 교구의 외진 곳에서는 그 수가 훨씬 적었기 때문에 부관구가 중국 서민의 마음 속에 통일된 천주교의 이미지를 유지시키는 것은 불가능했다. 문제는 많은 세례가 누가 그 세례를 받을 자격이 있는지에 대해 잘못 판단할 수 있는 남녀 교리 교사들에 의해 시행되

---

68 Amaral to Manuel Saraiva, Goa, 23 November 1709, ARSI Goa 9-II:446r-448v.

었다는 사실로 인해 더욱 복잡해졌다. 교리 교사와 예수회원은 그리스도교의 공적 합법성을 시골 지역에서 번창하는 이단 종파의 신도임을 은폐하는 수단으로 사용하려는 사람들에게 속아 넘어가기 쉬웠다.

1714년부터 산동의 시골에서 불법 종파와 관련된 스캔들이 일어났는데, 이것은 1717년과 1718년에 수면에 떠올랐다. 북경 주교인 베르나르디노 델라 치에사Bernardino della Chiesa에 따르면, 지역 선교사들, 그들의 조력자 및 지역 사회 지도자들은 시골 사람들 사이에서 일어난 개종의 물결 뒤에 있는 동기를 의심하기 시작했다. 그럼에도 불구하고, 종파 활동에 대한 혐의로 당국이 일부 새로운 그리스도교인들을 체포하기 시작할 때까지 계속해서 세례는 시행되었다. 문제의 마을 사람들은 명목상으로는 프란체스코 선교사들과 제남에 홀로 남아 있던 예수회원 지롤라모 프란치Girolamo Franchi, 1667~1718의 목회 감독 아래 있던 그 지역에 살고 있는 교인들을 통해 천주교를 알게 되었다. 사건들에 관한 델라 치에사의 보고에 따르면, 이 종파들은 그리스도교의 종교적 상징과 성물들을 채택했을 뿐만 아니라, 그 중 일부는 심지어 자신들이 천주의 성육신이라고 주장했다. 어떤 사람은 심지어 "하느님의 참된 법을 전파하기 위해 하늘에서 내려온" 성령이라고 주장하기도 했는데, 이 수상한 개종자는 유럽인들이 그 임무를 포기했다고 느꼈기 때문이었다. 주교는 다른 그리스도교인들이 이 거짓 형제들을 식별하는 것을 보고 안도의 숨을 쉬었지만, 이것은 현지 관리들이 조사와 처벌을 시작한 후였고, 이 사건은 천주교와 설교자들, 그리고 신도들의 명성을 더욱 손상시켰다.[69]

1710년대에 유럽에 전해진 선교 사업에 관련된 한 이야기는 우울

한 구름에 휩싸인 중국 예수회원들의 영혼을 고무시켰다. 이것은 황
실 일족인 만주인 수누蘇努, 약 1648~1725와 그의 집안의 회심에 관한 것
이다. 1712년 전에 수누의 아들 중 하나인 수르진蘇爾金은 북경의 중고
책 시장에서 그리스도교 서적을 보고는 감화를 받았다. 수르진은 이
책들을 자신의 형제들에게 배포한 후 북경 예수회원들에게 연락하여
교리 교육을 요청했다. 부관구와 프랑스 선교부의 선교사들은 이 만
주 귀족들과 우정을 쌓았으며, 드디어 이들은 1719년부터 개종자가
되었다. 만주 귀족들에 관한 예수회 저술들 속에는 그들의 경건한 생
활 방식 및 성화聖畵에 대한 만주 귀족들의 애호에 대해 상당히 자세하
게 설명되어 있다. 부관구에게는 불행하게도 이 만주 그리스도교인에
대한 대부분의 소식들, 즉 이 수누 가문이 지위를 빼앗긴 후 옹정제에
의해 유배되었다는 소식이 1724년 유럽에 도착했다.[70]

교황 사절단의 와해를 보고 예수회원들은 강희제의 관대함을 바라
면서 황제에게 충성스럽게 봉사했다. 마테오 리치가 중국에 있을 때
부터 그러했던 것처럼, 북경의 사제들이 부관구를 위해 얻은 정치적
합법성 없이는 자신들의 종교적 야심을 성취할 수 없었다. 따라서 프
랑스와 "포르투갈" 예수회원들은 〈황여전람도皇輿全覽圖〉를 비롯하여 황

---

69 Bernardino della Chiesa to Juan Fernández Serrano, Linqing, 10 May 1720, in
SF5:757~771. For more on this theme, see Lars Peter Laamann, "Memories of
Faith : The 'Christian Sutras' of Eighteenth-Century China", R. N. Swanson, ed.,
The Church and the Book, Woodbridge, England, 2004, pp.279~302.

70 Domingos Pinheiro, *Compendio da Historia de como Varias Pessoas da Familia Imperial
Tartaro Sinica abraçaram a Religiam Christam*, Peking[September?] 1724, BNL
Reservados 32:7r. On the Sunu clan, see John Witek, "Manchu Christians",
Handbook, pp.445~447; Pasquale D'Elia, *Il Lontano Confino e la Tragica Morte del
P.João Mourão S.I., Missionario in Cina(1681~1726)*, Lisbon, 1963, pp.51~181.

북경의 남당(南堂). 1711년에 완공된 북경 신학교 교회의 모습.

제의 지도 제작 프로젝트를 위해 측량사 역할을 함으로써 1708년부터 1717년까지 강희제에게 도움을 주었다. 부관구에서는 프란시스코 카르도소, 바이에른 사람 카스파 카스트너Kaspar Castner, 1665~1709, 알사스 사람 로매인 힌더러Romain Hinderer, 1668~1744가 이 임무를 위해 남부 지방을 여행했다. 강희제는 1711년에 북경의 남당南堂에 새로운 성소가 완공된 것을 기념하여 이번에는 논란의 여지가 있는 천天 대신 천주天主를 써서 그들에게 하사하였다.[71] 부관구의 장상들은 이탈리아 보좌신부인 예술가 주세페 카스틸리오네Giuseppe Castiglione, 1688~1766를 궁정으로 보내 우호적인 관계를 맺고자 일하도록 하였다. 1715년 청나라 수도에 도착했을 때부터 50년 뒤 죽을 때까지 그는 건륭제를 위해 유럽식 궁전을 설계하는 것 외에도 궁정의 관리를 위해 유명한 초상

---

71 [José Soares?], Declarão-se, e Provão-se livres de toda a Censura as Inscri
-ções, que o Imperador da China deo em 2 de Mayo de 1711 à Nova Igreja do
Collegio da Companhia de Jesus em Pekim, Peking[May?] 1711, BAJA
49-V-27:86r~96v.

화를 그렸다.

교황의 명령에 의한 완전한 파괴는 아니더라도 예수회원들의 중국 사역이 비난 받는 것을 피하기 위해 그들은 유럽에서 행동을 전개했다. 유럽의 문제를 스스로 해결하려는 헛된 시도 후, 예수회는 포르투갈의 왕과 주교를 찾아 도움을 청했다. 리스본과 고아 당국은 자신들의 명성의 일부가 중국에서의 예수회의 운명과 관련되어 있었기 때문에 중국 선교에 깊은 관심을 갖고 있었다. 만약 포르투갈 왕의 대포가 포르투갈의 아시아 통치 지역에서 유럽 경쟁자들을 막을 수 없다면, 아마도 파문의 위협으로 침입자를 그의 교회 영토에 들어오지 못하게 할 수 있을 것이었다. 1710년 클레멘트 11세Clement XI가 투르농이 전례에 대해 유죄판결을 내린 것을 확인했다는 소식을 받기 전에 고아의 대주교는 동아시아의 예수회원들에게 사목 서한을 보내 교황의 특사가 내린 모든 칙령이 무효임을 알렸다.[72] 포르투갈 왕은 1712년에 데 폰테스 후작인Marquis de Fontes 로드리고 안네스 데 사Rodrigo Anes de Sá를 로마로 보냄으로써 교황에게 유세하려고 했다. 이 특사가 이탈리아에서 6년을 보내고 1716년에 상당히 성대하게 영접을 받기는 했지만, 그는 예수회 혹은 왕실 주인에게 유리하게 문제를 해결할 수 없었다. 주앙 5세João V는 적어도 리스본 대주교가 추기경과 총대주교직으로 올라가게 되는 보상을 얻었지만, 예수회원들은 한 번 더 비난을 받았다. 즉, 1715년 3월 15일 교황 클레멘트 11세Clement XI는 사도헌장Ex illa die을 발표하여 전례를 금지했고, 중국 선교사들에게 복

---

72 Pastoral letter from Agostinho da Anunciação, Goa, 29 April 1710, BAJA 49-V-26:565r.

종을 요구했다.[73] 4년 후 교황은 또 다른 특사 카를로 앰브로지오 메자바바Carlo Ambrogio Mezzabarba, 1685~1741를 임명했지만, 이 이탈리아 고위 성직자는 북경에서 그의 전임자보다 더 성공을 거두지 못했다.

1722년 강희제의 사망 당시, 부관구의 선교사들은 여전히 지방에서 양들을 돌보고 있었지만, 나이가 들어감에 따라 선교 교회를 유지하는 능력이 크게 약해졌다. 그들 그룹에는 71세의 피터 반 하메Pieter van Hamme, 66세의 마누엘 멘데스Manuel Mendes와 호세 소아레스José Soares, 63세의 지암파울로 고자니Giampaolo Gozani, 60세의 시몽 베이어드Simon Bayard 및 프란시스코 핀토Francisco Pinto와 같은 노련한 선교사들이 있었다. 사제로 서품되고 예수회에 가입한 중국인들조차 젊음과는 동떨어졌다. 프란시스코 사비에르 로사리오 호Francisco Xavier Ro-sario Ho는 55세였고, 토메 다 크루즈Tomé da Cruz, 1666~1745는 56세였다. 그러므로 혹자는 부관구의 구성원들이 두 그룹을 위협하는 위험에 직면하여 프랑스 선교부 동료들에게 화해를 청하는 것이 현명했을 것이라고 생각할 수 있다. 그러나 두 사역 사이의 큰 규모의 협력은 나타나지 않았다.

거주지에서 일하는 것을 돕기 위하여 부관구에 합류한 프랑스 선교부 사제 몇 명을 제외하고 두 선교 사이의 관계는 긴장 상태에 있었다. 의심할 여지없이, 각 예수회원들 그룹은 자신들의 야망을 가지고 있다는 점에서 상호 비난의 정당한 이유가 있었다. 부관구 장상들은 부관구가 강서성에 있는 그리스도교 공동체들을 유지해나갈 수 없었

---

73 ARSI는 연도 순으로(1716년부터 시작) 문건을 보존하는데, 그 안에는 각각의 중국 선교사들이 서명한 서약이 있다. ARSI FG 722, bundle 15를 볼 것.

다는 것은 신경 쓰지 않고, 프랑스 예수회원들이 그 공동체들을 독점한다고 비난했다. 부관구가 그 공동체들을 유지할 수 없었다는 것은 말할 것도 없다. 비슷한 방식으로, 궁정의 프랑스 예수회원들은 강희제에게 부관구의 사람들이 황제의 명령을 수행하지 못하도록 자신들을 방해했다고 넌지시 알렸다.[74] 궁정에 있는 일부 부관구의 포르투갈 사제들은 자신들의 프랑스 형제들을 맹렬하게 공격했고, 이것은 독일에서 온 보다 협조적인 동료들을 실망시키는 데까지 나아갔다. 이러한 쌍방의 암투는 북경 주교로 하여금 이처럼 형제애가 결여된 예수회원들을 징계해야 할 필요를 느끼게 하였다.[75] 더욱이 프랑스 선교부 자체는 색은주의索隱主義, 즉 중국 고대 텍스트에 대한 해석 시스템에 대한 지지파와 (북경에 있는 일부 부관구 회원들을 포함한) 반대파 사이의 분열로 인해 불화를 겪었다.[76] 이 토론의 중심에는 요하임 부베Joachim Bouvet가 있었는데, 그의 역경易經 독해는 역경 및 다른 이해하기 어려운 저작들에 나타난 그리스도교 계시에 대한 희미한 언급을 엿볼 수 있게 했다. 따라서 부관구와 프랑스 선교부 사이의 불화가 계속되었고, 각각 자체의 방식대로 선교를 수행하기 위해 노력했다. 프랑스 선교부는 단지 20년 동안 선교를 수행하고 상대적으로 활동 범위가 적었기 때문에 부관구는 그 둘 중 부담이 더 큰 사역이었다. 궁정과 지방에서 사역을 수행할 상당수의 신입 회원이 유입되지 못했기

---

74 Giampaolo Gozani to José Monteiro, Peking, 9 January 1714, BAJA 49-V-27:435v-436r.
75 Bernardino della Chiesa to Giampaolo Gozani, Linqing, 18 January 1714, in SF 5:591~593.
76 Claudia von Collani, "Figurism", *Handbook*, pp.668~679, 특히 p.671.

때문에 부관구는 계속 유지될 전망이 없었다.

6. 어둠 속으로, 1724년 이후

내부의 불화와 외부로부터의 위협, 사목의 과제 등은 중국 예수회 원들을 고통스럽게 했는데, 1723년 옹정제가 왕위에 올랐을 때 그들은 가장 심각한 시련에 직면했다. 강희제가 재위한 이래 예수회원들은 황제의 후의라는 안전장치에 자신들을 맡기는 것 외에 사역을 방어하기 위한 별다른 전략을 가지지 못했었다는 것을 기억하라. 강희제는 죽을 때까지 궁정 예수회원들에 대해 우호적인 태도를 취했지만, 투르농 교황 사절단사건 이후 점점 좌절감을 느꼈다. 1717년 그는 심지어 그리스도교가 금지되어야 한다고 요구한 광동 관리 진묘陳昴, 약 1651~1719의 상소문을 받아들였다. 진묘에게 먼저 "몇 년을 기다리라고" 지시한 강희제는 1721년 1월에 이 명령이 이행되기를 바라는 뜻을 밝혔으나, 그의 죽음 전에는 아무런 조치도 취해지지 않았다.[77] 곧 이어 제국의 통치를 물려받은 옹정제雍正帝, 재위 1723~1735는 그의 아버지가 멈춘 곳에서 시작하여 그리스도교의 금지 및 선교사 추방을 권하는 복건성과 절강성 총독의 상소문을 받아들였다. 1724년 1월에 공표된 성유聖諭에서, 천주교는 "사악한 종파와 교리들" 속에 포함되고 말았다.[78]

---

77 Dudink, "Opponents", pp.518~519.
78 Nicolas Standaert, "Creation of Chinese Communities", *Handbook*, pp. 534~575,

옹정제는 왜 그리스도교를 반대했는가? 일부 학자들은 그의 행동을 북경과 로마 사이의 외교적 주도권의 실패에 대한 분명한 반응으로 설명한 반면, 또 다른 학자들은 그가 다른 종교 추종자들에 대해서도 유사한 행동을 취했기 때문에 이단의 대항자로 후대에 알려지기를 원했다고 주장했다.[79] 그 밖의 또 다른 요소들이라면 옹정제의 불교에 대한 애착, 특히 선종禪宗에 대한 애호를 비롯해서 "법과 질서"를 지키겠다는 그의 결정, 의심 많은 성격, 그리고 자신의 아버지가 선교사들에게 너무 오랫동안 빠져 있었다는 느낌 등이 있을 것이다. 아마도 그의 그리스도교 금지에 대한 가장 좋은 설명은 왕위에 오르는 과정을 둘러싼 정치적 투쟁과 관련 지어 다루어져야 할 것이다. 에릭 쥐르허Erik Zürcher의 견해에 따르면, 예수회원들이 궁정에서 만주인 친구들을 두었다는 사실—황실의 지류인 수누 일족을 포함하여—은 만주인들이 신봉한 종교를 옹정제가 권력을 장악했을 때 공격의 대상이 되게 하였다. 예수회원들이 또 다른 만주 커넥션이 있었을 가능성이 그들을 더 의심스럽게 만들었다. 옹정제가 자신의 정치 경쟁자들을 제거하기 위해 사용했던 것과 같은 강도로 실행된, 천주교에 대한 그의 조치의 신속성은 그의 동기가 왕위 계승과 밀접한 관련이 있음을 시사한다.[80]

이유가 무엇이 되었든 간에, 옹정제의 행동은 부관구에 재앙이었다. 청나라의 억압적 힘은 교회 건물 및 그 거주 사제들 등 가장 눈에

특히 p.564.
79 Dudink, "Opponents", p.521.
80 Zürcher, "Emperors", p.499.

띄는 상징들에 신속하게 집중되었다. 남경사건 및 광주 구금 기간과 같이 이 탄압의 가장 격렬한 시기는 칙령이 발표된 직후에 일어났다. 1724년 초, 모든 예수회의 건물들—신학교, 거주지, 크고 작은 교회 등이 다른 용도로 압류 지정되었다. 호세 소아레스José Soares에 따르면 이 건물들 중 일부는 "이교도들에 의해 점유되었으며, 많은 건물이 우상 숭배 사묘로 사용되었다".[81] 북경에 도착한 지방 보고들에 따르면 교회는 곡물 창고, 학교 및 병원으로 바뀌었다. 하남에서 지암파올로 고자니Giampaolo Gozani는 개봉에 있는 자신의 성소가 "바알의 사원"으로 변했다고 보고했다. 그리고 복건성의 예수회원들은 자신들의 교회가 "조상을 기리기 위한" 가문의 사당으로 변형되는 아이러니한 모욕을 겪었다고 보고하였다. 북부 직예直隸의 프랑스 선교부 회원들은 자신들의 성소에서 불길에 휩싸인 성화聖畵를 목격했는데, 이는 광서성 계림에 있는 일본 관구 소유의 성화聖畵에 닥친 것과 같은 운명이었다.[82]

예수회원들이 표票를 취하여 투르농과 클레멘트 11세에 공개적으로 도전하기로 한 후 16년이 지난 1724년 10월, 그들은 당국에 체포되어 광주로 압송된 후 마카오로 추방되었다. 이번에는 1666년의 역옥曆獄사건과는 달리 청나라 당국은 약속을 지켰다. 1724년 7월 1일

---

81 José Soares, Continuaçam dos Successos na Missão da China, Peking, 30 September 1726, BNL Reservados 8123:6v.

82 조제프 드 모이리아크 드 마이야(Joseph de Moyriac de Mailla)로부터 온 편지(북경, 1724년 10월 16일)는 쟝 밥티스트 뒤 알드(Jean-Baptiste du Halde)의 *Lettres Edifiantes et Curieuses ecrites des Missions Etrangeres*, 34 vols.(Paris, 1702~1776), 17:245~247, 282~284를 볼 것.

황제 접견에 대한 한 보고에 따르면, 옹정제는 흠천감 감정監正인 이그나티우스 쾨글러Ignatius Kögler, 1680~1746와 프랑스 선교부 출신의 그의 동료 2명에게 예수회원들이 살아서 추방당한 것은 행운이라고 말했다. 옹정제는 "공자의 가르침을 파괴"하려 한 것 때문에 관리들의 분노를 일으킨 복건의 도미니크 회원들을 언급한 후, 많은 불교 사원을 파괴할 것을 명령했으며 "수천 명의 라마를 죽였다"고 말했다. 국외 추방은 이에 비하면 비교적 쉽게 형벌을 면한 것을 의미했다.[83] 지암파올로 고자니Giampaolo Gozani, 마누엘 멘데스Manuel Mendes, 부관구장 주앙 데 사João de Sá, 1672~1731, 일부 프랑스 선교부의 사람들은 죽을 때까지 마카오에서 지냈다. 북경의 사제들은 상황이 훨씬 좋았다. 그들은 궁정에서 예술가와 기술 전문가로서의 지위를 누리고 봉록을 받으며 자신들의 종교가 아니라 자신들의 기술로 인하여 황제의 호의를 18세기 후반까지 누렸다.

옹정제의 탄압이 가혹했음에도 불구하고, 부관구의 일부 선교사들은 지방에 남아 사목 활동을 계속할 수 있었다. 최소 3명의 유럽인들은 강남 지역의 관리들에게 자신들이 너무 나이가 많아 광주로 갈 수 없다고 말하고, "선물과 은을 가지고 간청하면서" 항주와 송강에 머물렀다. 또 다른 예수회원들은 비밀리에 자신들의 사역을 계속해 나갔다. 이런 거주자들 중 가장 성공적인 사람은 1740년까지 호광성에 머물렀던 포르투갈 사제 주앙 두아르테João Duarte, 1671~1752였다. 프

---

83 Anon., Relaçam e Substancia da Pratica que o Emperador Tartaro Sinico Yum -chim teve ao 1 de Julho de 1724 com tres padres da Companhia de Jesus, Peking[1724?], AN/TT Mss. Liv. 1096:1r-2v.

란시스코 사비에르 로사리오 호Francisco Xavier Rosario Ho, 번수의樊守義 및 토메 다 크루즈Tomé da Cruz가 제국 전역에 흩어져 있는 그리스도교 공동체들을 지속적으로 방문했는데, 이런 비밀 선교가 중국인 예수회원들에게는 가장 쉬웠다. 부관구가 중국인 사제를 받아들이는 것을 오랫동안 거부해 왔음에도 불구하고, 이 사람들은 앞으로 다가올 오랜 박해 기간 동안 선교 교회를 보존하기 위한 예수회원들의 최고의 희망이었다. 1726년 9월 호세 수아레스는 "많은 본토 사제들"이 "죽은 자와 추방자"의 떠남으로 말미암아 남겨진 빈 자리를 채울 수 없는 것을 치욕이라 부르면서 토착 성직자를 준비할 기회를 잃어버린 것에 대해 탄식할 수 밖에 없었다.[84]

그리스도교의 금지에 영향을 받은 사람들 가운데 예수회원들의 양 떼가 상황이 가장 좋았다. 그들을 일소해버릴 체계적인 추방이나 무력으로 박해할 기병 부대도 없었다. 그 지방들에는 그리스도교인에 대한 대규모 학살사건이 없었고, 신앙을 위해 목숨을 바친 순교자들도 없었다. 사실, 1726년에 강남의 선교사들은 자신들이 계속해서 비밀리에 수천 명에게 세례를 시행했다고 보고하였다. 로메인 힌더러Romain Hinderer는 그해 소주와 상숙을 중심으로 한 선교 지역을 방문하여 5,704건의 고해성사를 베풀었으며, 5,069명의 남녀들에게 성찬식을 시행했다고 북경의 동료들에게 말했다. 마찬가지로, 일본 관구 출신의 포르투갈 사제 도밍고스 데 브리토Domingos de Brito, 1674~1742는 해안 지역을 다니며 여성들에게 4,270건의 고해성사를 베풀었다.

---

84 Soares, Continuaçam dos Successos na Missão da China, BNL Reservados 8123: 7r.

그러나 브리토가 송강 교외에서 여성들을 위한 집회를 가졌다는 이유로 당국에 두 번 고발당한 후 이러한 활동들은 위험에 처했다. 그러나 관리들에게 22냥을 지불한 후 그는 풀려날 수 있었다. 브리토는 "이런 식으로 우리는 우리 자신의 비용을 들여 조심하는 법을 배운다"라고 썼다.[85]

1720년대 후반에 중국 그리스도교인들에게 큰 박해는 없었지만, 옹정제의 칙령에 따라 그 무리들은 빠르게 줄어들었다. 호세 소아레스José Soares에 따르면, 1725년 7월부터 1726년 8월까지는 보고할 새로운 세례자가 거의 없을 정도로 "영혼 구원에 있어서는 결실이 없는" 상황이었다. 경험 많은 소아레스의 말에 따르면, 많은 신도들이 황제의 다음 행동이 두려워 겁에 질려 있었다. 소아레스는 시간이 가면서 "복음을 가장 잘 받아들일 수 있는 서민들"이 금교 소식을 듣게 되었다고 주장했다. 더욱 난처한 것은 지방 선교사들의 추방과 그 교회들의 폐쇄가 구경거리가 된 것이다. 그 결과 소아레스에 따르면, 사람들이 선교사들의 가르침을 들으러 오는 것을 보는 것이 "매우 드문 일"이 되었다.[86]

아마도 이 하향 추세의 가장 좋은 지표는 보고된 세례자 수에서 찾을 수 있다. 1724년 칙령이 있은 지 2년이 지나 북경당시에 신학교와 동당(東堂)은 여전히 열려 있었다 선교사들은 상당한 수의 임종 개종을 포함하여 305

---

85 Roman Hinderer, AL Hangzhou College 1726, Hangzhou, 3 September 1726; Domingos de Brito, AL Songjiang Residence 1726, Songjiang, 3 September 1726, BNL Reservados 8123:8r/v.

86 Soares, Continuaçam dos Successos na Missão da China, BNL Reservados 8123: 2r.

명에게 세례를 시행했다고 주장했다.[87] 25년 전 앙투안 토마스는 수도에서 매년 평균 세례자 수는 860명이라고 기록했다.[88] 마찬가지로 주앙 두아르테Joao Duarte도 그가 1703년에 보고한 평균 260명의 반도 안 되는 104명의 세례자가 있다고 언급했다.[89]

강남의 선교 교회의 중심에서 선교사들은 똑같이 세례자 수가 감소했다고 보고했다. 도밍고스 데 브리토Domingos de Brito와 로메인 힌더러Romain Hinderer는 세례를 받은 사람들의 나이와 성별에 따라 그들의 숫자를 통계 내었다. 두 통계 모두 7세 미만거의 총 숫자의 절반이 송강에 있음의 어린이들에게 많은 세례를 시행했음을 보여주며, 해안의 평야 지역에서는 일종의 가문의 전통으로서의 그리스도교의 중요성을 드러내었다. 중국 그리스도교인들 사이의 강한 친족 유대와 농촌 "본당"의 기도 일과를 중심으로 전개되는 그들의 영적 활동의 공동체적 성격은 이 지역 공동체의 활력을 유지하는 데 핵심적인 요소가 되었다. 결국, 이 남녀 신도의 수는 그들이 선교사들의 최소한의 감독만으로 한 세기 이상 천주교를 배양해왔음을 나타낸다. 종교적 정체성과 신앙의 실천이 선교 사목자들의 존재와 더 밀접하게 연결되어 있는 예수회원들의 다른 작은 공동체와 달리, 강남 공동체는 성례전을 제외하고 모든 영적 필요를 스스로에게 의존했고, 부관구가 사라진 후에도 오래 지속될 수 있었다.

---

87 Ibid., 8r.

88 Thomas, Triennial Catalogue, Vice-Province 1703, Peking, 25 September 1703, ARSI Jap-Sin 134:408Cv.

89 Ibid., 408Fv; Soares, Continuaçam dos Successos na Missão da China, BNL Reservados 8123:7r.

18세기의 첫 30년 동안 상황은 악화되어 예수회의 중국 사역은 쇠
퇴하여 갔다. 그리스도교 금지 이후 50년 동안 선교사들이 청 제국에
서 계속 노력했음에도 불구하고 예수회 선교는 17세기에 했던 것과
같은 역할을 더이상 하지 못했다. 분명히 초기 근대 예수회원들의 중
국 선교를 끝내 해체시킨 것은 1773년 교황 교령에 의해 예수회가 제
지를 받은 것이었다. 1724년 이탈리아 교황들과 중국 황제들이 부관
구에 부과한 조건으로 인해 예수회원들은 선교 교회를 세우는 데 필
요한 사회적 지명도와 합법적 자유를 상실하게 되었다. 예수회원들은
북경과 로마 사이에서 벌어지는 권력 게임의 위험을 알고 있었다. 지
암파올로 고자니Giampaolo Gozani는 1725년 포르투갈 국왕 주앙 5세에
게 예수회원의 사역이 "중국 황제와 교황 양쪽 모두"에서 공격 받았
다고 알리면서 좌절감을 표명했다.[90] 선교사들은 고위층 외교 활동이
선교지역의 마을과 촌락에 직접적으로 영향을 끼친다는 것을 알았다.
1726년에 호세 소아레스가 주목했듯이, 예수회원들이 황제와 좋은
관계를 유지하거나 혹은 최소한 지방의 영향력 있는 인물과 좋은 관
계를 유지하지 않으면 부관구에는 희망이 없었다. 그들의 지원 없이
는 "경험이 항상 보여주듯이, 중국에서는 거의 또는 아무것도 할 수
없다"고 그는 선언했다.[91]

예수회원들이 어둠 속으로 들어간 것은, 그들이 140년 동안 중국
에서 취했던 모든 사회적, 정치적 성과를 무효화했다. 비밀스러운 선

---

90 Gozani to João V, Macau, 21 November 1725, BAJA 49-V-28:156r.
91 Soares, Continuaçam dos Successos na Missão da China, BNL Reservados 8123:
   2r.

교 사업은 알렉산드로 발리냐노, 미켈레 루지에리, 마테오 리치가 세우고, 프란시스코 푸르타도, 페르디난트 페르비스트, 토메 페레이라와 같은 사람들이 지속시켜 나간 선교의 목표와 정반대였다. 중국에서 예수회원들의 성공의 요체는 항상 그들의 학자 이미지, 혹은 한마디로 그들의 사회적 지명도였다. 그 이미지를 강화하기 위해 부관구의 구성원들은 광범위한 정치적 연결망을 만들어 사회적 합법성을 보장 받았다. 이 사슬의 궁극적인 연결 고리는 — 선교 교회를 보호하는 유대 관계로서 — 예수회원들이 중국의 황제들과 맺은 우정이었다. 선교사들과 중국 권력 사이의 관계는 선교 교회가 확립되는 것을 가능하게 했으며, 따라서 그들이 궁정에서 보이지 않게 되자 그들의 사역은 무너졌다. 자신들의 지명도 덕분에 얻었던 정치적 합법성이 없었다면, 예수회원들은 본토 종교 지도자들에게 닥친 것과 같은 조정으로부터의 격노를 유발함 없이 많은 중국 하층 계급을 자신들의 종교로 끌어들이는 것이 불가능했을 것이다. 확실히, 예수회원들이 얼마 안 되는 자신들의 개인적인 노력들의 총합을 훨씬 능가하는 역동성을 가진 선교 교회를 세울 수 있게 된 것은 예수회원들이 즐겼던 대중적 이미지 때문이었다. 그러나 일단 그들과 그들의 종교가 이단적 가르침의 수준으로 강등되어 청 제국의 법의 발 아래 끌려 왔을 때, 가장 결실이 많았던 자신들의 동료들, 즉 니콜로 롱고바르도Niccolò Longobardo, 에티엔 파버Étienne Faber, 호세 몬테이로José Monteiro와 같은 선교사들의 노력은 무가치한 것이 되고 말았다. 이 사제들은 1724년 이후의 부관구를 인정할 수 없었을 것이다. 그들이 만들고 유지하는 데 도움을 주었던 선교 사업은 더 이상 존재하지 않았다.

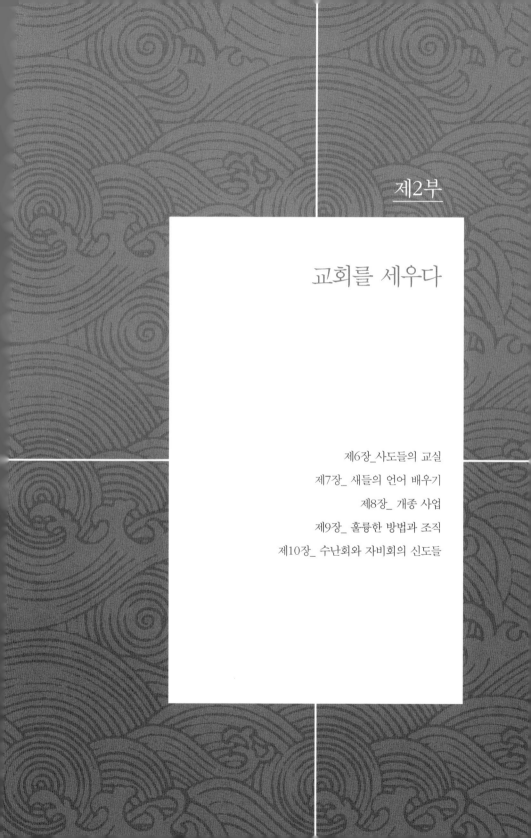

제2부

교회를 세우다

제6장
사도들의 교실

좋은 소식이 1622년 4월 18일 에보라에 있는 예수회 콜레지오 도 에스피리토 산토Colégio do Espírito Santo에 도착했다. 즉, 3월 13일 로마에서 열린 장엄한 의식에서 교황 그레고리 15세는 이그나시우스 로욜라Ignatius Loyola와 프란시스 사비에르Francis Xavier를 성인으로 선언했다. 울리는 종은 포르투갈 도시에서 몇 주 동안 지속될 기쁨의 첫 징후였다. 행렬, 고귀한 미사, 불꽃 놀이, 야외 극장이 그 뒤를 이었다. 예수회원들 자신들이 이러한 많은 행사를 조직했지만 학생들에게는 주도권이 없었다. 철학반 학생들은 4월 20일에 천상의 수호자를 기리기 위해 축포를 쏘며 화승총을 갖고 대학에서 모였다. 수사학반 학생들은 지지 않으려고 다음 날 무술 비단과 깃털로 장식하고 철갑, 칼, 단검, 소총을 들고 모였다. 문법 수업을 듣는 어린 소년들도 참여

포르투갈 에보라대학 중앙 테라스. 이 안뜰과 분수는 이전에 예수회의 *Colégio do Espírito Santo*의 일부였다. 교실은 아케이드 뒤편에 있었고, 수련원은 좀 더 한적한 지역에 떨어져 있었다.

하여 신학반 학생들에게 도전을 하고, 신학반 학생들은 "주석서註釋書를 두고 무기를 주음"으로써 응수하였다. 이 두 그룹은 학교 분수대 위에 요새를 만들어 번갈아 가며 보병 돌격과 일제 사격으로 요새를 공격했다. 그러나 가장 공들인 광경은 6월 중순 학생들이 두 성인의 삶의 영웅적인 일화를 재연했을 때였다. 사비에르가 이국에서 수행한 작업이 생동감 넘치게 재연되었다. 그 때 동방의 사도는 비단과 보석으로 차려입고 악어 꼭대기에 올라탄 이교 숭배자와 싸웠다. 클라이막스 바로 직전, 사비에르는 "일본의 스물두 개의 손바닥 길이의 괴물같은 우상"을 숭배하고 이상한 노래를 읊조리던 승려들과 마주쳤

다. 그는 복음의 무적의 빛으로 그들 모두를 신속하게 정복했다.[1]

이 구경거리는 에보라 사람들, 특히 대학의 학생들을 감화시키고 교화하기 위하여 만들어졌다. 그들이 프란시스 사비에르의 모습에서 본 것은 예수회의 사도적 야망이 육화된 선교적 덕성이었다. 청중 가운데 젊은이들이 수도회에 참여하도록 영감을 받기를 바랐던 것이다. 이 연극의 또다른 목표는 이미 예수회에 가입한 사람들이 포르투갈 교구Portuguese Assistancy의 해외 지역에서의 봉사를 청원하도록 독려하는 것이었다. 신학반 학생인 안토니오 드 구베아Antonio de Gouvea와 수사학반 학생 미셸 트리고Michel Trigault와 같은 청중들은 의심할 여지없이 동방의 예수회의 영웅적 행위에 대한 동경으로 사비에르의 발자취를 따르고자 하는 열망을 발견했다.[2] 둘 다 인도에서 임무를 수행할 것을 요청했고, 그들의 욕구는 충족되었다. 그들은 충만한 열정을 갖고 중책을 맡았는데, 짐도 거의 없고 가혹한 선교사 생활에 대한 지식도 전무한 채 리스본에서 항해를 시작했다. 그들이 앞으로 중국에서 맞이하게 될 상황들은 아시아 선교사라는 일이 그러했던 것처럼 그들에게 알려지지 않았다. 케이프 루트와 해양 아시아를 가로지르는 힘든 여정 후에 마카오에 도착했을 때, 그들은 분명히 좋지 않은 기후에 노출되어 쇠약해 있었는데, 현재 그들 앞에 놓여 있는 과제에 대해 에보라에 있었을 때만큼 현명한 판단을 내릴 수 없었다.

중국 예수회원들에 대해 가장 오랫동안 전해지고 있는 신화 중 하

1   André Gomes, Relaçam Geral das Festas na canonização dos gloriosos Sancto Ignacio de Loyola & S. Francisco Xavier no anno de 1622(Lisbon, 1623), 77r-78v and 83r-84v.
2   Brief Catalogue, Province of Portugal 1622, ARSI Lus 39:125v.

나는 중국에서의 임무와 도전에 맞서기 위해 유럽의 장상들이 상당히 재능있는 사람들을 엄선했다는 것이다. 그러한 해석이 지금까지 지속될 수 있었던 점에 대해서 뛰어난 예수회 홍보 활동에 찬사를 보내야 할 것이다. 그러나 이 개념은 선교사들의 영웅적 행위에 관한 여타 허구들처럼 진실의 겉면을 감싸고 있는 많은 신앙적 환상으로 구성되어 있다. 실제로, 중국 예수회 선교사들은 수도회의 다른 임무를 수행한 동료들과 마찬가지로 장상들에게 자신들의 선교적 소명을 성공적으로 설득한 예수회의 젊은 회원들에 지나지 않았다. 이들이 전 유럽의 대규모 지원자 풀에서 선발되었다는 것은 사실이다. 또한 중국의 예수회원들 중 일부는 자신들의 고국에서 기술력을 보유한 것으로 알려졌으며, 이 점이 그들의 선발 가능성을 높게 만든 요소라고 할 수 있다. 그러나 선교사 모집은 부관구의 장상들이 아니라 중국에 대한 지식이 전혀 없는 예수회 관구의 행정가들과 총장에 의해 선발되었다는 것을 기억할 필요가 있다. 더욱이, 많은 중국 예수회원들은 학문 형성 과정에서 아시아로 향했기 때문에 그들이 천재라고 하는 증거를 그렇게 빨리 내놓을 수는 없는 상황이었다. 위험한 항해가 결말을 지었다고 덧붙이는 것도 불필요한 일이다. 한 추산에 따르면, 신임 선교사의 절반 정도만이 여행에서 살아남았으며, 그들 중 많은 선교사들이 중국에 도착한 직후 사망했다.[3]

그러나 부관구의 사람들이 중국에서의 사역을 만들고 유지해나가는 데 상당히 침착함을 보인 것은 부인할 수 없다. 분명히 이 성취는

---

3 Nicolas Standaert, "The Jesuit Presence in China(1580~1773) : A Statistical App roach", SWCRJ 12(1991), pp.4~17, 특별히 pp.4~5를 볼 것.

우연히 이루어졌거나 혹은 알렉산드로 발리냐노Alessandro Valignano와 마테오 리치Matteo Ricci가 만든 마스터 플랜 때문은 아니었다. 한 세기 동안 중국에서 펼친 그들의 선교적 노력을 유지시킬 수 있었던 예수회 선교사들의 능력에 대한 더 그럴듯한 설명은 적어도 부분적으로는 그들이 유럽에서 가져온 기술에서 찾을 수 있다. 그러나 예수회는 중국 선교를 위해 숙련된 신임 선교사들을 육성하기 위해 어떻게 교육 기구를 조정했는가?

간단히 말해, 그렇게 하려는 시도는 없었다. 오히려 16세기 마지막 분기에 예수회는 유럽에 머무르던지 혹은 아시아나 아프리카 또는 아메리카로 떠나든지에 관계없이 일련의 다양한 지적인 도구를 갖고 미래의 선교사들을 준비시킬 통일된 학문 프로그램과 수습기간의 경험을 폭넓게 실행했다. 명 제국에서 일한 최초의 사람들을 제외하고 사실상 모든 예수회원들은 예수회 내에서 지적이고 사목적인 훈련 과정을 거쳤다. 상당수의 개인들이 재능을 가졌다는 중요성을 부인하지 않으면서, 이 공통 훈련의 요소가 예수회 선교사들이 사도적 직무를 수행할 수 있도록 하는 데 있어서 결정적이었다.

미래의 선교사들이 유럽에서 훈련을 받는 중에 습득한 기술 중에 어떤 것이 중국에서 유용했는가? 예수회 교육의 주된 지적인 장점은 언어적 구조를 분석하는 능력, 논리적 논증에 참여하는 능력, 추상적 철학 및 신학적 개념을 다루는 기술이었다. 그러나 대부분 미래의 선교사들은 이러한 기술들을 배우는 것 이상을 했다. 그들은 예수회에서 자신들의 훈련의 일부로 다른 사람들에게 그 기술들을 가르쳤다. 이런 식으로, 그들은 교학상장敎學相長의 과정에서 경험을 습득했다. 또한 교사로서 많은 학생 그룹을 관리하는 방법을 배웠다.

청소년들은 일반적으로 16세 또는 17세의 나이에 예수회에서 수련수사가 되었으며, 계속 공부하는 가운데 첫 번째 2년 프로그램의 훈련을 받았다. 미래의 중국 예수회원들은 자신들의 선임 형제들과 함께 공동체에 살면서 선교 업무를 포함하여 수도회의 주요 사역에 대한 지식을 직접 얻었다. 그러나 그들의 선교 전략 개념 속에는 비그리스도교 땅에서 위험을 무릅쓴 사역을 진행하는 동안 가졌던 전략이 아니라, 유럽의 향촌 지역의 가톨릭 신자들에게 사용했던 표준적인 전략이 반영되어 있다.

유럽에서 효과가 있었던 것이 아시아에서는 유용하지 않을 수 있었다. 그렇다면 중국 예수회 선교사들의 집단적 유럽 경험의 주요한 가치는 무엇이었는가? 그것은 중국 문화와 자신들 문화 사이에 적절한 유비類比를 이끌어냄과 동시에 그리스도교 공동체의 성장을 이끌어낼 준비를 할 수 있는 정신적 유연성을 갖추는 것이었다. 모든 선교사들은 검증된 목회 전략을 활용하여 시골 사람들을 대했고, 평신도와 여성들의 신앙적 열의를 향상시키고자 하였다.

미래의 중국 선교사 대다수는 예수회의 통제된 환경에서 대부분의 삶을 보냈다. 그들은 일반적으로 도덕 신학 훈련을 마치고 사제로 서품을 받은 후 바로 명령을 받았다. 그러나 많은 사람들이 성직을 받기 전에 수련수사 상태로 경험 없이 파견되었다. 그들은 언제 효과적인 선교사의 실용적인 기술을 배웠는가? 다시 말해, 그들은 중국 그리스도교인들을 관리하는 데 필요한 사목 훈련을 어디서 받았는가? 바로 대학이 아니라 바다에서 받았다고 할 수 있다. 그들이 포르투갈-인도 항로Carreira da Índia를 오가는 배를 타고 가면서 보낸 몇 달은 그들을 온갖 인간의 끓어 넘치는 가마솥 같은 곳에 담궜다. 그들은 동료들의 굶주림, 사망 질병을 목격했다. 배 위의 군인, 선원, 모험가들은 이 드라마에 방탕을 추가했으며, 배는 파도에 변덕스럽게 내던져졌다. 이러한 상황에 대응하는 것 자체가 대부분의 미래 중국 예수회 선교사들에게는 첫 번째 사목 경험이었다. 스트레스가 많은 환경에서 다른 사람을 돌보는 방법을 배우는 것 외에도 그들은 제한된 자원을 관리하는 경험을 얻었다. 그러한 기술들은 그들이 중국에 갔을 때, 선교지들로부터 멀리 떨어져 있던 유럽에 있는 대학들과는 다른 새로운 선교지에서 매우 귀중한 것들이었다.

1. 트로이 목마에 탑승하여

1665년 초, 포르투갈 관구 선임 행정관 안토니오 바라다스Antonio Barradas는 인사 목록을 예수회 로마 교황청에 보냈다. 인력과 자원에 대한 비슷한 보고서가 거의 한 세기 동안 매년 작성되었다. 이 목록에서 바라다스는 600명 이상의 사제들과 보좌신부들의 이름 및 개인적 평가를 나이와 수도회 내에서의 지위에 따라 기록해 놓았다. 이 이절지 문서를 자세히 살펴보면 초기에 훈련을 받았던 미래의 중국 선교사들을 일별할 수 있다. 에보라대학의 134명 중의 한 명인 20세의 시몽 로드리게스Simão Rodrigues는 고향에서 철학을 공부하고 있었다. 그는 6년 전에 예수회에 가입했는데, 아마도 같은 학교에서 문법과 수사학을 공부한 후였을 것이다. 로드리게스의 동료 중 한 명인 호세 몬테이로José Monteiro는 1663년 출생지인 리스본을 떠나 에보라Évora에 있는 수도회에 합류했다. 2년 후 몬테이로는 16세였는데 마지막 단계의 라틴어 공부를 하고 있었다. 코임브라대학에서 토메 페레이라 Tomé Pereira는 수련 기간을 수료하고 있었다. 그는 포르투갈 북부의 브라가Braga 지역에 있는 상 마르티노 도 발레São Martinho do Vale 마을의 유명한 대학 도시에서 왔고, 문학석사 학위를 취득했다. 1665년 페레이라는 코임브라의 176명의 예수회 회원 중 하나로서 그 무리 속에 있었다. 그는 자신이 로드리게스와 몬테이로를 지구 반대편에서 만나 10년 안에 만주인과 중국인에게 그리스도교를 전파하게 될 줄은 몰랐을 것이다.[4]

세 젊은이는 예수회 사제들이 따라야 하는 공동 교육 트랙 위의 서로 다른 지점에 있었다. 중국에서 처음으로 사역하는 선교사 몇 명을 제외하고, 그들은 거의 모든 동료들과 같은 동일한 세 학문 주기를 거쳤다. 이 커리큘럼은 전 세계 수도회 학교 네트워크에서 시행된, 1599년에 발표된 표준화된 "학업 계획"인 예수회의 연학 규정Ratio Studiorum속에 그 윤곽이 드러나 있다.[5] 회원들의 훈련을 위한 예수회 교육 프로그램의 표준화 및 그 효과는 좋든 나쁘든 수도회에 대한 군사적 클리셰를 제공했다. 그러나 초기 근대 많은 예수회 선교사들에게 엄격한 조직은 수도회의 주요 강점 중 하나였다. 포르투갈 예수회

4　António Barradas, Triennial Catalogue, Province of Portugal 1665, ARSI Lus 45: 315v-319r.
5　연학규정 Ratio Studiorum 및 그 프랑스어 번역본은 *Ratio Studiorum*를 볼 것.

에 대한 그의 연대기에서, 17세기 중반 관구 행정관인 발타사르 텔레스Baltasar Teles는 각 예수회 신학교를 매년 영혼의 정복자들을 생산해 내는, 하늘의 군인들로 가득 찬 트로이 목마에 비유했다.[6] 이것이 초기 근대 유럽에서 예수회 교육의 주제에 관한 여러 세대의 학자들의 연구를 종합할 수 있는 구절은 아니지만, 우리가 예수회의 학업 프로그램을 통해 미래 선교사들이 진전되어 나가는 상황을 살펴보기 위해서 이 구절은 필요하다.[7]

첫 번째 주기는 2년간의 인문학 분야의 학습으로 구성되었다. 확실히, 이 인문학 수업들은 대부분의 학생들이 참석한 첫 번째 수업이 아니었다. 오히려, 수사학과 웅변술의 수업들은 8~9년간 진행된 라틴어 수업의 끝이었다. 나중에 예수회원이 된 대부분의 청소년들은 6세나 7세 나이에 읽기와 쓰기를 시작했다. 그들은 점차 예수회에서 개설한 라틴어, 그리고 소규모의 그리스어 문법 과정을 학습하기 시작했다. 그들은 14세 혹은 15세가 되어 문법 수업을 마쳤고, 인문학, 즉 로마와 그리스 시와 산문에 대한 독서를 시작할 준비를 하였다. 이 몇 년 동안의 학습 커리큘럼에는 고전들, 즉 키케로Cicero, 베르길리우스Virgil, 호메로스Homer, 오비디우스Ovid 및 호라티우스Horace의 작품이 포함되었다. 예수회에 가입하기로 결정한 사람들은 이 시점에서 종종 한창 싹트기 시작하는 학문적 재능과 열성을 인정한 교수의 제안에 따

---

6 6. Balthasar Teles, *Chronica da Companhia de Iesu da Provincia de Portugal*, 2 vols., Lis -bon, 1647, 2:24.

7 예수회 교육에 관하여는 John O'Malley, *The First Jesuits*, Cambridge, Mass., 1993, pp. 200~242; Adrien Demoustier, "Les Jésuites et l'enseignement à la fin du XVIe Siècle", *Ratio Studiorum*, pp.12~28 참조.

라 수습기간에 들어갔다. 그리하여 라틴어 주기의 마지막 단계는 수련수사로서의 그들의 첫 해와 동시에 이루어졌으며, 어린 예수회원들은 인문학 수업을 마칠 때 영적인 측면을 형성해 나가기 시작했다.

예수회의 두 번째와 세 번째 학문 주기를 경험한 젊은 사람들을 수도회에서는 연학수사研學修士, scholastics라고 불렀다. 그들은 여타 동료들과는 달랐다. 그들은 똑같이 수련수사 훈련을 받았는데, 동료들은 일시적인 보좌신부의 지위를 갖는 게 끝이었다. 미래 중국 예수회원들 대부분은 그들이 "인문학 수업", 즉 그리스 철학 프로그램을 시작하면서 거의 동시에 연학수사가 되었다. 이 과정은 첫 해 논리학으로 시작하여 마지막 시험으로 끝났다. 이 시험을 통과한 학생들은 표준 예수회 주석들과 함께 자연 철학 및 형이상학에 대한 아리스토텔레스의 저작들에 관한 강의를 계속 들어야 했다. 여기에 실패한 사람들은 종종 영성 보좌신부로서 훈련받았는데, 이들은 도덕 신학에 대해서만 교육받고 미사를 하거나 죄 고백을 듣는 사제로 훈련받도록 보내졌다. 모든 중국 선교사를 포함해서 인문학 수업 공부를 계속한 학생들은 유클리드의 『기하원본幾何原本』에 관한 강의를 들으면서 수학을 공부했고, 사크로보스코Sacrobosco의 저작 혹은 아리스토텔레스의 『하늘에 관하여De caelo』를 읽으면서 천문학을 공부했다.

철학 주기를 마치고 나면, 연학수사들은 지적으로 준비되어 신학 연구를 시작하였다. 이 마지막 주기는 2개의 과정으로 나뉘어졌는데, 첫 2년은 도덕신학과 결의론決疑論, 후의 2년은 이론신학 과정이었다. 학자들은 이 주기를 시작했을 때 일반적으로 20세였고, 3년의 수습기간 중 첫 2년을 마쳤다. 도덕 신학 과정은 거의 신학교 훈련에 상당한 과정이었다. 그곳에서 그들은 예수회의 대표적 사목 기술인 고해성사의 기술과 양심의 문제를 해결하는 방법을 배웠다. 이 초기 훈련을 마친 후 대부분의 젊은 예수회원들은 2~3년 동안 라틴어 또는 철학주기의 일부를 가르치기 위해 파견되었다. 이렇듯 가르치는 임무는 예수회 양성 프로그램의 핵심 부분이었으며, 강사들은 종종 자신의 대학이 아닌 다른 대학에서 가르치도록 파견되었다.

그들이 20대 중반에 이르렀던 이 시점에 상당수의 중국 선교사들이 아시아를 향해 떠났다. 또 다른 이들은 철학주기의 중간에 인도로 떠났고, 그들은 고아의 성 파울로대학Colégio de São Paulo에서 신학 연구를 하면서 과정을 수료했다. 유럽에서 신학 프로그램 전체를 마친 후 상당수의 중국 예수회 선교사들이 아시아로 갔다. 어떤 상황이든 젊은 예수회원들은 몇 년 동안 가르치고 나서 토마스 아퀴나스 신학을 공부하기 시작했다. 그들이 이론 신학 강요綱要를 어디에서 들었든 간에, 거의 모든 중국 예수회 선교사들은 이 4년제 커리큘럼을 이수했다. 그들이 선교 사업에 참여할 준비가 되었을 때, 대부분 20대 후반 또는 30대 초반이었다. 그 때까지 그들은 예수회 학교에서 삶의 절반 이상을 생활하고 배우고 가르치며 보냈을 것이다.

매 국가마다 예수회 교육에 약간의 변화가 있었다는 것은 놀라운 일이 아니다. 부관구가 유럽 전역에서 신입 선교사들을 선발했기 때문에 중국에서는 이러한 차이들이 중요했다. 한 가지 예를 들자면, 예수회의 플란드로 벨지카Flandro Belgica 관구현재 네덜란드와 벨기에의 북부 절반에 해당함에 있는 대학은 3년이 아닌 2년 동안 인문학 수업을 가르쳤다. 이 사실은 부관구의 인원 명부를 보면서 학문적 성취로 알려진 페르디난트 페르비스트Ferdinand Verbiest와 필립 쿠플레Philippe Couplet와 같은 사람들이 포르투갈, 독일, 프랑스, 이탈리아 동료들 보다 철학 교육을 덜 받은 것으로 나타나는 것을 보고 얻는 인상을 없애는 데 도움이 된다.[8] 이러한 차이는 연학규정에서 규정한 유연한 교육적 틀 아래에서 허용되었지만, 예수회 내에서 표준화를 향한 제도적 추진은 이러한 차이들이 보편적 규칙이 아니라 예외로 남아 있음을 의미했다. 따라서 17세기 초부터 18세기 초까지 부관구의 카탈로그가 일관성을 보여주는 것이 상당히 인상적이다. 압도적으로 대다수의 경우, 선교사들은 "예수회에서 인문학 2년, 철학 3년, 신학 4년"라는 표기와 함께 목록화되었다.[9]

이 9년 과정의 어떤 요소들이 중국 선교사들에게 가장 유용했는가? 많은 독자들에게, 그 대답은 커리큘럼 속의 고전 사상의 많은 분량에 비추어 자명한 것처럼 보일 수 있다. 비록 예수회원들의 수사학 훈련은 그들을 설득력 있는 설교자로 만들었음에도 불구하고, 그들이 중국인 신도들에게 한 설교에서는 유럽문학이나 성서적인 비유를 능숙하게 다룰 필요가 없었다. 더욱이 중국어로 된 선교사들의 저작들은 키케로적인 것과는 크게 다른 스타일을 요구했다. 실제로, 연례 서한들을 만들어내는 것이 부관구 사람들에게 요구된 유럽 양식의 유일한 수사적 과제였으며, 이 부담은 종종 가장 최근에 들어온 신입 회원

---

8 Feliciano Pacheco, Triennial Catalogue, Vice-Province 1666, ARSI Jap-Sin 134: 348r-349r.

9 부관구의 목록들은 ARSI Jap-Sin 134:300r-414r에 있다. 17세기를 거치면서 수련수사의 평균 나이는 늘었는데, 이것은 예수회원들처럼 자신들의 인문학 공부를 끝낸 선교사가 거의 없다는 것을 의미한다.

들에게 떨어졌다. 따라서 예수회원들 교육의 가장 큰 장점은 문학적 내용이나 산문 스타일이 아니라, 체계적인 사유 방식을 배양하는 데 있었다.

자연스럽게 예비 선교사의 가장 중요한 기술 중 하나는 구어와 문언 중국어를 배우는 능력이었다. 미래의 중국 예수회원들이 언어 공부에 주의를 기울였다는 사실을 강조하는 것이 중요하다. 라틴어 문법은 예수회 교육 체계의 토대였으며, 예수회원들은 단어와 구절의 분석을 통해 라틴어 문법을 배웠다. 수년간의 끊임없는 실습을 통해 산문과 시의 분석은 일상이 되었다. 학교에서 라틴어를 의무적으로 말해야 하고, 학생들 사이에서 빈번하게 이루어진 작문 대회는 언어 능력을 더욱 강화시켰다. 그러나 예수회원들이 외국어에 친숙한 것은 키케로와 베르길리우스의 언어들로 끝나지 않았다. 그들은 또한 인문학 수업에서 그리스어와 히브리어를 배웠다. 학생들이 어형의 변화나 동사의 활용, 그리고 어휘를 외울 뿐만 아니라 문법과 구문 구조를 분석하는 데 많은 학문적 훈련을 했다는 사실은 그들이 중국어를 습득할 필요에 직면했을 때 귀중한 경험을 제공했다.

예수회 교육 프로그램의 또 다른 측면은 수도회의 강사들이 학생들 사이에서 촉진한 "신앙의 경쟁" 분위기였다. 이 기술은 예수회 교육의 특징 중 하나였으며, 동료 각자가 평등하게 책임을 지는 합의제의 논쟁 정신은 예수회 학교에 널리 퍼져 있었다. 학생들은 경건뿐만 아니라 박학다식함을 드러내면서 서로 경쟁하도록 장려되었다. (미사에 참석하거나 성찬을 규칙적으로 받는 것은 의무였고, 학생 신앙 단체에 참여하는 것은 모두에게 장려되었으며, 수련수사뿐만 아니라 대학의 문학학교에 들어가기를 원하는 학생들에게 이것이 의무였다는 사실을 잊어서는 안 된다) 강사들은 모든 학생의 능력을 측정하고, 각 교실에서 최고의 학생들을 선발해서 상을 주고, 그들이 다른 학생들의 수업 복습을 돕도록 하게 하였다. 연중 각기 다른 시점에서 대학은 일종의 학문적 시합을 벌였다. 각 수준의 학습 과정에서 학생들은 산문 텍스트를 작성하는 문법반 학생, 짧은 경구警句를 쓰고 웅변술에 뛰어난 수사학 학생, 논쟁하고 있는 철학 및 신학 학생들과 함께 자신들의 학문 분야에서 경쟁하였다. 제일 윗 단계의 철학과 신학 학생들은 변호사나 고위 성직자와 같은 지역 명사들 앞에서 학문적 추론을 발표했다. 의심할 여지없이 미래의 선교사들은 그러한 토론과 대중 연설의 기회로부터 많은 가치를 얻었다. 그러나 학생 시절에는 수상자들에게 제공되는 상일반적으로 서적 또는 성물들에 시선이 고정되었다. 당연히 미래의 선교사들도 이 교육적인 접근 방식을 중국에 가져 왔으며, 이를 통해 그리스도교인들의 교리적 지식을 배양하는 데 사용했다.

유럽에서의 훈련 기간 동안 선교사들이 받은 과학 교육의 중요성을 잠시 고려하는 것이 좋을 듯하다. 서구 지식의 범주 중 자연 철학 혹은 더 구체적으로는 수학과 천문학 만큼 중국 예수회원들과 밀접한 관련이 있는 것은 없다. 이에 대한 합당한 이유들이 있다. —17세기에 이루어진 예수회원들의 홍보 노력도 있다. 방대한 역사기술은 필자가 여기서 할 수 있는 것보다 훨씬 더 자세하게 과학적인 활동에 대해 설명한다. 그러나 선교 연대기에서 알 수 있듯이, 예수회 선교사들이 이룩했던 중국인들과의 "과학적 만남"은 선교가 처음 시작된 수십년 동안 궁정에 제한되었다는 점에 주목해야 한다. 더욱이, 중국 그리스도교인들 대다수는 선교사들이 교육받은 엘리트들과의 우정을 쌓는데 사용했던 서양 과학 기술에 거의 관심이 없었다. 그러나 이러한 사실이 수학을 훈련 받고, 유럽의 과학적 사고 원리들을 열정적인 중국인들에게 전하기 위해 노력을 기울인 소수의 선교사들의 명성을 손상시켜서는 안 된다. 의사, 자연주의자, 수학자이자 로마 린체이 아카데미Roman Accademia dei Lincei의 회원인 요한 테렌즈 슈렉Johann Terrenz Schreck과 같은 사람들은 그들의 학식을 통해 선교의 정치적 토대를 확보하는 데 중요한 역할을 했다. 그러나 중국 예수회 선교사들이 박식한 중국인과 똑같이 수학 혹은 천문학에 대해 토론할 수 있다고 생각하는 것은 선교 사역 속에서의 과학의 위치를 오해하는 것이다. 1616년 선교 장상 니콜로 롱고바르도Niccolò Longobardo는 중국 신입 선교사들에게 필요한 과학 지식수준에 대해 로마에 있는 예수회 고위층에 경고했다. 그는 궁정에서 자신의 일부 수하 회원들이 기술 지식을 선전하는 정책에 관련된 위험을 이해하고 있었다. 이것이 그가 니콜라스 트리고에게 "2명의 유명한 수학자들"과 함께 중국으로 돌아오라고 지시한 이유이다. 나머지 선교사들의 경우, 롱고바르도는 북경 황실에 있는 동료들이 출판한 책을 이해할 수만 있으면 된다고 주장했다.[10] 유클리드를 다루는 철학 주기 부분은 그가 신입 선교사들에게 필요하다고 생각한 "수학에 대한 보통의 지식"을 충분히 제공할 수 있었다.[11] 그러나 이 배경이 부족한 회원들은 1610년대 프란체스

---

10 Informação, 267v.
11 Longobardo, Appontamentos a cerca da Ida do nosso Padre Procurador a Roma, Nanxiong, 8 May 1613, ARSI Jap-Sin 113:303r.

코 삼비아시Francesco Sambiasi가 마카오 신학교에서 가르쳤던 수학에
서 도움을 받았다.

하지만 마카오를 교육 센터로 사용하려는 롱고바르도의 계획은 오
래 가지 못했다. 1620년대 중반에 추방된 일본 예수회원들은 자신들
의 동료들을 마카오 예수회 신학교에서 쫓아냈다. 그러나 이것은 부
관구에는 그렇게 큰 비극은 아니었다. 1630년대에 이르러 수학 수업
의 필요성은 명 제국 내부의 사건에 의해 크게 줄어 들었다. 1630년
대 황력皇曆에 관해 북경 예수회원들이 위임받은 작업과 사제들의 박
식한 대화자들이 일했던 명 관료 체제의 쇠락, 궁정 밖의 서민층 그리
스도교 공동체의 성장 등 이 모든 것들은 부관구가 다른 곳으로 그 노
력을 옮겨야만 했음을 의미했다. 그 시점 이후에 예수회원들의 과학
적 훈련은 부분적으로 이루어졌다. 한 가지 예로, 페르디난트 페르비
스트Ferandand Verbiest는 1656년 마카오로 향한 첫번째 여행에서 중요
한 천문학 지식을 얻었다. 예수회 대리인 마르티노 마르티니Martino
Martini가 "밤에 별 아래에서" "미신적 점성술이 아니라 천문학의 원리
와 떠오르는 별에 대해" 가르쳤다고 그는 썼다.[12]

북경 외부의 선교사들은 대체로 그렇게 깊이 있는 과학 기술을 보
유할 필요가 거의 없다고 느꼈다. 예컨대, 순찰사 프란체스코 사베리
오 필리푸치Francesco Saverio Filippucci가 1688년 산서성 선교부를 떠나
수도로 가라고 명령했을 때 호세 소아레스José Soares는 놀랐다. 소아

---

12 Verbiest to Ignace Malgaert, Genoa, February 1656, in H. Josson and L. Willaert,
   eds., *Correspondance de Ferdinand Verbiest, SJ, Directeur de l'Observatoire de Pékin*, Bru
   -ssels, 1938, p.9.

레스는 최근 사망한 흠천감 감정인 페르비스트의 자리를 대신할 수 있도록 "천문 계산"을 학습해야 하는 힘겨운 임무를 부여 받았다. 그는 포르투갈에서 호기심으로 배운 계산의 "쉬운 원리들"이 북경에서는 "아무런 쓸모가 없다"고 하면서 그 임무를 거부했다.[13] 궁정 예수회원들의 과학 지식이 지방 동료들과 그 수준 차이가 난 것은 처음이 아니었다. 1649년 복건성의 프란체스코 회원 안토니오 드 산타 마리아 카발레로Antonio de Santa Maria Caballero는 마닐라에 있는 한 동료에게 자신이 겪고 있는 피에트로 카네바리Pietro Canevari와의 갈등에 대해 편지를 썼다. 카발레로는 이 이탈리아인의 무지가 "여기에 선교사로 일하러 온 예수회 사제들이 그들이 허풍떨 만큼 과학에서 결코 솔로몬들이 아니라는" 확실한 증거라고 썼다.[14]

2. "그들에게 방법을 말함"

1602년 5월 26일, 알바로 세메도Álvaro Semedo는 에보라의 꼴레지오 도 에스피리토 산토Colégio do Espírito Santo에서 수련 수사 명부에 서명했다. 그의 부모는 페그나오 고메 세메도Fernão Gomes Semedo와 레오노르 바즈 포르사다Leonor Vaz Forçada이고, 포르투갈 중부의 관할 구역에 있는 니사Nisa 마을 출신이라고 고백했다. 인문학 주기의 첫 해 학생인 세메도는 4월 30일 연학수사로서 수련기간에 들어갔다. 수련수

---

13 Soares to Filippucci, Peking, 6 August 1688, BAJA 49-IV-63:207v-208r.
14 Caballero to Antonio de San Gregorio, Anhai, 15 October 1649, in SF 2:374.

사 기간의 첫 주 동안 현지 "수련수사의 교사"인 주앙 드 소사João de Sousa는 17세 성직 지망자가 자신과 그 가문의 내력에 대해 보고한 내용을 조사했다. 소사Sousa는 그 청년이 다른 종교 서약들, 즉 무어인 또는 유대 혈통 또는 여자와 같은 어떤 방해물로부터 자유로와 보인다고 언급했다. 세메도는 또한 예수회가 요구하는 수련기간의 경험들을 그가 기꺼이 견딜 것이며, 그 기간 동안 언제라도 퇴교될 수 있음을 알았다고 증언했다. 그 후 2년 동안 성직 지망자와 그의 장상들은 이 명부에 4번의 메모를 추가했다. 대략 6개월 간격으로 이 메모가 이루어졌는데, 마지막은 1604년 5월 1일에 작성되었다. 약 60년 후에보라에 있는 한 예수회 장상이 세메도의 페이지에 수련 수사 시기의 사역에 대한 의견을 추가했다. 예수회에서 제명된 후 선언문에 줄이 그어진 139명의 성직 지망자들과 달리, 세메도에 대한 메모는 해외 선교를 위해 수련기를 떠난 동료 58명의 것과 비슷했다. 즉, "일본에 갔다가 중국에 들어갔다".[15]

그가 수련 수사로 지낸 2년 동안, 세메도는 예수회의 공동의 헌신과 행동에 대해 교육을 받았다. 그는 동료들과 함께 지역 대학의 수도원에 은둔하면서 수도회의 학업 과정을 수행하고 공동 종교 활동에 참여했다. 다른 수도회들의 수습기간 중의 관행과 유사하게, 예수회 수련 수사의 수습기간은 매일 일상적인 신앙 업무, 미사 참여, 명상

---

15 Anon., Livro Segundo das Entradas deste Novicado de Évora, 1596~1619, BPADE Mss. CXXX/1-1:47v. 수련생에게 제기되는 질문은 수도회의 일반 시험General Examen에 있다. 이그나시우스 로욜라의 *Constitutions of the Society of Jesus*, trans. and ed. George Ganss(St. Louis, 1970), pp.85~91를 볼 것. 연학수사(scholastics)에 대한 질문은 pp.110~112·115~117를 볼 것.

기도, 경전 및 가톨릭 저자들이 쓴 저작에 대한 독서, 소소한 허드렛일들이 포함되어 있었다. 예수회의 고유한 특징은 수습기간에 있었는데, 1년 대신 예수회원들은 3년을 수행했다. 이 일련의 경험은 수도회에 가입하여 첫 2년 동안 지속되었고, 학업 프로그램을 마친 후 3년째 되는 수습 기간 동안 지속되었으며, 거주지 밖의 혹독한 사목 활동에 대비해 예수회원들을 단련시켰다. 발타사르 텔레스Baltasar Teles에게 있어서 새로운 예수회원들이 성장하는 과정은 코끼리들의 임신과 같았다. 장로 플리니우스Pliny the Elder를 인용하면서, 그는 어떻게 이 동물들이 "미래의 시련을 이겨낼 힘을 얻고, 무거운 짐에 겁먹지 않으며, 어려움을 조롱하면서" 어미의 자궁에서 2년을 보내는지를 설명했다. 전장에서 임무를 수행하고 다른 피조물들에게 공포를 불러일으켰던 코끼리처럼 예수회원들은 장기적인 수습기간을 가졌기 때문에 "온 세상을 다니면서 가장 완고한 이교도들과 대화하고, 가장 방탕한 죄인들을 다루며, 죄의 고백을 들을 때 처해지는 위험을 개의치 않고 모든 경계를 넘어 루터교인들과 논쟁하고, 야만적인 이교도들과 함께 일하면서 전 세계의 위험과 맞붙어 싸울" 준비가 되어 있었다.[16]

1640년 예수회 창립 100주년을 기념하기 위해 작성된 텔레스의 논평에는 상당한 호언장담이 포함되어 있다. 그러나 그것들은 또한 젊은 예수회원들이 경험한 현실을 반영하고 있는 것이기도 하다. 미래 선교사들이 수련 수사로서 수행한 첫 2년간의 훈련은 중국에서의 사역 과제에 대응할 수 있는 능력을 직접적으로 제공했다. 가톨릭 신

---

16 Teles, Chronica, 2:68.

앙의 강력한 기초 훈련은 그리스도교를 전파하기 위하여 선발된 사람들의 직무에 있어서 필수불가결한 것이었다는 것은 말할 필요도 없다. 제도적 관점에서 볼 때, 그들의 수습 경험의 가장 오래 지속된 유산은 예수회원들의 강력한 일체 의식—그들이 자랑하는 "행동 방식"—이었다. 이런 단결심은 처음에는 수습기간에 주입되었고, 유럽, 인도, 마카오에 있는 예수회 신학교에서 젊은 수도회 회원들이 보낸 기간 동안 강화되었다. 그러나 이러한 예수회 수습기간 훈련의 유산이 부관구의 응집력에 큰 가치가 있었음은 의심의 여지가 없지만, 실제로 그것들이 어떠했는지는 파악하거나 논의하기는 어렵다.

이론상으로 볼 때, 수습 기간의 세 번째 해 역시 미래의 중국 선교사들에게 유용한 기술을 주었을 것이다. 이그나시우스 로욜라가 구상하고 이후 후임 총장에 의해 분명해진 것처럼 "제3수련기"는 교육받은 예수회원들의 영적 및 사목적 성장을 향상시키기 위한 활동으로 구성되었다.[17] 제3수련기에 있는 회원들은 설교하고, 순례를 떠나고, 병원에서 일하고, 교리를 가르치며, 고해성사를 행하고, 허드렛일을 하고, 영신 수련Spiritual Exercises과 같은 의무를 다하였다. 세 번째 해에는 선교 후보자들이 평신도들과 여자들에게 행해지는 예수회 사역의 기초를 소개받았을 것이다. 그러나 중국 예수회 선교사들이 실제로 3년의 수습기간을 거쳤는지는 확실하지 않다.[18] 그들이 학업을 마

---

17 제3수련기(tertianship)에 대해서는 Manuel Ruiz Jurado, "La Tercera Probacion en la Compania de Jesus", *AHSI* 60, 1991, pp.265~351를 볼 것.

18 1610년 순찰사 주앙 알바레스(João Álvares)는 어떤 예수회원도 그러한 경험을 포기하지 말아야 한다는 총장의 거듭된 명령에도 불구하고 인도로 향하는 예수회원들을 제3수련기에서 면제해 주었다. Alvares, Visita da Provincia de Portugal[Coimbra?], 1613, AN/TT Armario Jesuitico, bk. 5:4; Jurado, "La Tercera Probacion", p.322를 볼 것.

치기 전 종종 아시아로 떠났다는 것은 인도 혹은 심지어 마카오에서 제3수련기의 훈련을 마쳤을 것임을 암시한다. 그러나 17세기에 적어도 두 차례에 걸쳐 인도의 예수회 장상들은 이 마지막 훈련 단계를 관면하는 것이 허용되었다.[19] 더욱이 부관구 사람들의 배경과 관련된 자료들은 이 주제에 대해 침묵하고 있다. 그러므로 마카오로 가는 동안의 예수회원들의 활동은 공식적인 제3수련기를 위한 적절한 대체품으로 여겨졌을 것이다.

본 연구의 목적에 비추어볼 때, 중국 예수회원들의 수습기간을 그들이 수도회에 참여한 순간부터 선교 현장에 들어갈 때까지의 기간으로 생각하는 것이 가장 좋다. 언뜻 보기에 이것은 심지어 발타사르 텔레스의 코끼리 은유를 과도하게 확장한 것처럼 보일 수 있다. 그러나 부관구의 관점에서 볼 때, 신입 회원들이 예수회원이 되기 위해 보냈던 총 시간은 그들로 하여금 실제로 중국이라는 실전 현장에서 사용할 수 있는 능력을 부여해 주었다. 이 기간은 수습기간의 첫 번째 2년, 9년의 학업 트랙, 2년 이상의 강의, 1년 이상의 항해가 들어있다. 예를 들어, 알바로 세메도Alvaro Semedo의 경우 1604년 5월 1일 이후 더이상 수련 수사가 아니었지만 아직 선교사도 아니었음이 분명하다. 일본 관구에 배정되어 1608년 인도로 파견된 그는 4년간 신학 연구를 마칠 때까지 중국으로 떠날 수 없었다. 부관구의 다른 사람들과 비교했을 때, 세메도는 예수회에 들어간 때로부터 명 제국에 들어가기

---

19 Josef Wicki, "Dois Compêndios das Ordens dos Padres Gerais e Congregações Provinciais de Província de Goa feitos in 1664", *Studia* 43-44, 1980, pp.343~532, 특히 p.511.

까지의 11년 동안 가르치는 생활을 하지 않았다는 그 사실만이 예외적이다. 즉, 그는 예수회의 학업 과정과 수습기간의 어려움들을 극복한 후에야만 선교사로 봉사할 수 있었다.

예수회 수습기간의 어떤 면이 중국에서의 복음 전파 활동과 가장 관련이 있었는가? 세 가지가 특히 중요해 보인다. 즉, 거주지의 세속적 관리를 돕는 실용적인 경험, 가르치는 활동을 통해 습득한 조직 기술들, 유럽 선교사들이 사용하는 사목 기술에 대한 인식이 그것이다. 유럽에 있는 동료들과는 달리, 부관구의 사제들은 고아 또는 마카오에 있는 예수회 신학교에서 시간을 보내지 않는 한 아시아로 항해한 후 이러한 활동들에 참여할 기회가 거의 없었다. 그럼에도 불구하고, 이러한 경험을 통해 얻은 핵심 기술은 거의 한 세기 반 동안 부관구를 유지하는 데 필수적이었다.

미래 중국 선교사들에게 예수회 수습기간의 가장 유익한 요소 중 하나는 또한 가장 세속적인 것이었다. 다른 종교 수도회들과 다르지 않은 예수회는 그 회원들에게 의무적으로 가사일을 하게 함으로써 겸손과 신체적 훈련 감각을 심어 주려고 했다. 한 사람의 사회적 지위가 일정하게 자신의 직업을 좌우하는 시대에, 그러한 요구 사항은 일을 통해 게으름을 없애는 것은 말할 것도 없고, 순종과 노동을 통해 오래 남아있는 특권의식을 없애는 것을 목표로 했다. 물론 이 허드렛일들은 예수회 성직자들, 세속적 보좌신부들, 요리사, 청소원 및 예수회 신학교가 돌아가도록 유지시키는 노예들의 부담을 거의 덜어주지 못했다. 그러나 미래의 선교사들은 예수회 시설을 유지하고 관리하는 데 참여함으로써 내부 경제를 관리하는 방법과 예배당과 교실 밖에서의 일상 생활의 긴급 상황을 처리하는 방법을 배웠다. 포르투갈에서의 수습 생활에 대한 한 이야기에 따르면, 전형적인 허드렛일에는 빨래를 널고 거실을 청소하고, 부엌일을 보조하며, 성물실 일을 돕고, 인근 병원에서 병자를 간호하는 일, "심지어 대학의 흑인들의 침대를 정리하는 것과 같은 반감을 갖게 하는 일"이 포함되었다.[20]

예수회의 수습기간에 대한 보고서에 따르면 "수련수사의 교사들"은 특히 성직 지원자들을 주방으로 보내 일하게 하는 것을 좋아했다. 에보라의 한 장상은 "지식을 익힐 수 있는 가장 좋은 방법"이었기 때문에 보다 학식 있는 수련수사들을 직접 요리와 설거지하는 소년들과 함께 일하도록 관례적으로 보냈다.[21] 이것은 에보라와 코임브라에서 공부하는 동안 학문적 재능을 보여주었던 로드리고 데 피구에이레도 Rodrigo de Figueiredo의 경우에서 잘 나타났다. 그의 전기에는 그가 종종 "큰 솥과 다른 주방 그릇들을 닦고 문질렀다"고 기록되어 있다.[22] 의심할 여지없이 피구에이레도는 당시에 그것을 알지 못했지만, 그의 허드렛일은 12년 동안 개봉開封에서 홀로 지낼 수 있도록 그를 준비시켰다. 부관구는 선교부를 유지하는 일을 돕는 보좌신부들이 없었기 때문에 예수회원들은 세속적 의무들을 방관할 수 없었다. 단순히 그것이 집안 일꾼들의 허드렛일을 조정하는 것을 의미하더라도 선교사들은 거주지를 운영하는 방법을 알아야 했다. 프랑수아 드 루즈몽

20 António Franco, *Imagem da Virtude em o Noviciado da Companhia de Jesus no Real Collegio de Jesus de Coimbra*, 2 vols., Évora and Coimbra, 1719, 1:10~11.
21 Manuel Severim de Faria, *Promptuario Espiritual*, Lisbon, 1651, 147r.
22 António Franco, *Imagem da Virtude em o Noviciado da Companhia de Jesus do Real Collegio do Espirito Santo de Évora do Reyno de Portugal*, Lisbon, 1714, p.879.

François de Rougemont이 상숙常熟에 있는 동안 사용한 장부에서 알 수 있 듯이, 각 예수회원들은 능수능란하지는 않더라도 정확하게 세속적인 일들을 수행할 수 있었다.[23] 이러한 기술들의 많은 부분은 물론 중국 에서 보낸 그들의 오랜 시간 동안의 열매였지만, 그들이 초기에 겸손 하게 수행한 훈련에 의해 준비된 것이었다.

예수회 수습기간의 두 번째 중요한 측면, 즉 대학에서 가르치며 보 냈던 시간은 수도회의 기본 장정章程에는 규정되지 않았다. 그보다는, 강사들이 초급 학교예컨대, 문법 및 인문학 수업에서 결원이 생겼을 경우 거기 에 부응하여 생겨난 관습이자 학업 과정의 마지막 단계를 마치는 수 단이었다. 이 과제는 지능뿐만 아니라 젊음의 에너지가 필요했으며, 이는 선교사들에게 매력적인 특징이었다. 부관구의 개인 인사 목록에 대한 개요는 몇 가지를 제외하고 거기에 나열된 사람들이 적어도 2년 동안 강의실 교육에 헌신했음을 보여준다. 몇 가지 예만으로도 충분 할 것이다. 마테오 리치는 코친Cochin과 고아Goa에서 3년 동안 수사학 과 문법을 가르쳤다. 니콜로 롱고바르도는 3년 동안 인문학을 가르쳤 고, 가스파 페레이라Gaspar Ferreira는 4년 동안 가르쳤다. 니콜라스 트 리고Nicolas Trigault는 선교사로 선발되기 전에 남부 네덜란드에서 8년 동안 인문학을 공부했으며, 마누엘 디아스younger는 마카오에서 6년 간 신학을 가르쳤다. 시몽 다 쿠냐Simão da Cunha는 같은 주제에 대해 4 년간 강의를 했던 안토니오 드 구베아António de Gouvea와 마찬가지로

---

23 Noël Golvers, François de Rougemont, SJ, *Missionary in Ch'ang-shu(Chiang-Nan) : A Study of the Account Book(1674~1676) and the Elogium*, Leuven, 1999, pp.93~237, 553~630.

해외에 지원하기 전 6년 동안 문법을 공부했다. 미셸 트리고Michel Trigault, 미켈 왈타Michael Walta 및 이나시오 다 코스타Inácio da Costa는 모두 2년 동안 문법을 가르쳤고, 동료 가브리엘 드 마갈량이스Gabriel de Magalhães는 문법, 인문학, 철학을 각기 2년 동안 가르쳤다. 아마도 가장 인상적인 이력서는 자크 레 포레Jacques le Faure일 것이다. 이 프랑스 예수회원은 중국에 가기 전 2년 동안 인문학, 2년 동안 수사학, 4년 동안 철학, 2년 동안 도덕 신학과 4년 동안 이론신학을 가르쳤다.[24]

교육이 공식적인 요구 사항이 아니라는 사실은 적어도 부분적으로 다양한 선교사들이 교실에서 보낸 시간의 차이를 설명한다. 그러나 다른 요인들도 있었다. 가장 중요한 것은 선교를 수행할 후보자들이 해외에서의 임무를 예수회의 장상들에게 청원해야 한다는 것이었다. 많은 예수회원들은 가르치는 동안 자신들의 인도 선교 청원서인디페태, indipetae를 썼다. 이것은 특별히 포르투갈 밖에서 온 후보자들에게 그러했다. 예수회의 여타 유럽 지방의 사람들은 리스본으로 여행하는 것을 허락받기 위하여 종종 여러 차례 청원을 했다. 예를 들어 앙투안 토마스Antoine Thomas는 승낙 소식을 기다리면서 남부 네덜란드에서 5년 동안 인문학, 수사학 1년, 철학 2년, 수학을 2년 동안 가르쳤다. 그 기간 동안 토마스는 17번의 청원서를 작성함으로써 상당한 인내심을 보였다.[25] 반면에, 코임브라Coimbra 또는 에보라Evora 후보자들의 청원

---

24 Triennial Catalogue, Vice-Province 1621~1666, ARSI Jap-Sin 134:301r-349v.
25 1663년부터 1675년까지의 토마스의 편지는 ARSI Jap-Sin 148:1r-17r; ARSI FG 753: 115·121·127에 있다.

은 보다 쉽게 승인되었는데, 이것은 포르투갈 예수회원들이 일반적으로 많은 시간을 가르치지 않았음을 의미한다. 그 지역들은 자연스럽게 포르투갈 교구Portuguese Assistancy의 모든 해외 선교를 위한 신입 회원 채용 풀로 간주되었다. 그들이 가르쳤다면, 그것은 종종 인도에서 이루어졌는데, 인도는 그들 중 많은 사람들이 그곳에서 공부를 마쳤기 때문이다. 6년 동안 고아에 살았던 토메 페레이라Tome Pereira와 같은 동아시아 선교를 위해 후보로 지명된 사람들은 2년 동안 예수회의 남아시아 지역에 있는 형제들이 신학 과정theology cycle을 완수할 수 있도록 보상으로 가르쳤다.

가르치는 것이 중국 예수회원들에게 어떤 방식으로 유용한가? 아드리엔 데모스티어Adrien Demoustier의 견해에 따르면, 가르침의 경험은 "선교 활동에 가장 효과적이고 보편적으로 적용 가능한 도구"였다.[26] 미래의 선교사들은 학술 자료를 검토하는 것 외에도 그룹을 조직하고 관리하는 방법을 배웠다. 이 기술들은 교리를 가르치고, 흩어져 있는 교인 그룹을 조정하고, 공동 신심을 북돋는 일 같은 주요 임무를 가진 부관구의 사제들에게는 귀중한 것이었다. 선교를 시작한지 첫번째 반 세기가 지난 후, 예수회원들의 주요 임무가 복음을 전하는 것에서 그리스도교인 공동체를 조직하는 것으로 바뀌었을 때, 그러한 교수법은 선교사들에게 훨씬 더 유용해졌다.

포르투갈 관구를 포함하여 두 개 이상의 관구에서 예수회 지도층은 새로운 강사들이 교실을 관리할 수 있도록 일종의 교사 훈련 시스

---

26 Adrien Demoustier, "Les Catalogues du Personnel de la Province de Lyon en 1587, 1606, et 1636", *AHSI* 43, 1974, pp.3~84, 특히 p.68.

템을 만들었다.[27] 1613년에 순찰사 주앙 알바레스João Álvares는 그 지방에서 가장 큰 두 학교인 코임브라Coimbra와 에보라Évora대학의 총장들에게 경험 많은 사제를 임명하여 새로운 교사들에게 "독서 방법, 강의 방법, 강의 관리 방법"을 알려주도록 하라고 지시했다.[28] 많은 학생들을 대하면서 예수회원들은 교사와 관리자로서의 역할을 균형있게 수행해야 했다. 그들은 기본적인 개념을 가르치는 일을 학급에서 보다 총명한 학생들에게 위임했고, 그렇게 함으로써 다른 학생들을 돌보는 데 더 많은 시간을 가지게 되었다. 강사들은 학업 성취에 대한 보상을 제공함으로써 학생들 사이에 "신앙의 경쟁" 정신을 조성하여 사춘기 소년들 가운데 존재해온 또래 경쟁자들을 모방하도록 하였다.

또 다른 교학 방법은 연학 규정Ratio Studiorum에서 발견되었다. 이 "학업 계획"은 큰 수업을 10인단decuries이라고 하는 10명의 학생 그룹으로 나누고, 동료를 감독하기 위한 10명 학생 중의 조장decurion을 지정하게 되어 있었다. 이 조직 모델은 학업 훈련의 수정을 용이하게 하는 것 외에도 조직의 규율을 배양시켰다. [29] 중국 예수회원들이 유럽이나 인도에서 학생들에게 했던 것처럼 자신들의 그리스도교인들을 대했다고 결론을 내릴 수는 없지만, 선교사들은 교회를 관리하기 위하여 이러한 기술들에 의존했다. 1690년대 상해 거주지의 장상이

---

27 프랑스 관구에서도 이러한 교사 훈련이 사용되었다. Francois de Dainville, *Les Jesuites et l'Education de la Societe Francaise : La Naissance de l'Humanisme Moderne*(Paris, 1940), pp.344~346를 볼 것.

28 Álvares Orders, p.24.

29 Demoustier, "Les Jésuites et l'enseignement", pp.22~23; Dainville, *Les Jésuites et L'Éducation*, pp.142~155; Society of Jesus, "*Ratio Studiorum*", trans. Léone Albrieux and Dolorès Pralon-Julia, ed. Marie-Madeleine Compère, in *Ratio Studiorum*, 161.

었던 마누엘 멘데스Manuel Mendes와 같은 사제가 교학 경험을 통해 획득된 조직 기술 없이 중국에 왔다면 수천 명의 천주교 신자들의 의식儀式활동들을 조직할 수 있었을지는 상상하기 어렵다.

미래의 중국 예수회원들에 대한 수습기간 훈련의 세 번째 중요한 측면은 유럽 선교사들이 사용하는 사목 기술에 수동적으로 노출되는 것이었다. 수도회의 성인들과 순교자들의 영웅적 자질과는 대조적으로, 농촌 선교의 개념은 더욱 단조로웠다. 그러나 그 점에 가치가 있었다. 그들의 인도 선교 청원서indipetae가 이국 땅을 향한 거룩한 용기에 대한 기원으로 가득 차 있었음에도 불구하고, 미래의 중국 예수회원들은 선교사에게 필요한 일상적인 일을 무시할 수 없었다. 결국, 해외 선교사들의 연례 서한과 마찬가지로 식사 시간에 예수회의 구내식당에서 농촌 선교에 관한 보고서를 소리 내어 읽었다. 게다가 젊은 예수회원들은 재속 성직자들이 남긴 사목의 빈틈을 채우고 성찬식을 집행하며 교리를 가르치는 일을 하면서, 회개와 영적 부흥을 전파하러 향촌을 다녔던 나이 많은 동료들과 종종 어울렸다.[30] 프란체스코 브란카티Francesco Brancati, 이나시오 로보Inácio Lobo, 안토니오 드 구베아António de Gouvea와 같은 사람들은 중국으로 출발하기 전에 설교를 하거나 죄 고백을 듣는 일을 경험한 적이 있었는데, 대부분의 동료들은 복음을 전하기 위한 전략에 대한 지식만 가지고 아시아로 떠났다. 그러나 초기 복음 전파 단계 이후에 대부분의 중국 예수회원들의 활

---

30 예컨대 유럽에서의 예수회 선교에 대해서는 Louis Châtellier, *The Religion of the Poor : Rural Missions and the Formation of Modern Catholicism, c.1500~c.1800*(trans. Brian Pearce, Cambridge, 1997, pp.7~183); Adriano Prosperi, *Tribunali della Coscienza : Inquisitori, Confessori, Missionari*(Turin, 1996, pp.551~684)을 참조

동은 유럽의 동료들과 그 활동이 유사했으며, 부관구 사람들은 주요한 성직 임무를 하는 것이지 보조적인 일을 하는 것이 아니라는 부담을 가졌기 때문에 선교 사역의 세속적 측면에 수동적으로 참여하는 것조차도 가치가 있었다.

한 17세기 해설가에 따르면 예수회 향촌 선교의 목표는 대중의 도덕을 교정하고, 비정통 가톨릭 관습에 맞서고, 교리를 가르치고, 참회와 성찬의 성사를 집행하고, 불화한 경쟁자들 사이에 평화를 이루는 것이었다.[31] 한 포르투갈 장상이 1613년에 발표한 바와 같이 "관습의 훌륭한 개혁 및 사람들이 미덕을 향하도록 큰 충격과 운동"을 불러일으킨다는 목표는 예수회가 유럽 전역에서 전개한 이러한 활동들의 이상을 반영했다.[32] 그러나 그것은 구체적으로 무엇을 의미했는가? 우선, 그것은 지역 성직자들과 협력하여 농촌 의식儀式 생활의 색깔을 고쳐놓는 것을 의미했다. 예수회원들의 주요 목표는 교구 사제들이 새로운 신도들의 헌신을 유지시키고, 교리수업을 계속하며 성찬을 정기적으로 받을 수 있도록 신도들을 독려할 수 있는 방법을 가르치는 것이었다. 그들은 신앙을 대체하는 것이 아니라 소생시키려고 노력했다. 그들의 전략은 기존 구조 속에서 대중들의 도덕 관념과 종교적 관습에 지속적인 변화를 가져오기 위하여 일하는 것이었다. 가톨릭 땅에서의 선교 사업에 대한 이러한 태도와 중국에서의 적응 정책에 대한 단순한 유사성에 빠지지 않으면서, 이것이 미래의 선교사들이 유럽의 동료들에게서 배울 수 있는 가장 유용한 기술 중 하나였다고 말

---

31 Teles, *Chronica*, 1:339.
32 Álvares Orders, p.43.

할 수 있다. 아마도 중국에서 부관구의 사람들이 사회적 실천을 재구성한 가장 좋은 예는 천주교 신도들이 선교 교회를 조직하고 열정을 불러일으키는 데 사용된 협회會에서 찾을 수 있다.

유럽의 농촌 선교에 관해 예수회원들이 수행한 모든 사역 가운데 교리 교육은 가장 중요한 위치를 차지하고 있었다. 1613년 포르투갈 시골의 선교사들의 일상을 묘사하면서, 순찰사 주앙 알바레스João Álvares는 예수회원의 첫 번째 공개적인 권고가 "그리스도교 교리에 대한 필요"였다고 지적했다. 수업은 매일 오후에는 여자들과 어린이들을 위한 수업, 밤에는 남자들을 위한 수업들로 이루어졌다.[33] 예수회 교실에서 일반적으로 사용되는 교육 기술을 활용하여 선교사들은 시골 사람들이 기도를 올바르게 배우도록 독려했다. 이 교사들은 부지런한 성인들에게 면벌부를 주는 것부터 어린이를 위한 성화와 성물에 이르기까지 다양한 요령들을 사용했다. 1624년 포르투갈 남부의 알카세르 도 살Alcácer do Sal에서 선교를 하는 동안 한 예수회원은 지역 어린이들이 "기도를 할 줄 모르고, 거룩한 교리의 핵심은 부족"했지만 "그들이 받은 좋은 상들로 인해 기뻐서" 마음이 열렸음을 발견했다. 그것은 한 어린 아이의 경우였는데, 그는 교리에 대한 지식이 처음에는 주기도문Paternoster과 아베 마리아Ave Maria뿐이었는데 성명패nomina와 묵주를 약속 받았을 때 기도의 전체 레퍼토리를 암송하게 되었다.[34] 또 다른 기술은 노래하는 어린이들의 행렬을 조직하는 것

---

33 Ibid., p.45.
34 João Pereira, Report of Mission to Alcácer do Sal[Évora?], April 1624, BNL Mss. 30, no.213:3r.

이었다. 초기 근대 도시의 거리에서 종종 들리는 음란한 발라드를 삼 갈 수 있는 경건에 이르게 할 뿐만 아니라 기도를 되풀이해서 가르쳐 주는 일이었다. 예를 들어, 1594년 포르투갈 지방 도시를 방문한 한 예수회원에게 가장 자랑스러웠던 일 중 하나는 "사순절 기간 해질 무 렵에 매일 열리는 아베 마리아나 성모송聖母頌을 부르는" 행렬이었다.[35] 당연하게도, 교리교육이라는 동일한 문제에 직면한 중국 예수회원들 은 예수회의 교수 전략 창고에 의존했다. 그중에는 민요의 곡조에 맞 춰 성가곡을 짓는 전략도 포함되어 있었다.[36]

농촌 선교사들은 죄 고백을 듣는 것에 많은 시간을 보냈다. 유럽의 시골에서 순회 사제의 방문은 교구 사제와는 달리 남성과 여성이 친 밀한 관계망 외부에서 누군가에게 죄를 고백할 수 있는 기회였다. 선 교사들에게 있어서 매년 최소 한 번의 고해를 넘어서는 고해성사에 대한 열망을 자극할 수 있는 기회였다. 더욱이, 고해가 "사회 기풍"을 정화시키는 야심찬 프로젝트를 위한 도구는 아닐지라도, 도덕적 권계 를 위해서는 효과적인 장이었다. 시골 사람들을 고해실로 이끌려면 당근과 채찍, 이 경우에는 면벌부와 설교가 모두 필요했다. 그들이 가 지고 다니는 면벌부를 알려준 후, 예수회원들은 시골 사람들에게 "죽 을 수 밖에 없는 죄악, 이로부터 고해 치료의 필요성이 생기는 것"이 라는 점을 알리도록 지시 받았다. 그들은 "화려하고 풍부한 학식으로 가득 찬" 설교를 전달하는 대신 "교리, 고해, 하느님에 관해 이야기하 고, 이웃을 대하고, 영적 결핍을 채워주는" 것을 강조해야만 했다.[37]

---

35 [António Mascarenhas?], Mission Report, Coimbra, 1594, ARSI Lus 106:186r.
36 Jonathan Chaves, "Gathering Tea for God", SWCRJ 24(2004), pp.6~23.

그러나 이것이 예수회원들이 구경꾼들을 고해로 이끌기 위해 그들의
감정을 자극하려고 그림과 같은 소품을 사용하는 것이 금지되었다는
것을 의미하는 것은 아니다. 한 선교사는 1650년 그가 예수가 십자
가에 못박혀 있는 모습을 나타내는 화판을 위로 들고는 "헌신의 눈
물"을 쏟아내면서 비아 돌로로사Via Dolorosa, 십자가의 길를 어떻게 세투발
Setubal의 넋이 나간 청중들과 연관시켰는지에 대해 이야기했다.[38] 중
국 예수회 선교사들 역시, 특히 1630년대에 신도들에게 성찬을 자주
받도록 권유하기 시작한 후 평신도의 열정을 배가시키기 위해 그러한
방법을 사용했다. 그리하여 유럽의 사례는 그들에게 서민 가톨릭 신
자들의 영적 필요를 충족시키는 방법, 즉 교리를 가르치고 죄 고백을
이끌어내는 가장 좋은 방법을 가르쳐주었다.

3. 중국인이 되고자 하는 열망

1615년 니콜라스 트리고Nicolas Trigault의 『중국에서의 그리스도교
선교De Christiana Expeditione apud Sinas』의 첫 번째 판이 아우구스부르그
Augsburg에서 출판되었다. 몇 달 안에 적어도 한 권의 사본이 리스본
의 콜레지오 데 산토 안토Colégio de Santo Antão로 갔는데, 그곳에서 시
몽 다 쿠냐Simão da Cunha는 그것을 읽을 기회가 있었다. 쿠냐는 많은

---

37 Álvares Orders, pp.44 · 48.

38 Bartolomeu de Britto, Report of Mission to Setúbal, Setúbal, 20 April 1650, BNL
Mss. 30, no.214:1v.

젊은 예수회원이 밟은 길을 따라 그 때까지 거의 6년 동안 리스본에서 가르치고 있었다. 그는 연학수사로서 예수회에 인정받을 수 있는 충분한 천부적 지능을 보여준 뒤, 계속해서 코임브라에서 철학과 신학을 공부했다. 연구가 끝날 무렵 쿠냐는 수도로 가서 5년 동안 인문학을 가르쳤고, 1년 동안 철학의 대리 강사로 지냈으며 몇 달 동안 설교자로 생활했다. 그가 주현절epiphany을 보낸 것은 상대적으로 이런 평범한 경력 가운데서였다. 쿠냐는 트리고의 책에 기술된 선교사 영광 이야기에 감동을 받아 자신을 중국으로 파견해주기를 요청했다. 청원이 승인된 후 쿠냐는 1618년 초 영감을 준 트리고가 호위하여 리스본으로 가는 범 유럽 예수회원 그룹에 합류했다. 그해 4월 18일 트리고와 그의 신임 예수회원들은 상 카를로스São Carlos호를 타고 인도로 향했다.[39]

분명히 시몽 다 쿠냐Simão da Cunha는 적시에 정확하게 소원을 표현하였다. "인도 선교 청원서indipetae"를 작성하기로 한 결정과 중국으로의 출발 사이에 단지 1년 정도의 시간이 걸렸다. 다른 선교사 희망자들은 운이 별로 없었다. 인도로 여행하는 허가를 받은 사람들은 종종 자신들을 선교 현장으로 호위할 예수회 대리인이 없거나 혹은 리스본에 도착하여 카라크선14~16세기의 스페인·포르투갈인의 무장 상선이 이미 항해를 떠났다는 사실을 알게 되었다. 또한 지원한 사람들 중 일부만 선발되었다. 수많은 젊은 예수회원들이 해외로 파견되기를 바라는 헛된 희망 속에서 예수회 총장에게 편지를 쓰는 데 몇 년을 보냈다. 예수회

---

39 Mathais de Maya, AL Japan Province 1659 and 1660, Macau[1661?], BAJA 49-V-14:725v.

의 중앙 기록 보관소에 보존된 방대한 서한 모음은 선교사로 봉사한 몇 세대의 예수회원들의 집단적 의지를 보여주는 증거이다. 그러나 의심할 바 없이 수도회의 장상들이 끊임없이 반복했듯이, 부르심을 받은 자들은 많았지만 사실상 소수의 사람들만 선택되었다.

중국 선교에 채용되기 위한 선발 과정은 여전히 수수께끼로 남아 있다. 예수회의 행정 문서에 대한 분석은 관련된 단계들을 밝혀야만 한다. 그럼에도 불구하고, 다른 자료들에서 발견된 풍부한 세부 사항을 통해 과정의 개요, 일련의 공통 동기 요인 및 예비 선교사들에게 필요한 개인적 자질의 목록을 정교하게 만들 수 있다.

선교에 선발되는 것은 개인의 주관적 노력의 결실이었다. 예수회원들은 해외 선교를 요청하고 싶은 생각이 들면 자신들의 현지 장상들에게 이야기했다. 대부분의 모두는 아닐지라도 청원자들이 연학수사이거나 혹은 수도회의 초급 회원들이었기 때문에, 이는 그들 대학 총장에게 자문을 구하는 것을 의미했다. 한 선교사 희망자는 그가 예수회에 가입한 첫 달부터 7년간 어떻게 로마에 편지를 쓸 기회를 자신의 장상들에게 청원했는지 설명했다.[40] 또 다른 연학수사는 그가 자신이 "중국을 위한 눈물과 한숨 속에" 수도회에 있었던 3년 동안 매년 코임브라의 총장에게 알렸다고 썼다.[41] 일부는 허락을 받아 총장에게 글을 써서 행운을 빌어볼 수 있는 기회를 얻기도 했다. 그러나 로마에 글을 쓸 수 있는 허가를 받았다고 해서 선택이 보장된 것은 아니었다. 실제

---

40 António de Lessa to Muzio Vitelleschi, Coimbra, 13 April 1642, ARSI Lus 74:288r.
41 Estêvão Collasso to Tirso González, Coimbra, 22 November 1694, ARSI FG 757, no.45.

로 1640년에서 1660년까지 플랑드르-벨지카Flandro-Belgica 인도선교 청원서indipetae에 대한 한 연구에서 밝혀진 바에 따르면, 90명 중 8명모두 200장 이상의 편지를 쓴 사람의 후보자만 선택되었다.[42] 선발률은 포르투갈 관구의 후보자들이 높았으며, 따라서 부관구의 포르투갈 예수회원들의 숫자도 많았다 나머지 관구의 청원자 중 일부만이 호의적인 반응을 얻었다. 선택된 사람들은 특권을 얻었다. 즉, 그들은 의무를 면제 받고 리스본으로 가서 인도 함대의 출발을 기다릴 수 있었다.

무엇이 그렇게 많은 선교사 희망자들의 염원을 불러일으킨 것인가? 우선, 멀리 해외에서 들려오는 영웅적 행위의 이야기들은 수습기간과 대학에서 지속적으로 회자되었다. 학습 시간 혹은 예수회의 구내 식당에서의 식사 시간에 예수회원들에게 지속적으로 선교사 미덕의 예가 제시되었다. 바야흐로 수도회의 영웅들 가운데 가장 잘 알려진 이름은 프란시스 사비에르Francis Xavier였는데, 그는 1609년에 시복식, 1622년에 시성식 후에 두 배로 중요한 인물이 되었다. 많은 지망자들은 프란시스코 성인이 자신의 삶에서 보았던 하늘의 뜻에 대한 "매우 분명한 표징"을 자신들의 삶에서 찾았다.[43] 확실히, 그의 많은 전기를 읽은 예수회 독자들은 하느님께서 어떻게 인도 선교를 위해 바스크 사제를 선택하셨는지에 대해 설명하는 구절에 집중했다. 심지어 사비에르가 사망한 후 거의 한 세대도 되지 않은 1580년대에도 청원자들은 자신들의 청원서에서 "성 프란시스코 신부의 공덕"을 기

---

42 Noël Golvers, "Les *Litterae Indipetae* et les Raisons Profondes des Vocations en Chine aux Pays-Bas du Sud en 1640~1660", pt. 1, *Courrier Verbiest* 12.3, 2000, pp.4~5; pt. 2, ibid., 13.2, 2001, pp.6~7.
43 João de Lucena, *Historia da Vida do P. Francisco Xavier*, Lisbon, 1600, pp.25~26.

원했다.[44] 그의 시복식 후에 젊은 예수회원들은 사비에르가 자신들을 대신해서 냉정한 총장에게 청원해주기를 기도했을 뿐만 아니라, 그의 발자취를 따르고자 하는 마음에 대해 썼다. 한 후보는 "성 사비에르를 모방하려는 많은 욕망"이 어떻게 자신의 성을 동방 사도의 성으로 바꾸도록 했는지 설명했다.[45] 그리고 적어도 두 번은 사비에르의 환영이 치명적인 질병의 고통 속에 있는 이탈리아 예수회원들에게 나타났다. 불가사의하게 알렉산드로 필리푸치Alessandro Filippucci의 건강 상태가 회복된 후, 이 젊은이는 프란시스코에게 보답하고자 이름을 프란체스코 사베리오Francesco Saverio로 바꾼 후 중국으로 떠났다. 1637년 나가사키에서 순교한 마르첼로 마스트리리Marcello Mastrilli에게 사비에르는 더 직접적이었다. 마스트리리가 고열로 고생하면서 병상에 있었던 중요한 순간에 성인은 분명하게 "죽고자 하는가 아니면 인도에 가고자 하는가?"[46]라고 물었다.

많은 청원자들은 사비에르를 모방하는 것을 넘어 그를 능가하고자 했다. 그들은 순교를 원했고, 1597년 이후 동아시아 선교가 확실히 제공한 영광스러운 죽음을 원했다. 그해에 시작된 일본의 피의 박해에 대한 이야기는 성인의 지위를 얻을 수 있는 지름길에 대한 터무니

---

44 Francisco de Betancor to Claudio Aquavivia, Coimbra, 10 April 1587, ARSI Lus 70:322r.
45 António de Lessa to Muzio Vitelleschi, Coimbra, 13 April 1642, ARSI Lus 74:288r.
46 [Pietro Possini?], *Relatione della Sanità Miracolozamente Ricuperata per Intercessione di S. Francesco Saverio da Alexandro Filippucci de la Compagnia di Giesualli 12 de Marzo 1658*(Macerata, 1658); Marcello Mastrilli, *Relaçam de hum Prodigioso Milagre que o Glorioso S. Francisco Xavier Apostolo do Oriente obrou na Cidade de Napoles no anno de 1634*(Goa, 1636), trans. Manuel de Lima, ed. Manuel Cadafaz de Matos(Lisbon, 1989), 18.

없는 환상을 불러 일으켰다. 『로마 순교록*Martyriologium Romanum*』의 구절들은 식사 시간에 표준적인 요리였으며 매일 예수회원들에게 낭독되어졌다. 아마도 자연스런 결과로 신앙을 위해 "피를 흘리고 생명을 포기"하려는 욕망은 수많은 지망자들에 의해 표현되었다.[47] 1630년대와 1640년대에 일본에 드리워진 박해의 그림자가 짙어졌지만, 여전히 이 나라에 가서 선교하려는 청원자들이 있었다. 평신도로 위장하고 도쿠가와Tokugawa 영토에 침투하려는 의도로 1620년대 후반 고아를 떠난 에티엔 파버Etienne Faber와 같은 사람들이나 1685년에 똑같이 그렇게 하려고 노력한 프랑수아 노엘François Noël은 자신들의 잠재적 운명을 매우 잘 알고 있었다. 그러나 다른 사람들은 예수회의 장상長上들이 많은 사람들을 확실한 죽음 속으로 보낼 가능성이 없다는 것을 알고 있었기 때문에, 1640년대에 "인도로 가서 거기에서 일본으로 가거나, 불가능한 경우, 중국으로 가도록"[48] 허락해 줄 것을 요청하기 시작했다.

부관구는 일본 선교부가 거두었던 순교자 농작물을 수확하지는 않았지만, 동아시아와 관련된 영광의 비전으로부터 혜택을 얻었다. 결국, 중국 선교는 공식적으로 일본 관구의 부속기관이 되었다. 그러나 젊은 유럽 예수회원들의 마음에는 또한 자신들에게 선교사 소명을 불러 일으킨 중국에 대한 비전이 있었다. 부관구에서 온 연례 서한은 선교 현장에서부터 총장의 책상으로 가는 길에 수도회 식당에서 큰 소

---

47 Francisco de Betancor to Claudio Aquavivia, Coimbra, 10 April 1587, ARSI Lus 70:322r.

48 António de Lessa to Muzio Vitelleschi, Coimbra, 13 April 1642, ARSI Lus 74:288r.

18세기 포르투갈 코임브라예수회 신학교의 전경을 담은 석판화. 수련원은 오른쪽 건물, 강의실들 위쪽에 위치해 있었다.

리로 낭독되었다.[49] 또한 포르투갈의 예수회 신학교에서 읽은 "예수
회 순교자 및 저명인사" 필사본 목록에 중국 선교부 출신의 적어도
한 사람의 이름이 추가되었다. 놀랍게도 마테오 리치Mateo Ricci가 아
니라 아비뇽Avignon의 지칠 줄 모르는 선교사 에티엔 파버Etienne Faber
였는데, 그는 "27년 동안 무수한 노력을 통해 수많은 이교도들을 우
리 주님 그리스도에게로 돌아오게 하였다".[50]

유럽에 온 중국의 소식은 항상 인도선교청원서indipetae를 만들어내
었다. 미켈레 루지에리Michele Ruggieri와 마테오 리치가 조경에 도착한
지 4년 만에 한 청원자는 "오로지 최근에 예수회가 전투를 시작한 중
국의 광대한 현장"에서 봉사하고 싶다는 소망을 썼다.[51] 선교에 첫 번

---

49 예컨대, "리스본과 에보라대학에서 읽혀짐"이라는 표기가 있는 부관구의 1620년 연례서한
   을 볼 것. Francisco Furtado, AL Vice-Province 1620, Hangzhou, 24 August 1621,
   ARSI Jap-Sin 114:234r.
50 Anon., Catalogo de Alguns Martyres e Outros Varoens Illustres da Companhia
   de Jesus[Lisbon?, after 1695], BNL Reservados 4283:14r/v.
51 Brás Luis to Claudio Aquaviva, Évora, 6 June 1587, ARSI Lus 70:333r.

째로 뽑힌 신입 회원 중의 한 명인 안토니오 드 알메이다Antonio de Almeida는 코임브라대학에서 걸으며 "오, 나는 얼마나 중국인이 되길 갈망하는가!"라고 했던 것을 회상했다.[52] 그는 명 제국을 혐오의 호수에서 새로운 미덕의 정원으로 변화시키기 위해 자신의 소망을 "그리스도의 사랑을 위해 큰 여행을 하는 것"이라고 이야기했다. 17세기에 걸쳐 이루어진 부관구의 반복된 홍보는 중국에 대한 더 많은 청원을 촉발시켰다. 일본에 대한 기억, 즉 아시아 예수회의 지배적인 이미지로서의 광채가 사라지면서 예수회원들은 청나라로 파견해 줄 것을 요청하기 시작했다. 17세기 마지막 분기에 적어도 두 명의 지망자가 쓴 인도선교 청원서는 그 저자들이 "인도"에 가기 원하지 않고 오로지 중국에 가고 싶어 한다는 것을 분명히 보여주었다.[53]

포르투갈의 젊은 예수회원들에게 선교하고 있는 외국 형제들의 존재는 해외에서 사람들이 필요하다는 것을 끊임없이 상기시켜 주었다. 포르투갈 관구는 유럽 전역의 예수회원들을 위해 리스본에서 승선을 조직하거나 보통 3월 말에 떠나는 인도행 함대의 출발을 놓친 경우 모종의 일을 제공하였다. 한 가지 예는 마테오 리치의 경우 1577년 6월부터 1578년 3월까지 10개월 동안 코임브라에서 보냈다. 리치의 동료인 라자로 카타네오Lazzaro Cattaneo와 사바티노 드 우르시스Sabatino de Ursis도 남부 네딜란드에서 중국 선교지로 가는 신입 회원들처럼 포르투갈에 있는 예수회 거주지에서 시간을 보냈다.[54] 예를 들어 프랑수

---

52 Almeida to Manuel Rodrigues, Canton, 5 November 1585, in OS 2:438 and 441.
53 Joachim Calmes to Giovanni Paolo Oliva, Coimbra, 6 January 1681, ARSI FG 757, no.22; Estêvão Collasso to Tirso González, Coimbra, 22 November 1694, ARSI FG 757, no.45.

아 드 루즈몽François de Rougemont과 한 네덜란드 동료는 인도로 가는 배 naus da Índia가 출항하고 나서 2주 후인 1655년 4월 리스본으로 갔다. 그들은 동방으로의 여행을 기다리는 동안 계속 신학을 공부하기 위해 코임브라로 보내졌다.[55] 그들의 동료 학생들은 틀림없이 이 낯선 외국인들에게 주목했을 것이다. 당연히 그들은 "이 대학에 머무르는 이탈리아인"에게 발급되는 종류의 특허를 받기를 희망하면서 코임브라에서 로마로 편지를 보낸 후보자에 의해 입증된 것처럼 그것에 의해 고무되었다.[56]

선교사 후보자들의 청원에 대한 결정권은 예수회의 고위 행정관들에게 있었다. 그러나 청원서에서 발견되는 파토스적 격정이 총장을 동요시킬 가능성은 거의 없었다. 그들은 대신 3년 마다 로마로 보내는 인사 목록을 참고했다. 관구 행정관들은 이 문서를 만들어서 로마 교황청에 보내 교황청이 모든 예수회원에 대한 기본 정보들, 즉 나이, 건강상태, 예수회에서 보낸 기간, 학업 배경 및 수행한 사역 등의 정보를 가지고 있도록 했다. 5가지 기준, 즉 창의력, 판단력, 신중함, 실제 경험 및 학업 능력이라는 기준에 따라 간단한 주관적 평가가 이루어졌다. 마지막으로, 이 목록은 각 회원의 심리적 유형즉, 낙천적, 우울한, 성마른 또는 차분한과 그들 중 누가 어떤 재능을 갖고 있는지를 추정하여 해당 사역 목록을 제공했다. 이러한 표기들은 매우 간결했으나, 부적합한 자를 배제하기에 충분한 정보가 들어 있었다. 예를 들어, 2년차 인

---

54 Cattaneo to Nuno Mascarenhas, Shanghai, 22 April 1619, ARSI Jap-Sin 161-I:33r; Brief Catalogue, Province of Portugal 1601, ARSI Lus 39:36r.
55 Golvers, *François de Rougemont*, pp.14~15.
56 António de Lessa to Muzio Vitelleschi, Coimbra, 13 April 1642, ARSI Lus 74:288r.

문학반 학생인 마누엘 멘데스Manuel Mendes는 1675년에 차분한 기질과 "훌륭한" 창의력, 판단력 및 신중함을 가진 것으로 평가되었다. 그러나 그가 수습 기간에 들어간 지 2년이 지났지만, 그의 장상들은 그의 열의가 어느 정도나 되는지 여전히 확신이 없었다.[57] 3년 후 그들은 더 선명한 그림을 가졌다. 1678년 목록에 따르면, 22세의 멘데스는 기질을 낙천적으로 바꾸었고 학문적 재능을 증명했다. 이러한 변화는 그가 청원서를 로마에 보냈을 때 그에게 우호적으로 작용했다. 불과 2년 후 그는 아시아로 출발할 수 있는 허가를 받았다.[58]

그럼에도 불구하고 로마의 예수회 장상들이 어떤 기준을 가장 중요하게 고려했는지는 여전히 확실하지 않다. 가혹한 희망봉 루트에 대한 염려는 건강이 양호한 젊은이들을 선호하게 만들었다. 수도회가 고아에 학교를 갖고 있다는 사실은 로마교황청으로 하여금 무엇보다 뛰어난 직무 능력을 갖고 있는 자원하는 후보자들에게 선교의 특권을 부여할 수 있도록 하였다. 그러나 다른 요인들도 있었다. 로마는 부관구가 포르투갈 교구Portuguese Assistancy의 부분으로서 루시타니아포르투갈 예수회원들이 큰 몫을 가지도록 보장해야했기 때문에 국적은 중요했다. 따라서 포르투갈인은 다른 나라 사람들보다 아시아 선교에 더 빨리 파견되었다. 예수회 스스로가 갖고 있는 국제기구로서의 이미지에도 불구하고, 그것은 여전히 국가 정체성에 대한 초기 근대의 정서에 영향을 받고 있었다. 프랑스 선교부와 투르농 사절단에 대한 위기가 분명해지자 국왕, 제국, 선교단 사이의 중요한 연결 고리에는 공동의 혈통

---

57 Triennial Catalogue, Province of Portugal 1675, ARSI Lus 45:449r and 467v.
58 Triennial Catalogue, Province of Portugal 1678, ARSI Lus 46:5v and 27r.

에 의해 가장 잘 보장되는 그런 종류의 충성심이 필요했다. 마지막으로, 학문적 유능함은 중요한 역할을 했는데, 왜냐하면 중국에 도착한 사람들 앞에는 상당한 지적인 어려움들이 놓여 있었기 때문이다.

선발 과정에서 영리한 젊은 예수회원들을 선교지에 보내는 것이 유리하였지만, 재능있는 후보자들이 항상 소원을 이룬 것은 아니었다. 예수회 고위 지도층 체제는 강한 보수주의적 색채를 띠고 있었기 때문에 그들은 가장 우수한 설교자, 교사 및 사상가를 보내는 것을 꺼려했다. 브라질, 인도 및 동아시아에 부속 선교 현장을 갖고 있는 포르투갈 관구는 매년 평균 15명의 후보자를 다른 사역지들에 공급해야 했다. 이 적은 숫자는 포르투갈 예수회원들의 전체 통계를 크게 줄이지는 않았지만—17세기에 그들은 평균 650명이었음—탁월한 재능을 가진 사람들의 총계는 줄였다. 훌륭한 통치라는 개념은 가장 우수한 인재를 국내에 남게 해야 한다는 것을 선임 예수회원들에게 요구했고, 1603년에 그들은 "해외 지역에서보다 포르투갈에서 더 큰 봉사를 수행할 수 있는 충분한 교육을 받은 사람들과 특별하게 기대되는 사람들을 보내지 말 것"을 결의했다. 클라우디오 아쿠아비바 Claudio Aquaviva 총장은 포르투갈 관구가 항상 "해외 관구들에 대해 큰 자선을 제공했고, 선교지에서 인원을 필요로 할 때 더 중시되는 사람을 보내주었다"라고 언급함으로써 이 결의안을 미묘하게 비난했다.[59] 그럼에도 불구하고 예수회의 지역적 우선 순위와 그 세계적 요구 사이의 긴장은 지속되었다.

---

59 Claudio Aquaviva, Responses to 1603 Provincial Congregation Resolutions (Province of Portugal), BNL Reservados 753:43r/v.

로드리고 데 피구에이레도Rodrigo de Figueiredo의 사례는 유럽 내에서 우수한 인재를 붙잡아 두기 위해 노력한 예수회 내 구심력의 좋은 예이다. 자신이 자란 도시 에보라에서 그는 열네 살 때 수도회에 합류했다. 피구에이레도는 수습기간과 인문학 주기를 마친 후 코임브라에 철학을 공부하러 갔다. 안토니오 드 구베아Antonio de Gouvea에 따르면, 그가 "신자들 사이에서 보여준 신앙과 열정의 높은 수준처럼 학생들 사이에서도 우수한 학업 재능을 보여주기 시작한 것"이 바로 그 때였다. 피구에이레도는 한번에 5시간 이상을 무릎을 꿇고 기도하면서 보낸 것으로 알려져 있다. 그럼에도 불구하고, 그의 친절함은 정평이 나 있었다. 그가 일본 선교에 합류하는 것에 대해 말하기 시작하자마자, 그의 장상들은 그를 단념시키고자 하였다. 그의 청원이 지나가는 공상이 되기를 희망하면서 그들은 1617년 그를 이탈리아로 보내 로마 대학에서 신학을 공부하도록 하였다. 피구에이레도는 이러한 상황을 최대한 활용하여 개인적으로 아쿠아비바 총장에게 청원했다. 당시 일본 관구의 대리인이 로마에 있었는데, 이 대리인은 의심의 여지없이 피구에이레도의 청원에 도움이 되었다. 1년이 채 안되어 피구에이레도는 1618년 유럽을 떠나 고아에서 신학 연구를 마칠 수 있도록 그곳으로 항해할 수 있는 허가를 얻었다. 인도에 도착한 그는 자신의 재능을 간절히 바라는 장상들을 다시 만났다. 장상들은 그의 웅변술에 감탄하면서 그를 현지 포르투갈인들에게 전도하도록 지명했지만 피구에이레도의 마음은 동아시아에 있었다. 그가 마카오로 여행할 수 있었던 것은 오직 고아의 예수회원들이 자신들의 계획을 포기한 후인 1622년이었다. 계속해서 나가사키에 가고자 하는 그의 희망은 좌절된 채 그는 명 제국에 들어갔다. 구베아는 일본의 손실은 "그와 같은 선교사를 받아들일 수 있는 큰 행운을 얻은" 중국의 이익이었다고 말했다.[60]

이 예에서 알 수 있듯이, 예수회 대리인의 존재는 로마 교황청으로 하여금 관대하게 봐주도록 하였다. 대리인들은 신입 회원을 모집하는 책임을 졌고, 종종 통신원 역할을 맡아 인도선교 청원서를 로마로 보냈다. 가장 중요한 것은, 대리인들이 부관구의 여러 해 계속되는 인력 자원에 대한 요청을 개인적으로 발부하고, 선발된 사람들을 아시아로 호송함으로써 선발 과정을 빠르게 진행시켰다는 것이다. 몇 가지 예를 들자면 니콜라스 트리고Nicolas Trigault는 1618년에 22명의 신입 회원들과 함께 리스본을 떠났다. 마르티노 마르티니Martino Martini는 36명의 선교사 희망자 무리에 들어가 인도로 항해했다. 그리고 필립 쿠플레Philippe Couplet는 포르투갈에서 15명의 동료와 함께 출발했다. 알바로 세메도는 예수회 대리인으로 1636년부터 1644년 사이에 여행하면서 로마로 가는 길에 방문했던 포르투갈과 스페인대학의 후보자들로부터 청원서를 모았다. 그 중에는 리스본의 철학반 학생이 "중국으로부터 세메도 신부가 도착하기를 간절히" 기다리고 있다고 쓴 편지가 있었는데, 이로서 그는 세메도와 함께 중국에 돌아갈 수 있었다.[61] 또 다른 후보는 세메도에게 자신의 열망에 대해 로마에서 "매우 완전한 보고"를 하도록 부탁했다.[62] 분명히 대리인은 필요한 정보를

---

60 António de Gouvea, "Ásia Extrema", Fuzhou, 10 April 1644, BAJA 49-V-2:575r/v.
61 António Rebello to Muzio Vitelleschi, Lisbon, 8 August 1638, ARSI FG 757, no.51.
62 Adriano Pestana to Muzio Vitelleschi, Coimbra, 26 August 1640, ARSI FG 757,

전달한 것으로 보이는데, 왜냐하면 1643년에 이 신입 회원 및 다른 40명이 리스본을 떠나 마카오로 갔기 때문이다. 17세기가 지나가면서 유럽 북부에서 선교사를 모집하는 임무는 예수회 대리인들에게 맡겨졌다. 예비 포르투갈 선교사들의 경우, 리스본에 기반을 둔 "인도 대리인Indies procurator"이 모집을 책임졌는데, 그는 포르투갈 교구 Portuguese Assistancy의 모든 관구에 사람을 보내는 일을 담당했다. 그러나 이 시스템이 아무리 효율적이었다고 해도 지구 반대편에서 오는 피와 살이 있는 선교사들을 모두 목적지에 도착할 수 있게 하는 것은 아니었다. 이는 1660년대와 1690년대 사이에 포르투갈에서 중국으로 가는 신병 모집이 감소한 사실로 입증된다.

4. 항해의 고통

1628년 4월 에티엔 파버Etienne Faber는 리스본 항구에 정박한 세 척의 화물선 중 하나에 타서 인도로 항해하기를 기다렸다. 배는 남대서양으로 갈 수 있게 하는 바람을 놓치면서 그해 말까지 포르투갈을 떠나지 못했다. 넓은 바다의 무더위와 고요는 숨이 막힐 듯했고, 많은 승객들이 곧 죽었다. 그림 리퍼Grim Reaper, 역주-죽음의 신. 후드 달린 검은 망토를 입고 큰 낫을 들었음가 갑판을 어슬렁거리고 있을 때 프랑스 예수회원은 그리스도교인의 자비를 수행할 기회를 포착했다. 가브리엘 드 마갈량이

---

no.58.

스Gabriel de Magalhães에 따르면, 파버는 병든 사람들 사이를 돌아 다니며 "낮밤을 가리지 않고 돌보며 그 자신의 손으로 약과 음식을 주고", 더 많은 식량을 가진 사람들에게 기부를 요청했다. 이 미래의 중국 예수회원은 또한 사제의 사역을 수행하여 "그들을 격려하고, 신앙의 말로 위로하고, 성찬을 시행하면서 그들의 죽음을 도왔다". 분명히, 파버는 너무나 적극적이어서 그의 장상이 그 또한 병에 걸리지 않을까 염려되어 그의 열정을 억제해야만 했다. 배가 리스본으로 돌아왔을 때, 프랑스 예수회원은 자비와 신성함으로 유명해졌다. 그는 에보라에서 몇 달의 기간을 보낸 후 인도로 갔는데, 이 시기는 "마치 천 년처럼 느껴졌고, 고통을 감수하고자 하는 그의 욕망은 너무나 컸다". 두 번째 항해는 처음보다 순조로웠으며 파버는 그의 열정을 보여줄 더 많은 기회를 얻었다. 1629년 그는 동인도로 가는 항해에서 "노장"이었을 뿐만 아니라, "그가 병에 걸릴까 염려되어 그의 일을 말리는" 가까운 장상도 없었다.[63]

파버는 건강과 열정이 조화된 축복을 받았다. 그러나 많은 동료들과 마찬가지로, 그는 바다에서 삶과 죽음 사이의 경계선을 걷고 있었다. 예수회 아시아 사역의 경우 목적지에 도착한 사람들보다 더 많은 사람들이 배에서 죽었다. 17세기 해외 선교단의 연대기 기록자인 다니엘로 바르톨리Danielo Bartoli는 바다에 묻혀 성직을 실현하지 못한 소명자 동료들을 "예수회가 바다에 지불하는 연례 공물"이라고 표현했다.[64] 1581년에서 1712년 사이의 선교사의 손실을 계산해보면 바다

---

63 Gabriel de Magalhães, Vida e Morte do Padre Estevão Fabro, Peking, 21 March 1658, BAJA 49-V-14:304r-305r.

에서 거의 50% 이상이 사망한 것으로 추정된다.[65] 그들이 대리인들을 동반했을 때조차도 중국으로 향하는 사람들 중 일부만이 마카오에 발을 들여 놓았다. 실제로 바르톨리는 적도 대서양에서 13일의 행로 중 사망한 니콜라스 트리고Nicolas Trigault의 22명의 동료 중 5명과 관련하여 자신의 의견을 썼다. 마르티노 마르티니Martino Martini와 필립 쿠플레Philippe Couplet 역시 둘다 더 나은 행운을 갖지 못했다. 즉, 마르티니가 이끄는 36명의 신입 회원 중 12명이 중국에 도착하기 전에 사망했고, 쿠플레Couplet의 15명의 신입 회원 중 8명도 비슷한 운명을 만났다.[66] 그런 식으로 부관구의 신입 선교사 풀에서 지속적으로 고갈이 생겨났기 때문에, 선교사의 생존 기회를 증가시키기 위해 몇가지 방법이 필요했다. 그러나 예수회원들의 최선의 노력에도 불구하고 그들은 바다와의 도박을 유리하게 바꾸는 데 운이 없었다.

중국으로 향하는 예수회원의 사망자 수는 의심할 여지없이 극적이었지만, 드라마 자체는 종종 희망봉 루트 혹은 마카오로 가는 항로에서는 전혀 상연되지 않았다. 오히려, 병의 느린 포복과 바다에서 보낸 몇 달동안의 지루함이 항해의 특징이었다. 흔하지 않은 비상한 열정에 의해 동기를 부여받은 사람들에게 조차, 죽음의 그림자 아래 비좁은 공간에서 거의 1년 동안의 시간을 보낸다는 계획은 거의 흡인력이 없었다. 알렉산드로 발리냐노Alessandro Valignano는 "확실히 집을 제공

---

64 Danielo Bartoli, *Dell'Historia della Compagnia de Giesu : La Cina*, Rome, 1663, p.699.
65 Joseph Dehergne은 부정확한 자료를 인용하여 포르투갈을 거쳐 중국으로 보내진 249명 중 127명이 도중에 사망했다고 주장하고, Nicolas Standaert는 좀 더 많은 숫자를 제공하지만 항해 중 아주 많은 선교사들이 죽었음을 짐작할 수 있을 뿐이다. Dehergne, 324; 그리고 Standaert, "Jesuit Presence in China", 4를 볼 것.
66 Ibid., p.5.

받은, 심지어 제왕으로 임명 받은 그 어느 누구도 6개월 동안 안에 갇혀 살면서 그렇게 오랫동안 꼼짝 못하고 지낼 수는 없었다. 더욱이 다양한 종류의 불편함으로 가득찬 배 위에서는 더욱더 그러했다".[67]

순찰사는 인도로 가는 배에서 펼쳐지는 인간적 광경을 언급하고 있었는데, 그곳에는 식민 사회의 단면이 힘든 시험 가운데 놓여 있었다. 손쉽게 벌리는 부에 대한 기대는 사람들을 그들이 갖고 갈 수 있는 것보다 더 많은 짐을 갖고 이 배에 오르도록 이끌었다. 바다에서의 몇 주가 몇 달이 되자, 그들은 충분치 않은 식량을 공급 받아 먹었으며 종종 셔츠를 도박에 잃어버리곤 했다. 인도로 향하는 병사들도 오합지졸 같았고, 그들 중 많은 사람들이 사법 기구의 징용에 의해 복무하는 것이었으며, 이들은 방탕에 빠졌다. 선원들도 상황은 비슷했는데, 대다수가 인도양의 항구에서 왔으며, 그리스도교에 대한 지식도 거의 없었다. 왕을 위해 복무하느라 배를 탄 포르투갈 귀족들 역시 평민들보다 낫지 않았다. 자신들과 비슷하거나 혹은 좀 더 나이가 많은 사람들과 한 공간에서 사는 것에 익숙하지 않아, 약간의 도발로도 긴장이 고조되었고, 불화는 권총이나 칼로 가장 쉽게 해결되었다.[68]

그러나 예수회가 세상과 동떨어진 것이 아니라 세상에서 활동해야 한다고 처음으로 주장했던 사람은 다름 아닌 이그나시우스 로욜라 Ignatius Loyola였다. 그리고 '포르투갈-인도' 항로Carreira da Índia의 세계

---

67 [Alessandro Valignano and] Duarte de Sande, *Diálogo sobre a Missão dos Embai-xadores Japoneses à Curia Romana*, ed. and trans. Américo da Costa Ramalho, Macau, 1997, p.66.

68 '포르투갈-인도 항로'에 관해서는 Charles Boxer, "The Carreira da India(Ships, Men, Cargoes, Voyages)", in *From Lisbon to Goa, 1500~1700*(London, 1984), pp. 33~82를 참조.

는 예수회원들이 자신들 수도회의 기본 사역을 실천할 수 있는 기회들로 가득 찼다. 아직 공부를 하고 있거나 최근에 학업을 마친 젊은이들에게 인도로의 여행은 수습기간의 3년째에 접어든 예수회원 수련생tertians들이 일련의 경험을 해볼 수 있는 기회였다. 큰 상선의 뱃머리에서부터 선미船尾에 이르기까지 설교, 교리 교육, 병자 돌보기, 죄고백 듣기, 허드렛일 하기, 헌금 모으기 등 수많은 일들이 있었다. 나아가 제3수련기와 비슷했던 점은 예수회원들이 여행 중에는 공부하는 것이 허락되지 않았다는 것이다. 중국으로 가는 선교사들의 해상에서의 노력이 공식적인 제3수련기가 아니라고 한다면, 그것들은 분명히 예수회원이 되는 방법에 대한 집중적인 훈련 과정이었다. 더욱이 부관구의 신입회원들은 리스본에서 마카오로 가는 도중에 이러한 직책을 수행함으로써 예수회의 표준적인 사목 방법을 획득했다. 결국, 그들 중 많은 사람들이 사제로서의 경험이 거의 없거나 전혀 없는 채로 출항했다. 서품을 받기 전에 출항한 사람들은 동료들을 관찰하거나 혹은 나이 든 예수회원들의 감독하에 일함으로써 경험을 얻을 수 있는 기회를 가졌다. 그들은 종종 배에서 "동인도를 향한 청원"을 하게 만든 열정에 따라 행동할 수 있는 첫 번째 기회를 가졌고, 그로 인해 선교사 생활의 일상적인 허드렛일과 도전을 마주할 수 있었다.

예수회원들은 어떤 사역을 수행했는가? 고아에서 마카오로 향하는 전형적인 3개월의 항해에 대한 한 가지 설명은 실마리를 제공한다. 1686년 5월 15일, 노사 센호라 도 로사리오Nossa Senhora do Rosário를 타고 두 명의 사제와 한 명의 보좌신부가 중국 해안으로 향했다. 반복되는 열병에 시달렸음에도 불구하고, 두 사제 중 더 젊은 사제는 "이

웃을 위한 예수회의 사역 수행을 중단하지 않았다". 그는 매일 갑판 위에서 미사를 집전했고, "그것이 하느님을 기쁘시게 해서 바람, 비, 배의 흔들림이 그를 결코 방해하지 못했다". 그는 오후에 성모 마리아 탄원기도를 불렀고, 승객들에게 영적인 권면을 하였다. 그러나 그의 동료에 따르면, 그의 가장 칭찬할 만한 봉사는 매일 밤 선원과 아프리카 노예를 모아 그들과 성가를 부르고, 가장 기본적인 기도들을 강해한 것이었다. 그는 허약했지만, 그럼에도 불구하고 "아프고 궁핍한 자들의 몸과 영혼에 큰 자비를 베풀었다". 매일 아침 그는 일찍 일어나 선체 중앙에 서서 "가장 크고 경건한 목소리로 모든 사람에게 하느님과 가장 거룩한 성모 마리아를 찬양하라고 권고했다".[69]

그러나 이 사람이 중국 선교의 전형적인 신입 회원은 아니었다. 그는 인도 선교에서 37년간 봉사했던 노련한 프란시스코 노게이라 Francisco Nogueira였다. 그의 동료는 전직 고아 관구의 행정관이자 순찰사로 지명된 67세의 시몽 마틴스Simão Martins, 그리고 수습기간을 막 거친 마카오 청년인 평수사 루이스 피레스Luís Pires였다. 이 세 사람은 배에서 무엇을 해야 하는지를 알고 있었으며 선택에 의해 또는 강제로 포르투갈령 인도Estado da Índia의 일원이 되었던 포르투갈인 및 여타 개인들을 다루는 데 오랜 경험을 가지고 있었다. 그들은 매일 기도 일과를 수행하고, 미사를 집전했으며, 교육받지 못한 사람들에게 교리를 가르치고, 영적인 격언으로 주변 사람들의 습관을 고치려고 노력했으며, 병자와 죽어가는 사람들을 돌보았다. 그러나 종종 예수회

---

69 Simão Martins, Successos da Viagem de Goa para Macao, Malacca, 18 Decem -ber 1686, BAJA 49-V-19 : 834v.

의 수습기간이나 혹은 대학에서 곧바로 유럽을 떠났던 미래의 중국 예수회원들은 어떠했는가? 그들은 바다에서 자신들의 정력을 쏟을 가장 좋은 방법을 어떻게 배웠나?

17세기 초에 희망봉 항로를 지나는 배에서 예수회원의 생활을 규제하기 위해 두 세트의 규칙이 작성되었다. 하나는 1610~1613년 포르투갈 관구를 조사한 후 순찰사 주앙 알바레스João Álvares에 의해, 다른 하나는 일본 관구의 순찰사인 프란시스코 비에이라Francisco Vieira가 1616년에 고아Goa와 말라바르Malabar 관구장들과 협력하여 만든 것이다.[70] 두 개의 문서는 아시아의 선임 예수회원들의 경험을 참조하여 작성되었고, 사제, 연학수사, 보좌신부를 위한 선상 업무 구조를 마련했다. 이 문서를 기초한 자들은 항해 중에 여러 시점에서 규정들을 소리 내어 읽음으로써 모든 사람이 수도회의 기대를 깨닫도록 하였다. 여행하는 각기 다른 그룹의 예수회원들은 수행하게 될 사역들에 대해 고지 받았으며, 대형 상선 내에서 견디기 어려운 분위기를 어떻게 가장 잘 처리할 수 있는지에 대해 가르침을 받았다. 두 세트의 규칙 모두 그리스도교 자비에 대한 권고와 악마의 각종 유혹에 대한 경고가 섞여 있었다.

비에이라에 따르면 예수회원들은 바다에서 세 가지 의무를 지녔다. 첫째는 "힘을 다해 항해를 견딜 수" 있도록 기도하는 것이었다. 두 번째는 건강을 지켜서 "인도 선교와 영혼 구원에 사용될 수 있도록" 하는 것이었다. 먼저 이 두 가지 의무에 주의한 다음, 세 번째 의무, 즉

동료 승객들의 신체적 및 영적 문제를 돕도록 하는 의무를 완수해야 했다. 비에이라Vieira는 "그런 것이 우리에게 기대되었으며 우리의 선임자들이 이 항해에서 항상 한 일이었다"고 썼다.[71] 비에이라는 선임자들의 모범적 예들을 불러냄으로써 프란시스 사비에르Francis Xavier를 모방할 기회를 청원한 청년들에게 주었다. 그러나 이것은 진입 장벽이 너무 높은 듯했다. 결국, 사비에르가 했던 것은 맹렬하고 사나운 비바람을 잔잔하게 하고, 짠 바다를 담수로 바꾸는 것과 같이 힘든 일이었다.

예수회원들은 일반적으로 리스본에서 10명 혹은 12명이 한 조가 되어 출발했다. 한 조는 보통 사제 삼분의 일과 연학신부와 보좌신부 삼분의 이로 구성되었다.[72] 사제 중 한 사람이 장상으로 임명되었고, 대학 총장 혹은 거주지 장상과 같은 권력을 가졌다. 프란시스코 비에이라Francisco Vieira는 온유한 성격의 예수회원, 즉 "그의 동료들을 위해 항해를 더이상 짐으로 만들지 않을" 사람을 이 자리에 뽑도록 권장했다.[73] 장상은 그의 수하 회원들의 일상적인 일들을 조직하고, 잡무를 맡으며, 공동의 고해신부로 봉사하고, 배의 사무원과 소통할 때 예수회원들을 대표하는 일을 책임졌다. 무엇보다도 임명된 지도자는 미래의 선교사들 사이의 화합을 유지해야 하는 일이 맡겨졌다.[74] 알바레스Álvares가 썼듯이, "갈등은 자비의 마음과 형제들의 화합을 깨트

---

71 Vieira Orders, 14r.
72 Josef Wicki, "Liste der Jesuiten-Indienfahrer 1541~1758", *Aufsätze zur Portugie
-sischen Kulturgeschichte 7*, 1967, pp.252~450.
73 Vieira Orders, 13v-14r.
74 Álvares Orders, 50.

리는 것은 물론이고 다른 사람들이 알게 되면 배에서 추문이 될 수 있기 때문에" 알바레스와 비에이라는 잠재되어 있는 어떠한 갈등이라도 완화시킬 것을 장상에게 명령했다. 비에이라는 이 점을 강조하면서 갑판 아래에서 예수회원들이 토론할 때에는 "속인들이 교화될 수 있는 내용, 무례한 언쟁이나 불화의 조짐이 없는" 주제에 국한되어야 한다고 여겼다. 안타깝게도 과거에 항상 예수회 신학교의 여가 활동에 참여한 연학수사들에게 이 규칙은 그들이 좋아하는 학문적 논쟁을 금지시켰다.[75]

각 조의 성원들 간에 직무가 순환되는 시스템이 만들어졌다. 비에이라는 서품을 받은 사람들이 매달 교대로 설교를 하고 고해성사를 맡는 임무를 수행하도록 제안했다. 그는 연학수사와 보좌신부가 해야 할 5가지 기본적인 일들을 열거했는데, 즉 식량 공급을 관리하고, 식사를 준비하며, 병든 예수회원들과 평신도들을 돌보고, 간호사의 일을 맡는 것 등이 그것이다.[76] 포르투갈어가 유창한 신입 회원들에게는 선원들에게 교리를 가르치는 임무가 주어졌다. 예를 들어, 1583년에 주앙 로드리게스 지라오João Rodrigues Girão, 약 1562~1629는 플랑드르, 이탈리아, 스페인 동료들 중 유일하게 선원들의 모국어로 선원들에게 이야기할 수 있는 능력을 갖고 있었다.[77]

선원과 승객들 사이에서 예수회원들의 영적 사역은 두 명의 순찰사가 지적했듯이 "하느님을 위해 영혼을 얻는 것과 예수회를 위해 많은

75 Vieira Orders, 16v.
76 Ibid., 15v.
77 Girão to João Correia, Goa, 1 December 1583, in DI 12:866.

친구를 얻는" 효과적인 방법이었다. 예수회원들은 다른 사제나 수사들과 함께 배 위에서 종교 생활을 조직했다. 오후에 그들은 갑판에 모여 모두를 초대하여 함께 노래하면서 성인 탄원기도를 드렸다. 토요일과 축일에 성모 마리아 탄원기도를 드릴 때에는 더욱 장엄하였다. 예수회원들은 각기 작은 그룹을 위해 정기적으로 미사를 집전하고, 주요 축일에는 대규모의 미사를 마련하였다. 리스본에서 고아로 가는 전형적인 3월에서 9월의 여정에는 부활절, 성령강림절, 성모 영보 대축일, 성삼절聖三節, 성체축일, 예수승천절, 성모몽소승천 축일 및 성모 성탄절과 같은 축일들이 있었다. 비에이라Vieira는 예수회원들에게 이 축일들 전에 승객들에게 고해성사를 권면하도록 요청했다. 시종일관 필수적인 임무는 배 위에서 신앙을 고양시키는 것이었다. 예수회원들은 교리를 가르치고, 묵주기도를 설명하고, 신앙 서적을 큰 소리로 읽으며, 다른 사람들에게 어떻게 양심을 돌아보는지를 가르침으로써 신앙심 고양에 기여했다.[78]

동료 선원들은 예수회원들이 경건을 실천하며 대부분의 시간을 보내는 것을 보았는데, 그들의 사역은 바다가 흔들릴 때마다 요구되는 것이 더 많았다. 남대서양이 인도양과 만나는 희망봉 근처의 험한 바다에서 예수회원들은 안전한 통과를 위해 큰 소리로 기도함으로써 불안자신들의 불안을 포함하여을 진정시키고자 하였다. 일반적인 노력은 기도를 하거나 혹은 배에 상 루이스São Luís, 산타 아나Santa Ana, 봄 예수 도 카르모Bom Jesus do Carmo, 차가스Chagas, 렐리키아스Relíquias, 노사 센

---

78 Vieira Orders, 16v.

호라 데 아탈라이아Nossa Senhora de Atalaia와 같은 성인들의 이름을 붙이고, 그 성인들에게 탄원하는 기도가 포함된 미사를 집전하는 것이었다. 1583년 주앙 로드리게스 지라오João Rodrigues Girão가 여행하는 동안, 예수회원들은 배가 산티아고Santiago라고 불리웠기 때문에 성 제임스 축일에 행렬을 가졌다. 축하 행사에는 "모든 사람을 기쁘게" 해준 미사와 포 사격이 포함되었다.[79] 불안한 승객들은 선교사들에게 바람이 수그러들거나 혹은 선박이 해안에 가까워질 때 등 위험한 시기에 선박 갑판에서 행렬을 거행하도록 요청했다. 한 기록에 따르면 예수회원들은 이러한 경우 "신적인 치료법에 의지하는 것에 익숙해져서, 하느님과 지극히 거룩하신 동정녀와 하늘의 모든 성인에게 기도하며, 매일 이들의 거룩한 이름을 부르곤 하였다".[80] 치명적인 위험이 도래할 때, 배 위의 종교적 음률은 세 배나 고조되었다. 죄 고백을 듣고, 성물聖物을 휴대했으며 바람과 파도를 진정시켜주도록 성인들에게 간청했다. 1629년에 항해한 한 중국 선교사는 자신과 동료들이 우뚝 솟은 파도 위에 성물을 매달아 폭풍을 진정시키려고 시도했는데 실패했고, 이후 많은 사람들이 죄를 고백하였다고 보고했다.[81]

이런 신심의 표현들은 "배에서 평화를 유지하기 위해 신경을 쓰라"는 주앙 알바레스João Álvares의 명령을 따르며 예수회원들을 위한 도덕적 권위를 수립하고 화합의 동전을 주조하는 데 목적을 두었다. 대

---

79 Girão to João Correia, Goa, 1 December 1583, in DI 12:867~868.

80 [Valignano and] Sande, Diálogo, 41.

81 Anthony Disney, "Getting to the China Mission in the Early Seventeenth Century", Artur de Matos and Luís Thomaz, eds., Actas do VI *Seminário Internacional de Historia Indo-Portuguesa* , Lisbon, 1993, pp.95~109, 특히 p.105.

부분의 경우 중재자의 역할은 예수회의 선임 회원들에게 주어졌다. 여타 예수회원들이 군인과 선원들 사이의 충돌에 개입할 수 있었지만, 장상은 배의 고위 선원들의 관계뿐만 아니라 귀족들 사이의 관계를 신경 써야 했다.[82] 두 순찰사가 관찰했듯이, 선장들_{일반적으로 항해지식이} _{거의 없는 귀족들과} 도선사^{導船士}들 사이의 불화는 치명적일 수 있었다. 비에이라는 고위 선원들이 "누군가에게 편파적이거나 불공정한" 것처럼 보이지 않고 배를 항구로 가져오는 최선의 방법에 대해 동의하게 만드는 것이 중요하다고 지적했다.[83]

아마도 배에서 예수회원들의 가장 일반적인 사역은 병자를 간호하는 것이었다. 처음 여행을 하는 많은 사람들이 최초의 뱃멀미—한 관찰자가 "고향에 대한 슬픈 기억과 앞에 닥칠 위험에 대한 두려움에서 해방시켰기" 때문에 찬사를 보낸 고통—를 극복한 후, 많은 사람들은 정신 착란, 그리고 괴혈병으로 잇몸, 다리, 팔 등이 썩는 고통을 경험했다.[84] 예수회원들이 일반적으로 충분하고 다양한 식량을 지니고 있었으며, 이로 말미암아 다른 승객들보다 건강하기는 했지만 질병에 노출되지 않는 것은 아니었다. 예를 들어 1681년에 한 예수회원은 인도로 가는 교역선에 탑승한 승객 312명 중 5명만 아프지 않았다고 기록했다. 그 여행 중에 선교사들은 "자신들을 인도로 데려갈 수 있게 해준 열정과 자비를 지속적으로 경험"하였다. 그러나 그러한 미덕이 그들에게 면역력을 가져다 준 것은 아니었다. 19명의 예수회

---

82 Álvares Orders, 53.
83 Vieira Orders, 15v.
84 [Valignano and] Sande, Diálogo, 33.

원들 중 단 2명만이 자신들의 동료 4명그 중 2명은 부관구에 파견됨의 목숨을 앗아간 질병으로부터 벗어났다.[85]

고통 당하는 사람을 간호하는 것은 의료적인 노력인 것 만큼이나 영적인 노력이었다. 예수회원들의 첫 번째 임무는 병에 걸린 모든 사람들이 자신의 죄를 고백하도록 하는 것이었다. 안전을 위해 비에이라는 이 죄의 고백을 듣기 위해 무릎을 꿇은 사제들이 고백자들의 "숨을 들이 마시지" 않도록 머리를 돌리라고 말했다.[86] 두 번째로 해야 할 것은 진료소를 세우고 선장에게 선실에서 시중드는 소년을 배정하여 깨끗하게 유지하도록 요청하는 것이었다. 한 명 혹은 두 명의 예수회원들이 배의 "의사, 외과의사, 혹은 이발사"와 함께 매일 두 번 병자들을 방문하여 각 병자에 대해 치료를 지시하였다.[87] 병자 옆에서 돌보는 것 외에 선교사들은 병자를 위해 왕의 공급품King's Provision으로 불리는 음식과 의약품을 확보해야 했다. 평신도가 종종 이 공급품을 나누어주는 그 시간에 예수회원들에게는 이 위험한 임무가 부여되었다. 아고스티노 투데스키니Agostino Tudeschini, 1598~1643는 1629년 병자들이 손을 왕의 공급품에 얹기 위해 자신에게 완력을 쓰려고 했을 때 이 임무의 어려움을 발견했다.[88]

지금까지의 이야기는 여행하는 예수회원들이 어떤 식으로든 신앙 혹은 자선 활동에 지속적으로 참여했다는 인상을 주었을 것이다. 그

85 Adrião Pedros to Giovanni Paolo Oliva, Lisbon, 7 October 1681, ARSI Goa 9-II:323r.
86 Vieira Orders, 17r.
87 Ibid., 19v.
88 Disney, "Getting to the China Mission", p.103.

러나 그렇지 않다. 그들은 대부분의 시간을 질식할 것만 같은 항해의 지루함을 벗어나는 데 사용하였다. 너무 많은 여가가 한 사람의 열정을 없애버릴 수 있다는 두려움 때문에, 신앙 서적, 성서, 그리고 『로마 순교록*Martyriologium Romanum*』을 매일 읽도록 권고 받았다. "하느님께 죄를 짓지 않고 휴양과 오락의 역할을 하는" 다른 여가 활동들이 장려되었다. 주앙 알바레스는 예수회원들이 아침 일찍 갑판에 올라 하루 종일 머무를 것을 제안했다. 왜냐하면 "머리를 편안하게 하고 신선한 공기를 마시는 것 외에도 군인과 승객들로부터 벗어날 수 있도록 해주기" 때문이었다. 또한 그는 예수회원들이 동료 선원들에게 이야기를 읽어주고 선원들이 도박하는 것을 허락하도록 권유했다. 알바레스가 지적한 바와 같이, 카드 놀이나 주사위 놀이는 "다른 악을 피하는 방법"으로, 선교사가 다른 사람들이 "욕하고, 싸우며, 큰 돈을 잃는 것을" 막을 수 있는 수단이 되었다.[89]

그러나 학교에서 이제 막 새로 온 예수회원들은 자신이 가장 좋아하는 소일거리, 즉 공부가 금지되어 있었다는 것을 상기하라. 중국 선교의 인력이 만성적으로 부족했다는 관점에서 볼 때, 왜 예수회는 해상에서 회원들을 훈련시킬 기회를 보류했는가? 분명히 거의 모든 함대에는 선임 예수회원이 함께 탔기 때문에 그들 중 강사가 부족하지는 않았다. 건강 문제가 이 정책을 방해했다. 프란시스코 비에이라를 비롯한 인도로 가는 항로를 지나는 사람들은 갑판 아래 선실의 정체된 공기가 죽음을 가져오는 것이라고 확신했다. 젊은 예수회원들이

---

89 Álvares Orders, pp.51~52.

그들의 숙소를 교실처럼 사용하려고 한다는 것을 고려하여, 그는 수하 회원들이 철학이나 신학 연구를 시작하거나 "성인들 혹은 설교자들이 쓴 책을 읽고, 메모를 하거나 글을 쓰지" 못하게 했다. 그 이유는 간단했다. "이런 식으로 우리는 이 항해에 우리의 많은 사람들을 묻었고, 1615년 작년 선교에서도 2명 또는 3명이 갑판에 남아 공부하다가 죽었기 때문이다." 비에이라는 자신의 규칙과 관련해서 선원과 승객에게 설교를 준비하는 사람들에게는 예외를 인정했다.[90] 이러한 명령에도 불구하고 기타 자료들은 니콜라스 트리고Nicolas Trigault 및 마르티노 마르티니Martino Martini와 같은 일부 예수회 대리인들이 갑판 아래에서 오는 유해한 공기와 떨어져서 안전하게 배 위 쪽에서 신입 회원들에게 중국어와 천문학을 가르쳤다는 것을 보여준다.

대부분의 선교사들은 대략 1년 정도 바다에 있다가 중국 해안에 도착했다. 상황이 괜찮을 때에는 예수회원들은 인도에서 아시아 해양 지역을 가로질러 가는 것을 돕는 계절풍을 오래 기다릴 필요가 없었다. 그러나 모두가 운이 좋은 것은 아니었다. 예를 들어, 마누엘 디아스elder는 1585년 불운한 산티아고호를 타고 리스본을 떠났다. 과적한 배가 모래톱에서 침몰했을 때, 그는 동아프리카 해안에 가까스로 도착한 소수의 생존자 중 한 명이었다. 그들은 바다보다 육지에서 더 운이 좋지 않았다. 원주민 공격대가 물물교환을 위해 그들의 의복과 물품을 빼앗았고 두 달 이상을 걸어서 가장 가까운 포르투갈 식민지에 도착했다.[91] 아고스티노 투데스키니Agostino Tudeschini는 1629년 중

---

90 Vieira Orders, 17v.
91 Manuel Godinho Cardozo, Relação do Naufragio da Nao Santiago, in Bernardo

국으로 가는 도중에 조난의 고통을 경험했다.[92] 다른 사람들은 고아에서 오래 기다릴 수 없어서 혼자서 마카오로 출발했다. 1642년 고아에서 수랏까지 걸어간 마르티노 마르티니Martino Martini의 경우가 그러했다. 그는 거기서 영국 배를 타고 자바까지 가는 길을 알게 되었다. 주앙 4세João IV의 옹립 소식이 이미 아시아에 도달하여 포르투갈과 네덜란드 사이의 긴장이 완화되었고, 마르티니가 자바에서 마카오로 직접 항해할 수 있게 되었다.[93] 프랑수아 드 루즈몽François de Rougemont, 필립 쿠플레Philippe Couplet, 그리고 다른 한 명의 동료가 1656년 고아에 도착한 후 비슷한 경로를 선택했다. 이 세 사람은 또한 인도를 걸어서 가로질러 갔는데, 그들은 마르티니보다 훨씬 특별했다. 즉, 그들은 맨발로 갔다.[94]

1659년 1월 29일, 안드레 페라오André Ferrão, 약 1625~1661는 1656년 중국 부관구 연례 서한에 서명했다. 포르투갈 중부 이스트렐라 산맥의 북쪽 경사진 곳에 있는 세이아Seia에서 태어나 코임브라대학에서 교육을 받은 이 사제는 1657년 4월 마르티노 마르티니와 함께 봄 제수 데 비디구에이라Bom Jesus de Vidigueira에 승선하여 리스본에서부터 항해를 했다. 그는 6개월을 희망봉 항로를 여행하였고, 반년을 고아에 있는 성 파울로대학교the Colégio de São Paulo 거주지에서 보냈고, 다시 3개월이 걸려서 마카오에 도착했다. 1658년 7월 14일 페라오는

Gomes de Brito, ed., *História Trágico Marítima*, Lisbon, 1736; reprint, ed. Fernando Ribeiro de Mello and Neves Águas, 2 vols., Lisbon, 1971, 2:433~506.

92 Disney, "Getting to the China Mission", pp.105~106.

93 António de Gouvea, AL Southern Residences, Vice-Province 1644, Fuzhou, 16 August 1645, in Gouvea, 197~198.

94 Golvers, *François de Rougemont*, pp.15~18.

중국 해안에 도착했으며, 6개월 후에 부관구의 크고 작은 3년간의 보고서를 연례 서한으로 압축하는 임무를 맡게 되었다. 그는 청나라 내에서 동료들이 행한 "영광스러운 수고"를 적으면서 감화를 받았지만, 그가 중국에 도달하기 위해 겪은 시련을 써야만 그들을 올바로 평가하는 것이라고 느꼈다. 페라오는 리스본과 마카오 사이의 바다를 가로지르며 거두어 들인 "눈물의 열매"에 대해 시적으로 이 눈물은 "이 긴 길과 광대한 바다"에 남겨진 모든 동료들을 위해 흘린 것이라고 적었다. 페라오는 최소한 12명의 동료들과 생사의 이별을 겪었다. "그러나 그들이 모두 죽지는 않았다"라고 그는 기쁘게 보고했다. 오로지 4명만 죽었고, 3명은 신학을 공부하기 위해 고아에 남았으며, 다른 5명은 인도나 마카사르Macassar에서 "앓아 누웠다".[95]

페라오는 너무 많은 눈물을 흘려서 코임브라Coimbra의 '눈물의 샘 Fonte das Lágrimas'과 같은 유명한 샘에 물을 채우기에 충분할 정도였다고 주장했다. 그러나 그는 "선교사가 되는 것이 무감각해지는 것과 같지 않기" 때문에 중국 예수회원 각자가 자신을 위해 흘린 눈물에 대해 말하는 것이 아니라고 덧붙였다. 유럽에서 동아시아로 가는 길에 부관구의 사람들한테는 수없이 많은 질병과 불행이 동반되었다. 또한 페라오는 바다를 여행하는 사람들은 끊임없이 바람과 짠 파도에 의해 건조되었다고 썼다. 그는 자기 자신, 그리고 그와 비슷한 사람들에 대해 이렇게 기록했다. "우리는 목적지에 도착한 후 심신이 너무 피폐해졌다. 사람들이 우리를 중국 선교의 유골이라고 부를 뿐만 아니라, 우

---

95 André Ferrão, AL Vice-Province 1656, Macau, 29 January 1659, BAJA 49-V-14:62v.

리 자신의 유골이라고 부른 것은 맞는 말이다."[96] 이러한 묘사가 장래의 선교사들의 소명에 불을 지피는 사도적 노력에 관한 보고서인 연례 서한에 적합했을지 상상하는 것은 어렵다. 그럼에도 불구하고 페라오는 사실대로 기록하기로 결정했다. 이것은 중국인들에게 복음을 전할 기회를 갖기 위해 겪어야 할 시련이었다. 그러나 중국 사역에 경험 많은 베테랑들도 말했듯이, 동쪽으로의 여정은 시작에 불과했다.

---

[96] Ibid., 63r.

제7장
새들의 언어 배우기

후안 안토니오 드 아르네도Juan Antonio de Arnedo는 1690년대 초에, 의심할 바 없이 중국 사역은 예수회원들의 선교 가운데서도 학식과 개종이 가장 밀접하게 연계된 선교로서 두각을 나타냈다고 썼다. 서양의 기술과 문화 지식뿐만 아니라 본토 철학에 대한 연구는 "책과 복음 전파"가 밀접하게 얽혀있는 중국에서 사역하는 선교사들에게 없어서는 안될 필수 요소였다. 아르네도는 학문이 "가장 학식있는 유럽 국가의 수준"에 도달한 나라에서 어떻게 그렇게 하지 않을 수 있겠느냐고 물었다. 그러므로 예수회원들은 스스로 중국어와 사상을 공부하는 데 전념해야 했다.[1]

1　Arnedo, AL Vice-Province 1685~1690, Ganzhou, 30 November 1691, ARSI Jap-Sin 117:648r.

아르네도는 지난 세기 선교사들의 진보는 중국의 지적 전통을 학습한 것이 그 가치를 드러낸 것이라고 주장했다. 그러나 그들은 어떻게 본토 학문 세계에 진입했는가? 다시 말해, 중국에서 사회적 합법성이라는 문제에 직면한 예수회원들이 어떻게 자신들을 명말청초의 문사들에 의해 받아들여질 수 있는 대화자로 바꾸었는가? 이런 질문들에 대한 대답은 수십 년 동안 예수회 사람들에게 분명했다. 주앙 로드리게스João Rodrigues가 1624년에 쓴 것처럼 중국어와 사상을 배우는 이 이중의 과제는 힘든 일이었다. 이런 이유로 바울 사도St.Paul가 동아시아 예수회원들보다 더 쉬웠다고 그는 주장했다. 결국 예수회원들은 천부적인 언어 재능의 복은 받지 못했다. 서양 최초의 일본어 어법 저자인 로드리게스는 언어 학습에 대해 무엇인가를 알고 있었다. 그가 여행 및 이전에 몇 년 동안 진행된 학교 교육으로 초췌해져서 중국 해안에 도착한 예수회원들이 직면한 곤경을 이해했지만, "어린 아이들의 방식으로" 또 다른 학습 과정을 따르는 것 외에 달리 방법이 없었다. "자신들의 언어와는 판연히 다른" 언어를 배우는 것 외에도 아시아에서 발견된 "다양한 고대 종파의 오류들"에 익숙해져야 했다. 선교사들이 처음으로 언어의 문을 통과하면서 "이 아시아 국가들의 종교와 의식儀式을 구성하는 상징과 수수께끼"에 정통하지 않았더라면, 그들은 선교 사역에서 성공을 기대할 수 없었을 것이다.[2]

로드리게스가 이러한 판단을 내릴 때 예수회원들은 이미 거의 반세기 동안 중국어를 배우고 있었다. 미켈레 루지에리와 마테오 리치를

---

2 João Rodrigues to Muzio Vitelleschi, Macau, 28 January 1624, BAJA 49-V-6:153v.

시작으로 중국의 선교사들은 중국어를 배우는 일에 완전히 몰두하여 명 제국의 박식한 엘리트들 사이에서 존경을 받았다. 예수회원들은 문사층과 관료들의 언어인 관화官話를 배우는 일에 집중하기로 전략적 결정을 내렸다. 그들은 중국어의 구문을 이해하기 위해 종종 수도회 학교에서 라틴어와 그리스어를 가르치는 데 사용된 문법 분석 기술에 의존했다. 말하고 읽을 수 있는 능력이 갖추어지자 그들은 유교儒教 텍스트들을 공부함으로써 중국의 기본적인 지식구조를 모방하려고 하였다.

영혼을 위한 전장戰場에서 자신들의 수사학적 병기를 찾으려는 목표 아래 예수회원들이 중국 학문 세계에 들어간 것은 인상적인 결과를 낳았다. 마테오 리치는 인격으로나 학식으로나 유명인이 되었고, 그의 그림자는 한 세기 넘게 중국 사역에 드리워졌다. 그러나 그것은 그의 후임자들이 동료의 성취에 기대어 성공하기에는 충분하지 않았다. 그들이 리치가 알려져 있던 지역을 넘어서 선교를 확산시키려면 리치가 입었던 박학다식의 외투를 취해야 했다. 결과적으로 그들의 주요 과제는 본토 언어와 사상에 대한 선교회의 집단 지식을 새로 오는 성직자에게 전달하는 시스템을 고안하는 것이었다. 구어 관화와 중국 철학—특별히 그리스도교 메시지와 가장 밀접한 것으로 간주되는 유가 사상—으로 구성된 훈련 프로그램은 새로운 예수회원들이 유명 인사들과 우정을 쌓고, 그로 말미암아 후원자와 개종자를 얻을 수 있게 해주었다. 그들의 사역이 높은 사회적 지명도를 전제로 하고, 그들의 대중적 이미지가 엘리트의 이미지를 모델로 하고 있었기 때문에, 이러한 문사층 문화로의 몰입은 선교의 생존과 발전에 없어서는 안될 필수 요소였다.

첫 번째 50년 동안 개종의 속도가 느렸기 때문에, 중국 예수회원들은 유럽에서 온 사람들에게 현지 언어와 사상에 대한 자신들의 지식을 전달할 가장 좋은 방법을 고안할 수 있는 충분한 시간을 가졌다. 1620년대 초반에 그들은 이미 최초의 서양 중국어 학습 프로그램을 고안했는데, 그것은 중국 전통의 교육 방법과 예수회 조직 기술을 융합하는 것이었다. 이 프로그램은 개종 활동에 필요한 기술을 신입 회원들이 갖출 수 있도록 하였고, 부관구가 그것을 어느 정도로 지속시킬 수 있는지에 따라 선교의 결과에 결정적인 영향을 미쳤다. 실제로, 17세기 내내 예수회원들은 자신들의 언어 기술을 통해 사목적 능력을 훨씬 능가하는 개종을 이룰 수 있었다. 그 결과 부관구가 가능한 한 빨리 신입 회원들을 선교지로 내보내야 한다는 사실을 알게 되면서 선교사들을 성공적으로 이끈 훈련은 점차 희생되었다. 그 선교사들은 벅찬 사목 부담 때문에 중국에서 첫 해를 유가 사상 연구에 전념할 기회를 빼앗겼다. 바로 여기에 아이러니가 있다. 왜냐하면 이 시기는 또 다른 유럽인들이 예수회원들로 하여금 본토 관습에 대한 이해를 옹호하도록 강제한 시기였기 때문이다. 따라서 부관구의 운명은 참으로 회원들이 중국어 —그들 중 한 사람의 말에 의하면, 짧은 음절로 인해 사람의 언어라기보다는 새들의 언어와 같은 언어—를 얼마만큼 깊이 이해하는지의 정도에 따라 결정되었다.[3]

---

3 Feliciano Pacheco, AL Central Residences, Vice-Province 1660, Huai'an, 19 July 1661, BAJA 49-V-14:704r.

1. 언어의 비밀

예수회의 중국 선교가 직면한 최초의 장애는 언어였다. 16세기 후반에 광동성으로 가는 길을 찾은 프란시스 사비에르Francis Xavier와 그의 바로 뒤 후임자들의 노력은 현지 당국과 대화를 할 수 없었기 때문에 실패로 돌아갔다. 인도, 일본, 동남아시아에서 수행했던 선교의 진전 상황을 고려해보건대, 그들은 일종의 좌절감을 느끼고 있었다. 근 30년간의 좌절을 겪은 후, 그들은 순찰사 알렉산드로 발리냐노가 미켈레 루지에리를 마카오로 소환한 해인 1579년에 해결책을 찾았다. 발리냐노는 한 예수회원이 광주에서 중국어로 자신을 변호할 수 있다면 제국에 거주할 수 있는 권한을 얻을 수 있다고 믿으며 언어 공부에 시간을 바치도록 명령하였다. 중국어로 말하고 쓰는 지식을 얻은 루지에리는 포르투갈 상인들 및 자신의 선교 전임자들이 일반적으로 사용했던 통역사들을 떠나보낼 수 있었다. 통역사를 고용했던 사비에르의 이 편리한 첫 번째 방법은 많은 모호함과 오해를 만들어냈다.

발리냐노의 명령은 루지에리를 중국 선교의 토대를 마련하기 위한 외교적 서곡을 시작하는 위치에 놓는 것을 넘어서 마카오 내에서 예수회의 지위를 향상시키고자 함에 있었다. 포르투갈인들은 예수회 중개자들의 도움 없이 식민지를 세우고 유지할 수 있었지만, 17세기에 선교사들이 광주와 북경에서 중재한 결과 마카오의 이익이 증가되었다. 루지에리가 그의 언어 능력으로 인해 광동 상업 중심지에서 문사들의 주목을 받기 시작하자, 포르투갈 상인들은 재빨리 그와의 우정을 공개적으로 보여주었다. 광동에서의 이러한 만남은 발리냐노의 투자가 성과를 거둘 것이라는 충분한 증거였다. 흥미롭게도, 그의 명령은 수하 회원들의 초기 열정을 식히는 효과가 있었는데, 그 중 일부는 전도 활동에 앞서 언어 학습 기간이 있어야 한다는 그의 주장에 당황하기도 하였다. 그럼에도 불구하고 1587년에 클라우디오 아쿠아비바 Claudio Aquaviva 총장은 "많은 선교사들이 가능한 한 언어를 공부하도록" 명령하면서 이 정책을 확실히 했다.[4]

루지에리는 중국 남부에서 처음 몇 년간 혼자서 중국어를 배우게 되었다. 1581년 그는 자신이 부지런히 사역하기로 결심했지만 곧 자신 앞에 있는 과제가 거대함을 깨달았다고 로마의 장상들에게 편지를 썼다. 루지에리는 한자가 유럽 및 "다른 모든 나라의 글자들"과 다르며, 실제로 알파벳이 없고, "단어만큼 글자가 많았다"고 한탄했다. 그는 이 복잡한 중국어를 대하면서 중국인들 자신이 어떻게 읽는 법을 배우는지에 대해 조사했다. 의심할 여지없이 그는 "심지어 본토인들도 15년의 시간을 보내야 비로소 서면 문장을 다룰 수 있다는" 사실을 알고 나서는 의기소침해졌다. 또 다른 어려움은 그가 "관방 중국어"—즉, 포르투갈 상인들에게 관화官話로 알려진 남경 지역 중국어—를 공부하라는 명령을 받았다는 것이다.[5] 그러나 마카오에서는 그 말과 포르투갈어를 모두 아는 사람을 찾을 수 없었다.

그래서 루지에리는 자신이 "황당한" 방식이라고 부른 방법으로 공부를 시작해야 했다. 그는 몇 개의 교재를 갖고 씨름하는 데 도움을 줄 중국인 교사를 찾았다. 그는 또한 그림을 통해 교사에게 배웠다.

---

4 Aquaviva to Valignano, Rome, 28 December 1587, ARSI Jap-Sin 3:13v.
5 Ruggieri to Everard Mercurian, Macau, 12 November 1581, in OS 2:401.

"예를 들어, 그가 중국어로 '말馬'을 말하고 쓰는 방법을 가르쳐주고 싶을 때 말을 그린 후 그 위에 말을 의미하고 'ma'라고 발음되는 '마馬'자를 썼다." 루지에리가 예수회 총장에게 보낸 편지에 따르면, 자신의 공부 방법에 대해 들은 마카오 예수회원들과 포르투갈 상인들은 그가 무엇인가를 배우는 것이 불가능하다고 생각했다.[6] 마카오에서 이렇게 첫 수업을 한 후, 그는 발리냐노와 상의했으며, 발리냐노는 그가 광주에서 관화官話를 공부하기에 더 유리한 조건을 찾을 수 있다고 말했다. 루지에리가 중국어 서적을 본격적으로 공부하기 시작하여 처음으로 중국어를 라틴어로 번역하고 중국어로 된 그리스도교 저작을 저술하는 데 착수한 것은 그 도시에서였다. 1581년 11월 그는 2년 안에 신의 은혜로 만오천 개의 글자들을 기억할 수 있게 되었고, 중국어 저작들을 읽는 데 있어 "조금씩" 진전을 보았다.[7] 1년이 조금 넘어 1583년 2월에 루지에리는 그가 "교리 문답, 성인 열전flos sanctorum, 고해서 입문서 및 교리 입문서"를 쓰기를 바라는 발리냐노의 바램을 실행에 옮기기 시작했다고 보고했다. 비록 그가 『세계지도mappa mundi』에 관한 작업을 시작하기 전에 오로지 한 부의 교리문답서와 한 세트의 기도서를 만든 것으로 나타났지만 말이다.[8]

확실히 루지에리는 그런 고통스러운 방식으로 중국어를 배워야 했던 유일한 예수회원이었다. 마테오 리치와 프란체스코 파시오Francesco Pasio가 선교에 합류하고자 1582년 마카오에 도착했을 때 그들은 루

---

6 Ruggieri to Claudio Aquaviva, Zhaoqing, 7 February 1583, in OS 2:411.
7 Ruggieri to Everard Mercurian, Macau, 12 November 1581, in OS 2:401.
8 Ruggieri to Claudio Aquaviva, Zhaoqing, 7 February 1583, in OS 2:412.

지에리의 경험으로부터 도움을 받았다. 그들에게는 기본적인 문법과 어휘를 설명해줄 누군가가 있었다. 그들은 마카오에서 거의 시간을 보내지 않고 재빨리 조경肇慶으로 움직였는데, 그곳은 전에 루지에리가 언어 학습 목적으로 거주 허락을 받은 곳이었다. 의심할 여지없이 중국어에는 "관사, 격, 수, 성별, 시제, 서법緖法이 없다"는 것을 발견한 리치의 최초의 곤혹은 동료의 설명을 통해 완화되었다. 그러나 루지에리가 짧은 시간에 중국어 문법에 대해 알고 있는 내용을 전달하더라도 큰 문제가 남아 있었다.[9] 즉, 글자를 암기해야했다. 1583년에서 1588년 사이에 루지에리와 리치는 포르투갈어 단어, 한자 및 그것들의 로마자 대조 사전을 편집하여 이 문제를 해결하기 위해 최선을 다했다. 이 사전은 유럽식 교학 방법을 이용하여 중국어를 선교단의 신입 회원과 선임 신부들을 위한 공용 자원으로 만들려는 예수회원들의 최초의 체계적인 시도였다.[10]

그러나 예수회원들의 어휘 목록보다 더 중요한 것은 아마도 본토의 학습 방법을 그들이 전유했다는 것이다. 루지에리가 중국 아동들이 10년 이상또 다른 편지에서는 "15년에서 20년 사이"라고 하였음의 시간을 읽는 것을 배우는 데 사용했다고 언급한 것에서 알 수 있듯이, 본토 학습 방법을 연구하는 것이 그가 학습의 가장 좋은 방법을 찾는 것의 일부였음을 말해준다.[11] 예수회 로마 기록 보관소Roman Archives of the Society of Jesus

---

9 Ricci to Martino de Fornari, Macau, 13 February 1583, in OS 2:27.

10 Ruggieri and Ricci, *Dicionário Português-Chinês*, ed. John Witek(Lisbon, 2001).

11 Ruggieri to Claudio Aquaviva, Zhaoqing, 7 February 1583, ARSI Jap-Sin 9-I: 137v. 명청 시기 중국의 교육 전통에 대한 논의는, 벤자민 엘만의 *A Cultural History of Civil Examinations in Late Imperial China*, Berkeley, 2000, pp.260~292 참고.

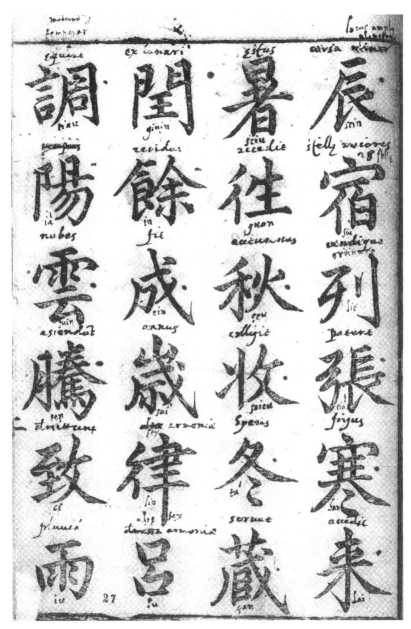

주석이 달린 천자문(복건, 1579).
각 글자의 로마자 표기와 번역은 마테오 리치나 다른 초기 예수회원 중 한 사람이 했을 가능성이 높다.

에 따르면, 최초의 선교사들 중 일부는 중국 아동들이 어휘력을 높이고 문자 쓰기를 연습하기 위해 기계적으로 암기하며 배운 것과 동일한 텍스트를 사용했다. 1579년 복건성에서 간행된 언어 입문서『천자문千字文』의 경우 각 글자 주변의 여백에 쓰여진 로마자와 라틴어 번역이 남아 있었다.[12] 주강珠江 삼각주에 연결된 활발한 무역을 전개하고 있고 인쇄 활동의 중심지였던 해안 지역의 중요성을 고려할 때, 이 책은 리치 또는 루지에리가 구매했을 가능성이 있다. 아무튼 예수회원들이 초기부터 언어를 배우기 위해 본토의 교육 표준 텍스트들에 의존했다는 것은 분명하다. 또한 1584년 12월에 조경肇慶 선교사들은 한 중국인 교사를 초대하였는데, 그는 선교사들 옆에서 숙식하면서 매일 수업을 해주며 루지에리의 저작들을 편집하였다.[13] 본토의 학습 기술을 채택함으로써 선교사들은 이중의 혜택을 얻었다. 하나는, 그들이 혁신의 수고, 즉, 그들에게 알려지지 않은 문제에 대한 전체 학습 과정을 새로 만드는 수고를 덜었다는 것이고, 다른 하나는, 그들이 중국의 교육 전통에 내재된 사고방식과 문화적 함의에 대한 인식을 얻었다는 것이다.

루지에리와 그의 동료들이 마카오와 로마의 장상들에게 학습 과정이 순조롭게 진행되고 있다고 보고했고, 또 수많은 글자들을 암기할 수 있었음에도 불구하고 중국어를 배우는 데 큰 걸림돌이 남아 있었다. 이 걸림돌이란 구어의 성조 문제였다. 마카오에 체류한 지 몇 개

---

12 Qianzi wen(Fujian, 1579), ARSI Jap-Sin I 58a. Chan, pp.112~114을 볼 것.
13 Francisco Cabral to Alessandro Valignano, Macau, 5 December 1584, in OS2: 429.

월 만에 마테오 리치는 이탈리아에 있는 한 동료 예수회원에게 그 언어가 "천 가지 이상의 의미를 가진 많은 단어가 있어 너무 모호하다"고 불평했다. 그는 동음이의어들 사이의 차이가 "음의 네 가지 변화에서 소리가 더 높거나 더 낮게" 발음되는 문제라는 것을 알고는 있었지만, 그의 유명한 기억력은 이 점에서 도움이 되지 않았는데, 그는 음의 차이를 변별하지 못했기 때문이다.[14] 이후의 기록에 따르면, 예수회원들이 관화에서 사용된 각 성조들을 식별하고 이것들을 상응하는 로마자로 표시하는 시스템을 고안한 것은 라자로 카타네오Lazzaro Cattaneo가 1594년 소주韶州에서 리치와 함께 공부를 시작하기 전까지 이루어지지 않았다.

리치는 후에 그의 시칠리아 동료가 "그가 알고 있는 음악 지식"에 기초해서 이 발견을 했으며, 그에 따라 음의 억양 체계를 만들어서 중국어 용어들을 초록함으로 말미암아 선교사들의 학습 과정을 현저히 개선할 수 있었다고 기록했다. [15] 카타네오가 죽을 때 그는 "언어의 비밀"을 밝혀낸 것으로 찬사를 받았다. 중요한 음조 문제를 파악하기 전에, 선교사들은 "같은 단어가 단순히 음절의 강세를 바꾸고 하나 혹은 또 다른 성조를 적용하는 것만으로도 4개, 5개 또는 때로는 더 많은 의미를 가질 수 있기 때문에" 말하면서 실수를 범했다.[16] 발음에 따라 글자를 배열하자 예수회원들은 어휘가 급속하게 확장되는 것을 발견했다. 1607년 편지에서 사바티노 드 우르시스Sabatino de Ursis는

---

14 Ricci to Martino de Fornari, Macau, 13 February 1583, in OS 2:27.
15 FR 2:32-33.
16 Gabriel de Magalhães, Partial AL Hangzhou Residence 1640, Hangzhou, 30 August 1641, BAJA 49-V-12:479r.

리치에게 자신의 학습을 설명하면서, 다음과 같이 주장했다. "한자와 중국어를 배우는 것은 내가 상상했던 것만큼 그렇게 어렵지 않다. 왜냐하면 모든 어려움이 성조의 변화에 있기 때문이다." 그는 형제들의 노력 덕분에 중국어를 배우는 것이 "쉬웠는데, 왜냐하면 한 개의 단일 음절을 배우면 50개 이상의 완전히 다른 것들을 배울 수 있기 때문이다"라고 말했다. 우르시스는 심지어 리치에게 각각의 한자 발음을 표시하는 음표 도표와 함께 "pa"를 나타내는 다양한 글자들과 의미들의 예를 제공했다.[17] 중국어 학습에 있어서 성조의 숙달은 아주 중요해서 장상들은 신입 선교사들이 "기본적인 성운聲韻 지식을 구비해서 중국어 성조를 완벽하게 배울 수 있도록" 하라고 요구했다.[18]

2. 놀라운 근면

명 제국에서 처음 10년간 예수회원들은 선임 사제일반적으로 마테오 리치가 새로 도착한 사람들을 가르치거나 혹은 본토 교사들과 함께 수업 과정을 안배하는 방식으로 중국어를 공부하였다. 그러나 1590년대 후반에 리치는 동료들을 떠나 북경으로 가게 되었다. 선교사들은 부득불 다른 방식의 통일화된 방법으로 새로 도착한 회원들에게 지식을 전수해야 했다. 10년간의 경험으로 리치는 신입 회원들은 구어 중국

---

17 Ursis to [Italian Assistant?], Peking, 23 August 1608, ARSI Jap-Sin 14-II:316v.
18 Niccolò Longobardo, Appontamentos a cerca da Ida do nosso Padre Procurador a Roma, Nanxiong, 8 May 1613, ARSI Jap-Sin 113:303r.

어관화, 문언 중국어, 그리고 기본적인 유교 경전들에 익숙해져야 한다고 확신했다. 신입 회원들이 이 구어의 장애물을 극복하려면 훈련된 예수회원에게 의지해야 했다. 그런 후 그들은 고용된 교사에게 의지하여 글쓰기를 배우고 사서四書를 읽을 수 있었다.

두 가지 중요한 문제가 해결되어야 했다. 즉 어떤 선교사들이 최초의 교육을 담당했는가? 그리고 그들은 어디에서 그것을 했는가? 1590년대 초 이 질문들에 대한 답은 분명해 보였다. 마카오 신학교는 광동성에서 나가사키로 향하는 선교사들을 임시적으로 수용할 수 있을 만큼 넓었다. 또한 콜레지오 데 마드레 데 데우스Colégio de Madre de Deus의 명시된 목적 중 일부는 "이 왕국들의 언어와 관습"을 교육함으로써 동아시아 사역에 대비하는 것이었다. 이 기관의 첫 번째 총장인 두아르테 드 산데Duarte de Sande는 그런 훈련이 그들이 일본 혹은 중국으로 갈 때 "풋내기 포르투갈인"으로서가 아니라 봉사할 준비를 갖춘 사람으로 가게 해주었다고 말했다.[19] 실제로, 그는 자신의 동료 주앙 소에이로João Soeiro와 주앙 다 로샤João da Rocha 두 명이 신학 연구를 마친 후 그들을 가르치는 임무를 맡았다. 산드는 조경 시절부터 "중국어를 알았고", 따라서 그는 그 기초를 가르칠 수 있는 자격을 갖추게 되었다.[20] 그럼에도 불구하고 소에이로와 다 로샤는 명 제국에 들어간 후에야 비로소 중국어 작문과 중국 철학을 공부할 수 있었다.

여러 가지 요인들이 예수회원들로 하여금 마카오 신학교에서 언어

19 Sande, AL China Mission 1594, Macau, 28 October 1594, ARSI Jap-Sin 52:42v.
20 [Alessandro Valignano], Catalogue of Men and Residences, Macau, November 1592, in Josef Franz Shütte, *Monumenta Historica Japoniae, vol. 1, Textus Catalogorum Japoniae(1549~1654)*, Rome, 1975, p.285.

훈련을 한다는 생각을 포기하도록 결정하게 만들었다. 우선, 회원들을 제국으로 밀입국시키는 데 관련된 어려움은, 새로운 선교사들이 반드시 중국어의 기초를 배운 후가 아니라 기회가 주어지자마자 파견되어야 한다는 것을 의미했다. 더욱이 제국에 일단 들어가면 훈련받은 사제들은 마카오로 돌아가 동료들을 가르칠 기회가 거의 없었다. 1590년대부터 1610년대까지 일본과 마카오와의 연결로 인해 마카오에 드리워진 관리의 의심은 중국 예수회원들로 하여금 마카오와 단절되도록 이끌었다. 명 당국이 그들의 관심을 포르투갈에서 만주로 돌릴 때 중국 선교회와 일본 관구와의 관계가 악화되기 시작했다. 1614년 이후 마카오 신학교는 추방된 일본 예수회원들의 본부가 되었으며 회의적이고 낙담한 사제들로 가득 차 있었다. 결국 1619년 부관구가 창설되고 1623년 남경사건이 끝남으로 인해 중국 예수회원들은 그들의 교육 프로그램을 완전히 마카오에서 명 제국 안으로 옮겼다.

그러나 마카오는 1590년대에 중국 선교회에 귀중한 자원—마카오의 아들들, 즉 포르투갈어권 구역에서 자란 아시아계 또는 혼혈 그리스도교인 자녀—을 제공했다. 일본 예수회원들은 1580년대 초부터 일본인들을 보좌신부로 받아들여 유럽 동료들에게 일본어를 가르치는 일을 맡겼다. 알렉산드로 발리냐노는 이 기술을 빌려서 프란시스코 마르틴Francisco Martins, 鐘鳴仁과 세바스티앙 페르난데스Sebastião Fernandes, 黃明沙 두 명의 젊은이를 마테오 리치에게 맡겼는데, 리치는 1591년 소주韶州에서 그들을 훈련시키는 임무를 시작하였다. 거의 2년의 학습 끝에 두 사람은 "중국어와 문자에 대한 중간 정도의 지식"

을 가지고 있는 것으로 보고되었다.[21] 이 본토 보좌신부들의 초보적인 진전으로 인해 리치는 이후 20년 동안 몇몇 마카오의 아들들을 받아들여서 그들이 언어 훈련 프로그램을 따르도록 하였다. 그러나 이 식민지 보좌신부들이 "이교도 중에서 성장한" 일본인 동료들의 신앙보다 더 신뢰할 만하고 확실하다는 리치의 주장에도 불구하고, 작은 규모의 선교회였기 때문에 중국 예수회원들은 아주 적은 사람들에게만 이러한 훈련 프로그램을 제공할 수 밖에 없었다.[22]

선교의 첫 10년, 즉 1616년 남경사건 이전의 중국 예수회원들의 중국어 교과 과정과 관련된 사료는 거의 남아 있지 않다. 1598년 소주韶州에서 니콜로 롱고바르도가 쓴 편지는 이 프로그램이 두 단계로 구성되어 있음을 시사한다. 첫 번째는 말하기, 두 번째는 사서四書를 공부하는 데 전념하도록 되어 있다. 이 시칠리아 사제는 그 전 해 12월 말에 도착한 후, 자신이 "말하기 책"이라고 부른 책을 공부하는 과정에 참여하였는데, 이 책은 작문 학습을 준비하기 위한 텍스트였다. 안토니오 레이타오António Leitão,徐必登, 약 1581~1611와 도밍고스 멘데스Domingos Mendes, 丘良稟, 1582~1652라는 두 명의 마카오 보좌신부가 롱고바르도와 함께 수업할 때, 라차로 카타네오Lazzaro Cattaneo와 프란시스코 마틴스Francisco Martins는 "경經, 즉 중국 전통 경전들"에 관한 공부를 시작했다.[23]

이 후 몇 년 동안 이 과정은 계속 반복된 것으로 보이는데, 그러나

21 Alessandro Valignano, Catalogue for Japan Province, Macau, 1 January 1593, ibid., p.325.
22 Ricci to Claudio Aquaviva, Peking, 8 March 1608, in OS 2:340.
23 Longobardo to Girolamo Centimano, Shaozhou, 5 February 1598, in OS 2:468.

예수회원들은 소주보다는 남경이나 북경에서 더 많은 훈련을 받았다. 1605년 3월 알폰소 바뇨니Alfonso Vagnone는 남경에서 최근에 도착한 다른 두 명 펠리치아노 다 실바Feliciano da Silva와 페드로 리베이로Pedro Ribeiro와 함께 학습에 참여했다고 썼다. 로마의 장상들에게 보낸 편지의 한 부분에서 바뇨니는 언어를 더 빨리 습득할 수 없어서 좌절했다고 표현했다. 즉, "이 집에는 공부하고 있는 우리 세 명의 사제들 외에 언어를 아는 한 명의 사제와 한 명의 본토 형제만 있다. 이 때문에 우리가 배우는 것은 매우 적었다".[24] 의심할 여지없이, 1608년경, 이 이탈리아 예수회원은 자신과 동료들이 수업을 가르치기 위해 거주지를 방문한 중국인 교사를 개종시켰다는 사실에 위안을 얻었다.[25] 남경에서 이 수업들이 열리던 같은 시간에 사바티노 드 우르시스Sabatino de Ursis와 디에고 드 판토하Diego de Pantoja는 마테오 리치와 세바스티앙 페르난데스Sebastião Fernandes와 함께 북경에서 공부하였다.

예수회원들이 학습 프로그램의 일부로 경經을 언급하고 수년 동안 본토 교사의 지도를 받았다고 하는 것은 수수께끼만큼이나 흥미롭다. 그들은 구체적으로 어떤 텍스트들을 읽었는가? 확실히 독서에는 유교 전통의 핵심 저작인 사서四書, 중용, 대학, 논어, 맹자가 포함되어 있다고 추측할 수 있다. 그러나 이 초기 기간 동안 모든 선교사들이 또한 오경五經, 즉 『서경』, 『예기』, 『역경』, 『시경』, 『춘추』를 읽었는지는 확실하지 않다. 그리고 또 다른 철학, 문학 혹은 종교 저작은 있었는가?

---

24 Vagnone to [Portuguese Assistant?], Nanjing, 16 March 1605, ARSI FG 730-I:1r.
25 Sabatino de Ursis to [Italian Assistant?], Peking, 23 August 1608, ARSI Jap-Sin 14-II:316r.

1616년 남경 거주지에서 압수된 저작 목록을 통하여 선교사들의 소장 도서가 중국학자들의 일반적인 소장 도서와 같은 것이었음을 알수 있으며, 그렇다고 선교사들이 어떠한 희귀본 저작들을 애호하고있었음을 드러내지는 않는다.[26] 이 첫 수십 년 동안의 그들의 학습은 새로 도착한 선교사들이 후에 자신들의 저술에서 재생산할 수 있도록그들에게 문헌적 자원을 제공하기 위한 목적으로 실용주의적 노선을따라 조직되었을 가능성이 크다. 디에고 드 판토하Diego de Pantoja에따르면, 학습의 정확한 내용이 무엇이든지 간에, 일부 문사들은 예수회원들이 유교 경전들에 관심을 표명한 것에 찬사를 표했다. 이 중국문사들은 외국인 사제들이 성인聖人의 도에서 습득한 지식이 만약 그들이 유럽으로 돌아간다면 틀림없이 교황으로 선출될 만큼 그들을 동료들보다 우수하게 만들 거라고 여겼다.[27]

17세기 20년대에 동아시아의 두 예수회 사역이 극적인 위기를 겪게 되면서, 항주와 마카오에 격리된 선교사들은 지금까지 사용한 언어 훈련 방법을 숙고할 시간을 갖게 되었다. 일본에서 사용된 기술과중국에서 사용된 기술간의 차이는 극명했으며, 유명한 통역가인 주앙로드리게스João Rodrigues는 그의 『일본어소문전日本語小文典』마카오, 1620에서 그 차이점을 분명히 설명했다. 로드리게스는 일본어 문법서이자참고서, 문화적 학술서라고 할 수 있는 이 귀중한 책에서 "훌륭한 교사들에게" 언어 규칙과 "문법을 배우고, 순수하고 우아한 언어가 담

---

26 Ad Dudink, "The Inventories of the Jesuit House at Nanking", Masini, pp.145~157, 특히 p.156.
27 Pantoja to Luis de Guzman, Peking, 9 March 1602, in *Diego de Pantoja, Relacion de la Entrada de Algunos Padres de la Cōpañia de Jesus en la China*, Seville,1605, 116r.

겨 있는 책들의 강해를 들으며, 글을 쓰고 다른 적절한 연습들을 수행하는"것에 기반한 프로그램을 옹호했다.[28] 올바른 학습에 대한 그의 개념은 라틴어, 그리스어 및 히브리어를 가르치기 위해 예수회 신학교가 사용하는 방법—일본 선교회가 사용한 방법—과 관련하여 형성되었다. 1576년과 1614년 사이에 일본 선교회에 합류한 사람들은 이와 유사한 학습방법을 사용했던 것이다.[29] 더욱이, 로드리게스는 선교사들이 성숙하고 공부에 익숙하여 이런 식으로 하면 그들이 공부를 보다 쉽게 할 수 있었기 때문에 이것이 그들에게 언어를 가르치는 이상적인 방법이라고 주장했다. 대신 이런 방식으로 공부한 사람들은 종종 우아함과 유창함을 희생시켰음을 그는 인정했다. 그들 중 거의 모든 사람들이 말할 때 "많은 오류들"을 보이기 시작했다.[30]

그러나 로드리게스에 따르면, 아시아 언어들을 배우는 또 하나의 방법이 있었는데, 이것은 중국 예수회원들이 사용했던 방법이었다. 이 방법은 외국 환경에 완전히 몰입하는 것과 관련이 있는데, 원어민과 함께 살면서 "수많은 구절들과 다양한 주제들을 표현하는 방법을 부지런히 기록함으로써" 언어를 배우는 것이었다. 결과적으로 쓰기와 작문은 여전히 어려운 과제였지만 어휘를 쉽게 배울 수 있었다. 요컨대, 로드리게스는 이러한 학습 방식이 교실에서 배우는 것보다 더 자연스럽게 말하기 능력을 배양하게 되었음을 인정했다. 그러나 종교

---

28 João Rodrigues, *Arte Breve da Lingoa Iapoa(facsimile, transcription, and Japanese translation)*, trans. and ed. Hino Hiroshi, Tokyo, 1993, p.360.

29 João Paulo Oliveira e Costa, "Os Jesuítas no Japão(1549~1598) : Uma Análise Estatística", *O Japão e o Cristianismo no Século XVI : Ensaios de História Luso-Nipónica*, Lisbon, 1999, pp.17~47, 특히 pp.44~45.

30 Rodrigues, *Arte Breve*, p.361.

수도회의 회원들에게는 그것이 부적절한 것으로 간주되었는데, 왜냐하면 그것은 "본토 주민들과 지속적인 교류가 있어야 하고, 항상 그들 가운데 있어야" 했기 때문이다. 학생이 공동체 생활의 구속에 매이지 않기는 했지만, 로드리게스는 이러한 학습 방법이 선교사들에게 "최소한 엄청난 부지런함"을 요구한다고 생각했다.[31]

그러나 중국 예수회원들이 실제로 그러한 범상치 않은 능력을 가지고 있었을까? 첫 50년의 선교 기간 동안 그들이 평균 4년 동안 중국어와 문장을 공부하였다는 사실을 감안할 때 분명히 그렇지 않다. 그 기간 동안에는 느린 속도로 개종이 진행되었기 때문에 이런 노력을 위해 시간을 많이 아껴둘 수 있었고, 그래서 그들은 점차 중국어를 유창하게 말할 수 있었으며, 유교 경전도 점점 잘 이해하게 되었다. 게다가 중국 선교회는 로드리게스가 지시한 교실 수업을 진행할 만큼 신입 회원을 충분히 받지 못했다. 중국어를 말하는 선교사들도 『일본어소문전』과 같은 중국어 사전을 쓸 수 있는 시간을 갖지 못했으며, 심지어 그러한 작업이 가능한지에 대해 의심하기까지 하였다. 또한 예수회원들이 멀리 떨어진 거주지들 사이에 드문드문 퍼져 있었기 때문에, 그들은 중국 사회에 완전히 몰입할 수밖에 없었다. 그럼에도 불구하고 선교사들은 자신들의 수도회에서 흔히 볼 수 있는 언어 학습반을 구성하려는 추진력을 유지했으며, 신입회원들이 충분해지자 학습 계획을 시행하고자 하였다.

중국 예수회원들이 수도회의 표준적인 방법보다 더 강한 토착 기술

---

31 Ibid., p.360.

의 흔적을 담고 있는 교수법에 의존할 수 밖에 없었지만, 그들은 관화官話에 능통하게 되는 것 이상을 해냈다. 예수회원들이 학습에 시간을 보내는 동안 중국 사상의 복잡성에 대한 확실한 감탄이 그들에게 스며들었다는 점에 주목해야 한다. 현대 학자들은 (동아시아 종교사상에 대해서 동일하게 이해하고 있었다고 말할 수 없기는 하지만) 마테오 리치와 같은 사람들이 유가 철학에 대해 가졌던 이해에 주목하였으나, 그들의 후임자들이 이러한 이해를 공유했다는 사실은 잘 알려져 있지 않다. 확실히 예수회원들은 인문주의적 탐구가 일반적이었던 학문적 환경에서 성장했기 때문에, 중국 철학 경전을 공부하는 과제는 그들의 재능을 직접적으로 나타냈다. 그러므로 선교 사업의 초기 수십 년 동안 신중함, 박해, 또는 정치가 그들에게 저자세를 유지하도록 요구했을 때, 예수회원들이 반복적으로 자신들의 학습으로 되돌아 와서 그리스도교를 본토의 문화적 틀에 도입하기 위한 전략을 다듬은 것은 놀라운 일이 아니다.

주앙 몬테이로João Monteiro와 같은 비주류 인물조차도 중국어 저작에 대한 학습이 어떻게 선교 사역의 어려움에서 벗어나는 지적 피난처의 역할을 하는지에 대해 연례 서한에서 열광적으로 이야기하였다. 중국어 저작들을 학습하는 가운데 그들은 중국에서 만난 삶의 모든 위험과 고된 일을 사라져 버리게 할 "꿀이 가득하고 신의 위로의 설탕으로 덮여있는 지혜의 진주"를 찾는 것이 가능했다고 그는 주장했다. 몬테이로는 선교사들에게 요구되는 언어 공부 기간이 "짧은 달"인 것 같다고 생각했다. 그는 또한 중국어 서적을 공부한 사제들은 "호메로스나 베르길리우스를 공부한 시인들, 키케로와 루키아노스를 공부한 수사학자들, 플라톤과 아리스토텔레스를 공부한 철학자들, 그리고 유클리드와 아르키메데스를 공부한 수학자들보다 더 큰 기쁨을 얻었다"고 여겼다. 몬테이로의 관점에서 이 학문적 노력을 그토록 매력적으로 만든 것은 한자였다. 이 "수수께끼의 상형 문자"는 여러가지 의미를 지니고 있었으며, 그들에게 "즐거움과 유쾌함"을 불러일으키는 문자였다.[32] 몬테이로의 말은 부분적으로는 중국어를 배울 수 없는 언어로 기억한 유럽에서 미래의 신입회원의 의혹을 풀어주는 것, 즉 회원 숫자를 늘리려고 이전의 중국 예수회원들이 사용한 전술이기는 했지만, 그것은 의심의 여지없이 명말청초 선교사들이 갖고 있던 일반적인 견해를 반영한다.[33]

3. 중국을 위한 연학 규정

1619년 부관구의 창설 소식이 마카오에 도달했을 때, 중국 예수회원들은 사역에 대해 진정한 열정을 느끼기 시작했다. 남경 교안教案이 끝나고 니콜라스 트리고가 신입 회원들을 데리고 돌아온 것은 축하할 만한 일이었다. 이러한 들뜬 분위기 속에서 그들은 선교의 미래에 대해 야심찬 계획을 세웠으며, 수년간의 유배 후 어떻게 하면 가장 잘 선

---

32 Monteiro, AL Vice-Province 1641, Hangzhou, 7 September 1642, ARSI Jap-Sin 117:44v.
33 João Fróis는 1631년 연례 서한의 독자들에게 "유럽에서 중국의 언어와 문자에 대해 갖는 두려움이 어려움들보다 더 크다"고 단언했다. Fróis, AL Vice-Province 1631[Hang-zhou?], 1632, BAJA 49-V-10:36v.를 볼 것.

교를 수행할 수 있을지에 대한 전략을 고안했다. 예수회원들은 관료 보호자들의 제안과 과거 경험으로부터 단서를 얻어 중국어와 중국 사상에 대한 학습을 다시 한 번 강조했다. 그들은 이것이야말로 미래의 박해를 피하고 선교의 지리적 범위를 넓히기 위한 열쇠라고 믿었다.

시들어가는 일본 관구로부터 새롭게 행정 부서를 분리하라는 로마의 명령은 중국 예수회원들이 새로 도착한 회원들을 훈련시키는 데 사용되는 기술들을 표준화하도록 고무시켰다. 보다 구체적으로, 1621년 총장 무지오 비텔레스키Muzio Vitelleschi가 순찰사 가브리엘 드 마토스Gabriel de Matos, 1572~1634에게 보낸 부관구의 기본적인 규정들은 각각의 선교사들이 스스로 자신들에게 맞다고 생각되는 "책이나 학습 방법 또는 학습 시간"을 결정하지 못하도록 막았다. 대신, 선교회의 원로들은 관화官話와 중국 사상에 대한 학습 계획인 연학 규정을 제정하는 최선의 방법에 대해 상의하도록 지시받았다.[34]

연학 규정ratio studiorum의 개념은 부관구의 모든 구성원들에게 분명했다. 비텔레스키가 선임 중국 예수회원들에게 기대했던 것은, 전 세계 예수회 신학교들의 인사 및 교육과정을 체계화한 교육적 틀과 동일한 방식으로 구성된 일련의 규정들을 만들어내는 것이었다. 유럽 전역의 예수회원들은 몇 년 동안 교육 기관의 교수법을 통일화하기 위해 노력하여, 모든 예수회 신학교에 보편적으로 적용될 수 있는 교육과정을 만들어냈다. 1599년에 예수회 관구에서 공포된 연학규정은 해당 국가의 문화적 차이를 수용할 수 있는 유연성을 가졌지만, 동

---

34 Matos Orders, 223r/v.

시에 교육과정의 높은 수준의 통일성과 각 학교의 교수 평가에 대한 표준화된 메커니즘을 보장하는 구조를 가졌다. 1620년대 초에 마련된 교육과정이 수십 년간 지속될 것을 기대하면서 중국 선교회에 위임된 연학 규정에도 동일한 목표가 설정되었다.

부관구의 연학 규정을 만들기 위한 협의는 1622년부터 1624년까지 마누엘 디아스elder의 지시에 따라 이루어졌다. 디아스는 남경 교안 이후 선교회 조사를 진행한 순찰사 마토스Matos를 대행하였다. 여행 중에 그는 니콜로 롱고바르도Niccolò Longobardo, 마누엘 디아스younger, 알폰소 바뇨니Alfonso Vagnone, 줄리오 알레니Giulio Aleni, 알바로 세메도Álvaro Semedo, 페드로 리베이로Pedro Ribeiro, 니콜라스 트리고Nicolas Trigault 및 가스파 페레이라Gaspar Ferreira를 포함하여 "중국 문자와 언어 공부에 경험이 있는" 거의 모든 예수회원들과 대화할 기회를 가졌다. 제안된 학습 과정 속의 대부분의 내용들은 아마도 이 그룹에서 제정한 것일 텐데, 거기에는 교재, 시간 안배, 읽기, 쓰기 순서 등이 포함되었다. 마카오 신학교 총장으로 10년 이상의 경험을 가진 디아스는 확실히 교육 과정에 그 구조를 제공하고, 부관구장으로부터 보좌신부들에 이르기까지 가르치는 과정에 있는 참가자에게 규칙과 의무를 할당하는 책임을 맡은 사람이었다.

디아스의 프로그램은 4년간의 학습으로 구성되었으며, 3단계로 나누어져 있었다. 이 과정의 첫 번째 단계인 첫 6개월은 선교사들에게 관화官話를 올바르게 말하는 법을 훈련시키는 것이었다. 1년 반 동안 지속된 두 번째 단계는 유교 경전들을 동료 예수회원宗宗 마카오 보좌신부이 교사가 되어 함께 읽는 것이었다. 세 번째 단계는 중국인 교사와 함께 하는 2년간의 수업으로 구성되었다. 이 교사는 전 단계 프로그램에서 사용된 텍스트들의 작문과 독해에 대한 수업을 진행하였고, 그것들을 문사들이 이해할 수 있을 정도의 수준으로 그들에게 설명하였다. 디아스는 도덕적이고 체계적인 신학 연구에 예수회원들이 헌신한 시간과 동일한 길이의 학습 과정을 마련함으로써 언어 프로그램이 선교 발전에 중요하다는 확신을 분명히 했다. 그는 심지어 그러한 학습 계획이 "유럽 철학처럼 하느님을 섬기고, 예수회의 이익을 위해, 그리고 영혼들의 개종을 위해서" 필수불가결한 것이라고 여겼다. 디아스는 부관구장에게 프로그램이 실행되고 유지되도록 관리할 책임을 부여했다. 그는 부관구의 미래가 그 균형에 달려 있다고 보았기 때문에, 4년이라는 전체 기간—선교의 만성적인 인력 부족을 고려할 때 사제들이 중국에서 비활동 상태로 머무르는 기간에 해당—에서 "매우 긴급한 이유 없이" 프로그램을 단축하는 것에 대해 경고했다.[35]

연학 규정의 기본 목표는 마테오 리치가 그들에게 남긴 박식한 학자-사제의 외투를 취할 수 있는 자격을 갖춘 선교사들을 만들어내는 것이었다. 그들은 다양한 계층의 중국 사회에서 잠재적 개종자들과 대화하고 자신들이 거주하는 도시의 지배 엘리트들과 우호적인 관계를 유지할 수 있을 것으로 기대되었다. 다시 말해 선교사들은 자신들을 중국 문사를 모방한 학자로 탈바꿈해야 했으며, 강남 지역의 주류 방식을 채택해야 했다. 부관구장은 향학열에 불타는 중국어 학습자를 공부하기에 가장 적합한 지역, 즉 "거주지, 기후 및 그 목적을 실현시

---

35 Ratio China, 311r.

킬 수 있는 유익한 최적의 조건들"에 배치하도록 지시를 받았다. 명말 중국의 예수회원들에게 이곳은 간략히 말해서, 그들이 가장 많은 거주지를 갖고 있고, 교차하는 무역로들이 공급물들로 넘쳐나는 지역인 강남江南을 가리켰다. 더욱이 그곳 지역에서 사용되는 방언은—적어도 문사들 사이에서—관화官話였다. 이 방언을 '관화'라고 부르는 데에는 별다른 이유가 아니라, 그것이 관료들이 가장 폭넓게 사용하는 언어의 형식이기 때문이었다. 1616년의 교난敎難으로 훈련이 가능한 장소 목록에서 남경이 제외되어 있는 동안, 선교회는 남경 인근에 예수회원들이 원하는 대로 "분명하고도 명확하게" 관화를 말하는 교사들을 많이 찾을 수 있는 거주지를 두고 있었다.[36]

확실히, 선교사들이 어떤 형태의 구어 중국어를 배웠는가에 대한 의문이 자연스럽게 제기된다. 즉, 그들은 서민들과 소통하는 것을 가로막았을 복잡한 현지 방언들이 풍부한 곳으로 어떻게 침투했는가? 가장 많은 수의 잠재적 개종자는 모두 가난한 시골 사람들임을 알았다. 관화를 말하는 교육받은 개종자들은 제국 전역에서 찾을 수 있었지만 상대적으로 적었다. 예수회원들이 기본적으로 신도들과 대화하지 않았거나 아니면 그들이 통역사를 통해서만 이야기한 것일까? 선교사 자료들은 이 문제에 대해 애매모호하며 현지 방언들에 대한 언급은 거의 없다. 하나의 예외는 프란시스코 시모에스Francisco Simões의 북부 직예直隸의 선교 순회 교구에 관한 증언이다. 이 증언은 일부 사제들이 적어도 중국에서 첫 해에 현지 방언들을 알아 듣는 데에 상당한

---

36 Ibid., 311r/v.

문제가 있었음을 시사한다. 모든 지역은 아니지만 대부분의 마을이 "자신들의 특정한 말하는 방식을 가진, 거의 다른 언어에 가까운" 언어를 갖고 있는 것처럼 보인다고 시모에스Simões는 한탄했다. 그는 이러한 다양성은 "한 리그league, 역주-3마일 정도의 거리 혹은 그 이하"의 거리에 떨어져 있는 작은 마을 속에서도 발견될 수 있으며, "마귀는 거룩한 복음 전파를 더욱 어렵게 하려고 언어를 혼합했다"고 불평했다.[37]

예수회원들이 대중들에게 그리스도교 복음을 전하는 임무를 수행할 수 있는 능력을 거의 제공하지 못하는 관화를 공부하는 데 많은 시간을 할애한 것은 아이러니한 것처럼 보인다. 그러나 관화의 선택에는 일정한 합리성이 있었다. 사제들이 초기에 배운 관화는 심지어 가장 먼 마을조차도 제국의 관료정치와 일종의 교섭을 가지고 있었기 때문에 문사층 밖에서도 널리 이해되었다. 더욱이, 각 지역의 구어 방언의 극단적인 다양성은 서면 언어의 균일성으로 인해 상쇄될 수 있었다. 프란시스코 시모에스Francisco Simões는 악마가 뿌린 혼란의 씨앗에 대한 자신의 탄식에도 불구하고, 한자가 서민들과 자신의 교섭을 용이하게 해준다는 것을 깨달았다. "왜냐하면 글자나 상형 문자는 어떤 식으로 발음되더라도 의미가 달라지지 않고 어디에서나 같은 것을 의미하기 때문이다." 다른 한편으로 생각할 수 있는 것은, 그들 훈련 프로그램의 논리보다는 예수회원들의 학문적 능력에 관한 것이다. 학교 다니는 중에는 라틴어를, 동쪽으로 가는 동안에는 포르투갈어를, 중국에서의 초기 학습 기간에는 관화를 마스터할 수 있는 개인들은,

---

37 [Francisco Simões], Breve Relação das Missões de Pechili no principio deste anno 1693[Zhending?], 1693, BAJA 49-V-22:156v.

시간이 주어진다면 확실히 거주지 주변 지역의 방언을 배울 수 있었을 것이다. 결국, 광동어 또는 상해어와 같이 중국어의 독특한 변형을 지닌 지역에 배정된 예수회원은 같은 지역으로 파견된 제국의 관료가 직면한 것과 같은 곤경에 직면했다. 단지 예수회원들은 해당 장소에 더 오래 머무르며 서민들을 좀 더 자주 대할 가능성이 있을 뿐이다. 비록 그들의 탁발 수사 비방자들이 지역 방언을 말할 수 없다는 이유

로 도미니크 회원들과 프란체스코 회원들은 마닐라에 있는 복건 출신 거주자들 속에서 지식을 축적했다

복건福建의 예수회원들을 비난하기는 했지만, 이 마지막 언어적 장애물은 확실히 극복할 수 없는 것은 아니었다.[38]

유럽과 마찬가지로 중국 선교회의 연학 규정은 학습 계획이 구조화되어 있었다. 매 학년은 두 학기로 나뉘어졌고, 한 주에 6일, 매일 2회 수업이 진행되었다. 매일 학생들은 오전에 1시간, 오후에 45분 공부를 하고, 매일 암송해야 했다. 수업이 개설된 거주지의 장상은 총장의 역할을 맡아 필요한 경우 프로그램의 속도를 조절하였다. 그러한 조정은 종종 선교사들의 야망을 통제하는 것을 의미했는데, 이들은 선교 사역을 시작하기를 간절히 바라면서 오랫동안 훈련을 받은 사람들이었다. 결과적으로 연학 규정에는 학습 속도를 빠르게 하는 방법보다 학생들의 진도를 늦추는 방법에 대한 권고가 더 많이 포함되어 있었다. 과도한 노력으로 인한 건강상의 위험에 대해 잘 알고 있었기 때문에, 장상은 "사제들이 쉬는 시간이나 수면 시간 동안 공부하지 않

---

38 Eugenio Menegon, "Ancestors, Virgins, and Friars : The Localization of Christi -anity in Late Imperial Mindong(Fujian, China), 1632~1863", Ph.D. diss., Univer -sity of California, Berkeley, 2002, pp.287~288.

도록" 해야 했다. 주일 오후와 축일에 "예수회가 사용하지만 중국인들에게도 낯설지 않은 형태의 오락"이 의무화되었고, 이는 "정신적으로 안정되고 행복하게" 공부하는 것을 목표로 하였다. 여름에는 선교사 학생들에게 2개월간의 휴가가 주어졌다. 매월 첫째 주에는 모든 학습이 금지되었다. 방학 기간 중 몇 주 동안, 거주지 장상은 예수회 저자들이 쓴 중국어 텍스트를 학습함으로써 독해를 연마하도록 학생들을 독려하였다.[39]

프로그램의 첫 2년은 "포르투갈어를 읽을 수 있는 교사", 즉 유럽 선교사 또는 중국인 보좌신부가 진행했다. 연학 규정을 제정한 사람들에게 있어 "포르투갈어" 교사는 프로그램 성공의 관건이었는데, 이것은 그의 "부지런함과 독서 방식"이 학생들이 언어와 문장을 잘 배웠는지의 여부를 결정하였기 때문이다. 이 점을 강조하기 위해, 마누엘 디아스elder는 한 예수회원을 올바르게 가르치는 것이 많은 중국인에게 교리문답하는 것과 같다고 단언했다. 부관구장의 임무 중 하나는 적임자를 선택하는 것이었다. 그는 그것이 이 개인이 "보장되어있던 다른 직업"을 포기하는 것을 의미하더라도 가장 능력 있는 교사를 선발하도록 지시 받았다.[40] 연학규정은 교사의 배정이 뛰어난 선교사들 사이에서 당혹스러움과 좌절감을 일으켰음을 시사한다. 따라서 이 교사들은 학생들에게 관용을 베풀고, 학생들을 하찮게 보지 말 것을 요구 받았다. 디아스는 교사들에게 음악가, 천문학자, 의사, 신학자 등이 포함되어 있는 그룹의 학생들이 종종 "어린이처럼 대우받지 말

---

39 Ratio China, 312r.
40 Ibid., 311v.

아야 할" 성숙한 사람들, "고등 과학의 대가"였음을 상기시켰다. 그들은 학생에게 관대하라는 지시를 받았으며, "학생들이 똑같은 것 혹은 글자에 대해 여러번 물어보더라도 화를 내거나 짜증내지 않도록" 해야 했다.[41]

연학 규정이 세운 교육 체계의 기반은 물론 학생들이었다. 학생들은 "기술이 부족하고 성조가 다양하며, 단어 뜻이 모호하고 어휘량이 많은" 엄청난 어려움에 직면해 있었기 때문에 목표를 달성하기 위해서는 꾸준함과 헌신이 필수적이라는 사실을 미리 알고 있었다.[42] 디아스는 그들이 아시아 영혼의 개종을 위한 이 "견디기 어려운 노동"을 수행하는 동안 신의 보호를 받을 것이라고 그들을 위로했다. 그는 학생들이 교사와 거주지 장상들의 명령을 존중해야 하며, 프로그램이 지향하는 구조와 내용을 준수할 것을 간곡히 요청했다. 가장 중요한 것은 구어 관화의 핵심 요소인 성조의 올바른 발음을 배우는 것에 주의를 기울여야 함을 학생들에게 강조하였다. 학생들은 매일 반복해서 큰 소리로 배운 내용을 낭독하면서 올바른 발음을 연습해야 했는데, "왜냐하면 처음에는 발음에 익숙해지기 어렵지만 나중에 포르투갈어로 한자를 말하고 쓰는 데 도움이 되기 때문이었다".[43]

교과 과정의 처음 6개월 동안 예수회 학생들은 구어 관화에 친숙해지고 글자를 읽고 쓰는 법을 배우기 시작하였다. 그들의 첫 번째 과제는 "양면으로" 구성된 단어 목록에 있는 글자들을 암기하는 것이었는

---

41 Ibid., 313r/v.
42 Ibid., 313v.
43 Ratio China, fols. 313v-314r.

데, 이 목록은 중국어 용어와 그 정의가 텍스트의 병렬 난에 배치된 형태로 구성되어 있었다. 또 마누엘 디아스는 "디에고 드 판토하Diego de Pantoja가 만든 색인"을 사용할 것을 권장했다. 이런 어휘 목록은 유럽 도서관에서 찾을 수 있지만, 어떤 텍스트들을 참조했는지는 확실하지 않다.[44] 예수회 교사들은 학생들의 어휘량을 늘리기 위해서, 니콜라스 트리고의 『서유이목지西儒耳目資』제1판, 항주, 1626를 사용하였다. 이 텍스트에는 서양 알파벳에 따라 구성된 한자 일람표가 포함되어 있어서 한자 암기와 정확한 발음을 위한 어음 방법을 제시한다. 니콜라스 트리고의 어휘 목록은 마테오 리치의 『서자기적西字奇迹』제1판, 북경, 1605을 모델로 한 로마자 표기법 및 음성화 표기 체계를 사용하면서 이후에 나오는 재판再版들이 증명하듯이, 예수회원들과 문사들 모두에게 환영받았다.[45] 연학규정의 교과 과정에 참여하는 학생들은 지시에 따라 이처럼 공인된 어휘집을 사용하였다. 특별히 그들은 자체 어휘 목록을 작성하는 것을 경고 받았는데, 이 작업은 "시간 낭비일" 뿐만 아니라 "우아하지 못한 양식을 사용하는 데 익숙해지기" 때문이었다.[46]

연학 규정의 첫 번째 단계의 두 번째 내용은 학생들이 유창하게 관화를 말할 수 있도록 훈련시키는 것에 관한 것이었다. 유럽 예수회 신학교의 학생들이 서로 라틴어를 구사해야 했던 것처럼, 연학 규정은 학생들이 여가 시간을 제외하고는 항상 중국어를 말할 것을 요구했다.[47] 그러나 주앙 로드리게스João Rodrigues는 『일본어소문전日本語小文

---

44 이 목록들의 예는 ARSI Jap-Sin IV 7, BNL Reservados 3306, BNL Reservados 7974 를 볼 것.
45 Chan, pp.430~432.
46 Ratio China, 314v.

典』에서 외국어를 진정으로 유창하게 구사하는 것은 원어민과 매일 대화를 나누는 경우에만 가능하다고 주장했다. 중국 예수회원들의 제한된 숫자는 그들에게 유리하게 작용하였는데, 왜냐하면 그들이 수도회의 세속 보좌신부에게 할당된 임무들을 수행하는 자신들의 거주지에 있는 하인 소년들을 활용할 수 있었기 때문이다. 실제로 연학 규정은 거주지 장상들이 각 학생에게 한 명의 하인들을 배정하여 그들이 자유 시간에 서로 말하기 연습을 할 것을 권장했다. 마누엘 디아스는 또한 학생들에게 "집안 허드렛일에 대한 감독권"을 주겠다고 제안하면서, 거주지 내부 살림—나중에 그들이 자기 거주지로 이사할 때 그들 모두가 하게 될 일—과 관련된 다양한 주제에 대해 매일 기숙사 하인들과 교류할 것을 의무화했다.[48]

구어 중국어 초기 훈련의 가장 중요한 측면 중 하나는 본토 예절 양식을 가르치는 것이었다. 거주지 장상들은 자신들이 공공장소에서 행하는 행동 양식을 예로 들고, 나아가 학생들에게 "중국인을 상대하고 대화할 때 사용되는 예절들", 식탁 예절에서 허용되는 형식, 차를 마시는 적절한 방법, "머리를 정리하는 방법" 및 기타 특별한 문화적 관행들을 소개하였다.[49] 학생들은 또한 1590년대부터 선교사들이 사용한 "말하기 책"을 사용하여 수업 시간에 예절을 소개 받았다. 이 텍스트들은 예수회원들이 자신들의 문사 친구 혹은 일반 신도와의 교류에 익숙해지도록 설계된 대화로 구성되었다. 그러한 텍스트 중 하나가

---

47 Ibid..
48 Ibid., 312r.
49 Ibid., 311r-312r.

호세 몬테이로가 쓴, 신부와 중국 그리스도교인 사이의 예의 바른 대
화이다.

신부 : Kiaò yeù guèi sìm.

당신의 성은 무엇입니까?

교인 : Çùi gîn çièn sìm ChÁm [Chang].

저의 성은 장씨입니다.

신부 : Kiàò çò xìn má xìm mîm.

당신의 그리스도교인 이름은 무엇입니까?

교인 : Xìm mîm Paò Lá.

그리스도교 이름은 파울로입니다.

신부 : Yeù leào tÇ xào niên kì.

연세가 어떻게 되십니까?

교인 : Yeù pÛ xÝ ù sùi.

저는 85세입니다.

신부 : Haò cÁo xeù.

아주 훌륭한 나이네요!

교인 : Çùi gîn laò leaò má cÁn.

저는 너무 나이가 들어서 쓸모가 없네요.

신부 : FÉm ti Ấn chù kiaò. Yèu leaò kì tÇ niên kì.

그리스도교인이 된지는 얼마나 되셨습니까?

교인 : Çûm yeù fÉm kiaò.

어렸을 때부터 그리스도교인이었습니다.

신부 : Yý kiÁ tÉ fÉm kiaò leaò.

그러면 가족 전부가 그리스도교인이네요.

교인 : Pì fâm má yeu lîm sì.

저의 아내는 그리스도교인이 아닙니다.

신부 : Çèm má pù kiuèn lìm chìm.

당신은 왜 그녀에게 권유하지 않나요?

교인 : Kiuèn, pù kÃm. Xì mò guèi t β e têu.50

제가 그녀에게 권유했는데, 그녀가 원하지를 않습니다. 그녀 머리
속에 마귀가 있네요.[50]

연학 규정의 설계자들은 학생들이 복잡한 중국인 인사말을 암기하
고 이러한 표현들을 쓰도록 함으로써 자발적으로 교류할 수 있도록
하였다. 또 그들은 또한 그리스도교 교리의 표준적인 문답 및 여행, 음
식, 또는 날씨에 관한 대화법도 작성하였다. 이 연학규정의 숨겨진 목
표가 선교사들이 친구를 사귀고 사람들에게 영향을 줄 수 있도록 하
는 것이었으므로, 오늘날의 언어 프로그램이 필요한 부분만 약간 수정
하여 동일한 유형의 교수법을 사용한다는 것은 놀라운 일이 아니다.

언어 프로그램 첫 번째 단계의 세 번째 부분은 문자 쓰기로 구성되
었다. 6개월 동안 매 수업의 반 시간 동안 "포르투갈어" 교사는 학생
들에게 새로운 글자들의 올바른 필순을 가르쳐야 했다. 이 수업의 목
표는 "중국인처럼 한자를 쓰는 방법"을 배우는 것이었으며, 이를 위

---

50 Monteiro Praxis, 14.

해 본토 교육 방법이 사용되었다.[51] 학생들은 리치와 미켈레 루지에리가 했던 것처럼 「천자문」 같은 텍스트를 사용하였고, 고급 종이에 글자들을 썼다. 학생들은 "한자를 잘 쓰는 훌륭한 솜씨"를 개발하는 것이 얼마나 중요한지를 깨달았고, "호흡법과 억양"을 사용하여 중국어 용어의 로마자 표기법을 배우는 것에 주의를 기울여야 했다. 이 단계에서 연학규정의 설계자들은 단문을 쓰는 것이 "시간 낭비"라고 생각하고, 학생들에게 일요일이나 축제일에 한 시간 동안 "지난 수업의 일부를 포르투갈어나 라틴어로" 번역할 것을 제안했다. 이러한 연습의 목적은 문자 그대로 번역을 하는 것이 아니라, 학생들이 중국어 문장의 의미를 이해했음을 증명하는 데에 있었다.[52]

4. 유교 경전 교재

언어에 대한 기본 지식을 갖추고 나면 학생들은 연학 규정에서 정한 프로그램의 두 번째 단계에 들어갔다. 이 단계는 "포르투갈어" 교사와 1년 반 동안 중국 사상, 즉 유가 경전들에 대한 읽기로 구성되었다. 수업 중에 학생들은 중국 역사, 철학 및 법의 기초에 대해 소개 받았고, 문언 중국어의 구조 및 그것이 구어 관화와 어떻게 다른지 이해하게 되었다. 그들이 사서四書의 여러 부분을 학습할 때, "포르투갈어" 교사는 내용을 해석하면서 스타일과 문법에 대해 이야기하였다. 학생

---

51 Ratio China, 313r.
52 Ibid., 314r.

들은 수업 중에 읽은 작품의 사본을 받았고, 나중에 참조할 수 있도록 이 텍스트의 여백에 메모를 작성하였다. 마누엘 디아스가 말한 대로, 쉽게 구할 수 있는 텍스트에 주석을 다는 것은 수작업으로 저작들을 베끼는 것보다 비용이 적게 들고 시간이 덜 소요되었다.[53]

연학 규정은 "포르투갈어" 교사의 수업 구조를 명확하게 설명한다. 중국에서 사용되는 교수법의 기본 템플릿은 라틴어 혹은 그리스문학을 가르치는 어느 곳이든 예수회에 의해 사용되었으며 모든 선교사들에게 친숙한 모델이었다. 각 수업은 주어진 중국어 텍스트의 순차적 구절에서 읽은 내용으로 구성되어 있으며, 교사는 "각 개별 문자의 의미뿐만 아니라, 특히 전체 문구의 의미와 그것이 포르투갈어 또는 라틴어에서 해당하는 의미"를 설명하였다. 그는 또한 각 문장의 문법 구성에 대해 자세히 설명했다. 특히 처음으로 본문에 나타난 글자들에 주의를 기울였다. 수업이 끝날 때, 교사는 각 구절의 모호한 부분과 몇 개의 단락을 선택하여 설명하였다. 매주 두 번, 교사는 일반적으로 그 주에 읽은 부분에서 발견된 주제에 대해 숙제로 작문을 내주었다. 학생들이 분석하고 있는 텍스트의 끝까지 진도가 나갔을 때, 교사는 "학교에서 청중들을 위하여 라틴어 책을 읽는 것처럼" 텍스트를 큰 소리로 다시 읽었다.[54]

예상했던 것처럼, 연학 규정의 세부 사항에 주의를 기울이면서 디아스elder와 그의 고문단들은 교재를 지정했다. 부관구장은 프로그램의 첫 2년 동안 승인된 커리큘럼은 이전 섹션에서 언급한 대화책들,

---

53 Ibid., 313v-314r.
54 Ibid., 313r.

사서四書 및 서경書經에 한정되어야 함—이것은 1년 반은 대학, 중용, 논어, 맹자, 서경에 할당되어야 하는 것을 의미함—을 분명히 할 책임이 있었다. 서경은 오경에 속하며 주로 중국의 상고시대의 역사적 사건들을 다룬다. 그러나 만약 거주지 장상들이 학생들을 위해 오경의 사본을 구입한다면, 학생들은 거기서 발견되는 또 다른 텍스트들을 읽고 싶어 할 것이었다. 연학 규정은 역경易經의 경우 허용하였는데, 디아스가 말했듯이 "이 책이 우리에게 용처가 적기는 하지만" 수업을 위해 역경을 사용하도록 제안했다. 그러나 오경의 다른 것들의 경우, 즉 시경, 예기, 춘추 등의 경우 디아스는 단호했다. 그것들은 "우리에게는 쓸모가 없다"는 것이 그의 판단이었고, 선교사들의 교실에 있을 필요가 없었다.[55]

이 교과과정을 위해 선택된 저작들은 1620년대에 예수회원들이 성공적인 선교사를 만들기 위해 본토 지적 전통에 얼마나 몰두해야 하는지에 대한 결론에 도달했음을 보여준다. 당시 모든 학생들의 독물讀物로서 사서四書가 선택되었다는 것은 잠재적 대화자들이 사용하는 표준적인 문학 참고물, 철학적 교훈들, 그리고 문화적 언어에 정통하기를 바라는 그들의 희망을 나타낸다. 나아가 17세기의 대부분의 사서四書 판본에서 발견된 주희朱熹, 1130~1200의 주석을 기반으로 한 "통상적인 해석"을 사용했다는 것은 당시의 일반적인 참조틀에 들어가기 위한 그들의 의도를 확인시켜 준다.[56] 이 텍스트들에 나오는 구절

---

55 Ibid., 311r.
56 Ibid., 313r. David Mungello의 ""The Seventeenth-Century Jesuit Translation Project", *East West*, pp.252~272, 특히 p.254와 비교할 것.

들은 예수회원들로 — 적지 않은 논리적, 수사학적 훈련을 받은 — 하여금 교육받은 중국인에게 (불교와 도교를 떼어낸) 그들의 전통이 최소한 그리스도교의 가르침과 같고, 신의 계시의 흔적들을 포함하고 있음을 드러내도록 하였다. 그들이 서경과 역경을 선택할 때에도 마찬가지로 실용성의 원리를 따랐다. 서경에서 예수회원들은 그리스도 탄생 이전의 중국 문명에 대한 기술을 발견하여 구약이나 상고시대에서 발견된 서구 사회의 기록들과 비교할 수 있었다. 좀 더 구체적으로 말하면, 그들은 인간의 탄원에 반응했던 신을 가리키는 데 사용된 하늘 天과 하늘에 계신 주님上帝이라는 용어를 발견했다.[57] 상징이 풍부한 역경의 신비한 스타일은 그리스도교의 계시의 요소들과 유비의 풍부한 가능성을 제공했다. 이것은 불교가 도래하기 전 중국이 유대-그리스도교 신을 알고 있었다는 것을 암시하는 것이다.

언어 프로그램의 마지막 단계는 처음 2년 동안 가르친 자료를 체계적으로 검토하는 것이었다. 그 검토는 한 세대의 선교사의 오해가 다음 세대로 전달되지 않도록 다른 관점에서 수행되어야 했다. 바로 그것을 염려하며 연학 규정의 설계자들은 학생들이 그들의 동료가 아니라 다른 중국인 교사 밑에서 2년을 보내도록 계획을 세웠다. 한편으로, 본토 교사는 학생들에게 토착 문화에 대한 내부자의 관점을 제공하였고, 다른 한편으로, 그는 외국인보다 작문과 스타일을 훨씬 더 잘 가르칠 수 있었다. 그런 교사들은, 특히 명말청초 과거시험에 낙방하고 등용되지 못한 문사들이 많았던 강남 지역에서는 어렵지 않게 찾

---

57 Willard Peterson, "Learning from Heaven : The Introduction of Christianity and Other Western Ideas into Late Ming China" in CHC 8, pp.789~839, 특히 p.805.

을 수 있었다. 마누엘 디아스elder는 이 교사들이 중국어 책들에 "정통해야" 한다는 조건을 내걸기는 했지만, 프로그램의 이 부분의 내용에 대한 예비 교사의 진입 장벽은 낮아졌다. 중국 제국 후기에 문체와 작문의 기본들을 가르칠 수 있을 뿐만 아니라, 사서, 서경, 역경을 읽을 수 있는 사람을 찾는 것은 어렵지 않았다.

그러나 중국인 교사를 고용하기 전에 예수회원들은 유리하게 계약을 협상하여 그들의 자원을 최대한 이용할 필요가 있었다. 언어 교사를 위한 비용은 부관구의 빈약한 재정으로 지불되었으며, 그로 인해 선교사들은 부지런할 뿐만 아니라, 할인되지 않는 경우 적정한 임금으로 봉사할 것에 동의한 교사들을 찾아야 했다.[58] 가능하면 그들은 문사 개종자들을 고용하는 것을 선호했던 것으로 보인다. 중국인 교사가 고용되면, 거주지 장상은 그가 학생들과 좋은 관계를 유지할 수 있도록 힘쓸 의무가 있었다. 장상은 현지 고용 관행에 따라 교사에게 접근하는 방식을 본 따서 교사가 자신의 가르침을 즐기고 "불평하지" 않도록 해야 했다. 그러나 때때로 유럽의 학사 일정을 중국 생활 패턴에 강제하려는 시도는 어려운 것으로 드러났다. 예를 들어, 거주지 장상들은 교사들이 음력 설날에 긴 휴가를 갖는 것을 막으려고 했다.[59]

중국인 교사가 제공하는 수업 구조는 "포르투갈어" 교사의 수업과 유사했다. 선교사 학생들은 사서와 서경을 순서대로 살펴보아야 했고, 매일 2시간의 수업을 하였다. 중국인 교사는 텍스트들에 대해 설

---

58 1623년에 중국인 교사에게 지불한 임금에 대한 몇 안 되는 언급 중 하나는 연간 비용이 16에서 18냥에 달했음을 나타낸다. Manuel Dias the elder to Jeronimo Rodrigues, Hangzhou, 3 April 1623, ARSI Jap-Sin 161-II:81r를 참조.

59 Ratio China, 312v.

명을 했으며, 매 글자의 의미에 대한 모든 질문에 답변해야 했다. 학생들은 "문사층"의 학설에 대한 견고한 이해를 바탕으로 문사들이 세계의 창조, 최후의 종말, 인간과 영혼의 본질, 그리고 "중국 철학과 관련된 모든 것들"을 이해한 방식에 관심을 기울여야 했다. 문사로부터 이러한 주제들에 관해 배우는 과정에서 선교사들은 전도 활동 중에 직면할 수 있는 자신들의 관점에 대한 공격을 예상하면서 수사를 연마할 수 있기를 바랐다. 교사는 "통상적 주석"인 주희朱熹의 비평을 사용해야 했지만, "장각로張閣老의 주석"을 사용할 수도 있었다.[60] 『사서집주직해四書集注直解』, 이 텍스트는 어린 만력제를 위해 통속적인 풍격으로 쓰여진 초급용 독본으로서 재상 장거정張居正, 1525~1582에 의해 쓰여졌다. 학생들은 이것으로부터 당시 명 제국 사대부들이 이해한 국가 정통성에 대한 간략한 소개를 얻었을 것이다.[61]

중국인 교사는 또 학생들에게 전아典雅한 풍격의 작문을 훈련시키는 일을 담당했다. 연학 규정에서는 글쓰기 문체에 대해 매주 2차례의 수업을 하도록 규정해 놓았는데, 과거시험용 팔고문八股文 스타일을 가르치지 말도록 명시했다.[62] 예수회원들은 어느 정도까지만 문인을 모방하려고 했다. 그들은 제국 관료정치에서 성공의 사다리에 올라가기 위한 필수조건인 시험 기술을 획득하는 데는 관심이 없었다. 그들에게는 설득력 있게 책 쓰는 기술을 배우는 것이 훨씬 더 중요했다. 왜

---

60 bid., 314v.
61 예수회원들이 장거정의 텍스트를 사용한 것에 대해서는 Henri Bernard, *Sagesse Chinoise et Philosophie Chrétienne*(Leiden and Paris, 1935), 131; Dudink, "Inventories", 147, n. 50. Compare Mungello, "Jesuit Translation Project", 254를 참조.
62 Ratio China, 312v.

냐하면 학습 과정을 마친 후 그들은 그리스도교의 주장을 전개시키기 위한 변증 책자를 쓰는 데 시간을 보낼 것이었기 때문이다. 작문을 가르치는 과정에서 중국인 교사는 논제를 내고, 후에 그것을 수정해주어야 했다. 또한, 중국인 교사는 학생들이 다양한 형태의 사회적 교류를 완전히 이해할 수 있도록 학생들에게 짧은 글이든 긴 편지이든 편지 쓰는 방법을 가르쳐주었다. 일단 언어 프로그램을 마치고 배정된 거주지로 향한 후 공무를 수행할 때, 그러한 기술들은 종종 독자적으로 사회의 엘리트들과 교류해야 하는 선교사들에게 큰 도움이 되었다.

이 논의는 연학 규정의 교과과정에 참가하는 학생들이 유럽 예수회원들과 마카오 보좌신부들이었음을 가정했다. 그러나 후자 그룹의 사람들이 나중에 언어 교사의 역할을 맡아야 했으므로, 연학 규정은 그들에 대한 일련의 부가적인 의무들을 덧붙이며 끝난다. 사제들은 스스로 공과들을 배우고 복습하는 일이 주어졌지만, 보좌신부들은 사서四書와 서경書經의 내용을 외우고 매일 교사에게 배운 내용들을 암송해야했다. 두 번째 여름 방학에 이 학생들은 예수회원들의 변증 저작들의 내용 일부를 "적어도 그들에게 질문하는 중국인들과 책들에 대해 이야기할 수 있을 정도로"[63] 공부해야 했다.

더 유용한 조력자가 되기 위해 보좌신부들은 또한 훈련된 선교사로부터 중국 그리스도교인에게 교리문답하는 방법을 배워야했다. 이것은 프로그램의 3년째 되는 해 휴가 기간, 즉 그들이 중국인 교사와 수업하는 중간 단계에 진행되었다. 연학 규정에 따르면, 교리 메시지의

---

63 Ibid., 314v.

내용은 가장 중심적인 의미를 갖고 있었으며, 이 수업들의 목표는 평수사들이 어떤 중국어 용어를 사용해야 하는지를 정확하게 알고 있는지 확인하는 것이었다. 그리스도교 개념을 표현하는 데 사용되는 특정한 중국어에 관하여 벌어진 1620년대의 논쟁에 비추어 볼 때, 이 수업을 맡은 교사는 또한 "각각의 신비의 진실에 부합하지 않기 때문에" 어떤 용어를 사용하지 말아야 하는지 분명히 해야 할 책임이 있었다. 마지막으로, 각 학생들은 임종을 맞은 잠재적 개종자들에게 "완전히 교리문답할 시간이 없을 때", 축약된 교리 문답을 제시하는 방법을 배워야 했다.[64] 언어에 있어서의식(儀式)을 거행하는 것이 아니라면 사제들과 동일한 능력을 갖고 있는 보좌신부들은 부관구의 노동의 분업에서 없어서는 안 될 필수 부분이 되었다. 인정받을 만한 수준으로 유창하게 말을 하게 되면, 사제들은 2주에 한 번씩 거주지에서 하인들에게 설교하고, 현지 그리스도교인들의 죄의 고백을 듣기 시작했다.[65] 이와는 대비되게 보좌신부들은 교리를 가르치는 것보다 일상적이고 반복적인 과제 및 사제들이 점차 17세기가 지나면서 할 시간이 없었던 허드렛일을 맡게 되었다.

5. 중국의 지혜

1624년 마누엘 디아스elder는 평가 및 실행을 위해 순찰사 제로니

---

64 Ibid., 314v-315r.
65 Ibid., 312r.

모 로드리게스Jerónimo Rodrigues에게 연학 규정을 제출했다. 선교회로부터 오는 문서들 속에 학습 계획이 구체적으로 언급되어 있지 않았기 때문에, 순찰사가 부관구의 장상들에게 제안된 교과과정대로 정확하게 실행할 것을 명령했는지는 확실하지 않다. 그럼에도 불구하고, 연례 서한, 행정 명령 및 보고서, 그리고 서신 자료들에서 발견되는 증거는 1624년 이후에 부관구가 채택한 언어 프로그램을 상세하게 재구성할 수 있게 해준다. 이 문서들로부터 예수회원들이 처음에 연학 규정에서 개략적으로 설명된 프로그램을 고수했음을 알 수 있다. 그러나 17세기의 나머지 수십 년 동안 이 프로그램은 여러 가지 요인에 따라 변경되었다. 이 중 가장 중요한 부분은 부관구의 만성적인 신입 회원 부족이었다. 선교사들이 훈련 프로그램을 통해 얻은 기술 덕분에 그들은 자신들의 수를 가지고 기대할 수 있었던 것보다 더 효과적인 개종 작업을 수행할 수 있었다. 역설적으로, 이 성공은 나중에 신입 회원들이 공부에 할당된 시간을 줄여야 하는 사목적 부담을 만들었다. 18세기 초, 북경 선교사들을 제외하고 부관구의 예수회원들은 가능한 한 빨리 본토 그리스도교인들을 돌봐줄 새로운 도착자들을 보내기 위해 중국 사상에 대한 체계적인 연구를 포기했다.

예수회원들이 1623년 항주와 마카오의 추방 지역을 떠나 선교 현장으로 돌아왔을 때, 그들은 언어 강좌를 열 새로운 장소가 필요했다. 결국, 북경의 정치적 바람이 바뀌고, 선교회의 상황에도 변화가 생기자, 니콜라스 트리고Nicolas Trigault 덕분에 유럽에서 새로운 피를 수혈받음으로 선교사들은 자신들의 그룹이 더욱 확대될 것으로 예상했다. 그러나 그들에게 허락된 장소는 많지 않았다. 마카오나 남경도 마찬가지였으며 북경의 거주지는 학생들을 훈련시킬 수 있는 환경으로는 너무 공개되어 있었다. 강남의 거주지 중에서 항주와 상해는 사람들의 왕래가 잦은 종교 활동의 중심지로서 학생들이 그들의 학습에 쉽게 지장을 받을 수 있는 곳이었다. 가장 좋은 선택은 1621년에 이나시오Inácio, 孫元化가 자신의 공관 일부를 선교사들에게 제공했던, 상해에서 가까운 거리인 가정嘉定 마을이었다. 강남 지역에 있기도 하고, 예수회의 다른 시설들과 가까이 있으며, 많은 지역 그리스도교 공동체의 요구와 방해가 없는 가정은 이상적인 환경이었다.

아마도 가정 거주지의 가장 좋은 점은 제국 관료의 사적인 저택 내에 위치하고 있다는 것이었다. 이 점은 확실히 학생들에게 보호와 은둔뿐만 아니라, 넓은 공간에서 오락을 즐길 수 있게 해주었다. 부관구는 1623년에 가정嘉定 거주지에서 언어 훈련을 시작했는데, 그해에 알바로 세메도Alvarro Semedo는 사제 요한 테렌츠 쉬렉Johan Terrenz Schreck과 보좌신부인 파스칼 멘데스Pascoal Mendes를 훈련시킨 것으로 알려져 있다.[66] 다음 해 연례 서한을 쓰면서, 프란시스코 푸르타도Francisco Furtado는 이 장소에 대해 거의 아무런 언급을 하지 않고, "개종 활동에 적합하지 않고" "언어와 문자 수업을 하기에 좋은 장소"라고만 말했다. 1624년에 부관구의 장상들은 총 3명의 사제와 3명의 평수사들을 보내서 가정에서 공부하도록 하였다. 그 거주지는 중국어를 가르치기 위한 목적으로는 "매우 편리하지만", 선교사들이 "예비신자들의 무리와 그리스도교인을 길러내는 데는" 거의 쓸모가 없다고 표현되

---

66 Francisco Furtado, AL Vice-Province 1623, Hangzhou, 10 April 1624, BAJA 49-V-6:106v.

었다. 학생들은 손원화孫元化의 공관의 평온함 속에서 상당한 진전을 이뤘으며, 막 2년이 지나 사제 중 한 명이 중국어 서적을 읽을 수 있었고, "그것들을 라틴어 책들만큼 잘 이해할 수" 있었다. 전해진 바에 의하면 1623년 늦여름에 공부를 시작한 사람들은 8개월 동안 수업하면서 "5천 개 이상의 글자"를 배웠으며, "단어를 보지 않고 외워서" 그것들을 써낼 수 있었다.[67]

충분한 수의 학생들과 적절한 교학 환경 속에서 예수회원들은 가정에서 연학 규정을 실행할 수 있었다. 1625년과 1626년의 보고서에 따르면 거주지는 마카오에서 온 3명의 사제들과 6명의 학생들을 가르치는 교사를 두고 소규모 대학처럼 운영되었다. 이 지역에 많은 선교사들이 있었지만, "많은 사람을 그리스도교인으로 개종시키지는 못했다"는 사실이 언급되었다.[68] 1620년대가 끝나갈 무렵, 부관구는 강의실 스타일의 교학 프로그램을 성공적으로 정착시킨 것으로 나타났다. 실제로 가정에서 만들어진 "대학"은 이어지는 수십 년 동안 선교의 훈련 요구를 충족시켰다.

그러나 이것들은 모두 허상이었고, 정치적 기후의 변화로 예수회원들은 이 거주지를 버렸다. 1631년 선교사들은 반역죄로 기소된 손원화와의 관계에서 생길 수 있는 문제를 의심할 바 없이 잘 알고 있었다. 이나시오손원화가 숭정제에 대한 역모를 일으켰다는 죄목으로 1632년 참수되었을 때, 선교사들은 가정을 떠났다. 프란체스코 브란

67 Francisco Furtado, AL Vice-Province 1624, Hangzhou, 17 April 1625, BAJA 49-V-6:184v.

68 Manuel Dias the younger, AL Vice-Province 1625, Jiading, 1 May 1626, BAJA 49-V-6:230r; anon., AL Vice-Province 1626[n.p., n.d.], BAJA 49-V-6:322r.

카티Francosco Brancati가 나중에 기록한 바와 같이, 이 움직임은 지역 그리스도교인들에 대한 잠재적 박해를 미리 막고 이들을 공식적인 탄압으로부터 보호하기 위한 것이었다.[69] 어쨌든 부관구는 전용 교육 시설을 잃었다. 가정은 선교 훈련을 수행하기 위해 거의 독점적으로 사용된 마지막 거주지였다.

가정의 상실은 중국 사역에 보다 견고한 제도적 토대를 제공하려는 예수회원들의 희망에 타격을 주었다. 그러나 실제로 1630년대부터 시작된 선교의 확장은 이러한 유형의 집단 훈련을 신속하게 실현할 수 없게 만들었다. 1636년에 부관구에는 11개의 거주지가 있었는데 모두 인력이 필요했다.[70] 단지 유럽인 사제 25명과 4명의 마카오 보좌신부가 있었기 때문에, 선교 장상들이 한 거주지에 심지어 4명 혹은 5명의 예수회원들을 배치하는 것도 생각할 수 없었다. 그렇다고 해서 이러한 어려움이 연학 규정에 지시된 교수법에서 완전히 벗어나는 것을 의미하지는 않았다. 왜냐하면 그 문서에 규정된 규칙들이 어떠한 수업 규모나 장소에 적합할 정도로 융통성이 있었기 때문이다. 예를 들어, 1631년에 한 사제는 항주에서 다른 한 사제를 가르치는 책임을 맡았고, 남창에서는 또 다른 선교사가 최근 도착한 두 사람에게 수업을 해줄 책임을 맡았다.[71] "대학"교육 모델로부터 새로 도착한 사제들이 그들의 교사들 및 경험 많은 선교사들과 함께 살도록 배

---

69 Brancati to Francisco Furtado, 1653, BNL Reservados 722:58v.

70 Francisco Furtado, Triennial Catalogue, Vice-Province 1636, ARSI Jap-Sin 134: 311r-312v.

71 João Fróis, AL Vice-Province 1631[Hangzhou?], 1632, BAJA 49-V-10:55v and 65r.

정된 것으로 전환된 것이 교과과정을 훼손시키지는 않은 것으로 보인다. 1631년 순찰사 안드레 팔메이로André Palmeiro는 7년 전에 반포한 주요 교학 프로그램을 거듭 언급했다. 팔메이로는 교과 과정의 내용과 구조를 검토하고 승인한 후에 학생들에게 부지런히 학습할 것을 권면하였다. 또한 기술적 노련함을 가진 선교사들이 "자신들의 학습 부담을 줄이려는" 속에서 "진기한 물건들이나 악기들"을 사용할 수 있더라도, 그것들로 인해 산만해지지는 말라고 지시했다.[72]

집중적으로 언어를 교육시키는 시스템에서 분산된 견습식 교육 방법으로 전환하는 데에는 손해와 유익이 따랐다. 한 명의 선교사의 어깨에서 여러 선교사로의 어깨에 가르침의 부담을 분산시키는 동안 교육의 균일성, 실제로는 질을 떨어뜨렸다. 부관구가 인력을 보다 균등하게 분배하였음에도 불구하고, 각 거주지에서 훈련받은 선교사들은 그들의 시간을 사목 또는 전도 활동과 교육 의무로 나누어야 했다. 그러나 선교 사역의 확장 속도를 감안할 때, 예수회원들은 거주지에서 자신들의 자원을 약화시키고 새로운 도착자가 사목 책임을 맡을 수 있도록 언어를 빨리 배울 수 있기를 희망하는 것 밖에 할 수 있는 것이 없었다. 교학방법의 변화는 신입회원들의 사기를 높이는 효과를 가져왔는데, 이들은 초조하게 수년간 언어 학습에 몰입해야 한다는 것 때문에 낙심하고 있었기 때문이다. 언어 학습 단계의 학생들로 하여금 중국에 도착한 후 바로 선교부의 일상 활동에 참여하게 한 것은 그들이 새로운 언어를 습득하고, 중국 그리스도교인과의 관

---

[72] Palmeiro Orders, 37r.

계를 맺는 경험을 얻고, 동시에 선교사로서의 소명을 깨닫게 하는 것을 의미했다.

1630년대에 어떻게 변화가 이루어졌는지는 1634년 부관구의 인사 목록으로부터 재구성할 수 있다. 이 문서는 중국어를 습득함에 있어 각 학생들을 지도하기 위해 선임 예수회원들이 지명되었음을 보여준다. 예를 들어, 하남성의 개봉開封 거주지에서 "언어와 문자에 능숙한"이라고 묘사된 로드리고 데 피구에이레도Rodrigo de Figueiredo는 피에트로 카네바리Pietro Canevari를 가르치는 책임을 맡았다. 산서山西성 강주絳州에서 에티엔 파버Étienne Faber는 알폰소 바뇨니Alfonso Vagnone와 평수사平修士 프란시스코 드 라게아Francisco de Lagea, 1585~1647 2명의 동료로부터 수업을 받았다. 마찬가지로 프란시스코 푸르타도Francisco Furtado와 평수사 프란시스코 페레이라Francisco Ferreira, 1604~1652는 서안西安에서 미셸 트리고Michel Trigault에게 중국어를 가르치는 일을 담당했다. 복건성 복주福州에서 이나시오 로보Inácio Lobo는 세 명의 교사, 즉 시몽 다 쿠냐Simão da Cunha, 벤토 데 마토스Bento de Matos, 1600~약 1657 및 마누엘 고메스Manuel Gomes로부터 배웠다. 남창에서 알바로 세메도 Álvaro Semedo는 트란퀼로 그라세티Tranquillo Grassetti를 가르쳤다. 건창建昌에서 가스파 페레이라Gaspar Ferreira는 이나시오 다 코스타Inácio da Costa를 가르쳤다. 상해에서 페드로 리베이로Pedro Ribeiro는 아고스티노 투데스키니Agostino Tudeschini를 가르쳤다.[73] 이러한 훈련의 결과 중 적어도 하나는 주목할 가치가 있다. 일반적으로 예수회원들은 언어를

---

73 [Manuel Dias the younger?], Brief Catalogue, Vice-Province[1634?], ARSI Jap-Sin 134:309r/v.

공부한 지역에 머물렀는데, 이것은 교사와 지역 그리스도교인을 동시에 대함으로써 그들이 지역 방언과 관화를 동시에 습득할 수 있었던 것을 의미한다. 일단 그들이 특정 지역의 엘리트와 평민 모두에게 말할 수 있게 되면, 다른 지역으로 옮겨가는 것은 역효과를 낼 것이었다.

그러나 분산형 교학으로 전환한 후에 연학 규정이 실제로 유지되었는가? 선교가 확장되면서 생겨나는 압박을 감안할 때, 예수회원들은 새로 도착하는 사람들에게 몇 년 동안 중국 사상에 대한 수업을 제공한다는 목표를 유지하는 것이 가능했는가? 1630년대 후반에 프란체스코 브란카티Francesco Brancati가 언어 훈련을 하는 동안 보관하고 있던 필기장은 이 문제를 설명해준다. 이 시칠리아 예수회원은 1636년에 마카오에 도착했다. 그 다음 해 초에 부관구장 프란시스코 푸르타도는 그와 최근에 온 세 명의 도착자들, 루도비코 불리오, 주앙 몬테이로, 지롤라모 그라비나를 중국으로 호위했다. 푸르타도는 북쪽으로 여행하면서 평수사 프란시스코 페레이라의 수업을 듣도록 강서성 남창에 불리오와 몬테이로를 머물도록 하였다. 부관구장은 강서성 건창에서 가스파 페레이라Gaspar Ferreira에게 그라비나Gravina를 가르치는 것을 맡겼고, 훈련을 받도록 브란카티를 상해 거주지로 데려오면서 베테랑 선교사 페드로 리베이로Pedro Ribeiro, 평수사 마누엘 고메스Manuel Gomes 일행 속에 그 시칠리아인을 남겨두었다. 수업을 담당한 사람은 고메스였다. 프란시스코 푸르타도는 자바Java 출신 아버지를 두었고, 포르투갈어를 사용하는 마카오에서 자란 중국인 어머니를 둔 이 보좌신부가 중국 "언어와 문자를 잘" 알았다고 주장했다. 고메스가 브란카티를 가르치기 시작했을 때, 그는 거의 30세였다. 그는 중국 예수회원들과 함께 일하면서 평생의 절반을 보냈다. 푸르타도는 브란카티 사제의 능력과 고메스 보좌신부의 경험에 자신감을 갖고 순찰사 마누엘 디아스elder에게 "1~2년 안에" 브란카티가 선교에 기여할 수 있을 것이라는 확신을 전했다.[74]

브란카티의 진전은 오늘날 로마에 있는 예수회의 중앙기록 보관소에 보존된 그의 개인 사서四書 판본들에 있는 일련의 주석으로부터 추적할 수 있다. 연학 규정은 선교사 학생들이 그들의 중국어 텍스트에 필기할 수 있게 해주었다는 것을 기억하라. 이 시칠리아인은 라틴어, 포르투갈어, 로마자로 표기된 관화 및 때때로 이탈리아어로 주석을 작성하여 가장자리 — 그리고 6권 각각의 거의 모든 여유 공간을 채웠다. 브란카티가 주석을 작성하는 방식으로부터 볼 때, 고메스는 포르투갈어로 텍스트에 대한 설명을 제공한 것으로 보인다한자의 의미가 보통 이 언어로 표시됨. 그러나 때때로 브란카티는 다른 언어로도 적어 놓았다. 주요 구절은 종종 특정 한자를 표시하는 "지시수指示手"를 사용하여 강조하였고, 때로는 서구의 경전들에 대해 언급하기도 하였다. 각 장의 내용을 요약한 후 브란카티는 중국어 텍스트 위쪽 가장자리에 라틴어로 개요를 써놓았다.[75]

여기서 우리의 목적에 가장 중요한 것은 텍스트에서 다양한 간격으로 브란카티가 기록한 날짜이다. 『대학大學』의 첫 페이지 아래 가장자리에 "우리는 1637년 5월 8일, 주님의 더 큰 영광을 위해서ad maiorem Dei gloriam 시작했다"라고 썼다.[76] 이 봄의 날짜는 브란카티가 프란시

---

74 Furtado to Dias the elder, Nanchang, 1 January 1638, BAJA 49-V-12:200v.
75 Sishu, 6 vols., notations by Francesco Brancati, 1637~1638, ARSI Jap-Sin I 10.

스코 푸르타도^{아리스토텔레스의 저작 일부와 관련 주석을 중국어로 번역한 재능 있는 언어학자}와 여행하는 동안 그리고 그가 상해에서 보낸 첫 몇 달 동안 구어 관화에 이미 친숙해졌음을 암시한다. 브란카티가 읽은 6권은 각각 약 70장의 양면 페이지로 구성되어 있으며 각 페이지에는 9개의 열이 있었다_{주희의 주석은 이중(二重)열로 인쇄되었다}. 1637년 6월 4일, 브란카티와 고메스는 그들 텍스트의 첫 번째 권『중용』을 포함을 다 학습하고, 『논어』의 두 번째 장을 시작하고 있었다.[77] 이어지는 한 달 반 동안에 그들은 8월 6일에서 9월 24일 사이에 여름 방학이 되어 멈출 때까지 그 저작들을 계속 읽어나갔다.[78] 1637년 초 가을 프란체스코 브란카티가 다시 학습을 시작했을 때, 그는 한 달 동안 『논어』에 대한 수업을 마치고 10월 28일, 사서四書 중 가장 긴 『맹자孟子』를 읽기 시작했다.[79] 이책 읽기는 1638년 1월 11일까지 계속되었는데, 성탄절에 잠시 휴식을 취하면서 3개월 이상의 시간이 걸렸다. 두 예수회원이 음력 설 무렵에 사서 읽기를 마쳤다고 추측해도 지장없을 듯하다.[80] 브란카티와 고메스가 1638년 봄 동안 『서경書經』과 『역경易經』을 계속해서 읽었는지 여부는 확실하지 않지만, 사서의 진도가 빨랐던 것을 보면 그 책들을 읽었을 듯하다.

브란카티의 필기장은 예수회원들이 17세기 중반에 언어 훈련을 수행한 방식에 대한 많은 통찰력을 제공한다. 그들은 연학 규정의 기본

---

76 Ibid., 1:9r.
77 Ibid., 2:81r.
78 Ibid., 3:150r
79 Ibid., 4:237r.
80 Ibid., 6:397r.

주석 달린 『대학(大學)』(1630년경 출판). 프란체스코 브란카티(Francesco Brancati)는 1637년 마누엘 고메스(Manuel Gomes)와의 수업 중에 이 책에 주해를 달았다.

개요, 즉 처음에 구어 관화 학습에 집중한 후 일련의 유교 경전을 읽어나갔음을 확인시켜준다. 브란카티는 결국 고메스와 함께 1년 반 곧 "포르투갈어" 교사와 함께 한 2년간의 학습 기간보다 6개월 적은 시간에 수업을 마쳤다. 이렇게 속도가 빨라진 한 가지 이유는 그들이 "통상적인 주석"에 대해 대충 훑어보았기 때문일 수 있는데, 이것은 이 시칠리아 사제가 주희의 주석 난에 필기를 거의 남기지 않았다는 사실로부터 추론될 수 있다. 브란카티가 고메스와의 공부를 마친 후 규정대로 2년 동안 중국인 교사와 함께 공부를 계속했는지 그 증거는 없다. 실제로 그 선교사가 학습의 마지막 부분을 포기해야 했다면, 그는 추천된 프로그램의 절반에서만 혜택을 얻었을 것이다. 어떤 경우이건 모두 브란카티는 고메스와의 공부를 마친 후 학업을 계속해 나갈 시간이 거의 없었을 것이다. 1638년 한여름에, 페드로 리베이로 Pedro Ribeiro와 마카오 보좌신부가 항주로 이주하면서 브란카티는 중국에서 가장 큰 그리스도교 공동체를 맡게 되었다.[81]

1630년대 후반에 학습을 시작한 다른 예수회원들도 훈련 속도가 빨라졌음을 경험했다. 브란카티의 동료인 로도비코 불리오 Lodovico Buglio가 중국어를 공부한 방법에 대한 기록은 연학 규정의 설계자들이 건전한 학습에 필요한 것으로 간주한 많은 것들이 포기되었음을 암시한다. 불리오의 사망기사에 따르면, 그는 글자들을 쉽게 외우려고 작은 방의 벽과 책장을 글자들로 꾸몄고, 그 어느 것도 자신의 진

---

81 Triennial Catalogue, Vice-Province 1639, ARSI Jap-Sin 134:316r; Gabriel de Magalhães, AL Hangzhou Residence 1640, Hangzhou, 30 August 1641, BAJA 49-V-12:479r.

도를 방해하는 것을 허락하지 않았다.[82] 그가 자신의 학습에 브란카티보다 더 많은 시간을 보냈던 것으로 보이지는 않는다. 1639년 10월, 처음 중국에 입국한 지 3년이 채 되지 않아 그는 혼자서 사천성에 새로운 선교소를 열도록 지명되었다. 그러나 사목적 부담이 여전히 많이 남아있던 브란카티와는 달리, 불리오는 수십 년 동안 북경에서 비교적 편한 시간을 보냈으며 이후 학습에 참여할 수 있었다.

1637년과 1638년에 프란체스코 브란카티와 로도비코 불리오가 따른 약식 학습 과정은 17세기 동안 예수회원들이 전개한 언어 교육의 한 경향을 대표한다. 유럽에서 온 신입 회원들이 줄어들고 새로운 그리스도교인들이 홍수처럼 밀려오면서 새로 도착한 사제들은 수년간 이어져야 할 수업에 대해 조치를 취하지 않을 수 없었다. 그 대신, 부관구의 장상들은 확장하는 양떼들의 영적 유익을 위하여 선교사들의 언어 훈련의 학문적 고결함을 희생시켰다. 확실히, 1630년대 후반까지 모든 사제가 마테오 리치의 복사품이 될 필요는 없을 정도로 선교의 정치적 입장이 바뀌었다. 북경에 안착한 사람들은 지방 동료들에 대한 보호를 확보하였는데, 큰 학문적 부담은 전자에게 주어졌고, 후자는 그리스도교 어휘 훈련과 유교 경전에 대한 기본 지식으로 만족해야 했다. 그 정도의 기술이면 서민들을 전도하고 점점 더 많은 그리스도교인들을 대하는 데 충분했다.

이로 인해 선교 훈련 프로그램을 단축하는 데 드는 비용이 컸다. 예수회원들이 학습에 들인 시간을 줄였기 때문에 그들이 중국어로 책을

---

82 Claudio Filippo Grimaldi, Breve Relação da Vida e Morte do Padre Luis Bulho, Peking, 24 October 1682, BAJA 49-V-19:219v.

쓸 능력 역시 필연적으로 줄었다. 리치의 시대로부터 17세기 중반까지 거의 모든 선교사들이 변증적, 신앙적, 혹은 과학적 텍스트들의 생산에 참여했다. 예를 들어, 1614~1615년에 순찰사로, 1623년에서 1635년까지 그리고 1650년에서 1654년까지 부관구장으로 일한 마누엘 디아스younger는 다양한 업무에도 불구하고, 강서, 복건, 절강에 있는 몇 년 동안 많은 중국어 저작들을 편찬했다. 14권의 『성경직해聖經直解』1636~1642 ─ 교회력에 사용된 성경 본문에 대한 해석과 일련의 주석이 있는 ─ 외에 디아스는 십계명에 대한 설명인 『천주성교십계직전天主聖教十誡直詮』1659, 또, 그리스도교 교리에 대한 의심에 답하는 글인 「대의론代疑論」, 천문학 문헌인 「천문략天問略」, 서안 근처에서 발굴된 네스토리안 대진경교유행중국비大秦景教流行中國碑 및 복건福建에서 발견된 또 다른 그리스도교 기념비에 대한 해설인 『당경교비송정전唐景教碑頌正詮』1644을 썼고, 루이스 데 그라나다Luis de Granada의 『경세금서輕世金書』를 번역했다.[83] 디아스의 사망 기사에 따르면, 그는 또한 그라나다의 교리 문답을 번역했으며, "선교 재정의 빈곤으로 인해 출판될 수 없었던" 저작들 중 스콜라 신학의 관점에서 성찬에 대해 설명한 작품을 남겼다.[84]

　좀 더 후기 세대의 사제들은 대체로 이런 종류의 언어 훈련이나 출판 활동을 할 수 있는 기회를 얻지 못했다. 엘리트 개종자 수가 전반적으로 줄어든다는 것은 새로운 책을 인쇄하는 데 드는 비용을 부담

---

83 See Chan, p.120~123 · 193.
84 Feliciano Pacheco, AL Central Residences, Vice-Province 1660, Huai'an, 19 July 1661, BAJA 49-V-14:718r.

하려고 하는 후원자가 적어졌다는 것을 의미하며, 선교의 전반적 빈궁은 예수회원들이 옛 저작들을 재출판하거나 새로운 소책자들을 출판할 여유가 없었음을 의미한다. 그러나 선교사들이 더 이상 작문 훈련을 받지 않았다는 사실 역시 주요한 원인이었다. 현존하는 예수회원들의 중국어 컬렉션으로 볼 때, 광동 유배 이후 페르비스트와 불리오 같은 북경 사제들이 주로 새로운 저작들종교 및 과학 서적을 출판했음을 알 수 있다. 궁정 예수회원들은 지방의 형제들에 비해 상당한 이점을 누렸다. 그들의 활동 영역은 주로 수도 자체에 국한되어 있었으며, 사목 부담은 상대적으로 적었다. 더욱이 흠천감에서 일한 사제들은 사목 직무로 점차 더 많은 시간을 소비했던 자신의 동료들보다 성격상 더 학문적인 과제를 수행했다.

저술 수의 전체적인 감소가 이후 세대의 예수회원들이 토착적인 사상을 이해할 수 없었다거나 혹은 중국어로 자신들의 개념을 표현할 수 없었다고 가정할 필요는 없다. 대신에, 이러한 경향은 선교사들의 노력의 초점이 엘리트들의 비위를 맞추는 것에서 배우지 못한 계층을 복음화하는 것으로 이동한 것과 같은 부관구의 진화하는 요구를 드러낸다. 1659년에 중국에 도착하여 강남 지역에서 일했던 필립 쿠플레Philippe Couplet와 프로스페로 인토르체타Prospero Intorcetta의 사례는 브란카티 이후의 선교사 세대가 경험한 언어 프로그램을 조명해준다. 쿠플레의 첫 번째 임무는 강서성 공주贛州에서 평수사 안토니오 페르난데스1620~1670의 지시에 따라 언어를 학습하는 것이었다. 그 거주지에서 선교사들을 압박한 가장 시급한 요구는 사목이었으며, 지역 장상 자크 르 포레Jacques Le Faure는 1년 만에 쿠플레가 "세례, 고해성사,

설교를 할 수 있는 충분한 언어를 숙달했다"는 사실에 의심의 여지없이 기뻐했다.[85] 그가 이런 직무들을 처리하기에 충분한 언어적 기술을 습득하자마자 이 플랑드르 예수회원은 유교 경전을 학습할 수 있었다. 고메스가 브란카티를 가르치는 것처럼 페르난데스가 쿠플레를 가르쳤는지는 확실하지 않지만, 쿠플레가 『사서四書』와 『서경書經』을 숙지하고 있었다는 것은 의심의 여지가 없다. 결국 그는 『중국 왕조 편년사*Tabula Chronologica Monarchiae Sinicae*』라는 제목의 중국 왕조 연대기를 편집했으며, 『중국 철학자 공자*Sinarum Philosophus*』라고 하는 라틴어본 사서四書를 번역하였다.

쿠플레가 공주에서 공부할 때 프로스페로 인토르체타 또한 그곳에서 멀지 않은 건창에서 언어 프로그램에 참여했다. 그는 부관구장인 이나시오 다 코스타Inácio da Costa에게서 배웠는데, 코스타 역시 같은 거주지에서 가스파 페레이라Gaspar Ferreira에게 배웠다. 부관구장은 인토르체타에게 현지 관료들과 그리스도교인들을 소개하고 본토 철학을 가르치려는 목적으로—"도제"방식 교수법의 또 다른 귀중한 측면—그를 건창으로 데려갔다.[86] 지도를 받는 동안 인토르체타는 자신의 독본에 자세하게 필기를 해두었다. 그가 사서에 대해 배운 내용에 대한 개요는 1662년에 출판되었다. 이 텍스트는 예수회 포르투갈인 신부 이나시오 다 코스타Ignacio da Costa에 의해 『중국지혜*The Meaning of Chinese Wisdom*』로 불리웠고, 같은 예수회 시칠리아인 신부 프로스페

---

85 Le Faure, AL Ganzhou Residence 1658, 1659, and 1660, Ganzhou, n.d., BAJA 49-V-14:657v.

86 [André Ferrão?], Partial AL Fujian and Jiangxi Residences 1660[n.p., 1661?], BAJA 49-V-14:743r.

로 인토르체타는 코스타의 주석과 로마자로 표기된 핵심 용어와 함께 『대학大學』, 『논어論語』의 라틴어 버전을 넣어 출판했다. 그것은 유럽 언어로 출판된, 정선된 사서의 첫 번째 번역본이었다.[87]

아마도 인토르체타의 『중국 지혜』의 가장 유용한 점은 그것이 교학 도구의 역할을 했다는 것이다. 헌정 서문에 따르면, 인토르체타는 중국뿐만 아니라 동남아시아에서 조선에 이르기까지 유교 문화권 전역에서 다른 선교사들이 사용할 수 있도록 『대학』과 『논어』 두 개의 텍스트에 대한 해설을 출판했다. 표면적으로, 그의 목적은 동료들이 지배적인 본토 철학적 전통에 참여하여 그것이 "자연법과 그리스도교 지혜"에 얼마나 잘 부합되는지 알 수 있게 하는 것이었다.[88] 그러나 부관구가 느낀 긴장이 이전에 신입 회원들이 활용했던 개인 훈련을 대체할 텍스트 대체품을 만들도록 예수회원들을 자극한 것은 부인할 수 없다. 부관구의 장상들은 예수회의 거주지를 유지해야 한다는 절박한 필요성에 직면했을 때, 최근에 도착한 사람들이 비록 속성으로 중국어를 배우기는 했지만, 그들을 선교부로 보내는 선택을 하였다.

신입 회원들은 인토르체타의 『중국 지혜Sapientia Sinica』의 사본 또는 그가 번역한 『중용Method of the Mean』, 즉 『중국의 정치도덕철학Sinarum Scientia Politico-Moralis』광동, 1667; 고아, 1670이라는 제목의 번역본을 받아서 중국 철학을 독학하도록 지시받았다. 1660년대 이전에 예수회원들

---

87 1590년대 초 마테오 리치가 번역한 문서는 간행되지 않았다. FR 2:33을 참조할 것. Henri Bernard는 Intorcetta에 의해 출판된 번역본은 1660년 André Ferrão에 의해 이루어진 것이며 Costa의 주석에 합쳐진 것이라고 주장한다. Bernard, *Sagesse Chinoise*, pp. 128~129를 참조.

88 Intorcetta, *Sapientia Sinica*, 2r.

『사서(四書)』의 일부를 서양어로 번역한 최초 인쇄본의 권두 삽화.
출처 : Prospero Intorcetta, Sapientia Sinica(건창, 1662).

은 아직 그렇게 비참한 상황에 있지는 않았다. 1664년의 역옥曆獄사건 과 그 이후의 광동 유배로 인해 10년 동안 공부할 수 없었다. 그러나 이러한 상황들은 선교사들로 하여금 극단적이지만 그러나 실행 가능 한 방편을 채택하도록 몰아갔고, 이로써 그들은 다시 공부할 수 있는 가능성을 갖게 되었다.

6. "유일한 속성법"

1671년 광동 유배에서 벗어난 예수회원들은 자신들이 부재한 사이 에 그리스도교 공동체가 확장됨으로 인해 생겨난 사목적 부담에 압도 되었다. 그 후 몇 년간 죽은 자를 대체하거나 살아 있는 자의 노력에 동참하기 위해 오는 신입 회원이 거의 없었기 때문에 상황은 더욱 악 화되었다. 그나마 다행이라면, 그것은 노장 회원들이 많은 시간을 새 로운 동료들을 가르치는데 바치지 않아도 된다는 것이었다.

새로운 선교사들이 도착했을 때 부관구는 교사들, 즉 보좌신부들에 게 도움을 구했다. 1680년대에 이 중 일부는 사제로 서품 받을 상태 에 있었지만 한 가지 책임은 여전히 어깨에 지고 있었다. 즉 수습기간 을 마친 후에 그들은 새로운 선교사들을 위해 "중국어와 문자의 교 사"로 봉사해야 한다는 것이었다.[89] 서품을 위해 선발된 사람들은 모 두 문사들이었고, 대체로 그들은 유럽인들로부터 중국 고전을 배운

---

89 Prospero Intorcetta, Memorial ao P. João Cardoso Provincial de Japão, Macau, 12 September 1674, ARSI Jap-Sin 23:365r.

"마카오의 아들들"보다 더 자격을 갖춘 교사들이었다. 결국, 연학 규정에 설명된 과정에서 벗어난 언어 프로그램의 첫 번째 요소는 중국인 교사와 함께 보낸 시간이었다. 따라서 부관구가 언어 교육을 제공하는 최초의 중국인 사제들에게 의존한 것은 교육 과정의 중대한 변화를 나타낸다. 이 임무를 아주 중요하게 생각해서 실제로 만기연萬其淵, Paulo Banhes Wan Qiyuan이 1691년에 불가사의하게 사라졌을 때, 예수회원들은 그가 선교부를 버린 것에는 크게 관심을 갖지 않았고, 오히려 프란시스코 핀토를 가르치는 것을 끝내지 않고 도주한 것에 더 신경을 썼다.[90]

하지만 1688년 예수회 사제가 된 중국인들은 언어 교육을 담당한 유일한 사람들이 아니었다. 선임 선교사들은 노년에 그들을 도울 젊은이들을 훈련시켰다. 산동성 제남 거주지의 프랑스 장상이었던 장 발랏Jean Valat의 경우, 1696년 82세의 나이로 사망했다. 발랏은 그의 생애의 마지막 10년 동안 많은 젊은 신입 회원들의 도움을 받아 그의 거주지를 "훌륭한 선교사를 내보내는 학교"로 바꾸었다.[91] 그의 학생들 중에는 미구엘 드 아마랄Miguel de Amaral, 프란시스코 핀토Francisco Pinto, 안토니오 파글리아Antonio Faglia, 1663~1706와 같은 사람들이 있었는데, 모두 산동성이나 북부 직예에서 선교하였다.

17세기에 걸쳐 언어와 문학에 대한 학습의 필요성이 커진 부관구의 어느 곳이 있다면 그곳은 북경이었다. 궁정 예수회원들은 중국 철

---

90 José Monteiro to Francisco Nogueira, Puching, 9 July 1695, BAJA 49-V-23:12r/v.

91 José Soares, Partial AL Vice-Province July 1694~July 1697, Peking, 30 July 1697, BAJA 49-V-22:628v.

학의 필수적인 부분들을 습득해야 했을 뿐만 아니라, 그들의 높은 사회적 지명도 및 강희제와 청 황족들과의 잦은 교류는 그들이 또한 만주어를 배워야 했고, 부관구는 만주어 및 중국어 교사들과 계약을 맺어 그들로 하여금 모종의 지도에 대한 책임을 지게 하였음을 의미했다.[92] 그러나 북경의 언어 훈련을 위한 유리한 조건에도 불구하고, 새로 도착한 예수회원들이 요한 아담 샬Johann Adam Schall과 페르디난트 페르비스트Ferdinand Verbiest와 같은 전임자들에 의해 세워진 박학다식의 표준에 부합하는 것은 쉬운 일이 아니었다. 그것이 정말 어려운 작업이었다는 것은, 1686년 중국에 도착한 지 1년 안에 자신이 "한자나 중국어 책"을 다루는 데 있어서 명민함을 보여주지 않으면 관료들이 그를 "페르비스트 신부의 자리를 채울 수 없다"는 것을 알까봐 자신을 채찍질 했다고 말한 앙투안 토마스Antoine Thomas의 말에서 짐작할 수 있다.[93] 토마스와 같은 북경 선교사들은 학습에 많은 시간을 소비해야 했기 때문에 다른 의무를 소홀히 했다. 장 발랏은 1689년 수도 거주지를 조사하는 과정에서 궁정 예수회원들이 영적 책임에 적극적으로 참여할 것을 일깨워주어야 한다는 압박을 느끼면서 "언어를 빨리 배우는 데 도움을 주고 그리스도교인들의 열정과 교육 수준을 향상시키기"위한 더 많은 실제적인 교류의 잇점을 언급하였다.[94]

1670년대부터 1690년대까지 20년 동안 부관구는 아주 소수의 신

---

92 두 교사는 각각 한 달에 두 냥을 받았다. Jean Valat, Carta e Ordenações do Padre Jean Valat depois da Visita de Pekim, Peking, 14 March 1689, ARSI Jap-Sin 164: 50r를 볼 것.
93 Thomas to Joseph Tissanier, Peking, 16 September 1686, BAJA 49-V-19:870v.
94 Valat, Carta e Ordenações do Padre Jean Valat depois da Visita de Pekim, Peking, 14 March 1689, ARSI Jap-Sin 164:49r.

입 회원을 받았기 때문에, 지방 선교사들의 훈련은 사서四書의 구절들을 읽는 것과 단기간의 구어 관화 과정으로 최소화되었다. 심지어 새로운 사제들이 중국에 왔을 때1688년에서 1697년 사이에 부관구의 사제들의 숫자는 19명에서 42명으로 늘어났음, 프랑스 예수회원들과 다른 종교 수도회 회원들이 부과한 도전은 너무 심각해서 부관구가 연학 규정에 규정된 방식으로 언어 수업을 개설하는 것을 고려할 수 없었다.[95] 선교회에 가장 중요한 것은 과거 예수회원들이 점령한 지역에 인력을 배치하고 가능한 많은 그리스도교 공동체 안에 사목적 존재감을 취하여 경쟁자들의 유입을 막는 것이었다. 부관구의 상황은 불안정하여 훈련 프로그램을 가속화하는 것 말고 다른 선택의 여지가 거의 없었고, 1년 조금 넘게 중국어를 배운 사람들을 포함하여 이전 세대의 선교사들에게 요구된 지식의 수준을 독려할 수는 없었다.

그러나 오래된 문제에 대한 새로운 해결책은 부족하지 않았다. 신입 회원 모집을 촉진하기 위한 부관구의 노력의 훌륭한 예는 18세기로 넘어갈 무렵 호세 몬테이로José Monteiro가 쓴 저작이다. 몬테이로는 자신의 저작의 목적을 분명하게 나타내기 위하여 "선교사를 훈련하는 데 사용하기 위하여 배우기 어려운 중국어를 빨리 배우기 위한 진정으로 유일한 방법"이라고 표현했다.[96] 그 내용은 문법 교재, 어휘목록 및 고해성사 입문서였으며, 주요 목표는 사제들에게 사목적 책임, 즉 세례를 주거나 신도들의 고해성사를 맡는 임무와 관련되지 않

---

95 Triennial Catalogue, Vice-Province 1688, ARSI Jap-Sin 134:370r; Triennial Cata-logue, Vice-Province 1697, ARSI Jap-Sin 134:380r.

96 Monteiro Praxis.

은 훈련들을 면제해주는 것이었다. 이런 유형의 책을 갖고 있는 신입 선교사는 그리스도교인의 수가 가장 많고 성찬에 대한 요구가 가장 큰 지방 선교부로 직접 갈 수 있었다. 그는 텍스트에서 발견되는 문법적 패턴과 로마자로 표기된 용어들을 암기함으로써 관화를 말하는_{읽거나 쓰지 않는} 방법을 배우고 신도들에게 신심을 고취하기 위한 많은 관련 구절들을 가질 수 있었다. 그러나 그 밖의 것은 거의 배우지 않았다.

몬테이로는 1700년경 부관구가 직면한 곤경에 대해 잘 알고 있었다. 복주 선교사 및 복건성에 있는 마카오 주교로서 그는 예수회원들의 대목교구장과의 투쟁의 최전선에 있었다. 이것은 1698년부터 1702년까지 그리고 다시 1704년부터 1707년까지 그가 부관구장의 지위를 임명받는 데 있어 기여한 경험이었다. 그의 텍스트는 중국 예수회원들이 주앙 로드리게스João Rodrigues의 『일본어소문전*Arte Breve da Lingoa Iapoa*』에 이어 만들어낸 가장 좋은 관화 연구 텍스트로 보인다.[97]

확실히 몬테이로의 저작은 간결했으며, 이와 비교할 때 로드리게스의 저작은 장황했다. 『진정으로 유일한 속성법*True and Only Brief Way*』에 대한 "서문"은 한 문장으로 구성되어 있다. 즉 "관화라고 불리우는 중국어는 이 광대한 제국에서 보편적으로 사용되고 있고, 이 언어를 알아 듣는 사람을 이 제국의 전 지역에서 찾을 수 있기 때문에 유럽인들의 라틴어와 비슷하다". 여기서 몬테이로는 당시의 포르투갈어 및 라틴어 발음을 참조하여 관화의 어음을 설명하였다. 그는 관화는 "자모

---

97 복건성에서 사역하던 도미니칸 수도회 프란시스코 바로는 1680년대에 *Arte de la Lengua Mandarina*라는 제목의 문법서를 저술했으며, 이 책은 1703년에 광주에서 출판되었다. W. South Colbin and Joseph Levi, eds. and trans., *Francisco Varo's Grammar of the Mandarin Language(1703)*(Philadelphia and Amsterdam, 2000)를 참조.

B, D, R을 사용하지 않으며", 어떤 중국어 글자도 자모 A 혹은 E로 시작하지 않는다고 말한다. 즉, "아멘Amen을 말하기 위해서, 중국인은 'yá mên'이라고 말하고, '에클레시아Ecclesia'를 말하기 위해, 그들은 'Nge ke le si ya'라고 말한다".[98] 몬테이로는 당시 관화의 5가지 성조와 자신의 로마자 표기 체계에 대한 설명을 포함시켰다. 문법 부분의 마지막에서는 대명사, 부사, 형용사 및 수량에 대한 규칙과 예들을 로마자로 표기된 용어 목록과 함께 설명하고 있다. 이 부분의 마지막은 한 중국 그리스도교인과 예수회원의 대화일부가 이 책의 앞에서 인용됨로 끝나고 있는데, 이것은 문법 연습과 추가 어휘 목록의 역할을 한다.

예수회가 중국어와 중국 사상으로 사람들을 훈련시키기 시작한 후 1세기가 지나 몬테이로가 빠르게 유창해지는 "진정으로 유일한 속성법"이 더 많은 어휘 목록을 학습하는 것이며, 이것이 루지에리와 마테오 리치의 방법과 크게 다르지 않다고 결론 내린 것은 아이러니가 아닐 수 없다. 분명히 예수회원들은 항상 그러한 목록을 사용해서 중국어를 공부해왔으며, 많은 용어를 암기했던 형제들을 모방했다. 그러나 몬테이로의 방법은 투박하며 제시하는 문구들은 조야粗野하다. 그의 "속성법Brief Way"은 유창하지 않고 딱딱하게 말하도록 한다. 그러나 새로 도착한 선교사가 사목자로 활동하려면 자신의 양떼들에게 무슨 말을 해야 할지 알아야 한다는 것은 당연한 일이다. 이 교육용 텍스트에서 그리스도교 용어는 필연적으로 중심적 위치를 차지하고, 독자들은 "하느님은 하늘과 땅, 그리고 무無에서부터 모든 것을 창조

---

98 Monteiro Praxis, 1.

하셨다Tiẫn chù çùm vû sẪm ti â tì và v v 우리의 공덕은 영원한 영광에 도달하기에 충분하지 않다Ngò mèn tiè cẼm laô pù keù tỷ tiẫn tâm tiỷ fá. 마귀조차도 신에게 복종한다Liên má guèi tìm Tiẫn chù mìm"[99]와 같은 기본적인 핵심 교리들을 접할 수 있었다. 몬테이로는 또한 신도의 의무, 이성 영혼의 속성 및 기타 영적 문제 등의 주제를 다루었다.

또 그는 보다 실용적이고 세속적인 사무들에 주의를 기울였다. 그의 텍스트는 회원들이 스스로 거주지로 떠나면서 사용하도록 설계되었기 때문에, 반드시 내부 살림에 필요한 단어를 신입 회원들에게 가르쳐야 했다. 거주지와 관련된 부분에는, 가사 일을 돕는 하인들과 말하는 짧은 문구가 있다. 이런 유형의 표현들은 주방과 요리에 관한 부분에서 찾을 수 있는데, 선교사들이 이런 일들을 다른 사람들에게 맡긴 것이 분명하기 때문이다. 몬테이로의 텍스트에 따르면, 유창한 모습을 보이기 위해 사제들은 자신이 제공받은 음식에 대해 불평할 수 있어야 했다. 예컨대 다음과 같다.

Chècò já má chù tỷ làn.

이 고기는 잘 구워지지 않았다.

Já puòn sẪm, puòn xá.

그것은 반은 익히지 않았거나 혹은 반만 익혔다.

Chècò çài má ùi.

이 콩들은 맛이 없다.

---

99 Ibid., pp.17~19.

Chècò çài hiên tÝ kìn.

그것들은 너무 짜다.

Chècò çài yÁo pù tùm.

나는 이 콩들을 씹을 수가 없다.

Fàn pù làn; pù xá,m á chù te xá.

쌀은 잘 익지 않았다.

Fàn yeù xÝ teû.

쌀 안에 돌이 있다.

Chècò châ pào tÝ kieù leaò.

이 차는 조금 전에 우려졌다.

Fàm châ yÝ xaò leaò.

당신은 찻잎을 너무 적게 사용했다.

Chècò châ xaò pú haò.

이 차는 잘 우려지지 않았다.[100]

이어지는 부분에서는 독자를 선교소 내부로부터 더 넓은 사회로 인도한다. 즉, 의복, 가족 관계, 학습, 지방 및 도시, 관직 등급, 법정 및 법, 군인 및 무기, 직업 및 음식 등의 주제가 포함된다. 혼자 있는 선교사들에게 특히 유용한 부분은 신체와 건강에 할당된 부분인데, 병든 예수회원들에게 자신들의 증상을 중국 의사들에게 설명할 때 사용하는 용어를 가르친다. 저작 전체의 사분의 일을 차지하는 텍스트의

---

100 Ibid., pp.38~39.

마지막 부분은 고해성사를 일련의 대화 형식으로 구성하고 있다. 이 결의론決疑論 메뉴얼로부터 독자들은 신앙 고백할 때 고백자에게 질문하는 방법에 대한 통찰을 얻었을 뿐만 아니라, 적어도 몬테이로에 따르면 중국 그리스도교인에게 어떤 죄가 전형적인지도 알게 되었다.[101]

몬테이로의 "진정으로 유일한 속성법"만으로 판단한다면, 예수회원들은 외부 도전의 압력하에서 새로 도착한 동료들에게 중국 철학의 기초를 가르치는 것을 포기한 것으로 보인다. 그러나 또 다른 자료들은 선교사들과 사서四書 사이의 연관이 비록 17세기 전반기의 화려한 시절에 비해 희미해졌음에도 불구하고 지속되었음을 드러낸다. 중국어 용어들의 한 어휘 목록에는 끝에 "중국 이교도들과 논쟁할 때 사제가 알아야 할 사서의 문장"이라는 제목의 짧은 섹션이 포함되어 있다. 이 어휘 목록표는 다섯 페이지인데, 한자와 포르투갈 문자로 번역되고, 포르투갈어 설명이 붙은 『대학大學』과 『중용中庸』의 문장들을 발견할 수 있다.[102]

다른 예수회 저작들의 관점을 기초로 하고 있는 이 "문장들"에 나타난 주장들은, 유가 경전이 그리스도교 신에 대한 암묵적이고 명백한 언급을 포함하고 있음을 보여주기 위해 고안되었다. 한 가지 예를 들자면, 인용문은 『대학』의 첫 번째 구절로 시작한다. 즉, "큰 배움의 길은 밝은 덕을 밝게 하며, 사람들의 마음을 새롭게 하며, 가장 지극한 선의 경지에 이르는 데 있다大學之道 在明明德 在新民 在止於至善". 붙어있는 주석에 따르면, 이 구절을 통하여 "사람이 이르러야 할 궁극적인 끝"

---

101 Ibid., pp.61~78.
102 Anon., Chinese-Spanish Dictionary, BNL Reservados 11611:172v-174v.

이 있다는 것을 "명확하게 추론"할 수 있다.[103] 상황이 이와 같아서 "참 법과 교리는 사람이 자신의 깨달음과 본능적 영감을 따르도록 인도함으로써 자신의 궁극적인 목표, 즉 가장 훌륭한 선에 도달하게 함을 말하고 있기 때문이다"라고 계속해서 주장한다. 최종적인 결론은 "최고의 선至善"이라고 초기에 번역된 이 수마 본다데suma bondade, 全善는 결국 신 외에 다른 것이 있을 수 없게 되는 것이다.[104] 한 선교사가 이런 단편적인 명언들을 갖고 중국 문사와 기꺼이 논쟁하려고 했을 것이라는 것을 믿기는 어렵지만, 아마도 이것은 그리스도교 복음에 대한 사제들의 자신감을 나타내는 것이거나 아니면 좀 더 강력한 수사적 무기 없이 새로운 문사 개종자를 얻을 수 있으리라는 빈약한 전망의 포기를 나타낸다고 할 수 있다.

중국어를 배우는 "속성" 방법의 사용 혹은 유가 경전에서 뽑아낸 "선택 구문" 목록들이, 부관구의 사람들이 선교 현장에서 자신들의 영토를 장악하게 해주었을지 모르지만, 실제로 이것들은 나중에 중국의 선교 사역을 붕괴시키는 한 요인이 되었다. 1690년대 이전에 중국에 도착한 노장 선교사들은 최근에 새로 도착한 사람들의 언어 훈련 기간을 줄임으로써 선교가 위기의 가장자리에 점점 가까워졌다는 것을 알았다. 예수회원들의 시각에서 보면, 1692년 관용 칙령이 내려졌음에도 불구하고, 그들은 서양과 중국 사상 양자를 모두 훈련 받은 박식한 사람들이라는 대중적 이미지를 유지해야 했다. 선교 사역

---

103 번역은 James Legge, trans. and ed., The Four Books(New York, 1966), p.308 참조.
104 Anon., Chinese-Spanish Dictionary, BNL Reservados 11611:172v.

이 계속 확대되려면, 넓은 지역에 퍼져 있는 그리스도교 공동체를 관리하는 데 필요한 사목적 기술 외에 본토의 지적 전통에 익숙한 사람들이 그 임무를 맡아야 했다.

아마도 지속적인 성장을 위한 이 방정식의 가장 중요한 요소는 1630년대 이래 출판된 책을 재출판하는 것이 아니라 새로운 중국어 텍스트를 제작하는 것이었다. 그러나 새로운 선교사들에게 중국어 작문 스타일의 원리를 가르치는 체계적인 훈련이 없다면, 새로운 교재는 쓰여질 수 없다. 부관구의 장상들은 이 문제에 대해 알고 있었으며, 다른 방법이 없었기 때문에 수하 회원들에게 작문 스타일을 배우도록 권고함으로써 문제를 해결하려고 하였다. 순찰사 프란시스코 노게이라Francisco Nogueira는 1690년대 초 선교 거주지를 방문한 후 젊은 동료들이 "중국 문자 학습에 전념하지 않았고", 그 결과 선교에 명백히 부정적인 결과를 가져오는, 그들 중 "글자를 쓰거나 중국어 책을 저술할" 수 있는 사람들이 거의 없다는 노장 예수회원들의 불평에 기초하여 일련의 지령을 보냈다. 노게이라는 노장 예수회원들 중에 "글자를 쓸 수 없거나 중국어 문장을 쓸 수 없는 사람은 단지 한 사람밖에 없었기"때문에 그들은 이 부분에서 좋은 모범을 제시했다고 강조했다. 그는 수하 회원들이 "언어를 배우는 것"만으로 만족하지 말고 더 부지런히 중국 철학을 공부하도록 권면했다. 중국어 학습의 중요성을 강조하기 위해, 노게이라는 부관구장이 자신에게 임무를 수행할 수 없는 사람들의 이름을 알려서, 그들을 "글자 공부가 필요하지 않은" 다른 곳으로 옮길 수 있도록 그에게 요청했다.[105]

과거의 학문적 미덕으로 귀환할 것을 요청하는 이런 요구는 너무 늦어서 부관구가 다른 수도회들 및 로마로부터 오는 경쟁자들의 침입을 막을 수 없었다. 실제로, 중국 고전들을 학습해야 한다는 프란시스코 노게이라의 권고는 1700년경에 선교 사역이 직면한 도전들을 분명히 과소평가한 것이었다. 그것은 예수회원들에게 쇄도하는 사목적 의무를 충족시키기 위해서 초인간적인 노력을 요구하는 것이었고, 여전히 지적 추구에 참여할 시간을 남겨두라는 것이었다.

그러나 최소한 한 선교사 입장에서 볼 때, 예수회원들이 본토 철학 텍스트에 더 깊이 파고들 수 있었다면, 그들은 전례 논쟁 중에 필요한 탄약을 발견했을 것이다. 이것은 궁정 선교사들 중의 한 명이었던 호세 소아레스José Soares가 1705년 투르농 사절단의 후과後果가 무엇인지 깨닫고 나서 표명한 의견이었다. 예수회원들이 의식儀式에 대한 자신들의 해석을 방어하기 위해 본토의 자료로부터 충분한 증거를 드러낼 필요성에 직면했을 때, 그 임무를 감당할 사람은 거의 없었다고 소아레스는 탄식했다. 그는 특별히 중국 유대인과 무슬림 공동체의 문서를 언급했는데, 이 자료들은 천天과 상제上帝라는 용어가 셈족의 신을 가리킨다는 예수회원들의 주장에 신뢰를 줄 수 있고, 부관구의 교회들에 걸려 있는 경천敬天 편액이 우상 숭배가 아니라는 것을 비방자들에게 확신시킬 수 있었기 때문이다. 소아레스는 다음과 같이 썼다. "이 가장 광대하고 역사가 오래된 제국에는 참 하느님에 대해 말하고 있는 하느님의 진지眞知, True Vigil의 유적들이 많이 있다. 그러나 선교사들이 이런 유적들에 관심을 가지지 않았는데, 이것은 우리가 공격

105 Francisco Nogueira, Ordens para as Residencias da China, Macau[1694?], BAJA 49-V-23:340r/v.

자들의 근거 없는 도덕관념을 물리칠 수 있는 문서가 부족하다는 것을 의미한다."[106] 그러나 1705년에 투르농은 이미 교황청으로부터 중국 예수회원들을 복종시켜서 따르게 하라는 명령과 함께 아시아로 가는 길이었다. 그 때부터 예수회원들이 중국어와 유가 사상에 몰두하는 것이 그리 긴요하지 않게 되었는데, 그들의 소통 기술이 자신들의 운명을 결정지을 황제 혹은 교황을 설득시키기에 충분치 않았기 때문이다.

106 Soares to José Monteiro, Peking, 8 January 1705, BAJA 49-V-24:543r.

제8장
개종 사업

1604년 초 봄 어느 날 남창南昌에서 심각한 폐병에서 회복 중에 있던 주앙 소에이로João Soeiro를 인근 복건성에 사는 한 청년이 방문하였다. 청년 린Lin 씨 가문은 과거 시험에서 큰 성공을 거둔 것으로 유명했고, 그의 아버지는 부유한 관료였지만 청년은 "젊음의 쾌락 속에서 이곳저곳 다니며 은을 만들기 위해 연단술을 배우려는" 탕자처럼 세월을 보냈다. 린은 남창 거주지에 있는 시계에 흥미를 느껴 소에이로에게 갔고, 소에이로와 수학에 대해 토론했다. 예수회원은 하느님의 율법에 대한 다양한 언급을 토론에 집어 넣으면서 —"그와 다른 사제들이 평상시 하는 것처럼"— 점차 종교 주제로 돌아갔다. 린이 관심을 갖는 것을 보고 소에이로는 그에게 "차분히 숙고하도록" 교리문답을 제시했다. 그 후 몇 주 동안 이 청년은 매일 소에이로를 방문하여 그리스도교에 관한 질문을 퍼부었다. 그는 예수회원의 응답에 만족하여 "기쁜 나머지 자신도 모르게 발을 구르고 손뼉을 쳤다".[1]

마누엘 디아스elder가 그해 말 조사 여행의 일환으로 남창에 도착했을 때, 린은 선교사들에게 그들의 종교에 관해 더 많은 질문을 할 기회를 얻었다. 예수회원들에 따르면, 그의 의심은 "왜 악한 자들의 길이 형통한가?"[2]라고 질문했던 선지자 예레미야의 의심을 반영했다. 린은 하느님께서 왜 "좋은 것을 악인에게, 그리고 나쁜 것을 선인에게" 주셨는지, 그리고 왜 하느님이 세상에 그렇게 많은 파괴를 가져온 악인들을 죽이지 않으셨는지 알고 싶었다. 린은 "왜 하느님은 구원받지 못할 사람들을 만드셨는가?"라고도 질문했다. 린은 또한 선행에 대해서도 물었다. 하느님께서 천국에 갈 사람과 지옥에 갈 사람을 미리 아신다면 선행은 어떤 쓸모가 있는가? 이 잠재적 개종자는 또한 왜 전능하신 하느님이 그의 피조물들을 선하게 만들어서 피조물들이 죄를 범하는 번거로움을 덜지 않으셨는지 알고 싶어했다. 더 세속적으로는, 린은 아픈 사람들이 낫기를 바라며 하느님께 기도한다는 예수회원들의 주장을 듣고 당황스러워했다. "모든 것이 그 분의 뜻에 따라 일어난다면, 처음에 우리에게 병을 주셨던 분이 그 분인데 어떻게 그 분에게 건강을 구할 수 있습니까?" 또한, 린은 왜 불교 사원이나 도교 사원에서 기도하고 희생 제물을 바친 사람들에게 하느님은 건강을 주셨는가? 그들의 회복은 분명히 천주가 아니라 그들이 숭배한 신

---

1 Guerreiro 2, pp.114~115.
2 이 구절은 예레미야 12장 1절에 나온다. "어찌하여 악인들이 형통하며, 배신자들이 모두 잘 되기만 합니까?"

들에 기인한 것일 터이다. 선교사들의 기록에는 린의 의심에 대한 그들의 답변이 포함되어 있지는 않지만, 자신들의 대답은 "그에게 잘 전달되어서 그가 만족했으며, 그의 질문 수준과 이해 수준이 똑같이 뛰어났음을 보여주었다"고 그들은 단언했다.[3]

이것은 개종 과정에 대한 다소 기발한 삽화를 연상시킨다. 분명히, 예수회원들이 이와 유사한 의심을 표현했던 사람들과 나눈 대부분의 대화들은 남창 선교사들이 린과 나누었던 대화의 방식, 즉 세례로 끝나지는 않았다. 린의 경우는 두 명의 부인이 있었기 때문에 성찬식에 참여하지 못했고 대신 자신의 아들을 세례에 참여시켰다. 그러나 천주교가 친족 네트워크를 통해 주로 전파되기 시작한 17세기 중반 이전에 그리스도교를 받아들이기로 결정한 사람들에게 개종의 길은 우연히 다가왔다. 린의 경우, 소에이로의 시계를 찾았을 때 그 길이 다가왔지만, 다른 사람들은 예수회원들의 출판물을 읽거나 그리스도교 동료들과 이야기를 나눌 때 생겼다. 또 어떤 사람들에게는 예수회원 거주지에서 혹은 사제가 시골 선교를 수행할 때 선교사를 처음 만나면서 그 과정이 시작되었다.

선교사의 종교적 메시지에 매료된 후, 잠재적 개종자들은 교리, 의무, 그리고 천주를 따르는 자들이 해야 할 실천에 관한 대화에 참여했다. 이러한 토론이 세례 및 새로운 개종자가 선교 교회의 일원으로 통합되기를 예수회원들은 희망했다. 그러나 바로 이 과정은 어떻게 일어났는가? 선교사들은 어떻게 중국인들에게 그들의 가르침을 소개했

---

3 Guerreiro 2:116.

는가? 그들이 명말청초 시기의 남성과 여성들에게 무엇을 말하고 혹은 자신들의 종교를 받아들이도록 설득하기 위해서 무엇을 했는가? 예수회원들이 종교 경험이 유럽의 경험과 크게 다른 개인들에게 자신들의 믿음을 이해시키기 위해 어떤 의식儀式이나 도구를 사용했는가? 그리고 이 남성과 여성들이 그리스도교인이 되기로 결심한 후, 그들은 천주교 추종자로서의 정체성을 확립하기 위해 어떠한 표시 혹은 상징을 채택했는가? 간단히 말해서 "개종 사업"에 종사하는 예수회원들은 어떻게 "신성한 상품"을 중국에 공급했는가?[4]

중국 그리스도교의 전개 과정에서 남겨진 유산에서 발견된 풍부한 세부적 항목들—기적적인 치유, 선한 그리스도교인, 터무니없는 불교도, 귀찮게 하는 도교 신자들, 그리고 때로는 "냉랭해진" 개종자들에 대한 이야기들을 포함하여—에도 불구하고, 이 질문에 대한 특별한 답변을 거의 찾을 수 없다. 선교 사역에 대한 가장 생생한 묘사가 주로 예수회 내부의 소비를 목적으로 한, 부관구의 연례 서한에서 찾을 수 있다는 점에서 정보의 부족은 놀라운 일이 아니다. 수도회 회원들 사이에서 선교사들의 규범과 실천에 대한 공유된 이해는—그들이 무굴 제국 황실, 아마존 밀림, 혹은 리스본이나 에보라의 도시 성벽 너머에 있는 마을 어디에 있든간에—모든 예수회원들은 수련 기간 중 최소 몇 달 동안 선교사로 봉사해야 했기 때문에 당연한 것으로 여겨졌다. 이러한 맥락에서 해외에서 오는 연례 서한은 두 가지 목적을 갖고 있었다. 즉 각 예수회 사역의 현세적 및 영적 상태에

---

4 이러한 완곡어법은 Gabriel de Magalhães, Partial AL Vice-Province 1640, Hang-zhou, 30 August 1641, BAJA 49-V-12:511v.를 참고할 것.

관한 정보를 전달하고, 선교사들과 그들 그리스도교인들의 미덕의 예를 제공하는 것이 그것이었다. 그럼에도 불구하고, 중국 부관구의 서한들 속에는 그들의 전도 방법에 대한 많은 기술들이 들어 있었는데, 이 전도 방법들은 중국 예수회원들이 보편적으로 사용했던 것들이었다.

이러한 방법에 대한 논의를 시작하기 전에 두 가지 사항을 명확히 하는 것이 중요하다. 첫째, "선교전략"이라는 용어는 일반적으로 "위에서 아래로의" 개종을 강조하면서 여타 학자들의 여러 연구에서 사용되었는데, 본 연구의 관점에서 볼 때 이것은 잘못된 것이다.[5] 중국 그리스도교인들 중 다수는 평민 출신이었다. 이 사실과 이미 논의된 다른 이유에 비추어 볼 때, 예수회원들이 자신들이 더 낮은 계층의 사회 구성원을 개종시키는 데 효과적이라고 생각한 기술을 개발했다는 결론을 피하기는 어렵다. 이어지는 분석에서는 서적 혹은 학술 토론을 통해 예수회원들이 문사 계층과 교류했다는 친숙한 주제에 대해서는 토론하지 않고 평민들의 개종을 얻기 위하여 사용한 방법을 다룬다.

두 번째 문제는 이 분석에 사용된 자료의 특성과 관련하여 다루어져야 한다. 명말청초에 살았던 하층민들이 왜 그리스도교인이 되는 것을 선택했으며, 혹은 그들이 자신들의 종교적 정체성을 어떻게 간주했는지에 대해 선교 증명서들만으로 명확한 결론을 도출하는 것은 어리석은 일이다. 서광계나 양정균 같이 문헌 자료가 풍부하게 남아

---

5 Nicolas Standaert, "Chinese Christians", *Handbook*, pp.380~391, 특히 p.386.

있는 사람들을 다루는 학자들은 그런 질문에 대답하기 어렵다는 것을 알았다.[6] 중국어 자료들에 기반한 연구는 엘리트의 렌즈를 통해 걸러지지 않는 중국 대중 그리스도교에 대한 실질적인 설명을 제시하지 못했다.[7] 따라서 선교사들이 어떻게 잠재적 개종자와 상호 작용했는지, 그리고 공인된 종교적 정체성을 가진 중국 그리스도교인에게 어떠한 실천들을 부여했는지를 찾고자 하는 사람은 예수회 자료로 돌아가야 한다. 분명히, 선교사의 기록은 종종 개종자들에 대한 것보다 예수회원들에 관해 더 많은 것을 드러내지만, 현재의 목적을 위해서도 바로 그 점이 선교사들의 기록들이 왜 유용한지를 말해준다. 대다수 중국 가톨릭 신자들에 대한 침묵에 가까운 상황을 마주하면서 우리는 개종의 과정 및 가톨릭 실천의 형식과 관련해서 선교사들의 이야기들로부터 무엇인가를 알게 되기를 희망한다. 비록 이러한 것들이 실제 그렇게 되지 않았고 예수회원의 각도에서 묘사된 것이라 할지라도 말이다.

---

6 예컨대, Willard Peterson의 "Why Did They Become Christians? Yang T'ing-yun, Li Chih-tsao, and Hsu Kuang-ch'i", East West, pp.129152와 Nicolas Standaert, "Xu Guangqi's Conversion as a Multi-faceted Process" in Jami et al., pp.170~185를 볼 것.

7 Erik Zürcher, "The Jesuit Mission in Fujian in Late Ming Times : Levels of Response", E. B. Vermeer, ed., *Development and Decline of Fukien Province in the 17th and 18th Centuries*, Leiden, 1990, pp.417~457; Erik Zürcher, "The Lord of Heaven and the Demons : Strange Stories from a Late Ming Christian Manuscript", G. Naundorf, K. H. Pohl, and H. H. Schmidt, eds., *Religion und Philosophie in Ostasien*, Würzburg, 1985, pp.359~375.

1. 서양에서 온 성인들

중국 선교 역사에 있어서 마테오 리치가 탁월한 공헌을 했기 때문에 이 위대한 인물은 역사가들은 물론이고, 그의 후임자들에게 다양한 유산을 남겼다. 그가 예수회 사역에 남긴 인상은 너무 깊어서 학자들이 그의 개인적인 행동을 그의 동료들의 전략 혹은 일반적으로 예수회의 복음화 방법과 혼동하는 것은 이해할 수 있다. 확실히 리치가 명대의 개인들을 다룬 태도는 다면적이었으며, 그의 종교적 전술을 그의 정치적 또는 인본주의적 전략과 명확하게 분리시키는 것은 어렵다. 그러나 이 선교 창립자와 관련된 기억의 대부분의 것들은 분명히 선교 활동이라 불리는 것보다는 외교적 또는 지적 행동의 범주에 속한다. 이것은 리치가 중국에 있는 동안 그리스도교를 전파하지 않았다는 것을 말하는 것이 아니며, 자신의 모든 행동을 주님의 더 큰 영광ad maiorem Dei gloriam을 위해 전념하지 않았다는 것을 의미하는 것도 아니다. 오히려, 그의 가장 중요한 유산그의 시대와 현대 학자들 모두에게는 그의 후임자들이 복음을 전파할 수 있게 한 것임을 지적함으로써 용어를 재정의하는 것이다. 리치의 일기를 각색한 니콜라스 트리고의『그리스도교 중국 원정기』에는 북경을 향한 이탈리아인의 여행, 관료들과의 관계, 중국어로 된 저술들에 대해 많이 언급했다. 그러나 이 책 혹은 선교 사업의 첫 10년 동안의 다른 자료들에는 마테오 리치가 그의 대화자들에게 세례를 받도록 설득하는 데 사용한 방법들에 대해 개괄적으로 언급했을 뿐 그 이상의 서술은 보이지 않는다.

그러나 분명하게 규명되지 않았다고 해서 선교방법이 실제로 존재하지 않았다는 것을 말하는 것은 아니다. 반대로, 정치적, 종교적, 지적이든 리치의 행동은 다른 사람들을 자신에게 끌어옴으로써 그리스도교를 촉진시키는 수동적 방법으로 이해될 수 있으며, 트리고는 리치의 행동을 그리스도교가 중국으로 전파되는 데 있어서 없어서는 안될 부분으로 상당히 분명하게 드러내었다. 그러나 그의 후임자들이 채택한 보다 적극적인 개종 방법과는 달리, 마테로 리치는 자신 및 여타 예수회원들을 위하여 사람들의 주목을 끄는 이미지를 구축함에 있어서 상당히 느리게 일했다. 리치의 방법에 대한 가장 신랄한 비평가인 일본 선교사 주앙 로드리게스조차 "신성함으로 큰 명성을 얻은"이 이탈리아인이 많은 중국인들로 하여금 그리스도교 복음을 인식하게 만들었다는 것을 인정한 것은 놀라운 일이 아니다. "미신이 밀집한 덤불"인 명 제국에서 로드리게스는 1610년 리치의 죽음 이후에 "그에 대해 들어보지 못했거나 혹은 그가 마치 성인이라고 말하지 않는" 사람을 찾는 것은 어려웠다고 썼다. 리치의 "미덕의 달콤한 냄새"의 향기가 중국 전역에 퍼졌으니, 그와 교류한 문사들의 편지에서, 그가 저술한 과학, 종교, 도덕적 주제에 대한 책들 속에서, 그리고 한 지역에서 다른 지역으로 전해졌다.[8]

선교의 첫 수십 년 동안 리치와 그의 동료들이 사용한 수동적 방법은 예수회원들의 도시 거주지를 중심으로 이루어졌다. 처음부터 사제들은 자신들의 집을 진기한 물건을 찾는 사람들을 끌어들이는 장소로 만들려고 했다. 그들의 거주지는 그리스도교 소책자를 배포하기 위한

8　Rodrigues to Claudio Aquaviva, Macau, 22 January 1616, ARSI Jap-Sin 16-I: 287v.

장소였으며, 과학 기구 및 기타 유럽의 진기한 물건을 볼 수 있는 장소이자, 사제가 가톨릭 의식儀式을 거행하는 것을 관찰할 수 있는 좋은 장소였다. 선교사들은 이 거주지에 나타난 다양한 그리스도교의 이미지에 노출된 후 흥미를 느낀 중국인이 다른 사람들에게 소식을 전하고, 이 외국 종교와 관련된 소식을 전하기를 희망했다. 예수회원들의 게임에 기꺼이 참여하기를 희망하는 선수들이 등장한 시간은 오래 걸리지 않았다. 1584년 여름, 조경의 사제 그룹에 이미 복건성의 한 문인이 합류했다. 바울Paul이라는 세례명을 받은 이 사람은 그해 12월 초 집을 떠나 북경으로 갈 때 루지에리의 첫 교리 문답서를 가지고 갔다. 그는 예수회원들과 헤어지면서 "아내와 자녀들을 그리스도교인이 되게 하고 하느님의 율법을 다른 사람들에게 가르치겠다"고 약속했다.[9]

광동 거주지에 있는 선교사들을 방문한 사람들이 늘면서 사제들에 대한 소식이 중국 남부 전역으로 퍼졌다. 1590년대 초에, 제국의 주요 남북 소통의 도로를 지나는 관료, 상인, 그리고 여행자들—이들은 예수회원들에게 가장 쉽게 끌리는 유형이다—의 끊임없는 움직임은 리치의 명성을 강서성까지 전해주었다. 리치는, 강서성의 한 상인이 변경 도시인 남웅南雄에 와서 장사를 하였는데, 그가 지인을 통해 "서양에서 온 외국 사제들"을 알게 되었다고 기록했다. 60세가 된 상인은 소주韶州에 있는 리치를 찾게 되었고, "천국에 도달하기 위한 진정한 길"을 배움으로써 내세를 준비하도록 고무되었다. 선교사들을

---

9 Francisco Cabral to Alessandro Valignano, Macau, 5 December 1584, in OS 2: 430.

만났을 때, 그는 그리스도교 교리를 듣고 한 달 동안 사제들과 함께 하기로 결정했다. 머무는 동안 상인은 요셉이라는 이름으로 세례를 받았고, 리치의 지시에 따라 이그나시우스 로욜라가 영신수련에서 규정한 묵상에 참여하기까지 했다.[10] 리치가 그리스도교의 핵심을 설명한지 한 달도 안되어 이그나시우스의 영신수련 저작을 사용한 것은 새로운 개종자들의 신앙에 진입 장벽을 너무 높게 세운 것이었다. 왜냐하면 다른 선교사들은 이 내적 성찰의 방법을 몇 년 지나 나중에 사용했기 때문이다.

1590년대 후반, 리치는 자신의 행동의 중심을 북경으로 바꾸었다. 북쪽으로 가면서 그는 소주韶州, 남창南昌, 남경南京에 세운 거주지들을 동료들의 손에 남겨 놓았다. 리치의 명성에 의해 기운을 얻은―아마도 거의 20년 동안 일한 개종 성과의 부족으로 좌절했을 것이다―이 사람들은 자신들의 거주지에서 사용된 수동적 전략을 보완하기 위해 보다 적극적인 개종 전술을 개발하기 시작했다. 호기심 많은 사람들이 자신들을 찾아오는 것을 기다리는 대신에 일부 선교사들은 종교적인 메시지를 갖고 앞으로 전진하기로 결심했다. 분명히, 수동적 선교 전술과 능동적 선교 전술 사이에는 절대적인 구분이 없었으며, 모든 예수회원들은 목표로 하는 청중에 따라 두 가지 방법의 조합을 사용할 것이었다. 어쨌든 대중 설교로의 전환은 리치가 자신과 동료들을 위해 배양한 진지한 학자의 이미지를 변경하는 것이었기 때문에 위험한 모험이었다. 잠재적인 반향을 피하기 위해 보다 적극적인 전략들

---

10 FR 1 pp.314~315.

을 사용한 첫 번째 사제들은 먼저 자신들의 도시 거주지들과는 다른 사회적 환경에서 처음으로 그것들을 전개했다. 그들은 엘리트 회원이 거의 없는 시골로 향했다. 그곳에서, 자유롭게 돌아다니는 성스러운 사람의 상징적 힘특히 그의 옷에 의해 관리의 정치적 힘과 시각적으로 연결되었을 때은 성전과 다른 종교 기관들이 많이 있는 도시에서보다 그 힘이 더 컸다.

니콜로 롱고바르도Niccolò Longobardo는 1599년 여름 소주紹州 주변 마을에서 솔선해서 적극적인 방법을 사용했다. 마을에서 아픈 그리스도교인의 죄 고백을 듣기 위해 갔었던 바로 전 해 가을의 첫번째 경험을 바탕으로 롱고바르도는 "영적인 사냥"을 하러 나가는 방법을 개발했다.[11] 먼저, 그는 조수 중 한 명보좌신부 또는 교리 교사을 지정된 마을로 보내서 주민들에게 "아주 먼 서양 출신의 한 설교자가 와서 종교적인 문제들에 대해 이야기할 것"이라고 알렸다. 조수는 마을 사람들이 롱고바르도가 앉은 탁자 앞에 모이도록 독려하였다. 그리고 나서 예수회원은 "오로지 사람이 구원을 얻을 수 있는 천주, 하느님의 참 종교"에 대해 전하기 시작했다. 이렇게 도입 부분을 마친 후 그는 십계명에 대해 설명했다. 이런 식의 그리스도교에 대한 소개의 마지막 단계는 "이 거룩한 법을 가르치신 구주 하느님"의 초상화를 보여주고 그 옆에 촛불과 향을 놓는 것이었다.[12] 이 의식儀式의 힘을 과소 평가해서는 안되는데, 특히 문맹자들의 경우 롱고바르도가 보여주는 중국식의 장엄한 모습이나 그가 의식을 행할 때 드러내는 연극성에 더 큰 감명을 받았기 때문이다.

---

11 Longobardo to João Álvares, Shaozhou, 4 November 1598, in OS 2:475.
12 FR 2 pp.193~194.

롱고바르도는 일단 최고 존재를 소개하고 나서는 마을 사람들에게 다른 종교적 습관을 버리고 그리스도교인으로 입문할 것으로 권고했다. 글을 쓸 수 있는 극히 소수의 사람들에게 그는 교리문답 책자를 배부했다. 이 사람들은 또한 소집되어 선교사로부터 교리 문답을 들었고, 들은 내용을 다른 사람들에게 반복하는 일을 맡았다. 그는 이 사람들이 자신이 휴대용 제단에서 거행했던 미사활동에 참여할 수 있도록 하였다. 롱고바르도는 자신의 마을 사람들이 새로운 믿음의 가르침을 충분히 훈련받았다고 생각했을 때 세례를 주었다. 다음 마을로 넘어 가기 전에 예수회원은 새로운 개종자들에게 묵주와 메달을 주어서 "그것들이 이제 막 천주교에 입문한 시민군의 영적 무기" 역할을 하도록 하였다.[13]

롱고바르도의 단어, 몸짓 및 성물들의 사용은 일반적으로 중국 예수회원들과 관련된 가톨릭교의 형태와 뚜렷한 대조를 이룬다. 여기서 전파되고 목격된 신앙은 유가 철학과 서구의 개념을 조화시키려고 하는 문사 개종자들의 비교秘敎적인 종교가 아니다. 오히려, 그것은 초기 근대 가톨릭 유럽의 평범한 그리스도교인들의 실질적인 신앙을 반영한 것이다. 롱고바르도와 같은 순회 선교사로부터 천주교에 대해 배운 시골 사람들이 생각하는 그리스도교는 구원의 약속과 함께 엄격한 도덕적 규약을 준수해야 할 의무가 있는 종교였다. 이 신앙의 실천은 자주 기도하는 것이었는데, 이 기도들은 일반적으로 성화 혹은 성물, 그리고 때때로 전례 참여 등과 같은 보조 장치의 도움을 받았다. 중국

---

13 Ibid., p.195.

마을에서 예수회원들이 제시한 바와 같이, 천주의 기본적인 가르침은 간결하고 단순했다. 심지어 아이들도 배울 수 있었다. 그러나 선교사들은 간단하지 않은 임무를 맡았다. 즉, 그들은 개종자들이 자신들이 채택한 종교의 도덕적 구속에 따라 살도록 책임을 지고, 그들이 교리와 주요 가톨릭 기도들에 대한 기본적인 지식을 갖도록 해야하는 책임이 있었다.

비록 새로운 개종자들 모두에게 초보적인 교리를 주입하는 것이 쉽지 않은 일이기는 했지만 문제를 해결할 수 있는 방법은 있었다. 이 해결책은 유럽 예수회에서 사용한 사목 기술에 의존하는 것이었다. 결국 중국 예수회원은 트리엔트1545~1563 공의회 이후의 가톨릭 유럽에서 나왔고, 예수회는 재속在俗이든 입회 신부이든 일찍이 어린이들과 교육 받지 못한 사람들의 교리 교육에 대한 대규모 프로젝트에 참여했다. 넓은 면으로 되어있는 교리 독본의 배포는 아베 마리아Ave Maria 및 주기도문Paternoster과 같은 기본 기도를 가르치고 니케아 신경Nicene Creed, 칠극七克, 육체적 자비 행위들과 영적 자비 행위들, 십계명, 기본적 덕목들과 신학적 덕목들 등을 가르치는 데 사용되는 일반적인 방법이었다.[14]

롱고바르도는 예수회의 표준 실천들에서 힌트를 얻어 교리 소책자를 예비 개종자들에게 배포했다. 마테오 리치 등이 교육 받은 사람들을 위해 쓴 변증 책자들과는 달리 이것들은 지식 수준이 낮은 사람들

---

14 유럽의 교리 교육에 대해서는 Sara Nalle, *God in La Mancha : Religious Reform and the People of Cuenca, 1500~1650*, Baltimore, 1992, pp.104~133; Paul Grendler, *Schooling in Renaissance Italy : Literacy and Learning, 1300~1600*, Baltimore, 1989, pp.333~362을 볼 것.

을 위한 저작들이었다. 중국에 널리 배포된 이러한 최초의 입문서 중 하나가 주앙 소에이로João Soeiro의 『천주성교약언天主聖教約言』이며 1600년경에 처음으로 출판되었다. 이 짧은 텍스트어떤 판본들은 13쪽, 또 다른 판본들은 7쪽는 기도와 신앙의 핵심들에 대해 선교사와 예비 개종자가 나누는 대화로 구성되었다.[15] 분명히 이 짧막한 책자는 선교 사업 초기에 중국 그리스도교인들이 기본적인 수준의 교리 지식을 확보하게 하려는 목적을 달성하였다. 1612년에 선교회 장상 롱고바르도는 예수회원들이 교리 책자에 나오는 기도들의 중국어 표현을 바꿀 수 없으며, 특히 세례 성사를 수행하는 데 없어서는 안 될 공식, 즉 시간을 초월한 영원한 구절인 "나는 너에게 성부와 성자와 성령의 이름으로 세례를 준다Ego te baptizo in nomine Patris et Filii et Spiritus Sancti"의 번역은 바꿀 수 없다고 강조했다. 일부 사제들이 그 공식이 중국어로 표현된 방식에 의문을 갖기 시작했을 때그들에 따르면 이 번역에는 삼위일체에 대해 받아들이기 어려운 모호함이 있음 롱고바르도는 이 기도 소책자가 참된 교리를 "모든 사람들이 알 수 있도록" 만들었다고 반박했다.[16]

롱고바르도에게 있어, 중국 그리스도교인들이 인쇄된 소책자를 사용하여 교리를 배웠다는 주장은 여성들에게 세례를 준 그의 경험들에 의해 입증되었다. 예수회원들이 교리를 설명할 때 혼자 참석한 여성들은 거의 없었을 것이다. 그들은 남편, 아들 또는 다른 남성 친척들로부터 천주교에 대해 배워야 했다. 이러한 소책자들을 갖고, 특히 대화 형식으로 구성된 텍스트들을 사용함으로써, 중국인 남성들은 가족

---

15 좀 더 자세한 것은 Chan, pp.159 · 236을 볼 것.
16 Informação, 270r.

들이 교리를 배우고 개종해야 한다는 선교사들의 권고를 수행할 수 있었다. 1602년 롱고바르도는 소주 지역의 그리스도교 남성들이 여성 친족들에게 교리를 주입하는 과제를 수행하는 방식에 얼마나 감동했는지에 대해 썼다. 그는 여성들의 남편과 친족들이 있는 곳에서 여성들에게 세례를 주도록 초대받았는데, 여성의 경우 교리 문답 전체를 암송한 후에 세례를 받아야 했다. 이 첫 암송 후에, 세례 후보자들은 "거룩한 믿음의 가장 중요한 신비들과 관련하여 들었던 것"에 관한 질문에 대답했다. 롱고바르도는 이러한 만남, "이 시험을 위해 연습하면서, 나아가 교리를 배우고 암기하면서 보여준 근면성", 혹은 "외국 남자들에게 보이고 조사받는 것을 두려워하지 않으면서 그들이 보여준 정신과 자신감"에 대해 더욱 강한 인상을 받은 것이 아닌지 모르겠다고 여겼다.[17]

결론적으로 말해, 능동적이고 수동적인 전술의 조합이 최선의 방법이었다. 분명히, 주어진 지역의 정치적 상황으로 인해 선교사들이 조심하고 주의를 기울여야 했을 때조차 즉, 수동적인 방식으로 일하도록 그들은 여전히 새로운 거주지를 열기 위해 초기의 적극적인 자세를 취할 필요가 있었다. 이 사례는 예수회원들이 상해를 처음 방문한 기록에서 볼 수 있다. 1608년 9월 라자로 카타네오Lazzaro Cattaneo는 명을 받고 남경에서 서광계의 고향으로 여행하게 되었다. 서광계는 가마를 보내어 강변에서 카타네오를 영접했고, 3일 동안 자신의 공관에 묵도록 하였다. 카타네오는 초기에 많은 "관리들 및 다른 문사들과 파울로진사

---

17 Guerreiro 1:257.

(進士) 서광계 선생의 훌륭한 친구들"이 방문하러 왔기 때문에 분명히 공적으로 지역 명사의 승인을 얻은 것이었다. 그 후 몇 주 동안 카타네오는 공관에서 떨어져 있는 작은 건물인 서광계의 서재에 머물렀다. 그곳에서 예수회원은 "완전히 엄숙하고 화려하게 그의 서재"에 도착한 서광계의 친한 친구 중 한 사람인 지부知府를 포함하여 "각양각색의 사람들"을 영접하였다. 카타네오를 방문한 또 다른 그룹은 불교와 도교 성직자들이었다. 선교사에 따르면, 고위 도사道士 한 명이 예수회원의 메시지에 "만족하여" 그리스도교에 대해 더 자세한 설명을 듣기 위하여 다시 돌아오고자 하였다. 그러나 카타네오는 이 방문객들의 행렬이 끝날 때까지 기다리지 않고 "그리스도교 교리를 추구하고 하느님의 율법에 대해 알고 싶어하는 사람들을 도우려고" 도시를 또 돌아다녔다. 2개월 동안 힘든 노력을 하면서 그는 42명의 개종자를 얻었는데, 그 중 5명이 수재秀才였다. 이 성공으로 그는 "신의 은혜로 풍부한 수확을 거둘 수 있다는 희망"을 가졌다.[18]

2. 영적 시장의 상인들

상해에 있는 카타네오를 만나러 불교 승려들과 도교 도사들이 왔다는 사실은 중국 예수회원들이 진공 상태에서 전도한 것이 아니라는 것을 의미한다. 유럽인들은 다양한 가르침들이 주목을 받기 위해 경

---

18 Cattaneo to Alfonso Vagnone, cited in Niccolò Longobardo, AL China Mission 1608, Shaozhou, 21 December 1609, ARSI Jap-Sin 113:111r-112r.

쟁하는 영적 시장에 있는 많은 그룹 중 하나일 뿐이었다. 명말청초에 가장 치열한 경쟁이 서민적인 차원에서 벌어진 것으로 보이는데, 그 곳은 예수회원들이 여타 종교적 의식儀式을 제공하는 자들에 대항해 싸우는 곳이었다. 당시 환경 속에서 종교적 의식은 초자연적 존재의 덕이 흘러가거나 혹은 사람들을 곤경에서 벗어나게 해줄 수 있는 능력으로 평가받았는데, 그 속에서 유럽인들은 장래 개종자들에게 자신들의 종교가 가치 있는 것처럼 보이는 방식으로 홍보하는 방법들을 고안해야 했다. 따라서 불교와 도교와의 상호 작용의 대부분은 우주론적 담론의 난해한 분위기에서 이루어지지 않았고,특히 중국 예수회원들은 전체적으로 이러한 아시아 전통과의 대화에 들어가는 것을 거부하고 그것들의 복잡성에 거의 무지한 것으로 보인다 오히려 서민 신심의 실용적 지반에서 이루어졌다.[19]

그리스도교는 신도들이 마음대로 다른 의식에 참여하는 것을 허락하지 않거나 혹은 그들 하고 싶은 대로 하지 못하게 하면서 배타적인 관심을 요구했기 때문에 예수회원들의 임무는 두 배로 힘들어졌다. 그들은 자신들이 가톨릭 유럽에 있지 않다는 것을 잘 알고 있었는데, 그곳은 왕과 교회의 권력이 결합하여 가톨릭의 종교적 독점을 강화한 곳이었다. 그들은 또한 명 제국이 아마존 정글이나 일본 다이묘의 왕국에서 일하는 자신들의 형제들이 직면한 것과는 다른 도전들을 제시한다는 것을 알고 있었다. 그 지역들에서는 엘리트들의 개종이 종교적 지형에 변화를 가져왔다. 그러나 중국에서는 예수회원들이 무신론

---

19 불교도와 도교 신자들의 그리스도교 비판에 대해서는 Jacques Gernet, *Chine et Christianisme : Action et Réaction*, Paris, 1982, pp.91~142; 그리고 Nicolas Standaert, *Yang Tingyun, Confucian and Christian in Late Ming China : His Life and Thought*, Leiden, 1988, pp.161~182을 볼 것.

적인 것으로 여기는 가르침인 유가의 정통성 외에 다른 합법적인 종교가 없었다. 일부 지역에서는 통치 엘리트와의 관계에도 불구하고 선교사들은 양떼의 크기를 늘리기 위해 강제적인 힘을 행사할 수 없었다. 대신에 그들은 다양한 종교적 전통의 행렬에 동참하여 거의 동등한 입장에서 신자들과 후원자를 얻기 위해 경쟁해야 했다. 그들은 예비 개종자들에게 자신들의 가르침이 광범위하게 존재하는 유불도 혼합 종교나 불교 정토종淨土宗의 대중적인 교리보다 더 낫다는 것을 확신시키기 위해 자신들의 설득력에 의지해야 했다.[20] 예수회원들에게 본토 전통과의 만남은 끊임없이 좌절을 만들어냈다. 예수회원들이 보기에, 중국의 많은 종파들은 자신들의 선교를 반대하였고, 불교 승려와 도교 도사의 저항이 결코 자신들을 괴롭힌 최소한의 고민거리가 아니었다.

선교 사업 초기부터 예수회원들은 "승려들", 즉 불교 성직자들을 주요 라이벌로 규정했다. 처음에 그들은 본토 종교의 방식을 따라 긴 옷을 입음으로써 이 적들과 유사성을 추구하는 것처럼 보였다. 확실히, 이런 종류의 옷을 이용함으로써 생기는 모호성을 확실히 알고 있는 미켈레 루지에리Michele Ruggieri는 시 속에서 이것을 표현하였다. "만약 당신이 나에게 서양 낙원에 대해 물어 보면, 나와 석가모니의 견해는 다릅니다"라고 그는 설명했다.[21] 마테오 리치는 한 걸음 더

---

20 명대 불교와 도교에 대해서는 Yü Chün-fang, "Ming Buddhism" in CHC 8 pp. 893~952; Judith Berling, "Taoism in Ming Culture" in CHC 8 pp.953~986을 볼 것.

21 Albert Chan, "Michele Ruggieri, S.J., and His Chinese Poems", *Monumenta Serica* 41, 1993, pp.129~176, 특히 p.159.

나아갔다. 선교회 장상이 되었을 때 그는 예수회원들과 불교 승려 사이의 모든 성직복聖職服의 연결을 버리고 대신 문사文士의 복장을 채택했다.

그러나 이러한 이미지의 변화가 선교사들의 과제를 더 쉽게 만든 것은 아니었다. 예수회원들은 이미지상 왕조 관료들의 복장을 통하여 도움을 얻고 일부 엘리트 계층의 호기심을 불러일으킴으로써 자신들과 경쟁자들 간의 경쟁 수준을 높였다. 우선, 사제들은 엘리트 회원들에게 고유의 토착 전통을 적극적으로 비판했다. 그리하여 중국 문사층 친구들과 신자들을 확보하려는 그들의 시도는 자신들을 다른 소수 종교의 대표들과 다르게 만들었다. 예를 들어, 지역 유대인과 무슬림 공동체는 포교적 노력에 참여하지 않았으며 주로 자신들의 종교적 가르침을 자신들만 알도록 하였다. 그리고 천년왕국설 숭배자들과 다른 비밀 종파들의 지도자들은 서민 신자들을 찾으면서 박해에 대한 두려움 때문에 관료들과의 접촉을 피했다. (비록 그들이 환관들과 관아의 서기들 가운데 회원을 끌어들이기는 했지만 말이다) 따라서 예수회원들은 사회적 합법성, 정치적 보호 및 후원을 얻기 위해 영향력 있는 인물들을 끌어들임으로써 이미 확고하게 자리잡은 전통들의 대표들보다 약간 우위에 서게 되었다.

17세기 초에 강남 문사들의 개종은 본토 승려와 도사들의 비판을 불러 일으켰으며, 그 결과 일반 평민들의 적대감을 일으키게 되었다. 라자로 카타네오Lazzaro Cattaneo의 첫 번째 상해 방문을 둘러싼 사건들은 그러한 충돌이 시작된 좋은 예이다. 1608년 카타네오가 도착하기 전 그해에 서광계의 아버지가 죽었다. 장례식 시간이 되었을 때, 서광계는 그리스도교 매장을 고집했으며, 카타네오는 "승려들 혹은 도사들"이 참석하는 것을 허용하지 않았다. 이 장례식을 주관할 기회를 잃어버림으로 해서 승려들과 도사들은 "하느님의 율법이 조상의 명예와 지지를 부인한다는 생각을 퍼뜨리기 시작했다". 고인에 대한 존중의 의식儀式의 표현은 뿌리 깊은 관행, 원시 중국 문화에서 시작되었고 중국 종교의 필수적인 부분이었기 때문에 이것은 강력한 비난이었다. 카타네오가 많은 사람들로부터 받은 우정의 표시에도 불구하고, 그는 비방하는 의견들이 "우리의 거룩한 법에 대해 듣고 싶어하는 많은 사람들을 방해했다"고 탄식했다.[22]

예수회원들이 종교적인 이유로 그들의 메시지에 대한 저항을 만났던 것은 관리들의 비호 아래서만이 아니었다. 시골에서도 그들은 기존의 신성함과 의식儀式의 힘에 대한 개념들과 충돌했다. 한 기록에 따르면, 니콜로 롱고바르도Niccolò Longobardo가 간단한 교리 입문서를 광동성에 있는 마을 사람들에게 배포하는 것을 본 사람들이 그리스도교가 "4장의 종이에 요약"될 수 있다는 사실을 조롱했다. 이 반대자들은 예수회원들의 가르침이 간단하다는 것은, 그것들이 오로지 "외국인들만을 위한 법"이라는 증거라고 주장했다. 그렇게 간단한 가르침은 "큰 책으로 이루어진 교리들, 퇴마술, 우상에 대한 기도들"과 비교할 수 없었다.[23] 모든 선교소에 신학, 철학 혹은 다른 서양 과학에 관한 중요한 책들을 — 물론 라틴어나 다른 유럽 언어로 된 — 구비할 수

---

22 Cattaneo to Alfonso Vagnoni, cited in Niccolò Longobardo, AL China Mission 16 08, Shaozhou, 21 December 1609, ARSI Jap-Sin 113:112r.
23 FR 2:229~230.

있는 물류적 능력이 부족하여 예수회원들은 이런 비판에 거의 대항할 수 없었다. 1613년 니콜라스 트리고를 유럽으로 보내면서, 선교 장상 롱고바르도는 그에게 "중국인을 만족시킬 수 있는 데"사용될 책을 얻어오도록 지시했다.[24] 이어지는 몇 해 동안 예수회원들은 중국에서 사용 가능한 그리스도교 신학과 아리스토텔레스 철학에 대한 보다 내용이 풍부하고 복잡한 설명들을 번역하여 활발한 출판 노력을 펼쳐나가기 시작했다.

그들이 자신들을 비판한 비평가들에게 어떤 반응을 보였든, 예수회원들은 중국에서 천 년 동안 존재해온 불교와 도교 속에 뿌리내려온 어려운 도전들을 부정할 수 없었다. 중국 사회에 이러한 전통이 확립되어 있었기 때문에 그것들을 지워버리려는 것은, 초기 근대 유럽 사회와 그리스도교의 무수한 표현 형식들을 분리시키려는 시도와 동등했다. 중국의 종교적 환경의 뿌리 깊이 내재한 저항에서 좌절감을 표현한 최초의 사람 중 하나는 니콜로 롱고바르도였다. 그가 대중적인 층위에서 선교 사업을 개척한 사람이었기 때문에 놀랄 일은 아니었다. 이 예수회원은 도교를 예언과 점치는 기술로 가득 찬 복주머니로 여겨 멀리했다. 널리 퍼져있는 불교의 존재는 그의 주요 걸림돌이었다.

롱고바르도는 "불상의 숭배", 즉 불교 신들이나 혹은 그 조각상彫像들이 다른 "이교도의 땅들"에서 보다 중국에서 근절시키기 더 어려울 것이라는 자신의 의견에 대해 네 가지 이유를 제시했다. 먼저, 그는

---

24 Informação, 276r.

불교 만신전의 아이콘들이 어디에서나 발견될 수 있다고 한탄했다. 그는 불상이 사원에서뿐만 아니라 개인 집에도 많은 상황은, 중국이 우상 숭배에서 "다른 모든 이교도들을 능가하는 것"이라고 주장했다. 그것들이 없는 "배 혹은 오두막"을 찾을 수 조차 없었다.[25] 롱고바르도의 다른 세 가지 이유는 유가 사상과 대중 불교의 얽힌 관계와 더 밀접한 관련이 있었다. 그는 많은 사람들이 천주교를 선택하는 것 때문에 조상들의 종교를 포기하는 것을 꺼려했다고 언급했다. 서민 사회에서 성물聖物들은 가문의 세습 재산으로서 이것들을 멀리하면 분명히 비난을 받았다. 롱고바르도에 따르면, 본토 전통이 그러한 도전을 제기한 또 다른 이유는 불교와 유교의 도덕적 표준이 병존하면서 서로 어긋나지 않았기 때문이다. 더욱이 "거짓 신들은 도덕적인 용어들 속에 완전히 남아 있었으며", 그들의 기적은 사람들에게 잘 알려져 있었기 때문에 설득력 있게 비난하기가 어려웠다. 롱고바르도는 자신의 임무를 초기 그리스도교 변증론자들의 임무와 비교하면서, 그리스도교의 도덕적 우월성을 두드러지게 설명할 수 있다면, 예수회원들이 더 많은 개종자를 얻을 수 있을 것이라고 주장했다. 예수회원들은 불교 신들의 "약탈, 간음 및 기타 악행"의 이야기가 필요했는데, 고대 그리스와 로마의 신들이 추잡한 일로 악명을 얻었기 때문이었다. 예수회원의 마지막 이유는 한나라 후기에 중국에서 불교를 수용했던 제국의 승인에 관한 것이었다. 롱고바르도는 환제桓帝, 서기 147~167가 하

---

25 Diogo Antunes, AL China Mission and AL College of Macau 1602, Macau, 29 January 1603, in João Paolo Oliveira e Costa and Ana Fernandes Pinto, eds., *Cartas Ânuas do Colégio de Macau(1594~1627)*, Macau, 1999, p.99.

남성 낙양의 불교 공동체에 부여한 후원을 언급하면서 독자들에게 불상들은 "1,600년 전 인도 또는 시암에서" 중국으로 왔다고 말했다. 그리고 불교는 군주가 받아들였기 때문에 "왕의 명령에 의해서만 완전히 제거"될 수 있었다.[26] 롱고바르도는 이 선례에서 단서를 얻어 뒤에 예수회원들도 만력제로부터 천주교에 대한 승인을 구할 것을 제안했다.[27]

이것들이 중국 그리스도교 확산에 유일한 장애물은 아니었다. 예수회원들은 자신들 종교의 특정 요소가 새로운 신도들은 끌어들이는 데 거의 도움이 되지 않는다는 것을 알고 있었다. 에릭 쥐르허Erik Zürcher가 지적했듯이, 수입된 종교의 도덕적 엄격함은 특히 중국의 기준으로 보자면 매우 혹독한 것으로 여겨졌다.[28] 가장 관건적인 것은 선교사들이 십계명을 준수할 것을 강조한 것이었다. 예를 들어, 펠리치아노 다 실바Feliciano da Silva가 1612년 이지조李之藻와 양정균楊廷筠의 지원 하에 항주를 여행했을 때, 그는 단지 18건의 세례이 중 4명은 버려진 아기들이었다를 기록했다. 롱고바르도는 그해 연례 서한에서 이러한 소수의 개종을 설명하려고 시도하면서 이지조와 양정균과 같은 영향력 있는 사람들이 그리스도교를 공개적으로 인정했음에도 불구하고, "많은 사람들이 미끼를 물었지만 최종적으로 낚인 사람은 거의 없었다"고 주

---

26 Ibid., pp.99~100. 롱고바르도의 연도는 Kenneth Chen, *Buddhism in China : A Historical Survey*, Princeton, 1964, pp.40~42.
27 Longobardo, Appontamentos acerca de pedirse a licentia del Rey pera a Nossa Estada e pera a Pregação da Lei de Deos na China, Nanxiong, 19 February 1615, ARSI Jap-Sin 113:461r-463v.
28 Erik Zürcher, "Bouddhisme et Christianisme", *Bouddhisme, Christianisme et Société Chinoise* ,Paris, 1990, pp.11~42, 특히 p.32.

장했다. 그는 중국인들이 "참으로 우리 하느님을 우상들보다 위대하고 비교할 수 없이 훌륭하게 이해하고 있기 때문에 우리 하느님을 사랑하기를" 간절히 바라는 마음이 있음을 느꼈다고 설명했다. 그러나 그들이 그리스도교의 도덕적 엄격성을 알게 되었을 때 관심을 잃었다고 롱고바르도는 말했다. 그들은 갑자기 "이전에 상상하지 못했던 많은 어려움"을 발견했다. 그들이 우려하는 개종의 부정적인 결과들은 "첩을 내보내고, 고리대금의 소득을 잃고, 점의 사용을 포기하고, 우상을 쫓아내야 할 것"이었다. 요컨대, 그들은 "우리의 가르침에 따라 자신들의 삶을 정돈해야만" 하는 것에 저항했다.[29]

부유한 사람들을 그리스도교인으로 만드는 데 가장 큰 장애물은 일부다처제였다. 한 명 이상의 아내를 취하는 관습은 명말의 엘리트들이 세례 받는 것에 영향을 주었으며, "부자들로 하여금 세례 받지 못하게" 한 가장 큰 방해물이었다. 여기서 다시 예수회원들은 중국의 도덕적 행동 기준과 대척점에 서게 되었다. 유교의 효심 개념은 모든 가족의 (남성) 상속인의 탄생을 무엇보다 중시했으며, 그 이유로 일부다처제를 허용했다. 그러나 이 여섯 번째 계명[역주-간음하지 말라. 가톨릭 십계명과 개신교 십계명 순서가 다름]의 위반에 대한 선교사들의 태도는 융통성이 없었다. 예비 개종자들은 세례를 받기 전에 한 명만 남기고 모든 부인들을 내보내야 했다. 그러나 이것이 초기 예수회원들이 더 많은 엘리트층이 그리스도교로 개종하도록 허락하는 교회법의 허점을 발견하지 못했다는 것을 말하는 것이 아니다. 선교 사역이 수립된 지 10년 만

---

29 Longobardo, AL China Mission 1612, Nanxiong, 20 February 1613, ARSI Jap-Sin 113:238v and 239v.

인 1592년에 프란체스코 드 페트리스Francesco de Petris는 자신들의 부인들 중 한 사람과만 육체적인 관계를 갖는 것으로 약속한 사람들은 성례식에 참여할 수 있도록 허락받았고 다른 부인들을 반드시 내보낼 필요가 없다고 주장했다. 만일 그러한 조항이 주어지지 않는다면 "믿음의 문은 많은 사람들에게 잠겨 있게 될 것"이라고 주장했다.[30] 그러나 로마에서 오는 배려와 시혜는 없었다. 예수회원들은 부유한 중국인은 거의 그리스도교인이 되지 못할 것이라는 현실을 받아들이고, "그런 방해물들에서 자유로워지고" 그 결과 세례를 받은 사람들을 정식으로 축하했다.[31]

서민적인 층위에서 예수회원들 가르침의 배타성은 널리 스며들어 있는 중국 농민의 종교적 실용성과 직접적으로 충돌했다. 확실히, 많은 사람들이 선교사들에게 끌려들어 갔는데, 그들이 초자연적인 것을 다루기 위한 기존의 많은 수단에 존재하는 강력한 의식儀式의 교사들로 보였기 때문이다. 그러나 이 남성들과 여성들은 예수회원들이 불교와 도교를 비난한 것에 분노하였고, 예비 개종자들이 자신에게서 "우상 숭배"의 흔적을 의무적으로 없애야만 한다는 것에 저항했다. 이것은 세례를 받을 때 불상을 태워버려야 한다는 것을 의미했다. 의심할 여지없이 이런 규정을 만든 선교사들의 대담한 행위로 말미암아 많은 사람들이 주저하게 되었다. 소주 지역의 사람들은 롱고바르도가 자신들에게 설교하러 왔을 때 확실히 그의 요구가 그렇게 엄격하지

---

30 Petris to Claudio Aquaviva, Shaozhou, 15 November 1592, in OS 2:464.

31 António de Gouvea, Asia Extrema, ed. *Horácio Araújo*, 3 vols., Lisbon, 1995, 2: 173.

않을 것이라고 생각했다. 1602년 시골 선교 사업에 관해 보고서를 쓰면서 롱고바르도는 일부 마을 사람들이 바야흐로 상제上帝의(이것은 용어 논쟁 10년 전이었다)의 복음에 의해 감화되었다고 보고했다. 그들은 기꺼이 전능하신 분의 화상畵像을 받아들여 자신들의 가정 기도실에 놓았으나, "불상도 버리지 않고 하인처럼, 집의 다른 구석에 놓아 두었다". 이들이 "진정으로 회심한" 사람들은 "자신들 집의 가장 더러운 곳에" 이 물건들을 두지 않는다는 것을 알았을 때, 그리스도교 전파의 속도가 느려졌다. 롱고바르도는 조금씩 "그들이 이 새로운 교리에 귀를 닫고 물러섰다"고 불평했다.[32]

서민층의 종교 속에서 예수회원들을 가장 힘들게 한 것은 재齋, 즉 금식, 금욕의 전통이었다. 이 관행은 일 년 중 특정 기간 동안 고기를 먹지 말아야 한다는 가톨릭의 의무와 달랐다. 유교에서는 그것이 희생제를 수행할 때 의식儀式의 순결의 개념과 관련이 있었지만, 서민 차원에서 육류의 절제는 살인을 금지한 불교 계명과 관련이 있었다. 불교 신도들은 특히 금식에 대한 서약으로 유명했다.[33] 따라서 재齋의 관행이 넓게 퍼져 있어서 예수회원들은 조만간 그 문제에 직면해야 했다. 1592년에 프란체스코 드 페트리스Francesco de Petris는 금식이 널리 행해지고 있는 것에 대해 장상들에게 불평했다.[34] 10년 후 쓰여

---

32 Diogo Antunes, AL China Mission and AL College of Macau 1602, Macau, 29 January 1603, in Oliveira e Costa and Pinto, Cartas Ânuas, 100.

33 Daniel Overmyer, *Folk Buddhist Religion : Dissenting Sects in Late Traditional China*, Cambridge, Mass., 1976, p.186; Susan Naquin, "The Transmission of White Lotus Sectarianism in Late Imperial China", David Johnson, Andrew Nathan, and Evelyn Rawski, eds., *Popular Culture in Late Imperial China*, Berkeley, 1985, pp.255~291.

34 Petris to Claudio Aquaviva, Shaozhou, 15 November 1592, in OS 2 pp.464~465.

진 남경 지역의 한 선교사로부터 온 보고서에서는 불교식 금식을 준수한 많은 농민들에 대해 논평했다. 어떤 사람들은 "자기 죄를 용서받을 것이라고 믿었기 때문에" 재齋를 행한 반면, 또 다른 사람들은 "부자 가정에서 다시 태어날 것"이라는 희망을 갖고서 재齋를 수행했다. 이 보고서는 사람들이 동물을 죽이는 것이 죄악이라고 생각했다고 주장했다.[35]

선교사들은 금식 그 자체를 반대한 것이 아니라, 중국 남성과 여성을 금식으로 몰아간 신념들에 반대했다. 예수회원들은 개종자들이 그리스도교 금식 제도의 이유를 이해하도록 하기 위해, 재齋를 수행한 모든 예비 개종자들은 세례를 희망하는 기간에 고기를 먹어야 한다고 주장했다. 개종자들이 수년간 유지해 온 식습관을 바꾸도록 강요하는 것은 엄청난 도전이었다. 새로운 종교를 고수하는 데 따른 예측할 수 없는 결과는 말할 것도 없고, 생활 방식의 근본적인 변화에 직면했을 때 많은 사람들이 개종을 단념했다. 예수회원들은 예비 신자들의 결심을 시험하기 위해 전략을 사용하는 것을 두려워하지 않았다. 한 선교사는 남경 근처의 한 시골 마을을 방문하면서 불교 신자였던 농부가 재계 습관을 깨트리고 천주교로 귀의하도록 유인하였다. 남자가 식사에 사제를 초대했을 때, 그는 자신을 위해서는 "풀과 콩"을 준비하고 손님에게는 "고기와 생선" 진미를 제공하였다. 절호의 기회가 온 것을 알아차리고는 예수회원은 주인에게 음식을 함께 먹자고 간청했다. 그 남자는 고기 혹은 생선을 먹지 않기 위해 "수많

---

35 João da Rocha to Manuel Dias the elder, Nanjing, 5 October 1602, BAJA 49-V-5:14r.

은 예의와 해결책을 생각하면서" 궁지에 몰렸다. 아무튼 그는 마지막으로 그런 것들을 먹은 지 "30년"이 지났다. 하지만 농부가 굴복하여 "그의 손이 떨리고 얼굴이 창백해져서" 한 입 물고, 그리고 곧 세례를 받았다.[36]

3. 선교에서 일어난 일들

1620년대 중반, 7년 동안 격리되어 있다가 예수회원들은 새로운 활력을 갖고 명 제국 전역으로 흩어져 갔다. 선교 사업이 처음 시작된 이래 그 역사를 되돌아보면서 선교사들은 개종자 수가 가장 의미 있게 증가한 지역에서 활동을 확대하기 위해 의연한 자세로 움직였다. 니콜로 롱고바르도Niccolò Longobardo와 같은 노련한 선교사들이 정교하게 만든 기술에서 단서를 얻어 부관구의 사람들은 시골 마을과 촌락에 종교 메시지를 전했다. 새로운 지역에서 그리스도교를 전파하려는 초기의 노력 후에 그들이 양떼의 크기가 커지는 것을 보기 시작한 것은 놀라운 일이 아니었다. 연례 서한들 속에서는 이러한 사건들의 전환이 전능하신 분으로 말미암은 것이라 되어 있었지만, 예수회원들은 50년 동안 중국에서 선교 사역의 집단적 경험이 천주교를 전파하는 데 있어서 다른 어떤 전도 기술보다 효과적인 몇 가지 기술을 만들어냈다는 것을 알았다.

---

36 Ibid., 15r.

예수회원들이 자신들의 복음화 전술이 너무 판에 박힌 채 일상화 되어 있어서 후대를 위해 상세하게 기록할 수 없었다는 것은 예수회 해외 선교를 연구하는 역사가를 당혹스럽게 한다. 선교사들이 자신들 이 중국 서민들 사이에서 어떻게 사역했는지를 글로 설명한 것은 상 당히 드물다. 예외 중 하나는 마누엘 디아스younger가 작성한 1627년 연례 서한인데, 그는 "목격자의 증언"이 독자들이 "이 선교 중에 무슨 일이 일어났는지"를 더 잘 이해할 수 있도록 돕는다고 주장하면서 한 선교사의 농촌 방문에 대한 기록을 작성하는 것이 좋겠다는 것을 알 게 되었다.[37] 디아스의 자료는 로드리고 데 피구에이레도Rodrigo de Figueiredo가 가정嘉定에 배치된 동료아마도 주앙 프라이(João Fróis)에게 보낸 편 지에서 나왔는데, 그 편지는 절강성 영파寧波 주변에 있는 여러 작은 마을로의 여행을 설명하고 있다. 이 여행은 "18일 혹은 19일" 동안 지속되었으며 그 결과 80명이 세례를 받았다. 더욱이 피구에이레도 는 "수백 명" 이상이 그의 교리 설명을 듣고 이튿날 세례를 받기로 결 심했고, "수천 명"이 처음으로 천주교를 알게 되었다고 만족스럽게 기록했다.[38]

왕씨 성을 가진 그리스도교인 재단사가 북경에서 고향으로 가는 길에 항주 선교소에 머물게 되었을 때 피구에이레도에게 절강 교외 의 마을을 방문할 기회가 찾아왔다. 그 남자는 궁정 예수회원들에게 프란치스코Francisco라는 세례명을 받았는데, 궁정 예수회원들은 한 사제가 그의 가족과 친족에게 세례를 주기 위해 기꺼이 그와 함께 여

---

37 Figueiredo Ningbo, 144r.
38 Ibid., 153r.

행할 것이라는 점을 보증한 바 있었다. 1627년 3월에 그 개종자는 항주에서 세례 증명서를 보여주면서, 예수회원 중 하나가 자신의 고향에 동행해줄 것을 요구했다. 피구에이레도는 처음에는 망설였으나, 그리스도교인 재단사가 "설교하는 것을 잘 들을 수 있는 사람들"을 소개시켜준다는 그의 약속을 지킬 수 있는지를 보기 위하여 갔다.[39] 이 재단사는 사목적 관심을 극성스럽게 요구한 예수회원들의 대부분의 개종자들보다 더 끈질겼는데, 그런 요청이 종종 예수회가 복음을 전할 지역들을 결정했다. 그러한 요구에 부응함으로써 그들은 필요할 때 관화官話와 지역 방언 사이의 통역자로 봉사할 수 있는 현지 지인들을 얻었다.

항주를 떠나기 전에 피구에이레도는 전도 활동을 수행하는 데 필요한 도구를 모았다. 그는 미사를 집전할 때 사용하는 도구와 함께 일련의 성물들과 성화, 교리 입문서, 기도서 및 기타 중국어로 된 책을 챙겼다. 피구에이레도의 도구 준비는 1624년에 부관구의 회원들에게 발행된, "그리스도교인들을 섬기기 위해 간단한 선교를 수행하는 사제들을 위한 알림"이라는 제목이 붙은 규정을 따랐다.[40] 이 규정에는 세례와 전례 기구뿐만 아니라, "세례를 줄 사람들에게 나누어 줄 묵주와 종이 성화들"을 갖고 여행하도록 되어 있었다. 그들의 짐 안에는 또한 보통 이상의 열의를 갖고 있는 것으로 생각되거나 혹은 좀 더 높은 사회적 지위를 지닌 개종자들을 위해 명패, 혹은 예수의

---

39 Ibid., 144v.
40 [Manuel Dias the elder?], Lembrança para os Padres que vam em Missam Breve cultivar os Christãos[Macau?, 1624?], BAJA 49-V-7:317r/v.

얼굴이 그려져 있거나 어린 양 모양의 팬던트와 같은 성물들이 들어 있었다. 이 규정들은 또한 선교사들이 예수회원의 저작을 가져가서 그것들이 "하느님의 율법에 주목하는 데 크게 도움이 되므로 즉시 나눠 주도록" 하였다. 문맹자들 사이에서 전도 활동을 보다 용이하게 하기 위해 선교사들은 또한 주앙 다 로샤João da Rocha의 『송염주규정誦念珠規程(묵주기도를 위한 규칙들)』제1판, 1619과 같은 성서적 또는 신앙적 장면들이 새겨진 텍스트들을 챙기도록 권고되었다. 또 다른 전형적인 소책자는 1637년에 처음 나온 줄리오 알레니Giulio Aleni의 『천주강생출상경해天主降生出像經解』였다.

피구에이레도가 영파寧波 지역으로 출발할 때, 그는 명 제국의 강에 모여 있는 수 많은 배 중 하나를 타고 항주에서 떠났다. 이것은 특히 해안 지역에 있는 선교사들에게 일반적인 여행 방식이었다. 하지만 중국 북부의 산과 평원에서 예수회원들은 종종 교통 수단으로 노새나 당나귀에 의존했다. 때때로, 그들은 심지어 가마를 사용하기도 했다. 비록 이 다소 사치스러운 여행 방식의 허가가 연례 서한들에서는 거의 발견되지 않지만 말이다. 그러나 예수회원들은 자신들이 보통 짐꾼, 심지어 호위병으로 활동한 하인을 동반한다는 사실을 인정하는 것을 두려워하지 않았다. 확실히 이러한 편의를 포기하기로 결심한 사제들은 소박하고 겸손하다는 명예를 얻었다.[41] 에티엔 파버Etienne Faber의 경우 섬서陝西성 남부의 먼 성채에서 몇 년 동안 여행을 했다. 그의 사망 기사에 따르면, 파버는 자신의 "진귀한 성화들"을 등에 지

---

[41] Palmeiro Orders, 33v.

고, 노새 혹은 외바퀴 손수레 위에 짐들을 싣고 갔다. 강을 건널 때 그는 "하인들이나 그리스도교인들이 자신을 그들의 어깨나 팔에 올려놓지 못하게 하면서" 신발을 벗지 않고 항상 옷을 완전히 입은 채 물을 건넜다.[42]

절강 해안의 미개척의 선교 지역에서 피구에이레도가 첫 번째로 들른 곳은 각기 다른 씨족에 속하는 그 지역의 수많은 농가 주택 중의 하나였다. 안내인은 그를 교사校舍로 이끌었는데, 이곳에는 일군의 소년들과 한 교사가 있었다. 얼마 후, 한 문사 그룹이 피구에이레도를 방문하였는데, 그들은 피구에이레도가 천주교에 관한 토론을 하면서 그가 "천주의 성화"를 가지고 있는지 물었다. 선교사는 확실한 인상을 줄 만한 두루마리를 골라 펼친 후 재단사 왕씨의 도움으로 그것을 벽에 걸었다. 예수회원의 기록에 따르면, 그 순간 "모든 소년들과 교사가 머리를 조아리고 그것에 기도하기 시작했다". 그들은 "우리는 주님을 찬미합니다. 우리를 도와주시기를 청합니다. 우리가 공부할 때 잘 이해할 수 있도록 해주십시오"라고 한 목소리로 성가를 불렀다. 그 다음 날 피구에이레도는 이 순조로운 시작을 이용하여 성화 아래에 화려한 제단 천과 향을 피우는 별도의 탁자가 놓여진 제단을 배치했다.[43]

피구에이레도는 엄숙하게 대중 앞에 성화聖畵를 펼침으로써, 선교를 시작하기 위한 표준적인 예수회 전술을 사용하고 있었다. 중국에서

42 Gabriel de Magalhães, Vida e Morte do Padre Estevão Fabro, Peking, 21 March 1658, BAJA 49-V-14:315v-316r.
43 Figueiredo Ningbo, 145r/v.

불교와 도교의 도상이 풍부하기 때문에 예수회원들은 특히 시골 사람들에게 이미지가 가지고 있는 의식儀式의 힘을 알고 있었다. 선교사 자료들에는 예수회원들이 사용한 시각 자료들에 대한 수많은 설명이 들어 있지만, 이런 유형의 예술 표본들은 거의 남아 있지 않다.[44] 예를 들어, 이나시오 로보Inácio Lobo가 1637년 복건성 근처 해안 섬에 있는 씨족 사묘에 마을 사람들을 초대했을 때, 성화를 펼치기 전에 촛불과 향이 있는 제단을 설치했다. 내세에 대해 간단히 이야기 한 후, 그는 "정교하게 그려지고 붉은 비단으로 장식 된" 예수의 초상화를 공개했다. 이 기록에 따르면, 마을 사람들은 "눈을 떼지 못할 정도로 아름다운 그림"을 보고 큰 충격을 받았다.[45]

마지막 언급에서 알 수 있듯이, 서양의 회화 기법과 종교 제재가 결합됨으로 말미암아 예수회원들의 성화가 중국에서 주목을 끌었다. 그러나 이 성화들은 무엇을 묘사했는가? 선교사 자료들에 따르면, 가장 일반적으로 사용되는 제재는 구세주왕권을 상징하는 보주(寶珠)와 홀(笏)이 있는 예수의 반신상 및 성모와 성자로마의 산타 마리아 마조레(Santa Maria Maggiore) 성당에 있는 〈로마 백성의 구원자(Salus Populi Romani)〉로 불리우는, 성 누가의 것으로 추정되는 초상화에 기초한였다. 예수회원들은 새로운 청중들에게 그리스도교의 메시지를 설명할 때 예수의 수난 이야기—그들의 선교사 경쟁자들이 싫증내지 않고 반복했던 제재—를 사용하지 않았던 것으로 보인다. 이것은 십자가

---

44 중국의 예수회 도상에 대한 연구는 Hui-Hung Chen, "Encounters in Peoples, Religions, and Sciences : Jesuit Visual Culture in Seventeenth-Century China", Ph.D. diss., Brown University, 2004를 볼 것.

45 João Monteiro, AL Vice-Province 1637, Nanchang, 16 October 1638, BAJA 49-V-12:55v.

우주 구체를 쥔 그리스도의 목판화. 줄리오 알레니(Giulio Aleni)의 『천주강생출상경해(天主降生出像經解)』(1637) 권두 삽화이다. 이 이미지는 예수회원들이 중국에서 사용한 그리스도에 대한 표준적인 묘사와 유사하다.

에 못박힌 예수의 수난을 예수회원들의 가르침에서 뺐다는 것을 말하는 것이 아니라— 십자가가 중국 반그리스도교문학에서 관용적으로 쓰인다는 사실에 의해 입증되듯이 — 오히려 그러한 성화들의 사용이 자신들의 종교 메시지에 대한 최고의 소개가 아니라고 느꼈다. 실제로, 1621년 부관구에 대해 공표된 규정은 선교사들이 "공개적으로 또는 이교도가 들어온 장소의 작은 방에" 십자가를 걸어놓는 것을 일시적으로 금지했다.[46] 그러나 예수회원들이 초심자로 하여금 반감을 일으킬 수 있는 성화를 사용하지 않는다 할지라도 이미 번거로운 문제들에 돌입하고 있었다. 가스파 페레이라Gaspar Ferreira가 1607년에 북부 직예를 여행했을 때, 그의 비방자들은 천주에 대한 그의 묘사가 그 자신의 초상화라거나 혹은 그의 조상 중 하나의 초상화라는 소문을 퍼트렸다. "새로운 법을 가르친다는 구실 아래" 페레이라 자신이 "숭배받기를 추구하고" 있다고 비난했다.[47]

그러나 로드리고 데 피구에이레도의 경우에 그는 제단을 세우고 성화聖畵를 보여준 후 전도를 시작했다. 그의 이국적인 풍채는 많은 남녀들이 그를 방문하기에 충분한 이유가 되었다. 피구에이레도에 따르면, "사방 1.5리 정도에 있는" 사람들은 그의 도착을 알고 있었으며, 그를 보기 위해 모두 그의 숙소에 들렀다. 피구에이레도는 식사 중에도 자신의 작은 방 문을 항상 열어놓고 수많은 방문자들이 어떻게 "그의 모든 것을 주목하고 보는 것을 즐겼는지"에 대해 언급했다. 군

---

46 Matos Orders, 230v.
47 Ferreira to Matteo Ricci, cited in Ricci to Claudio Aquaviva, Peking, 18 October 1607, in OS 2:323.

중이 모이면 제단 앞에 서서 그리스도교에 대해 상세히 설명했다. 그는 자신의 표준적인 6가지 요점에 대한 강의를 시작하기 전에 구세주의 화상畵像 앞에서 반복해서 절을 하고, 청중들에게도 똑같이 하도록 권했다. 그런 다음 피구에이레도는 초상화에 대해 그것이 "모든 것의 창조자, 불상과 우상이 아니라 참되고 살아 계신 하느님"을 묘사했다고 설명했다. 예수회원은 청중에게 이 최고 존재가 어떻게 하늘과 땅을 창조했는지 알려 주었고, "다른 신들을 숭배하거나 마귀들을 두려워하지 말고 참된 주를 섬기라"고 그들에게 명했다.[48]

피구에이레도는 반란을 일으킨 천사의 타락, 아담과 이브의 창조, 성육신의 이유를 설명하면서 인간 조건에 대한 설명으로 주제를 옮겼다. 그는 신앙의 주요한 신비들을 설명하고 "사도신경에 대해 간략히 설명"을 해주었다. 그는 그리스도교의 신학적 기초에 대해 개략적인 윤곽을 그린 후 청중들에게 십계명을 소개했다. 피구에이레도의 두 번째 요점은 "이 율법을 따르겠다는 의지와 인간의 죄에 대한 회개"와 같은 세례의 전제 조건을 확인하는 것이었다. 그는 마지막으로 자신들이 중국에서 스스로 추방당하게 된 이타주의의 이유가 무엇인지 언급한 다음, 자신의 유일한 희망은 "사람들에게 이러한 진리들을 따르게 하는 것"이라고 말했다. 그는 그리스도교를 선택한 사람들에게 "내세來世에서의 축복" 외에는 아무것도 보장할 수 없다고 주장했다. 또한, 그는 비록 그들이 고난을 겪는 동안 신의 도움에 의지하거나 혹은 "그 고난들을 기쁨과 공로를 생각하며 견딜 수 있는 인내심"에 의

---

48 Figueiredo Ningbo, 145v.

지할 수 있기는 하지만, "후에도 고난이 있을 것"이라는 점을 경고하였다. 이렇게 선포한 후 피구에이레도는 가톨릭의 주요기도, 묵주 사용방법, 그리고 새로운 개종자들에게 어떻게 성명패聖名牌와 성화를 적절하게 표현할 것인지에 대해 설명했다.[49]

첫 발표를 한 뒤에 선교사들은 자연스럽게 세례를 원하는 남성과 여성들에게 관심을 기울였다. 피구에이레도는 그가 방문한 각 마을 부락에서 평균 이틀을 보냈다고 보고했다. 새로운 개종자들에게 가톨릭의 의무와 실천들을 가르치면서 대부분의 시간을 보냈다.[50] 이 작업을 보다 용이하게 하기 위해 그는 『천주성교계몽天主聖教啓蒙』이라는 교리 입문서를 사용했는데, 이것은 주앙 다 로샤João da Rocha가 대화 형식으로 구성한 교리 문답서이다.[51] 이 텍스트는 포르투갈 예수회 신학자인 마르코스 호르헤Marcos Jorge, 1524~1571의 『그리스도교 교리 Christian Doctrine』를 중국어로 각색한 것으로, 몇 개의 언어로 번역된 표준적인 저작이었다. 예비 신자들에게 기본적인 기도와 신앙의 핵심에 대해 대화 형식으로 된 텍스트를 제시함으로써, 선교사들은 개종자들이 세례를 받기 전에 최소한의 교리를 알게 할 수 있었다. 비록 예비 신자들이 교리 입문서의 관련 구절들을 앵무새처럼 되뇌이는 것 외에

---

49 Ibid., 146r.

50 피구에이레도는 이 텍스트가 "그리스도교 공동체에 대단히 큰 도움이 되었다"라고 말했다. Figueiredo, AL Vice-Province 1628, Hangzhou, 22 August 1629, BAJA 49-V-6:597v. 참조할 것. Compare to Chan, 71.

51 1616년 아우구스부르크에서 인쇄된 호르헤 텍스트의 포르투갈어 판에서는 그것이 "독일어, 라틴어, 그리스어, 프랑스어, 이탈리아어, 영어, 보헤미아어, 슬라브어, 헝가리어, 스페인어"로 번역되었다고 언급했다. 이후 인도, 동아시아, 아프리카 및 아메리카 원주민 언어 텍스트도 생겨났다. Marcos Jorge, Doutrina Christam ,Representada por Imagens, ed. Georg Mayr 3, Augsburg, 1616을 참고.

다른 것을 할 수 없었다 할지라도 말이다.

어린이들조차 교리 문답에서 발견되는 간단한 문구들을 반복할 수 있었는데, 이 점은 그런 텍스트들을 매우 귀중한 것으로 만들었다. 유럽과 중국에서의 오랜 경험은 예수회원들에게 어린 사람들을 교리 교육 부대의 다섯번째 종대에 위치시키는 것의 장점을 깊이 이해하게 하였다. 어린이들은 성별 금기 때문에 선교사들과 직접 대면하는 것이 금지되어 있는 그들의 어머니나 다른 여성들에게 기도를 반복하고 의식儀式적 행위들을 모방할 수 있게 하였다. 피구에이레도는 항주보다 절강성 벽지에서 개인적으로 여성들에게 말을 거는 데 덜 어려움을 겪은 것으로 보이지만, 그는 여전히 효과적인 교리 교사로서 부지불식 간에 그들의 자녀들에게 의존했다. 그는 "아이들의 기도문을 더 완전하게" 하기 위하여 한 작은 마을에 오래 머물렀고, 다른 마을에서는 "어린이들이 기도를 여러 번 반복해서 암송하게" 하였다.[52]

피구에이레도가 여행하면서 겪은 일련의 세 번의 사건들은 그가 어떻게 아이들을 이용하여 그들의 부모를 가르쳤는지 그 방법을 알려준다. 첫번째 광경은, 십자를 긋는 기도를 배우고 싶어하는 남녀가 방안 가득 있었는데, "그것들을 더 빨리 배운 아이들은 자신들의 아버지와 어머니 주변을 웃으며 걸어다녔다"고 그는 보고했다. 한 소년이 자신의 어머니가 십자를 틀리게 긋자 어머니에게 재빨리 달려가 바로 잡아주었다.[53] 또 다른 마을에서, 피구에이레도의 기도에 대한 발표를 들었던 아이들은 "일부는 조롱과 냉소로, 일부는 그들이 그동안 몰랐

---

52 Figueiredo Ningbo, 147r/v.
53 Ibid., 147v.

던 재미있는 글자를 알게 되었기 때문에 이리저리 뛰어다녔다".[54] 그러나 또 다른 이야기는 한 그룹의 아이들이 비슷한 모임에서 "불신상인 아미타불阿彌陀佛에게 기도한 것" 때문에 어떻게 꾸짖음을 받았는지를 말해준다.[55] 피구에이레도가 기뻐했던 것은 아이들의 부모가 아이들에게 예수회원들이 선호하는 구절인 "천주께서 나를 도와 주신다天主救我"를 사용하라고 가르친 것이다. 이런 식으로 어린이들은 구절들을 기억하였고, 그들은 수업이 지속되는 동안 이러한 거룩한 기도를 멈추지 않았다.[56]

4. "어떻게 거짓으로 넘어가는지를 보라"

로드리고 데 피구에이레도는 절강 시골에 대한 자신의 선교를 솔직하게 평가했다. 그는 세례를 거의 주지 못했으며, 자신의 전략과 방법으로 원하는 결과를 얻지 못했다고 보고했다. 간혹 그는 순전히 자신의 존재의 힘과 연극적 의식의 제스쳐에 의해 개종자를 얻었다. 그러나 대부분의 시간 동안 피구에이레도는 토착의 신앙들을 멸하고 그것들을 그리스도교의 가르침으로 대신하기 위하여 자신의 수사적 화법에 의존했다. 설득의 작업은 쉽지 않았다. 예수회원들은 그리스도교 진리가 중국인에게 자명하지 않다는 것을 알고 있었다. 그러면 그들

---

54 Ibid., 152v.
55 아미타불(阿彌陀佛). 이 부처의 이름을 부르는 것은 정토종(淨土宗)의 중심 수행 중 하나이다. 더 많은 논의를 위해 Chen, Buddhism in China, pp.342~350 참조.
56 Figueiredo Ningbo, 147v.

은 종교적인 문제에 관해 문맹 혹은 반문맹의 시골 사람들과 어떻게 대화했는가? 그들은 대화자들의 논리 패턴을 따르는 적절한 담론의 방식을 사용함으로써 서민 대중의 신앙의 근거를 파괴해야했다. 그러므로 선교사들의 주요 도전은 불교와 도교가 서민 계층에서 이해되는 방식을 사용하여 그것들을 반박하는 것이었다. 피구에이레도가 말했듯이, "왜 불상을 숭배하거나 금식을 따르지 말아야 하는지, 또는 왜 이 땅을 채우고 있는 다른 미신적 관습들을 실천해서는 안 되는지"를 설명하는 것이었다.[57]

중국 예수회원들이 노련한 설득 기술을 가졌다는 것은 의심의 여지가 없다. 수사학과 결의론적 기술은 예수회의 널리 알려진 재능이었다. 부관구의 모든 선교사들은 수도회의 논리학, 수사학 및 신학 커리큘럼에 따라 교육을 받았다. 그러나 이것이 그들이 교육받지 못한 사람들의 사고 방식과 성공적으로 접합될 수 있다는 것을 보증하지는 않았다. 라틴어 문법과 수사학, 아리스토텔레스 철학, 토마스 신학을 10년 이상의 시간을 보내며 공부했던 피구에이레도와 같은 사제들은 이해력 테스트에서 농민을 확실히 앞설 수 있었다. 그러나 그러한 기민함이 잠재적인 새 개종자들을 당혹스럽게 하고 좌절시켰기 때문에 거의 쓸모가 없었다. 피구에이레도가 재능있는 연설가였다는 — 중국으로의 여행 대신 고아의 총 성당에서 영구 직책을 얻어낼 만큼 설교에 대한 재능이 있었다 — 사실은 분명히 도움이 되었다.[58] 그러나 농민들을 다루기 위해 필요한 주요 기술은 한 선교사가 언급한 것처럼,

---

57 Ibid., 153r.
58 António de Gouvea, Asia Extrema, Fuzhou, 10 April 1644, BAJA 49-V-2:574.

"그들이 감동받을 수 없거나 이해할 수 없는 철학적 논증"에 의존하지 않고 비교하고 유비를 끌어낼 수 있는 능력이었다.[59]

예수회원들은 천주의 이미지를 중심으로 그리스도교 교리를 구조화했다. 그리스도교 교리를 소개하기 위한 피구에이레도의 출발점은 창세기였는데, 그가 설명한 "시작"은 세계의 창조에 대한 중국인의 이해와는 근본적으로 달랐다. 전통적으로 중국에는 단일의 창조 신화가 없었으며, 최초의 기원과 관련된 많은 이야기가 있었다.[60] 예수회원들은 이 신화에 정면으로 맞섰다. 그들은 자신들의 창세 이야기에 대해 논증할 수 있는 증거가 없었기 때문에 대신 중국신화에서 볼 수 있는 모순점을 드러내려고 노력했다.

피구에이레도의 보고서는 특별히 선교사들이 중국의 우주개벽설을 어떻게 다루었는지에 대해 말해주고 있다. 그는 다른 농민들 앞에서 자신의 가르침에 대해 의문을 제기한 농부와의 논쟁을 기록했다. 예수회원이 이 특별한 그룹이 "매우 박학하여" 그것이 그를 깜짝 놀라게 하였음을 인정하기는 했지만, 피구에이레도는 이 농부가 그의 일족 중에서 가장 통찰력이 뛰어나다고 주장했다. 농부의 첫 번째 의심은 반고盤古, 즉 음과 양의 후예 혹은 원초적 혼돈으로부터 천지를 개벽시킨 하늘의 조각가에 대한 이야기를 피구에이레도가 해체시켜

---

59 Mathias de Maya, AL Japan Province 1659 and 1660, Macau[1661?], BAJA 49-V-14:735v.

60 Erik Zürcher, "'In the beginning': 17th Century Chinese Reactions to Christian Creationism", Zürcher and Chun-Chieh Huang, eds., *Time and Space in Chinese Culture*, Leiden, 1995, pp.132~166; Derk Bodde, "Myths of Ancient China", Charles Le Blanc and Dorothy Borei, eds., *Essays on Chinese Civilization*, Princeton, 1981, pp.45~84.

버리면서 제기되었다.[61]

농부가 나에게 말했다. "당신은 당신의 이 신이 하늘과 땅을 만들었다고 말합니다. 반고는 무엇을 하였습니까? 우리 책에서는 그가 하늘과 땅을 분리한 존재라고 말하고 있는데, 당신에게는 반고가 없었던 것 같습니다."

나는 대답하였다. "그는 상관 없습니다. 땅을 만들어 하늘에서 분리한 분은 내가 당신에게 설교하는 참 하느님이었습니다."

이에 대해 그가 대답했다. "잠깐만요, 이것을 분명히 볼 수 있는 책을 가져오겠습니다." 그리고 바로 떠났다가 손으로 필사한 장부 같은 책을 갖고 돌아왔다. 그는 하늘이나 땅이 있기 전에 반고가 그것들을 나누었다고 주장하는 편년체 역사서의 시작 부분을 읽기 시작했다.[62]

나는 그에게 말했다. "나는 동일한 이야기를 말하는, 당신이 가지고 있는 책보다 더 크고 훌륭한 책들을 보았습니다. 나는 당신의 책들 만큼 그 책들을 믿습니다. 당신의 책은 한 사람에 의해 쓰여진 것이 아니었나요? 그가 거짓말을 하는 것은 아닌가요?"

그는 탁자 위에 있던 교리 입문서를 잡으며 나에게 매우 날카롭게 대응했다. "그것은 터무니 없는 요구입니다. 당신은 내 책에서 말하는 것이나 또 다른 더 큰 책에서 하는 말을 내가 믿지 않기를 원하면서 이 작은 책에서 하는 말을 믿으라고 합니다."

그것에 대해 나는 대답했다. "그 책이 크다고 생각한다면, 당신의 모든 책

---

61 반고에 대해서는 E. T. C. Werner, *A Dictionary of Chinese Mythology*, Shanghai, 1932 (reprint, Boston, 1977, p.355을 참고.

62 이 편년체 역사서는 유서(類書)일 가능성이 있는데, 유서는 종종 통속적인 중국어로 쓰여진 신화나 역사에 대한 개론서이다.

보다 훨씬 더 큰 책인 여기 나의 다른 책에서 말하는 것을 믿어야 합니다"라고 하면서 마침 탁자 위에 있었던 책 하나를 가리켰다.[63]

피구에이레도는 책의 크기가 상대적으로 중요하다는 문제에서 난국에 이르자 다른 전환을 시도했다. 그는 농민 생활의 현실과 유비를 이끌어 내면서 반고 이야기 및 다른 중국 창조론 전통에 결함을 만들려고 시도했다.

나는 계속해서 이야기했다. "당신의 그 책에서 반고는 사람이었다고 말하지 않나요?"

"예" 농부는 대답했다. 나는 대답했다. "그렇다면 그것이 어떻게 거짓말에 빠지는지 보십시오. 이 사람이 하늘과 땅을 나누었을 때 처음으로 땅에 있었는데 그렇다면 그가 어떻게 하늘에 도달했습니까? 똑같은 이치로, 만약 그가 하늘에 처음으로 있었던 이 중 하나라면 어떻게 그가 땅에 이르러 그것들을 나누었나요? 그리고 그가 하늘과 땅 사이에 있었다면, 어떻게 죽지 않았습니까? 더구나 만약 당신이 사흘의 시간 동안 통나무를 쪼갤 수 없다면 어떻게 한 사람이 하늘과 땅을 나눌 수 있습니까?" 이에 대해 나는 이렇게 덧붙였다. "이 사람은 일하는 동안 무엇을 먹었습니까?"

농부는 이런 이유들에 대해 침묵을 지켰으며 동료들은 그를 쳐다 보았다. 그러나 그는 확신에 차서 그 책을 넘기면서 말했다. "그래서, 당신은 또한 삼황三皇이 모든 것을 만들었다는 것을 믿지 못합니까?"[64]

---

63 Figueiredo Ningbo, 149v
64 이 삼황(三皇), 즉 천황(天皇), 지황(地皇), 인황(人皇)이 세상을 창조했다. 더 자세한 논의는

나는 말했다. "맞습니다, 그것이 더 큰 거짓말이기 때문에, 만약 이 왕들이 우리와 같은 사람들이고 사물이 창조되기 전에 살았다면, 그들은 무언가를 만들기 시작하기 전에 기아로 죽었을 것입니다."

이 때 농부의 친구들 중 한 사람이 그를 도왔다. "그들은 풀과 과일을 먹었습니다."

내가 대답했다. "그것은 그들이 굶어 죽지 않기에 충분했을 것입니다. 그러나 그들이 먹었던 풀과 과일을 만든 사람은 다른 모든 것 역시 만들었을 것입니다. 반드시 삼황이 그것들을 만들지는 않았을 것입니다."

이 말을 듣고 동료는 아무 말 하지 않았다. 농부는 책을 넘기면서 말했다. "그래서 당신은 요堯 임금 때 나타난 10개의 해에 대해 나에게 말해줄 수 있습니까?"[65]

나는 말했다. "그것은 거짓말입니다. 만약 당신이 더 자세히 읽으면, 이 일이 일어났을 때 요 임금이 궁수를 보내 화살로 그 해들을 쏘아 떨어트려서 없애려고 했다는 것을 알게 될 것입니다. 그런 궁수가 있었을 것 같지는 않지만, 책에서 더 살펴보면 요 임금이 용사를 보내서 숲에 바람을 묶어 바람이 많은 집과 나무들을 날려 버리지 않도록 한 것을 알게 될 것입니다."[66]

이것을 듣고 나서 그는 처음에 생각했던 것보다 자신의 책에 대해 내가

Bodde, "Myths", pp.65~79을 참조.

65 『장자(莊子)』와 『춘추(春秋)』에는 고대에 매일 열 개의 태양이 차례로 떠올랐다고 기록되어 있다. 요왕의 재위 기간 동안 하늘의 혼란으로 인해 10개의 태양이 모두 동시에 나타나 많은 사람들이 세상이 불타버릴 것이라고 생각했다. Ibid., p.70 참고.

66 『회남자(淮南子)』에서는 예(羿) 또는 후예(后羿)라는 궁수가 태양들 중 하나만 남기고 다 쏘아 세상을 구했다고 한다. 바람을 모은 인물은 또 다른 반신(半神)의 궁수인 신예(神羿)일 듯하다. Ibid.; Werner, Chinese Mythology, pp.159·418 참고.

더 많이 알고 있다고 생각하기 시작했다. 그리고 나서 그는 자신의 큰 책을 덮으면서 말하기를, "당신이 하는 말이 옳지만, 마찬가지로 당신의 신이 어디에 있었으며 그가 하늘과 땅을 창조하는 동안 무엇을 먹었는지 알고 싶습니다".

나는 말했다. "당신은 정말 대단하고, 통찰력 있는 질문을 했습니다. 그러나 우선 당신은 나의 이 신이 어떤 분인지를 알아야 합니다. 왜냐하면 그는 몸이 없기 때문에 공간이 필요 없고 먹거나 마시지 않는다는 것을 알게 될 것이기 때문입니다." 그래서 나는 그에게 이것들에 대해 말하면서 하느님이 어떻게 독특하고 참되며, 불상들보다 더 숭배받아야 하는지 설명했다.[67]

피구에이레도가 중국 만신전의 주제에 대해 다루자 농부와의 토론은 기본적인 불교 신앙으로 돌아갔다. 이 신들은 특히 ─ 예수회원들이 주장한 바에 따르면, "불상 혹은 하늘과 땅 보다 더 최상의 주를 숭배하기를 거부한 문사들" 사이에서가 아니라, 평민 계층에서 ─ 강력하게 유지되었기 때문에 선교사들은 그것들의 무기력과 천주교의 강함을 입증해야 하는 도전에 직면했다.[68] 피구에이레도가 불신佛神들을 비난할 때, 그의 대화자는 즉시 반박했다. "그들이 행한 기적에 대해 당신이 나에게 무엇을 말해 줄 수 있습니까? 아니면 그들을 섬기는 사람들을 돕거나 혹은 그들을 내쫓은 사람들을 해칠 힘이 있습니까?"

---

67 Figueiredo Ningbo, 149v-150r.
68 Mathias de Maya, AL Japan Province 1659 and 1660, Macau[1661?], BAJA 49-V-14:736r.

여기서 피구에이레도는 니콜로 롱고바르도가 대중 불교를 논의할 때 거론한 여러 어려움 중 하나, 즉 그 신들의 도덕적 올바름을 만났다. 이 문제를 분명히 알고 있는 피구에이레도는 처벌을 할 수 있는 불신佛神의 힘에 의문을 제기했다. 그는 농부에게 "이 신령들을 비판하고 사람들이 그것들을 숭배하는 것을 멈추게 하려는" 목적을 갖고 포르투갈에서 중국으로 수천 마일을 왔다고 말했다. 중국 신들이 전지전능하고 판단력이 있다면 왜 그 신들이 "이국異國의 많은 위험 가운데에" 있는 그에게 해를 입히지 않았느냐고 예수회원은 주장했다. 피구에이레도는 이런 주장이 "매우 조잡하다"고 생각했지만, 그는 그것이 농부의 또 다른 의심을 해소시켰다는 데 만족했다.[69]

영혼의 윤회, 혹은 환생은 선교사들을 좌절시킨 대중 불교가 배양한 또 다른 믿음이었다. 그들이 농촌 지역에서 전개한 진부한 주장 중 하나는 분명히 농민들의 감수성 및 동물을 다루는 그들의 습속을 겨냥한 것이었다. 예수회원들은 대화자들에게 각종 다양한 생물을 생각해보게 하였고, 이러한 사실, 즉 "수천 마리의 생물이 하나의 시체에 가득 차 있다"는 것을 깊이 숙고해 보라고 요청했다. 그것이 이 존재들이 인간보다 훨씬 많았다는 증거였으며, 선교사들은 그러므로 인간의 영혼들이 모든 동물을 차지하는 것은 불가능하다고 주장했다.

비슷한 논리로 예수회원들은 불교 신자들의 채식주의를 공격했다. 그들은 소나 말과 같은 "유순한 동물"로 다시 태어날 가능성을 높이는 것이 무익하다고 주장했다. 선교사들은 이 동물들의 수가 제한되

---

69 Figueiredo Ningbo, 150r/v.

어 있는 것, 그리고 그것들이 초식동물이라는 사실은 이 동물들의 영혼이 처벌을 받아 인간으로 환생하지 못할 동물이라는 것을 의미한다고 주장했다. 그러므로 어떤 인간도 그러한 응보적인 환생을 얻으려는 희망으로만 채식을 하는 것은 아무 소용이 없다.[70]

피구에이레도에게 도전한 농부는 사제의 설명에 만족한 것으로 보이지 않는다. 그는 천주가 인간을 처벌하거나 상을 주려는 목적이 아니라면 왜 그렇게 많은 다른 생물들을 창조했는지 알고 싶어했다.

그는 말했다. "당신은 하느님이 모든 것을 창조하셨다고 말하지만, 우리의 들을 황폐화시키는 호랑이와 늑대, 쥐, 또 다른 해충은 어떻습니까? 그들은 어떤 목적으로 역할을 하나요? 하느님은 왜 그들을 창조하셨습니까?"

내가 그에게 물었기 때문에 그는 이 문제에 대해 질문했다. "만약 돼지나 물고기, 그리고 세상의 다른 것들이 쓸모 없다면, 스님들이 말한 것처럼, 음식이 되는 것이 아니라면 하느님께서 그들을 창조하신 다른 이유는 무엇입니까?"

나는 그의 질문이 쉽지 않은 것이라고 대답했지만 어려움 없이 그를 풀어주었다. 우리는…… 한 농민의 집에 있었는데, 그 집에는 수천 개의 농기구가 가득 차 있었다.

내가 그것들을 가리키며 말했다. "저기 있는 것들을 보십시오. 어제 나는 그것들이 어떤 용도로 사용될 수 있는지 궁금했는데, 아무것도 생각나지 않았다는 것을 당신이 알게 하고 싶습니다. 당신이 농사에 관한 모든 것을

---

70 Mathias de Maya, AL Japan Province 1659 and 1660, Macau[1661?], BAJA 49-V-14:735v-736r.

알고 있기 때문에 나의 무지에 당신이 웃을 것이라고 나는 확신합니다."

내가 그 도구들이 어떻게 사용되는지 몰랐다는 나의 말에 그는 크게 기뻐했다.

나는 덧붙여 말했다. "그러나 나는 그들이 용도가 없다고 생각한 적이 없었습니다. 그것들이 용도가 없다면 왜 집 주인은 그것들을 가졌을까요?" 그런 다음 잠시 기다리라고 하고 휴대용 책상에 있는 서랍 중의 하나를 열었다. 나는 편지를 봉인하기 위해 가져온 누르는 기구를 꺼내서 그게 무엇인지, 어떤 용도로 쓰이는 것인지 나에게 말해줄 수 있는지를 물었다. 그는 그런 것이 어떤 용도를 갖고 있다는 생각을 비웃었다.

그래서 나는 대답했다. "그것이 쓸모없다고 생각하거나 아니면 그것이 무엇인지 모르는지를 막론하고, 당신은 내가 그것을 여기로 갖고 온 이유가 있다고 생각합니까" 그는 "그렇습니다"라고 대답했다.

나는 대답했다. "그러면 당신이 말한 것처럼 하느님이 그의 피조물을 헛되게 만들지 않았다는 것을 받아들여야 합니다. 그것들이 어떤 존재이든 간에 세상에서 혜택 혹은 쓰임이 없는 것은 아닙니다. 그것들은 유익한 점이 많거나 중요한 용도를 가질 수 있습니다."[71]

단순한 논리를 사용하여 토착 신앙을 뒤집는 일이 선교사들에게 문제를 일으킨 것은 말할 나위도 없다. 단일한 전능한 신의 개념은 아마도 천주교의 다른 핵심 내용들보다 중국 농민들에게 더 쉽게 이해될 수 있었다. 피구에이레도는 자신의 보고서에서 이를 부인하지 않았

71 Figueiredo Ningbo, 150v.

다. 대신에 많은 의문을 제기한 이 농부가 특별히 동정녀 탄생과 성직 독신이라는 관념에 당황했다는 점을 언급했다. 그는 예수의 아버지가 누구인지, 그리고 마리아가 부끄러운 임신으로 인해 비방을 받았는지에 대해 말하도록 예수회원을 압박하였다. 그는 "누가 이 여자를 보살폈습니까?"라고 물었다. "누가 그녀를 지키고 먹였습니까?" 농부가 이 문제를 더 이상 추궁하지 않았을 때 피구에이레도는 긴장을 풀었고, 농부는 "이러한 신비들을 완전히 이해할 수 없음"을 인정했다.[72] 피구에이레도는 자신이 집이나 아내가 없는 이유를 묻는 농부의 질문에 확고한 근거를 가지고 대답했다. 그는 선교사로서의 자신의 소명을 끌어들였다. "내가 이처럼 세상을 돌아다니면서 아내를 데리고 다니거나 집을 갖고 다닐 수 있을 것이라고 생각하나요?"[73]

농부들은 그리스도교의 교의敎義에 대해 회의적인 반응을 나타냈을 뿐만 아니라, 때때로 십계명의 도덕적 제약에 불만을 표했다. 예수회원들이 설교한 그리스도교의 도덕은 중국인의 기준에 의하면 가혹했다. 제6계명이 첩을 두었던 문사들의 개종을 막았던 반면, 또다른 금지령들은 농민들이 세례 받는 데 장애물이 되었다. 피구에이레도의 이야기에서 농부가 바로 이런 경우였다. "우상을 믿지 않거나 더이상 숭배하지 않겠다"는 결심을 하면서도 두 번째 계명에 대해 배웠을 때 개종하고 싶지 않았다고 농부는 예수회원에게 고백했다. 농부는 천주

---

72 Ibid., 동정녀 탄생을 설명하는 예수회원들의 해석에 대한 자세한 내용은 Eugenio Menegon, "Child Bodies, Blessed Bodies : The Contest between Christian Virgi-nity and Confucian Chastity", *Nan Nü : Men, Women, and Gender in Early and Late Imperial China*, 6.2 , 2004, pp.177~240, 특히 p.207을 참조..
73 Figueiredo Ningbo, 151r.

에게 죄를 짓는 것을 피할 수 없을 것이라고 피구에이레도에게 말했다. 왜냐하면 때때로 그는 사묘寺廟에서 서원을 해야 했기 때문이다. 농부의 동료들 중 한 사람도 마찬가지로 그가 "장사할 때 십계명의 요구와 맞지 않는 행위가 있었음"을 인정하면서 천주교로의 개종을 거부했다. 피구에이레도는 이와 비슷한 많은 이유들을 들었던 듯하다. 그가 말한대로, 자신의 하인이 "많은 수고를 했는데도 열매가 거의 없는 것을 보면서" 낙심에 이르렀다고 한 지점까지 말이다.[74]

5. 중국 그리스도교인의 정체성

로드리고 데 피구에이레도는 영파寧波 지역으로 여행하는 동안 80명의 새로운 그리스도교인을 얻었다. 즉, 그는 80명에게 세례를 주었다. 이 남성들과 여성들이 선교사와 보낸 짧은 몇 주 동안 천주교의 기본적인 원리들 이상을 더 배운 것 같지는 않다. 그러나 세례를 받기로 결심한 후 그들은 이전과는 다른 새로운 종교적 정체성을 나타내야만 했다. 즉, 기도들을 배우고, 성물聖物 혹은 그들이 받아들인 믿음의 또 다른 상징들을 얻고, 더 확대된 신도들의 공동체에 가입함으로써 그들은 동료들과 사목자들에게 그리스도교인으로 인정받게 되었다. 이 정체성 형성 과정의 시작에 대한 한 가지 예는 피구에이레도가 마을 사람들에게 세례를 주기 전 마지막 준비 시간의 이야기 속에 나온다.

---

74 Ibid., 151r and 153r.

나는 지금 이틀 동안 이 집에 있었습니다. 이 글을 쓰는 탁자의 반대편 끝에서 집 주인은 내가 교리 입문서로 가르친 기도를 읽고 있습니다. 그것들을 더 빨리 배운 그의 아들은 옆집에 있는 여성들을 위해 기도문을 읽어주고 있습니다……. 나는 종려 주일 아침에 그들에게 세례를 주어야 하는데, 얼마나 많은 사람들이 있을지 모르겠습니다. 이 집에는 많은 아이들이 있습니다. 바로 지금 그들은 내 팔을 잡고 "선생님, 우리를 가르쳐 주십시오"라고 말하고 있습니다. 그래서 나는 그들과 함께 기도를 반복할 것입니다.[75]

그리스도교인의 기본적인 기도들을 배우는 것 외에도, 예비 개종자들은 참회 행위를 함으로써 이전의 신앙들을 버리도록 결심해야 했다. 초기 부관구에게 공표된 1621년 규정들에 따르면, 모든 세례 후보자들은 과거의 습관에 대한 회개뿐만 아니라, 그리스도교의 핵심 교의에 대해 시험을 치러야했다.[76] 예수회원들이 순조롭게 그러한 요구를 할 수 있었던 것은 회개를 선포하는 토착 전통이 있었기 때문이다. (명말의 문인이 유가사상에서 영감을 얻어 쓴 "자기 비난" 혹은 "자책"의 글들이 그 예이다) 피구에이레도는 그리스도교인이 하는 회개의 가치에 관해 예비 신자들에게 이야기하면서, 세례의 장점을 보다 효과적으로 전달하기 위하여 그 토착 전통의 활용을 강조했다.[77] 선교사는 한 여자가 가슴을 심하게 치면서 강하게 후회를 표현했기 때문

---

75 Ibid., 151v.
76 Matos Orders, 229r.
77 이 수행에 대해서는 Pei-yi Wu, "Self-examination and Confession of Sins in Traditional China", *Harvard Journal of Asiatic Studies* 39.1, June 1979, pp.5~38, 특히 pp.22~34를 참조.

에, 참석한 모든 사람들이 "그녀에게 그만두라고 말해야만 했다"고 이야기했다.[78]

아마도 중국 예수회원들이 묘사한 세례의 길에서 가장 극적인 순간은 비그리스도교적 성물聖物의 파괴였다. 화염에 던져진 것은 조상彫像, 두루마리, 서적 및 불교 또는 도교 신령들을 숭배할 때 사용되는 기물들이었다. 부관구로부터 온 연례 서한들에는 이런 물건들이 화염 속에 던져지는 것을 보는 그리스도교인의 환희에 대한 기록들로 가득차 있다. 피구에이레도는 좋은 예를 제공한다. 한 예비신자가 피구에이레도의 집 문에 큰 자루를 가지고 나타났을 때, 사제는 처음에 쌀 선물일지도 모른다고 생각했다. "매우 값비싼 교의敎義 입문서"를 포함하여 불교의 물건들이 들어있는 것으로 드러나자, 선교사는 자루를 그가 머물고 있는 집의 아이들에게 건네주었다. 피구에이레도는 "아이들이 마카오의 학동學童들처럼 기쁘게 그것을 완전히 태우면서 재미있어했다"고 말했다.[79]

확실히, 종교적 물건들을 공개적으로 태우는 것을 장려하는 것은 위험한 작업이었다. 순찰사 안드레 팔메이로André Palmeiro는 새로운 박해를 피하기 위해 1629년에 수하 회원들에게 새로운 개종자들이 신중하게 행동할 것을 촉구하도록 지시했다. "개종할 때 불상과 책, 그리고 여타 미신적인 것들"을 태우는 동안 일어나는 소요의 수준을

---

78 Figueiredo Ningbo, 147r. 중국 개종자들이 개종 과정과 세례 의식을 어떻게 이해했는지에 대해서는 Erik Zürcher, "Confucian and Christian Religiosity in Late Ming China", *Catholic Historical Review* 83.4, October 1997, pp.614~653, 특히 pp.635~638를 참조.

79 Figueiredo Ningbo, 151v.

낮추기 위해 예비신자들과 선교사들은 자신들을 제어해야만 했다.[80] 그러나 장작더미가 줄지 않았기 때문에, 순찰사의 명령이 예수회원들이나 그 신도들의 열의를 진정시키는 데 큰 영향을 미쳤던 것으로 보이지는 않는다. 예를 들어, 시몽 다 쿠냐Simão da Cunha는 1653년 복건성 고지에 있는 어느 그리스도교인들이 불상을 파괴하는 것을 감독하기 위해 자신이 어떻게 소환되었는지에 대해 설명했다. "심지어 성 요한의 축일에서조차—그의 고향의 성 요한 축일 전날의 화톳불에 대한 언급—포르투갈의 거리에서 그렇게 많은 나무가 태워지지 않는다."[81] 1688년 강서성 농촌 선교 후에 마누엘 멘데스Manuel Mendes는 불상을 태우는 일은 계속되었다고 보고했다. 그의 개종자들이 멘데스에게 목상木像을 주었을 때, 그는 요리사들에게 전달하여 장작으로 사용하도록 했다. 멘데스가 한 마을을 떠날 무렵 그는 이미 "큰 무더기의 조각상"과 함께 종교 서적 및 여타 기물들을 모았다고 말했다. 그의 수집물들은 상당한 수량이어서 "마귀가 이 가난한 사람들을 속이려고 몇 차례 실어 나른 것 같았다". 당연히 멘데스는 자신의 전리품들을 태우라고 명령했다.[82]

1628년 보고서는 개종 과정에 대해서는 매우 세밀하게 기술하고 있지만, 로드리고 데 피구에이레도가 어떻게 세례를 주었는지는 거의 알려주지 않는다. 다른 선교사들도 비슷하게 이 주제에 대해 언급이 없다. 따라서 이 의식이 중국에서 행해진 방식에 대한 통찰력은 부관

---

80 Palmeiro Orders, 26v.

81 Cunha to Francisco Furtado, Yanping, 25 January 1653, BNL Reservados 722: 47r.

82 Mendes to Miguel de Amaral, Nanchang, 8 February 1688, ARSI Jap-Sin 164:34r.

구의 장상들이 공표한 규정들의 개요에서 얻어야 한다. 예수회원들은 중국 문화와 성별 금기를 따르기 위해 유럽에서 일반적으로 세례에 수반되는 다양한 의식儀式 행위들을 개조해야 했다. 세례에 대한 라틴어 공식은 로마 전례가 규정한 것과 동일하게 유지되었지만, 선교사들은 새로 세례를 받는, 특히 여성들과 접촉하는 것에 대해 주의를 받았다. 예를 들어, 사제가 여성 예비신자에게 소금을 건네주는 의식에서 그는 그녀의 남편, 부모 또는 대부모代父母가 이 행위를 하도록 지시받았다. 비슷한 방식으로, 선교사들은 "그들이 그것을 매우 이상하게 보기 때문에" 성인들의 코와 귀에 침을 바르는 의식의 일부를 생략해야 했다.[83]

보통 종교적 입문 의식에서 기대하는 것처럼 절정의 순간 중 하나에는 새로운 이름이 수여되었다. 세례식을 마치면 사제는 새로운 신자들에게 그 혹은 그녀의 그리스도교 이름이 적힌 빨간 종이 한 장을 지급하였다.[84] 여기서 유럽 명칭은 중국 발음과 비슷하게 바뀌어졌다. 즉, "Miguel"은 "Mi-ke-er" 등이 되었다. 선교사들이 그리스도교 이름을 중국어로 번역할 때 통일된 기준을 따르게 하기 위해서 1629년에 순찰사 안드레 팔메이로André Palmeiro는 수하 회원들이 공유된 성인 이름 목록을 만들도록 명령했다. 그는 또한 각각의 사제가 세례식 날짜와 대부모 이름뿐만 아니라 세례 받은 사람의 이름을 포르투갈어

---

83 [Manuel Dias the elder?], Algumas Cousas Que se hão de guardar na Igreja,Missas, Baptismos, e Enterramentos para em todas as Casas aver Confor-midade[Macau?, 1624?], BAJA 49-V-7:315r/v.

84 Lazzaro Cattaneo, AL Vice-Province 1630, Hangzhou, 12 September 1631, BAJA 49-V-8:717r.

와 중국어로 기록한 세례 명부를 가지고 있을 것을 강조했다. 팔메이로는 선교사들이 각 예비신자를 위해 대부모를 임명하는 것이 바람직하다고 생각했다. 그러나 이 대부모들 자신이 종종 최근에 개종한 사람들이라는 사실에 비추어 볼 때, 순찰사는 그들이 영적인 가족의 교리 교육을 책임져야 할 의무를 가질 필요는 없다고 여겼다.[85]

세례를 받은 사람들은 또한 선교사들로부터 새로운 성물을 받았다. 예수회원들은 개종자들이 이전에 갖고 있던 믿음이나 신념의 표면적인 특징을 없애고, 그것들을 가톨릭적 표현으로 대체해야 할 필요가 있었다. 그들은 가톨릭 유럽의 대중 신앙에서 각종 성물을 사용하는 관습에서 도움을 받았다. 그들이 개종자들에게 배포한 많은 성화, 묵주, 성명패, 베로니카 및 아누스 데이 팬던트는 최소한 표면적으로는 예수회원들이 쉽게 불에 던져 버렸던 불교 및 도교적 물건들과 유사했다. 물론 선교사들은 이 사실을 알고 잘 활용했다. 그들은 자신들의 성물들이 중국의 종교적 실천의 상징적 맥락에 쉽게 들어 맞아서 기뻐했다. 예를 들어 예수회원들의 서신에서 발견되는, 새로운 개종자들이 선택한 그리스도교 용구에 대한 수많은 기사 중 하나에서 시몽 다 쿠냐Simão da Cunha는 목에 불교 염주를 걸고 세례 받으러 온 개종자를 묘사했다. 1653년 포르투갈 선교사는 "이제 그는 거룩한 율법의 구슬을 걸고 있으며, 그것들에 붙어 있는 아름다운 십자가를 갖고 그의 마을에서 전도하고 있다"라고 썼다.[86]

---

85 Palmeiro Orders, 26r-27r.
86 Cunha to Francisco Furtado, Yanping, 25 January 1653, BNL Reservados 722: 46r.

분명히 중국 그리스도교인들은 성물이 사악한 기운으로부터 자신들을 보호하고, 병자를 고치며 악귀들을 쫓아내는 데 상당한 힘을 가지고 있다고 믿었다. 부관구의 연례 서한들에는 호신부護身符들을 둠으로써 일어난 기적적인 사건들에 대한 설명으로 가득하다. 17세기 상반기의 중국 그리스도교 저작들에도 비슷한 에피소드들이 있는데, 이 에피소드들에서 선교사들의 양떼가 성물에 매우 중요한 의미를 부여했다는 사실을 확증하고 있다.[87] 1620년대 절강성에서 온 한 보고서에서는, 어떤 사람이 "예수의 화상, 십자가 몇 개, 예수의 인쇄된 이름"을 자신의 집으로 가져와 갖고 있던 불상을 대체한

성모 마리아와 아이 그림. 이 두루마리는 예수회원들과 그리스도교인들이 중국에서 제작한 성화(聖畵)의 한 예시이다. 17세기 중국 섬서성.

사건에 대해 말하고 있다. 집에 이 새로운 상징물들을 놓은 후 이 개종자는 3일 동안 밤마다 발을 쿵쾅거리며 세게 구르는 시끄러운 소리를 들었다. 마치 한 떼의 사람들이 그의 집에서 뛰어 나가는 것처럼 보였다. 이 지역의 그리스도교인들에게 이것은 마귀가 쿵쿵거리며 짓밟는 소리였으며, 이제는 "그보다 더 강한 새 주인이 그 집을 다스린 것이었

---

87 Zürcher, "Levels of Response", pp.445~449; Zürcher, "Strange Stories", 362~371.

다".[88] 또 다른 보고서에서 안토니오 드 구베아는 1636년 강남 지역의 상숙常熟 근처 마을을 거의 태워버렸던 화재에 대해 이야기했다. 화염이 새로운 개종자 집의 벽을 핥기 시작했을 때, 신앙심 깊은 주인은 모든 위험을 감수하고 서까래에 아누스 데이 팬던트를 걸었다. 구베아는 "화재를 통해 나타난 모습은 불가사의했다"라고 썼다. "가까이 있는 집들은 모두 불탔는데 그리스도교인의 집만 남았다."[89]

그들의 보고서에서 암시하듯이, 예수회원들의 교리가 상당히 엄격한 논리적 표현을 담고 있었음에도 불구하고, 많은 중국 농민들은 새로운 종교의 성물들의 능력 때문에 그리스도교를 채택했을 가능성이 높다. 묵주, 성명패, 성수聖水 및 기타 수신隨身 도구들이 보여준 마력의 횟수는 1630년대 이후 서민 계층에서 이 도구들이 점점 더 중요한 역할을 했다는 것을 암시한다. 예를 들어, 안토니오 드 구베아는 1636년에 남경에서 온 한 소년이 "예수의 형상 앞에서 자신의 이웃 신도들 중 일부가 묵주기도를 드리는 것을 보고" 세례를 받고 싶다는 소망을 표현했다고 보고했다. 그의 부모는 그것을 허락하지 않았다. 얼마 지나지 않아 그 소년은 병에 걸렸고 섬망 상태에서 사탄이 자신을 데리러 왔다고 말했다. 소년은 "천주의 성스러운 이름"을 부른 후 건강을 회복했고, 부모를 설득하여 개종할 수 있게 되었다. 복건성 시골에 사는 한 임산부가 분만할 때 위험에 처했는데 이때에도 비슷한 사건이 일어났다. 그녀는 천주가 자신이 원하는 시간에 도와 주시면

---

88 Francisco Furtado, AL Vice-Province 1623, Hangzhou, 10 April 1624, BAJA 49-V-6:128v.

89 António de Gouvea, AL Vice-Province 1636, Hangzhou, 20 November 1637, in Gouvea, 72.

그리스도교인이 되겠다고 맹세한 후, 분만할 때 착용할 수 있는 아누스 데이 팬던트를 받았다. 산모와 아기 모두 안전했고, 그녀와 그녀의 남편은 "서원을 실행하고 온 가족이 그리스도교인이 되었다".[90]

또한 예수회원들은 중국 신도들에게 가톨릭 성인들의 유골 숭배 전통에 대해 소개했다. 분명히, 그들은 (그들의 교회에 성인의 소량의 살과 뼈가 있었음에도 불구하고) 유럽과 인도로부터 중국으로 성인 유골들을 가져와서 신도들에게 배포하지는 않았다. 대신에 그들은 특정한 성인들 ― 특히 이그나시우스 로욜라와 프란시스 사비에르 ― 에 대한 신앙을 키우고 그들과 관련된 성물들을 사용했다. 예를 들어, 예수회원들은 로욜라의 서명이 새겨진 종이를 사용했다. 이 물품들은 예수회 총장으로서 로욜라가 임기를 맡은 동안 이 바스크 신비주의자가 서명한 수천 개의 문서에서 잘려 나온 실제 육필 혹은 인쇄본들이었다. 1630년대 중반 산서성 강주의 한 보고서에 따르면, 이 유물을 지역 그리스도교인들이 숭배하여 "항상 한 그리스도교인 집에서 다음 집으로, 그리고 마을에서 마을로 옮겨 다니고" 있었다. 이그나시우스의 서명은 분만 시 산모와 아기의 생명이 위험에 처해 있을 때뿐만 아니라, 악마에 사로잡힌 경우에 가장 자주 사용되었다.[91]

사비에르의 유물들도 중국에서 유통되었다. 이 동방의 사도가 실제로 아시아 땅을 밟았다는 사실은 그의 신체적인 흔적이 여전히 현지에서 발견될 수 있음을 의미했다. 1643년 상해의 선교사들은 인도의 사비에르의 관에 쌓인 진흙 웅덩이에 채워진 물 한 병을 소유하고 있

---

90 Ibid., pp.69·113.
91 Ibid., p.93.

었다. 아마도 마르티노 마르티니가 중국으로 가져온 이 유물의 물 한 모금은 그 한 해 동안 3명의 죽어가는 그리스도교인을 치료한 것으로 알려졌다.[92] 다른 선교사들은 자신과 양떼들을 위하여 상천도에 있는 성인의 첫 번째 무덤을 방문하여 흙이 잔뜩 묻어있는 수건들그것들은 심지어 "덤불 옆에서 찢겨져 있었다"을 모았다.[93] 유물에 대한 그러한 갈구는 반세기가 지난 후에도 줄어들지 않았는데, 프란시스코 시모이스Francisco Simões가 사비에르의 유물을 북쪽 직예에 있는 한 여성에게 주었다고 쓴 것에서 알 수 있다. 예수회원은 성인의 시체를 싼 천에서 나온 실을 그녀에게 주었다. 사제가 유물을 나누어준다는 소문이 퍼지자마자, 그는 순방한 각 마을에서 자신을 기다리는 20여 개의 임시 성물함을 발견하였다.[94]

부관구가 새로운 개종자들에게 성물을 제공하려고 했을 때 상당한 물자 조달의 문제에 직면했다. 상황이 좋을 때에는 선교사들은 마카오에서 온 선박에 의존할 수 있었는데, 거기에는 마카오 혹은 포르투칼령 인도의 어느 곳, 심지어 유럽으로부터 오는 물품들이 가득 차 있었다. 예수회 대리인들이 선교구 밖에서 중국으로 보낸 물건들 대부분은 서인도에 있는 포르투갈 식민지에서 왔던 것으로 보인다. 그러나 특별히 일본과의 무역이 단절되고 말라카의 몰락이 있었던 1639년에서 1641년 사이의 운명적인 시기에 고아와 마카오 사이의 연결

---

92 António de Gouvea, AL Southern Residences, Vice-Province 1643, Fuzhou, 15 August 1645, in Gouvea, 135.
93 Baldassare Citadella, Relação da Viagem de Macao a Ilha de Sanchoam, Macau, 8 October 1644, ARSI Jap-Sin 64:244v-245r.
94 [Francisco Simões], Breve Relação das Missoens de Pecheli no principio deste anno de 1693[Zhending?, March?] 1693, BAJA 49-V-22:164v.

고리가 약해짐으로 말미암아 예수회가 부관구로 하여금 이러한 종교적인 용구들을 비축하는 것을 어렵게 만들었다. 또한 설상가상으로 중국왕조 전환의 혼란은 그리스도교 성물의 적절한 공급품을 수입하는 것을 어렵게 하였다.

그러나 선교사들은 현지에서 재료를 구할 수 있는 선택권이 있었고, 때때로 이 목적으로 장인에게 부탁하였다. 서안의 사제들은 1634년에 성명패聖名牌 공급이 다 떨어졌을 때 "예수"와 "마리아"의 이름이 특수 종이에 인쇄된 나무판을 가져왔다. 이 물건들은 금속으로 된 것보다 썩기 쉬웠기 때문에, 일부 교인들은 "목 주위가 아니라 모자에 아주 예쁘게 꿰매어" 착용했다.[95] 선교 재정이 고갈되었을 때 예수회원들은 그리스도교인들에게 사제들이 축복할 수 있도록 성물을 만들 것을 요청했다. 1640년 회안淮安에 있는 동안 프란체스코 삼비아시Francesco Sambiasi는 지역 그리스도교인들에게 의지하여 "대량"의 수제 성명패를 만들었다. 그는 임시로 만들어진 이러한 물품들이 유럽에서 만든 것 만큼 화려하거나 아름답게 꾸며진 것이 아님을 인정했지만, 이 물품들은 똑같이 "결핍을 보완하기 위한" 역할을 하였다.[96] 그리고 1647년에 중국 북부에 만주족의 지배가 공고화되었을 때 이나시오 다 코스타는 신도들이 그들 스스로 수입 묵주의 대체품을 제작하도록 하고 이에 대해 평가를 내렸다. 그는 "묵주가 부족하지만 모든 사람이 기도할 수 있는 도구가 있다"고 썼다. "일부 사람

---

95 João Fróis, AL Vice-Province 1634, Hangzhou, 8 September 1634, BAJA 49-V-10:426v.

96 Gabriel de Magalhães, AL Vice-Province 1640, Hangzhou, 30 August 1641, ARSI Jap-Sin 122:86v.

들은 불교의 염주를 사서 우리의 방식대로 줄을 다시 엮고, 일부는 야생 씨앗을 묶거나, 또 일부는 향기로운 가루로 만든 반죽 구슬을 꿰었고, 일부는 짚으로 만든 끈으로 묶거나 일부는 심지어 그냥 빈 손으로 기도하였다."[97]

중국 그리스도교인들의 종교적 상징물들은 유럽 혹은 본토의 성물들의 사용에 국한되지 않았다. 그리스도교인들이 광범위하게 대련對聯을 사용했다는 것은 그들이 어떻게 자신들의 종교적 정체성을 형성했는지를 잘 설명해준다. 상서로운 대구對句들로 장식된 이 붉은 종이를 만드는 관습은 도교에서 기원한 고대 중국의 관행이었다. 문 주위에 그것들을 붙이는 것은 악령을 막는 효과적인 수단이 되었다.[98] 본토 그리스도교인들은 자신의 목적에 맞게 이 습속을 바꾸었고, 예수와 마리아의 이름을 집에 붙였다. 1620년대 초의 보고서에 따르면, 이 러한 공개적 전시물은 남경 교안을 일으킨 계기가 되었던 심각의 법령에 도전하는 행동으로 묘사된다. 프란시스코 푸르타도Francisco Furtado는 "하느님의 율법을 따르는 것이 엄청난 형벌로 금지되어 있던 바로 그 때에 많은 사람들이 예수의 거룩한 이름을 붉은색 종이에 큰 글씨로 인쇄하여 문 위에 붙였는데, 마치 '당신이 나를 원하시면 내가 여기 있습니다. 나는 죽음을 거부하지 않습니다non recuso mori'라고 말하는 듯"하다고 썼다.[99] 20년 후 상해에서 예수회원들은 한 그

---

97 Costa, AL Northern Residences, Vice-Province 1647, Xi'an[1648?], BAJA 49-V-13:443r.

98 대련에 대해서는 Ronald Knapp, *China's Living Houses : Folk Beliefs, Symbols, and Household Ornamentation*, Honolulu, 1999, pp.81~101을 참고.

99 Furtado, AL Vice-Province 1623, Hangzhou, 10 April 1624, BAJA 49-V-14:127r. The reference is Acts 25:11, "I refuse not to die"

리스도교인이 그의 문 위에 성호를 표시하는 비슷한 관행을 옹호했다고 보고했다. 심문 중에 그는 관리에게 자신의 대련은 "악마에 대한 무기"라고 말했다. 성벽이 적들을 궁지로 몰아넣고 막는 역할을 했던 것처럼, 그리스도교인은 "이 종이에 기록된 하느님의 거룩한 이름은 우리의 집을 악마로부터 보호해 주어서 그것이 우리 영혼에 들어가서 어지럽지 않게" 한다고 주장했다.[100]

여기서 기술된 성물들이 중국 그리스도교의 종교적 정체성의 가장 피상적인 층위를 구성했다는 것은 말할 나위가 없다. 확실히 예수회원들은 개종자들이 새로운 호신부를 가진 어쭙잖은 사람들로서 보다는 정기적으로 기도하는 습관을 확립하거나 혹은 개인적인 신앙의 리듬을 조절하기 위해 그러한 성물들에 의존하는 참된 교인들이 되기를 희망했다. 그러므로 선교사들은 새로운 개종자들이 몇 가지 기도를 끊임없이 암송하는 것에 국한되지 않는 영적 표현들 속에 참여하도록 그들을 고무시키는 방법을 찾아야 했다. 이 결과 그들은 평신도를 위한 유럽 영적문학의 형식과 내용을 복제한 신앙 텍스트들을 썼다. 예수회원들은 한 해 동안 지켜야 할 모든 축일과 금식일을 나열한 첨례표瞻禮表를 보급하는 것 외에, 기도의 개요, 성인전, 다양한 신앙의 신비에 관한 저작들을 배포하였다.

예상할 수 있는 바와 같이, 기도 입문서들은 선교 교회에서 널리 보급되었다. 그러한 다량의 텍스트 가운데에는 줄리오 알레니Giulio Aleni 가 쓴, 어떻게 미사에 참여할 것인가에 대해 다루고 있는 『미살제의彌

---

100 António de Gouvea, AL Southern Residences, Vice-Province 1644, Fuzhou, 16 August 1645, in Gouvea, 191.

撒祭義』, 주앙 프라이João Fróis의 예수의 수난과 그에 따른 기도를 설명한 『통고경적痛苦經蹟』 그리고 기도집인 『천주성교염경총독天主聖教念經總牘』 등이 있다. 알레니의 텍스트가 독자들에게 의식儀式 중에 행동을 어떻게 올바르게 할 것인지를 가르쳐 주었다면, 프라이의 책들은 독자들에게 개인적 신앙 수련에 대해 소개하였다. 1628년 연례 서한에 따르면, 이 책에는 그리스도와 마리아의 생애에 관련된 에피소드가 기술되어 있고, 또한 그리스도교인들에게 "밤에 집에서 기도하는 경건의 훈련"을 소개하려는 목적으로 성인들과 마리아의 기도를 넣었다. 또한, 묵상에 대해 소개한 가스파 페레이라의 책에는 성인들의 사례들, 다양한 경우를 위한 특정한 기도들, 그리고 "교회가 대대로 칭송해 온 성인들과 여타 신비한 기적들"의 내용이 들어 있다. 이 서한에 따르면, 이 저작들은 그리스도교인들에게 크게 환영받았으며, 심지어 그들이 미사를 드리러 올 때나 여행할 때 가지고 다녔다.[101] 그러나 『천주성교염경총독天主聖教念經總牘』 또는 『일과日課, *Daily Exercises*』보다 천주교 신자들 사이에서 더 널리 보급된 책은 없었다. 이 책의 첫 번째 판은 1628년 항주에서 인쇄되었다. 이 책에는 기도문들 외에 여러 예수회원들의 작은 신앙 텍스트들이 들어 있다. 안토니오 드 구베아Antonio de Gouvea에 따르면, "그리스도교인들이 손에 그렇게 자주 가지고 다니는 다른 책은 없었다".[102]

---

101 Rodrigo de Figueiredo, AL Vice-Province 1628, Hangzhou, 22 August 1629, BAJA 49-V-6:598r.

102 Gouvea, *Ásia Extrema*, Fuzhou, 10 April 1644, BAJA 49-V-2:576. 『日課(일과)』의 번역과 분석은 Paul Brunner, *L'Euchologe de la Chine : Editio Princeps 1628 et Développements jusqu'à nos Jours*, Münster, 1964를 볼 것.

6. "어두운 사원과 달리"

그리스도교 성소를 만드는 것은 선교사들의 "개종 사업"의 마지막 임무였다. 개종을 독려하고, 새로운 개종자들에게 그리스도교의 상징들을 성공적으로 구비시키고 나서야 선교사들은 그리스도교 공동체를 위한 물리적 중심점을 만들려고 시도했다. 예수회원들은 새 개종자들에게 성물을 제공한 후 그들이 자신들의 집에 기도실을 설치할 것을 장려함으로써 이 임무를 실행에 옮겼다. 그러나 이 가정 성소는 작았기 때문에 특히 많은 개종자가 있는 지역에서는 더 큰 예배 장소가 필요했다. 그리스도교인 활동의 첫 번째 중심지는 예수회원들의 도시 거주지였다. 이곳에는 성소가 있었는데, 성소에는 제단, 신상神像, 향 및 십계명과 선사善事 목록 등 권고의 말들이 새겨져 있는 비문이 있었다. 이 건물들은 부관구가 매입하거나 부유한 그리스도교인들또는 북경 거주지의 경우와 같이 황제에 의해이 선교 사업에 기증한 것이었다.

예수회원들은 도시 거주지 외에도 신자들과 함께 의식儀式 공간을 임시변통으로 만들기 위해 노력했다. 일반적으로 농촌의 새 개종자들은 가난했기 때문에 이것은 어려운 과제였다. 많은 마을 성소는 단순히 "작은 기도실", 즉 사람들이 예배드리는 동안 사용하는 가구가 없는 그리스도교인 가정의 방이었다. 일부 마을에는 "소예배실" 혹은 종교 활동이 끝나도 다른 용도로 쓰이지 않는 지정된 성소가 있었다. 1636년 상해 근처의 천사川沙 마을에 있는 페드로 리베이로Pedro Ribeiro가 봉헌한 성당도 이와 같은 경우였다. 그해의 연례 서한에 따르면,

한 과부는 성소 및 방문 사제를 위한 숙소로 그녀 집의 일부 공간을 제공했다. 리베이로는 제단 위에 구세주의 성화를 걸어놓고 "과부가 제공한 예배실을 예수에게 바쳤다". 그는 신도들에게 이 공간이 "그리스도교인들이 모여서 기도하고 영적인 강의를 듣기에 매우 넉넉한 공간"이라고 언급하면서 과부의 이런 행위를 아주 기뻐했다.[103]

예수회원들과 신자들은 때때로 중국인 혹은 외부의 기부자들로부터 자금을 받아 새로운 성소를 구입할 수 있었다. 중국 내에서 부동산이나 기금 기부는 부유한 그리스도교인들로부터 나왔다. 예를 들어, 서씨 일족, 특히 파울로Paulo 서광계의 손녀Candida는 상해나 송강 지역 여러 마을의 성소의 구입을 책임졌다. 다른 지역에서는 그리스도교 공동체가 보통 문사 가정의 작은 예배당 가까이에 붙어 있었다. 1643년의 한 보고서는 상숙常熟 근처의 한 도시에서 하층 문사가 어떻게 제단과 신상神像을 설치하기 위해 "그의 집에서 가장 좋은 방 중 하나"를 제공했는지 설명한다. 이 경우 특히 주목할 만한 것은, 지역 그리스도교인들이 예배당 봉헌식의 일환으로 손에 촛불을 들고 거리를 지나가며 성화가 있는 실크 휘장으로 장식한 마차 뒤에서 행렬을 조직한 것이다.[104]

부관구는 또한 중국 밖에서 들어온 자금을 사용하여 선교소로 쓰기에는 적당하지 않았던 장소들에 성소를 세웠는데, 이 장소들은 예수회원들이 세속적인 건물 혹은 폐기된 종교적인 건물을 구매하여 그

---

103 António de Gouvea, AL Vice-Province 1636, Hangzhou, 20 November 1637, in Gouvea, 76.
104 António de Gouvea, AL Southern Residences, Vice-Province 1643, Fuzhou, 15 August 1645, in Gouvea, 126.

것들을 교회로 바꾸고 방문 사제나 교리 교사가 묵을 수 있도록 한 것이었다. 1639년 포르투갈과 일본과의 무역이 갑자기 단절되었을 때, 마카오의 상인들이 중국 선교소에 낸 기부금은 부분적으로는 이러한 목적으로 사용되었다. 그러나 예수회의 지속적인 홍보 노력 덕분에 더 먼 지역의 신앙적 기부금들도 중국으로 향했다. 예를 들어 자크 레 포레Jacques le Faure는 1650년대 후반에 강서성 집인集安의 낡은 사원을 "유럽에서 온 의연금"으로 구매했다. 자크 레 포레에 따르면 사원의 소유주들은 상당히 궁핍했기 때문에, 그것을 천주당天主堂으로 개조하려는 그의 계획에 반대하지 않았다. ('堂'이라는 용어는 또한 불교 혹은 도교 성소가 아닌 행정 또는 사법 건물을 나타내는 데 사용되었다는 점에 유의하라. 이 점은 의미론상 진일보하게 예수회원들과 비그리스도교 경쟁자들 사이에 남아 있는 어떤 관련을 구분하였다)[105] 레 포레의 첫 번째 단계는 "금불상과 함께 그곳에 살았던 승려들"을 내보내는 것이었다. 그는 자신의 장상들에게 "이교도들이 큰 소란 없이 그들의 마을이 하늘의 보호를 받는 것을 기뻐하며" 이 이사를 완수했다고 기쁘게 보고했다.[106]

그래서 예수회원들은 불교 염주를 묵주로 명명한 것과 같은 방식으로 기존 건축물을 사용했다. 사원을 교회로 개조함으로써 선교사들은 대중의 마음에 있는 성스러운 것과 관련된 장소를 전유했다. 이런 실천이 오랫동안 중국 예수회원들에게서 비롯되었다고 여겨지는 관용적인 태도나 문화 적응 능력의 또 다른 예로 간주되어서는 안 된다.

---

105 Ad Dudink, "Church Buildings", *Handbook*, pp.580~586, 특히 p.580.
106 [Jacques le Faure], AL Ganzhou Residence 1658, 1659, and 1660, Ganzhou [1661?], BAJA 49-V-14:653v.

그것보다는 오히려 선교사들과 그 신자들의 제한된 재정적 자원 때문에 필요했던 기민한 재정적 움직임으로 여겨져야 한다. 새로운 교회를 세우는 것은 돈이 궁한 종교 공동체에서 쇠락해가는 사원들을 구입하는 것보다 훨씬 더 많은 비용이 드는 노력이었다. 나아가 얼마나 많은 예수회원들의 교회 건물이 실제로 세속적 건물이 아닌 이전에 사원으로 사용되었던 것들이었는지는 확실하지 않다.

이것은 사원을 교회로 바꾸는 것이 결코 대중적 저항을 불러 일으키지 않았다거나, 혹은 새로운 교회를 봉헌하는 것이 항상 예수회원들의 전도 노력을 용이하게 했다는 것을 말하는 것은 아니다. 오히려 이것은 선교 교회의 물리적그리고 영적 존재감을 느끼게 하는 편리한 방법이었다. 예를 들어, 1645년 복건성 무이산武夷山을 방문한 시몽 다 쿠냐Simão da Cunha는 "유명한 사원"이 어떻게 교회로 바뀌었는지를 보고했다. 현지 그리스도교인들이 (아마도 시몽 다 쿠냐의 도움으로) 건물을 구입한 후, 루카스라고 하는 새 개종자가 주도적으로 불상들을 던져버렸는데, 중간에 잠시 쉬었다가 불상의 머리를 부수었다. 쿠냐는 성소를 축복했는데, 이것은 "매월 순례 여행을 하러 오던 이전 불교 신자들의 슬픔만큼 모든 그리스도교인들이 느끼는 기쁨을 느끼게 하는 것이었다".[107] 이후 10년 동안 무이산 그리스도교인들은 또 다른 사원을 인수하여 마리아를 위해 봉헌하고 여성들이 사용할 수 있도록 비축해 두었다.[108]

107 Cunha, AL Jianning Residence 1645, Jianning, 1645, BAJA 49-V-13:348v-349r.
108 Simão da Cunha, Rol da Igrejas e Christandades, Yanping, 25 January 1653,BNL Reservados 722:51r.

역설적으로 들릴지 모르지만, 천주를 숭배하기 위한 의식儀式 공간이 만들어진다고해서 예수회원들과 그리스도교인들이 공개적으로 종교 활동을 실천할 수 있다는 의미는 아니었다. 먼 복건성 황야 지역에 있는 사원을 천주天主에게 봉헌하는 데 사용하는 것은 일회적인 일이었지만, 북경 혹은 상대적으로 벽지인 상해와 같은 곳에서 같은 일을 시도하는 것은 상당히 다른 임무였다. 천주교의 공개적인 활동은 그리스도교가 중국의 종교적 환경의 일부가 되었다는 가장 명백한 징후일 것이며, 이러한 공개적인 활동은 선교사들의 "신성한 상품"의 거래가 당국의 관점에서 볼 때 합법적이며, 신도들은 위협이 되지 않는 소수 종교 집단으로 여겨진 것이 분명해졌음을 증명하는 것이었다. 황제 자신의 개종이 없었기 때문에, 존재감이 있는 성소들을 중심으로 한 용인된 그리스도교 공동체의 설립은 예수회원들이 자신들의 선교에 대해 갖고 있는 열망의 총합이었다.

17세기 중반 왕조 교체의 혼란 속에서 비로소 예수회원들과 신도들은 자신들의 종교에 대해 자신감을 갖고 공개적인 활동을 하였다. 명조 지배의 마지막 수십 년 동안 선교는 비밀스럽게 북쪽에서 남쪽으로 기초를 놓았다. 마테오 리치와 같은 유명한 인물들이 있었음에도 불구하고, 북경에서 천주교의 실천은 닫힌 문 뒤에서 이루어졌다. 순찰사 안드레 팔메이로André Palmeiro가 1629년에 북경에 머무는 동안 알게 된 바와 같이, 도시의 남성 그리스도교인들은 미사에 참석했고 일요일과 첨례일에 "매우 예쁘고 금빛 찬란한 그러나 외부에 공개되지 않은" 성소에서 설교를 들었다.[109] 그러나 1630년대에 인쇄된 북경의 경관에 대한 안내서에 북경 교당에 대한 기술 및 그리스도교 교리에 대한 간단한 해설이 있는 것으로 보아 천주교의 활동은 절대로 비밀스럽게 진행될 수는 없었을 것이다.[110]

1644년 청나라가 새롭게 정권을 잡은 후 예수회원들과 그 신도들은 이미 중국인 생활 패턴의 일부가 되었고, 그들의 교회는 중국 종교의 조직 중 가장 방대한 그리스도교의 표징이 되었다. 북경에서 순치제順治帝가 요한 아담 샬에게 반복적으로 취한 우정의 제스쳐는, 선교사들이 자신들의 신앙의 외적 표현에서 변화를 만들어내는 데에 용기를 주었다. 이 변화의 가장 명백한 징후 중 하나는, 순치제가 1655년에 가브리엘 드 마갈량이스Gabriel de Magalhães와 로도비코 불리오Lodovico Buglio에게 하사한 동당東堂이라고 불리우는 새 거주지의 설계에서 볼 수 있다. 예수회원들은 일련의 조각들과 대형 십자가를 사용하여 새 교회 안뜰의 건물 정면 위에 걸려 있는 "황제의 하사"라고 쓰여진 금색 편액을 장식하였다. 이 그리스도교 상징들은 모두 이곳을 지나가는 행인들에게 분명하게 보여졌으며, 명확하게 선교사들과 그들 종교의 존재를 선포했다.[111]

중국의 다른 곳에서도 선교사들은 변화된 정치적 분위기를 이용하여 중국 그리스도교의 정체성을 형성해나갔다. 북경에서의 사건에서 힌트를 얻은 지방의 예수회원들은 천주교가 있음을 알리는 분명한 표시로 돌과 나무 위에 경문을 새겼다. 그들은 과거에 금지되었던 것을 탈피하여 1650년대 말과 1660년대 초에 문을 연 교회 디자인에

---

110 Palmeiro, Itinerario, Macau, 8 January 1630, BAJA 49-V-8:523v.
110 Susan Naquin, *Peking : Temples and City Life, 1400~1900*, Berkeley, 2000, p.211.
111 Magalhães, AL Northern Residences, Vice-Province 1658, Peking, 20 Septem -ber 1659, BAJA 49-V-14:237v.

유럽풍의 건축 양식을 도입하였다.[112] 유럽 양식으로 된 두 개의 새로운 성소에 대한 작업은 1650년대가 저물어갈 때 강남 지역의 항주와 양주에서 시작되었다. 그리고 1658년 1월 강서성 공주贛州에 자크레 포레가 새로운 거주지를 열었을 때, 그는 성소에 서양의 특징을 추가하고자 했다. 그는 순무巡撫 동국기佟國器, 1648년 거인, 1684년 사망 및 다른 관리들과 좋은 관계를 유지하면서, 순무가 그에게 준 총 백 냥의 돈을 잘 활용하여 십자형 교회를 건축했다. 건물의 크기는 적당했고 "길이는 5길, 폭은 3길 반", 역주-1길은 1미터 83센치, 6피트 지붕 가까이에 있는 두 줄의 창문으로 햇빛이 들어와 교회 전체를 밝게 하였다. 레 포레에 따르면, 이 특징은 그의 교회를 "분명히 중국의 어두운 사원과 다르게" 만들었다.[113] 다음 장에서 볼 수 있듯이, 현지 그리스도교인들이 그들의 성소 안에서 행한 것은 또한 불교와 도교 성소에서 일어난 것과 달랐다.

---

112 1621년과 1629년에 하달된 지침에는 교회를 중국식으로 세워야 한다고 되어 있었다. Matos Orders, 221r; 그리고 Palmeiro Orders, 32r를 참고.

113 [Le Faure], AL Ganzhou Residence 1658, 1659, and 1660, Ganzhou[1661?], BA JA 49-V-14:648v-650r.

제9장
훌륭한 방법과 조직

1655년 초에 마누엘 호르헤Manuel Jorge는 중국 부관구의 상태에 대해 경종을 울렸다. 그는 17명의 사제와 3명의 보좌신부가 선교 교회를 맡기 위해 남겨진 모든 인력이라고 탄식했다. "이렇게 적은 숫자가 너무 많은 요새들을 수비하였다"라고 호르헤는 외쳤다. 이 얼마 안 되는 무리의 각 회원이 "각각 왕국만큼 큰" 중국 지방을 맡았다. 설상가상으로, "많은 나이와 흰 머리의 문제"는 선교사들의 역량을 크게 제한했다. 마누엘 디아스younger와 알바로 세메도Álvaro Semedo 같은 일부 예수회원들은 70대였고, 시몽 다 쿠냐Simão da Cunha, 요한 아담 샬 Johann Adam Schall 및 안토니오 드 구베아António de Gouvea와 같은 이들은 60대였다. 몇 사람은 50세가 넘었고, 펠리치아노 파체코Feliciano Pacheco와 호르헤Jorge 자신 두 사람만이 30대였다. 호르헤는 선교의 만성적인 인력 부족과 새로운 개종자들의 급격한 증가를 언급하면서 예수회의 중국 사역에 어떤 미래가 펼쳐질지 궁금해 했다. 논리대로라면 이 상황이 계속될 경우, 그 20명의 사람들이 수만 명의 신도들을 "가르칠 교사 없이, 돌보는 사목자 없이, 그들에게 생명을 불어넣을 좋은 사례 없이" 남겨 놓고 죽을 터였다.[1]

호르헤는 새로운 회원들이 선교에 매력을 느낄 수 있기를 희망했다. 그가 이런 말을 한 것은 유럽 동료들의 연민과 결심을 불러 일으키기 위한 것이었다. 유럽에 있는 그의 동료들의 경우, 많은 사람들이 "한 달에 한 번의 수업, 한 달에 한 번의 설교만, 또는 때때로 매주 그들의 거주지 밖에서 한 차례의 죄 고백을 들으면 된다"고 주장했다. 그러나 선교사 수와 부관구의 미래에 대한 호르헤의 탄식은 중국 예수회원들의 주요 성과 중 하나인 선교 교회의 내부 조직을 무색하게 만들었다. 그의 수사는 비논리적이었다. 호르헤는 현재가 아니라 선교 사업의 미래에 대한 염려를 표명한 것이었다. 그러면, 17명의 사제와 3명의 보좌신부가 수만 명의 영혼에 달하는 신자 집단을 어떻게 관리할 수 있었는가? 선교사들이 이 사목적 짐의 압도적인 무게로 인해 움츠러들지 않는 것이 가능했는가? 확실히, 예수회원들이 더 이상 선교 교회의 실제 규모를 알지 못한다는 것을 인정하기 시작한 것은 1690년대 후반그리고 교인 숫자에 있어 다른 많은 지역을 훨씬 능가했던 상해 지역이었다. 그러나 그들은 그 전에 최소한의 사제들로 양떼를 돌보는 효과적인 기술을 고안해 냈다.

---

1 Jorge, AL Vice-Province 1652, Hangzhou, 7 May 1655, BAJA 49-IV-61:206r/v and 228v.

개종자 수가 부단히 늘어나면서 두 가지 다른 성회聖會에 대한 도전이 제기되었다. 첫 번째는 열정보다 더 정확한 계산을 요구하는 조직에 관한 것이었다. 초기 근대 성인전聖人傳 작가들과 심지어 일부 현대 학자들이 상상하는 영웅주의 이미지와 달리, 초기 개종 사역 이후의 선교사들의 작업은 교구 사제들의 작업과 본질적으로 동일했다. 예수회 비평가 중 한 사람이 유럽 식민 통치 밖에서의 선교와 —따라서 세속 교회, 주교, 세속 성직자, 종교재판관의 통제를 넘어서는— 관련하여 설명했듯이, "그곳에는 사목자 및 새로 개종하거나 세례를 받은 그리스도교인들을 위해 봉사할 성직자가 충분하지 않기 때문에 예수회가 그들을 길러 내야할 책임을 위임받았다".[2] 다르게 말하면, 중국에서 가톨릭교의 실천에 더 완전한 제도적 접합을 부여했을 수 있는 교구 구조가 결핍되면서 각 선교소는 사실상 주교좌성당이 되었고, 그 아래의 모든 하위 그리스도교 공동체는 사실상 지역교구가 되었다.

그러나 중국 예수회원들의 소명은 유럽 혹은 해외 제국의 교구 사제들또는 여타 재속 성직자의 소명과 분명히 같지 않았다. 그러므로 선교 교회는 주교 관구의 모델을 따라 그려지지 않았다. 오히려 그것은 예수회가 평신도의 신심을 형성하고, 예수회 신학교에서 학생들을 조직할 때 시도되고 검증된 방법에 따라 구조화되었다. 선교교회를 구성한 것은 중국어로, "협회" 또는 "집단"을 의미하는 조합 또는 사단社團 혹은 신도회라고 불리우는 평신도 집단중국어로 '會'라고 불리움이었다. 애매모

---

2 Guerreiro 1:3.

호함을 없애려고 한 선교사는 다음과 같이 설명하였다. "협회會란 유럽에서 일반적으로 만들어진 그런 종류의 단체가 아니라, 우리가 돌아가면서 돌볼 수 있도록 그리스도교인들을 나눈 반班과 같은 것이다."[3] 이 집단이 교구와 유사한 것은 지역의 신도들이 특정한 장소에 모여 성찬을 받고 기도한다는 것뿐이었다. 이러한 유사성 외에 선교교회의 조직 단위는 부관구 밖의 여타 단체들이 갖고 있는 법적 혹은 정치적 특징을 갖지 못했다.[4]

평신도 신심의 영역에서조차 예수회원들의 신도회 조직은 유럽의 교구가 머나먼 아시아에서 반영된 것이었다. 우선, 선교사들 자신은 유럽에서 성직록聖職祿을 받는 것처럼 똑같이 성직록을 받는 해외 사람들과는 거리가 멀었다. 그들은 심지어 가톨릭 유럽에서 개혁적인 교구 사제가 영혼들을 구원하는 방식으로 중국에서 사역을 계획하지 않았다. 예수회원들의 "신도들"의 영적 삶은 적어도 그들의 경건의 실천이라는 관점에서 볼 때 동시대 유럽인들보다 그들을 종종 더 역동적으로 만들었던 특정한 경건 활동들에 중점을 두었다. 일반적으로 성모회聖母會라고 불리는 중국 협회는 회원들에게 매주 기도를 의무화하고 지역 사회 연대를 장려하며 성찬을 의무적으로 받도록 했다. 그러나 예수회원들이 중국 그리스도교인들에게 평신도 신심에 대한 기

---

3 André Ferrão, AL Vice-Province 1656, Macau, 29 January 1659, BAJA 49-V-14:82v.

4 더 깊이 있는 논의는 Nicolas Standaert, "Social Organisation of the Church", *Handbook*, pp.456~461; Fortunato Margiotti, "Congregazioni Mariane della Antica Missione Cinese", *Das Laienapostolat in den Missionen*(Supplement X), J. Specher and P. W. Bühlmann, eds., *Neue Zeitschrift für Missionswissenschaft*, 1961, pp.131~151, 특히 pp.132~137을 볼 것.

준을 대부분의 유럽 가톨릭 신자들보다 높이는 가운데, 이러한 요구들로 인해 중국 협회는 다음 장에서 논의하게 될 신앙 협회의 특징이 약화되고 말았다. 이것이 예수회 신도들의 상황이었다는 것은 놀라운 일이 아니다. 결국 예수회원들은 평신도 신심의 성격을 의식儀式에 수동적으로 참석하는 것에서 성찬에 대한 적극적인 소망으로 바꾸려 하는 가톨릭 성직자들 사이에서 개혁을 대표하는 사람들이었다. 유럽에서는 예수회원들이 자신들의 학교에 다니거나 혹은 평신도 신도회의 일원이 된 사람들에게만 영적인 방향을 제시하면서 경건활동을 고취하기 위해 그들의 열의에 의존한 반면, 중국에서는 그러한 이상적인 종교적 실천을 자신들의 신도들에 대한 기준으로 만들었다.

비록 조직형 신도회들이 예수회원들로 하여금 공동 신심에 대한 많은 책임을 중국 그리스도교인들에게 위임하게 할 수 있었지만, 선교사들은 여전히 선교 교회의 종교 활동을 감독해야할 필요가 있었다. 천주교 신도들의 수가 증가하고 사제들의 수가 정체됨에 따라, 감독의 과제는 점점 더 선교사들의 조력자들에게 떨어졌다. 교리 교사라고도 불리우는 이 사람들은 사제들과 멀리 떨어진 지역 사회에서 교리 교사, 지역 지도자 및 중개자 역할을 할 수 있는 열의와 의지를 보여준 새로운 개종자 계층에서 나왔다.[5] 예수회원들은 그들에게 세례를 주는 권한, 그리고 동료 그리스도교인들을 권고하고, 모태신앙으로 태어난 아이들에게 교리 문답을 가르치는 권한을 부여하였다. 요

---

5 Nicolas Standaert and John Witek, "Catechists", *Handbook*, pp.470~473; Robert Entenmann, "Chinese Catholic Clergy and Catechists in Eighteenth-Century Szechuan", *Actes du VIe Colloque International de Sinologie,Chantilly, 1989 : Images de la Chine, Le Contexte Occidental de la Sinologie Naissante*, Taipei, 1995, pp.389~410.

컨대, 그들은 모든 신도들이 고해성사를 하고 적어도 매해 한 번씩 성찬례를 받으려고 할 경우, 예수회원들이 더 이상 수행할 수 없었던 임무를 맡아 선교 교회를 감독하고 교육하고 확장시키는 일을 맡았다. 교리 교사들이 열의를 유지할 수 있도록 선교사들은 신도회 모델을 기반으로 한 상호 감독 시스템을 정교화했다. 17세기 말의 한 선교사에 따르면, 그들은 사제들이 중국 교회를 육성하기 위해 사용한 "신경이나 팔과 같았다".[6]

1. 신도회의 거룩한 사용

마테오 리치는 1589년 조경肇慶을 떠나게 되면서 개종자들에게 "이교도 나라의 한가운데서" 인내하도록 권고하고, 초기 그리스도교 교회의 시련을 그들에게 알렸다. 그는 가능한 빨리 돌아올 것을 약속하면서, "그들이 7년 내내 배웠던" 것을 잊지 말도록 촉구하고, 자신이 없는 사이에 공동의 영적 생활을 다스리기 위한 지침을 남겼다. 리치는 그들에게 "성사聖事에 대해 의논하고 그들 자신을 하느님께 맡기기" 위해 정해진 날에 그들의 동료 중 하나의 집에 모이라고 말했다.[7] 그들의 활동 계획을 돕기 위해 리치는 음력에 따라 배열된 가톨릭 첨례력瞻禮曆을 그들에게 제공했다. 리치가 수십 년 동안 조경으로 돌아오

---

6 José Soares, Draft AL Vice-Province 1697, Peking, 30 July 1697, BAJA 49-V-21 :61v.

7 FR 1:270.

지 않은 것으로 보이기 때문에 이 기간에 이 그리스도교인 그룹에 어떤 일이 일어났는지는 불분명하다. 그럼에도 불구하고 이 비밀집회의 창설은 신도들이 예수회원들의 부재 시 천주교를 실천할 수 있는 제도적 수단을 갖춘 최초의 시도였다.

사역이 전면적으로 발전해가면서 예수회원들은 다양한 기술을 시도하면서 개종자 공동체를 관리하였다. 최초의 실질적인 새로운 개종자 단체는 강서성 남창南昌 선교부에 출현하였다. 1605년 주앙 소에이로와 마누엘 디아스elder는 2백 명 이상의 개종자가 있음을 선포하였고, 작은 예배당에서는 그들을 한번에 수용할 수 없었다. 따라서 선교사들은 신도들을 세 그룹으로 나누었다. 이들 각각은 매월 다른 날에 배정되어 기도, 그리고 사제로부터 설교나 교리 수업을 받으려고 성소에 모였다. 그러한 집회들이 의심을 살 수 있음에도 불구하고, 모든 그리스도교인들은 일요일과 축일에 미사에 참석하도록 장려되었다.[8]

신도들을 나눌 때, 예수회원들은 예수회 신학교의 경험에서 얻은 조직 기술에 의존하고 있었다. 사실상 거의 모든 중국 선교사들은 예수회의 지정된 문법 및 수사학 수업에서 수년간 교사로서 경험을 쌓았다. 그들은 큰 그룹을 다루는 방법을 알고 있었고, 학생들을 나누어 그들이 서로 격려하고 "경건한 경쟁"을 하도록 하는 데 능숙했다. 6장에서 논의한 것처럼, 선교 현장에서 예수회원들이 사용한 방법은 교실에서 그들이 10인조지정된 10대의 장이 이끄는 10명의 학생 그룹를 사용했던 것을 상기시킨다. 그들은 중국에서 없어서는 안될 조직 활동과 수도

---

8 Ibid., 2:339.

회의 통상적인 교육 관행 사이의 유사점을 분명히 알고 있었고, 그 유사점을 활용했다.

그럼에도 불구하고, 공동의 조직 형태가 중국 사회에서 풍부한 유래를 가지고 있다는 것에 주목해야 한다. 예수회원들은 수도회의 표준적인 교육 방법에 의존할 수 있다고 생각했는데, 명말의 사회는 그들이 그것을 실험할 수 있는 비옥한 근거가 되었기 때문에 그들은 옳았다. 도시 환경에서와 같이 시골에는 종교적, 세속적 목적의 협회協會가 풍부했다. 니콜라스 스탠데어트Nicolas Standaert는, 예수회원들은 신도들 사이에 협회를 구성하도록 추진력을 불어넣는 것 이상은 거의 하지 못했다고 주장했다.[9] 이러한 주장은 특히 신도회 조직과 관련하여 적절하다. 왜냐하면 이 단체의 주요 가치는 그들이 선교 교회에 응집력을 제공한 것에 있었기 때문이다. 따라서 사회의 각계각층에서 온 중국 남성과 여성이 공동 종교 활동에 익숙하다는 사실은, 예수회원들의 조직 문제에 대한 어려움을 완화시켰다.

그리스도교 공동체를 더 작은 단위로 나누는 것은 사목적 돌봄을 용이하게 하는 것 이상이었다. 그것은 박해로부터 오는 방어 수단을 제공했다. 대다수의 그리스도교인들은 서민 계층 출신이기 때문에 그들의 모임이 당국으로부터 불필요한 관심을 끌 가능성이 농후했다. 중국 제국 후기의 비밀 종교 분파를 반대하는 불만의 언사 중에는 비정통 가르침에 의해 유발된 동요와 대중 봉기에 대한 두려움이 가득하였다. 천주교에 대한 피상적인 지식을 가진 관리들에게 그리스도교

---

9 Standaert, "Social Organisation", pp.456~457.

는 백련교와 같은 불법 종파와 비슷해 보였고, 1607년 남창의 예수회원은 관리들의 이러한 시각이 그들을 위험에 처하게 한다는 것을 알았다. 이 종파는 그 지도자가 농민 반란을 조장하는 것으로 의심되었기 때문에 단속의 ─ 성공하지 못한 ─ 끊임없는 타겟이 되었다. 예수회원들은 백련교운동에 대해 공식적인 입장을 받아들인 것으로 보인다. 그들은 이 운동이 "유럽의 재세례파再洗禮派, Anabaptist들과 유사하다"고 주장하며, 이는 그 열성적인 신봉자들로 하여금 "독일 뮌스터에서 일어난 끔찍한 이야기들"[10]을 떠올리게 하는 수행을 강요했다고 주장했다. 리치와 그의 동료들은 그리스도교가 모든 노력을 기울여 이단 종파와 엮이는 것을 피해야 한다는 것을 너무나 잘 알고 있었다. 한 가지 전술은 종교 메시지에 관한 책을 유통시킴으로써 천주교를 홍보하는 것이었다. 또 다른 하나는 큰 단위들을 더 작은 단위로 나눔으로써 가능한 한 그리스도교인 집회에 관심이 주어지지 않게 변장하는 것이었다. 비록 이것이 백련교 종파 및 다른 불법 집단들이 사용했던 것과 정확히 같은 전술이었음에도 불구하고 말이다.

교회 조직 시스템을 작은 단위로 나누기 위한 또 다른 추진력은 여성 신도에게서 나왔다. 친족이 아닌 남녀 간의 상호 작용에 대한 사회적 금기가 존재했음에도 불구하고, 이것이 모든 개종자에게 목회적 돌봄을 제공하려는 선교사들의 시도를 단념시키지는 못했다. 여성 신도들의 수가 증가함에 따라 예수회원들은 사회적으로 허용되는 방식

---

10 Feliciano Pacheco, AL Central Residences, Vice-Province 1660, Huai'an, 19 July 1661, BAJA 49-V-14:717r. 명대의 백련교도에 대한 논의는 Barend Ter Haar, *The White Lotus Teachings in Chinese Religious History*, Leiden, 1992, pp.114~246를 볼 것.

으로 여성들을 대하는 방법을 고안해야 했다. 시골에는 남녀가 더 많이 섞여 있었기 때문에 선교사들은 남녀를 의식儀式에 모을 수 있었지만, 거주지가 있는 도시에서는 상황이 달랐다. 도시 선교부는 동시에 선교사의 거주 구역이기도 했기 때문에 신중하게 고려한 결과 그들의 성소는 남성으로만 제한될 것을 요구했다. 경험상 예수회원들은 성별 금기를 위반하는 것에 주의를 기울였으며, 1621년 부관구의 기본 법령은 새로운 남성과 여성 개종자들의 분리를 의무화했다. 선교사들은 "여성들에게 세례를 줄 수 있고, 미사가 집전되고, 그들과 대화를 나눌 수 있는 일부 그리스도교인의 집에 몇 개의 예배실을 만들려고 노력했다".[11] 예수회원들의 선량한 이름을 지키기 위해 성별 분리가 중요했기 때문에, 순찰사 안드레 팔메이로André Palmeiro는 바로 8년 후에 이 법령을 그대로 반복해서 언급했다.[12]

또한 선교사들은 친숙한 유럽의 집단 신심의 모델을 참고하여 여성 개종자들이 종교를 실천하는 방식을 마련하는 일에 관심을 가졌다. 예수회원들은 수도회가 1540년에 설립된 이래 수십 년 동안 평신도 가톨릭 신도들을 위해 수많은 신앙 모임을 만들었다. 중국에서 일한 사제들은 그들의 학업 기간 중에 예수회의 가장 중요한 성회聖會에 소속되었는데, 이 성회는 학생들을 위주로 하고, 성모영보를 기리며, 예수회 모든 대학에 지부를 두고 있었다. 포르투갈어권에서 지칭된 성모영보Annunciadas 협회는 다음 장에서 자세하게 논의될 것이지만, 선교사들이 집단 신심을 조정하는 일에 풍부한 경험이 있음을 주목하는

---

11 Matos Orders, 229v.
12 Palmeiro Orders, 23v-24r.

것이 중요하다. 그들은 명 제국에서 새로운 개종자들의 신앙적인 삶을 구조화하고, 일상적인 기도와 성찬받는 것을 각 단체의 규정으로 기록함으로써 그것들을 제도화하기 위해 이 경험에 의존했다.

예수회원들은 여성 신도들을 성모에게 봉헌하는 성모회聖母會로 조직했는데, 이것은 1620년대에 시작되어 1630년대에 그 속도가 빨라졌다. 공동 신심을 위해 여성들이 만난 성소에는 일반적으로 예수에게 기원하는, 남성들이 사용하는 거주지 교회들과는 달리 성모당聖母堂이라는 이름이 표시되어 있었다. 예를 들어, 1634년에 항주의 각기 다른 지역에는 5개의 여성 단체가 있었다. 주앙 프라이João Fróis에 따르면, 각 지역의 여성들은 "수련을 하고 그래서 세례 받기를 원하는 사람들이 그리스도교인이 될 수 있도록" 정해진 날에 개인 집에 있는 작은 예배실에 모였다. 같은 해에 섬서성의 한 마을에 또 다른 여성 단체가 설립되었다. 이 단체의 회원들은 기도와 신앙 문제를 토론하기 위해 매달 "한 번 이상" 모임을 가졌다. "더 잘 이해하고 더 잘 아는 사람들이 덜 숙달된 사람들을 가르치고 교육하도록 위임받았다"라고 프라이는 썼다.[13] 3년 후, 가스파 페레이라Gaspar Ferreira는 강서성 건창에서 비슷한 접근 방식을 취했다. 그는 이 도시의 신도들이 "성회를 상당히 좋아했다"고 언급했다. 여성들은 자신들의 성모회를 가지고 있었다. 일 년 중 네 번은 "미사를 드리고, 고해성사를 하고, 영적 교제를 나누며, 좋은 말씀을 듣고 기도하는 시간을 갖기 위하여" 개인 집에 모였다. 페레이라에게 위안이 된 것은 이러한 활동이 도시

---

13 Fróis, AL Vice-Province 1634, Hangzhou, 8 September 1634, BAJA 49-V-10:394v and 426v.

여성들에게만 국한되지 않았다는 것이다. 시골 마을에서도 "신도회의 거룩한 사용"이 성공적으로 도입되었다.[14]

여성 신도회를 설립하는 주된 목표는 개인들이 사목자보다 동료로부터 더 많은 혜택을 누릴 수 있는 공간인, 신앙 활동의 구심점을 제공하는 것이었다. 이것은 각 집단의 경건 훈련을 돕는 사제들이 중요하지 않다는 것이 아니라, 그리스도교인들 자신이 공동의 영적 생활에 대한 책임을 지게 되었다는 것이다. 따라서 신도회 조직은 예수회원들이 지속적으로 육성할 수 없었던 다양한 그리스도교인 집단을 조정하기 위한 이상적인 모델이었다. 그것은 시골 지역의 선교사들이 확보한 개종자들의 분산된 지역 가운데에서 특히 잘 작동했다. 예수회원들은 이 단체들을 마리아에게 봉헌하여 성모회聖母會라고 불렀다.

1620년대 후반과 1630년대 초에 농촌 개종자 수가 늘어남에 따라 새로운 신도회도 증가했다. 예를 들어, 알폰소 바뇨니Alfonso Vagnone는 산서성 강주絳州 주변의 여러 단체의 창설을 감독했다. 1630년 연례 서한은 4개 또는 5개의 다른 마을에서 신도들이 "신앙을 위해 기도하고 영적 서적들을 읽고 서로에게 십계명을 지키는 방법을 권고하기 위해 모이는" 예배당을 지정했다고 보고한다. 예수회원들의 방문은 일반적으로 매년 며칠 밖에 되지 않았지만, 이 성소에는 선교사들의 숙박 공간이 있었다. 거주하는 사제들의 부족을 보충하기 위해 바뇨니는 "더 열정적이고 독실한" 일부 사람들을 지역 사회 지도자, 즉 회장으로 임명했다. 이 사람들에게는 "다른 사람들에게 신앙과 헌신

---

14 João Monteiro, AL Vice-Province 1637, Nanchang, 16 October 1638, BAJA 49-V-12:39v.

의 실천을 촉구"하는 일이 맡겨졌다.[15] 북경 주변의 시골에 사는 그리스도교인들도 비슷한 조직 체계를 사용했다. 1637년 니콜로 롱고바르도Niccolò Longobardo는 새로운 개종자들이 자신들의 신도회 모임을 열려고 모였던, 각기 다른 도시와 마을에 14개의 예배실이 있었다고 보고했다. 한 사제는 성찬과 고해성사를 제공하기 위해 교대로 이 그룹들을 방문했다. 예수회원에 따르면, 일부 외부인들은 그리스도교인 그룹의 헌신에 깊은 감명을 받아 세례를 요청하기도 했다.[16]

모든 중국 예수회원들이 지형적 제약에 관계없이 여성 신도회 혹은 농촌 신도회를 설립하는 임무를 수행하는 동안 상해의 사제들은 신자 관리라는 매우 심각한 문제에 직면했다. 그곳의 신도들은 틀림없이 규모가 가장 컸으며 여기서 논의되는 기간이 끝난 후에도 오랫동안 남아 있었다. 1630년대 페드로 리베이로Pedro Ribeiro는 신도들을 돌보기 위해 "거의 일 년 내내 곳곳을 걸어다녀야만 하는 부담"을 경험한 최초의 선교사가 되었다.[17] 더 큰 사목적 부담에 직면한, 리베이로의 후임인 프란체스코 브란카티Francesco Brancati는 상해 교회가 효과적으로 운영되도록 조치를 취했다. 결국, 그는 수천 명의 그리스도교인들이 있는 지역에서 유일한 사제였는데, 교인들의 참회를 들어주고 성례를 베풀어야 할 필요가 있었다. 그러므로 1643년 브란카티는 도시 외곽 마을에 거주하는 그리스도교인들을 마리아에게 봉헌된 30개 남

---

15 Lazzaro Cattaneo, AL Vice-Province 1630, Hangzhou, 12 September 1631, BAJA 49-V-8:716v.

16 João Monteiro, AL Vice-Province 1637, Nanchang, 16 October 1638, BAJA 49-V-12:6v.

17 António de Gouvea, Ásia Extrema, Fuzhou, 10 April 1644, BAJA 49-V-2:437.

성 그룹으로 조직했다.[18] 천주교 신도 수가 늘어남에 따라 신도회의 수도 증가했다. 4년 후인 1647년에 브란카티는 모든 그리스도교인들이 "한 해에 적어도 한 번 혹은 두 번" 고해성사를 할 수 있도록 40개의 신도회를 관리했다고 보고했다. (그는 매년 그들의 마을을 방문하는 동안 여성들을 돌보았다) 이 각각의 단체는 지도자가 있었는데, 그 지도자는 기도를 안배하고 예수회와의 중개자 역할을 하였다. 매년 대강절과 사순절 동안, 브란카티는 상해 교회에 교대로 신도회를 초청하여 성찬을 받도록 하였다. 1647년 연례 서한에는 "이 계획으로 모든 교구민들이 죄를 고백했다고 보고했기 때문에 작업이 더 순조롭게 진행되고 선교사의 마음은 평온하다"라고 쓰여 있었다.[19]

브란카티는 자신이 책임지고 있는 수많은 신자들의 영적 삶을 구조화하기 위한 이상적인 방법을 발견했다고 확신했다. 1648년에 그는 상해 지역의 남자 신도회들에 대한 또 다른 설명을 연례 서한의 편집자에게 보냈다. 브란카티는 어떻게 또 다른 5개의 성모회가 시작되어 총 45개의 숫자로 늘었는지에 대해 설명했다. 이 단체들 중 12개는 자신들의 예배당 혹은 봉헌된 건축물을 가지고 있었으며, 나머지 단체는 작은 예배실, 즉 그리스도교인 가정의 방에서 만났다. 그 달의 첫 번째 일요일에는 모든 단체가 성소에 모여 기도하고, 영적 서적들에 나오는 내용을 듣거나 정오까지 "다른 경건한 행위를 수행"하였다. 만성절萬聖節, Saints' Day, 11월 1일에, 브란카티는 다가오는 대강절과

---

18 António de Gouvea, AL Southern Residences, Vice-Province 1643, Fuzhou, 15 August 1645, in Gouvea, 129.

19 António de Gouvea, AL Southern Residences, Vice-Province 1647, Fuzhou, 20 January 1649, in Gouvea, 371.

사순절 기간 동안 상해의 구세주 교회Church of the Savior를 방문하게 될 각각의 신도회들이 따라야 할 일정을 발표하였다. 각 단체의 지정된 날에 회원들은 자정에 깨어 성소까지 갔다. 상해 교회에 도착하면 그들은 교회 중앙에 놓인 관에 많은 초를 놓았다. 브란카티는 미사를 집전하고 그해에 죽은 마을의 신도들을 위해 기도하는 그룹을 이끌었다. 그런 다음 사제는 성물실로 가서 쉬었고, 회중은 무릎을 꿇고 성모에게 탄원기도를 드렸다. 브란카티는 조금 지나 다시 돌아와 설교를 하였고, 그런 다음에 죄 고백을 들었다. 계속 출석할 수 있도록 모두 이름을 적었고, 회장會長은 오지 않은 사람, 아프거나 일로 멀리 떠나 있어서 다른 날에 고해성사를 하겠다고 보고한 사람들에 대해 알릴 책임이 있어서 결석한 사람들의 목록을 작성했다.[20]

그러나 브란카티의 효과적인 시스템은 사제와 지속적으로 접촉해 온 사목적 돌봄 유형을 대체할 수 없었다. 그럼에도 불구하고 부관구의 만성적인 인력 부족을 고려할 때 그것은 최선의 해결책이었다. 1640년대의 보고서에 따르면 브란카티는 이 곤경에 대해 알고 있었으며, 이는 마을의 그리스도교인들이 신도회를 통해 상호 감독하는 것만으로는 사람들의 "신앙이 식어지는 것"을 막기에 충분하지 않다는 것을 암시했다. 한 예로 그는 "어느 날 게으름 때문에 그녀의 마을에서 열린 성모회 집회에 참가하지 않은" 한 여성 신도들 어떻게 독사가 물었는지를 이야기했다.[21] 또 다른 예로 그는 점차 신앙을 잃은 남

---

20 Francesco Brancati, AL Shanghai Residence 1648, Shanghai, 1648, BAJA 49-V-13:479r/v.
21 António de Gouvea, AL Vice-Province 1649, Fuzhou, 15 November 1650, in Gou-vea, 412.

성에 대해 묘사했다. 브란카티는 "이윤과 상품의 한가운데에 있는 자신을 발견하고, 그리스도교 신앙의 자본과 많은 공덕의 이익이 고통받고 있는 것을 보면서, 그는 점점 냉담해지고 자신의 영혼에 대해 무관심하게 되었다"라고 썼다.[22] 이 천주교도의 정신이 점차 해이해지면서 그는 세 번이나 자살 시도를 하였다. 그러나 그는 올가미가 팽팽해지기 시작할 때마다 "우리의 성모님을 기억하고, 자신이 성모회의 한 구성원이라는 것을 떠올리면서" 매듭이 풀리는 것을 느꼈다. 네 번째 시도에서, 그가 강에 빠져들려고 할 때, 그에게 신성한 보호자역주-마리아의 형상이 더욱 선명하게 떠올랐다. 그녀역주-마리아는 그의 "악한 의도"가 너무 치명적이며, "이런 방식으로 삶을 끝내려는 수고는 그로 하여금 영원한 고통 속에 빠져들게 할 뿐"이라고 그에게 말했다. 이 경고를 듣고 이 남성 신도는 정신을 차려서 자신의 성모회로 돌아가 "근면과 열의"를 갖고 성모회 활동에 참여하였다고 한다.[23]

명 통치의 마지막 기간 동안 발전한 조직 전략은 왕조 전환의 대격변 동안 그 가치를 증명했다. 성모회는 이 큰 불안의 시기에 상호 심리적 지원을 제공했을 뿐만 아니라, 그리스도교인들에게 안위를 보장했다. 새로운 개종자가 기존 그룹에 쉽게 통합되었다는 사실은 선교사들이 새로운 개종자에게 천주교의 실천을 가르치는 데 집중하는 대신 종교적 메시지를 알리기 위해 위기의 분위기를 이용할 수 있었음을 의미한다. 예를 들어, 1640년대 초반에 반란군이 서안을 점령하

---

22 Francesco Brancati, AL Shanghai Residence 1644, Shanghai, 12 March [1645?], BNL Reservados 722:266v.
23 António de Gouvea, AL Southern Residences, Vice-Province 1644, Fuzhou, 16 August 1645, in Gouvea, pp.189~190.

고 대규모 집회를 막았을 때 예수회원들은 공동체를 재조직해야 했다. 그들은 지역 사회에 따라 여성들의 신도회를 4개의 작은 그룹으로 나누고, 각 그룹이 현지 성모당聖母堂을 방문하도록 날을 지정했다. 이나시오 다 코스타Inácio da Costa는 "이런 식으로 모든 사람이 하느님의 돌봄을 받았고, 그들 모두가 한 번에 모이게 될 경우 생길 수 있는 위험을 피할 수 있었다"라고 보고했다. 그럼에도 불구하고 4번의 집회에 모두 참석해야 할 것을 주장하며, "심지어 그것에도 만족하지 못한" 일부 여성들의 열정을 그는 통제하지 못했다고 주장했다.[24]

청나라 통치가 1650년대에 중국 대부분에 걸쳐 확립될 때까지, 신도회의 조직 모델은 공동 신심의 지배적인 형식이 되었다. 이는 사실상 부관구의 인력 부족이 중국 가톨릭 실천에 있어 지울 수 없는 흔적을 남겼음을 의미한다. 숫자적으로 가장 큰 힘을 가진 강남 해안에서 대다수의 그리스도교인들은 성모회에서 자신들의 종교를 실천했다. 프란체스코 브란카티가 상해에서 보냈던 25년 동안, 그는 회會가 거의 모든 일반 공동 신심의 장소임을 확인했다. 1643년에서 1658년 사이에 그는 신도회의 수를 30개에서 120개로 늘렸다.[25] 그의 회會 네트워크는 매우 광활해서 그가 관리했던 교회, 예배당, 작은 예배실 목록을 1653년에 순찰사 프란시스코 푸르타도Francisco Furtado에게 보냈을 때, 그는 그것을 "나의 이 교구"라고 칭했다. 상해 안에 있는 두 개의 주요 성당, 예비 신자의 집, 장례를 치루는 작은 예배당 외에 브

---

24 [Francisco Furtado?], AL Northern Residences, Vice-Province 1643, 1644, and 1645[Peking?, 1646], BAJA 49-V-13:119v.

25 Brancati, AL Shanghai Residence 1658, Shanghai, 1658, BAJA 49-V-14:472v.

란카티는 최소한 33개의 성소를 순회했다. 당시 그의 양떼들은 70개의 신도회로 나뉘어져 있었고, 모든 목표는 선교 교회를 "보존하고 확대"하는 것이었다. "존경하는 신부님께서는 제가 이 그리스도교 공동체를 키우고 이끌어 나가는 데 도움을 줄 수 있는 동료가 필요하다는 것을 이 보고서에서 보실 수 있습니다"라고 무거운 짐을 진 브란카티는 주장했다.[26]

17세기 중반에 사제들의 신도회 조직에 대한 의존도가 높아짐에 따라, "교구"의 일상에 만족하지 못하고 성찬 및 사목자들과 더 많은 상호작용을 선호한 남성과 여성들, 열성적인 선교 교회의 회원들로부터 불만이 생겨났다. 그리스도교인이 더 많이 모여 있는 지역에 그러한 열정을 채워줄 수 있는, 보다 엄격하게 신앙을 실천하는 신도회가 설립될 수 있었지만, 모든 마을이 충분히 사람들을 모아서 이런 신도회를 조직할 수 있는 것은 아니었다. 펠리치아노 파체코Feliciano Pacheco는 항주 지역의 복잡한 사례를 언급한 바 있는데, 그는 "도시 안과 밖"의 성모회가 "열정과 교화"의 진정한 예이며, 대부분의 시골 그리스도교인이 도시에서 열리는 미사에 참석하기에는 교회에서 너무 멀리 떨어져 살았다는 사실을 상쇄할 수 있었다고 보고했다. 그러나 그는 자신의 양떼 중 일부는 "신도회에 만족하지 않았다"고 덧붙였다. 혹자는 이 사람들이 "두 리그역주-1리그는 3마일 이상 떨어진" 곳에서 한밤중에 일어나 항주에 왔다고 생각하기도 했다.[27] 열정적인 그리스도교인들

---

26 Brancati to Francisco Furtado, Shanghai[1653?], BA 50-V-38:92v and 97r.
27 Feliciano Pacheco, AL Central Residences, Vice-Province 1660, Huai'an, 19 July 1661, BAJA 49-V-14:715v.

은 심지어 궤배跪拜하면서 "반 리그역주-1.5마일"나 되는 길을 왔는데, 이러한 고행은 주요 축일들뿐만 아니라 그다지 중요하지 않은 날에도 행해졌다.[28]

소수의 신도들이 불만을 가지고 있었음에도 불구하고, 예수회원들은 17세기 후반에 선교 교회를 관리하는 다른 방법들을 실험할 이유가 거의 없었다. 1660년대 후반에 선교사들이 광주로 추방되면서 지금까지 시행된 시스템의 가치가 확인되었다. 선교사들이 구금되어 있는 동안, 성모회는 마치 선교사가 양떼들과 함께 있는 정상적인 상황처럼 흩어져 있는 그룹들을 유지시키는 임무를 효과적으로 해냈다. 실제로 선교사들의 유배는 이전에 여성과 시골 사람들로 제한되었던 공동 신심의 방식을 확장하기 위한 조건을 만들었다. 사목자가 없을 때, 도시 남성 신도들은 성모회처럼 자신들의 믿음을 조정하면서 시골 사람들이 했던 방식으로 조직화했다. 평신도의 협력과 제한된 사목적 감독에 중점을 둔 이 시스템은 광주 유배가 끝난 후에도 계속되었다. 1670년대와 1680년대에 선교사들의 수는 증가하지 않았고 심지어 줄어들었다. 예수회원들은 있는 힘을 다해 자신들이 만든 교회를 보존하려고 노력했다. 따라서 유효성이 증명된 신뢰할 수 있는 방법을 고수하면서 혁신은 당분간 유보시켰다.

---

28 André Ferrão, AL Vice-Province 1656, Macau, 29 January 1659, BAJA 49-V-14: 91v.

2. 성모회의 형제자매들

선교 교회 전체에 조직적 협회의 사용을 확산시키려는 예수회원들의 결정은 결국 특정 형태의 신심과 특정한 헌신이 다른 것보다 우선한다는 결론을 낳았다. 공동 신심에 대한 그들의 주장은, 대체로 중국 천주교의 활동이 예수회 평신도의 적합한 종교 활동에 대한 해석으로 제한되었음을 의미했다. 예수회원들 자체가 사실상 17세기 후반까지 중국 가톨릭 성직자들의 유일한 대표자였던 것처럼, 신도회 조직 활동에 나타난 중국 그리스도교인의 헌신은 천주교의 실천과 동의어였다. 그러나 신도회에 가입한 신도들의 상황은 어떠했는가? 회원들의 의무는 무엇이었는가? 그리고 그들의 영적, 현세적인 보상은 무엇이었는가?

성모회 설립을 위한 법령을 규정한 중국어 필사본이 이러한 질문에 대한 답변을 제공한다. 이 문서는 예수회 로마 기록 보관소와 중국어로 된 두 가지 다른 협회 법령과 함께 발견되었다(뒤에서 살펴볼 것임). 이 문서는 익명으로 작성되었으며 부관구에 대한 참고할 만한 내부 자료는 없는데, 예수회 또는 예수회의 평신도 조력자들이 작성한 듯하다.[29]

규정들은 그러한 조직을 시작한 이유와 회원이 되는 것의 이점에 대한 서문으로 시작된다. 이어서 조직의 실천과 구조에 관한 11가지 조항이 나온다. 법령의 조직적 특성은 초기 선언에서 드러난다. 즉, 이 조직은 "먼 시골에 살면서 교회에 갈 수 없는" 그리스도교인들을

---

29 Marian CS. Chen Huhung과 Tang Haitao에 의해 번역됨. 이 텍스트에 대한 자세한 내용은 Chan, pp.459~460. Reproduction in *CCT* 12, pp.489~494을 볼 것.

위해 마련되었다. 선교사들은 일요일과 축일에 주어진 지역에서 기도 모임을 용이하게 하기 위해 그들 구역 전체의 "여러 장소에서" 성모회를 창설했다. 마리아는 "천주께서 거룩한 아들을 잉태하도록 선택하신 완전한 동정녀"였기 때문에, "모든 협회"가 성모회라고 불리운다는 것을 구성원들에게 알렸다. 마리아에 봉헌되었다는 것은, 이 중국인 협회를 신앙적인 측면에서 유럽의 예수회 평신도 협회예컨대, 앞에서 언급한 성모영보회와 유사하게 만들었다. 예수회원들이 이 보편적인 가톨릭 신앙에서 배타성을 주장할 수는 없었지만, 그들 대부분의 성회는 뚜렷하게 마리아 신도회의 특징을 갖고 있었으며, 도미니크 회원들이 종종 묵주 탄원기도를 통하여 신도회를 조직한 것과 거의 같은 방식이었다.[30]

서문은 법령의 본문이 중국 그리스도교 공동체를 응집시키는 유일한 구조였음을 암시한다. 이 규정들은 회원들에게 수시로 멸망의 길로 가는 위험에 처해 있음을 상기시켜 그룹의 응집력을 확보하고자 했다. "가장 자비로운" 마리아는 "우리 모두의 어머니"로서, 천국으로 가는 길을 인도한 성스러운 가르침의 이상적인 안내자로 칭해졌다. 그리스도교인들이 "사탄의 유혹"을 피하기 위해 그녀에 대한 진실한 헌신이 필요했기 때문에, 그들은 끝없는 지옥의 고통이 아니라 영원한 행복을 얻을 수 있었다. 마리아에 대한 영적인 헌신에는 십계명을 준수하고 신도회 활동에 정기적으로 참여하는 것이 포함되었다.

이러한 근면과 신심에 대한 권고는 사실상 예수회원들이 그리스도

---

30 Marian CS, 10r.

교인들에게 부과할 수 있는 유일한 제약이었다. (천주교가 친족 관계망을 통해 한 세대에서 다른 세대로 이어지는 신앙이 된 후에도, 선교사들은 가족 관계가 중국 그리스도교인을 자신들의 종교에 묶어두기 위한 권고보다 단연 효과적이지 못했다고 반복적으로 탄식했다) 그러나 아마도 이것이 진정으로 헌신된 자만이 충성스러운 길을 걸을 수 있음을 보장하는 예수회원들의 방법이었다. 법령에는 강제적인 출석을 시행하기 위한 기제가 없었다. 그들은 "규정을 따르지 않거나 아무런 해명 없이 모임을 건너뜀" 사람들에게 반복적인 권고만을 허용한다. 완전히 말을 듣지 않는 자들은 "내버려 두어야 했다".[31]

이 성모회의 주요 활동은 공동기도였다. 법령의 첫 번째에서는 매번 모임에서 이루어지는 기도 순서를 열거한다. 회원들은 무릎을 꿇고 십자를 긋고 (표준기도 매뉴얼인 『염경총독念經總牘』에서 보이는) 도입기도를 말해야 했다. 그런 다음 9개의 성모 마리아 기도아베 마리아와 9개의 주기도문을 암송했다. 이 한 세트의 기도는 매번 아홉 번 반복되었는데, 아홉 번 각각은 다른 탄원 기도로 이루어졌으며, 순서는 다음과 같다. 즉, 삼위 일체 / 그리스도의 수난과 성찬례 / 자비의 어머니 마리아 / 중국의 수호성인, 성 요셉 / 천사와 수호 천사 / 성인들과 개인 수호성인 / 그리고 연옥의 영혼들이다. 마지막 두 번의 반복은 선교 교회의 영적 은혜를 위해 탄원했다. 즉, 여덟 번째 탄원은 "각 회원 가정과 공동체"에게 내려주시는 주의 축복을 위한 것이었고, 아홉 번째는 천주가 "모든 사람의 마음과 생각을 밝히시어 거룩한 가르침을 받아들이도록 하

---

31 Ibid., 10r, 11r/v.

는 것"이었다. 의식儀式은 십자를 긋는 것으로 마무리되었고, 그 후 무리들 가운데 선택된 한 회원이 "성서에 나오는 몇 구절"을 읽었다.[32]

필립 쿠플레Philippe Couplet의 『캔디다 서徐 전기』와 같은 다른 예수회 자료도 기도의 순서를 설명한다. 1670년대 상해―송강 지역의 공동 신심에 대한 쿠플레의 설명에는 흥미로운 세부 사항들이 들어 있다. 분명히 협회 회원들은 회장의 지도하에 화답 기도應唱를 불렀다. 신도회 조직 법령은 평신도 신심의 이러한 특정 측면을 명시하지 않지만, 그것은 기도를 낭송하는 표준적인 방법으로 보이며―20세기 초까지 그대로 유지되었다. 쿠플레에 따르면, 첫 번째 일련의 기도는 십자를 긋는 것으로 시작되었다. 그 다음으로 모인 그리스도교인들은 성인에게 탄원하는 기도를 "느리게 노래"하였다. 이 처음 기도 후에, 회장은 먼저 "황제, 관리, 제국의 평화, 땅의 열매", 그리고 나서 "거룩한 율법의 황제중국에서 敎皇을 이렇게 부름, 사제들, 전 교회"를 위해 일련의 설교를 읊조렸다. 성모회 법령에서 발견되는 것과 유사한 목적을 위해, 즉 "신앙의 전파, 이단의 근절, 복음의 전도자", 그리고 살아 있거나 죽은 중국인 신도들을 위한 추가 기도가 있었다.[33]

성모회 법령의 목적은 신도 내부의 단결에 있었는데, 이것은 신도회 구성원에 대한 중국의 표준적인 이해와 다른 공동체 개념을 조성했다. 예를 들어, 일반적으로 사회적 모임에는 식사나 연회가 포함되는 것이 보통이지만, 성모회 법령은 모임 시간에 식사를 명시적으로

---

32 Ibid., 10v~11r.

33 Philippe Couplet, *Historia de una Gran Señora Christiana de la China, llamada Doña Candida Hiù*, Madrid, 1691, pp.88~89.

금지했다. 두 번째 규정은 "육체를 누리면 영의 행복을 망치게 될 것이라는 것을 명심하라"이다.[34] 선교사들의 관점에서 보건대, 이 권고는 두 가지 목적이 있었다. 첫째, 기도 모임이 술에 취하거나 폭식의 시간이 되는 것을 막는 것이었다. 또한 사람들이 모임에서 경쟁적으로 음식을 제공할 때 발생할 수 있는 불가피한 긴장을 미리 통제했다. 그러나 첫 번째 이유만으로도 선교사들이 연회를 막을 충분한 근거를 제공했다. 결국, 초기 근대 가톨릭 유럽에서 대중 신심의 가장 큰 변화 중 하

주앙 다 로샤(João da Rocha), 『천주성교계몽(天主聖教啓蒙)』(1619)의 부록 「송염주규정(誦念珠規程)」에 실린 수태고지 목판화.

나는, 집단적 평신도 신심의 주요 소재지가 직업에 기초한 협회에서 신심 단체로 전환되었다는 것이다. 그 결과 신도회 활동과 관련된 연회 수가 급격히 감소했으며, 이것이 바로 개혁적인 가톨릭 성직자들이 축하할 만한 일이었다.[35]

이 법령은 회원들에 의해 선출된 회장, 그리고 두 명의 부회장이

---

34 Marian CS, 11r.
35 가톨릭 유럽의 성회(聖會) 개혁에 대한 것은 Marc Venard, "Les Confréries dans l'Espace Urbain : L'Exemple de Rouen" in *Le Catholicisme à l'Épreuve dans la France du XVIe Siècle*, Paris, 2000, pp.221~235를 볼 것.

"일들을 적절하고 효율적으로 처리할 수" 있어야 했다. 공동체의 일반적인 승인 외에, 이 직무의 전제 조건은 없었다. 명말청초 마을에서 출중한 개인을 선별할 수 있는 명망 같은 기준들이 회장 지위를 위한 후보자 풀을 좁히는 데 도움을 주었다고 생각되어진다. 예를 들어, 예수회원들은 1692년 8월에 강서성 남풍南豐 마을에 있는 성모회가 회장으로 "많은 지식과 덕망을 갖춘 문사文士"를 뽑았다고 기록했다.[36] 선교 교회의 회원에 대한 전기적傳記的 정보가 충분하지 않아 아직 명확한 결론을 내리지는 못한다. 그러나 회장이라는 직함이 중국 그리스도교인들 사이에서 그들에게 탐나는 자리가 되게 한 존경을 부여했다는 것은 의심할 여지가 없다.

성모회 법령에는 회장의 특수한 역할을 거의 언급하고 있지 않다. 회장은 성회에 속한 각 가족의 이름을 안전상의 이유 때문에 '가족 모두'의 이름은 아니었다 기록할 책임이 있었다고 추론할 수 있다. 마찬가지로 회장은 성회를 도덕적으로 검열할 역할을 맡아 "죄를 지은 것으로 알려진" 회원들을 내쫓았는데, 그들은 뉘우치고 나서야 교회로 돌아올 수 있었다. 그리스도교인들에게 주요 축일 일정표를 알려주어 그들이 기도하기 위해 만날 수 있도록 하는 것이 회장의 주요 임무 중 하나였다. 또 다른 책임은 공동체와 가장 가까운 선교사 사이의 중개자 역할을 하는 것이었다. 더욱이 교리를 어느 정도 배운 어린이들을 찾아서 사제가 정기적으로 방문하는 동안 그들에게 성물을 주고 "그들이 더 많은 노력을 하도록 격려하는 것이" 회장의 임무였다.[37]

---

36 [Juan Antonio de Arnedo?], AL Nanchang Residence 1692, Nanchang[1693?], BAJA 49-V-22:170r.

아마도 회장의 임무 중 가장 중요한 것은 병자와 죽은 자를 위한 기도를 조정하는 것이었다. 회장은 사제에게 연락하여 약한 자에게 성사聖事를 시행하도록 했을 뿐만 아니라, 죽음에 처한 사람들이 다른 신도들에게 지속적인 기도를 통해 은혜를 입도록 할 책임이 있었다. 유럽의 신앙 협회의 회원들이 병든 자, 죽어가는 자, 죽은 자를 위해 기도해야 했던 것처럼, 성모회 회원들은 죽음의 위기에 처한 동료들의 영혼을 위하여 기도하는 일을 맡았다. 중국 그리스도교인이 병에 걸렸을 때, 회장은 형제들을 모아서 지옥의 고통과 천국의 상을 모두 기원하며 약한 자에게 그의 죄에 대해 "회개하고 뉘우치도록" 권고하였다. 사제를 부르는 것이 불가능한 경우, 회장은 "신성한 삼위 일체의 이름을 부르고, 예수와 마리아의 거룩한 이름을 부르며" 아픈 자를 위하여 하느님과 중재하도록 수호 천사들과 수호성인들에게 기도하도록 하면서 사람들을 이끌었다. 영혼이 영원한 상을 받기 위해 부름 받았을 때, 회장은 규정된 장례 규범을 엄격히 준수하여 장례식을 조직해야했다.[38]

그러한 순간에 기도에 집중할 수 있는 역량을 모으는 것이 성모회 가입의 가장 큰 장점 중의 하나였다. 또 다른 중요한 보상은 엄숙한 장례를 보장하는 것이었다. 중국은 장례 의식과 죽은 자에 대한 존중에 상당히 중점을 둔 사회였다. 중국의 전통에 의해 규정된 화려함은 종종 평민들이 감당할 수 있는 수준을 넘어섰으며, 장례 중에 효孝를 넘치도록 과시한 사람들은 그들의 가정이 파산하는 데까지 이를 수도

---

37 Marian CS, 11r/v.
38 Ibid., 12r/v.

있었다. 교인들이 상당한 비용을 들이지 않고 장례식에 참석할 수 있다는 사실은 형편이 어려운 그리스도교인들에게 큰 안도감을 주었을 것이다.[39] 예수회원들이 종종 도시 거주지에서 전문적인 장례 협회를 조직하는 동안, 시골에서는 죽은 사람들을 매장해야 하는 그리스도교인의 의무가 직접적으로 조직의 회원들에게 떨어졌다.

성모회에 대한 법령이 포함된 사본에는 그리스도교 장례식 수행에 필요한 일련의 규칙들이 붙어있다. 그것이 성모회를 위해 특별히 의미가 있었는지는 확실하지 않지만, 이 규정들은 17세기 후반의 그리스도교인의 장례식이 어떻게 수행되었는지를 아주 잘 보여준다.[40] 주요한 장례 책임은 고인 가족의 장남과 회장이 맡았다. 유교 전통에 따라 아들은 시체를 안치하고, "가족의 재정적 상황에 따라" 관槨을 제공할 책임이 있었다. 또한 그는 매장 날짜를 선택하고 고인의 영혼을 위하여 최초의 의식儀式을 행해야 했는데, 여기에는 향을 피우고 기도를 드리며 형제들을 불러서 장례식을 돕도록 권유하는 일이 포함되었다. 회장의 역할은 의식에 열거된 기도 — 그것들은 일반적인 기도 책자에서 가져온 것 — 를 하도록 사람들을 이끄는 것이었다. 그는 또한 시신을 관에 넣고 매장 행렬을 조직하면서 의식을 조정해야 했다. 회장은 또한 사람들을 보내 밤을 새워 관을 지키도록 지시하고, 그들이 관을 지키는 동안 "음주, 오락, 잡담"을 피하도록 하였다. 만약 가족

---

39 중국의 장례식 관습에 대해서는 J. J. M. de Groot, *The Religious System of China : Its Ancient Forms, Evolution, History, and Present Aspect, Manners, Customs, and Social Insti-tutions Connected Therewith*, 6 vols., Leiden, 1892, pp.1:3~240를 볼 것.

40 Funeral Ritual(喪禮). Chen Huihung과 Tang Haitao가 번역함. 이 텍스트에 대해서는 Chan, p.460(CCT의 재판, pp.5:439~446)을 볼 것.

대표가 마음이 있다면, 신도회를 위해 식사를 제공할 수 있었지만, 규칙은 그가 식사를 제공할 경우 자신의 재력을 초과해서는 안 된다는 주의를 받았다. 장례식 후에 식사가 제공되었더라도 "술을 제공할 수는 없었다".[41]

중국 그리스도교인의 장례식은 조심스럽게 다루어져야 했다. 이 시기에 유교, 도교, 불교의 뿌리를 가진 토착 문화의 천년 전통은 천주교의 실천에 가장 큰 영향을 미쳤다. 모든 중국의 관습들이 선교사들의 정통신앙orthopraxis 개념을 거슬리게 하는 것은 아니었지만, 그리스도교인의 적절한 장례식의 관념과 토착 관행들을 구별하기 위한 명확한 경계를 설정하는 것이 절박했다. 예수회원들이 엄격하게 기도와 특정한 의식 순서를 강조했다는 것은, 그들이 자신들의 시야를 넘어선 장례식이 제대로 수행되는 것을 얼마나 열망했는지를 보여준다. 여기서 다시 한 번, 선교사들은 자신들이 할 수 없었던 감독 역할을 수행하면서 수용할 수 없는 관습들의 침입을 점검하기 위해 신도회 조직에 의지하였다. 모든 사람들은 내세에 대한 그리스도교의 가르침을 기억하고, 그 결과 과도한 슬픔을 피하도록 권고받았다. 그들은 또한 중국 전례Chinese Rites, 즉 고인의 이름을 새긴 위패를 모시는 관습에 "온건한" 태도를 취하였다. 유족과 신도회 회원들은 존중의 동작을 취할 수 있었고, 심지어 이 위패 앞에 제물을 놓을 수 있었지만, 그러한 행위들이 단지 상징적이라는 것을 분명히 하였다. 규정들은 "죽은 자들의 영혼이 실제로 어떻게 그것들을 누릴 수 있는가?"라고 신

---

41 Funeral Ritual, 13r-16v.

랄하게 묻는다.[42]

장례식은 또한 성모회에 신앙을 공개적으로 보여줄 수 있는 기회를 제공했다. 확실히 예수회원들은 도교와 불교 관행을 할 수 있는 한 강력하게 비난함으로써 그리스도교인 장례식 행렬에 참여하는 개인의 수를 크게 줄였다. 천주교 신도가 비그리스도교 장례 의식을 수행하거나 참가하는 것이 금지되었기 때문에 장례식 준비를 위해 상호 의지할 수 밖에 없었다. 그러나 예수회원들과 그리스도교인들은 정통 신앙orthopraxis에 대한 선교사들의 요구와 그들의 양떼들의 과시 요구에 대한 균형을 맞추는 기준을 제안한 것으로 보인다. 규정들에 의해 계획된 매장 행렬에는 음악가, 깃발, 신앙의 표어가 붙은 현수막, 한쪽에는 예수의 성명聖名, Holy Name을 달고, 다른 한쪽에는 십자가를 단 행렬 마차가 포함되었다. 그 뒤로 나이 순서로 줄지어 선 신도회 회원들, 그 다음에는 유족과 관이 따라왔다. 묘지에서 기도를 읊조리고 장례를 수행할 때 신도회 회원들은 십자가 마차를 중심으로 기도하였다. 사제를 대표하는 회장의 역할은 무덤과 관에 성수聖水를 뿌리고 다른 사람들을 이끌고 기도하였다. 이 행사는 가족 대표가 무릎을 꿇고 신도회 회원들에게 그들의 기도와 도움에 감사를 표하면서 끝났다.[43]

---

42 Ibid., 13r, 16v.
43 Ibid., 15r/v.

3. 천사들을 가르치는 일

지금까지는 성인 그리스도교인 또는 보다 구체적으로는 성인 남성 그리스도교인의 신앙 활동에 중점을 두었다. 중국의 그리스도교는 ─ 그리고 심지어 17세기가 지나가면서는 더욱 현저하게 ─ 가족 종교가 되었기 때문에 분석 범위가 이제 넓어져야 한다. 선교 교회가 개종자 한 주체 집단에서 어머니에서 딸로, 아버지에서 아들로 천주교를 전수하는 공동체로 바뀌면서 새로운 조직적 과제가 생겨났다. 예수회원들은 그리스도교인 부모의 모든 자녀들이 선천적인 신앙의 기초에서 교육받을 수 있도록 해야 했다. 성인들에게 그들의 조상 종교를 포기하도록 설득하는 도전과 비교할 때, 이 일은 비교적 쉬웠다. 어린이들은 때묻지 않은 상태에서 선교사들에게 왔으며, 논쟁을 통해서 벗어나야 할 종교적 관습에 젖어 있지도 않았다. 그러므로 어린이들에게 교리를 가르치는 것은 조력자들에게 쉽게 위임될 수 있는 일이었다.

자녀에게 교리를 교육시키는 일을 기꺼이 맡을 성인 중국 그리스도교인들은 부족하지 않았다. 자신들의 좋은 의도를 효과적으로 전달하기 위해 예수회원들은 선교 현장에 적합한 새로운 교수법을 정교화해야 했다. 이것은 교육자로서의 경험과 수업을 구성하는 기술을 고려할 때 그들에게 매우 자연스럽게 다가왔다. 유럽에서 예수회는 아이들에게 교리를 가르치는 것으로 인기를 누렸다. 실제로 가톨릭 세계의 마을 광장과 도시 거리에서 즉흥적인 교리 수업을 개설한 예수회원들이 발견되었다. 그들은 노래를 사용하여 기도를 가르쳤고, 정답을 맞춘 학생들에게 성물을 나누어 줌으로써 신앙의 핵심을 기억하도록 장려했다. 분명히 예수회원들은 유럽에서 교리 교육을 발명하거나 독점하지 않았다. 그들은 초기 근대의 대규모 범유럽적 종교 교육의 급증 속에서 이러한 교리 교육 방법을 주도적으로 채택한 수많은 성직자 및 평신도 교리 교사의 역량을 보여준 것이었다.[44] 그러나 중국에서 예수회의 교리 교육법은 분명히 처음이었고 가장 중요한 것이었다. 주앙 다 로샤João da Rocha가 교리 대화록『천주성교계몽(天主聖教啓蒙)』을 번역할 때, 어린이들을 가르치기 위해 특별히 쓰여진, 리스본 도시 주변에서 교리를 노래하는 어린이들을 지도하는 데 수년을 보내고 코임브라대학에서 가장 중요한 신학 교수 직위를 버린 한 포르투갈 예수회원이 보급한 텍스트를 그가 선택했다는 것은 우연의 일치가 아니었다.[45]

공동 신심을 구조화하는 성모회의 성공을 보고, 예수회원들은 교리 교육을 위해서도 신도회 모델을 사용했다. 1640년대부터 그들은 천사들 신도회Confraternities of the Angels, 즉 천신회天神會를 설립하여 어린이들의 영적 교육을 위한 통일된 구조를 제공하기 시작했다. 이 어린이들과 교사 그룹을 "수업"이 아니라 "신도회"라고 부르는 것이 다소 과장된 것이기는 하지만, 그렇게 이름을 붙인 것은 참여를 권장하기 위한 예수회원들의 전략의 일부였던 듯하다. 선교사들이 이 그룹들 —최소한 조직적 회會 혹은 신앙 그룹에 공표된 것과 같은 정도의 복

---

44 초기 근대 유럽의 예수회 교의에 대해서는 Alain Lottin, "La Catechese en Milieu Populaire au XVIIe Siècle : L'Exemple de l'École Dominicale de Valenciennes et du Père Marc(1584~1638)" in Être et Croire à Lille et en Flandre, XVIe~XVIIIe siècle, Arras, 2000, pp.405~417를 볼 것.

45 원래 마르코스 호르헤(Marcos Jorge)가 쓴 교의서를 수정한 예수회원은 이나시오 마르틴스(Inácio Martins, 1531~1598)이다.

잡성을 가지지 않은—에 대한 법령을 기록한 것 같지는 않다. 그러나 어린이들이 공과를 배우기 위한 특별한 제목과 동기 부여 전술을 사용함으로써, 선교사들은 교리 문답을 암기하는 것을 어린 신자들 사이의 "신앙의 경쟁"의 동기로 바꾸고 싶어했다.

프란체스코 브란카티Francosco Brancati가 상해 지역에서 직면한 사목적 도전을 처리하기 위해 최초의 천신회를 설립하였다는 것은 놀라운 일이 아니다. 브란카티는 이 그룹을 운영하는 평신도들과 여성들이 사용할 수 있도록 『천신회과天神會課』라는 제목의 교리 문답을 출판했다. 간단한 대화 형식으로 쓰여진 이 책은 기도와 교리의 요점을 담고 있다.[46] 다른 지역의 선교사들은 브란카티로부터 힌트를 얻어 1650년대와 1660년대 초에 비슷한 그룹을 형성하기 시작했다. 예를 들어, 강남 지역의 양주와 상숙의 예수회원들은 1660년에 천신회를 설립했다. 그해에 장 발랏Jean Valat은 산동성 태안泰安에서 유사한 교리 그룹을 만들었다. 이 예수회원은 "소년과 소녀들에게 그들의 능력에 적합한 모든 법령과 규칙을 부여하면서" 그들을 위한 단체를 만들었다고 보고했다. 발랏은 단체가 자신의 업무를 얼마나 잘 수행했는지를 보고 기쁨을 참지 못했다. "대부분의 소년 소녀들은 주기도문, 아베 마리아, 사도신경, 그리고 십계명뿐만 아니라 일상 기도서와 천사와 마리아에게 하는 탄원기도 방법을 이미 알고 있다"고 언급했다.[47]

천신회에 대한 가장 좋은 묘사 중 하나는 시몽 다 쿠냐Simão da Cunha

---

[46] Chan, pp.155~156.
[47] Gabriel de Magalhães, AL Northern Residences, Vice-Province 1660, Peking, 20 July 1662, BAJA 49-V-14:697v.

가 1653년 복건성의 산악 오지에서 순찰사 프란시스코 푸르타도 Francisco Furtado에게 보낸 편지에 나온다. 쿠냐는 정주定州를 방문했을 때, "어린 나이에 세례를 받았지만 율법에 대해 전혀 모르는" 많은 어린이들을 발견하고 얼마나 실망했는지에 대해 언급했다. 그는 부모들이 자녀들에게 교리를 가르치지 않았다는 사실에 분노했다. "중국의 사설邪說을 받아들인 것처럼 그들은 아버지가 아들의 교사가 되어서는 안 된다는 관념을 인정한 것 같다." 그의 해결책은 천신회를 만들어서 매월 셋째 주 일요일에 만날 수 있도록 하는 것이었다. 쿠냐 자신도 이 단체의 첫 번째 모임을 주관한 후 성인 그리스도교인에게 가르침의 의무를 전달했다. 정주에서의 결과에 만족한 예수회원은 그의 선교 지역 전체에 그러한 회會를 계속해서 만들어 나갔다.[48]

연평延平의 쿠냐의 거주지에서 모인 천신회는 한 달에 한 번 일요일 오후에 소집되었다. 첫째, 어린이들은 부모의 동반하에 교회에 와서 보고하고 성화 앞에 부복하였다. 쿠냐는 그들 가까이에 항상 어른이 있어서 그들이 천주의 성화에 절할 때 적절한 기도를 가르쳐주고, 성수로 그들 자신을 축복하는 방법을 가르쳐 주었다고 기록했다. 선교부의 접대실에 모든 어린이들이 조용히 모였을 때, 사제는 학생들이 기도를 반복해서 암송하도록 했다. 이 첫 번째 연습이 끝나면 예수회원은 각 어린이들에게 기도와 교리에 관해 질문하였다. 그들에게 영감을 주기 위해 쿠냐는 "신상神像, 어린양 팬던트, 책, 묵주와 같이 그들이 볼 수 있는 상품"으로 탁자를 꾸몄다. 올바르게 대답한 사람들은 보상을

---

48 Cunha to Francisco Furtado, Yanping, 25 January 1653, BNL Reservados 722: 47v.

받았으며, 또 다른 사람들은 기도들을 외우면 보상을 받게 될 것이라고 들었다. 천신회가 끝날 무렵, 두 명의 어린이가 긴 걸상에 서서 입문서에 있는 교리 대화를 암송했다. 집에 가기 직전에 모든 사람들은 회개에 관한 문구를 읽었다. 이 수업의 또 다른 장점은 그들이 성인 교리 교육에 기여했다는 것이었다. 쿠냐는 "어린이들은 부모에게 많은 것을 가르칠 수 있었는데, 이렇게 하면 설탕으로 덮여 있는 약을 먹는 것처럼 그들이 삼킬 수 없는 약을 먹을 수 있었다"라고 썼다.[49]

1650년대와 1660년대 초에 천신회가 만들어낸 만족스러운 결과로 말미암아 예수회원들은 선교교회 전체에서 이 방법을 추진하게 되었다. 이 움직임은 1660년대 후반에 시작되었는데, 이 때는 선교사들의 유배로 인해 사실상 모든 사목적 업무를 평신도 조력자들에게 위임해야 할 시기였다. 광동에서 그리스도교인 공동체로 급파된 규칙과 권고에서 부관구장 펠리치아노 파체코Feliciano Pacheco는 성인들에게 그들의 "자녀나 어린 동생들을 사랑하는 사람들은 무엇보다도 그들의 영혼을 사랑해야 하며, 그 후에 자신의 몸을 돌보아야 한다"는 점을 상기시켰다. 그는 성인 그리스도교인들이 가톨릭 기도와 교리를 아는 자녀들을 두고 있는 데서 얻어지는 이익을 강조하면서 천신회를 만들도록 장려했다. 그는 "그들이 세상과의 접촉이 거의 없고 죄에 적게 오염되어서 하느님이 그들을 기뻐하고 있기" 때문에, 하느님이 병자의 침상 옆에서 아이들의 기도를 들을 가능성이 더 높다고 주장했다.[50]

---

49 Ibid., 48r.
50 Hubert Verhaeren, trans. and ed., "Les Ordonnonces de la Sainte Église", *Monu*

파체코의 지침에는 이러한 교육 그룹을 구성하기 위한 정보도 포함되어 있었다. 그는 각 공동체는 열정있는 그리스도교인을 임명해야하며, (조직적인 협회가 아니라) 신앙 협회에 속한 개인을 선택해야 한다고 제안했다. 이 사람은 어린이들이 천신회에 참석했는지 확인하고, 모든 가족이 "어린이를 끌어들이고 격려하기 위해" 순서대로 간식, 즉 관심을 가질만한 자극을 제공하도록 책임을 져야했다. 파체코는 교리 교사들에게 "너무 많은 일을 하지 말고, 주로 종교의 주요 진리를 어린이들에게 설명하고 십계명의 준수에 대해 설명하려고 노력하도록" 주의를 주었다. 십계명의 가르침을 확고하게 이해하면 그리스도교인의 기본적인 도덕관념을 흡수하는 데 도움이 되었기 때문에 그것은 필수적이었다. 파체코는 마치 이 취지를 강조하기 위한 것처럼, 다음과 같은 권고를 통해 천신회에 대한 자신의 의견을 결론지었다. 즉, "그들의 도덕적 형성을 염두에 두는 것이 가장 중요하다".[51]

1670년대 초반에 선교 교회는 다세대 조직으로서, 그 중에는 천신회가 그리스도교인 생활의 필수불가결한 부분이 되었다. 이 상황은 특히 목회 전략에서 혁신을 불러일으킨 강남 지역에서 분명히 나타났다. 프랑수와 드 루즈몽François de Rougemont의 대응은 상숙에 소집된 교리 그룹을 위해 정기적으로 성물을 구입하는 것이었다. 1670년대 초 그의 회계 장부에는 "사탕"과 그들의 모임에서 나눠주기 위한 상들에 대한 지출 항목이 있다.[52] 상해, 송강 지역에서 캔디다 서徐는 천

-menta Serica 4(1939~40), pp.451~477, 특히 p.466과 p.458.
51 Ibid., p.466.
52 Noël Golvers, *François de Rougemont, SJ, Missionary in Ch'ang-shu(Chiang-Nan) : A Study of the Account Book(1674~1676) and the Elogium*, Leuven, 1999, pp.427~428.

신회를 위해 수많은 성물을 구매하였다. 그녀의 전기 작가인 필립 쿠플레Philippe Couplet에 따르면, 캔디다 서徐는 "어린이들에게 나누어줄 묵주, 어린양 팬던트, 성화, 십자가, 성패 및 기타 신앙 물품"을 기증했다. 매년 사제들은 상해 구세주 교회Church of the Savior에서 성 미카엘 축일9월 29일에 행사를 열어 이 상들을 지역 교리 교사들에게 나누어주었다.[53] 그리고 먼 시골 지역에서도 이러한 조직이 있었다. 1686년 호세 소아레스José Soares는 산서山西 지방의 한 마을에서 매달 한 번씩 모이는 천신회를 조직했다. 확실히 그 시골의 소년 소녀들은 문답하는 것을 좋아하면서 "기도와 거룩한 율법의 신비에 대해 능숙하게 대답했다".[54]

4. 천국을 위한 사도들

1630년대에 선교 교회가 크게 확장되기 시작했을 때, 예수회원들은 평신도 교리 교사들을 더 많이 활용하여 그리스도교인들을 섬겼다. 확실히 그들은 직접 대면할 수 없는 사람들에게 교리를 가르치기 위해 오랫동안 환관과 여성들에게 의존해 왔다. 그러나 그리스도교인들이 급증하면서 교리 교사들의 활용이 일반화되었다. 이 사람들은 교리를 가르치고, 지역 공동체를 감독하고, 성소를 관리하고, 때로는 신도들에게 설교하는 일을 맡았다. 교리 교사들은 또한 예수회원들을

---

53 Couplet, *Gran Señora*, p.41.
54 Soares to Antoine Thomas, Jiangzhou, 29 April 1687, BAJA 49-V-20:70v.

제9장 | 훌륭한 방법과 조직　597

대신하여 개종 활동에 참여했는데, 1700년에는 그들이 선교 교회 확장의 주된 동력이 되었다. 이 활동 범위에 비추어 볼 때, "교리 교사"라는 용어의 사용은 아마도 잘못된 것이다. 그러나 선교사들의 관점에서 볼 때, 그들의 주요 임무는 그들 관심의 대상들이 이미 세례를 받았는지 여부에 관계없이 기본적인 그리스도교 교리를 남성, 여성 및 어린이들에게 교육하는 것이었다. 예수회원들이 평신도 조력자들에게 자신들이 해야 할 의무의 훨씬 더 많은 부분을 넘겨주어야 했기 때문에, 조력자들이 그 책임을 맡기 시작했으며, 이러한 그들의 주요 임무는 자연스럽게 생겨난 결과였다.

소수의 사제들과 보좌신부들이 최상위에 있는 피라미드와 같은 선교 교회 조직을 떠올려 보라. 두 번째 관리 계층은 교리 교사들의 네트워크였다. 맨 아래에는 조직적 신도회의 대표인 회장이 있다. 맨 아래 두 층 사이의 구별은 명확하지 않다. 회장의 사회적 지위는 교리 교사들의 사회적 지위보다 높았고, 지역 사회 내에서의 회장의 지위는 그들이 사람들로부터 받는 존경을 반영한 것으로 보인다. 그러나 교리 교사들이 종종 회장과 비슷한 책임을 맡으면서 그들은 선교사들의 대리인으로 임명받아 더 많은 직무를 수행했다. 대부분의 회장은 교리 교육 임무를 수행했지만, 교리 교사들이 반드시 신도회 조직을 맡은 것은 아니었을 가능성이 높다.[55] 두 업무의 주요 차이점은 교리 교사들의 교리 교육 과제, 신도회 내에서 주어진 더 큰 활동 범위, 그리고 선교사들과 보다 개인적인 관계를 맺는다는 것들이다. 같은 특

---

55 Standaert and Witek, "Catechists", p.471.

징들이 부관구의 보좌신부와 구별되었다. 교리 교사들이 예수회 평수사들과 많은 일을 공유했지만, 그들은 예수회의 서약에 구속되지 않았다. 더욱이, 특히 1630년대 이후 보좌신부보다 선교 봉사를 했던 교리 교사가 훨씬 많았다.

부관구의 연례 서한에는 교리 교사들의 활동에 대한 수많은 보고서가 들어있다. 아쉽게도 그 자료들은 그들의 신분보다 그들의 의무에 대해 더 많이 드러내면서 이 남녀들을 익명의 구름 속에 가두었다. 예를 들어, 1636년 연례 서한은 상해 시골을 여행하는 동안 예비 개종자를 우연히 만난 한 교리 교사에 대해 언급하고 있다. 이 교리 교사는 사망한 남편을 위해 지전紙錢을 태우는 여자를 만나 그녀의 집에 들어가서, "그 여자에게 무엇 때문에 이런 쓸데없는 불을 피우는지 물었다". 그 여자는 단지 배우자의 유언에 순종한 것일 뿐, "악마가 그녀의 집에 들어가서 아이를 아프게 하는 것"을 막지 못했다. 기회를 포착한 교리 교사는 천주의 가르침에 대해 이야기하고 성수聖水로 아이를 치료했으며 온 집안의 개종이라는 보상을 받았다.[56] 1644년 항주의 또 다른 보고서에는 80세 이상을 살았던 교리 교사 이 파울로Paulo Li를 칭찬하였다. 그는 두 가지 임무, 즉 "그리스도교인들에게 세례를 주고 양육하기 위해 끊임없이 새로운 영혼을 찾아 여행하는" 임무를 지녔다. 선교사들의 평가에 따르면 그는 엘리트 여성들에게 가장 효과적이었는데, "항상 그들에게 확신을 주는 적절한 비유를 사용하여 그 지역 방언으로 대단한 에너지와 예의를 가지고" 이야기하였다.[57]

---

56 António de Gouvea, AL Vice-Province 1636, Hangzhou, 20 November 1637, in Gouvea, 77.

이 마지막 평가에서 알 수 있듯이, 교리 교사들은 중국의 무수한 방언의 원어민 화자로서 선교사들에게 가장 귀중한 사람이었다. 교리교사는 예수회원들이 여성들에게 강연하는 것을 도왔을 뿐만 아니라, 종종 시골 지역을 다닐 때 사제들과 함께 했다. 두 경우 모두에서 그들은 필수적인 중개자였다. 선교사와 교리 교사와의 우정의 유대 관계에 대한 한 가지 널리 알려진 이야기는, 1639년 로드리고 데 피구에이레도Rodrigo de Figueiredo가 오랫동안 조력자로 있었던 교인에게 한 임종 시의 권고에서 찾을 수 있다. 이 포르투갈 예수회원은 그 남자가 "그리스도와 그의 어머니 마리아와 관련된 문제들에 대해 여성들에게 가르치고 전파하는 데" 수년을 보냈기 때문에 곧 천국에 들어갈 것이라고 단언했다. 그런 다음 피구에이레도는 자신의 주장을 증명하기 위해 교리 교사의 활동에 대해 일련의 수사학적 질문을 던졌다. 즉, "당신은 그 여성들에게 설교하면서 그들이 영원한 복을 얻으려고 노력해야 한다고 말하지 않았습니까? 당신은 이것이 죽은 후에만 오는 것을 알지 못했습니까? 아, 이제 당신의 시간이 왔습니다. 기뻐하십시오. 당신은 저를 섬기고 몇 년 동안 저와 함께 다녔습니다. 우리는 그 여정 속에서 어떤 결실을 맺었습니까? 혹시 우리가 간 집에서 연회를 열어주었습니까? 우리가 방문한 사람들로부터 돈을 받았습니까? 비단옷을 입었습니까? 더 많은 사람들이 당신에게 듣고 배웠기 때문에 더 잘 먹거나 혹은 유복했나요? 당신은 이 시간을 위해 노력해서 일을 한 것이었고, 이어서 당신은 곧 도달하려고 애썼던 목표를

---

57 António de Gouvea, AL Southern Residences, Vice-Province 1644, Fuzhou, 16 August 1645, in Gouvea, 201.

실현할 것입니다".[58]

피구에이레도는 한 명 이상의 이런 조수와 함께 하남성에서 사역을 하였다. 그는 교리 교사를 훈련시키고 감독하기 위해 고안된 협회를 실제로 만든 최초의 선교사 중 한 사람이었다. 피구에이레도는 1639년에 "성 토마스가 동방을 위해 한 것처럼, 설교자와 교리 교사들이 이 지방과 이 왕국의 사도로 봉사하도록" 협회를 조직하여 성 토마스에게 봉헌했다. 이 단체의 20명의 회원은 회원 중 한 명의 집에서 매달 두 번씩 기도하고 강론하며, 교리의 요점을 토론하고, "그리스도교 공동체의 발전과 하느님의 말씀을 전하는 길"에 대해 이야기하였다. 매번 교리 교사들은 거주지에서 피구에이레도와 모임 일정을 세웠다. 지정된 날에는 종일 교회에서 보내고, 미사에 참여하여 기도하고, 상이한 교리의 관점에 대해 선교사들의 설명을 들었다. 피구에이레도는 심지어 "그리스도와 성모의 생애, 그리고 세계의 창조의 첫날부터 율법의 전파"와 같은 주제에 대한 공과들로 그의 교리 교사들을 위한 교재를 만들었다. 피구에이레도의 교리 교사들은 일요일에 개봉에 있는 나머지 양떼들에게 이 공과의 내용을 전달하는 일을 맡았으며, 그리스도교인들은 죄 고백의 차례를 기다렸다. 피구에이레도에 따르면, 각 그룹은 교회에서 모여 교리 교사의 강의를 들었다. "어떤 사람은 성모의 실천과 미덕에 관한 이야기를 하였고, 또 다른 사람은 성자의 고통과 수난에 대한 이야기를 하였다. 여기서는 야곱의 아들과 후손

---

58 Rodrigo de Figueiredo to Francisco Furtado, Kaifeng[1639?], in Gabriel de Magalhães, Partial AL Vice-Province 1640, Hangzhou, 30 August 1641, BAJA 49-V-12:490v.

을 나열하였고, 저기에서는 약속의 땅으로 가는 길에서 일어난, 그의 백성을 포로에서 구원하기 위해 파라오에게 가한 형벌, 홍해를 건널 때 일어난 모세의 기적과 경이에 관한 이야기, 요셉의 삶, 토비야, 유딧, 다니엘 이야기를 하였다." 피구에이레도가 보기에, 이러한 공과를 들은 사람들 모두는 거기에서 큰 유익함을 얻었다. 심지어 참석한 어린이들조차도 이 이야기에 너무 정통해서 그들이 이해한 것이 "유럽의 학생들"보다 더 많은 것인지 아닌지를 애써 분별해야 했다.[59]

중국의 다른 지역에 있는 선교사들은 교리 교사들을 관리하기 위해 비슷한 전략을 시도했다. 1650년대와 1660년대의 보고서는 선교 교회가 확장됨에 따라 이런 교리 교사 조직의 추동력이 보편적으로 존재했음을 보여준다. 예를 들어, 1658년에 지롤라모 그리비나Girolamo Gravina는 상숙常熟에서 12사도 협회를 만들었다. 그는 회원 자격을 "모든 역량과 열정을 다해 자신의 구원을 추구하는 것"이라는 목표를 가진 12명의 교리 교사로 제한하였다. 더 중요한 것은 회원들이 이웃을 영적으로 돕는 데 열정을 기울여야 했다는 것이다. 그들은 비그리스도교인들을 개종시키고 지역 신자들을 감독하며, 한 명 이상의 가족이 세례를 받은 집안의 온 식구가 개종할 수 있도록 하고, 모든 그리스도교인들이 매년 적어도 한 번 고해성사에 참여하도록 장려하였다. 그들의 일반적인 목표는 "이교도들, 특히 친척들과 친구들의 회심을 추구하는 것"이었지만, 이 12사도 협회 회원들은 "미온적인 그리스도교인에게 다시 활력을 불어넣고 이교도를 개종시키는" 특별한 월별

---

59 Ibid., 489r/v.

의무가 있었다. 그라비나는 이 신도회가 상당한 성공을 거두었다고 주장하면서, 한 회원이 한 달 동안 30명 정도의 사람들이 세례를 받게 하기 위해 자신의 임무를 얼마나 진지하게 수행했는지에 대해 이야기했다.[60] 분명히 상숙 그리스도교인들은 12사도 협회가 프랑수와 드 루즈몽François de Rougemont이 지방 사목자였던 1670년대에 정기적으로 만났기 때문에 또한 이 협회에 만족했다.[61]

부관구 교리 교사들의 귀중한 역할은 광주 유배 기간 동안 확인되었다. 도미니크 회원인 나문조羅文藻와 소수의 예수회 보좌신부들을 제외하고, 교리 교사들은— 비록 대리인이고 반공식적인 자격으로 활동했더라도— 중국 그리스도교인들 중에서 유일하게 가톨릭 성직자를 대표했다. 선교사 자료들은 그들이 새로운 회원을 교회로 데려올 책임이 있었다는 것을 인정하지만, 예수회원들은 그들이 사도적 노력을 수행하는 방법에 대해 분명히 우려했다. 1668년 1월에 부관구의 사람들이 논의한 주제 중에는 모든 지역 교회즉. 주어진 거주지에서 사제들의 관리를 받는 그리스도교 공동체 집단가 교리 협회를 갖는 것이 보장될 필요가 있다는 것이었다. 이 규정으로부터 예수회원들이 자신들의 조력자들을 조직하고 감독하는 몇 가지 일반적인 방법을 고안하기를 원했다는 것을 추론할 수 있다. 1660년대 후반에 그들은 중국의 가톨릭 실천들을 조직화해야 할 필요성을 분명히 보았고, 따라서 근 30여 년 동안 발전해 온 다양한 교리 문답 활동에 대해 통일성을 부여하고자 하였다.[62]

---

60 Feliciano Pacheco, AL Central Residences, Vice-Province 1660, Huai'an, 19 July 1661, BAJA 49-V-14:708v-709r.
61 Golvers, *François de Rougemont*, p.424.
62 Feliciano Pacheco, Ordens feitos em Consultas Plenas Extraordinarias, Canton

그 다양성에 대한 명확한 해결책은, 예수회원들이 자신들의 거주지로 돌아와 공동체에 대한 통제를 재개한 후인 1670년대에 비로소 나타났다. 그러나 그때 과중한 부담을 갖고 있던 선교사들은 교리를 가르치는 조력자들로부터 그 어느 때보다 많은 도움이 필요했다. 교리 교사들은 지난 몇 년간 동료 그리스도교인들의 종교 활동을 감독하는 데 가치가 있음을 증명했으며, 사제들이 돌아온 후에도 공동체의 감독자로서 교리 교사들의 역할을 인정하였다. 강남 해안과 같은 더 큰 그리스도교 공동체가 있는 지역에서 예수회원들은 조력자들을 관리하기 위한 새로운 시스템을 정교화했다. 그들은 성 프란시스 사비에르Francis Xavier 신도회또는 성 방제각(方濟各) 회를 설립하여 연대감을 심어주고 교리 교사들이 상호 감독할 수 있게 하였다. 교리 교사들을 소집하여 정기적으로 사제들과 만나게 함으로써 일정 정도 관리권을 행사하였다. 그들은 모든 교리 교사들이 교리를 올바르게 가르치고 있으며, 선교사와 천주교의 적절한 대표자로 행동하고 있음을 확인할 수 있었다.

교리 교사 협회에 대한 가장 생생한 설명은 1670년대 상해 교회에 대한 필립 쿠플레의 설명에서 찾을 수 있다. 10년 동안의 이 플랑드르 선교사는 그와 그의 동료들이 60명의 교리 교사들에게 의지했다고 주장한다. 이 모든 교리 교사들은 성 프란시스 사비에르 신도회에 속했으며, 이 신도회는 도시의 주요 교회에서 사제들이 참석한 가운데 모임을 가졌다. 쿠플레에 따르면, 성 프란시스 사비에르 신도회는

[January 1668?], ARSI Jap-Sin 162:255v.

지역의 모든 신도회 중 "가장 중요했다". 그 주요 임무는 그리스도교 가정에서 태어난 아이들이 제대로 교육을 받게 하는 것이었다. 각 교리 교사는 일 년에 네 번 자신의 지역에 있는 모든 교인 가정을 방문할 책임이 있었다. 매 계절마다 교리 교사들은 상해에 모여 각 가족의 상태에 대해 서면으로 보고하였다. 그들은 각 가정에 성화와 성수가 있었는지 여부를 사제들에게 알리고, 그리스도교인들 중 누구라도 "그들의 오래된 미신"으로 되돌아갔는지에 대해서도 알려 주어야 했다. 그들은 또한 세례를 받아야 하는 어린이들과 "교회의 구제"를 필요로 하는 노약자들을 보고해야 할 책임이 있었다. 교리 교사들의 가장 어려운 과제는 도덕적 검열관으로서의 역할이었던 것 같다. 그들은 서면 평가에서 "모든 그리스도교인의 행동에 대해 정확하게" 사제에게 알려야 했다.[63]

상해 예수회원들은 또한 성 이그나티우스 로욜라 신도회Confraternity of Saint Ignatius Loyola를 활용하여 교인들을 양성했다. 쿠플레는 이 신도회가 수사학으로 동료들에게 영감을 주려는 "학사, 문인, 학생들"로 구성되어 있다고 기록했다. (다른 지역의 선교사들도 같은 방법으로 좀 더 많이 교육받은 그리스도교인들에게 의존했는지는 확실하지 않지만, 그런 듯하다) 상해 신도회는 매월 첫째 날 선교사들 거주지에서 기도하고 천주교와 관련 있는 문제를 제기함으로써 그들의 변증 기술을 훈련하였다. 예수회원들은 그런 다음 글 쓰는 데 사용할 소책자와 서적을 교리 교사들에게 제공하고, "신앙의 주요 진리, 그 신비와 교회의 가장 유

---

63 Couplet, *Gran Señora*, pp.40~41.

명한 축일"에 관한 내용을 가르쳤다. 그런 다음 회원들은 책자를 만들어 모임에서 큰 소리로 읽었고, 선교사들의 수정을 받았다. 책자에 대해 승인이 나면 예수회원들은 그 다음 주 일요일에 자신들이 방문할 수 없는 교회에서 설교하도록 그들을 보냈다. 쿠플레는 "중국인들은 책자를 만들어서 자신들의 글을 암송하는 경향이 매우 크며", 그런 훈련이 교육받은 그리스도교인들의 "재능을 배양"하는 데 도움이 되었다고 하면서 특히 이 신도회를 좋아하였다.[64]

평신도 조력자들에 대한 의존도가 높아짐에 따라 새로운 도전이 불가피해졌다. 교리 교사들이 교리를 가르치는 방법은, 예수회원들이 가장 관심을 기울여야 할 일 가운데 하나였다. 선교사들 모두가 교육 경험이 있으며 공과를 구성하는 방법을 알고 있었지만, 대리인들이 반드시 이런 능력을 구비할 수 있는 것은 아니었다. 1670년대 후반에 그들은 이 문제에 대해 좌절감을 나타내기 시작했다. 페르디난트 페르비스트는 수도에 있는 교리 교사들이 교리를 설명할 때 한 동료에게 "보통 논리적인 순서가 없었다"고 탄식했다.[65] 확실히, 그들이 논리적이지 못하다고 한 페르비스트의 견해는 십중팔구 본토 추론 형식에 대한 일반적인 평가로부터 유추한 것인 듯하다. 페르비스트는 다른 동료에게 중국 본토 철학의 경전 텍스트에서처럼 일반적으로 중국인이 문제를 설명할 때 "논리적인 연관 없이 거꾸로 과거의 격언들"을 사용하였다고 썼다. 이 문제에 대한 페르비스트의 해결책은 간단했다.[66] 1677년에 그는 『천주교요서론天主教要序論』이라고 하는, 조력

---

64 Ibid., pp.38~39.
65 Verbiest to Filippo Marini, Peking, 24 August 1678, BAJA 49-V-17:504r.

자들을 위한 "교리문답 순서"를 출판했다.[67]

1680년대에 페르비스트의 우려가 예수회 아시아 선교 지도층의 공명을 불러일으켰다. 프랑스 대목교구장이 본토 교리 교사들을 사제로 변신시키려고 서두르던 동경東京에서의 사건에 의해 촉발되어, 순찰사 안드레아 루벨리Andrea Lubelli, 1628~1685는 1681년에 수하 회원들에게 회람 서신을 보냈다. 중국에 임명된 대목교구장이 청나라에서 같은 지침을 시도할 것을 두려워하며, 그는 자신의 동료들에게 조력자들을 철저히 교육할 것을 촉구했다. 루벨리는 "선하고 열렬한 교리 교사들"을 훈련시키는 것이 "우리가 첫 번째로 신경써야 할 가장 큰 과제"라고 주장하면서, 모든 교리 교사가 알고 있어야 할 기술을 설명했다. 확고한 교리 기초를 구비하는 것 외에 교리 교사는 "청중의 능력에 적합한 비유들"을 사용하여 예비 개종자들이 제기한 질문에 대답할 때 진술해야 할 주장을 이해하고 있어야 했다.[68]

루벨리는 중국 교리 교사들이 논리적으로 교리를 제시하도록 하기 위해서 노력했다. 그들은 신의 존재, 영혼 불멸, 그리고 인간 행동에 대한 신의 형벌과 보상에 대해 먼저 긍정해야 했다. 그런 다음 그들은 "이성에 부합하는 신성한 가르침"에 대해 토론하고, "미신적인 잘못과 우상"을 반박해야 했다. 이 기본적인 문제들에 대해 상대를 설득한 후에야 교리 교사들은 더 이론적인 영역으로 들어가 "삼위 일체,

---

66 Verbiest to Francesco Saverio Filippucci, Peking, 7 January 1684, BAJA 49-V-19:473r.

67 Chan, pp.350~351.

68 Lubelli to the Jesuits of the Japan Province and the Vice-Province, Macau, 6 March 1681, BAJA 49-V-19:51v.

성육신, 삶과 죽음"과 같은 신앙의 신비에 대한 주제를 끄집어낼 수 있었다. 페르비스트와 마찬가지로 루벨리는 모든 조력자들, 특히 교육 수준이 더 높은 조력자들에 대한 철저한 교육을 주장했다. 광주의 문사층 교리 교사들과의 경험을 회상하면서 루벨리는 그들 "거의 모두의" 말은 이해할 수 없었다고 말했다. 루벨리는 "반 시간 안에 그들은 모든 것을 말하고 싶어 한다. 그러나 그들의 말하는 방식은 혼란스럽다. 이미 신비들을 알고 있는 사람들은 갈피를 못 잡고 흐리멍텅하게 교실을 떠나는데, 마치 처음 거룩한 율법을 들으러 온 사람 같다"라고 썼다. 그리고 그는 계속해서 이 모든 것이 "그들이 문사라서 우리가 그들을 신뢰하는 것이다"라고 말했다.[69]

교리 교사들이 선교 교회를 돕는 것이 반드시 무료인 것은 아니었다. 숙박 시설을 제공하는 것 외에도, 예수회원들은 그들이 생활비에 사용하도록 임금을 지불했다. 1670년대의 프랑수아 드 루즈몽의 회계 장부는 상숙常熟 지역에서 그와 함께 일한 많은 교리 교사들에게 지급한 급료를 보여준다. 그는 상해의 성 프란시스 사비에르 신도회 회원들과 거의 동일한 직무를 수행한 남성 및 여성 교리 교사들을 고용했다. 그들은 정기적으로 그리스도교 가정을 방문하고 다른 방언을 말하는 지역에서 통역사로 활동했으며 마을 교회를 관리하는 일을 맡았다. 그러나 그들은 모두 같은 사회 계층 출신도 아니었고, 같은 재정 자금을 갖고 있지도 않았다. 그들의 그룹에는 문맹자나 빈민보다 적지 않은 수재秀才와 의사들이 있었다. 예수회원의 장부에는 그가 자

---

69 Ibid., 52r

신의 교리 교사들의 여행 경비를 지불했으며"수많은 지역으로 갈 것을 명령 받은 교리 교사 방옥망(方玉望, 세례명, 프란시스코)에게 나는 여행 자금 0.720냥을 주었다"그들 중 일부에게 기부를 하였다고 되어 있다."교리 교사 김마대(金馬大, Kin Martha)에게 기부금 0.600냥"[70]

확실히 예수회원들은 교리 교사들과의 교류에 돈을 섞음으로써 일부 달갑지 않은 사람들을 유인할 수 있음을 알고 있었다. 호세 소아레스José Soares와 같은 보다 낙관적인 사람은 인간관계에 따르는 금전적인 부분을 그다지 중시하지 않았다. 그는 "교리 교사들의 마음속에서는 이웃에 대한 자비심이 자신들의 이익이나 세속적 필요성보다 더 크다"라고 주장했다. 그렇지 않다면 소아레스는 그들이 확실히 "이익을 얻을 수 있는 일이나 계약에 시간을 할애할 것"이라고 주장했다.[71] 프란시스코 다 베이가Francisco da Veiga, 1631~1703, 해남도(海南島)에서 경력을 쌓은 포르투갈 예수회원와 같은 사람은 급여와 관련해서 조력자들에 대해 더욱 신중했다. 베이가는 훌륭한 교리 교사들의 가치를 인정했지만, 그는 "성직록聖職祿보다 임무"를 더 높이 평가하는 사람들만 인정했다. 그렇지 않은 사람들은 선교에서 말썽이었다. "오른쪽 눈은 은을 왼쪽 눈은 교리를 보면서 어떤 가르침을 기대할 수 있을까?" 하고 그는 의아해했다.[72]

---

70 Golvers, François de Rougemont, pp.412~421 · 140 · 137.

71 José Soares, Draft AL Vice-Province 1697, Peking, 30 July 1697, BAJA 49-V-21: 61v.

72 Veiga, AL Hainan Residence, June 1686~July 1687, Qiongzhou, 22 August 1687, BAJA 49-V-19:843v.

5. 개종 권한의 위임

17세기 후반에 예수회원들의 사목적 부담이 압도적으로 무거워지면서 전임자들과 같은 방법으로 전도할 수 없게 되었다. 성사聖事를 수행하는 것은 그들의 배타적이고 양도할 수 없는 의무였기 때문에, 예수회원들은 복음 전도와 교리 교육의 임무를 조력자들에게 위임했다. 그럼에도 불구하고 그들은 교리 교사들을 성 프란시스 사비에르 신도회로 분류함으로써 어느 정도의 통제력을 유지하고자 했다. 확실히, 선교사들은 세례와 같은 의식儀式을 수행할 뿐만 아니라, 그리스도교의 원리를 설명할 권한을 조력자들에게 부여함으로써 자신들의 의식적 역량의 중요한 부분을 양도하였다. 그러나 본토 성직자를 배치하는 의견에 일부 예수회원들이 격렬하게 반대했음을 상기해볼 때, 일찍이 이런 방법들이 일부 구역에서 얼마나 위험을 초래했는지를 알 수 있다. 배교자 교리 교사들이 정통하지 않은 방향으로 천주교를 밀고 나가지 않도록 하기 위하여 선교사들은 특정한 형식을 채택했다. 그들은 조력자들이 교리 문제를 검토하고 높은 수준의 개인적 신심과 도덕성을 지니도록 특별한 협회를 구성했다.

예수회원들이 교리 교사들을 감독하기 위해 협회 모델을 어떻게 사용했는지 이해하는 가장 좋은 방법 중 하나는 그러한 협회의 법령을 보는 것이다. 앞에서 언급한, 성모회 법령과 장례식 절차가 들어있는 동일한 일련의 사본에서 성 프란시스 사비에르 신도회에 대한 관련 규정들을 찾을 수 있다.[73] 조직적 협회의 법령과 유사한 형식으로, 이 규정들은 짧은 서문과 함께 18개의 요점으로 이루어져 있다. 교리 교사들의 협회에 어울리게 사비에르는 복음 전도의 모범으로 제시되었다. 회원들에게 바스크 선교사가 "교황이 동방 사람들에게 교리를 전파하라는 명령을 주어 보낸" 예수회 회원임을 상기시켜 주었다. 하느님은 사비에르에게 다른 사람들에게 천국으로 가는 길을 보여 줄 힘을 주었으며, 하느님은 선교사의 메시지를 확증하기 위해 많은 기적을 행하였다. 따라서 천주天主를 영화롭게 하고 "모든 사람을 구하기" 위해 노력하는 사람들은 "성인의 미덕"을 모방하도록 장려되었다. 더 중요한 것은, 그들은 철저하게 "규정을 준수"하도록 요구되었다.[74]

이 교리 교사 협회에 가입하고 싶은 회원들은 특정 조건을 충족하고 수습기간을 거쳐야 했다. 이 성회의 첫 번째 규정은 모든 형제의 도덕적 행동에 대한 기준이었다. 즉, 그들은 십계명과 "다른 모든 성스러운 가르침의 규칙들"을 따르는 데 있어서 성실의 모델이 되어야 했다. 가입을 원하는 지원자들은 일 년에 네 번 모임에 참석해야 했으며, 1년 후에 비로소 성회에 가입할 수 있었다. 그들은 성회 회원들의 신앙적 행동을 "영혼을 위한 음식"으로 간주했으며, 죄에 빠져 딴 길로 나가거나 신앙의 위기를 경험한 사람들이 이 신성한 양육을 잃어버리면 고통을 받을 것이라고 경고 받았다. 지시에 따르면, 이 성회에 가입한 사람들은 "마치 보물을 지키는 것처럼 자신들의 말에 주의해야" 했다. 그리스도교의 핵심은 그들의 말에 의지하여 전파되었기 때문에, 다른 사람들에게 "무용하거나 어리석은 말"을 하는 것이 엄격

---

73 Xavier CS. Chen Huhung과 Tang Haitao에 의해 번역됨. 이 텍스트에 대한 자세한 내용은 Chan, pp.458~459. Reproduction in *CCT* 12, pp.479~487을 볼 것.
74 Xavier CS, 5r.

히 금지되어 있었다. 법령에 따르면, 수치에 빠지지 않는 가장 좋은 방법은 활발한 영적 삶을 유지하는 것이었다. 회원들은 자신뿐만 아니라, 모든 가족 구성원들이 "주야로 주님을 경건하게 섬기고, 기도를 암송하고, 잘못을 고백하며, 십계명을 지키고, 거룩한 사역을 올바르게 수행"하도록 해야 했다.[75]

성모회 법령과 달리 교리 교사 그룹의 규정은 네 차례의 연례 모임 개최 방법에 대한 정보를 거의 제공하지 않는다. 오히려 그들은 특별히 성인들에게 세례를 허용하는 최소한의 기준에 초점을 맞춘 일련의 복음 전도 기법을 제시한다. 이 절차를 자세하게 설명함으로써 예수회원들은 조력자들이 열정보다는 신중함에 의존하기를 바랐다. 다시 말해, 그들은 교리 교사들이 개인이 세례를 추구하는 이유를 주의 깊게 조사하기를 원했다. 이상적으로는 교리 교사들은 사제에게 모든 잠재적 개종자들과 면담하여 그들이 제대로 교리 교육을 받았는지 확인 요청을 해야 했다. 선교사 앞에서 사람들이 자신의 죄를 후회하고, "모든 이교도의 가르침을 거부"하기로 결심한 것을 확인하는 것이 조력자들의 일이었다. 그들은 그리스도교의 명령에 순종하고자 하는 진지한 바람 없이 세례만 받으려고 하는 것은 "선하지 않은 일을 하는 것"이라고 주장했다. 예수회원들만이 의식儀式을 행할 수 있었지만, 그들은 "심히 아픈" 사람들에게 세례를 베풀 수 있는 특권을 성회 회원들에게 주었다. 또 다른 조항은 교리 교사들이 가족의 희망에 반하여 개종하고자 하는 사람들을 향해 비밀 세례를 시행하도록 허용했다.

---

75 Ibid., 5v-6r.

조력자들은 세례를 거행한 후 의식 날짜, 개종자의 고향 및 성명 등 세부 사항을 정식으로 적어서 선교사들에게 보고하여야 했다.[76]

예수회원들이 교리 교사들에게 의식의 권한을 부여하면서 교리 교사들이 신중하게 행동해야 한다는 요구는 더욱 커졌다. 선교사 자료에 따르면 세례 의식은 종종 치유 의식으로 이해되었다.[77] 중국어 자료 역시 세례 의식이 행해지는 동안이든 아니든 성수를 뿌리는 것이 마술을 부리는 것으로 간주되었다는 것을 암시한다. 예수회원은 종종 질병의 고통 속에서 잠재적 개종자들이 하는 긴급한 간청을 의심했다. 한 경험 많은 선교사는 이렇게 썼다. "저는 일부 병자들이 죽어가는 상태가 아닌 한 세례를 주기를 꺼린다. 그들은 불상에 탄원한 후에 신성한 율법에 들어가기를 원하기 때문이다." 너무 많은 사람들이 세례 받기를 간청하여 그들이 "신체 건강을 얻을 수는 있지만 자신들의 영혼을 치유하지는 못한다". 이후 이어지는 이 사람들의 열정의 상실은 이 예수회원에게 충분한 증거가 되었다. 즉, "그들은 입으로 그것을 원한다고 말하지만 마음으로는 말하지 않는다".[78] 그러니 만약 선교사들 자신이 개종자들의 진실성을 가늠하는 데 어려움을 겪었다면, 교리 교사들은 얼마나 더 많겠는가?

성 프란시스 사비에르 신도회의 규칙에는 세례 의식을 시행할 때 주의해야 할 간단한 권고가 들어있다. 두 가지 규칙은 병든 사람과 죽

---

76 Ibid., 6r/v, 8r/v.
77 Erik Zürcher, "The Lord of Heaven and the Demons : Strange Stories from a Late Ming Christian Manuscript" G. Naundorf, K. H. Pohl, and H. H. Schmidt,eds., *Religion und Philosophie in Ostasien,* Würzburg, 1985, pp.359~375, 특히 pp.366~370.
78 Francisco da Veiga, AL Hainan Residence, June 1686~July 1687, Qiongzhou, 22 August 1687, BAJA 49-V-19:845v.

어 가는 사람을 대할 때 서두르지 말아야 한다는 것이다. 이런 상황에서 교리 교사는 세례를 "경솔하게 시행하지 말아야" 했다. 생명이 위태로운 상황에 처했을 때에도 그들은 그리스도교 교리의 개요를 제시하고 예비 개종자가 인정할 때까지 기다려야 했다. 교리 교사들은 "성수는 영혼의 치유를 위한 약이며 육신을 치료하는 것이 아니라는" 사실을 기억해야 했고, 분명히 이것을 고난을 겪는 상대방에게 전달했을 것이다. 만약 교리 교사가 병자의 침상에 불교와 도교 성직자가 와 있는 것을 발견했을 때에는 더 큰 주의를 기울여야 했다. 법령에 따르면, 이것은 병에 걸린 사람이 천주를 "보살과 같은" 존재로 여겨서 그의 기도를 받지 않았다는 확실한 신호였다.[79]

교리 교사들의 또 다른 중요한 임무는 지정된 지역에서 그리스도교인들의 종교적, 도덕적 행동을 감독하는 것이었다. 신도회 회원들은 부모들이 세례 받을 때 했던 서약에 맞게 살도록 하고, 자신들이 세례를 준 모든 어린이들의 영혼을 "지도하고 감독하여야" 했다. 교리 교사들은 또한 "냉담해진" 성인 그리스도교인들을 견책할 힘도 부여받았다. 법령이 회원들의 상호 감독을 제공했다는 점을 언급하는 것이 중요하다. 교리 교사가 "나쁜 일"을 행한 사람을 알고 있다면, 그는 그 죄인을 "비밀리에 그리고 재치있게" 훈계하라는 지시를 받았다. 그러한 우애의 교정矯正을 반복해서 거부한 사람들은 선교사들에게 보고되어야 했다.

교리 교사들이 선교사들이 부여한 권한을 남용하는 방법은 여러 가

---

79 Xavier CS, 6v-8r.

지가 있었다. 부관구의 사람들은 천주교의 대중적 이미지에 대해 민감했으며, 열성적인 평신도들이 자신들을 대신하여 말할 때 생겨날 수 있는 위험성을 충분히 알고 있었다. 그러나 선교사들은 교리 교사들이 그리스도교를 제시하는 방법을 어떻게 감독했는가? 예수회원들은, 성 프란시스 사비에르 신도회 회원들이 그들의 입을 "보물을 지키는 것처럼" 주의한다고 믿었지만, 비정통적인 글들을 유포하지 않도록 하는 것은 전적으로 또 다른 문제였다. 그러나 여기서도 선교사들은 신뢰와 도덕적 권고에만 의존할 수 밖에 없었다. 교리 교사들은 "발표되지 않은 모든 글"을 사용하는 것에 대해 경고를 받았으며, 자신들의 글쓰기에 사용된 모든 자료에 대한 출처를 표기할 의무가 있었다. 예수회원들 자체적으로 세 명의 독자가 각각의 중국어 출판물을 검토했다는 것을 고려할 때, 신학에 대한 기본 교육조차 부족한 소위 변증론의 저자 지망생들에 대한 그들의 경계는 놀라운 일이 아니다. 필립 쿠플레가 기술한 상해 문사 협회의 경우에서처럼, 교리 교사들은 모임 시에 자신들의 글을 제출하고 평가를 받아야 했다. 그러나 메시지 관리에 대한 이러한 시도의 한계는 그 문제에 관한 법령의 마지막 말에서 뚜렷하게 드러났다. 한 회원이 경솔하게 승인되지 않은 텍스트를 배포한 경우, 그의 행동은 "규정을 따르지 않는 것"으로 간주되어 추방의 처벌을 받게 됨을 알 수 있다.[80]

---

80 Ibid., 8v.

6. 전체 성회

후안 안토니오 데 아르네도Juan Antonio de Arnedo는 1690년대 초에 유럽의 동료들에게 편지를 쓰면서 중국 선교 생활의 현실에 대해 있는 그대로의 그림을 제시했다. 그는 특히 상해와 같은 큰 선교소에서 부관구의 사람들이 짊어진 일상적인 짐을 열거했다. 아르네도에 따르면, 특히 힘든 것은 "정오까지 참회하는 고백자들에게 매여 있다가" "설교와 기도가 수반되는" 미사를 집전해야만 하는 것이었다. 그는 또한 "많은 새로운 개종자들을 돌봐야 하는 것"과 "춥고 더운 곳에서 많은 비용을 들이며, 조롱을 당하면서" 농촌 순회 교구를 한 바퀴 돌아야만 한다고 언급했다. 그러나 이것들은 선교사 생활의 좀 더 적극적인 측면들이었다. 아르네도는 또한 "중국인의 무례함, 하인들의 비참함, 그리고 이 나라 많은 사람들의 멸시"라는 선교소의 세속적 일들을 관리해야 한다고 한탄했다. 더 심한 고민은 "많은 교회들에 대한 책임, 그리스도교인들의 방종, 사람들의 배교, 이교도와의 대립에 대한 염려"였다. 아르네도의 주장에 따르면, 그런 고된 일은 심지어 가장 원기 왕성한 때에라도 종종 "그들의 삶을 따분하게 하기" 때문에, 선교사에게 "더 많은 기운"이 필요했다.[81]

아르네도의 경멸적인 스케치는 놀라운데, 단순히 연례 서한에 실렸기 때문만은 아니다. 그의 장황한 불평에는 선교 교회의 복잡한 활동에 대한 언급이 없다. 실제로, 아르네도가 가장 불만스러웠던 것은,

---

81 Arnedo, AL Vice-Province 1685~1690, Ganzhou, 20 September 1691, BAJA 49-V-19:672r/v.

참회의 고백을 듣고, 미사를 거행하고, 거주지를 돌보는 자신의 일상적인 일들의 단조로움이었다. 그는 무질서한 그리스도교 공동체의 혼란에 대하여 목소리를 높이지 않았다. 오히려 그의 불만은 청나라에서 천주교의 전파를 허용한 바로 그 구조에 대한 어렴풋한 비난이었다. 만약 이렇게 복잡한 구조를 가진 선교교회 조직이 아니었다면, 아르네도와 동료들은 그런 무료한 일상적인 일들에 빠지지 않았을 것이다. 그들은 방대한 규모의 그리스도교인들을 대면해야 했을 것이고, 그들에게 교리를 가르치는 실질적인 문제를 결코 처리하지 못했을 것이다. 그러나 그러한 현실은 그 현장에 있는 사람들에게는 생각할 수 없는 것이었다. 예수회원들의 중국 사역이 1680년대에 한 세기를 넘어가면서 예수회 그리스도교 공동체는 선교사들이 용의 왕좌 앞에 반복적으로 놓았던 유럽 시계를 연상시키는 상호 의존적인 복잡한 시스템을 구성했다.

예수회원들은 선교 교회에 원동력을 주었던 열쇠였으며, 그 메커니즘의 균형을 유지시키는 저울추였다. 그들은 조직을 세우고, 그리스도교인들에게 성사를 정기적으로 제공했으며, 여가 시간에는 양들에게 최소한 일정 정도 사목적 감독을 제공했다. 그러나 선교 교회의 사역 뒤에 있는 대부분의 역동성은 예수회원들의 조력자들로부터 나왔다. 만약 중국에 사제들이 더 있었다면 현지 성직자의 책임이었을 감독 업무를 그들이 수행해야 했을 것이다. 한 가지 예를 들자면, 송강 선교소에 부속된 42개의 마을 성회는 거주 예수회원인 에마누엘레 로리피스Emmanuele Laurifice로 하여금 관리의 부담감을 느끼게 하였다. 따라서 이 이탈리아 사제는 각 성모회에서 교리에 정통한 8명의 개인을 뽑아서 동료들의 행동을 감독하도록 하였다. 선발된 사람들은 3개월마다 지정된 지역의 그리스도교 가정을 방문할 의무가 있었다. 1680년대 후반 연례 서한에 따르면, 그들은 "사제를 대신하여 각 가족의 건강에 관해 물어보고 병든 사람을 위로하고, 위기에 처한 사람들이 성찬을 받도록 하고, 모든 사람이 거룩한 율법을 지키도록 권고해야" 했다.[82] 방문하는 동안, 그들은 어린이들에게 교리를 가르쳤다. 또한 사제가 신생아에게 세례를 시행하기 위해 시골로 여행하는 것이 불가능했기 때문에, 그리고 "경험상 그들이 면밀하게 돌보지 않으면 세례 없이 죽을 것"이기 때문에, 모든 유아들, 심지어 건강해 보이는 아이들에게도 세례를 주어야했다.[83]

그 결과 지역 사회 감독의 임무는 교리 교사들에게 위임되었다. 한 보고서에 따르면, 1690년대 초에는 "거의 모든 선교에서" 이러한 조력자들 모임이 존재했다.[84] 예상대로, 가장 복잡한 교리 교사 관리 시스템은 강남 해안 지역에서 찾을 수 있다. 17세기의 마지막 몇 년 동안 입회 기준이 크게 올라갔다. 성 프란시스 사비에르 신도회에 가입하기 위해서는 "글씨를 잘 쓰고 설교 재능을 가짐과 동시에 잘 알려질 정도로 열정"이 있어야 했다. 그러나 이것이 전부는 아니었다. 유망한 교리 교사들은 사제들이 낸 시험을 통과해야 했는데, 그 시험은 천주교의 어떤 부분에 대해 즉흥적인 설교나 호교론적護教論的 담론을 전

---

82 Juan Antonio de Arnedo, AL Vice-Province 1685~1690, Ganzhou, 30 November 1691, ARSI Jap-Sin 117:238v.

83 Juan Antonio de Arnedo, AL Vice-Province 1685~1690, Ganzhou, 20 September 1691, BAJA 49-V-19:670r.

84 Ibid., 671v.

달하는 것이었다. "빈틈없이" 자신들의 담론을 방어한 사람들만이 이 그룹에 가입할 수 있었다. 그들은 비그리스도교 경쟁자나 자신들의 진실을 의심한 사람들과의 논쟁에서 절대 양보하지 않는 것이 필수적이었다. 적어도 예수회원들은 교리 교사들의 활동에 만족했다. 한 선교사는 "그들은 이 광대한 그리스도교 공동체에서 매년 수확되는 풍부한 열매를 성장시키는 뿌리와 꽃이라고 불릴 수 있다"라고 열광하였다.[85]

선교 교회의 시계 장치에 없어서는 안 될 톱니바퀴는 조직적 협회, 즉 신도회였다. 이 단체들은 모든 그리스도교인들에게 적어도 일 년에 한 번 고해성사와 성찬례를 접할 수 있도록 해야 한다는 도전에 대한 예수회원들의 응답이었다. 두 성사聖事 중에서 고해성사는 개별적인 만남이 필요했기 때문에 사제들에게는 훨씬 시간이 많이 걸렸다. 상해 지역에서만 그런 사목적 돌봄이 필요한 남여 신도가 수만 명에 달했는데, 후안 안토니오 데 아르네도는 그의 동료들이 "고해성사하는 사람들에게 매여 있었다"라고 탄식하였다. 이 스페인 예수회원은 "좋은 방법과 조직"이 없었다면 상해에 거주하는 지역 사제들이 이 무리에 참석하는 것이 불가능했을 것이라고 단언했다. 이 특별 공동체는 "백여 개가 넘는 신도회"로 나뉘어져 있었으며, 각 신도회에는 그 근처에 있는 마을의 그리스도교인들을 방문하고 매달 모임에 참석해야 할 책임을 가진 장상이 임명되었다.[86]

---

85 José Soares, Partial AL Vice-Province, July 1694~July 1697, Peking, 30 July 1697, BAJA 49-V-22:633v.

86 Juan Antonio de Arnedo, AL Vice-Province 1685~1690, Ganzhou, 30 September 1691, BAJA 49-V-19:671v.

다시 말해, 상해 지역에는 이러한 조직적 성회가 모여서 기도를 하고 성찬을 받기 위한 수많은 그리스도교 집회 장소가 있었다. 1697년의 보고서에 따르면, 프란체스코 브란카티Francesco Brancati의 이전의 "교구"는 계속해서 확장되었으며, 성소의 수도 이에 맞추어 증가했다. 성 안에 있는 3개의 교회남성용 1개, 여성용 2개 외에도 또한 예수회원들이 묻힌 묘지 부근에 교회가 있었으며, 인근 마을 주변에 60개의 교회가 흩어져 있었다. 19개의 소규모 예배실도 있었는데 그중 일부는 "교회보다 컸다". 거주 그리스도교인들이 있는 또 다른 30개의 부락은 미사를 거행할 "알맞은 조건"이 부족했다. 그곳에 살았던 사람들은 가장 가까운 성소로 가서 "하느님의 말씀을 듣고 그들의 의무를 이행"하는 것, 즉 죄를 고백하고 성찬례에 참가했다. 이 성사들은 4명의 지역 선교사 중 한 사람이 관리했다. 그 성소들을 여성, 노인, 허약한 자가 이용할 수 있도록 한 사제가 일 년에 한번 각 성소를 방문하였다. 이미 교리 교육을 받은 여성 예비신자들 또한 그 때 세례를 받았다. 상해 예수회원들은 매년 평균 4개월 동안 순회 방문하였고, 상해 거주지 교회에서 차례로 3개월 동안 남성 신도회를 돌아보았다.[87]

부관구 전체에 걸쳐서 그러한 "교구" 조직과 순회를 위한 정교한 시스템이 똑같이 필요하지는 않았지만, 각 선교사는 여성 그리스도교인들을 대하는 방법을 고안해야만 했다. 그들의 표준 관행은 성모당聖母堂이라고 불리는 여성들을 위한 별도의 성소를 만드는 것이었는데, 이곳은 예수회원들의 거주지와 가까운 곳에 있지만 직접적으로 연결

---

87 José Soares, Partial AL Vice-Province, July 1694~July 1697, Peking, 30 July 1697, BAJA 49-V-22:632v-633r.

되지는 않았다. 보통 여성교회는 규모가 상당히 컸는데, 이것은 천주교가 여성들 사이에서 전파된 속도를 반영한다. 예를 들어, 남경의 동정 성모에게 봉헌된 한 성모당은 이전에는 남성 그리스도교인들을 위해 지어진 상당히 큰 교회 건물이었다.[88] 1693년에 청나라 수도의 여성 신도들은 성모영보에 봉헌된 새로운 교회를 예수회 북경 신학교 부지에 건축하고 헌금했다. 호세 소아레스에 따르면, 그들은 "반지, 늘어뜨린 귀걸이, 단추 및 기타 금은 장식품을 꺼내어" 새로운 교회에 자금을 지원했다.[89] 매해 두 번 수도의 여성 신도들은 "전체 성회"를 열어 함께 미사를 드렸다.[90] 그해의 나머지 날에는 도시에 예배당과 기도실과 연계된 26개의 다른 여성 성회 중 하나에서 매달 (경우에 따라 매주) 모임을 가졌다. "혼란을 피하기" 위해, 각 성회는 성모영보 대축일교회를 미리 정해진 순서대로 방문하여 죄를 고백하고 성찬을 받았다.

18세기로 넘어가면서 선교 교회의 메커니즘은 극도의 발전 단계에 이르렀다. 천주교 실천의 역동성을 유지한 태엽교리 교사, 기어교리 교육 단체 및 톱니바퀴조직적 성회는 선교사 자신의 기능을 무시해도 좋을 듯한 활력으로 운영되었다. 분명히, 이것은 가톨릭 신자들의 공동체였으며, 열성 수준에 관계없이 평신도에게만 의존해서 유지될 수는 없었다. 사제들이 필요했지만 예수회원들은 많은 이들이 필요하지 않다는 것을 알고 있었다. 1703년에 부관구장 앙투안 토마스Antoine Thomas가

---

88 Giandomenico Gabiani to Simão Martins, Nanjing, 4 March 1688, BAJA 49-V-20: 202v-203r.

89 Ibid., 64v.

90 Soares, Draft AL Vice-Province 1697, Peking, 30 July 1697, BAJA 49-V-21:60r.

로마의 장상들에게 자신감에 넘쳐 단 24명의 사제들만을 청원하게
된 것은 그의 동료들이 교회를 조직하는 데 사용했던 독창적인 조직
방법에 대한 암묵적인 인정이었다.[91] 토마스와 그의 동료들은 중국
그리스도교인들이 중국 그리스도교 뒤에 있는 원동력이라는 것을 잘
알고 있었다. 초기 근대 유럽 가톨릭 신자들의 삶에 성직자의 영향력
이 더 크게 작용했던 것과는 대조되게 예수회원들의 중국인 양들의
대부분은 그들 자신의 신심을 책임졌다. 성모회, 천신회, 특히 평신도
조력자들 덕분에 선교 교회는 선교사 없이도 스스로를 지탱하고 확장
할 수 있었다. 이것이 1720년대에 부관구에 근본적인 변화가 생겼을
때에도 천주교가 중국에서 사라지지 않은 이유이다. 1748년 소주蘇州
에서 두 명의 유럽 예수회원이 체포되었을 때 그들이 선동을 모의한
혐의로 사형선고를 받은 것은 우연이 아니다. 즉, 청나라 관리들이 트
리스타노 다티미스Tristano d'Attimis, 1707년 출생와 안토니오 호세 헨리크
스António José Henriques, 1707년 출생가 지역 그리스도교 신도회를 나열한
지도를 갖고 강남의 시골을 다니고 있는 것을 발견한 것이다.[92]

---

91 Antoine Thomas, Triennial Catalogue, Vice-Province 1703, Peking, 25 Septem
-ber 1703, ARSI Jap-Sin 134:408Fv.

92 Anon., *Relação Summaria da Prizam, Tormentos, e Glorioso Martyrio dos Veneraveis Padres
António Joseph Portuguez e Tristam de Attamis Italiano*, Lisbon,1751, p.12.

제10장
수난회와 자비회의 신도들

마르티노 마르티니Martino Martini는 유럽인을 위해 중국의 이미지를 만드는 선교사로서 대부분의 시간을 보냈다. 풍부한 묘사를 담고 있는 그의 『중국 신지도집中國新地圖集, *Novus Atlas Sinensis*』과 생생한 『달단전기韃靼戰紀, *De Bello Tartarico*』에서 그는 최고 제국의 위엄과 비극을 조명했다. 그리고 자신의 삶의 끝에서, 그는 유럽의 극적인 비전을 똑같이 중국인에게 제시했다. 1660년 마르티니는 항주 중심부에 새로운 성소가 완공되는 것을 감독했다. 2년간의 건축 기간 동안, 중국 장인들은 현지 재료들을 갖고 이국적인 외형의 건축물을 만들었다. 그들은 예수회원들의 성소 건물을 위압하는 웅장한 파사드를 만들고, 그 사이에 세 개의 아치형 출입구를 끼워 넣었다. 교회 내부에서 장인들은 30개의 두꺼운 기둥 위에 높이 솟은 둥근 천장을 세웠는데, 이 기둥에는 각각 고대 그리스와 로마 스타일의 받침대와 기둥머리가 있었다. 마르티니는 건축하는 사람들에게 끝이 뾰족한 창을 위해 공간을 남겨두라고 한 다음, 장인들에게 "투명하고 광택이 날 정도로" 섬세하게 조각된 자개 패널로 창문을 채우도록 했다. 이 교회의 3개 본당 회중석 각각에 제단이 세워졌다. 높은 제단 위에는 웅장한 구세주 예수의 금박 선반이 걸려 있었다. 성소의 십자형 좌우 익부翼部의 작은 예배당에는 마카오 또는 고아에서 가져온 그림인 듯한, 마리아와 천사장 미카엘의 성화가 있었다. 예수회원들에 따르면, 중국인 방문객들은 특히 내부 기둥을 연결하는 개선문에 매료되었다. 그들은 교회의 다른 특징들과 마찬가지로 이것은 "이전에 중국에서 본 적이 없는 것"이라고 주장했다.[1]

그들 성소의 아름다움이 강남 지역 감정가들의 관심을 끌었다는 것은 선교사들을 기쁘게 했을 터이지만, 그들이 새 교회에 만족한 주된 이유는 틀림없이 그 도시의 그리스도교인들이 교회를 어떻게 사용했는지 관찰했기 때문일 것이다. 항주 성소는 유럽의 가톨릭 교회와 마찬가지로 한때 공동체의 중심이자 여러 신앙 단체가 요청한 의식儀式 공간의 복합 장소였다. 교회의 한쪽에는 성 십자가Holy Crucifix에 봉헌한 분리된 예배당이 있었으며 수난회가 사용했다. 예수회원들이 "가장 독실하고 열렬한" 사람들로 묘사한 그 회원들은 금요일에 모여서 미사에 참여하고, 기도하며 수난 탄원기도를 불렀다. 그 후 그들은 채찍질을 하면서 "심지어 가장 완악하고 입이 무거운 자들도 헌신의 눈물을 흘릴 정도로 회개했다". 또 다른 성모회는 토요일에 본당에 위

---

1 Feliciano Pacheco, AL Central Residences, Vice-Province 1660, Huai'an, 19 July 1661, BAJA 49-V-14:715r.

치한 성모 마리아 제단에 모여 향 냄새가 피어오르는 가운데 미사를 드렸다. 자선 기금을 나누는 일에 헌신한 세 번째 성회도 교회의 일부를 요청했다. 이 그룹은 성소에 잠겨있는 금고를 관리했으며 회원들은 의무적으로 기부를 했다. 매달 한 번씩, 지도자들은 선교사의 감독 하에 가난한 그리스도교인들을 돕기 위해 기금을 인출했다. 이 기부금은 병이 난 지역 사회의 형편이 어려운 회원을 구제하거나 그들을 위해 관을 사서 "기타 장례식 비용을 충당하기 위한 것"이었다.[2]

마르티니의 교회는 그 아름다움으로 인해 부관구의 여타 성소들 사이에서 두드러졌지만, 그곳이 수용하고 있는 신앙 단체의 수와 다양성에 있어서는 결코 독특하지 않았다. 중국 전역에 걸쳐 예수회원들의 선교부는 신심을 함양하기 위해 모인 많은 회중의 만남의 장소였다. 천주교의 도시 신자들 사이에 특별한 신앙 그룹들이 형성되었다는 것은 놀라운 일이 아니다. 결국, 그들은 자신들 가운데 살았던 선교사로부터 거의 지속적으로 사목적 돌봄을 받았고, 시골 그리스도교인들보다 훨씬 더 자주 미사에 참석하고 참회의 고백을 하였다. 따라서 예수회원들 거주지의 그늘에서 살았던 사람들을 위한 그리스도교의 실천은 시골보다 훨씬 더 다양했다. 도시의 그리스도교인들은 조직적 성회에 적합한 표준적인 일상 기도 외에 고해성사와 성찬례에 정기적으로 참여하거나 공개적으로 자선을 실천하고, 혹은 집단적인 금욕 실천 등과 같은 더 힘든 신앙의 형식을 사제들의 감독하에 진행해야 했다. 예수회원들에게 있어서 그러한 열정의 표현은 선교 사업에 대한 가장 분명한 보상

---

2 Ibid., 716r.

이었다. 그들은 자신들의 가장 큰 수확의 정수精髓라 할 수 있는 열정적
그리스도교인이 나머지 신자들에게 신앙의 모범이 될 수 있도록 격려
했으며, 소수의 예가 많은 사람들의 영적 진보를 위한 누룩으로 작용하
기를 바랐다.

예수회원들이 신심의 강렬한 표현을 감독하고 지시하는 가장 좋은
방법은 회會를 통한 것이었다. 이와 관련하여, 그들은 사회 조직에 대
한 중국인들의 동일한 애호로부터 혜택을 얻었는데, 이 애호는 예수
회원들로 하여금 성모회를 선교교회를 구축할 수 있는 기초로 삼을
수 있게 해주었다. 보다 열정적인 그리스도교인들은 선교사들의 제안
이나 자신들의 의지에 관계없이, 선교의 첫 수십 년 동안 줄곧 신앙
단체들을 만들었다. 특히 첫 번째 거주지를 개설한 도시에서 처음에
예수회원들이 교육받은 엘리트들에게 손을 내민 것은 신도회로 하여
금 논리적 발전을 이루게 하였다. 사회적 기반은 자선 단체와 문인 아
카데미의 풍부함을—사회의 모든 계층으로부터 회원들을 끌어들이
면서, 명말 중국에서 번성했던 불교 또는 도교적 감응의 신앙 그룹에
대해서는 말할 것도 없고—통해 그리스도교 협회 활동의 성장을 위
해 충분하게 준비되어 있었다. 실제로, 공동의 이익을 위한 결사結社
또는 종교적 단체의 창설은 니콜라스 스탄데어트Nicolas Standaert가 적
절하게 말했듯이, 명 제국의 "국가적 오락"이었다.[3] 니콜라스 스탠데
이트가 언급했듯이, 자신들의 신앙 그룹과 함께 예수회원들은 아무것
도 없는 무無의 중국에서 새로운 형태의 종교적 표현을 창조하고 있었

---

3 Nicolas Standaert, *Yang Tingyun, Confucian and Christian in Late Ming China : His Life and Thought*, Leiden, 1988, p.63.

던 것이 아니라, 자신들의 종교적 목표에 맞는 토착 전통을 강화하고 있었다.[4]

그러나 이러한 신앙 단체의 중국적 특징을 배타적으로 강조해서는 안 되는데, 그렇게 강조할 경우 가톨릭 유럽의 신도회적 신심의 실천과 중국 교회 사이의 유사성을 모호하게 할 수 있기 때문이다. 중국 예수회원들에게 신도회는 공동 신심의 최고의 형식이었던 영적 환경의 산물이었다. 그들은 이런 형태의 평신도 종교 활동에 대한 강한 애호로 알려진 종교 수도회에 속했다. 더욱이 예수회는 수련수사들이 그들의 학문 형성 기간 동안 학생 단체에 참여할 것을 강조했다. 단체—혹은 보다 구체적으로는 16세기 후반에 직업 단체를 신앙 단체로 대체하려는 압박—는 가톨릭 종교 개혁의 특징 중 하나였으며, 예수회원들은 가장 열렬한 옹호자였다. 예수회는 단체를 통해 기존의 신앙 형식을 변화시키려고 노력했을 뿐만 아니라, 그 회원들은 새로운 평신도 신앙 형식을 전파함으로써 "국가의 영적 개혁"이라는 야심찬 프로젝트를 수행하는 것을 목표로 삼았다.[5] 가장 많은 사람들에게 그러한 변화를 일으킬 수 있는 가장 좋은 방법은, 회원들이 엄격하게 일상에서 기도 생활을 하고 자주 영성체하는 것을 의무화하는 단체를 조직하는 것이었다. 그들이 교실에서 학생들을 통제하는 것처럼, 예수회원들은 이 단체의 회원들에게 상호 도덕적 감독의 의무를 부과하였다. 여기에서도 그들은 "신앙의 경쟁" 정신이 확립되고, 그것으로 말미암아 열심의 정도를 점차 끌어올릴 수 있기를 원했다.[6]

---

4 스탠데이트의 "Social Organization", in *Handbook*, pp.456~461, 특히 p.457를 볼 것.
5 이 목표는 Álvares Orders, p.49에 서술되어 있다.

따라서 1660년 항주 교회에 모인 단체들은 중국과 유럽의 두 가지 별개의 문화적 요소가 서로 얽힌 결과물이었다. 초기 근대 천주교를 신앙, 교리, 의식 이 세 요소가 동등하게 혼합된 것으로 생각한다면, 예수회원들의 중국 단체 활동은 완전히 그 종교적 복합성을 대표한다. 그러나 이 단체들이 수행한 신앙의 헌신은 무엇이었는가? 그들 신심의 형태는 어떤 방식으로 특정한 그리스도교 가르침을 표현하였는가? 요컨대, 그들의 경건이 어떻게 같은 그리스도교인들의 모범이 되었는가? 항주 교회 및 다른 성소에서 실천되었던 다양한 형태의 집단 신심은 50년 동안 진화해온 산물이었다. 그러나 그것들은 중국 예수회원들이 후원하는 집단 신심 발전의 최종 단계를 대표하지는 않는다. 일부 선교사들에 따르면, 17세기 말 중국 그리스도교인이 달성한 집단 영성의 수준은 "유럽의 가장 독실한 회중"의 수준과 비슷했다. 호세 소아레스José Soares에게 이것은 기적이었다. 결국 그는 1697년 북경에서, 예수회원들의 신앙 단체들은 "가시덤불 속에서 자라난 여린 묘목을 성숙한 신앙의 열매"로 길러냈으며, "좋은 땅에서 자란" 묘목이 보통은 오랜 시간 후에 생산하는 그런 종류의 작물을 수확했다고 썼다.[7]

---

6 유럽 예수회의 성모회에 대해서는 Louis Châtellier, *The Europe of the Devout : The Catholic Reformation and the Formation of a New Society*, trans. Jean Birrelli, Cambridge, 1989, pp.3~46를 볼 것.
7 Soares, Draft AL Vice-Province 1697, Peking, 30 July 1697, BAJA 49-V-21:63v.

1. 규정 세우기

신앙 단체들의 출현은 17세기 초에 선교 교회가 느리게 성장하면서 나타난 자연스러운 결과였다. 1582년 이후 30년 동안 예수회원들의 양들은 가까스로 1,000명을 돌파했다. 이러한 숫자의 부족은 선교사들과 그 장상들을 혼란스럽게 했지만, 사제들은 개종자들의 종교적 실천의 질에 초점을 맞출 수 있었다. 예수회원들이 첫 번째 거주지를 세운 도시에 가장 초기의 신앙 그룹이 나타난 것은 놀라운 일이 아니다. 논리적으로 판단해볼 때 마테오 리치가 1601년에 도착한 후 9년 뒤 사망할 때까지 소수의 개종자들에게 끊임없는 사목적 보살핌을 준 북경의 발전은 필연적이다. 이러한 지속적인 상호 작용은 보다 복잡한 형태의 신앙 표현에 대한 욕구를 촉발시켰다. 결국, 리치는 초기 개종자들이 묵상기도에 참여하도록 적극적으로 독려하였으며, 일부 개종자들은 이그나시우스 로욜라의 영신 수련 —당시 유럽 가톨릭 신자들에게 도전이 되었던 과제— 을 하도록 권장하였다.

첫 번째 신앙 단체는 1609년 9월 8일 북경에서 성모 마리아 탄생의 축일에 세워진 마리아 신도회였다. 리치의 일기에 따르면, 루카스 리李路加라는 황실의 수행원 하나가 자신과 동료 신자들이 공공의 자선 행위를 할 수 있는 회會를 시작하고 싶다는 소망을 표명했다. 리치는 "여러 날 동안 그는 동료들과 이 일을 논의했으며, 자신들의 관습에 따라 규칙을 작성하였고, 그는 그것을 나에게 보여주어서 그리스도교인의 규범에 맞게 교정하고 조절하도록 하였다"라고 기록했다. 리치가 루카스의 법령에 추가한 규정 중에는 "죄를 고백하고 기도하며,

새로운 회원을 회중으로 받아들이는 것에 관한 몇 가지 항목들"이 있었다. 명말 시기의 자선 단체의 성격에 맞추기 위해, 루카스 협회의 주요 목표 중 하나는 사망한 교회 회원들을 "화려하고 엄숙하게" 묻는 것이었다. 다른 하나는 가난한 그리스도교인들에게 기부금을 제공하는 것이었다. 각 회원은 그러한 경비를 위해 매달 기부해야 했다. 이 단체는 연중 축일에 도시의 성소를 "밀랍, 향료, 꽃"으로 장식해야 할 추가 의무가 있었다. 음력 1월 첫째 주 일요일에, 단체 회원들은 루카스의 집에 모여 예수회원 중 한 사람의 설교를 듣고 천주교에 대한 질문에 답변을 하였다.[8]

이 북경 신도회에 대한 묘사는 중국과 유럽이 그 발상에 있어서 같았음을 분명히 보여준다. 루카스는 명말 중국에서 아주 많았던 다른 '회會'의 그리스도교 버전으로 자신의 단체를 생각했을 것이다. 예수회원들은 이 추진력을 개종자들, 특히 엘리트 회원들에게 일반적인 것으로 인식했다. 1602년 디에고 드 판토하Diego de Pantoja는 스페인에 있는 동료들에게 많은 고위 관리들이 "덕스러운 말을 하는 것보다 더 좋아하는 것은 없으며, 단체로 모여서 그것들을 논의한다"고 알렸다. 이 모임에서 어떤 사람들은 대화를 하고, 다른 사람들은 "통치하면서 덕을 이루는" 최선의 방법에 대해 토론하였다.[9] 판토하는 전통의 유교적 이상과 당시 도덕책에서 영감을 얻은 동선회同善會 또는 광인회廣仁會와 같은 문인 그룹을 언급하고 있었다. 무수한 인회仁會는 중

---

8 FR 2:482.

9 Pantoja to Luís de Guzman, *Peking, 9 March 1602, in Diego de Pantoja, Relacion de la Entrada de Algunos Padres de la Côpañia de IESVS en la China*, Seville, 1605), 54r.

국 전역에서 발견할 수 있었다. 그것은 북경이나 강남 지역과 같이 문사들이 집중된 지역에서 특히 많았다. 의심할 여지없이 인회는 문사 계층의 사회 의식을 제고시키고 자선 기부 활동을 촉진시켰다.[10] 다른 문사 단체들은 시나 산문의 암송을 통해 박학다식의 즐거움을 나누는 데 분명히 더 몰두하고 있었다. 두 경우 모두, 그들의 훌륭한 행동은 판토하를 실망시켰다. 그는 자신들의 영혼에 "필요한 치료약"이 부족한 개인들이 덕에 대해서 그러한 이야기들을 나누고 있는 것을 보면서 "절망했다"고 주장했다.[11]

의심할 여지없이 루카스 역시 부분적으로는 토착적인 단체의 종교 활동에서 영감을 얻었다. 명말 시기에 금욕적인 수도원 층위든 서민 층이든 불교가 부흥한 곳 어디서든 불교 단체가 번성하였다.[12] 염불회念佛會와 방생회放生會와 같은 단체들은 중국 전역에서 찾을 수 있었다. 가톨릭 신도회처럼 이 불교 단체들도 특정한 영적 활동이 있었으며, 상이한 종교적 가르침을 북돋았다. 즉, 염불회는 아미타불에 대한 지속적인 기원을 강조했고, 방생회는 동물들을 산 후 방생함으로써 동물의 살해를 막으려고 노력했다.[13] 상당히 예리한 관찰력을 가진 자들로서 선교사들은 종교 단체가 매우 많음을 알고 있었다. 그들의 보고서는 산서성 강주에 있는 한 단체를 묘사하고 있는데, 이 단체에는 백 명 이상의 사람들이 모여 "미신적 관습을 갖고" 금식하며 기도했

---

10 Joanna Handlin Smith, "Benevolent Societies : The Reshaping of Charity during the Late Ming and Early Ch'ing", *Journal of Asian Studies* 46.2, 1987, pp.309~337.

11 Pantoja to Luis de Guzman, Peking, 9 March 1602, in Pantoja, Relacion, 54r.

12 Yü Chün-fang, *The Renewal of Buddhism in China : Chu-hung and the Late Ming Synthesis(New York, 1981)*, pp.9~27 · 192~222.

13 Standaert, *Yang Tingyun*, pp.64~65.

다.[14] 또 다른 회會의 회원들은 특별한 날 모여 "교리를 암송하고 기도하였다". 예수회원들은 이러한 비그리스도교 종교 활동에서도 최소한 한 가지는 칭찬할 만하다는 것을 인정해야 했다. 그들은, 이 집회에서 "우리의 유럽 종교의 합창처럼 질서 있고 조화롭게" 기도를 불렀다고 썼다.[15]

이 루카스의 북경 성회聖會는 또한 유럽 신앙 단체의 특징을 가지고 있었다. 니콜라스 트리고는 마테오 리치가 루카스의 법령에 "로마의 성모영보회에서 취한" 일부 규정을 덧붙였다고 기록했다.[16] 이는 예수회의 대표 성회, 즉 전 세계 예수회 신학교에 지부들을 가진 주요 성회였다. 공식 명칭은 성모영보회Congregation of the Annunciation이며, 첫 지부는 1563년 예수회 로마대학의 얀 르니스Jan Leunis에 의해 설립되었다.[17] 로마에서는 속칭 "아눈지아타Annunziata, 천사가 알림"로, 포르투갈 어권에서는 "아눈시아다Annunciada, 성모영보"로 알려져 있다. 중국 예수회원들은 수도회 학교의 전 학생이자 교사로서 이 신도회의 규정들을 잘 알고 있었고, 명 제국에서 공동 신심을 형성할 목적으로 그것들을 빠르게 개조했다. 신도회 모델의 유연성은 유럽 예수회원들에 의해 오랫동안 입증되어 왔으며, 유럽에서는 학생 관리에 사용될 뿐만 아니라, 평신도나 여성 신도의 관리에도 사용되었다.[18]

---

14 Manuel Dias the younger, AL Vice-Province 1627, Shanghai, 9 May 1628, BAJA 49-V-6:480v.

15 Niccolò Longobardo, AL Vice-Province 1613, Nanxiong, 1 August 1614, ARSI Jap-Sin 113:360r/v.

16 Matteo Ricci · Nicolas Trigault, *De Christiana Expeditione apud Sinas*, Augsburg, 1615, p.589.

17 1587년 공통 규정 및 번역에 대해서는 Elder Mullan, *History of the Prima Primaria Sodality of the Annunciation and Sts. Peter and Paul*, St. Louis, 1917, pp.74~76 · 325 · 340를 볼 것.

초기 근대 유럽의 신앙 단체들의 성격은 무엇이었나? 마크 베나르 Marc Venard는 중세 후기의 직업적 단체와 구별되는 일련의 기준에 따라 그것들을 정의했다. 신앙 단체들의 목표는 개인 및 집단 신심을 촉진하는 것, 즉 상호 도덕적, 영적 격려를 위한 포럼 역할을 하는 것이었다. 따라서 연회 및 비신앙적 활동은 금지되었다. 사람들의 참여를 독려하기 위해 회원 자격에 대한 재정적 또는 직업적 제한은 없었으며, 회원들은 강제로 단체에 남지 않아도 되었다. 기도하고 금식하고 성찬을 받는 것 외에도, 때때로 회원들은 채찍질을 포함하여 다양한 형태의 자기 고행에 참여했다.[19] 예수회원들의 성모영보회 지부들은 이러한 특성들을 모두 가지고 있었다. 에보라의 성령대학Colégio de Espirito Santo에 있는 아눈시아다 회칙의 서문에 따르면, 그 지부들은 "모든 미덕과 신성의 발상지"로 여겨졌다. 거기에 소속된 학생들그 안에는 미래의 몇 명의 중국 예수회원들이 포함됨은 단체 전체에 미덕에 대한 열정을 확산시킬 모범을 보이는 "많은 선량한 사람들"로부터 유익을 얻었다. 아눈시아다 회원들은 주간기도 모임에 참석하고, 매일 미사에 참석하며, 적어도 한 달에 한 번은 영성체하고, 격주로 죄를 고백해야 했다. 이런 신앙운동은 회원들이 "다른 사람의 빛"이 되어 동료들을 "천국으로 가는 길"로 이끌 수 있도록 하기 위함이었다. [20]

마테오 리치가 루카스의 회會에 도입한 가장 중요한 유럽 요소는 회

---

18 Châtellier, *The Europe of the Devout*, pp.49~109.

19 Marc Venard, "Qu'est ce qu'une Confrérie de Dévotion? Réflexions sur les Confréries Rouennais du Saint Sacrement", *Le Catholicisme à l'Épreuve dans la France du XVIe Siècle*, Paris, 2000, pp.237~247, 특히 p.246.

20 Anon., *Regra dos Estudantes Congregados da Virgem Nossa Senhora da Annunciada na sua Confraria sita na Universidade de Evora da Companhia de Jesus,* Évora, 1662, p.1.

원들이 성사를 정기적으로 받는 것이었다. 유럽에서와 마찬가지로 이 요구 사항은 개인이 자주 기도하고 경건한 삶을 영위하며 사목자들의 영적인 지시에 복종하도록 하기 위한 것이었다. 죄를 고백해야 하는 회원들의 의무는 예수회원들로 하여금 종종 그들의 도덕적, 영적 요구가 충족되었는지 확인할 수 있게 하였고, 자주 성찬식에 참여해야 하는 의무는 자기반성에 대한 자극이었다. 리치에 따르면, 이러한 요구는 성과를 거두었다. 그는 40명의 회원들의 영적 상태가 매일 향상된 것은 북경 신도회의 기도 모임과 성사聖事를 받은 것 때문이었다고 주장했다. 남경 예수회원들은 북부 수도의 단체가 성공한 것을 보고 나서 1610년에 자신들의 양들 중 독실한 회원들과 함께 비슷한 신도회를 만들었다.[21]

그러나 얼마 지나지 않아 북경 신도회 조직의 중국적 특징이 선교사들에게 고민거리가 되기 시작했다. 결국, 리치는 북경 신도회의 설립 강령에 겨우 신앙 기준을 도입했다. 그와 동료들은 자신들의 그리스도교인들이 집회에서 무엇을 할지에 대한 분명한 그림이 없었다. 그러나 북경 신도회들은 자선 사업에 전념했으며 유교의 인회仁會와 같이 정기적인 재정적 기부를 요구했다. 더욱이, 회원들은 중국의 연회 전통을 지키기 위해 집회에서 연회를 열었다. 얼마 지나지 않아 예수회원들은 16세기에 유럽의 직업적 단체가 소멸되거나 신앙 단체로 변형된 것과 같은 방식으로 두 그룹을 "개혁"하기 시작하였다.[22] 16

21 FR 2:482 and 492.

22 Marc Venard, "La Crise des Confréries en France au XVIe Siècle", *Catholicisme à l'Épreuve*, pp.249~268.

12년, 니콜로 롱고바르도는 북경 신도회가 "유럽의 신도회 형식으로 바뀌었다"고 보고했다. 나아가 그는 회원들이 "돈을 모으거나 먹을 것을 가져 오지 않았다"는 점에 주목했다. 또한 롱고바르도는 신도들의 헌신을 인정하기 위하여, 이러한 변화가 그들로 하여금 열의를 잃게 하지 않았으며 모임에 참석하는 것도 중단하지 않았다고 덧붙였다. 그러나 남경 단체는 회원들이 "돈을 모으고 모임 날에 간식 같은 것을 가져오는 것이 좋다고 생각했기" 때문에 즉각적인 변화에 저항했다. 그럼에도 불구하고 회원들은 곧 북경 신도회의 방식을 채택하겠다고 예수회원들에게 약속했다.[23] 결국, 이러한 변화와 신도회 회원들의 영적 요구의 결합으로, 예수회원들의 신앙 단체는 중국의 유교 및 불교 단체와는 다른 것이 되었다.[24]

2. 거룩한 질투심

예수회원들이 선교 교회를 지탱하고 영감을 주는 그들의 첫 단체의 가치에 대해 조금이라도 의심이 있었다면, 이것은 남경사건으로 인해 일소되었다. 선교사들이 은둔하고 있던 몇 년 동안 두 신도회는 기도를 수행하고 자선 활동을 계속했다. 1618년 이후 북경과 남경을 방문한 예수회원들은 비록 신도회 회원들이 눈에 띄지 않게 행동해야

---

23 Informação, 274v and 275v.
24 당시 불교 단체는 분명히 그리스도교 단체보다 덜 엄격한 경건 활동 체제를 사용했다. Timothy Brook, Praying for Power : Buddhism and the Formation of Gentry Society in Late Ming China(Cambridge, Mass., 1993), p.105와 p.44를 볼 것.

했지만, 개인 집에서 "하느님의 일을 논의하기 위해" 계속 만나고 있다고 보고했다. 한 예수회 보좌신부는 정기적으로 이 모임에 참석하여 천주교에 대한 질문에 대답하고 "영적인 대화로 위로를 제공"했다. 박해에 대한 기억이 여전히 생생한 남경에서, 신도회는 훨씬 더 중요한 역할을 했다. 프란시스코 푸르타도Francisco Furtado는 1620년에 회원들에게 지역 교회를 "보존하고 앞으로 나아가게 할" 책임이 전적으로 있다고 주장했다.[25] 그 회원들은 1622년 마지막으로 박해가 일어나는 동안 다시 열의를 보였다. 그들은 정기적으로 모여 기도했으며, 아픈 그리스도교인들을 방문하고 장례식을 조직했다.[26]

예수회원들이 이 단체들의 활력과 지속성에 깊은 인상을 받았지만, 다른 지역에서 단체를 설립하는 데 서두르지는 않았다. 사실, 1620년대 중반의 정치 분위기는 특히 문사 그리스도교인들이 회會를 만드는 데 불리했다. 1625년에 동림당東林黨으로 알려진 개혁적 관료 당파에 대한 명 제국의 탄압은 새로운 신앙 단체들을 촉진하려는 예수회원들의 계획에 영향을 미쳤다. 명 제국의 남은 기간과 청나라의 통치로 이어지는 동안 회會라는 용어는 선동과 반란의 의미를 함축하고 있었다. 1626년에 선교사들이 독자들에게 연례 서한을 전했을 때, 천계제天啓帝는 "중국에서 항상 의심스러웠던" 문사층 집회를 명 제국에서 금지했다.[27] 이로 인해 예수회원들은 많은 문사층 회원들을 두고

---

25 Furtado, AL China Mission 1620, Hangzhou, 24 August 1621, ARSI Jap-Sin 113: 245v and 255v.

26 Francisco Furtado, AL Vice-Province 1624, Hangzhou, 17 April 1625, BAJA 49-V-6:180r.

27 Anon., AL Vice-Province 1626[n.p., 1627?], BAJA 49-V-6:314v-315r.

있는 자신들의 '회會'가 1620년대의 관료 정치 내부의 투쟁 배후에 있는 '회'들과는 다르다는 것을 알리고자, 의심하고 있는 명 당국의 생각을 바꾸기 위하여 공적 관계에서 상당한 노력을 기울였다.

그러나 위로부터의 위협은 중국 그리스도교인들이 새로운 단체들을 만드는 것을 거의 억제하지 못했다. 예를 들어, 1625년에 가스파 페레이라Gaspar Ferreira는 새롭게 묵주기도 단체를 시작하려는 강서성의 일부 회원들의 요구에 마지못해 응했다. 그의 조건은 회會라는 용어가 "궁정을 포위한 남부에서의 반란으로 인해 그토록 미움을 받았기"때문에 그 단체가 스스로를 회會로 부르지 않는 것이었다.[28] 3년 후 북경의 한 그리스도교 단체는 자선 단체를 설립하여 성모에게 봉헌하고, 의료 혹은 장례비용으로 가난한 교인들에게 기금을 나누어주었다.[29] 심지어 양정균과 같은 저명한 그리스도교 문사들도 이 시기에 그리스도교인 토론 그룹을 창립했다. 아마도 이 관리가 남경사건 동안 예수회원들을 보호함으로써 관부의 명령에 기꺼이 저항하고자 하는 자신의 의지를 보여주었기 때문에 놀라운 제스처는 아니었다.[30]

결국, 새로운 신앙 단체를 형성하려는 중국 그리스도교인의 소망은 점차 정부의 반격에 대한 예수회원들의 두려움을 떨쳐 버렸다. 1631년 순찰사 안드레 팔메이로André Palmeiro가 선교사들에게 최종 지시를 내릴 때, 지역에 있는 사제들이 "부관구의 특별한 명령 없이 단체를

---

28 Manuel Dias the younger, AL Vice-Province 1625, Jiading, 1 May 1626, BAJA 49-V-6:220v.
29 Rodrigo de Figueiredo, AL Vice-Province 1628, Hangzhou, 22 August 1629, BAJA 49-V-6:585v.
30 Standaert, *Yang Tingyun*, pp.60~62.

설립하지 않도록"31 한 그의 규정은 논의의 여지가 있었다. 특별히 수도 밖에서 더 가혹했던 명 제국 권력의 붕괴는 만리장성 너머에서 들려온 전쟁의 소문처럼 예수회원들에게 명백했다. 1630년대에 예수회원들은 공동 신심에 참여할 수 있는 기회를 그리스도교인들에게 주는 것을 거부하지 않고 선교 교회 전체에 새로운 단체들을 만들기 위해 적극적으로 노력하기 시작했다.

이 새 단체들은 회원들이 성사를 더 자주 받아야 할 의무가 있었기 때문에, 같은 시기에 나타나기 시작한 조직적 성모회와는 분명히 달랐다. 예를 들어, 페드로 리베이로Pedro Ribeiro는 1636년 상해에서 남성을 위한 단체와 여성을 위한 단체를 설립했다. 둘 다 마리아에게 봉헌된 것이었다. 따라서 그것들을 성모회라 불렀을 것이다. 회원들은 미사에 참석하고 설교를 듣고 매달 죄를 고백해야 했다. 남성 단체의 두 대표는 아픈 그리스도교인들을 방문하고, 가난한 사람들에게 기부금을 나누어주는 책임을 지고 있었다. 여성 단체의 첫 번째 회원들은 서광계의 4명의 손녀였는데, 딸들 및 하녀들과 함께 왔다. 그들 역시 매달 모여서 죄를 고백하고, 미사에 참석하고, 설교를 들었다. 두 단체는 한 성인聖人을 택하여 특정 달의 임시 수호성인의 역할을 하도록 하는 예수회 신앙 관행을 공유했다. 32

1630년대는 또한 선교 교회 전체에 고행 단체가 확산되기 시작했다. 이 모임들은 일반적으로 수난을 기원하며, 채찍질과 같은 육체적

---

31 Palmeiro Orders, 23v-24r.
32 António de Gouvea, AL Vice-Province 1636, Hangzhou, 20 November 1637, in Gouvea, pp.74~75.

고행을 실천하기 위한 장소를 제공했다. 1618년 양정균의 예배당에서 라자로 카타네오Lazzaro Cattaneo가 설립한 이런 첫 번째 단체에 대한 기억을 되살려 프란시스코 푸르타도는 1636년 항주에서 수난회를 설립했다.[33] 그는 항주의 주교당主教堂 안에 작은 예배당을 봉헌하고 회원들이 대중의 시야 밖에서 활동을 전개할 수 있도록 하였다. 단체는 한 달에 한번 금요일에 만나서 미사에 참석하고 설교를 듣고 고행을 실천했다. 그해 연례 서한에 따르면, (일부 여성이 포함된) 회원들은 신앙의 엄격 정도를 놓고 경쟁했으며, "가혹할 정도로 두려운" 기구를 사용하여 참회의 열의를 나타냈다. 항주 예수회원들은 그들이 무시무시한 채찍질을 하지 못하도록 붙들면서 때때로 "열심에 제동을 걸기 위해" 개입해야만 했다.[34]

중국의 또 다른 지역에 있는 그리스도교인들은 다른 형태의 고행 신심을 실천했다. 예를 들어, 개봉에서 로드리고 데 피구에이레도 Rodrigo de Figueiredo는 1639년에 그 도시의 "8명의 명사이자 가장 독실한" 사람들에 의해 세워진 성 십자가 신도회Brotherhood of the Holy Cross를 관리했다. 이 단체의 지도자는 매번 미사에 참석할 때마다 큰 나무 십자가를 가져온 부유한 청년이었다. 일요일 아침에 그는 교회 안뜰에 십자가를 놓은 후 동료들과 함께 무릎을 꿇고 수난 탄원기도를 드리며, 십자가 아래에 입 맞추고 다함께 채찍질하였다. 그들이 이 경건한 훈련을 마쳤을 때, 그들 중 한 명이 예수의 수난에 대해 짧은 이야

---

33 Philippe Couplet, *Historia de una Gran Señora Christiana de la China, llamada Doña Candida Hiù*, Madrid, 1691, p.36.
34 António de Gouvea, AL Vice-Province 1636, Hangzhou, 20 November 1637, inGouvea, pp.78~79.

기를 했다. 피구에이레도에 따르면, 각 형제들은 사제가 미사를 집전하는 동안 차례로 "무겁고 거룩한 구속의 나무"를 옮겼다.[35]

선교 교회의 가장 보편적인 단체 활동은 아마도 자선을 실천하는 것이었다. 그러나 자선 단체를 신앙 단체와 함께 분석하는 것은 그것들이 여기에서 제시된 공동 신심의 정의에 부합하지 않기 때문에 다소 문제가 있다. 1630년대의 자선 단체는 대체로 중국 모델에 따라 조직되었다. 실제로 많은 단체들이 중국 전통의 단체였으며, 회원이 단지 그리스도교인일 뿐이었다. 이 시기의 자선 단체는 상당한 정도의 신앙적인 엄격함을 요구한 것은 아닌 듯하다. 그럼에도 불구하고, 자비의 물질적인 사역에 대한 공개적인 실천예수회의 교리적 가르침의 표준 요소은 조직적 단체들의 회원들로부터 기대되는 범위를 넘어서는 개인 신심을 나타내는 것이었다. 선교사들은 고행 단체의 회원들에게 최고의 찬사를 보냈지만, 교회를 결속시키는 자선단체들의 활동도 홀시하지 않았다. 확실히 자선 단체의 활동은 내부가 아닌 외부로 향한 것이었다. 그들이 단체의 목적으로 삼은 것은 기부금을 배포하고 가난한 그리스도교인의 장례식에 참석하는 것, 다르게 말해서 빈곤이 천주교의 올바른 실천에 장애가 되지 않도록 하기 위한 것이었다.

예수회원들은 토착 전통에 뿌리를 둔 자선 단체의 표현들을 모르지 않았다. 선교사들이 유럽의 대중 신심의 모델 관점에서 그 단체들을 묘사했음에도 불구하고, 중국의 사회적 원조의 형식은 그리스도교 자선 단체의 발전을 위한 틀을 구성했다. 예수회원들은 보편적인 도덕

---

35 Figueiredo to Francisco Furtado, Kaifeng[1639?], in Gabriel de Magalhães, Partial AL Vice-Province 1640, Hangzhou, 30 August 1641, BAJA 49-V-12:489v.

개념과 유교 윤리의 표준에 의해 영감을 얻은 자선 단체인 인회仁會에 익숙했다. 예를 들어, 안토니오 드 구베아António de Gouvea는 1640년 대에 자선 활동에 전념한 "동선회"당시 중국에 있는 많은 동선회(同善會) 중 하나라는 절강 문사층 단체에 대해 썼다. 연중 4회, 회會를 구성한 문사나 은퇴한 관리가 만나서 미덕에 대해 토론하고 기부를 했다. 단체 지출 장부는 계절별로 인쇄되었다. 구베아에게 가장 큰 인상을 준 것은 이 회계 시스템의 "질서정연함, 충실도 및 꼼꼼함"이었는데, 이것은 재무 관리자를 "성자당聖慈堂, Holy Misericórdia의 부지런한 대표"처럼 보이게 하였다.[36]

성자당이 가난한 여자들에게 지참금을 제공하고, 빈민층 장례식을 치르는 것에서부터 죽은 회원들의 재산을 관리하는 것에 이르기까지 다양한 활동을 책임지는 단체였기 때문에, 예수회원이 동선회를 이 포르투갈 자선 단체와 비교한 것은 합리적이다. 이 포르투갈 단체의 회원 자격은 유럽의 신앙 단체의 회원 자격과 같지 않았지만, 연 2회의 성사 요건이 첨부되었다. 또한, 성직자의 감독하에 신도들에게 반복적으로 더 큰 신심을 가질 것을 권고하면서 수행되었다.[37] 부관구의 포르투갈 사제들에게는 이것이 자선 활동의 주요 모델이었지만, 본토 전통의 기반 위에 세우는 것이 문제가 된다고 생각하지 않았다. 결국, 가브리엘 드 마갈량이스Gabriel de Magalhães가 절강에 있는 다른

---

36 António de Gouvea, "Asia Extrema", Fuzhou, 10 April 1644, BAJA 49-V-2:432.

37 성자당에 대해서는 Isabel dos Guimarães Sá, *Quando o Rico se faz Pobre : Misericórdias, Caridade e Poder no Império Português, 1500~1800*, Lisbon, 1997, pp.49~86; A. J. R. Russell-Wood, *Fidalgos and Philanthropists : The Santa Casa da Misericórdia of Bahia, 1550~1755*, Berkeley, 1968, pp.1~41를 볼 것.

주앙 다 로샤, 『천주성교계몽』(1619)의 부록
「송염주규정(誦念珠規程)」에 실린 겟세마네 동산에서의 기도 목판화.

문사층 그룹에 대해 썼듯이, "빈민층에게 관을 주는 것"과 같은 중국 전통의 자비의 사역은 천주교와는 무관했지만, 신자들이 그 일을 하도록 장려되었다. 그가 보기에 그런 칭찬할 만한 목표를 가진 단체는 그리스도교인이나 적어도 "곧 그리스도교인이 될 사람"에 의해 세워져야 했다.[38]

중국 그리스도교인들, 특히 상층 계급 사람들은 명 제국 말의 사회 원조 패턴과 자선에 대한 그리스도교 가르침 사이에 즉각적으로 유사성을 발견했다. 유가의 자비仁의 이상은 물질적인 자비 사업과 관련이 있었다. 왕징王徵이 인회仁會를 위해 쓴 법령은 중국과 서양의 도덕의 원류를 결합해 놓았는데, 회원들이 "타인을 사랑하는 선행"을 수행함으로써 "천주가 사람을 사랑한 가장 높은 인仁"에 이르도록 하였다.[39] 왕징王徵이 실제로 이러한 규칙에 따라 단체를 설립했는지 확실하지 않지만, 중국의 다른 지역의 그리스도교인들이 자선 단체를 설립했던 것은 의심의 여지가 없다. 하나는 1636년 북경에서 부유한 교회 회원에 의해 설립되었다. 그해 연례 서한에 따르면, 이 단체는 "우리 주님의 큰 감화와 영광으로 가난하고 궁핍한 사람들을 돕는" 자선의 샘이었다.[40] 1630년대 후반과 1640년대의 재난은 중국의 다른 지역에서도 자선의 실천을 위한 더 많은 기회를 제공했다. 예를 들어, 남창南

---

38 Magalhães, AL Hangzhou Residence 1640, Hangzhou, 30 August 1641, BAJA 49-V-12:483v.

39 Erik Zürcher, "Christian Social Action in Late Ming Times : Wang Zheng and His 'Humanitarian Society,'" in Jan de Meyer and Peter Engelfriet, eds., *Linked Faiths : Essays on Chinese Religions and Traditional Culture in Honour of Kristofer Schipper,* Leiden, 1999, pp.269~286, 특히 p.278.

40 António de Gouvea, AL Vice-Province 1636, Hangzhou, 20 November 1637, in Gouvea, 61.

틀의 신심회Confraternity of Piety는 1643년에 "호광성과의 경계를 넘어 다시 들어온 반군들의 폭동과 가뭄으로 인해 식량 부족이 심각해졌기"때문에 굶주린 자들을 먹이기 위해—7가지 육체적 선행 중의 하나—분주하게 움직였다.[41]

자선 단체는 또한 기도와 권고로 죽어가는 자를 돕고, 모든 그리스도교인들이 존엄한 장례식을 치룰 수 있도록 죽은 자들의 장례에 참석했다. 이런 형태의 자선은 죽은 자에 대한 숭배가 매우 두드러졌던 중국에서 특히 중요했다.[42] 1609년 루카스의 북경 단체에 부여된 주요 임무 중 하나가 그리스도교인 장례식에 참여하는 것이었음을 상기할 만하다. 가난한 교회 회원들을 위한 위로와 외부의 비판을 막는 방패로서 유사한 의무들이 이후 수십 년간 자선 단체의 법령에 쓰여졌다. 시몽 다 쿠냐Simão da Cunha는 천주교 신자들이 장례식에서 부적절한 의식을 거행한다는 복건성 내륙 지역에서 돌고 있는 소문을 들은 후 신심회를 만들어 대응했다. 이 단체의 회원들은 탄원기도를 부르고 상복喪服을 입고서는 장례식에 참석했다. 1653년 쿠냐는 "이런 식으로 죽은 자의 친척은 이교도이지만 조용히 남아 우리가 죽은 자를 어떻게 애도하는지 보았다. 우리가 죽은 자들을 의식儀式 없이 개처럼 무덤으로 차버렸다고 생각했기 때문이다"[43]라고 썼다.

앞서 말한 바와 같이, 1630년대, 1640년대, 1650년대에 만들어진 많은 신앙 단체들은 자선과 참회 혹은 신심을 훈련하기 위해 만들

---

41 Ibid. p.149.
42 Standaert, *Yang Tingyun*, p.65.
43 Cunha to Francisco Furtado, Yanping, 25 January 1653, BNL Reservados 722: 45r.

어진 여성 조직이었다. 그러나 여성 그리스도교인들의 신앙 활동이 단순히 조직적 성모회의 활동에서 파생된 것인지 아닌지는 확실하지 않다. 어떤 경우이든, 선교사 자료들은 예수회원들의 여성 "교구민"의 표준 기도 일과와 성사聖事의 의무들을 넘어서는 뚜렷한 영적 또는 자선 목표를 가진 새로운 단체의 창설을 자주 기록한다. 예를 들어, 1640년대에 서안에 있는 한 여성 단체는 북서부 지방의 동란으로 가장 큰 영향을 받은 그리스도교인들을 구원하기 위해 단체를 설립했다. 이 단체는 정기적으로 "가난한 13명의 여성들에게 음식을 제공했다".[44]

서안의 여성들은 새로운 공동의 종교 활동을 실천하기를 희망했고, 사목자인 이나시오 다 코스타는 그들이 "거룩한 질투"에 시달리고 있다고 질책했다. 남성들이 새로운 단체를 만들거나 "혹은 평범하지 않은 헌신적인 행동을 하는 것"을 볼 때마다 그들도 그것을 따라하려고 하였다. 코스타는 나이든 여성들이 만든 세 단체를 언급했는데, 그들 회會의 이름에서 알 수 있듯이, 그들은 "죽음을 위해 준비하였다". 이 단체의 회원들은 모임 전에 금식하고 고행을 수행했다. 그들 모두는 자신을 채찍질하는 채찍을 가지고 있었는데, 선교사에게 더 깊은 인상을 준 것은 양심에 대한 검증이었다.[45] 다른 중국 지역에서도 비슷한 신앙 실천을 수행하는 여성 단체가 설립되었다. 복건성 연평延平의 시몽 다 쿠냐가 관리하는 여신도회는 정기적으로 만나서 "공개적으

44 [Inácio da Costa?], AL Northern Residences, Vice-Province 1643, 1644, and 1645[Xi'an?, 1646?], BAJA 49-V-13:116r.

45 Costa, AL Northern Residences, Vice-Province 1647[Xi'an?, 1648?], BAJA 49-V-13:442v.

로 신앙 서적을 읽고 영적인 강의를 열고 많은 회개를 행했다". 간단히 말해서 예수회원은 이 여신도회가 "잘 개혁된 수녀원인 것처럼 보였다"고[46] 단언했다.

3. "품위 있고 침착하게"

명청 전환기 수년 동안 선교 교회에서 단체의 신앙 활동의 부흥은 예수회원들에게 기쁨과 걱정을 동시에 가져다주었다. 한편으로, 그들은 각 그리스도교 공동체에서 열성적인 남성과 여성의 중심이 형성되는 것을 보고 기뻤고, 다른 한편으로, 선교사들은 이 단체의 확산 혹은 조직 구조를 완전히 통제할 수 없었다. 의심할 여지없이 그들은 사목적 돌봄을 신도 개인에게 제공하는 것보다 신도 단체에게 제공하는 것이 더 쉽다는 것을 알게 되었다. 그러나 1656년 연례서한에 나타난 섬서성 선교부의 설명을 통해 알 수 있듯이, 선교 교회 회원들 사이에 회會를 만들려는 욕구는 예수회원들의 통제 능력보다 더 강한 것으로 보인다. 서안의 선교사들은 자신들이 관리한 다양한 신도회들에 대해 분명 만족했지만, "다양한 남여 신도회에 관한" 많은 정보를 제공할 수 없었다.[47]

예수회원들의 제한된 사목적 능력으로 인한 또 다른 논리적 결과는

---

46 Manuel Jorge, AL Vice-Province 1651[Hangzhou, 1652?], BA 50V-38:165v.
47 André Ferrão, AL Vice-Province 1656, Macau, 29 January 1659, BAJA 49-V-14: 68v.

이 신도회들이 세속적 방탕에 빠질 가능성이 있다는 것이었다. 결국 중국 그리스도교인들은 주로 '회會'를 세우는 것을 희망했지 꼭 예수회 모델의 신도회를 만들려는 것은 아니었다. 선교사들이 거주지 교회에 있는 단체들을 감독할 수 있었지만, 다른 곳에서는 같은 수준의 감독이 불가능했다. 아마 혹자는 1650년대 초 브란카티가 어떻게 자신의 상해 "교구"에 속했던 22개의 수난회의 열정을 통제할 수 있었는지 질문할 수 있다.[48] 적은 양들을 돌보는 예수회원들만이 신도회를 감독할 기회를 잡았다. 예를 들어, 항주 사제들은 1656년 기도하겠다는 말만 한 도시 밖의 한 신도회를 발견했다. 선교사들은 그 활동의 대부분이 "육체적 향연, 먹고 마시기"로 구성되었다고 주장했다. 분명히 개혁은 필요불가결한 것이 되었다. 예수회원들은 "이 방종은 없어졌고, 그 자리에 사제가 모임 날에 제공한 미사와 설교가 놓여졌다"라고 보고했다.[49]

신도회를 통제하기 위해 부관구에서 사용한 전략 중 하나는 회칙에 세심한 주의를 기울이는 것이었다. 선교사들은 그리스도교인들에게 그들의 단체에 대한 회칙이 승인될 필요가 있음을 강조하려고 노력했다. 만약 회원들이 회칙들을 분명하게 알고, 또 이 회칙들을 예수회원들이 제정했다는 것을 안다면, 회원들은 집단적으로 이 규정들에 복종하고 실행할 것이었다. 더욱이 만약에 예수회원이 입회 자격을 제한한다면 다른 형식의 '거룩한 질투'를 촉발시킬 것이라고 판단했다.

---

48 Brancati to Francisco Furtado, Shanghai[1653?], BA 50-V-38:97r.
49 André Ferrão, AL Vice-Province Northern Residences, Vice-Province 1656, Macau, 29 January 1659, BAJA 49-V-14:91r.

장 발랏Jean Valat에게 1658년 산동성 태안에 있는 일부 그리스도교인들이 성모회를 설립하기 위해 요청했을 때, 그는 자격을 가진 회원을 20명으로 제한하는 조건으로 동의했다. 자격이 되는 회원들을 손수 선택한 후, 발랏은 "그들이 지켜야 할 규정들과 관습"의 목록을 작성했다.[50] 이 단체의 신심에 만족한 그는 이듬해 한 여신도회에 대해서도 비슷한 규정을 발표했다. 그러나 이 경우 예수회원은 회원 자격 요건과 관련하여 덜 엄격했다. 그의 한 가지 규정은 교리교육을 제대로 받은 사람들만이 영성체 자격이 있다는 것이었다.[51]

신앙 단체를 개혁하는 동시에 회원 숫자에 대한 더 강력한 견제를 통해 다른 신앙 단체를 만들려는 예수회원의 시도는 유익한 효과를 냈다. 선교사들이 보기에 선교교회의 독실한 엘리트는 영성이 강화되는 조짐을 보였다. 단체 회칙에 제시된 경건의 규범을 준수함으로써 그들은 예수회가 꿈꾼 평신도의 이상적인 종교적 표현의 형식에 도달하게 되었다. 일부 예수회원들이 보기에 적지 않은 중국 그리스도교인들이 유럽 그리스도교인들에게 기대할 수 있는 것보다 훨씬 더 높은 수준의 개인적인 열심을 보여 주었다. 광주로의 추방 전날 가브리엘 드 마갈량이스Gabriel de Magalhães는 북경의 회會 성원들의 방식이 어떻게 모든 평신도 가톨릭 신자들의 모범이 되었는지에 대해 썼다. 그는 특히 그들이 미사를 거행하는 방식에 깊은 인상을 받았다. 그들은 예식 내내 무릎을 꿇고 있다가 복음을 전하는 동안에만 서서 "품위

---

50 Gabriel de Magalhães, AL Northern Residences, Vice-Province 1658, Peking, 20 September 1659, BAJA 49-V-14:261r.
51 Gabriel de Magalhães, AL Northern Residences, Vice-Province 1659, Peking, 20 November 1661, BAJA 49-V-14:547r/v.

있고 침착하게" 미사를 도왔다. 유럽의 그리스도교인들과는 달리 그들은 미사를 드리는 동안 "이쪽 저쪽을 보지 않고, 이야기하거나 잡담을 하지 않고, 천박하게 행동하지" 않았다. 더욱이 "침을 뱉지도 않았으며, 뱉고 싶을 때에 교회 밖으로 나가서 할 정도로" 그들은 경건하게 행동했다고 마갈량이스는 언급했다.[52]

예수회원들은 이러한 유형의 경건의 예가 모든 중국 그리스도교인들을 고무시키기를 희망했다. 신앙 단체들은 전반적으로 선교 교회 내에서 열정의 수준을 유지하는 일을 암묵적으로 담당했다. 그들은 1660년대 후반에 선교사들이 구금되어 있는 동안 첫 번째 그리고 가장 큰 도전에 직면했다. 흩어진 양떼를 관리하기 위해 광주에서 예수회원들이 급파한 일련의 규정들은 신앙 단체를 사실상 선교 교회의 선도적 위치에 올려놓았다. 성모회와 수난회는 특별한 관심을 받았다. 즉 그들이 지역 교회에서 매달 만나는 날이 정해졌다. 주목을 끌지 않기 위해 이 단체들은 모임 중에 "긴 기도"를 하지 말라고 권고받았다. 마찬가지로 남자와 여자 신도회들도 같은 날에 만나지 말 것을 경고했다. 수난회의 일반적인 활동 — 채찍질, 금식, 거친 옷을 입는 것 등 — 은 계속해야 했다. 그럼에도 불구하고 예수회원들은 여성 신도들이 단체로 "채찍질하는 것"을 금지했다. 그들은 또한 "노인, 가난한 사람, 병자, 그리고 고행 실천들을 견뎌낼 수 없는 사람들"은 그것을 피하라고 하였다. 선교사들은 적절한 사목적 감독이 없는 상황에서 이런 신도들은 "다른 유익한 영적 활동을 하는 것이 보상이 될 것이라고" 느

---

52 Gabriel de Magalhães, AL Northern Residences, Vice-Province 1658, Peking, 20 September 1659, BAJA 49-V-14:241v.

졌다.[53]

    광주에 있는 동안 예수회원들은 단체 신심이 어떻게 선교교회 전체에 확산되었는지를 돌아보았다. 그들은 각양각색의 '회會'가 다른 수호성인을 모시고, 다른 신앙 관행을 실천하는 것이 성가신 문제라는 것을 알았다. 지난 수십 년 동안, 예수회원들은 획일화하려는 명백한 시도 없이 신도회 형성에 박차를 가했다. 그 사람들이 주어진 단체 형식에 익숙하지 않은 다른 사람들로 대체될 때 필연적으로 문제가 발생할 것이었다. 예를 들어 복주의 예수회원들은 중국의 다른 지역에 없는 수호천사회Brotherhood of the Guardian Angel를 돌보았다.[54] 1661년 상해 지역에서도 비슷한 특이한 신도회가 보고되었는데, 이 때 시칠리아 출신의 프란체스코 브란카티는, 그가 책임지고 있는 53개의 수난회가 "팔레르모Palermo와 나폴리의 비밀 신도회의 모든 운동"을 수행했다는 것을 한 동료에게 말했다.[55] 그러한 실천들이 에보라Évora와 메헬렌Mechelen에서 온 후임자들에 의해 쉽게 이해될 수 있었을까? 단체 신심의 표준화는 가장 현명한 조치였다. 그러므로 예수회원들은 자신들의 신도회를 4가지 표준 유형으로 전환하기로 합의했다. 즉, 성모에게 봉헌된 신도회, 수난회, (어린이들을 교육하는) 교리 관련 단체, 교리 교사를 위한 신도회 등이 그것이다. 신도회는 각 교회에서

---

53 Hubert Verhaeren, trans. and ed., "Les Ordonnonces de la Sainte Église", *Monu-menta Serica* 4, 1939~1940, pp.451~477, 특히 pp.462 · 465.

54 António de Gouvea, AL Southern Residences, Vice-Province 1644, Fuzhou, 16 August 1645, in Gouvea, 217.

55 Brancati to Luis Espineli, Suzhou, 9 October 1661, ARSI Jap-Sin 124:19r. 남부 이탈리아에서 수행된 육체고행에 대한 더 심도 있는 논의는 Jennifer Selwyn, *A Paradise Inhabited by Devils : The Jesuits' Civilizing Mission in Early Modern Naples*, Aldershot and Rome, 2004, pp.227~242를 볼 것.

"기아棄兒를 찾아 양육하고 세례를 주기" 시작했다.[56]

예수회원들이 직면한 또 한 가지 문제는 어떻게 하면 가장 열정적인 사람들만을 신도회에 참여시킬 것인가에 관한 것이었다. 앞 장에서 보았듯이, 조직형 성모회를 대표하는 단체 신심의 형식에서는 일반적인 중국 그리스도교인의 일상적인 기도와 신성한 의무가 영적 훈련 단체와 비교할 때 그렇게 엄격하지 않았다. 이 남녀 신도는 불가피하게 더 열정적인 신도들의 "신앙 경쟁"의 정신에 감동을 받지 않을 수 없었다. 그들이 반대되는 명령을 받지 않는 한, 일반 그리스도교인들은 입회 자격에 제한이 있는 신도회의 실천을 모방할 가능성이 있었다.

서로 다른 수준의 공동 신심을 명확하게 구분하기 위해 예수회원들은 "그 달의 성인"을 선발할 수 있는 특권, 즉 자신들의 단체만을 위한 한 가지 활동을 마련해 두었다. 이 활동은 어린 시절 간디아의 아라곤 시Aragonese city of Gandía에서 이런 활동을 경험한 예수회의 세 번째 총장인 성 프란시스 보르하Saint Francis Borja, 1510~1572가 처음으로 제창하였다.[57] 16세기 말에 이 활동은 예수회 신학교와 단체에 확산되었다. 예수회 신도회 모임에서 회원들은 그릇에서 종이를 뽑는데, 종이에는 그 달의 축일로 선정된 성인의 이름과 성경 구절이 쓰여 있었다. 이 성인은 임시 수호성인의 역할을 해야 했다. 포르투갈의 성모영보회의 법령에 따르면, 각 형제는 "다른 사람을 위한 자선 사업

---

56 Feliciano Pacheco, Ordens feitos em Consultas Plenas Extraordinarias, Canton [January 1668?], ARSI Jap-Sin 162:255v.
57 Juan Eusebio Nieremberg, Vida del Santo Padre Francisco de Borja(Madrid, 1644), 9.

이나 참회 행위로 특별한 봉사를 하면서" 매일 성인에게 기도해야 했다. 성인의 축일에 더 많은 헌신이 기대되었다.[58] 필립 쿠플레Philippe Couplet에 따르면, "그 달의 성인들" 활동은 중국 그리스도교인들 사이에서 지아코모 로Giacomo Rho의 지시에 따라 처음으로 이루어졌다.[59] 1660년대에 이 활동은 선교 교회의 독실한 회원들 사이에서 유행하였다. 예수회원들은 "그 달의 성인들" 활동을 일부 신도들에게만 제한하려는 시도를 통해 그 실천이 상투적인 행동이 되는 것을 막았다. 동시에 신앙 협회에 참여하는 데 필요한 신심을 보인 사람들에게 보상이 되게 하려는 목표를 갖고 있었다.

표준화를 향한 움직임은 예수회원들이 1670년대 초에 자신들의 양떼에게로 돌아온 후에야 실현되었다. 그리고 나서 만들어진 단체들은 선교사들의 추방 기간 동안 마련된 규정들을 고수한 것으로 보인다. 1675년 상해-송강 지역에 쿠플레가 도착했을 때, 그는 지역의 성모회와 수난회를 재구성하기 시작했다.[60] 프랑수와 데 루즈몽 François de Rougemont도 1670년대 초 상숙常熟에 거주하기 시작하면서 비슷한 단체를 만들기 위해 노력했다.[61] 광주에서 채택된 규정들은 강남 지역 밖의 선교사들에게도 지침이 되었다. 1686년, 강서성 건창을 방문하는 동안 마누엘 멘데스Manuel Mendes는 도시의 영적 여성 엘리트를 위해 마련된 새로운 성모회의 창설을 승인했다.[62]

---

58 Anon., *Regra dos Estudantes*, p.10.

59 Couplet, *Gran Señora*, p.87.

60 Ibid., p.35.

61 Noël Golvers, François de Rougemont, SJ, *Missionary in Ch'ang-shu(Chiang-Nan) : A Study of the Account Book(1674~1676) and the Elogium*, Leuven, 1999, pp.424~430.

62 Mendes to Miguel de Amaral, Nanchang, 8 February 1688, ARSI Jap-Sin 164:32r.

예수회원들의 승인된 단체 목록에 자선 단체가 언급되어 있지 않다고 해서 선교사들이 공동 자선을 장려하는 것을 중단했거나, 중국 그리스도교인들이 이타심에 기반한 회會를 만들려는 그들의 추진력을 잃어버렸다는 의미는 아니다. 1670년대 초반 북경 예수회원들은, 그들의 양떼 회원들이 대부분 가난한 사람들이었으며, "두 손으로 하는 일"로 살았던 사람들이라고 썼다. 그럼에도 불구하고 그들 가운데 "땅의 재물보다 하늘에서 더 풍성하게 예비된"사람들 중에는 한 달에 한 냥을 가난한 그리스도교인들을 위한 옷을 사기 위해 기부하는 단체를 시작했다.[63] 예수회원들이 광주에 유배되어 있는 동안 다른 신앙 단체들이 고아들을 수용하는 일과 같은 사회적 지원 활동을 수행하도록 강조하기로 결정한 것을 기억하라. 1680년대 후반, "감기로 혹은 젖이 부족해서 혹은 개에게 물려서"매년 중국 도시에서 죽어가는 수천 명의 버려진 아이들을 돌볼 목적으로 적어도 하나의 그리스도교 단체가 결성되었다. 회원들이 모두 "세례 규정을 잘 아는"이 북경 협회는 유아를 찾아 수도의 거리를 돌아다녔다. 다행히 살아날 가망을 보인 아주 소수의 아이들을 고아원으로 데려갔고, 다른 아이들은 숨을 거두기 전에 세례를 받았다. 이 자선 활동의 결과로 한 선교사는 북경 교회가 "땅에서보다 하늘에서 더 커졌다"고 주장했다.[64]

63 Gabriel de Magalhães, AL Peking Residence 1673 and 1674, Peking[1675?], BAJA 49-V-16:185v.

64 Juan Antonio de Arnedo, AL Vice-Province 1685~1690, Ganzhou, 30 September 1691, BAJA 49-V-19 : 652r/v.

4. 공동 신심의 만개

1609년부터 1690년대까지 수십 년 동안, 선교교회의 단체 신심의 발전 경향은 대체로 유럽 예수회 신심 모델의 추세를 따랐다. 이 지속적이지만, 궁극적으로 불완전한 변화 속에서 중국식 회會 활동연회 및 정기적 기부 같은은 점차 감소하고, (의무적인 신앙의 주기와 같은) 유럽식 협회 활동은 더욱 용이해져갔다. 예수회원들의 관점에서 볼 때 17세기 말 중국 단체들은 유럽의 신앙 단체와 유사했다. 그러나 이 발전의 마지막 단계는 선교사들이 영적 엘리트들에게 지속적인 관심을 줄 수 있는 지역에서만 일어났다. 예수회원들이 일 년의 대부분의 시간을 선교 순회교구에서 보내야 하는 지역에서는 그러한 감독을 할 수 없었다. 그러므로 예수회의 공동신심의 이상이 첫 번째 신앙 단체가 설립된 북경에서 실현된 것은 놀라운 일이 아니다.

1690년대에 예수회원들은 수도에 있는 4개의 주요 신도회를 돌보았다. 모든 모임은 최소한 한 달에 한번 이상 만났으며, 회원들이 정기적으로 고해성사를 하고 영성체하였다. 예수회원들은 근면한 회원들에게 면벌부를 발행할 수 있는 권한이 있었기 때문에, 이 단체에 참여한 것에 대한 영적 보상은 성사에 열심히 참여해서 얻게 되는 보상을 넘어섰다. 1660년대부터 1690년대까지 문을 닫은 동당東堂은 성요셉 신도회의 본부였다. 이 단체의 특징은 "영광스런 성인, 성모, 성자를 기리기 위해" 가난한 교인 가정에 기부금을 배포하는 것이었다. 북경 신학교서당(西堂), 대략 1703년 이후 남당(南堂)으로 개명은 만령성회萬靈聖會, Confra ternity of Souls의 본부였다. 이 단체는 화려한 그리스도교교식 장례를 거행하는 책임을 맡았고, 장례 행렬에 사용되는 깃발과 행렬 마차를 호송하였다. 그 회원들 가운데 "영민한 교리 교사"가 몇 명 있었는데, 그들의 역할은 이 경건한 의식儀式에 매료된 행인들과 교류하는 것이었다. 세 번째 단체는 예수 수난에 봉헌되었는데, 선교 교회 어느 곳에서나 발견되는 수난회와 비슷했다. 대학의 교회에서 모일 때, 회원들은 십자가에 못 박힌 그리스도의 형상 앞에 엎드려서 "순서대로 슬프게" 수난 탄원기도를 불렀다. 한 시간 동안 기도하고 "얼굴이 눈물로 뒤덮인" 후, 형제들은 "미제레레Miserere, 역주－로마 교황청 소속의 음악가였던 그레고리오 알레그리가 작곡한 참회곡으로, 시편 51편을 주제로 한다를 부르는 시간 동안 등을 세게 채찍질했다".[65]

호세 소아레스José Soares가 보기에 가장 훌륭한 신앙 단체는 1694년에 그 자신이 만든 성모영보회였다. 이 단체는 처음에 40명의 남성 회원으로 구성되었다.[66] 그러나 3년이 안 되어 76명의 회원과 55명의 수련수사가 포함되었다. 동일하게 성모영보에 봉헌된 여성 단체도 수도에서 설립되었다. 소아레스에 따르면, 그 회원들은 "도시 내부와 외부에서 온 남녀의 전체 그리스도교 공동체의 꽃"을 대표했다. 이 단체들의 법령은 소아레스가 번역한 로마 제일주요성회Roman Prima Primaria의 일반적인 규정으로 구성되었다. 약간의 변화가 있었지만, 중국인 회원들은 유럽에 있는 사람들과 동일한 성사 일정들과 기도 과제를 준수해야 했다. 북경에서 그들이 매주 수행하는 영적 활동에는 탄원

---

65 José Soares, Draft AL Vice-Province 1697, Peking, 30 July 1697, BAJA 49-V-21: 66v-68v.

66 José Soares to Tirso González, Peking, 28 September 1694, ARSI Jap-Sin 166: 29r.

기도 드리기, 가난한 사람들을 위한 기부금 모금, 미사 참석 등이 포함되었다. 그들의 영적 수행에 대한 소아레스의 칭찬은 거의 한계가 없었다. 그들은 "뛰어난 겸손, 경외 및 헌신"으로 미사에 참석했다. 그들의 태도가 "가장 잘 교육받고 신중한 유럽인들"을 넘어섰다고 "과장 없이" 말할 수 있다고 소아레스는 주장했다.[67]

한 달에 한 번 남성 영보회는 모여서 응창으로 노래하고, 사망한 형제와 그 친척들의 영혼을 위한 미사에 참석하였다. 모인 회중은 또한 성모 탄원기도를 읊조리며, 그녀의 삶에 관한 짧은 설교를 들었다. 이의식 후에 회원들은 "이 달의 성인"을 선택하고 묵주기도를 드리며 영적인 문제에 관해 이야기했다. 마지막으로 그들은 신도회와 일반적인 그리스도교 공동체에 관련된 일을 감독 사제에게 보고함으로써 모임을 마쳤다. 이 모임은 2시간 반 동안 지속되었으며 유럽 신도회의 부러움을 자아내는 "질서와 품위를 갖추어"로 진행되었다고 소아레스는 썼다. 매년 두 번의 성모 영보 대축일과 성모聖母몽소승천蒙召昇天축일8월 15일에 성회는 주요 행사를 가졌다. (여성 성회는 연중 같은 시기에 모든 여성 영보회의 총회인 "전체 대회"를 열었다) 소아레스에 따르면, 이 축제는 "회장과 그의 보좌진들이 회중들에게 제공했던 성찬식의 거룩한 식탁뿐만 아니라 연회의 엄숙한 식탁에서" 큰 기쁨을 불러 일으켰다. 예수회원들이 중국의 연회 관습을 인정하여 이 축제에서 연회를 허용했지만, 정상적인 모임에는 식사가 포함되지 않았다. 이 두 가지 축하 행사는 또한 임원을 선출하고 신입 회원을 유치하는 행사이기도

---

67 José Soares, Draft AL Vice-Province 1697, Peking, 30 July 1697, BAJA 49-V-21: 62v-63r.

했다. 신입 회원들은 입회 자격을 갖기 위해 고해를 해야 했고, 성회의 회칙을 어긴 사람들은 공개적으로 징계를 받거나 심지어 성회에서 쫓겨난다는 것을 받아들여야 했다.[68]

북경 영보회의 회원들은 자선 기부를 하도록 장려되었는데, 소아레스에 따르면, 그들은 자유롭고 관대하게 기부했다. 신도회 기금의 일부는 교회를 유지하고, 가난한 그리스도교인들을 위한 구호품가난한 사람들에게 옷을 선물하여 그들이 미사에 참석할 수 있도록과 "기타 경건 활동"에 사용되었다. 여성 성회는 1694년 신학교 내에 새로운 여성 교회를 건축하기 위해 기부하고, 성모영보축일에 봉헌했다. 그러나 소아레스에게 영보회의 가장 가치 있는 공적 봉사는 그들의 지출에서 나타났는데, "일부는 그리스도교인과 이교도에게 배포할 거룩한 율법책들을 위해 지출했고, 또 일부는 성화를 인쇄하기 위해서, 또 일부는 묵주와 성물함을 위해서" 지출했다. 그러한 활동은 유일하게 북경 신도회에서만 있었던 듯하다. 그들은 이러한 출판 활동을 통하여 선교교회 전체에서 사용되는 중국어와 만주어로 된 많은 성화와 책을 공급했다. 그러나 선교사들의 말에 따르면, 이 성물들이 "유럽의 것들에는 따라가지 못했다" 할지라도, 중국 그리스도교인들에게는 만족스러웠던 것으로 보인다.[69]

일부 중국 그리스도교인들이 유럽인과 동등한 수준의 영적 헌신에 도달했다고 느낀 선교사가 있었다면, 그는 호세 소아레스였다. 그는 북경 성모영보회가 자신의 고향인 포르투갈에서 알고 있던 성모회를

---

68 Ibid., 63v-64r.
69 Ibid., 65r/v.

분명히 반영하고 있다고 확신했다. 이 사목적 성취를 인정받기 위해 소아레스는 예수회의 총장에게 이 성모영보회를 로마성보영보회의 회원 명부에 등록시켜주도록 청원했다.[70] 부관구 사람들의 노력에 대한 새로운 관심을 불러일으키는 것 외에도, 이 움직임은 북경 영보회 회원들이 자신들의 기도와 경건한 활동으로 인하여 전 세계 성모회에 부여된 동일한 면벌부의 혜택을 누릴 수 있게 하였다.

그러나 성모영보회의 영적 책임자인 소아레스가 자신의 성회에 대해 제기한 주장을 어느 정도까지 신뢰해야 하는가? 이 신도회들은 실제로 유럽의 신심 기준을 충족했는가? 부관구의 가장 신랄한 비평가들 중 일부는 확실히 그렇게 생각했다. 장 드 폰타니Jean de Fontaney는 "포르투갈" 예수회원들이 프랑스 선교부에 반대하는 음모를 꾸미고 있다는 증거를 모으고자 했을 때, 소아레스의 성모회 규정에서 발췌한 내용을 프랑스 지방 예수회의 사무총장에게 편지로 보냈다. 폰타니는 이 신도회를 여러 신도회 활동이 섞여 있는 혼종적 형태라고 배척하는 대신에 그것들을 "유럽에 있는 신도회들"에 견주었다. 그의 불만은 신도회의 신앙심이나 성사에 대한 요구 사항과는 관련이 없었다. 오히려 그는 남성 성모영보회에 대하여 그 규정이 대표에게 과도한 권력을 부여했으며 신도회의 주요 목표가 돈을 모으는 것이라고 주장했다. 폰타니는 회장의 권한이 회원을 쫓아내고 징계를 내릴 수 있는 것인데, 이것은 북경 그리스도교인들이 프랑스 선교회로부터 사목적 돌봄을 구하지 못하게 한 수단이라고 보았다. 신도회에 가입했

---

70 Soares to Tirso González, Peking, 28 September 1694, ARSI Jap-Sin 166:29r.

을 때 내는 헌금 및 봉헌물 서약의 이행과 같은 의무적 기부에 대한 그의 비난의 근거는 그렇게 견고하지 않았다. 폰타니는 "유럽에서 회원들은 신도회의 경비를 기부하지만, 그것을 아직 규정으로 만들지는 않았다"고 썼다.[71]

일반적으로 선교교회의 신도회들은 유럽 예수회의 평신도 신심의 기준에 도달하지 못하였다. 1695년 복건성 그리스도교인들이 복주에서 "수도의 것을 모방하여" 성모영보회 모델을 복제해냈지만, 대부분의 예수회원의 신도회들은 1660년대에 만들어진 것과 비슷하게 구성되었다.[72] 당시 공동 신심의 기본 윤곽이 이미 설정되었고, 신앙 신도회들은 세 가지 주요한 단체, 즉 성모회, 자선회, 수난회로 분류되었다. 이 세 가지 단체의 신앙 모델은 공동의 기본 목표, 즉 중국 그리스도교인들이 종교적 열정을 발휘할 수 있게 하려는 목표를 가졌다. 이 세 단체는 주로 사목적 감독, 단체의 도덕적 감독, 자선 사업, 성사 및 정기적인 기도 활동을 강조했다. 각 단체의 규정들을 살펴보면 그것들이 어떻게 기능했는지 알 수 있을 것이다.

---

71 Jean de Fontaney, Remarques sur les Regles de la Congregation de N.D. etablie a Pekin dont le Pere Suares a soin, Amoy, 14 November 1697, ARSI Jap-Sin 166: 256r-257v.

72 José Soares, Partial AL Vice-Province, July 1694~June 1697, Peking, 30 July 1697, BAJA 49-V-22:642r. The Fuzhou Jesuits also petitioned the Society's superiors to recognize their group. See José Monteiro to Tirso González, Fuzhou, 15 September 1695, ARSI Jap-Sin 166:80r.

5. 동정녀의 축복을 기다리며

가장 일반적인 유형의 신도회는 성모회였다. 마리아에 대한 경건한 헌신은 유럽 및 그 밖의 지역의 예수회가 육성한 마리아에 대한 일반적인 헌신을 따랐다. 이 단체와 같은 이름의 신앙 단체와의 차이가 분명하기는 하지만, 이 일반적인 애호는 부관구의 조직 단위들에 또 왜 성모회라는 이름이 붙었는가를 설명한다. 하나는, 신앙 신도회들은 사목적인 감독을 받고 거주 선교사들이 집전하는 성사에 접근할 수 있는 도시 환경에서 가장 자주 발견되었다. 더욱이 그것들은 평범한 중국 그리스도교인들에게 요구되는 영적 의무를 넘어서는 다양한 헌신적인 활동들을 포함했다. 그럼에도 불구하고 많은 신앙적인 성모회는 조직적 성모회와 매우 유사했는데, 현재 남아있는 자료들도 이 두 범주의 차이를 분명하게 나타내지 못한다.

1630년대 부관구에서 온 보고서는 신앙 성모회를 언급하기 시작했다. 예를 들어, 1637년 가스파 페레이라Gaspar Ferreira는 강서성 건창에 있는 거주지 교회—성모회가 미사에 참석하기 위해 모인 곳—에 제단을 추가했다고 보고했다. 이 단체는 또한 성찬례를 받기 위해 머물렀고 그 회원 중 한 명이 "15분 동안 영적 수업"을 하는 것을 들었다.[73] 안토니오 드 구베아António de Gouvea는 1645년에 복주의 성모회 회원들이 신심의 분명한 모범이라고 주장했다. 그들은 "미사에 참석하고 금식하며, 고해성사와 영성체"에 있어서 동료 신자들을 능가

---

[73] João Monteiro, AL Vice-Province, 1637, Nanchang, 16 October 1638, BAJA 49-V-12:39v.

했다.[74] 예수회원들은 마찬가지로 복건성 연평의 성모회가 지역 그리스도교인으로 하여금 "그들의 친척, 친구, 이웃, 지인들의 개종에 훨씬 더 열심을 내도록" 만들 책임이 있다고 주장했다. 이 단체의 회원들은 한 회원 집에 모여 "피리 소리에 맞춰 기도를 하면서 하루의 상당 시간을 보냈다". 이 음악은 구경꾼들을 매료시켰는데, 그들은 "그리스도교인들의 열정과 헌신에 감동 받아서", "하느님의 율법에 대한 깨달음 그 이상"을 갖고 떠났다고 선교사들은 주장했다.[75]

이러한 공동 신심의 형식을 구조화하기 위해 예수회원들과 신도들은 회會 규정을 만들었다. 단체의 규정들이 쓰여지거나 혹은 인쇄되는 경우에, 그 단체는 정식으로 만들어졌다는 분위기를 풍겼다. 1658년 산동성 태안泰安에서 장 발랏Jean Valat이 만든 성모회의 경우가 바로 그러했다. 가장 "유능하고 전문적이며 모범적인" 그리스도교인 20명을 선발하고, 일련의 서면 규정을 공표하는 공식적 행위는 의심의 여지 없이 단체의 결속력에 기여했다.[76] 홈베르트 어거리Humbert Augery는 유사한 단체 — 아마도 마르티노 마르티니의 항주 교회에 모인 단체일 가능성이 높은 — 에 대한 규정들을 작성했다. 이 규정이 언제 쓰여졌는지 확실하지 않지만, 1660년대 초 또는 1670년대 초에 나온 것으로 보인다. 어거리Augery의 규정은 성모회에 가입할 때 새로운 회원에게 제공되는 인쇄된 소책자이다. 그것은 서문 및 모임과 축일의

---

74 António de Gouvea, AL Southern Residences, Vice-Province, 1645, Fuzhou, 15 June 1646, in Gouvea, 238.

75 João Monteiro, AL Vice-Province, 1641, Hangzhou, 7 September 1642, BNL Reservados 722:29r.

76 Gabriel de Magalhães, AL Northern Residences, Vice-Province, 1658, Peking, 20 September 1659, BAJA 49-V-14:261r.

기도 순서, 절차적인 문제를 다루는 17개의 항목들로 구성된다.[77]

단체 활동의 분위기를 조성하기 위해 어거리는 마리아에 대한 헌신이 주는 은혜에 대해 간략하게 논의하면서 시작했다. 그는 비록 그리스도교인들이 천주에게 초점을 두기는 했지만, 수많은 죄가 그들을 "몸은 강하지만 정신은 약하게" 만들었다고 언급했다. "온 힘을 다해" 천주에게 호소한 사람들조차도 항상 기도가 응답을 받는 것은 아니었다. 그들은 하늘의 중보자가 필요했으며, "덕이 다른 모든 성인들보다 뛰어난" 마리아보다 더 좋은 사람은 없었다. 어거리는 이브의 형상과 마리아의 형상을 대조하기 위해 성 어거스틴을 인용했다. 그는 원죄와 관련하여 "한 사람은 고통을 주고, 또 한 사람은 치료한다"고 말했다. 예수회원은 마리아에게 기도함으로써 "한 사람의 평생의 평화와 행복, 그리고 죽음 이후의 영원한 축복"을 기대할 수 있다고 주장했다. 성모회에 가입한 사람들은 마리아의 특별한 축복을 분명히 받았다. 그리고 어거리는 천주께서 성모에게 헌신한 사람을 버리지 않으실 것이라고 덧붙였다.[78]

어거리는 또한 이 신도회의 규정을 어떻게 고안하게 되었는지를 설명했다. 그는 무림武林, 항주의 또 다른 이름에 도착하자마자 일부 그리스도교인들이 "성모에게 존경을 표현하는 올바른 방법"에 대해 질문했는데, "그들은 서양 신도들의 방식대로 성모를 경배하려는 생각을 갖고

---

77 Augery, *Statutes for the Sodality of the Blessed Virgin(Shengmu huigui)*, Hangzhou [1660~1672?], ARSI Jap-Sin II, 173.2a. Chen Huihung과 Tang Haitao가 번역함. 자세한 내용은 Chan, pp.233~234과 Reproduction in *CCT* 12 pp.441~462를 볼 것.

78 Augery, *Shengmu*, pp.1~2.

있었다고" 언급했다. 그들의 바람에 따라 어거리는 유럽 신도회에 대한 규정 — 아마도 제1 주요 성회Prima Primaria의 규정일 텐데 — 을 번역하고 개조했다. 그리고 나서 그는 이 규정을 희망하는 중국인에게 주어서 "규정들을 실천하고 준수할 수 있도록 하였다". 어거리는 신도회의 규정을 준수했던 서구의 사람들이 "성모로부터 특별한 은혜"를 받았다는 것을 분명히 했다. 그가 언급한 것은 교황에 의해 공식적으로 인정된 신도회 회원들에게 부여된 면벌부였다. 어거리는 유럽에서 회會 회원들이 성모를 기쁘게 하는 "근면함과 신중함"을 보여줄 때, 단체를 관리하는 사제들은 교황에게 면벌부를 요청할 것이라고 설명했다. 교황청은 일반적으로 그러한 요청을 승인할 것이며, 성모회 회원들이 어거리의 권고에 따라 "최선을 다하면", 교황은 반드시 그들에게 똑같이 할 것이다.[79]

항주 성회의 규정은 유럽의 단체 신심 모델에서 영감을 받았음을 드러낸다. 첫 번째와 두 번째 규정은 모든 회원을 동등하게 취급하는 것을 우선적으로 중요하게 생각한다. 어거리는 그들에게 "변함없이 서로 사랑하라"고 권고했으며 결코 차별하지 않았다. 더욱이 그들은 "나이가 아니라 덕에" 근거하여 비밀 투표로 회장을 선출했다. 회원들이 보여 주어야 할 유일한 존경은 그들의 사제에게 있었으며, 그리스도교의 가르침과 관련된 모든 문제에 대하여 사제의 판단을 요청하고, 단체 활동에 대하여 사제의 승인을 구했다. 그러나 선출된 회장은 단체 안에서 중심적인 역할이 부여되었다. 그는 단체의 도덕적

---

79 Ibid., p.3.

행동을 감독하고, 회원들이 믿음을 굳건히 유지하며 병든 사람들을 위로하도록 권고하는 책임을 맡았다. 회장은 또한 "삶에서 성공한" 회원들에게 자선을 베풀 것을 권고했다. 그는 회원들이 죽었을 때 미사를 요청하고, 병든 자, 죽어가는 자, 그리고 죽은 자를 위해 기도를 조직하는 일을 담당했다. 이러한 의무들과 함께 그의 명령에 반복적으로 불순종한 사람들을 징계하거나 쫓아낼 수 있는 권한이 주어졌다. 이 마지막 특징은 유럽 단체의 관리 방법에서 파생되었는데, 소수의 선교사의 관점에서 볼 때 회會를 성직자의 감독에 덜 의존하게 만들었다.[80]

성모회 회원은 특히 독실한 계층에서 뽑혔다. 성모회에 들어가기 위해 청원인은 수습기간에 복종해야 했으며, 이 기간 동안 회원들은 지원자의 행동을 조사하고, 그에게 규칙을 알려주고 그의 이름을 사제에게 보고하여 승인을 받아야 했다. 승인받은 사람들은 신입 회원이 그리스도와 마리아에게 축복을 구하고, 특히 "행동할 때든 휴식을 취할 때든" 적절한 도덕적 행동에 대한 지도를 간청하는 특별한 기도를 했다. 이 기도는 회원들이 규정이나 그리스도교의 가르침에 불순종했을 때 서로 신경 쓰라는 어거리의 권고에 대한 영적 대응이었다. 더욱이 회원들은 가족들의 도덕적, 영적 복지를 돌보는 책임을 졌으며, "음식과 의복에 신경 쓰는 것처럼 도덕적 행동에 신경 쓰도록" 가르치는 일에 책임을 졌다. 그러나 도덕적 조사에 대한 책임은 회원 가족에 대한 것에서 그치지 않았다. 그들은 또한 비그리스도교인들이

---

80 Ibid., pp.4~6·8.

세례를 받도록 권유하고 나태한 천주교 신자들에게 "회개와 개선"을 권유하도록 지시받았다.[81]

이 신도회에 요구되는 실천은 조직적 단체에 규정된 것보다 훨씬 엄격했다. 신앙적인 회會는 회원들과 사제 사이의 정기적인 접촉이라는 개념에 기초하고 있었으므로, 어거리는 그 기준을 높일 수 있었다. 성모회 사람들은 모두 매일 양심을 성찰하고, 성모 마리아 찬가Salve Regina를 세 번 부르며 주기도문과 아베 마리아를 매일 5번씩 암송해야 했다. 그들은 매달 하루 부모와 후원자들을 기억하며 금식해야 했다. 회원들은 한 달에 한 번 죄를 고백하고, 성모몽소승천 축일8월 15일에 일반적인 죄 고백을 하였다. 신도회는 성작聖爵과 성합聖盒을 닦는 세죄일洗罪日, 2월 2일, 성모 영보 대축일3월 26일, 성모승천 대축일, 성모 마리아 탄생 축일9월 8일 등 4가지 마리아 축일을 준수했다. 회원들은 부활절과 성탄절뿐만 아니라, 이 날에 일반 중국 그리스도교인들보다 3번 더 성찬례를 받아야했다. 축일이 토요일인 경우, 회원들은 함께 모여 특별한 기도를 드렸는데, 촛불을 들고 진열된 성체 앞에서 성모에게 드리는 기도를 읊조렸다.[82]

항주 신도회는 매월 첫째 토요일에 교회에서 모임을 가졌다. 첫째, 회원들은 "다른 회원들을 위해 주님의 축복을 구하고 미사에 참여하여 성모에게 기도하였다". 사제는 모임 기간에 참석하여 교리에 관한 질문에 대답하며, 회원들이 자신들의 행동에 대해 이야기하는 것을 들었다. 그들은 이러한 자기 견책의 시간에 "숨기거나 혹은 편파적이

---

81 Ibid., pp.9~10 · 6.
82 Ibid., pp.6~8.

되지" 말아야 했다. 모임의 각 단계에서 회원들은 성인聖人들에게 드리는 탄원기도, 묵주기도, 사도신경과 같은 기도를 외웠다. 공동기도 책자인 『천주성교총독회요天主聖教總牘匯要』에 나오는 또 다른 기도는 "모든 사람", 교황, "가톨릭 가르침의 확산", 그리고 살아 있거나 죽은 친척들을 위해 드려졌다. 유럽 성모회의 "그리스도교 군주들 사이의 평화와 조화"를 위한 연설이 청나라 황제와 중국 조정을 위한 기도로 대체된 것은 놀랍지 않다. 모임의 마지막 활동은 "그 달의 성인"을 뽑는 것이었다. 회원들은 성경 구절의 의미를 이해하지 못하는 사람들을 위해 즉석에서 주석을 제공하면서, 종이에 적힌 임시 수호성인의 이름과 성경 구절을 차례로 읽었다.[83]

6. 자비의 사역들

예수회원들의 종교적 메시지 가운데 물질적 자비의 행위를 하라는 것보다 더 큰 환영을 받은 것은 없었다. 이 그리스도교의 가르침은 유교적 개념인 인仁에서 영감을 얻은 본토의 사회적 행동 패턴과 잘 조화되었기 때문이다. 첫 번째 그리스도교 신도회 중 일부는 친숙한 경로를 통해 신앙을 전파하려는 문사층 개종자들이 설립하였다. 안토니오 드 구베아António de Gouvea는 1610년대에 어떻게 양정균이 항주에서 문사 단체를 설립했는지를 설명했다. 그는 이 단체가 유교 경

---

83 Ibid., pp.6~7·11.

전의 "고대 서적들" 속의 사례들을 모델로 삼았으며 "경건의 산Monte de Piedade, 역주-르네상스시대부터 유럽에서 운영되어 온 자선 기관. 가난한 사람들이 귀중품을 담보로 돈을 빌렸으며, 이 기관은 그들에게 합리적인 이자율로 대출을 해주었다을 의미하는 인회仁會"라고 불렀다고 썼다. 여기서 구베아는 공동 모금에 의한 기금에 대해 포르투갈어 용어를 사용했는데, 이것은 '공립은행Monti di Pietà'이라는 중세 이탈리아 기관과 연결된다. 이 단체는 두 가지 목표를 가지고 있었다. 즉, 단체에 가입한 사람들을 개종시키고 가난한 그리스도교인들에게 기부금을 제공하는 것이 그것이다. 구베아는 양정균의 친구들이 그의 단체에 가입하여, 가난한 사람들이 "병에 걸렸을 때 그리고 죽는 순간과 매장 시간에" 그들을 구호하는 데 기여했다고 주장했다.[84]

중국 그리스도교인들이 자선 단체를 신속하게 만들었다는 사실은 예수회원들에게 이 독특한 토착적인 사회적 행동 모델을 보다 신앙적인 틀로 끌어들이기 위한 이상적인 조건을 제공했다. 선교사들은 회원들이 모임에서 기도를 하고 성찬 받는 것을 강제함으로써 목표를 실현했다. 그들은 또한 장례 행렬을 조직하고 죽은 사람들의 영혼을 위해 기도하는 것과 같이 물질적인 행위보다 영적인 것에 더 관심을 갖는 그리스도교인 자선 단체에 중점을 두었다. 1630년대 초 북경 예수회원들이 바로 자신들의 신심회로 하여금 이러한 활동들을 하게 하였다. 장례식을 지원하는 것 외에도 이 단체는 모임을 가지면 미사를 드리고, 그리고 나서 "그리스도교인의 묘지 두 곳으로 가서 죽은

---

84 António de Gouvea, "Asia Extrema", Fuzhou, 10 April 1644, BAJA 49-V-1:437r /v; Standaert, Yang Tingyun, 65.

자를 위해 묵주기도를 드렸다".[85] 한 세대 후, 가브리엘 데 마갈량이 스Gabriel de Magalhães는 "마지막 일에 대한 존중과 기억을 의미하는 경 말敬末, Kim mo"역주-마지막 일은 '죽음, 심판, 천국, 지옥'을 기리킨다이라고 불리우는 유사한 단체에 대해 기술했다. 그에 따르면, 이 단체의 행동은 육체적 자비의 사역과 같았다. 이 회원들은 "빈곤층, 고아, 과부"를 돌보며 병자를 위로했다. 그러나 가장 중요한 활동은 죽은 자를 매장하는 것 이었다. 이 단체는 관을 운송하기 위해 마차와 깃발, 초를 가지고 있 었다.[86]

예수회 로마 기록 보관소에는 인회仁會에 대한 일련의 규정이 들어 있는 필사본 하나가 있다. 거기에 기술된 이 인회는 명말청초의 무수 한 자선 단체와 같은 이름을 갖고 있기는 하지만, 당시 문사층 혹은 그리스도교 개종자들에 의해 설립된 자선 단체와 확연히 다르다. 에 릭 쥐르허Erik Zürcher가 왕징王徵의 인회仁會에 대한 분석에서 보여준 것 처럼, 이 단체들은 단지 유교 단체의 반영물일뿐, 천주교로부터 영감 을 받았다는 것을 거의 시사하지 않았다.[87] 더욱이 왕징과 양정균의 회會는 그리스도교인이 아닌 사람들을 활동에서 배제하지 않았다. 이 와는 대조적으로, 필사본에 나타난 규정은 중심 교리들과 마리아, 그 리고 자신들의 사회적 행동에 대한 필요에 부합하는 신앙의 의무— 즉 회원자격이 그리스도교인들로 제한되어 있음을 분명히 하는—를

---

85 João Fróis, AL Vice-Province, 1632, Hangzhou, 1 August 1632, BAJA 49-V-10:82v.

86 Magalhães, AL Northern Residences, Vice-Province, 1659, Peking, 20 Novem-ber 1661, BAJA 49-V-14:530r.

87 Zürcher, "Social Action", pp.276~277; Standaert, *Yang Tingyun*, pp.65~66.

반복적으로 언급하면서 명백히 그리스도교적임을 드러낸다.[88]

　19개의 조직 관리 항목들을 열거하기에 앞서 규정에는 회원에게 천주의 가르침이 두 가지 요점, 즉 하느님에 대한 사랑과 이웃에 대한 사랑으로 요약될 수 있음을 상기시키는 서문이 포함되어 있다. 첫 번째 규정에는, 회원들이 천주교 교리에 대한 "해설을 주의 깊게 듣고", 다른 "이단 학설"을 피해야 했다. 두 번째 규정은 회원들이 자비의 사역을 할 것을 고취하였는데, 이것은 이 행동이 "보편적인 미덕"에 관련되어 있어서가 아니라 단체의 수호자가 "성모 마리아"이기 때문임을 밝히고 있다. 인회의會는 "성모의 무한한 자비를 본받아" 말로만이 아니라 "온 마음으로 행동"해야 하는 것이다.[89] 이런 어조는 이 인회의 회원들이 성모회 회원들보다 영적 활동을 덜 갈구하고 있음을 시사한다. 성모회 회원들에게는 마리아의 중보적 성격에 대한 신학적 고찰이 제공되었던 반면, 인회의 지원자들에게는 기본적인 그리스도교 가르침이 주어졌다. 이 두 단체의 회원들의 차이를 지나치게 강조하지 않은 것은 주목할 만하다. 인회 규정에서는 공동 기도와 양심에 대한 성찰과 같은 영적 활동을 어떻게 실천할 것인지에 대해 설명한 반면 성모회는 아마도 회원들이 이런 활동들에 대해 잘 알고 있어서 규정에 자세히 설명하지 않은 듯하다. 자선 단체의 기본 목표는 그리스도교 공동체에 기부금과 기도를 할당하는 것이었다. 따라서, 최초의 법령은 어떻게 인회가 재정 자원을 관리해야 하는지에 관해 간략

---

88 Charity CS. Chen Huihung과 Tang Haitao 번역. 더 자세한 내용은 Chan, pp.457~458. Reproduction in CCT 12 pp.473~487를 볼 것.
89 Charity CS, 1r/v.

하게 설명한다. 첫 번째 규정에 따르면, 모든 기부금은 각각의 회원이 기부한 금액에 관계없이 회會의 공동 승인에 따라 지급되었다. 또한, 공정성을 확보하기 위하여 4명의 선출직 임원, 즉 한 명의 회장, 두 명의 부회장 및 회계 담당자를 두었다. 추가 보안 조치로 모금 상자를 교회에 보관하고 3개의 자물쇠로 닫았다. 세 명의 관리 회원 각각이 열쇠를 가지고 있었으며, 회계 담당자는 "모든 차변借邊과 대변貸邊 내역을 날짜별로 명확하게 기록하여" 회계 장부를 보관해야 했다. 기금 모금에 대해서는 언급하고 있는데, 단체가 수행하는 자선 활동의 유형에 대해서는 왜 언급이 없는지 궁금하다. 실제로 규정은 시간이 지남에 따라 인회가 자신들이 선호하는 형태의 집단 신심의 활동을 개발할 것임을 암시한다. 그럼에도 불구하고, 그들은 "장례식 예절, 즉 매장에 단체가 참여하는 것을 최우선 과제"라고 언급했다. 장례식 행렬은 중국에서 가장 눈에 띄는 그리스도교 신앙 행동 중 하나였으므로, 회원들은 "성스러운 가르침의 의례에 따라" 모든 일을 하도록 주의받았다. 더욱이 그들은 응창應唱이든 제창이든 기도하는 방식에 특별한 주의를 기울여야 했다. 규정에는 "혼란이 없어야 한다", "저속한 말을 사용해서는 안된다"라고 되어 있었다.[90]

미덕의 외적 표현은 인회仁會가 하나의 단체로서 활동한 순간들에 국한되지 않았다. 개별 회원들은 공동체의 나머지 사람들을 위한 신심의 모범이 되어야 했다. 성모회의 경우와 마찬가지로, 그들은 집에서 자선 활동을 시작한 다음 "다른 사람들에게 확대하여야 했다". 여

---

90 Ibid., 1v-2v

기에는 가족들의 도덕적 행동을 감독하고, 부모, 아내 및 자녀의 육체적, 영적 복지를 돌보는 일이 수반되었다. 회원들은 지시에 따라, 밖에 있을 때에도 천주를 항상 마음에 모시고, "말할 때 절대로 천주를 잊지 말아야 했다".[91]

이 인회에 가입한 사람들이 자신을 공동체 내에서 영적인 엘리트로 간주했는지에 상관없이, 그들은 일반 그리스도교인들에게 부과된 것보다 더 빈번하게 신앙적 일과에 참여할 의무가 있었다. 단체에 가입하면서 모든 회원들은 죄를 고백해야 했다. 그런 다음 그들은 한 달에 한 번 참회 성사를 받아야 했다. 규정에는 어떻게 모임이 진행되는지에 대한 내용은 없지만, 참가자들은 그 달의 첫 번째 일요일에 "이 달의 성인"을 선택하여 교회에 보고해야 했다. 수호성인의 축일에 그들은 미사에 참석했다. 또한 회원들은 아침과 저녁에 묵주기도를 드리고 성모 탄원기도를 드렸으며, "이 달의 성인"을 기리기 위해, 매일 또 다른 세 개의 주기도문과 아베 마리아를 불렀다. 물론 이 모든 기도는 병든 형제의 침상 옆이나 죽은 그리스도교인의 무덤에서 이루어진 수많은 기도를 보충한 것이었다. 미덕을 더욱 촉진하기 위해 회원들은 매일 밤 잠자리에 들기 전에 그들의 "생각, 말, 행동"을 성찰해야 했다. 이 자기 반성은 예수회가 선호하는 명상 기법 중 하나인 양심에 대한 성찰이었다. 반성을 하는 중에, 자신의 행동이 좋은 것 같으면 회원들은 천주에게 감사를 표해야 했으나, 그렇지 않을 때 회원들은 "용서를 위한 기도"를 드려야 했다.[92]

---

91 Ibid., 3v.
92 Ibid., 3r/v.

7. 고행의 규율

토착적인 도덕적 토대에 확고하게 의존하고 있는 자선 단체와는
달리, 선교 교회의 참회 그룹은 그것들이 유럽에서 기원한 것임을 분
명히 드러냈다. 중국 예수회원들이 성육신의 교리를 거의 언급하지
않았다는 널리 알려진—비록 잘못된 것이고 반복적으로 부정된 것
이라 할지라도—개념에도 불구하고, 선교사들은 신도들에게 그리스
도의 수난에 대해 지속적으로 가르쳤기 때문에 자기고행에 반대하는
뿌리깊은 전통을 대체할 수 있었다. 에릭 쮜르허가 보여 주듯이, 영혼
의 성향이 육체의 욕망과 충돌할 수 있다는 생각은 중국의 사상과 상
충되었다. 그러나 일부 출판물에서 예수회원들은 도덕적 자기 계발에
대한 온화한 유교적 권고를 급진적으로 추론하였다. 그들은 신체를
"억제한다"는 개념을 신체적 고행에 대한 요구로 이해했는데, 이런
급진적 추론은 그들의 비판자 및 추종자 모두에 의해 노정되었다.[93]
또 다른 층위에서 중국 문화의 효도에 대한 일반적인 이해는 신체를
다치게 하거나 훼손한 것은 조상들에 대한 모욕으로 간주되었다. 예
수회원들 자신도 신도들이 금식과 채찍질에 대한 그들의 제안을 기꺼
이 실천한 것에 놀랐다. 펠리치아노 파체코Feliciano Pacheco에 따르면,
"중국인들은 몸을 매우 아끼는데 그것을 심하게 체벌하기로 결심했
기 때문에"[94] 그들의 고행에 대한 열정은 "하느님께 감사해야 할 것"

---

93 Erik Zürcher, "Confucian and Christian Religiosity in Late Ming China", *Catholic Historical Review* 83.4, October 1997, pp.614~653 · 629~630 · 639.

94 Pacheco, AL Central Residences, Vice-Province, 1660, Huai'an, 19 July 1661, BAJA 49-V-14:711v.

이었다. 예를 들어 필립 쿠플레는 그럴듯한 해석을 내놓았다. 그는 중국에서 수난교리가 매우 신기하기 때문에 "이 새로운 그리스도교인들의 마음에 더 큰 감명을 줄 수 있다"고 주장했다.[95]

그리스도교의 자기 고행 관념을 받아들이는 이유가 무엇이든, 사실은 1630년대에 예수회원들이 선교 교회 전체에 수난회를 만들 것을 장려하기 시작했다는 것이다. 다른 신도회와 마찬가지로, 이 단체들은 주로 회원들이 영적인 감독들로부터 지속적으로 감독의 혜택을 받을 수 있는 도시 환경에서 설립되었다. 그들은 금요일에 선교사들의 거주지 교회에서, 그리고 의심을 피하기 위해 종종 밤에 외딴 예배당에 모여 그리스도의 수난을 묵상하였다. 1640년대 초 상해에 관한 한 보고서에 따르면, 회개하는 사람들이 기도, 묵상, 채찍질을 통해 어떻게 "1년 내내" 열심을 보였는지를 알 수 있다. 그들의 신심은 사순절 기간 동안 절정에 이르렀는데, 매주 금요일 "아침과 오후에 채찍질과 기도를 하였다".[96] 서안의 에티엔 파버Etienne Faber와 이나시오다 코스타Inácio da Costa의 지도하에 1650년대 중반 비슷한 모임이 열렸다. 그들은 토요일 밤에 모여 기도하고, 본받을 만한 성인들에 대해 듣고, 자신을 채찍질했다. 선교사들은 이러한 한차례의 채찍질에 앞서 금식의 관습이 미사에 참석하는 것과 같이 잘 확립되었다고 주장했다. 이 단체의 일부 기혼 남성들은 모임 날에는 성생활을 자제했는데, 이것은 가톨릭 관습에서 요구하지는 않았지만, 예수회원들의 칭

---

95 Couplet, *Gran Señora*, p.36.
96 António de Gouvea, AL Southern Residences, Vice-Province, 1644, Fuzhou,16 August 1645, in Gouvea, 188.

찬을 받았고 "신성한 관습"으로 여겨졌다.[97]

신자들의 자기 고행 의식儀式이 선교 교회의 영적 엘리트들의 열심의 분명한 증거였기 때문에, 선교사들은 다방면으로 이것들에 대해 썼다. 그러나 그리스도의 수난에 대한 진지한 공감과 채찍질을 실천하고자 하는 의지는 실질적으로 달랐으며, 예수회원들은 심지어 가장 열심인 신도들조차 그 경계를 넘어서기 위해 설득이 필요하다는 것을 알고 있었다. 그러므로 그들은 개인적으로나 집단적으로 수행되는 열정적인 기도와 묵상 일과를 장려했다. 선교사들이 어떻게 신도들을 그 임계점으로 안내했는가를 이해하는 가장 좋은 방법은 수난회의 규정을 보는 것인데, 예를 들어 훔베르트 어거리Humbert Augery가 항주 그리스도교인들의 천주야소고고회天主耶穌苦會, Confraternity of the Passion of Lord Jesus 가입을 위해 기초한 일련의 규정 같은 것이다. 이 인쇄된 소책자는 1660년대 초1664년 이전 또는 1670년대 초에 만들어졌으며, 단체 활동을 구성하기 위한 10가지 규칙과 간단한 서문으로 구성된다.[98]

어거리의 고회苦會의 주요 목적은 회원들의 내적인 영성을 키우는 것이었다. 그는 서문에서 예수의 변형에 대한 성경의 내용을 회원들이 그리스도를 모범으로 삼도록 촉구하는 신성한 명령이 되게 했다. 그가 명시적으로 언급하지는 않았지만, 회원들은 문자 그대로 이 "천

---

97 André Ferrão, AL Vice-Province, 1656, Macau, 29 January 1659, BAJA 49-V-14:69r.

98 Augery, Statutes for the Confraternity of the Passion(Tianzhu yesu kuhui), Hangzhou[1660~1672?], ARSI Jap-Sin I 173.2b [hereafter Kuhui]. Translation by Chen Huihung and Tang Haitao. For more, see Chan, 234. Reproduction in CCT 12 pp.463~469.

주의 명령"을 준수해야 했다. 그들의 활동은 그리스도의 수난을 재연하는 것이며, 고행의 채찍질로 완성되었다. 어거리는 수난회가 4가지 주제를 묵상하도록 권장했다. 하느님에 대한 사랑과 이웃에 대한 사랑의 교훈 외에, 그는 다른 사람들의 결점을 용인할 뿐만 아니라, "겸손하고 순종"할 필요가 있다고 덧붙였다. 흥미롭게도, 어거리는 그의 서문에서 다른 신학 사상을 포함시키지 않았다. 성모회 규정에서 발견되는 장황한 논의와는 달리, 그는 회원들이 죽은 그리스도교인을 위해 중보하도록 마리아에게 간구하라는 간단한 명령으로 끝내고 있다.[99]

이 수난회의 규정들은 예수회원들의 여타 신앙 단체의 규정들과 현저히 다르다. 그들은 단체의 조직이나 응집력보다는 개인 신심에 훨씬 더 중점을 둔다. 단체가 어떻게 회장을 뽑으며 혹은 회원 자격 규제를 위한 기제를 선택해야 하는가에 대한 지시도 없다. 이 단체의 유일한 가입 조건은 일반적인 죄 고백, 즉 세례 받은 이후 저지른 모든 죄를 진술함으로써 반복되는 실수를 인지하는 것이다. 마찬가지로, 규정에는 한 가지 종류의 집단 고행에 대해서만 언급되어 있다. 모임에 늦게 온 사람들은 성화 앞에서 무릎 꿇고 "향을 들고서" 기도해야 했다.[100] 예수회원들은 참회 활동이 신심의 개인적 표현이라는 가정 하에 임했기 때문에, 이렇듯 조직과 규율에 관한 조항이 부족한 것은 수난회의 순수한 신앙적 성격을 강조한다. 규정에서는 독실한 신도들이 단체에 자유롭게 참여하는 것을 금지하지 않았으며, 더 중요한 것

99 Augery, *Kuhui*, pp.12~13.
100 Ibid., pp.13~15.

은 회원들이 탈퇴하는 것을 막지 못했다. 그럼에도 불구하고, 예수회 원들이 다른 신도회에서 조성한 "신앙의 경쟁"의 정신은 의심의 여지 없이 수난회 회원들로 하여금 더 엄격한 신앙 활동을 하도록 몰아갔다.

개인의 신심을 강조한 단체에 대해 예상되는 것처럼, 어거리의 천 주야소고회는 영적인 요구에 있어서 가장 엄격했다. 회원들은 매월 죄를 고백하고 영성체를 했는데, 이 의무는 성찬례를 일반 신도들보다 6배, 신앙적인 성모회 회원들보다 2배 더 자주 받는 것을 의미했다. 수난회의 회원들은 매일 "다섯 상처Five Wounds"에 대한 기도를 드려야 했다. 그들은 또한 주기도문의 코로아coroa, 포르투갈어로 '왕관'을 의미, 즉 가시 면류관에 있는 가시의 숫자와 그리스도의 생애를 기념하는 33개의 구슬이 있는 묵주기도를 드려야 했다. 더욱이 회원들은 매일 깨어나 그리스도의 수난에 대해 묵상하고 "십계명을 위반하지 않도록 결단"하라는 지시를 받았다.[101]

규정들은 의도적으로 단체의 모임 및 참회 활동에 대해서는 모호하게 처리하고 있다. 다른 신도회의 규정은 모일 때 하는 기도들을 정해놓은 반면, 이 단체 규정에는 매월 셋째 금요일에 "교회에 가서 아침에 기도"하라고 되어 있다. 그러나 매주 금요일은 회원들에게는 특별한 의미가 있었는데, 그날 그들은 그리스도의 수난을 기리기 위해 "임의로 한 가지 고행 활동을 수행했기" 때문이다.[102] 이것이 규정에 나와 있는 자기 고행에 대한 유일한 언급이다. 채찍질, 금식 혹은 거친 옷을 입는 것에 대한 언급은 없다. 이러한 누락이 모순처럼 보이지

---

101 Ibid., p.14.
102 Ibid., pp.13~14.

만, 참회 신심의 본질에 대한 예수회원들의 생각에 부합했다. 열성이 참된 것임을 나타내기 위해서 그들은 지시를 받을 수 없었다. 참회적 헌신에 대한 규칙을 만들면 신심을 증명해 보이는 특별한 참회 방법이 있음을 암시할 수 있기 때문이다. 자기 고행과 관련하여 선교사들은 방법과 기간을 그리스도교인들에게 맡겼다. 이런 점에서 중국 예수회원들은 형제들이 "각자의 신앙에 따라" 참회 행위를 하도록 지시한 유럽 예수회 신도회의 한 규정을 차용한 것이다.[103]

내적인 신심에 중점을 두었음에도 불구하고, 어거리의 규정은 또한 다른 그리스도교인에게 회원들의 신심을 전달하는 것과 관련이 있었다. 그리스도를 본받기 위한 염원에 맞추어, 그들의 첫 번째 의무는 조정자로서 행동하는 것이었다. 어거리의 회원들이 분쟁 중에 있는 천주교 신도들에게 불화를 버릴 것을 "양심에 따라 권면하도록" 촉구했다. 또한 회원들은 염려하는 자와 약한 자를 구제하고, 그들이 죄를 고백하도록 독려했다. 병자를 방문하라는 이 명령은 생명이 위기에 처해 있는 비그리스도교인들이 세례를 받도록 설득하라고 독려하는 것으로 해석할 수 있다. 회원들은 잠재적인 개종자와 아픈 그리스도교인을 사제에게 보고하면 "더 많은 공덕"을 얻게 된다는 점을 상기시켰다.[104]

---

103 Anon., Regra dos Estudantes, 9.
104 Augery, Kuhui, 15.

8. 경건의 전파

이 장에서 대략적으로 기술한 세 가지 조직적 공동 신심의 형식은 선교 교회 발전의 최고 단계를 나타낸다. 17세기에 이 단체들은 천주교의 확산에 필요한 역동성을 제공하였으며, 1724년 이후 비록 소수의 그리스도교인들 사이에서 일어난 일이기는 했지만 신교 교회의 보존을 위해 에너지를 공급한 열정의 엔진이었다. 무엇이 이 조직들로 하여금 선교 교회에서 그렇게 중요한 부분이 되도록 했는가? 무엇보다도, 그 단체들은 표현 방식에 있어서 그것이 외적인 방식이든 내적인 방식이든 경건을 실천하기 위한 효과적인 길을 만들어냈다. 회會를 만들어낼 수 있는 토착적인 추진력을 사용하여 예수회원들은 새로운 개종자들이 세례 받은 후 오래도록 그 열심을 유지하는 데 필요한 조직 활동을 촉진시켜 나갔다. 게다가 단체의 모델은 신앙의 가정에서 태어난—개종한 것이 아니라—사람들의 열심을 유지시키려고 노력했다. 또 다른 층위에서, 신앙 단체들은 선교 교회 내에 일련의 새로운 사회적 구별을 만들어냈다. 어떤 의미에서 단체의 회원 자격이 주어지는 것은 다른 그리스도교인들 위로 올라가는 것이었다. 예수회원들의 신자들 대부분이 사회의 가장 낮은 계층에 있었다는 사실에서 볼 때, 이것은 사기를 진작시키는 데 있어서 매우 중요했다. 물론 선교사들이 그리스도교 공동체의 사회적 이동을 목표로 그렇게 구별짓는 것을 허락하지는 않았을 것이다. 그들이 볼 때 단체적 신심의 표현은 평신도와 여성이 천주의 가르침에 대한 헌신의 깊이를 표현하는데 이상적이었다. 그러한 헌신의 표현 형식이 다른 사람들로 하여금

줄리오 알레니(Giulio Aleni), 〈성모 대관식 목판화〉, 『천주강생출상경해(天主降生出像經解)』, 1637. 그림 아래쪽에 중국과 유럽 인물들이 모두 존재한다는 점에 주목할 것.

비슷한 소망을 갖게 한다면 그보다 더 좋을 수는 없었다.

　신앙 단체가 중요한 또 다른 이유는, 간단히 말해 선교사 부족을 보충할 수 있는 방법이었기 때문이다. 확실히, 이 모든 형태의 집단 신심은 미사에서 강론하고, 죄 고백을 듣고, 성체를 분배하기 위해 사제의 존재를 요구했다. 그러나 선교 교회의 영적 엘리트들에게 개별적인 지도를 제공하는 대신에, 예수회원들은 가톨릭 신심의 발전을 위한 일반적인 방향을 설정하는 일을 단체에 맡길 수 있었다. 단체는 예정된 날에 모임을 가졌기 때문에 사제들은 목회 일을 더 잘 조정할 수 있었다. 물론 죽음의 신Grim Reaper은 여전히 예측할 수 없는 시간에 중국 그리스도교인들을 방문했지만, 예수회원들이 선교 순회 교구를 순회 중이거나 혹은 구금되어 있는 경우, 여러 단체 회원들이 상황을 보아가며 기도를 드리고 매장할 준비를 하고 있음을 안심하고 확신할 수 있었다. 그러나 예수회 사람들에게 중국 교회의 보다 신앙적인 단체들은 또 다른 무엇인가를 나타냈다. 이 단체들은 "주님의 포도원"에서 그들이 노동하여 수확한 가장 성숙하고 확실한 열매였다. 예수회원들은 중국인을 천주교로 개종하려는 의도를 갖고 중국에 왔다. 그러나 개종의 결과가 세례반盤에 있지는 않았다. 오히려 그들은 개종의 과정과 영적 발전의 시기를 생각했으며, 그 가운데 세례는 중요한 출발점이었다. 신도들은 정통적인 평신도 신심의 이해와 실천 속에서 종점에 도달했다. 만약에 누군가 천국에서 천주를 만나기 전에 그런 일이 있었다면 말이다. 확실히 이것은 유럽의 가톨릭 평신도에게 설정된 것과 동일한 기준이었다. 북경과 복주 예수회원들이 17세기 말에 성모영보회를 만들었을 때, 그들은 자신들의 목표가 현실이 되는 것을 보았다. 그들은 마르티노 마르티니가 중국의 사회적, 종교적 행동의 원재료를 취해 항주에 교회를 세워 실현시켰던 것처럼 단체들을 유럽의 이상理想에 거의 가까운 것으로 만들었다. 부드러운 사목적 보살핌을 통해, 예수회원들은 중국을 향한 문화 전파의 표준 모델을 수립했다. 옹정제 통치 전 이상적인 조건하에서 청나라의 가톨릭은 점차 유럽ー그리고 예수회ー의 형태로 나타났다. 18세기에 부관구의 사람들로 하여금 끊임없이 로마와 만주의 적들에 대항하여 싸우도록 활기를 북돋은 것은 그들의 선교 교회에서 방사된 신심의 향기였다.

결론

　1670년 무더운 여름에 포르투갈 국왕의 특사이자 포르투갈령 인
도Estado da Índia 총독인 마누엘 데 살다냐Manuel de Saldanha는 마카오와
청나라 사이의 무역을 재개하는 임무를 수행하기 위해 중국 대륙을
가로질러 북경으로 여행했다. 살다냐는 2년 동안 광주에서 기다리고,
6개월 동안 중국의 수로를 여행한 후 강희제의 영접을 받았다. 살다
냐의 일행 중에는 살다냐의 고해신부로 봉사하면서 평신도로 변장하
여 여행하고 있던 예수회 일본 지역에 소속된 포르투갈 예수회원 프
란시스코 피멘텔Francisco Pimentel, 1629~1675이 있었다. 피멘텔은 중국
에 대한 자신의 생각을 자유롭게 기록하면서 사절단이 만주인 및 관
료들과 교류하는 모습을 보고하고, 북경 선교사들과의 관계를 설명하
는 예리한 관찰자였다.[1]

이 예수회원은 그가 본 것에 그다지 깊은 인상을 받지 않았으며, 중국통이라 할 수 있는 페르디난트 페르비스트Ferdinand Verbiest, 가브리엘 데 마갈량이스Gabriel de Magalhães, 로도비코 불리오Lodovico Buglio와 거리낌 없이 의견을 나누었다. 피멘텔은 청나라의 수도가 로마, 파리, 리스본과 같은 유럽의 수도들보다 훨씬 뒤쳐졌다고 그들에게 알렸다. 그는 예수회원들의 기록들에 의해 만들어진 웅장한 이미지와 상반되게 중국의 현실은 바람직하지 않다고 불평했다. 그가 보기에 북경 방문객은 자신이 "포르투갈에서 가장 가난한 마을 중 한 곳"에 왔다고 생각하면 옳았다. 도시의 건물들은 제국의 다른 곳에서 본 것과 마찬가지로 불량한 재료로 만들어졌으며, 지붕선이 매우 낮았다. 부자들의 저택도 예외는 아니었다. 어떤 경우에서든, 그것들은 몇몇 깔끔한 안뜰과 칠해진 방을 제외하고는 눈에 띄는 특징이 없었다. 피멘텔의 견해를 완전히 고정시킨 것은 부자들이 사는 곳조차 편안하지 않으며, 집에 얇은 종이를 붙여서 북경의 모진 기후를 막는다는 것이었다.[2]

"사제들은 중국 건물에 대한 나의 인상이 좋지 않자 불쾌해했다"라고 그는 썼다. "나의 인상을 바꿔놓기 위해 그들은 내가 모든 것을 본 것은 아니며, 내가 아무개 도시에서 아무개 관리 집에 있지 않았다고 말했고, 내가 세계 다른 지역에 있는 웅장한 건축물을 가진 도시의 관

---

1 살다나의 사절단에 대해서는 John Wills Jr., *Embassies and Illusions : Dutch and Portuguese Envoys to K'ang-hsi, 1666~1687*, Cambridge, Mass., 1984, pp.82~126를 볼 것.
2 Pimentel, Breve Relação da Jornada que fes a Corte de Pekim o Sr. Manoel de Saldanha, Macau[1672?], BNL Mss. 10, no.1:88v-89r. 이 구절들이 저자에 의해 번역되었지만, 피멘텔의 텍스트 전체 번역은 Wills, *Embassies*, pp.193~236에 있다.

리의 집에 가지 않은 것이라고 말했다." 그러나 피멘텔은 여전히 회의적이었다. 그는 사제들이 한 말이 사실이라고 확신하지만, 그들이 자신의 의견을 바꿀 수 없다고 동료들에게 알렸다. 중국의 경이로움에 대한 열광적인 찬가의 냄새를 맡으며 피멘텔은 황제가 "모든 도시 중에 가장 최악의 도시"인 북경에 황궁을 열기로 선택한 이유가 궁금했다.[3]

피멘텔은 북경 예수회원들이 그의 관찰을 일축한 것에 분개했다. 그는 "그들은 이 주제와 관련해서 나를 어느 정도 신뢰해야 한다. 왜냐하면 나는 광동성에서 북경까지 2년 반 동안 5개 성을 여행했기 때문"이라고 주장했다. 그러나 피멘텔이 만난 것 중 한 가지는 중국에 대한 그의 동료들의 설명과 상충되지 않았다. 그에 따르면, 그는 여행하는 동안 끊임없이 "그리스도교인들에 의해 쫓겨 다녔다".[4] 그가 지나간 길 옆에 살았던 사람들이 한 사제가 북경으로 가는 길을 지났다는 것을 알았을 때, 많은 사람들이 달려가서 피멘텔을 붙잡고 그에게 자신들의 죄를 고백하였다. 요컨대, 그는 광범위하게 분포되어 있는, 방대한 규모의 선교 교회의 증거를 발견했다. 혹은 다른 식으로 말해, 선교사가 볼 때, 중국은 그렇게 비참한―피멘텔이 말한 바―곳이 아니었다.

청나라를 가로지르는 피멘텔의 여행은, 대부분의 예수회원들이 광주에 구금되고, 도미니크 회원인 나문조만이 자유롭게 돌아다닐 수 있을 때에 이루어졌다는 것을 상기하라. 그러나 그는 중국 그리스도

---

3 Pimentel, *Breve Relação*, 89r.
4 Ibid., 88v and 103v.

교인들을 돌보아 줄 준비가 되어 있지 않았다. "그들이 내가 그들의 언어를 말할 줄 모른다는 것을 알게 되었을 때, 완전히 수심에 잠겼다"고 그는 썼다. 죄를 고백하는 사람들의 압박이 너무 커서 피멘텔은 고해 책자를 의뢰하였는데, 이것은 광동 예수회원이 사절단 편에 첨부한 본토 그리스도교 문사의 것이었다. 이 책자에는 포르투갈어와 중국어로 나열된 죄 목록이 있었고, 1에서 5까지 번호가 매겨진 또 다른 목록도 함께 있었다. 그리하여 그리스도교인들은 "죄의 종류를 가리키고 그런 다음 죄의 횟수가 나타내는 특징을 찾으면서" 침묵으로 고백할 수 있었다. 남녀 신도들은 모두 사제를 찾았고, 읽을 수 없는 사람들은 그의 통역사의 도움으로 죄를 고백했다. 피멘텔이 북경어를 말할 수 없다는 것을 알고 있었기 때문에, 감금된 선교사들은 그에게 사전에 자신들의 그리스도교인 공동체의 목록을 주지 않았다. 그럼에도 불구하고, 그가 곧 도착한다는 말은 매우 빨리 전해졌다. 사절단의 바지선 속도가 소문의 전파 속도를 능가했을 때, 현지 그리스도교인들은 그의 일행 속에 있는 천주교 신도들 혹은 단지 배에 걸려 있는 포르투갈 그리스도 수도회Portugal's Order of Christ의 적십자가 깃발을 보고 그의 존재를 알게 되었다.[5]

피멘텔은 매우 뛰어난 관찰력을 보였다. 그는 사절단의 일원으로서 길을 따라 여러 관리의 공관에 머물렀기 때문에 중국 건축에 대해 알고 있었다. 그가 보기에 그가 북경에서 겪은 상황은 니콜라스 트리고, 알바로 세메도, 마르티노 마르티니의 이야기를 읽은 후 마음 속에 떠

---

5 Ibid., 103v-104r.

올랐던 동방의 화려한 이미지와는 거리가 멀었다. 그러나 그는 수많은 그리스도교인들을 만났고 성례전에 대한 그들의 열망, 그의 영혼을 감동시킨 경험들에 주목하게 되었다. 그는 마카오에서 자란 티모르섬 출신의 청년인 자신의 하인이, 양자강을 가로질러 자신들을 나아가게 한 현지 뱃사공의 종교적 신념에 도전한 것으로 인해 기뻐한다고 썼다. 그는 남녀 신도들의 주장에 따라 성인과 어린이들에게 200회가 넘는 세례를 기쁘게 베풀었다. 그리고, 피멘텔은 그들의 방언으로 말을 할 수는 없었지만, 그가 남경 방문 때 거처를 준 고위관료인 동국기佟國器, Tong Guoqi와 그의 부인 아게다 동Agueda Tong의 신심을 확신했다. 비록 동국기가 1670년에 아직 세례를 받지는 않았지만, 그는 그리스도교인 부인 덕분에 오랫동안 선교사들의 협력자로 있었다. 피멘텔이 중국 예수회원들이 자신에게 동국기의 신심 성향에 대해 한 말을 믿지 않기는 했지만, 그는 그 관리가 출자하여 건축한 공주贛州의 교회에서 그의 신심에 대한 증거를 찾을 수 있었다. 그리고 동국기의 공관에 머무르는 동안 그곳에 있는 작은 예배당에서 매일 미사를 드리면서, 피멘텔은 모든 가족 구성원을 천주교로 개종시키려는 청나라 관리의 의지의 결실을 보았다.

프란시스코 피멘텔의 의심의 핵심은 문화적 대조에 대한 편애와 초기 근대의 격언인 "비교는 끔찍하다"를 무시하는―분명히 무지는 아니다―것이었다. 리스본에서 마카오까지 배를 타고 여행한 몇 달 동안, 그는 사람을 답답하게 만드는 수평선의 무게를 해소하기 위해 동료들의 저작에 묘사되는 중국의 이미지를 상상했다. 그가 사절단의 바지선에서 청나라의 일부를 마지막으로 엿보았을 때, 그의 환상은 눈앞에 있는 현실과 부딪혔다. ─그러나 오로지 부분적으로만. 피멘텔은 유럽의 문화 예술적 장엄함의 스케일을 사용하여 중국의 웅장함을 측정하면서 이 본토 국가의 성취를 언어화하는 데 실패했다. 그러나 그가 자신의 시선을 자신의 문화적 틀에 보다 더 잘 맞는 것으로 돌렸을 때, 다시 말해 그 자신이 종교 전문가가 되도록 똑같이 훈련받은 선교 사업의 열매를 찾을 때, 그는 동료들의 성취를 분명히 보았다. 피멘텔은 그런 인식을 갖고 그의 운명이 놓여 있는 통킹Tonkin으로 갔고, 그 지역에서 펼친 자신의 사도적 노력과 중국에서 목격한 것을 비교하였다.

피멘텔은 1670년 그가 중국에서 발견한 것에 놀랐다. 3세기를 거슬러 올라가 역사가들이 중국 예수회원들의 노력과 초기 근대 세계의 다른 지역에서의 사역들 사이의 유사점과 차이점에 대한 의문을 제기하는 것은 자연스러운 일이다. 결국 예수회는 아프리카, 아시아, 유럽 및 아메리카에서 동시에 선교 사업을 수행했으며, 부관구에 지명된 사람들과 동일한 신입회원 풀에서 뽑힌 사람들에게 그 사역을 맡겼다. 앞 장에서 나는 어떻게 중국 예수회원들이 유럽 가톨릭에서 그들의 동료들이 사용한 복음 전도 기술과 사목적 전략에 의존했는지를 보여 주었다. 따라서 다른 해외 선교 지역의 예수회의 사람들이 비슷한 방법에 의존했다는 것은 놀라운 일이 아니다. 아마존 열대 우림, 북아메리카 삼림, 남인도 연안 및 중국 제국과 같이 이질적인 지역 간에 존재하는 선교 사업 조건의 명백한 차이를 염두에 두면서 전 세계의 예수회의 선교 노력에 대한 일련의 공통점을 확인할 수 있다. 이러한 공통점에는 본토어를 배우는 문제, 다른 종교적 전통과의 대립, 교리 교육과 새로운 그리스도교 정체성 창조에 사용되는 전략, 새로운 개종자 공동체를 구성하는 데 사용되는 조직 방식 등이 포함된다. 중국 선교와 예수회의 다른 선교 사이의 세부적인 비교를 추구하는 것이 이 연구의 범위를 벗어나지만, 다음에서 나는 그것들 사이의 일반적인 유사점에 대해 대략적으로 그려보고자 한다.

1. 통일성과 다양성

예수회 세계를 여행하기 전에 짧기는 하지만 비교상 이 여정에 대한 몇 가지 조건을 제안할 필요가 있다. 우선, 다른 선교 환경에서 발견되는 변수들 가운데 예수회 자체를 상수常數로 인식해야 한다. 유럽 수도회의 지역들—선교사를 모집하는 주요 장소였음—사이의 변수를 무시하지 않으면서, 예수회원들의 공유된 훈련 경험, 조직 구조 및 사목적 돌봄에 뿌리를 둔 강력한 집단적 통일성을 알게 된다. 그러나 그러한 내부 응집력은 그 자체가 1540년에 수도회가 창설된 이후 수십 년에 걸쳐 일어난 진화 과정의 산물이었다. 따라서 예수회가 공통의 활동과 행정 패턴을 형성한—대략 1570년대 후반과 1580년대 초반까지—후에야 범유럽 예수회 정체성에 대해 말할 수 있다. 그 이전에 수도회의 성격은 창립 세대의 카리스마이그나시우스 로욜라(Ignatius Loyola), 피터 카니시우스(Peter Canisius), 시몽 로드리게스(Simão Rodrigues)에 의해 지배되어 왔으며, 이는 해외 선교에서 반복된 현상이다프란시스 사비에르(Francis Xavier), 마테오 리치(Matteo Ricci), 마뉴엘 다 노브레가(Manuel da Nóbrega). 그러므로 선교 사역을 비교하기 위한 가장 믿을만한 경로는, 제1세대 예수회원들이 수도회의 정체성을 세우고 각 선교의 개척자들이 자신들의 사도적 노력을 어떻게 가장 잘 수행할 것인가에 대한 첫 번째 결론에 도달한 후에 찾을 수 있다. 인도, 브라질, 일본, 시리아, 에티오피아, 모로코, 콩고 및 인도네시아 군도에 대한 초기 선교의 흥망이 분명히 예수회 전략과 태도의 발전에 기여하면서, 동시에 예수회 첫 수십 년의 흐름을 반영한다. 선교 창립자들과 그 후임자들의 정책들 사이의 추가적인 대조도 찾아낼 수 있다. 중국 선교의 경우, 니콜로 롱고바르도가 정교화시킨 행정 및 선교 전략이 마테오 리치의 지도력 하에 만들어진 것보다 다른 선교와 비교하기에 더 나은 조건들을 제공한다.

두 번째 고려 사항은 선교 활동의 한 요소로서 유럽 식민지 세력의 존재와 관련이 있다. 동아시아 선교는 스페인이나 포르투갈 군대의 강제력 없이 수행되었지만, 다른 지역에서는 그렇지 않았다. 그러나 제국주의의 눈은 그 손으로 잡을 수 있는 것보다 훨씬 더 많은 것을 보았고, 이베리아 또는 프랑스 세력의 영향력은 종종 이 나라들이 통제하는 식민지 요새에서 멀지 않은 거리까지 확대되었다.[6] 기지基地가 완전히 제국의 영내에 있었던 예수회원들은 식민지 압제의 한계를 넘어서는 지역 — 본토 통치자들이 자신들의 임무에 대해 높은 수준의 통제권을 유지했던 땅 — 까지 가서 선교를 수행했다. 따라서 유럽의

---

6 북남미에서의 식민지 세력의 범위에 대한 관련 논의는 Christine Daniels and Michael V. Kennedy, eds., *Negotiated Empires : Centers and Peripheries in the Americas, 1500~1820*, New York, 2002를 볼 것.

전초기지 근처에서 수행된 선교 활동과 분쟁 지역에서 전개된 선교 활동 사이에 절대적인 구분을 두어서는 안 된다. 확실히 18세기 이전에는 휴런족Huron band와 함께 캐나다의 눈 덮인 요새를 여행한 예수회 뒤를 따라간 식민지 군대가 거의 없었으며, 노예를 찾는 원정대 bandeirantes만이 파라과이 고지를 뚫고 그곳에 있는 예수회를 급습했다. 다른 지역과 마찬가지로, 그 지역에서도 선교사들은 원주민들의 협력으로 전도 프로젝트들을 수행했다. 적어도 원주민의 암묵적인 승인이 없었다면 예수회원들은 자신들의 목표를 달성할 희망을 가질 수 없었을 것이다. 더욱이 식민지 신학교와 선교 영토 간에는 지속적으로 인력의 이동이 있었으며, 전자는 후자의 주둔지 역할을 했을 뿐만 아니라, 곤경에 처한 선교사들을 위한 안전한 피난처 역할을 했다.

예수회 선교를 비교할 수 있는 가장 좋은 방법 중 하나는, 사제들과 소기의 개종자들 사이의 언어 장벽이라는 공통된 출발점에서 시작하는 것이다. 부관구에서 선교사들이 중국어와 사상에 몰입하는 정도는 본토 문사들의 가치 있는 대담자로서의 이미지를 만들고 유지하는 그들의 능력에 결정적인 영향을 미쳤다. 마테오 리치와 라자로 카타네오Lazzaro Cattaneo와 같은 개인들의 공동 노력으로 관화官話의 기초를 밝혀내었고, 자신들과 동료들에게 친숙한 문법 규칙에 따라 습득한 내용을 조직하였다. 다른 지역에서도 언어 문제는 감당할 수 없었는데, 예수회원들은 비슷한 기술을 사용하여 언어를 해체하고 유럽인이 이해할 수 있는 형식으로 재조직하였다. 이 노력은 일본어에 대한 주앙 로드리게스João Rodrigues의 기술과 예수회원들의 선구적인 앙골라, 칠레, 남부 인도 언어 문법이 가장 좋은 예가 된다. 투피 과라니

Tupi-Guaraní 문화 지역의 사람들을 위해 브라질에서 고안한 "일반 통용어"와 같이 과도하게 언어적 다양성이 있는 지역에서 사용할 새로운 혼성 국제어lingua franca를 만드는 선교사들의 보다 야심찬 프로젝트는 말할 것도 없다.[7]

언어 소책자들의 제작은 언어를 전혀 모르는 단계에서 유창성으로 가는 과정 중의 한 진전된 지점을 보여준다. 그 과정 초반에 다른 예수회원들은 미켈레 루지에리가 그의 첫 번째 중국어 교사와 했던 "그림" 수업과 유사한 경험을 하였다. 멕시코 북부의 고지대 사막과 바싹 마른 바하 캘리포니아Baja California 해안에서 수십 년을 보냈던 티롤Tyrol 선교사 유세비오 프란시스코 키노Eusebio Francisco Kino, 1645~1711는 "인디안이 있는 곳에 잉크병을 들고" 가서 대화 상대의 말을 듣고 올바른 발음을 빠르게 적으면서 그들의 말을 습득하였다.[8] 키노의 현지어 편집 및 구성에 대한 욕구는 1630년대 뉴프랑스New France, 역주-북아메리카 대륙에 있었던 프랑스 식민지에 대한 예수회 선교회 장상인 폴 르 주네Paul le Jeune, 1591~1664의 욕구와 유사했다. 르 주네는 몬타네어Montagnais와 알곤킨어Algonquin, 역주-북아메리카 원주민 부족들, Ottawa강 유역에 거주를 습득하는 문제를 고민하면서 "언어를 공부하기 전에 언어를 배울 수 있는 책을 만들 필요가 있었다"라고 주장했다. 그에게 있어 원주민의

7　Pedro Dias, *Arte da Lingua de Angola,* Lisbon, 1697; Luis de Valdivia, Arte y Gramatica General de la Lengua que corre en todo el Reyno de Chile(Lima, 1606); Tomé Estêvão(Thomas Stephens), *Arte da Lingoa Canarim,* Rachol, 1640. 브라질에서의 통용어의 고안과정에 대해서는 Charlotte de Castelnau-L'Estoile, *Les Ouvriers d'uneVigne Stérile : Les Jésuites et la Conversion des Indiens au Brésil, 1580~1620,* Lisbon and Paris, 2000, pp.141~169를 볼 것.

8　Ernest Burrus, ed. and trans., *Kino Writes to the Duchess : Letters of Eusebio Francisco Kino, S.J., to the Duchess of Aveiro,* Rome and St. Louis, 1965, pp.163~164.

방언을 습득할 수 있는 열쇠는 "그것을 자주 쓰고, 많은 단어를 배우고, 그들의 억양을 습득하는"데 있었다. 유럽의 언어가 동부 삼림 Eastern Woodlands 사람들의 언어와 크게 다르다는 그의 주장에도 불구하고, 르 주네는 한 가지 중요한 사실에서 위안을 찾았다. 즉, "사람들은 자기들 마음대로 그들을 야만인이라고 부르지만, 그들의 언어는 매우 규칙적이다".[9]

상황이 이렇더라도 예수회원들에게 일부 언어 장벽은 극복할 수 없었다. 그러한 경우에 선교사들은 링구아 프랑카와 지방 방언 사이의 소통의 격차를 해소하기 위해 조력자들에게 의존해야 했다. 비록 이것이 중개자들을 통해 죄 고백을 들음으로써 생겨나는 도덕적 문제는 말할 것도 없고, 정확성을 희생시키는 것을 의미한다 할지라도 말이다. 중국에서 부관구의 사람들은 자신들이 배운 관화가 그들의 선교부가 있는 도시 밖에서는 거의 사용되지 않는다는 것을 애석해 하는 것이 아무 의미가 없다는 것을 깨달은 후, 교리 교사 통역자들에게 의존했다. 특정 지역에 수년간 거주하면서 예수회원들이 중국의 7개 주요 지역 방언에 친숙해지기는 했지만, 그들이 시골 순회교구를 따라 여행했다는 사실은 그들이 지속적으로 진정한 바벨탑에 있었음을 시사한다. 마찬가지로, 대서양 횡단 노예무역은 가능한 많은 수의 영혼을 치료하려는 예수회원에게 벅찬 언어적 도전을 불러일으켰다.[10] 알론소 데 산도발Alonso de Sandoval, 1576~1652이 매년 그곳에 하선하는 수

---

9 Ruben Gold Thwaites, *The Jesuit Relations and Allied Documents*, 73 vols., Cleve-land, 1896~1901, 5:113 and 117.

10 중국 방언들의 차이에 대해서는 Jerry Norman, *Chinese*, Cambridge, 1988, pp.181~244. 를 볼 것.

백 명의 아프리카 노예에게 세례를 주고, 교리교육 하려는 예수회의 노력을 조정한 까르타헤나 데 인디아Cartagena de Indias에서의 경우가 그러했다. 콜롬비아 항구에 있는 다양한 언어 그룹과 유동하는 노예 인구는 산도발로 하여금 필요한 모든 언어를 배우는 것이 불가능하다고 믿게 하였다. 그는 "그들을 가르칠 수 있는 사람이 아무도 없었을 뿐만" 아니라, 사제들이 노예를 다루는 방식도 "그들이 우리에게 자연스럽게 붙어있도록 하기에 충분하지" 않았다고 지적했다. 까르타헤나 예수회원들은 상황을 개선하기 위해 다른 아프리카 지역에서 온 노예들과 연락을 유지하려고 노력했으며, (만약 그들의 주인이 허락한다면) 중앙 항로Middle Passage, 역주−노예 무역에 이용되던 아프리카 서해안과 서인도 제도를 잇는 대서양 항로의 죽어가는 생존자들과 소통하기 위해 통역사 역할을 하도록 이 노예들을 소환했다.[11]

예수회원들의 언어 학습의 목표는 그리스도교 메시지를 전하는 수단을 갖추는 것이었다. 그러나 의사소통 능력이 설득력과 항상 같은 것은 아니다. 총과 채찍을 든 아군이 없는 곳에서 수사학은 영혼을 요구하는 선교사들의 유일한 수단 중 하나였다. 동아시아에서 예수회원들은 그들의 목소리가 전달될 수 있는 것보다 훨씬 멀리 중국과 일본 담론의 영역에 자신들의 말을 퍼뜨리기 위해 출판 노력을 기울였다. 그러나 그들의 출판 사역은 우아한 형식과 스타일, 그리고 적절한 문화적 울림을 표현하는 방법에 대해 박식한 본토인들로부터 받은 도움이 없었다면 허물어졌을 것이다. 다른 지역에서 그들은 자신들이 열

---

11 Alonso de Sandoval, Un Tratado sobre la Esclavitud, ed. *Enriqueta Vila Vilarm*, Madrid, 1987, pp.370~375.

망하는 정도의 권위를 지닌 의사소통 형식을 사용했다. 휴런족Hurons
과 이로쿼이족Iroquois 중에서 선교사들은 연설가의 수준까지 그들의
언어 능력을 개발하는 것을 목표로 삼았다. 일단 그들이 문사 모임에
서 연설할 자격이 있다고 여겨지자 그들은 언어 과정이나 문법 공부
가 줄 수 없는 사회적 존경을 얻었다.[12] 더욱이 예수회원들은 그리스
도교 개념을 설명하는 데 사용했던 이미지와 은유를 자신들이 있는
곳의 문화적 맥락에 맞추는 데 반대하지 않았다. 즉, 중국에서는 유교
의 도덕 규범을 십계명과 연결시켰던 반면, 일본에서는 봉건 영주에
대한 충성심을 데우스Deus에 대한 의무와 연관시켰으며, 오대호Great
Lakes 지역에서는 신적인 인물에게 이로쿼이 전사들의 무시무시한 속
성을 부여했다.[13]

설득은 대결을 의미하며, 예수회원들은 전 세계의 다른 종교 전통
과 그 대표자들에 대항하여 전투에 나섰다. 중국의 불교 성직자에 대
한 그들의 적대감과 잠재적 개종자들이 갖고 있던 기존의 정신 세계
를 허물어뜨리려는 그들의 시도는 책 전반에 걸쳐 충분히 소개되었
다. 그러나 부관구 사람들이건 혹은 다른 지역의 선교사들이건 선교
현장에 오기 전에 경쟁자들의 신학과 우주론에 정통한 사람은 없었
다. 그들이 비그리스도교 관습을 천주교로 대체하려면 현장에서 비그
리스도교 관습의 기초를 반박할 수 있는 방법을 습득해야 했다. 또한
그들은 주어진 선교 현장에서 자신들의 종교적 경쟁자가 누구인지 식

---

12 James Axtell, *The Invasion Within : The Contest of Cultures in Colonial North America*,
Oxford, 1985, pp.81~88.

13 John Steckley, "The Warrior and the Lineage : Jesuit Use of Iroquois Images to
Communicate Christianity", *Ethnohistory* 39.4, Autumn 1992, pp.478~509.

별해야 했다. 모든 연례 서한에는 일본의 "승려", 말루쿠Moluccas의 물라mullahs, 인도의 요기yogis 또는 페루의 안데스 종교 전문가들과 같은 골치 아픈 맞수의 이야기가 포함되어 있다. 그러나 예수회원들은 다른 종교 전통의 대표자들로부터 감지한 적대감의 정도에 비례하여 다른 종교 연구에 투자한 것으로 보인다. 예를 들어, 중국의 도교와 도사에 대한 그들의 총체적인 반박은 그들이 불교나 승려들과 교전할 때 사용한 전술과 동등했다.

예수회원들이 다른 종교 전문가들과 대면했을 때, 그들은 질병 예방적, 의식儀式적, 수사적 또는 과학적 기술을 공개적으로 보여줄 기회를 찾았다. 결국, 경쟁자들보다 초자연적인 신비를 더 잘 예측, 설명 또는 전달할 수 있는 능력은 넓게는 개종을 달성하는 그들의 능력뿐만 아니라 사회적 합법성을 얻는 능력을 결정했다. 중국 예수회원들과 본토 천문학자들의 대결에서 예수회원들이 거둔 승리는 선교의 정치적 보호를 보장했으며, 그들 보고서에 따르면 다른 의식儀式이 퇴치하지 못했던 전염병이나 가뭄을 다소나마 해결한 가톨릭 의식儀式의 수행은 새로운 천주교 신도들을 얻게 해주었다. 다른 곳에서도 예수회원들은 그러한 기술을 사용했다. 예를 들어, 파라과이에서 과라니Guaraní에 대한 예수회의 선교는 종종 효과적인 의식儀式, 치유 기술 및 도덕적 가르침을 놓고 사제와 무당 사이의 논쟁의 무대가 되었다.[14] 1680년대 초 인도 남부에서 한 예수회원은 그의 거주지와 교회가 있

---

14 Dot Tuer, "Old Bones and Beautiful Words : The Spiritual Contestation between Shaman and Jesuit in the Guaraní Missions", Jodi Bilinkoff and Allan Greer, eds., *Colonial Saints : Discovering the Holy in the Americas, 1500~1800*, New York, 2003, pp.77~97.

던 마을을 공격하기로 결심한 두 경쟁자 사이에 있음을 알았다. 경쟁자 대장 중 한 명이 군인, 하인, 브라만을 데려와서 힌두신의 기원에 대해 이야기하는 선교사의 말을 들었다. 이 선교사는 "나는 제1원인 First Cause은 오직 하느님God이고 그의 신들gods은 아니라고 이성적으로, 그리고 그들의 이야기에서 나온 논증으로 그에게 증명했다"라고 주장하면서 한편으로는 스스로 위안을 삼고, 다른 한편으로는 상대방을 개종시키기를 바랐다.[15]

그러나 우주론적 대결에서 적을 앞서는 것은 영혼을 찾기 위한 전투의 절반에 불과했다. 로드리고 데 피구에이레도Rodrigo de Figueiredo가 그의 중국 농민 대담자가 패배를 인정하고 그리스도교 가르침에 대한 설명을 요청하는 순간 일련의 문제에서 다른 문제로 이동했음을 기억하라. 예수회원들이 전향적 개종자들의 생각에 새로운 신학적 체계를 구축하기 위해 사용했던 일반적인 전술은 유럽 교리 교육의 오랜 전통에서 비롯되었다. 그들은 처음에 성경적 의미의 유일신God 개념을 소개한 다음 유대—그리스도교 도덕의 요소들을 이야기하고, 그리고 나서 그리스도의 성육신과 수난에 대해 설명하였다. 선교사들은 이 가르침의 패턴을 아메리카에서 뿐만 아니라, 아시아의 다른 지역에서도 동일하게 적용할 수 있다고 생각했다. 이슬람이 그 지역에 퍼져 나갈 때쯤 동시에 인도네시아 군도에서 선교 사업을 시작하면서, 마누엘 페레이라Manuel Ferreira, 1586~1625는 "거룩한 율법을 전하라고 보내신……어느 누군가에게서도 찾을 수 없었던 자신의 영혼을

---

15 S. Jeyaseela Stephen, ed. and trans., *Letters of the Portuguese Jesuits from Tamil Countryside, 1666~1688,* Pondicherry, 2001, p.270.

구원하신 하늘의 왕"의 대사로서 자신을 지역의 통치자에게 소개했다.[16] 또한, 1620년대에 안토니오 데 안드라데Antonio de Andrade는 티사파랑Tsaparang의 라마 사람들에게 그리스도교의 가르침을 요약해주었는데, 불완전한 티벳어로 침착하게 삼위일체의 개념을 설명하면서 "사람, 자연, 믿음, 은혜 등"과 같은 용어를 번역 없이 설명했다.[17] 프랑스 예수회원들이 북아메리카의 이로쿼이Iroquois 사람들 사이에서 "우리가 우리의 눈을 한쪽에서 다른 한쪽으로 옮길 때 보게 되는 많은 것들"을 만든 위대한 소리Great Voice인 하느님을 소개할 때 비슷한 접근법을 사용했다.[18]

예수회원들이 "학습 계획"에 따라 학습 과정을 조직하려고 했던 것처럼 그들은 교리문답의 내용을 논리적으로 안배했다. 실제로, 오늘날의 관찰자들만이 예수회의 신성한 교육활동과 세속적인 교육활동 사이의 차이를 구별할 수 있을 뿐이다. 마누엘 알바레스Manuel Álvares의 『문법학』De Institutione Grammatica 첫 번째 판, 1572, 키프리아노 수아레즈 Cipriano Suárez의 『수사학 기술』De Arte Rhetorica, 첫 번째 판, 1562 및 『코임브라대학평주評注』Commentarii Collegii Coninmbricensis 첫 번째 판, 1593와 같은 저작들이 유럽 전역에 걸쳐 예수회 학업 프로그램을 위한 표준 교과서가 되었는데, 교육적 통일성에 대한 동일한 추진력으로 인해 마르코스 호르헤Marco Jorge의 『그리스도교 교리』Doutrina Christã, 첫 번째 판, 1566

16 Hubert Jacobs, ed., *The Jesuit Makasar Documents(1615~1682)*, Rome, 1988, p.25.
17 Hugues Didier, ed., *Os Portugueses no Tibete : Os Primeiros Relatos dos Jesuítas(1624~1635)*, coord. Paulo Lopes Matos, trans. Lourdes Júdice(Lisbon, 2000), p.126.
18 John Steckley, trans. and ed., *De Religione : Telling the Seventeenth-Century Jesuit Story in Huron to the Iroquois*, Norman, Okla., 2004, p.51.

와 같이 널리 사용된 교리 설명서가 생겨났다. 그러한 저작들로 훈련을 받은 선교사들이 해외 선교에서 그것들을 재사용하려고 했던 것은 놀라운 일이 아니다. 주앙 다 로샤João da Rocha의 『천주성교계몽天主聖敎啓蒙』호르헤(Jorge) 교리문답서의 중국어 버전은 이미 언급되었으며, 다른 개작 텍스트들이 브라질, 인도 및 동유럽에서 사용되었다. 1624년에 마테우스 카르도소Mateus Cardoso는 리스본에서 이 텍스트의 콩고어Kikongo 번역본을 출판하고 선교 현장에 즉시 전달했다. 이듬해 루안다Luanda의 해안 지역에서 콩고 수도 상 살바도르São Salvador까지 육로로 여행하는 동안 카르도소약 1584~1626는 이 소책자cartilha가 그에게 지역의 유력한 사람들과 우정을 쌓는 데 도움을 준 것에 만족스러워 했다. 카르도소는 한 군주에게 사본을 주고 이것을 이전 방문 때 선교사가 남겨 놓은 포르투갈어 교본 대신 사용하도록 하였다. 그리고 "그가 어떻게 읽는지를 알기 때문에 교사의 업무를 수행할 수 있을 것"이라고 말하면서, 다른 사람에게 교리를 가르칠 수 있도록 허락해달라고 간청했다.[19]

교리 매뉴얼을 배포하는 것이 그리스도교 메시지를 전파하는 효과적인 수단이었지만, 무학자들을 가르치게 되었을 때 예수회원들이 난감해 했다고 생각해서는 안 된다. 우선 마르코스 호르헤의 교리 문답서와 번역본은 간단한 대화 형식으로 작성되었다. 더욱이 예수회 선교사들은 교리를 주입하기 위해 노래를 광범위하게 사용했다. 유럽의 시골 사람들 사이에서 사용된 입증된 방법을 바탕으로, 중국 예수회

---

19 António Brásio, ed., *Monumenta Missionaria Africana*, 15 vols., Lisbon, 1952, pp.7: 372.

원들과 평신도 조력자들은 그리스도교 주제와 대중적인 멜로디를 결합시켰으며, 특히 여성과 어린이들이 함께 따라부르는 것을 장려하였다. 그러나 동아시아에서 선교사들의 음악 사용은 노래가 가장 중요한 교리 교육의 수단이었던 아프리카와 아메리카의 선교 현장에서보다 덜 발달되었다. 예를 들어, 마테우스 카르도소는 1625년 상 살바도르 밖에서 어린이 무리를 만났다고 기록했는데, 그 어린이 그룹은 "깃발을 높이 들고 행렬 속에서 콩고어로 기도하며" 그를 데리고 수도까지 갔다.[20] 안토니오 비에이라Antonio Vieira, 1608~1697는 브라질 해안 산지에서 자신의 동료들이 인디언 어린이Indian children 그룹을 모아 사제들이 "운문과 매우 적절한 가락으로" 구성한 교리 문답을 노래했다고 보고했다. 비에이라는 지속적인 교리 수업에서 청소년 숫자가 많이 늘어나고 있음을 기록하면서, 브라질의 선교 창립자인 마누엘 다 노브레가Manuel da Nóbrega, 1517~1570가 주장한 "음악과 성악 화음으로 아메리카의 모든 이교도를 자신에게 불러들였다"고 한 말의 증거를 보았다.[21]

내가 설명했듯이, 중국 예수회원들은 성수반聖水盤과 교리 수업을 넘어서 자신들의 개종자들의 영적인 길을 구상하고 이끌었다. 세례 지원자 교육을 통과한 후 성인 그리스도교인들은 자신을 신도 공동체의 일부로 생각하고 공동 의식儀式에 참여해야 했다. 부관구에는 집단 영성의 두 가지 기본 형태, 즉 조직적 단체와 신앙적인 신도회가 있었

---

20 Ibid., 7:379.
21 António Vieira, Obras Varias, ed. *J. M. C. Seabra and T. Q. Antunes*, 2 vols., Lisbon, 1856, pp.2:72~73

다. 전자는 예수회원들의 선교 교회를 구성하는 데 도움을 주었고, 후
자는 더 높은 수준의 열정을 가진 사람들을 위해 보다 강렬하고 다양
한 형태의 신심을 실천할 수 있게 해주었다. 그러나 단체 모델이 회會
를 만들려는 강한 토착적 추진력에 비추어 볼 때 명청 사회에서 특히
적합했지만, 그러한 집단 신심의 형태는 중국에만 국한되지 않았다.
파라과이에서 예수회원들은 신도 수가 감소할 때, 과라니 그리스도교
인들 중에 보다 독실한 사람들에게 특별한 채널을 제공하기 위한 방
법으로서 성모회를 구성하였다. 안토니오 루이즈 데 몬토야Antonio
Ruiz de Montoya, 1585~1652는 1630년대 후반에 단체 회원들이 어떻게
죽어가는 사람 및 죽은 사람과 관련해서 특별한 역할을 맡았는지를
설명했다. 그들은 병자 성사 시간이 가까워지면 철야기도를 하고 사
제를 호출해야 했다.[22] 다른 곳에서 단체들은 사제들이 보고타에서
아프리카 노예를 위해 대성모Saint Mary Major 기도 단체를 조직한 것처
럼, 예수회로부터 목회적 돌봄을 받은 일부 그리스도교인들에게 집단
적 연대를 제공하려고 노력했다.[23] 그리고 도쿠가와시대 박해 당시
일본 큐슈 섬에서와 같이 그들의 영적 책임이 치명적인 위험에 직면
했을 때, 예수회로부터 영감을 받은 또 다른 단체는 단체의 결속과 상
호 보호의 유대를 강화하는 데 유용함을 보여주었다.[24]

---

22 Antonio Ruiz de Montoya, *The Spiritual Conquest Accomplished by the Religious of the
   Society of Jesus in the Provinces of Paraguay, Paraná, Uruguay, and Tape*, ed. C. J. McNaspy,
   trans. C. J. McNaspy, John Leonard, and Martin Palmer, St. Louis, 1993, p.118.
23 Sandoval, *Tratado*, p.264.
24 Kawamura Shinzo, "Making Christian Lay Communities during the 'Christian
   Century' in Japan : A Case Study of Takata District in Bungo", *Ph.D. diss.*,
   Georgetown University, 1999, pp.118~219; Peter Nosco, "Secrecy and the
   Transmission of Tradition : Issues in the Study of 'Underground' Christians",

사제 부족으로 말미암아 많은 선교 현장에서 필요에 의해 길러진 평신도 신심의 또 다른 표현은 예수회원들의 본토 조력자들의 활동에서 발견된다. 부관구의 사람들이 의식儀式을 조정하고 선교 교회의 결속을 유지하기 위해 교리 교사와 회장會長에 의존한 것처럼, 다른 선교 현장의 예수회원들도 평신도 조력자들에게 의존했다. 인도 남동부의 선교사들은 자신들의 필요를 충족시켜줄 수 있는 충분한 신입회원을 받을 수 있을 거라는 1667년 연례 서한에서 교리 교사들을 간청했다. 훈련 기간이 끝난 후, 이 사람들은 "마치 신선한 포획물을 잡는 데 능숙할 뿐만 아니라 숲에서 사는 동물들을 능수능란하게 길들이는 사냥꾼처럼, 우리의 지시에 따라 시간을 사용하여 마을과 교외, 촌락과 시장, 시골과 숲 속으로" 갈 수 있었다.[25] 뉴프랑스New France 롱하우스 longhouse, 역주-아시아, 유럽 및 북아메리카 등 세계 여러 지역의 길고 좁은 단일 방의 건축 양식 사회의 경우처럼 집단 기도를 인도하고, 새로운 교회 구성원을 교육시키는 일은 종종 씨족 어머니들에게 떨어졌다. 이 여성들은 예수회원들이 원래 "기도 지도자" 또는 "도기케dogiques" — 일본에서 전 세계로 퍼진 용어로서, 도주쿠dojuku, 문자적 의미로 '동거인'는 사제의 평신도 보조 조직을 나타내는 데 사용됨 — 라는 직함을 가진 임무를 부여한 이로쿼이 남성들로부터 이 중요한 활동을 이어받았다.[26]

그러나 예수회원들이 전 세계 선교교회의 발전을 이끌어낸 또 다른

Japanese Journal of Re-ligious Studies 20.1, 1993, pp.3~29 특히 pp.3~10.

25 Stephen, *Letters*, 6.

26 Allan Greer, "Conversion and Identity : Iroquois Christianity in Seventeenth -Century New France", Kenneth Mills and Anthony Grafton, eds., *Conversion : Old Worlds and New,* Rochester, N.Y., 2003, pp.175~198, 특히 p.182.

혼적은 일련의 가톨릭 의식 활동—일상기도, 미사 참석, 성찬례—을 표준화하려 했던 시도에서 찾을 수 있다. 1630년대부터 본격적으로 시작하여, 부관구의 사람들은 일부 중국 그리스도교인들에게 적절한 형태의 육체적 고행을 고취시키고, 수난회를 조직하여 집단으로 참회 훈련을 할 것을 장려하였다. 이러한 실천들은 종종 예수회원들이 유럽에서 학업 및 사목 훈련을 받는 동안 자신들의 개인적 헌신의 중심 부분이었기 때문에, 선교사들이 이런 유형의 형식을 해외로 가져 왔다는 것은 놀라운 일이 아니다. 마테우스 카르도소는 그가 콩고의 가르시아 1세의 손에 어떻게 채찍질 고행자의 채찍을 놓았는지를 설명했고, 그것이 대강절과 사순절 동안 사용되는 것이라고 그에게 알려주었다. 또한 예수회원은 그에게 실리스cilice, 역주-수사가 입던 말털로 짠 셔츠를 제공하고 "참회할 때" 그의 몸에 착용하도록 하였다.[27] 파라과이 지방의 사제들도 일부 사람들이 어떻게 "피의 고행……. 심지어 얼굴에 가해지는 징벌을 피하지 않고" 쉽게 적응했는지를 언급하면서, 수치와 회개를 올바르게 표현하는 방법으로서 육체적인 고행을 장려했다. 인디안 여성들은 그들이 "남성의 공개훈련"에 참가하는 것을 예수회원들이 허락하지 않았기 때문에 유사한 고행 활동을 비밀리에 행하였다.[28] 그러나 그러한 형태의 신앙을 주입하는 작업이 중국—신체적 고행의 가치관에 반하는 도덕적 가르침이 있었던—에서처럼 다른 곳에서도 어려운지 궁금하게 생각하는 사람들이 있을 것이다.

---

27 Brasio, *Monumenta Missiologica*, 7:383.
28 Ernesto J. A. Maeder, *Cartas Anuas de la Provincia de Paraguay, 1637~1639*, Buenos Aires, 1984, pp.103 · 106.

중국에서는 토착적인 도덕적 가르침이 육체적 고행을 반대하는 방향으로 진행되었다. 적어도 캐나다에서는 선교사들이 신도들에게 고행을 장려하는 데 거의 어려움이 없었다. 예수회 보고서에 따르면 얼어붙은 물에서 침례를 받거나 석탄으로 살을 태우는 것과 같은 본토의 관행들이 거친 모직 셔츠 착용, 금식, 채찍질 같은 유럽의 표준적인 관행들과 융합되었다.[29]

이 모든 열정적인 형식의 표현에도 불구하고, 경험 많은 선교사들은 그리스도교인 공동체를 만드는 일이 장기적인 노력이라는 것을 알고 있었다. 예수회원들의 선교 현장에서 온 보고서에서 발견할 수 있는 모든 군사적인 은유들로 보건대, 그들은 선교 사업을 지구전으로 보았지 소규모의 전투나 돌격전으로 보지 않았다. 이 점에서 초기 근대의 모든 선교사들의 노력에는 기본적인 모순이 놓여 있다. 즉, 선교사의 소명은 기적과 영웅주의의 이야기에서 자란 열정의 산물이었는데, 비그리스도교 땅에서 선의의 개종을 달성하고 가톨릭의 신앙적 관습을 주입할 때 직면하는 실질적인 어려움으로 말미암아 종종 감정이 조급하게 변한다는 것이다. 일본과 같은 일부 선교 현장에서는 비교적 짧은 기간에 수백 명의 개종자가 있었다는 보고를 함으로써 다른 지역에서 큰 기대를 불러 일으켰다. 그러나 유사한 개종의 성과가 실현되지 않으면 선교사 개인이든 제도 차원이든 좌절감을 느꼈다. 중국 부관구의 경우, 개종 속도가 느리게 진행되어 로마의 예수회 본부에서 수십 년간 초조해 하였고, 한 명 이상의 순찰사를 임명해야 했

---

29 Greer, "Conversion and Identity", pp.188~189.

다. 일부 예수회 장상들은 자신들의 교구에서 비슷한 압력을 느끼기 전에 사도적 승리를 신속하게 실현시킬 수 있을 것이라는 통신원들의 희망을 꺾는 쪽을 선택했다. 첫 번째 선교사들이 세인트 로렌스St. Lawrence 계곡에 도착한 지 10년이 채 되지 않은 1633년에 폴 르 주네는 이제 막 시작한 자신의 선교를 발전이 더딘 사람들과 비교했다. 그는 "브라질에서 38년이 걸려 성과를 얻었다. 그들은 중국의 문에서 얼마나 오랫동안 기다리고 있는가"라고 주장했다. 적절하게도 르 주네는 자연에서 끌어온 은유로 자신의 요점을 강조했다. 즉, "버섯은 하룻밤에 돋아나지만, 야자나무의 열매가 익으려면 몇 년이 걸린다는 것을 기억하라".[30]

2. 통일성 속의 다양성

여기서 제안된 주제는 초기 근대세계의 다른 지역들에 있는 예수회 선교 사이에 많은 공통점이 있음을 나타내지만 비교 가능성을 과장해서는 안 된다. 결국, 선교사들이 활동한 넓은 문화권의 스펙트럼은 예수회 활동의 통일된 비전을 확립하려는 사람들에게 많은 문제를 제기한다. 심지어 예수회원들조차도 비그리스도교 지역에서 이루어진 그들의 모든 사목적 노력을 "선교 활동"이라는 항목 아래 포함시키는 것이 위험하다는 것을 알고 있었다. 한 가지 예로, 호세 데 아코스타

---

30 Thwaites, *Jesuit Relations*, 6:25.

José de Acosta, 1540~1600는 페루와 중국만큼 완전히 동떨어진 문명에 있는 예수회 사람들이 직면한 문제들을 분명히 알고 있었다. 안데스 산맥의 이 스페인 선교사는 언어 문제 및 단어가 아닌 문자의 사용이 어떻게 용어의 모호함을 야기하는지 지적했다. 즉, "인디안의 경우 24개의 글자를 쓰고 결합할 줄 알면 세상의 모든 단어를 쓰고 읽을 수 있는데, 수많은 글자를 아는 중국 관리는 마르틴Martín이나 알론소 Alonso와 같은 이름을 정확하게 쓰기 어렵고 그가 알지 못하는 사물의 이름을 쓰기는 더욱 어려울 것이다".[31] 중국에서 이러한 통약불가능성을 발견하는 과정은 예수회원들을 불화의 지점으로 이끌었고, 용어 논쟁Terms Controversy 중에 니콜라스 트리고Nicolas Trigault의 자살의 경우에서와 같이 심지어 비극으로 치달았음을 상기하라. 다른 곳에서는 유럽 언어를 채택하거나 강요함으로써 통역자로서의 선교사들의 역량 혹은 그들의 건강을 혹사시킬 필요가 없었다.

각각의 지역들의 선교 사역의 물리적 조건도 쉽게 비교할 수 없을 정도로 다양했다. 부관구의 사람들이 빈곤과 심지어 굶주림에 대해 자주 한탄했지만, 많은 사람들이 가장 견디기 어려웠던 것은 희망봉 루트를 따라 항해하는 것이었다. 선교지로 가는 여정에서 다행히 살아남은 사람들의 조건은 다른 동료들이 겪은 고통—물론 전 세계의 예수회 신학교에 있는 수천 명의 예수회원들은 제외하고—과 비교할 때 훨씬 나았다. 만주 침략의 소용돌이에 휩싸인 소수의 중국 선교사들을 제외하고, 명청 제국의 대부분의 예수회 사람들은 도시와 마

---

31 José de Acosta, *Natural and Moral History of the Indies*, ed. Jane Mangan and Walter Mignolo, trans. Frances López-Morillo, Durham, N.C., 2002, p.339.

을의 평온한 환경에서 사목적 임무와 전도하는 임무를 수행했다. 그
들의 선교 순회교구로의 여행은 "수영할 때 물에 빠지지 않게 누워있
는 것처럼 눈에 빠지지 않게"[32] 히말라야의 설산을 뚫고 지나가야 했
던 안토니오 데 안드라데António de Andrade의 티베트 여행과는 거리가
멀었다. 마찬가지로 호세 몬테이로José Monteiro는 부관구의 신입회원
들에게 하인들의 요리 실수에 대한 혐오를 어떻게 표현하는지 말하고
싶었지만, 루이스 피구에이라Luis Figueira, 약 1574~1643가 1607년 북부
브라질의 산을 여행할 때 그랬던 것처럼 적어도 먹을 쥐가 부족하여
한탄할 필요는 없었다.[33] 북경, 상해, 항주와 같은 도시의 예수회원들
의 건축물은 추위가 창문을 통해 흘러내리는 것을 막기 위한 얇은 종
이 밖에 없었을지 모르지만, 그것은 확실히 안으로는 연기 나는 불씨
와 밖으로는 쌓인 눈 더미 사이에 갇힌 길고 나지막한 휴런족의 롱하
우스longhouse에서 보낸 혹독한 겨울에 비하면 아무것도 아니었다.[34]

전 세계 예수회의 선교부 간의 비교 한계에 대한 최종 고려 사항은
예수회와 유럽 제국 프로젝트와의 연결과 관련이 있다. 앞서 언급했
듯이, 식민지 군대가 주권자가 점령한 광대한 영토에 대한 통제권을
행사한 정도는 과대평가하기 쉽다. 그러나 그 사실이 유럽 권력의 가
장 먼 그림자 너머에서 활동한 예수회원들이 다른 제국의 목표와 조
화를 이루려는 그들의 노력을 고려하는 것을 막지는 못했다. 소수의
예만으로도 충분할 것이다. 식민지와 선교 목표의 일치는 인도 남부

---

32 Didier, *Portugueses no Tibete*, p.86.
33 Serafim Leite, *Luiz Figueira : A Sua Vida Heróica e Sua Obra Literária*, Lisbon,1940,
  p.115.
34 Axtell, *Invasion Within*, pp.74~75.

에서 분명하게 드러났는데, 피셔리 해안Fishery Coast 주민들 사이에서 수행한 예수회원들의 사도적 노력은 포르투갈과 원주민 진주 무역상 사이의 상업적 연결을 강화했다.[35] 더 많은 실례는 아메리카의 식민지 내륙 지역에 흩어져 있는 수많은 레두시온reduccione, 역주-포교를 위해 세운 성당과 학교가 있는 원주민 교화 부락, 알데이아스aldeias 마을 및 보호 구역 réserves에서 찾을 수 있다. 일본에서 예수회원들은 지방 영주와 포르투갈 상인들 사이에서 중개자 역할을 함으로써 자신들의 선교에 확고한 발판을 확립할 수 있었다. 그리고 중국 부관구의 경우, 예수회원들과 마카오의 호혜적인 관계는 세속적이고 종교적인 목표의 융합의 분명한 사례를 제공한다. 식민지는 한때 선교사들의 안전한 피난처, 집결지, 급여 및 보급품 루트였다. 이러한 유리한 조건은 예수회원들이 용의 왕좌Dragon Throne, 즉, 황제 앞에서 반복적으로 마카오의 이익과 심지어 포르투갈 영토의 존재 자체를 수호할 충분한 이유를 제공했다.

어떤 경우에는 예수회 사람들과 식민지 관료 및 거주민 사이의 물리적인 접근성으로 인해 목표와 태도가 융합되기도 했다. 일부 예수회 저서에 표현된 확신의 정도는 어리석음에 가깝다. 선교사들 자신이 자신들의 프로젝트를 수행하기 위해 무력을 소환할 수 있는 능력을 과장했기 때문이다. 알론소 산체스Alonso Sánchez가 중국을 쉽게 정복할 수 있다는 자신의 생각을 스페인의 펠리페 2세Philip II에게 팔려는 의도로 어떻게 아시아에서 유럽까지 여행했는지를 상기해보라. 비슷한 선교사 허세의 에피소드는 예수회원이 선교 현장에서 감지한 적

---

35 Ines Øupanov, *Missionary Tropics : The Catholic Frontier in India(16th~17th Centuries)*, Ann Arbor, 2005.

대감의 정도와 동료들이 그것을 극복할 수 있다고 상상한 것에 비례하는 듯하다. 예를 들어, 폴 르 주네Paul le Jeune는 1630년대 캐나다에서 개종 사역의 어려움에 대해 우려를 표명했지만, 그는 "동인도와 서인도에서 포르투갈인이 처음으로 펼친 위대한 무력의 과시"와 유사한 어떤 행동을 이로쿼이Iroquois족을 향해 취하도록 제안하는 것을 회피하지 않았다.[36] 거의 30년이 지난 후, 그는 다시 전쟁의 북이 오대호 지역에서 선교의 기조를 설정하는 데 가장 좋은 도구라고 주장했다. 즉, "이로쿼이족은 승려나 브라만Brahmin보다 더 나쁘다. 그들은 펜이 아니라 무력으로 무찔러야 한다. 그리고 중국해China Sea 에는 그렇게 위험한 해적이 없다".[37]

그러나 예수회의 선교 사역과 유럽의 해외 제국 사이의 관계가 항상 공생 관계는 아니었다. 예수회원들은 종종 세속적인 유럽의 이익과 반대되는 목적으로 일했다. 때때로 그들은 명성을 얻기 위해—이윤이 아니라면—세속적 목표를 추구했다. 예를 들어, 1630년대와 1640년대에 선교사들이 파라과이의 과라니Guaranís를 놓고 스페인 사람 및 파울리스타인Paulistas과 충돌한 것은 1580년대 나가사키 항구에 대한 일시적 통제권을 장악한 것과 동등한 제도적 독립성, 야망을 보여주었다. 더욱이, 서로 다른 식민 사회에 있는 종교재판소나 탁발수도회와 같은 또 다른 교회 기관과 예수회 사이의 종종 긴장된 관계는 그리스도교를 이식한다는 공통의 목표에도 불구하고 이러한 서로 다른 제국 대리인들의 모순된 목표에 대한 추가 증거를 제공한다.[38]

---

[36] Thwaites, *Jesuit Relations*, 6:145
[37] Ibid., 46:291 and 293.

그러한 모순들은 왕실의 관료, 개인 상인 및 세속 교회 지도층의 해외 대표자들 사이에 아주 흔하게 존재하는 목표의 차이만큼 두드러졌다. 그것들은 유럽인들이 초기 근대 세계에 드리워 놓은 느슨한 제국 그물망의 거친 직물이었다.

그러나 중국에서는 선교 활동과 제국의 프로젝트 사이의 관계와 관련하여 여기서 제기된 많은 질문들이 논쟁의 여지가 있다. 예수회원들은 그들을 비난하거나 그들의 신학적 주장의 진실성을 부인하는 사람들의 마음을 바꾸도록 강제하기 위해 유럽 군대를 소집할 수 없었다. 일단 명청 황제의 영역에 들어간 그들은 예수회가 유럽인들 사이에서 누렸던 확고한 제도적 명성과의 관계를 끊었다. 토착 언어, 법률 및 학문의 관점에서 예수회원들은 사역이 시작될 때 문화 더미의 맨 아래에서 자신들을 발견했다. 그들은 이 책에서 논의한 수십 년 동안 명성을 얻었지만 중국에서 외교관에 불과했다. 그들은 우정이나 설득을 통해서만 권력을 가진 사람들에게 영향을 끼칠 수 있었다. 그 나라에서 예수회원들의 빈약한 위상을 나타내는 가장 좋은 지표 중 하나는, 본토 사제를 자신들 무리에 받아들일지의 문제에 있어서 주저한 것이다. 그들은 중국인 신입회원을 그들의 서약에 따라 살게 할 수 있는 자신들의 능력에 대해 걱정했을 뿐만 아니라, 관료들이 변절한 사제로 하여금 부관구 장상들의 징계를 따르지 않게 할까봐 두려워했다.

---

38 한 가지 예는 17세기 후반에 안데스인들을 멸절시키려는 운동에 예수회원들이 참여하기를 주저했다는 것이다. 이에 대한 논의는 Kenneth Mills, *Idolatry and Its Enemies : Colonial Andean Religion and Extirpation, 1640~1750,* Princeton, 1997, pp.162~164를 볼 것.

중국 예수회원들이 명청 제국에서 거의 한세기 반 동안 선교 사업을 하고 그것을 유지하였다는 사실은 예수회가 자신의 사람들을 훈련시키고 개종 및 사목적 노력들을 효과적으로 조정할 수 있었음을 증명하는 것이다. 그러나 중국 사회에 깊이 뿌리를 내린 선교 교회를 만들려는 노력을 하는 동안, 부관구의 사람들은 이 책에서 연구한 대부분의 기간 동안 사실상 홀로 있었다. 다른 선교사들이 아닌 유럽 군인들과 식민지 개척자들이 그들에게 합류했다면 아마도 그들의 영적 유산은 그들이 선교지를 세운 다른 나라에서와 마찬가지로 중국에서도 지속되었을 것이다. 그럼에도 불구하고 예수회원들이 존재한 흔적은 만리장성 기슭에서 주강珠江 하구까지 여전히 발견된다. 북경의 옛 성벽 보루 위에 있는 페르디난트 페르비스트Ferdinand Verbiest가 황력皇曆을 계산하기 위해 사용한 도구들은 같은 태양과 별 아래에 자리잡고 있다. 서안의 비림碑林을 방문하는 사람들은 네스토리우스의 가르침이 새겨진 거대한 석판, 즉 대진경교유행중국비大秦景教流行中國碑를 볼 수 있는데, 이 비석은 이지조와 마누엘 디아스younger가 중국에서 그리스도교의 긴 유래를 보여주기 위해 출판하여 주목을 끌었던 바로 그 8세기 기념비이다. 상해의 번화함 가운데 서광계의 고거故居 부지에서 이그나시우스 로욜라에게 헌정된 가톨릭 성당을 찾을 수 있다. 항주의 유명한 서호西湖에서 멀지 않은 외딴 숲에 위치한 무덤에는 마르티노 마르티니Martino Martini와 다른 선교사들의 유골이 들어 있는 납골함들이 시간의 흐름에 방해받지 않고 놓여 있다. 그리고 마카오에서는 마지막 포르투갈 국기가 총독 관저 위에서 내려졌음에도 불구하고, 예수회 교회의 당당한 파사드가 구시가지 위로 웅장하게 솟아 있다. 호기심 때문에 대부분의 현대 방문객들은 이 마지막 장소에 있는 가파른 돌계단을 올라가 성 파울로 성당 유적으로 알려져 있는 것을 보게 된다. 그곳에서 그들은 4세기 전에 돌에 새겨진 배, 용, 성인聖人들의 조각을 바라보며 잠시 시간을 보내거나, 아니면 도시의 내항內港에 있는 삼판sampan, 역주–중국의 하천이나 연안에서 사용되는 밑이 평평한 소형 배들의 경치를 힐끗 볼 수도 있다. 이 여행자들에게는 예수회원들의 중국으로의 여정이 시작된 바로 그 자리에서 여행이 끝난 것이다.

약어略語 목록

AHSI	*Archivum Historicum Societatis Iesu*
AHU	Arquivo Historico Ultramarino, Lisbon
AL	Annual Letter
Alden	Dauril Alden, *The Making of an Enterprise : The Jesuits in Portugal, Its Empire, and Beyond, 1540~1750*(Stanford, 1996)
Alvares Orders	Joao Alvares, Visita da Provincia de Portugal[Coimbra?], 1613, ARSI FG 1540, bundle 6
AN/TT	Arquivo Nacional/Torre do Tombo, Lisbon
APF	Archivo della Propaganda Fide, Rome
ARSI	Archivum Romanum Societatis Iesu, Rome
BA	Biblioteca da Ajuda, Lisbon
BACL	Biblioteca da Academia das Ciencias, Lisbon
BNL	Biblioteca Nacional, Lisbon
BPADE	Biblioteca Publica e Arquivo Distrital, Evora
CCT	Nicolas Standaert and Ad Dudink, eds., *Chinese Christian Texts from the Roman Archives of the Society of Jesus* 12 vols.(Taibei, 2002)
Chan	Albert Chan, Chinese Books and Documents in the Jesuit Archives in Rome : A Descriptive Catalogue (Armonk, N.Y., 2002)
Charity CS	Renhui huigui (Charity Confraternity Statutes), ARSI Jap-Sin II 169.1
CHC	D. Twitchett and F. W. Mote, *The Cambridge History of China* 15 vols. (Cambridge, 1976~)
Dehergne	Joseph Dehergne, *Repertoire des Jesuites de Chine de 1552 a 1800*(Rome, 1973)
DI	Josef Wicki, ed., *Documenta Indica* 17 vols. (Rome, 1948~1988)
Dunne	George Dunne, *Generation of Giants : The Story of the Jesuits in China in the Last Decades of the Ming Dynasty*(Notre Dame, Ind., 1962)
East West	Charles Ronan and Bonnie Oh, eds., *East Meets West : The Jesuits in China, 1582~1773*(Chicago, 1988)
FG	Fondo Gesuitico Collection at ARSI

Figueiredo Ningbo

        Rodrigo de Figueiredo, Report of Mission to Ningbo District, in Manuel Dias the younger, AL Vice-Province 1627, Shanghai, 9 May 1628, ARSI Jap-Sin 115-I:144r-153v.

FR   Pasquale d'Elia, ed., *Fonti Ricciane : Documenti Originali Concernanti Matteo Ricci e la Storia delle Prime Relazione tra l'Europa e la Cina (1579~1615)* 3 vols. (Rome, 1942~1949)

Funeral Ritual

        [Francesco Saverio Filippucci and Antonio Li], Lin sang chu bin yi shi (Ritual Sequence for Attending Funerals and Organizing the Procession)[Canton, ca. 1685], ARSI Jap-Sin II 169.4

Goa   Goana Collection at ARSI

Gouvea   Antonio de Gouvea, *Cartas Anuas da China*, Horacio P. Araujo, ed. (Lisbon, 1998)

Guerreiro   Fernao Guerreiro, *Relacao Anual das Coisas que fizeram os Padres da Companhia de Jesus nas Partes da India Oriental*, ed. Artur Viegas (pseud.), 3 vols. (Lisbon, 1605; reprint, Coimbra, 1930~1942)

Handbook   Nicolas Standaert, ed., *Handbook of Christianity in China* vol. 1, 635~1800 (Leiden, 2001)

Informacao Niccolo Longobardo, Informacao da Missao da China, Nanxiong, 28 November 1612, ARSI Jap-Sin 113:265r-281r

JA   Jesuitas na Asia Collection at Biblioteca da Ajuda

Jami et al.   Catherine Jami, Peter Englefriet, and Gregory Blue, eds., *Statecraft and Intellectual Renewal in Late Ming China : The Cross-cultural Synthesis of Xu Guangqi (1562~1633)* (Leiden, 2001)

Jap-Sin   Japonica-Sinica Collection at ARSI

Lus   Lusitanica Collection at ARSI

Marian CS   Shengmu huigui (Marian Confraternity Statutes), ARSI Jap-Sin II 169.3

Masini   Federico Masini, ed., *Western Humanistic Culture Presented to China by Jesuit Missionaries (XVII-XVIII Centuries)*(Rome, 1996)

Matos Orders

        Gabriel de Matos, Ordens dos Vizitadores e Superiores Universais da Missao da China com Algumas Respostas do Nosso Reverendo Padre Geral, Macau, 1621, BAJA 49-V-7:217r-232r

Monteiro Praxis

        Jose Monteiro, Vera et Unica Praxis breviter ediscendi, ac expeditissime loquendi

Sinicum idioma, suapte natura adeo difficile ⋯ In Usum Tyronum Missionariorum [Fujian?, ca. 1700], BACL Mss. Azul 421

OS   Pietro Tacchi-Venturi, ed., *Opere Storiche del P. Matteo Ricci S.I.*, 2 vols.(Macerata, 1911 ~1913)

Palmeiro Orders

Andre Palmeiro, Ordens que o Padre Andre Palmeiro Visitor de Japao e China deixou a Vice-Provincia da China vizitandoa no anno de 1629 aos 15 de Agosto, Macau, 15 January 1631, ARSI Jap-Sin 100:20r-39v

Ratio China Manuel Dias the elder, Ratio Studiorum para os Nossos que ham de Estudar as letra e lingua da China[Macau?], 1624, BAJA 49-V-7:310v-319v

Ratio Studiorum

Society of Jesus, *Ratio Studiorum, Plan Raisonee et Institution des Etudes dans la Compagnie de Jesus*, ed. Adrien Demoustier and Dominique Julia (Paris, 1997)

Ross   Andrew Ross, *A Vision Betrayed : The Jesuits in Japan and China, 1542~1742*(Maryknoll, N.Y., 1994)

SF   Anastasius van de Wyngaert, ed., *Sinica Franciscana*, 9 vols. in 14 bks.(Quaracchi -Florence, 1929~1997)

SWCRJ   Sino-Western Cultural Relations Journal

Vieira Orders

Francisco Vieira, Regimento pera os Padres e Irmaos da Companhia que se embarcao de Portugal pera a India, Goa, January 1616, ARSI FG 721/II, folder 3

Xavier CS Sheng Fengshike huigui (Confraternity of St. Francis Xavier Statutes), ARSI Jap-Sin II 169.2

역자 후기

『동아시아로의 항해』와
'종교적 기획'으로서의 예수회 중국 선교 연구

16세기 말에서 18세기 초까지의 가톨릭 예수회의 중국 선교와 관련하여 그간의 국내 연구들은 주로 마테오 리치, 아담 샬 폰 벨, 페르디난트 페르비스트 등과 같이 널리 알려진 몇몇 예수회원들에 의해 이룩된 동서양 간의 학문적·예술적 교류에 집중되어 있다. 이것은 중국 예수회원의 이미지와도 연결되는데, 명말의 관료이자 그리스도교인인 서광계徐光啓와 마주하고 있는 마테오 리치 그림을 얼핏 떠올리게 되는 것에서도 알 수 있듯이, 중국 예수회 선교사는 일반적으로 수염을 기른 채 중국 유사儒士의 긴 가운을 입고 중국 문사와 대화하고 있는 온화한 학자로 재현된다. 그러나 소위 유명한 선교사·학자들의 영웅적 행동들이 예수회 중국 선교의 전체 이야기는 아니다. 이 책의 저자인 리암 매튜 브로키Liam Matthew Brockey에 따르면, 이것은 중국 예수회원들이 후대 역사가들에 의해 "문명들 사이에 다리를 놓는 역할" 혹은 "종교를 전하려는 시도에 대해 평가받기 보다는 과학을 통해 근대성을 전파하는 데 성공한 정도에 따라 평가를 받았으며", 종교적 측면에서 예수회의 중국 선교를 실패한 것으로 본 것에서 연유한다. 그러나 예수회원들은 어디까지나 중국인을 천주교로 개종하려는 목표를 갖고 중국에 온 것이었으며, 지식과 문화 교류는 그 부산물이었다.

일부 중국 예수회원들의 유의미한 행적과 문명적 역할에 대한 관심을 넘어서 중국 그리스도교사라는 보다 거시적인 관점으로 예수회 중국 선교를 살피면 16~18세기 중국 교회사의 구체적인 전개나 개종자의 추이1700년에 20만 명에 달함, 예수회 선교사들의 교육 프로그램, 나아가 선교 교회 속의 중국 그리스도교인 공동체 등에 대한 자못 흥미로운 이야기들을 발견하게 된다. 종교적 메시지를 전하는 '선교사'로서 예수회원들이 취한, 중국 사회 상하층의 개종을 목표로 한 보다 직접적이고 적극적인 개종 전략과 기술, 또 이로 말미암아 만들어진 중국 선교 교회의 성격과 특징은 어떻게 기술될 수 있을까? 즉, '종교적 기획'으로서 명말청초 시기 예수회의 중국 선교는 실제로 어떻게 전개되었는가?

　이러한 문제의식 속에서 초기 근대 예수회의 중국 선교 역사를 서술하고 있는『동아시아로의 항해―초기 근대 가톨릭 예수회의 중국 선교Journey to the East : The Jesuit Mission to China 1579~1724』는 1579년 미켈레 루지에리가 마카오에 도착한 해로부터 1724년 옹정제雍正帝가 금교령을 내리기까지 대략 150여 년간 예수회 선교사들이 중국에서 전개한 선교적 노력을 집중 탐구하고 있다. 특별히 저자는 포르투갈과 이탈리아의 아카이브에서 새롭게 발굴한 수많은 예수회 연례 서한, 행정 명령 및 선교사 보고서, 그리고 선교사들의 개인 서신을 참고하여 예수회 중국 선교 연대기를 재구성하고 있다. 이 책은 크게, '1579년부터 1724년까지 예수회 중국 선교는 어떻게 발전되어 나갔는가?', '중국에 선교사가 많지 않았다는 사실에 비추어 볼 때, 이 기간 동안 선교의 확장이 이루어질 수 있었던 근본적인 요인은 무엇이었는가?'라는 두가지 질문을 던진다.

결론적으로 말해, 저자에 따르면, 중국 예수회원들이 명청 제국에서 거의 한세기 반 동안 선교 사업을 하고 그것을 유지할 수 있었던 것은 예수회가 선교사들을 훈련시키고 개종과 사목적 노력들을 효과적으로 조정할 수 있었음을 나타낸다. 마테오 리치를 필두로 하여 중국에 가톨릭 교회가 세워지고, 이 초기 세대가 지나간 후에도 중국 교회가 유지되고 선교가 지속될 수 있었던 것은 몇몇 특정한 개인들의 노력이라기 보다는 예수회원들이 만든 시스템 때문이었다. 즉, 예수회가 '신입회원들을 훈련시키는 시스템'을 구축하고, '개종 사역의 방법과 기술'을 개발했으며, 사제의 부족을 감안하면서 자신들이 없을 때 고립되어 있는 중국 그리스도교인 공동체를 유지하기 위한 '공동 신심의 시스템'을 만들었기 때문이다.

이 책은 크게 두 부분으로 나뉘어져 있다. 1부에서는 150여 년의 예수회 중국 선교 연대기를 대략 10~15년씩 짧게 나누어 그 시작, 강화, 붕괴 과정을 서술하고 있다. 여기서는 박해관용과 불관용, 중국 황제 및 관료들과 선교사들과의 관계, 순회 교구의 형성, 중국인 사제 서품 문제, 적은 사제와 증가하는 개종자, 로마 교황청과 중국 부관구의 관계, 전례문제, 프란치스코회·도미니코회 등 다른 수도회와의 갈등, 유럽의 정치·종교적 지형과 선교회 내부의 불화와 갈등특히 프랑스 선교회와의 등을 다루고 있다. 몇몇 영웅적인 예수회원들의 지적·언어적 능력을 부각시키기 보다는 그동안 잘 알려지지 않은 예수회원들 —예컨대, 로드리고 데 피게이레도Rodrigo de Figueiredo, 프란체스코 브란카티Francesco Brancati, 호세 몬테이로José Monteiro, 에티엔 파버

Etienne Faber 등 복건福建, 섬서陝西, 산서山西의 선교 현장을 일군 선교 사들의 노력을 선교 교회 건설의 주된 동력으로 제시하고 있다.

제2부에서는 구체적으로 어떻게 중국 교회가 수립되고 발전되어 나갔는지를 보여준다. 선교사들은 실제로 선교 현장에 나가서 성공 적인 개종 사역을 펼치는 데 도움을 주는, 정교하게 짜여진 예수회 의 교육 프로그램을 통하여 훈련 받았다. 중국 선교사들의 경우, 중 국어官話와 중국 사상에 대한 학습 계획인 연학규정Ratio Studiorum이 그 것이다. 또한, 예수회원들이 중국 평민들을 개종시키기 위해 활용했 던 전도 전략, 중국 그리스도교인 공동체의 공동 신심을 육성하고 교 회를 유지하기 위해 필요했던 신도회들성모회, 자비회, 수난회 등에 대해 탐 구하고 있다. 예수회 선교사들의 중국의 전통 사상과 종교, 관습, 언어에 대한 관찰과 이해, 학습에 대한 욕구는 놀랍도록 깊었지만, 주앙 로드리게스 선교사가 "사도 바울이 동아시아 예수회원들보다 더 쉬웠다"라고 한탄했을 정도로 중국어와 사상을 배우는 일은 이들 에게 엄청난 도전이었다. 그러나 중국어 학습과 본토 철학에 대한 이 해를 바탕으로 이들은 유럽 가톨릭의 복음 전도 기술과 사목적 전 략을 중국 토착 전통의 관습들과 접목하여 중국 선교 사업을 추진 해 나갈 수 있었다. 그런 의미에서 초기 근대의 중국 그리스도교회 의 건설과 발전은 당연하게도 유럽 선교사들과 중국 그리스도교인 들의 공동의 노력이자 합작품이었다고 할 수 있다. 따라서 유럽 사 제들이 중국에 더 이상 거주하지 못하게 되자 중국 그리스도교회를 이끌어 나갈 책임이 자연스럽게 중국 그리스도교인들에게 이양되 었다.

초기 근대 유럽 예수회 선교사들의 경우, 삶과 죽음의 경계에 있던 바다를 항해하며 선교지에 도착한 후 실제로 살아서 도착한 사람들보다 배에서 죽은 사람이 더 많았다고 한다. 통계에 따르면, 당시 바다에서 죽은 선교사들이 출발한 인원의 50%가 넘었다. 다니엘로 바르톨리Danielo Bartoli는 이것을 "예수회가 바다에 지불하는 연례 공물"이라고 표현했다. 땅에서의 보상이 아니라 하늘에서의 상급을 바라며, 순교를 불사하고 미지의 땅을 향해 나아간 이들의 종교적, 영적 추구에 숙연해지는 마음 금할 수 없다.

이 번역서가 나오기까지 실로 많은 분들의 도움을 받았다. 가장 먼저 '동서문명교류연구소東文硏'의 김석주, 서원모, 송강호, 곽문석, 최정섭 선생님께 마음 깊은 곳에서 우러나오는 감사를 드리지 않을 수 없다. 역자가 그동안 연구해왔던 명청 시기 중국문학과 문화 영역을 넘어서 그리스도교를 매개로 한 동양과 서양 사이의 지식·문화교류에 학문적 관심을 가질 수 있었던 것은 이 신학자들과의 만남 덕분이었다. 보스턴에 다시 나오기 전, 이 분들과 함께 장로회신학대학교에서 중국 예수회원들의 한문과 라틴어 텍스트를 대조하며 진행했던 번역, 강독의 시간은 중국과 유럽 사이의 종교·문화전달자의 역할을 했던 예수회원들의 흔적과 숨결을 그 자체로 생생하게 느낄 수 있는 시간이었다. 이 분들의 가르침과 조언 덕분에 역자는 이 책에 나오는 라틴어와 만주어 등 역자가 해결하지 못했던 부분들을 쉽게 해결할 수 있었다. 또한, 역자가 새롭게 도전한 신학공부라는 낯선 학문적 여정속에서 만난 보스턴대학Boston University의 두 교수, 신학대학원School of Theology의 중국 그리스도교사 담당 교수인 대릴 아일랜드 박사Dr. Daryl

Ireland와 역사학과의 유제니오 메네곤 박사Dr. Eugenio Menegon에게 감사의 마음을 전하고 싶다. 그들의 따듯한 격려와 세심한 관심, 학문적, 인간적 교류는 생경한 교회사와 신학공부의 현장 속에서 씨름했던 역자에게 큰 힘이 되었다. 2022년 여름 리치 연구소Ricci Institute, Boston College에서의 연구 경험도 잊을 수 없다. 귀중한 자료를 찾고 연구할 수 있도록 기회를 준 리치 연구소의 두 소장님, 안토니 우썰러 신부님 Antoni J. Ucerler, S.J., D. Phil과 우 시아오신 박사님Xiaoxin Wu, 吳小新, Ed.D., Archivist이신 마크 선생님Mr. Mark Stephen Mir에게도 감사드린다. 이 책을 번역, 출판할 수 있도록 재정적 후원을 해준 부경대 해양인문학 HK+ 사업단의 후의에도 감사드린다. 부경대 사업단의 수고와 지원이 없었다면 이 책은 빛을 보지 못했을 것이다. 마지막으로, 믿음의 여정을 함께 하는 가장 가까운 동반자인 남편과 딸愚賢, 아들愚謙에게 큰 감사와 사랑을 보내고 싶다. 가족들의 한결같은 응원과 기도, 인내가 아니었다면 역자는 지금 이 자리에 있지 못했을 것이다. 원서의 까다로운 문장은 역자에게 큰 도전이었다. 이해가 되지 않는 부분은 중국어 번역본 중의 하나인 『東遊記』University of Macau를 때로 참고하였지만, 그럼에도 불구하고 번역서에서 발견되는 오역들과 오류들은 전적으로 역자의 책임임을 밝히며, 독자들의 질정을 겸허히 기다린다.

2024년 여름
미국 매사추세츠주 벨몬트Massachusetts, Belmont에서
조미원

찾아보기

인명